The 2021 edition of
The Postal Stationery Catalogue
of New China

新中国
邮资封片简目录

（2021版）

狄超英◎编 著

人民邮电出版社
北 京

图书在版编目（CIP）数据

新中国邮资封片简目录 : 2021版 / 狄超英编著. -- 北京 : 人民邮电出版社, 2021.11
ISBN 978-7-115-57284-4

Ⅰ. ①新… Ⅱ. ①狄… Ⅲ. ①邮票－中国－2021－目录 ②明信片－中国－2021－目录③信封－中国－2021－目录 Ⅳ. ①G894.1-63

中国版本图书馆CIP数据核字(2021)第227082号

内容提要

本书收录了新中国邮政主管部门自1950年1月至2020年12月发行的全部邮资信封、邮资明信片、邮资邮简、邮资信卡信息，资料翔实，方便查阅，是广大集邮爱好者和邮政从业人员必备的工具书。

◆ 编　著　狄超英
责任编辑　苏　萌
责任印制　陈　犇
◆ 人民邮电出版社出版发行　北京市丰台区成寿寺路11号
邮编　100164　电子邮件　315@ptpress.com.cn
网址　https://www.ptpress.com.cn
北京宝隆世纪印刷有限公司印刷
◆ 开本：889×1194　1/16
印张：33　2021年11月第1版
字数：1682千字　2021年11月北京第1次印刷

定价：259.80元

读者服务热线：(010)81055493　印装质量热线：(010)81055316
反盗版热线：(010)81055315
广告经营许可证：京东市监广登字20170147号

编写说明

《新中国邮资封片简目录（2021版）》（以下简称《目录》）收录了中华人民共和国邮政主管部门自1950年1月至2020年12月31日发行的全部邮资信封、邮资明信片、邮资信卡、邮资邮简信息。这些邮资信封、邮资明信片、邮资信卡、邮资邮简又被统一称为邮政用品。《目录》还收录了建国初期由中国人民解放军有关部门于1950年9月发行的《中华人民共和国中央人民政府成立典礼大阅兵》军用明信片、1952年9月第二届赴朝慰问团赠送给中国人民志愿军战士的《抗美援朝保家卫国》军邮信封、1953年10月第三届赴朝慰问团赠送给中国人民志愿军战士的军邮明信片、1953年4月中国人民志愿军后方勤务司令部卫生部赠送给中国人民志愿军战士的《战士卫生邮便》军邮邮简及《卫生小画片》信息。这些军用邮政用品，无邮资凭证，使用者为军人及军人家属，在全国范围内寄递，是一种特殊的邮政用品，本《目录》也收录了它们。

《新中国邮资封片简目录》以前出版过多版，这版《目录》是在2015版《目录》的基础上编写而成，增加了2015年1月至2020年12月发行的邮政用品，补充了2015版《目录》中部分遗漏的内容，根据收集到的邮政用品，更换了2015版《目录》中部分不清楚的邮政用品图片，更正了2015版《目录》中已发现的错误。这版《目录》由原来的三卷本又改成了一卷本，把2015版《目录》中所有提出来的邮资封片卡简邮资图，除了普通邮资信封、普通邮资明信片、普通邮资信卡中有改值部分邮资图保留外，其余全部删掉。

为了准确清晰地表述每一类邮政用品，本版《目录》中仍旧保留2015版《目录》所采用邮政用品代码方式进行表述。除了邮政主管部门确定的代码以外，其他代码采用每类邮政用品名称中具有代表性的汉语拼音第一个大写字母组成，列表见下页。

一、邮政用品中所使用的代码表

PF	普通邮资信封	YP	YP 系列风光邮资明信片
PMF	普通邮资美术信封	FP	FP 系列风光邮资明信片
MF	美术邮资信封	HP	贺年邮资明信片
LF	礼仪邮资信封	HP	中国邮政贺年（有奖）明信片
ZF	专用邮资信封	HP	中国邮政贺卡
HF	中国邮政混合信函	HP	中国邮政贺年有奖邮资封片卡
JF	纪念邮资信封	DJ	东北贴用普通邮资邮简
DP	东北贴用普通邮资明信片	PJ	普通邮资邮简
PP	普通邮资明信片	YJ	邮资邮简
ZP	专用邮资明信片	XK	邮资信卡
ZCP	自创型邮资明信片	JYF	军用信封
JP	纪念邮资明信片	JYP	军用明信片
TP	特种邮资明信片	JYJ	军用邮简

二、贺年邮资明信片中所使用的代码表

HP	普通型	HXY	幸运封内件
JHP	极限型	HPD	定时递普通型
THP	特种型	HKFD	定时递贺卡型
HY	异型	HKFA	祝福卡型 C5
HXK	信卡型	HKA	祝福卡型 C5 内件
HD	动感卡（光栅明信片）	HKFY	祝福卡型
HZ	自创型	HKY	祝福卡型内件
HKFA	A 系列贺卡型 C5	HPG	挂号型明信片
HKA	A 系列贺卡型 C5 内件	HKFG	挂号型祝福卡
HKFB	B 系列贺卡型 ZL	HYTFB	约投本埠邮资信封
HKB	B 系列贺卡型 ZL 内件	HYTFW	约投外埠邮资信封
HKFC	C 系列贺卡型 C5	JS	家书
HKC	C 系列贺卡型 C5 内件	SZP	二维码明信片（2020）
AXY	信卡型（福娃大拜年）	JXP	极限型（2021）
AKF	贺卡型 C5 （福娃大拜年）	HF	祝福卡型 C5 （2021）
AK	贺卡型 C5 内件（福娃大拜年）	HFA	祝福卡型 C5 内件（2021）
Y	Y 系列邮政版	HFY	祝福卡型（2021）
S	S 系列社会版	HY	祝福卡型内件（2021）
HXYF	幸运封		

1981 年 12 月，邮政发行部门开始发行的贺年邮资明信片，类别只有普通型一种。一共发行了 10 年。 1991 年 12 月以后，贺年邮资明信片采取有奖方式发行，名称改为中国邮政贺年（有奖）明信片，类别也进行了增加，分为普通型、贺卡型、极限型、特种型、信卡型、异形明信片等品种。 2006 年 11 月以后，贺年邮资明信片名称改为中国邮政贺卡，类别再次增加，在原有发行品种的基础上、增加了动感卡、幸运封、幸运封 1+1、自创型，贺卡型又细分成 A 系列、 B 系列、 C 系列、 Y 系列、 S 系列等品种，而且每个品种数量由十几枚增加到几十枚、甚至上百枚。 2014 年 10 月以后，贺年邮资

明信片名称再次进行了更改，改为中国邮政贺年有奖邮资封片卡，品种保留了普通型、信卡型、贺卡型C5、幸运封、自创型等品种，每个品种的数量减少至1枚，却增加了一个新品种，就是“家书”。“家书”原本是2014年发行的普通邮资信封，自2014年10月开始，“家书”邮资信封上印有用于抽奖的号码，和贺年有奖邮资封片卡的性质一样，也于第二年的3月进行抽奖，也具有兑奖功能，中奖后也可以领取中奖奖品。从这一年开始，“家书”被绑上了中国邮政贺年有奖邮资封片卡的战车，成为中国邮政贺年有奖邮资封片卡家族的一个成员。“家书”除了2014年发行了两枚外， 2015年之后随着中国邮政贺年有奖邮资封片卡的发行，每年发行一枚。除了“家书”外，中国邮政贺年有奖邮资封片卡的新品种还有定时递普通型明信片、定时递贺卡型信封、挂号型明信片、约投本埠邮资信封、约投外埠邮资信封、二维码明信片等。贺卡型C5邮资信封的名称也改为祝福卡型C5邮资信封，代码却没有改变，还是HKFA；幸运封（HXYF）名称也改为祝福卡型邮资信封，但是代码改为HKFY。2020年11月5日发行的2021中国邮政贺年有奖邮资封片卡，祝福卡型C5代码改成HF，祝福卡型的代码改成HFY，极限型明信片的代码也由原来的JHP改为JXP。

贺年邮资明信片至今发行了40年，除发行邮资明信片（如普通型、极限型、异形、动感卡、特种型、自创型等）外，还有邮资信封（贺卡型、幸运封、家书等）、邮资信卡等品种，它们随着每年的中国邮政贺年有奖封片卡一起发行，现在成为一个大的家族。《目录》中把它们归并到贺年邮资明信片一章中进行编写和整理，没有将其分割开来，就是为了不打乱每一年发行的贺年邮资明信片整体的格局，更能体现出每一年发行的贺年邮资明信片的种类数量的完整性。

对于中国邮政发行的贺年邮资封片卡，还有几点问题需要说明：（1）贺年邮资封片卡，包括了国版销售型（简称国版）、地方版销售型（简称地方版）及定制型（简称定制版），本《目录》只收录国版发行的品种，以及不同邮资图案的地方版和定制版，相同邮资图案的地方版不被收录；（2）对于近几年发行的国版贺卡型邮资信封和幸运封，封内的内件已经不完全只是贺卡一种，开发出了许多新型内件品种，本《目录》对自2009年以后发行的贺年邮资封片卡，只展示带有邮票图案的贺卡型邮资信封和幸运封，而不再对其内件物品加以展示；（3）对于2009年以后发行的贺年邮资封片卡，贺卡型邮资信封发行多达上百种，幸运封发行多达十来种，笔者曾想过把数量巨大的国版贺卡型和幸运封收集齐全，或扫描下来，用于《目录》之上，作为资料保存下来，但至今未能做到。只能根据邮政部门提供的贺卡型及幸运封的文档资料，用文字的形式来详细描述清楚，用购买到的邮品加以论证，由于收集到的贺卡型邮资信封及幸运封品种不全而且数量有限，只能将收集到的、并具有代表性的贺卡型邮资信封及幸运封收录进

《目录》中；（4） 2013 年中国邮政发行了定制型《吉庆有余》贺礼卡幸运封，代码为 HXYF2013， 2015 版《目录》并未收录进去，这版《目录》重新进行编写并加以收录；（5）对于 2010 年以后发行的贺年邮资封片卡，除了带有兑奖号码的贺年邮资封片卡以外，还出现了大量不带有兑奖号码的贺年邮资封片卡，邮票图案和贺年邮资封片卡的邮票图案相一致，已经见到的有普通型、信卡型、贺卡型等邮品，通常把这些品种称为日常型。对于这部分贺年邮资封片卡，本《目录》并没有进行收录，如果有集邮者想了解这方面的情况，可见笔者另外编写的《新编中国邮政贺年邮资封片卡目录（2015—2018）》一书。这里特向广大集邮爱好者及读者加以说明。

新中国成立后，进行过两次币值调整，第一次是全国统一币制。1950 年至 1951 年，国内通行的邮政用品邮资和币值使用的是人民币旧币；东北地区发行的邮政用品，邮资和币值使用的是东北币。东北币使用至 1951 年 6 月 30 日。1951 年 7 月 1 日以后，全国统一币制为人民币旧币，统一邮资，统一使用全国通用的邮政用品。东北币与人民币旧币兑换比例是 9.5 : 1，即东北币 9.5 元兑换人民币旧币 1 元。第二次是人民币旧币改为人民币新币。1955 年 4 月以前面向全国发行的邮政用品，邮资使用的是人民币旧币币值，1955 年 4 月人民币币值改革，人民币旧币值 1 万元兑换人民币新币值 1 元，增加了辅币“角”和“分”，1955 年 5 月之后发行的邮政用品，邮资及币值全部使用的是人民币新币。

1950 年至 1951 年，东北地区发行的东北贴用普通邮资明信片、普通邮资邮简和优军邮资邮简，虽然它们是东北地区发行的邮政用品，但因为它们是新中国成立后最早发行的普通邮资明信片、普通邮资邮简和优军邮资邮简，所以把它们放在邮资明信片和邮资邮简每一章的第一节里来进行表述。

普通邮资美术信封和美术邮资信封，虽然全都属于普通邮资信封的范畴，但它们是两种不同类型的邮资信封，这版《目录》依然把它们区分开来，分章节进行编写。在普通邮资信封中的《正阳门箭楼》《天坛祈年殿》和《颐和园十七孔桥》，邮电部门利用这 3 个邮资图案，制作成邮电系统调查专用邮资信封使用，这就是集邮界里简称的“526”信封，这版《目录》依然把它们全部归入“专用邮资信封”一节中。 2020 年 11 月 5 日，中国邮政发行了《力耕华彩》卡函专送邮资信封，虽然是与 2021 年中国邮政贺年有奖邮资封片卡一同发行，但是它的性质是专用邮资信封，故把该封放在了“专用邮资信封”一节中。

本《目录》还收录了新中国成立初期中国人民解放军使用的及抗美援朝时期中国人民志愿军战士使用的军邮免资的军用信封、军用明信片、军用邮简，虽然这部分邮政用品没有预印邮资，但仍是国家邮政部门认可的免资邮政用品，具有非常重要的参考价值。

近十几年来发行的邮政用品很多，特别是专用邮资图普通邮资信封和普通邮资明信片，题材广，品种多，但是我们在邮政窗口和市场上见到的大多是印有企业宣传广告的邮品，很难见到或买到未带广告的“白封”和“白片”。本《目录》收录的此类封片，均为不带企业宣传广告的原封原片，部分邮品是由中国邮政集团公司相关部门提供的库存样片。2016 年以后，中国邮政发行部门开始发行未带广告信息的普通邮资信封和普通邮资明信片，并公布了发行量，在每枚普通邮资封片上打印上流水编号，使得普通邮资封片的发行走上了公开、透明的正轨，受到了广大集邮爱好者的欢迎。

在 2006 年 11 月 15 日邮资调整以后，对于 1999 年至 2014 年期间发行的专用邮资图普通邮资信封和普通邮资明信片，2006 年以前绝大部分邮资图案进行了改值， 2006 年以后至 2014 年，也有部分邮资图案进行了改值。邮资信封中，国内的面值由 80 分调整为 1.20 元，国际的面值由 5 元调整为 5.50 元，邮资明信片中，国内的面值由 60 分调整为 80 分，国际的面值由 4.50 元调整为 5 元。这样，同一种邮票图案就出现了两种不同的面值，本《目录》把两种面值的邮票图案提出来均予以展示，用“A”“B”分别表示，“A”表示发行时原来的邮票图案面值，“B”表示改值以后的邮票图案新面值。近 5 年来，又有改值的普通邮资信封和普通邮资明信片被发现，在普通邮资信封中，有 PF36 《巨型鸭嘴恐龙化石》、 PF162 《麒麟送子（国际资费）》，在普通邮资明信片中，有 PP15 《荷花》、 PP69 《北齐 · 贴金彩绘石佛像》、 PP103 《放风筝（国际资费）》、 PP117 《大地之春（国际资费）》、 PP244 《美丽杭州（国内资费、国际资费）》，这版《目录》把新增加的改值普通邮资封片收录进来。再有就是在普通邮资明信片发行过程中，通过集邮爱好者的收集、整理，发现某一枚普通邮资明信片出现了不同规格的明信片在市场上流通，例如：PP211 《爱电影看天下》普通邮资明信片，发行时，规格为 125mm × 78mm （小片），以后又发现另有规格为 148mm × 100mm （中片）的普通邮资明信片存在。类似的情况还有几枚，如 PP189 《天安门》、PP248《家书》、PP304《祝福祖国》等，这版《目录》采取注解的方式来加以说明。

普通邮资信封和普通邮资明信片的编号是根据普通邮资信封和普通邮资明信片的发行日期的先后顺序进行排列的，编写 2015 版《目录》后，截止到 2014 年年底，普通邮资信封的编号到了 PF253， 2015 年应该从 PF254 开始进行排序；普通邮资明信片的编号到了 PP248，2015 年应该从 PP249 开始进行排序。到了 2020 年年底， 2021 版《目录》中普通邮资信封的编号到了 PF278，普通邮资明信片的编号到了 PP318，这就与集邮公司出售给集邮者时的普通邮资封片的编号有出入。怎么会出现了编号上的误差？这就是如何来记录 PF274 《北京 2022 年冬奥会吉祥物和冬残奥会吉祥物》普通邮资信封和 PP249 《江西旅游》、 PP257 《第十届中国（武汉）国际园林博览会吉祥物》、 PP287 《绿水青山》、 PP308 《大美重庆》、 PP313 《北京 2022 年冬奥会吉祥物和冬残奥会吉祥物》普通邮资明信片的编号的问题。两枚一套的普通邮资封片应该记为两个编号，还是应该记为一个编号？2021版《目录》把两枚一套的普通邮资封片记为一个编号，特向广大集邮爱好者、邮政工作者及读者加以说明。

2015版《目录》出版之后，得到了广大集邮爱好者及邮政工作者的关注和喜爱，许多集邮家、邮票设计家和集邮爱好者来信或来电话，针对我编写的《目录》提出了许多非常中肯的意见和建议，并且指出了《目录》中存在编写的错误、图片的错误，使我受益很大。我非常感谢他们对我的关心和爱护，只有更加努力地去收集、整理和挖掘有关邮政用品方面的资料，认真编好后续《目录》，才能报答广大集邮爱好者的善意。本版根据2015版《目录》的内容，依然保留了“中国邮政混合信函”，保留“自创型邮资明信片”，对《目录》中的市场价格全面进行了修改。由于邮政用品的市场价格跌宕起伏，千变万化，本《目录》所标出的市场价格只能作为参考价格使用。本《目录》保留了邮资信封、邮资明信片、邮资信卡、邮资邮简的总序列表，列于《目录》的后面，方便广大集邮爱好者及读者查找使用。

本《目录》在编写过程中得到了中国邮政集团邮资票品发行部门相关同志的大力支持和帮助，得到了中国嘉德、上海华宇等拍卖公司的关心、支持和帮助，得到了许多集邮家和邮政用品专家热情的指导和真挚的帮助。有北京的刘劲、刘大有、何欣、李国庆、田忠国、张月启，山东的赵志强，广州的曹峥，江苏的瞿百顺、程松炎，上海的倪菊初、胡不为，浙江的钱方，以及江西的金培等。他们无私地把自己整理的资料、收藏的正规邮政用品提供出来，供编写《目录》使用，还为本《目录》提出了许多很好的建议。《集邮》杂志的主编丛志军、责任编辑苏萌、封面设计赵彬、排版周桂红等同志，对本书各卷的结构划分、内容表述、编排方式等提出了重要的意见和建议。除上述提到的同志之外，我的夫人王飞女士在我编写《目录》的过程中给予了极大的帮助，我的朋友、著名的书画家梁君度先生再次为本《目录》题写了书名，使得《目录》蓬荜生辉。在此向他们一一表示深深的敬意和感谢！

编者　狄超英

2021年3月于北京

目录

邮资信封

邮资明信片

贺年邮资明信片

邮资邮简

邮资信卡

军用信封、军用明信片、军用邮简

附录

CONTENTS

Stamped Letter Cards

Military Envelopes, Postcards, Letter Sheets

Appendix：

邮资信封
Stamped Envelopes

普通邮资信封
Regular Stamped Envelopes

普通邮资信封（PF）
Regular Stamped Envelopes（PF）

PF1 普 9 天安门图
PF1 R9 Tian' anmen Design

1956 年 7 月 10 日起发行
全套 11 枚
第一组 1956 年 7 月 10 日—1957 年发行
信封邮票规格： 25mm × 19mm
信封规格： 155mm × 105mm
11-1（编号 1-1956）天安门图（1956 年 7 月 10 日发行）
11-2 （编号 2-1956）天安门图
11-3 （编号 3-1957）天安门图（蓝色）
11-4 （编号 4-1957）天安门图

1–1956

1–1956 封背

2–1956

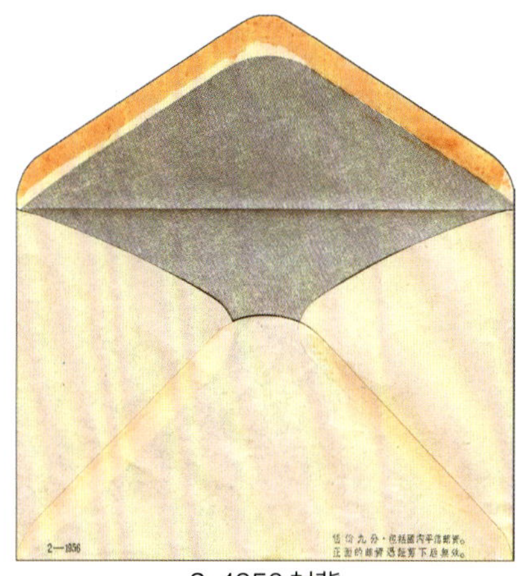
2–1956 封背

3–1957

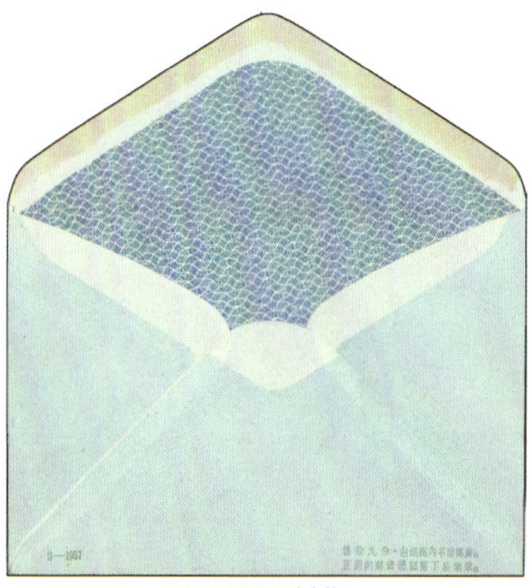
3–1957 封背

序号	面值（分）	售价（元）	发行量（万枚）	市场参考价格 新（元）	旧（元）
11-1	8	0.09	1000	4000.00	2000.00
11-2	8	0.09	1000	6000.00	3000.00
11-3	8	0.09	1000	4000.00	2000.00
11-4	8	0.09	1000	20000.00	5000.00

4–1957

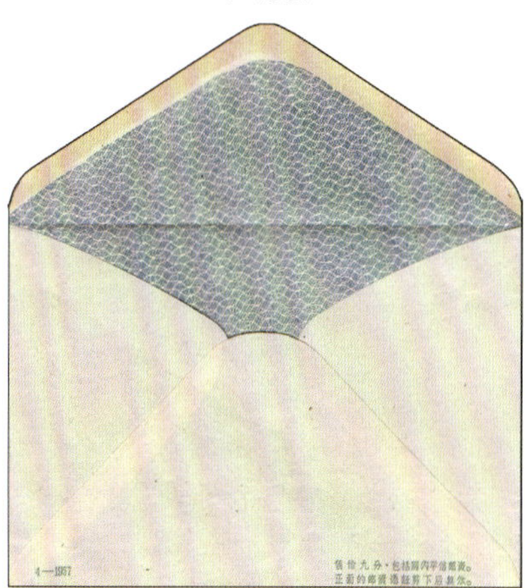
4–1957 封背

版别：凸版
印制厂：南京印刷厂
注：上三角形封口。
相关档案资料： 1956 年 7 月 10 日出版的《邮电部文件汇编》（1956 年第 6 号）中《邮电部关于发行普通邮资信封的通知》（56）邮票字第 27 号。

第二组 1958 年 7 月 8 日—1965 年 5 月 7 日发行
信封邮票规格： 25mm × 19mm
信封规格： 162mm × 103mm
11-5（编号 5-1958）天安门图（1958 年 7 月 8 日发行）
11-6（编号 6-1958）天安门图（1958 年 7 月 8 日发行）
11-7（编号 7-1959）天安门图（1959 年 5 月 16 日发行）
11-8 （编号 8-1959）天安门图
11-9 （编号 9-1960）天安门图
11-10 （编号 10-1963）天安门图（1963 年 8 月 29 日发行）
11-11 （编号 11-1965）天安门图（1965 年 5 月 7 日发行）

5-1958

5-1958 封背

6-1958

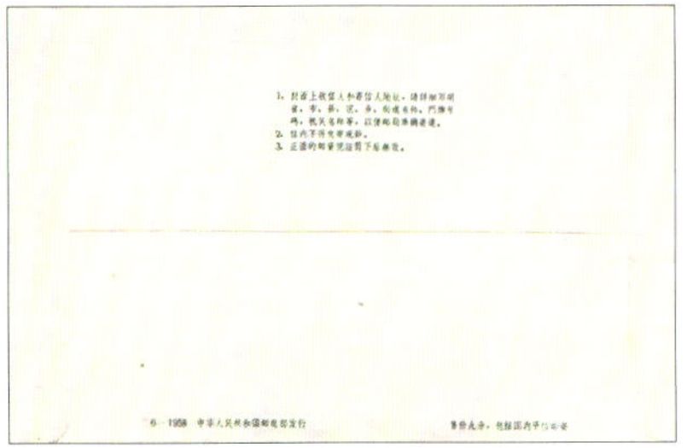
6-1958 封背

7-1959

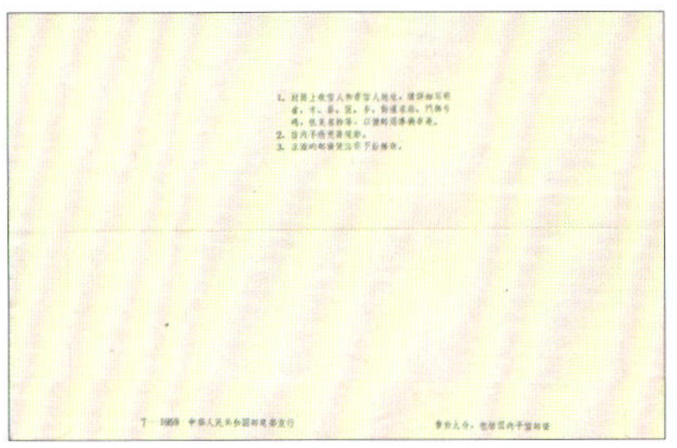
7-1959 封背

8-1959

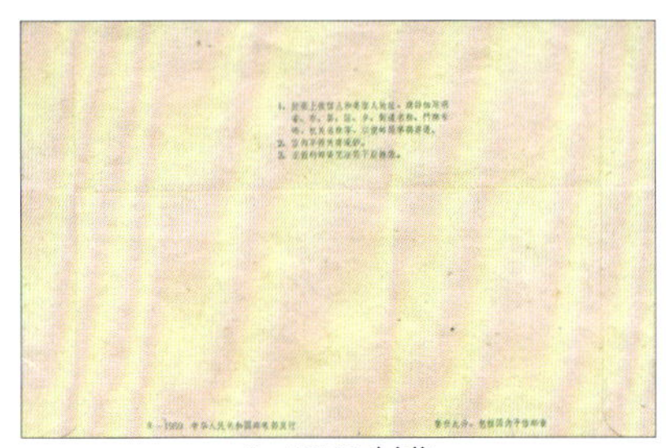
8-1959 封背

9-1960

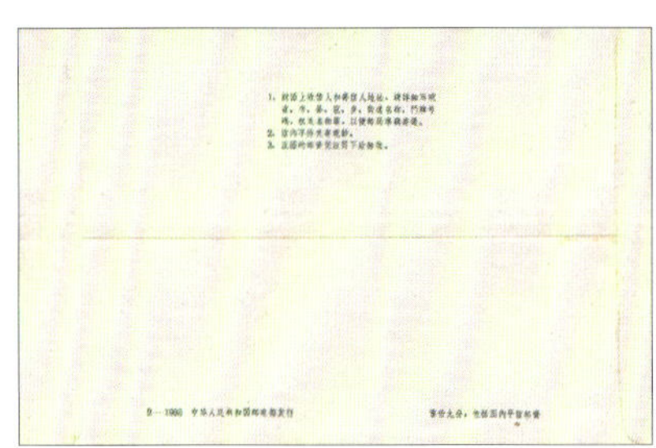
9-1960 封背

10-1963

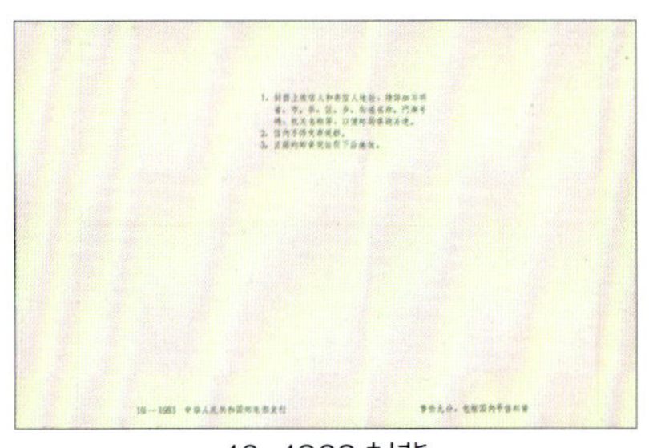
10-1963 封背

11-1965

11-1965 封背

序号	面值（分）	售价（元）	发行量（万枚）	市场参考价格 新（元）	旧（元）
11-5	8	0.09	3000	3000.00	300.00
11-6	8	0.09	2000	15000.00	500.00
11-7	8	0.09		4000.00	300.00
11-8	8	0.09		15000.00	500.00
11-9	8	0.09	6000	200.00	100.00
11-10	8	0.09	700	300.00	100.00
11-11	8	0.09	2000~5000	200.00	100.00

版别：凸版

印制厂：（11-5）南京印刷厂
（11-6）北京市邮局印刷所
（11-7）—（11-11）北京邮票厂

注：封背左侧面封口。

相关档案资料：1958 年 7 月 8 日出版的《邮电部文件汇编》（1958 年第 7 号）中《邮电部关于发行普通邮资信封的通知》（58）邮票字第 19 号、邮电部邮政总局《关于发行邮资信封的通知》（63）票字第 233 号（1963 年 8 月 29 日）、邮电部邮政总局《关于发行邮资信封的通知》（65）票字第 102 号（1965 年 5 月 7 日）。

PF2 天安门图毛主席语录

PF2 Tian' anmen Design with Quotations from Chairman Mao

1967 年 8 月 28 日发行

全套 20 枚

信封邮票规格： 40mm × 20mm

信封规格： 162mm × 103mm

20-1 （编号 12-1967）天安门图
20-2 （编号 13-1967）天安门图
20-3 （编号 14-1967）天安门图
20-4 （编号 15-1967）天安门图
20-5 （编号 16-1967）天安门图
20-6 （编号 17-1967）天安门图
20-7 （编号 18-1967）天安门图
20-8 （编号 19-1967）天安门图
20-9 （编号 20-1967）天安门图
20-10 （编号 21-1967）天安门图
20-11 （编号 22-1967）天安门图
20-12 （编号 23-1967）天安门图

20-13 （编号 24-1967）天安门图
20-14 （编号 25-1967）天安门图
20-15 （编号 26-1967）天安门图
20-16 （编号 27-1967）天安门图
20-17 （编号 28-1967）天安门图
20-18 （编号 29-1967）天安门图
20-19 （编号 30-1967）天安门图
20-20 （编号 31-1967）天安门图

12-1967

12-1967 封背

13-1967

14-1967

15-1967

16-1967

17-1967

18-1967

19-1967

20-1967

21-1967

22-1967

23-1967

24-1967

25-1967

26-1967

27-1967

28-1967

29-1967

30-1967

31-1967

序号	面值 （分）	售价 （元）	发行量 （万枚）	市场参考价格 新（元）	旧（元）
20-1	8	0.09		150.00	200.00
20-2	8	0.09		150.00	200.00
20-3	8	0.09		150.00	200.00
20-4	8	0.09		150.00	200.00
20-5	8	0.09		150.00	200.00
20-6	8	0.09		150.00	200.00
20-7	8	0.09		150.00	200.00
20-8	8	0.09		150.00	200.00
20-9	8	0.09		150.00	200.00
20-10	8	0.09		150.00	200.00
20-11	8	0.09		150.00	200.00
20-12	8	0.09		150.00	200.00
20-13	8	0.09		200.00	300.00
20-14	8	0.09		100.00	200.00
20-15	8	0.09		100.00	200.00
20-16	8	0.09		100.00	200.00
20-17	8	0.09		200.00	300.00
20-18	8	0.09		200.00	300.00
20-19	8	0.09		100.00	200.00
20-20	8	0.09		100.00	200.00

版别：胶版

设计者：杨白子

印制厂：北京邮票厂

注：封背左侧面封口。1970年9月12日停售。

相关档案资料：中华人民共和国邮电部《关于发行毛主席语录邮资信封的通知》（67）邮票字37号（1967年8月28日）。

PF3 木刻图
PF3 Wood Cut Design

1970年1月21日发行

全套20枚

信封邮票规格： 27mm × 22mm

信封规格： 162mm × 103mm

第一图 大庆人 绿色

20-1 剪纸图案 焦裕禄：革命者要在困难面前逞英雄。红色

20-2 剪纸图案 刘英俊：生为革命生，死为革命死。红色

20-3 剪纸图案 张思德：为人民服务。红色

20-4 剪纸图案 三位青少年：毛泽东思想宣传队。红色

20-1

20-2

20-3

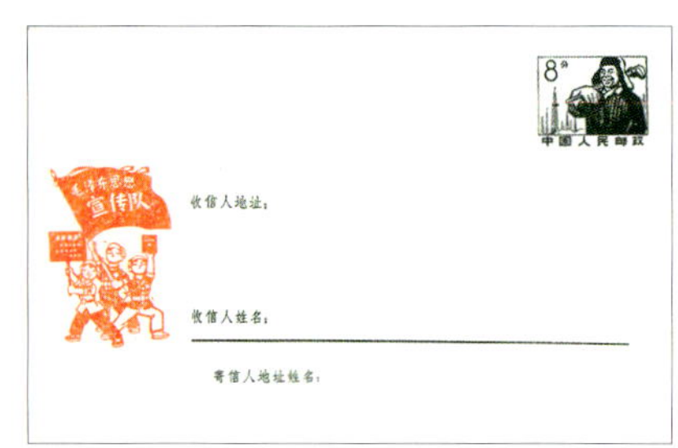

20-4

序号	面值 （分）	售价 （元）	发行量 （万枚）	市场参考价格 新（元）	旧（元）
20-1	8	0.09		500000.00	12000.00
20-2	8	0.09		4000.00	2000.00
20-3	8	0.09		8000.00	4000.00
20-4	8	0.09		80000.00	12000.00

版别：凸版

设计者：张克让

印制厂：北京邮票厂

第二图 大寨人 红色

20-5 剪纸图案 解放军战士学毛著。绿色

20-6 剪纸图案 越南女民兵。绿色

20-7 剪纸图案 解放军战士守卫边疆。绿色

20-8 剪纸图案 林业工人。绿色

20-5

20-6

20-7

20-8

序号	面值（分）	售价（元）	发行量（万枚）	市场参考价格 新（元）	旧（元）
20-5	10	0.11		100.00	500.00
20-6	10	0.11		100.00	500.00
20-7	10	0.11		300.00	500.00
20-8	10	0.11		300.00	600.00

版别：凸版
设计者：杨白子
印制厂：北京邮票厂

第三图 军民联防 绿色

20-9 剪纸图案 张思德：为人民服务。红色
20-10 剪纸图案 焦裕禄：革命者要在困难面前逞英雄。红色
20-11 剪纸图案 雷锋：我要把有限的生命投入到无限的“为人民服务”之中去。红色
20-12 剪纸图案 刘英俊：生为革命生，死为革命死。红色
20-13 剪纸图案 电力工人。红色
20-14 无剪纸图案

20-9

20-10

20-11

20-12

20-13

20-14

序号	面值（分）	售价（元）	发行量（万枚）	市场参考价格 新（元）	旧（元）
20-9	8	0.09		30000.00	5000.00
20-10	8	0.09		50000.00	15000.00
20-11	8	0.09		6000.00	3000.00
20-12	8	0.09		500.00	500.00
20-13	8	0.09		10000.00	10000.00
20-14	8	0.09		500.00	500.00

版别：凸版
设计者：张克让
印制厂：北京邮票厂

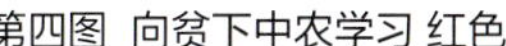

第四图 向贫下中农学习 红色

20-15 剪纸图案 林业工人。绿色
20-16 剪纸图案 知识青年。绿色
20-17 剪纸图案 解放军战士学毛著。绿色
20-18 剪纸图案 解放军战士守卫边疆。绿色
20-19 剪纸图案 越南女民兵。绿色
20-20 无剪纸图案

20-15

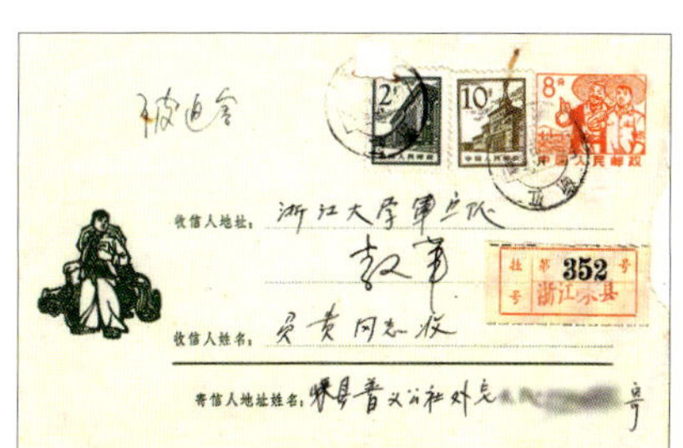
20-16

20-17

20-18

20-19

20-20

序号	面值（分）	售价（元）	发行量（万枚）	市场参考价格 新（元）	旧（元）
20-15	8	0.09		3000.00	1000.00
20-16	8	0.09		50000.00	25000.00
20-17	8	0.09		500.00	600.00
20-18	8	0.09		30000.00	10000.00
20-19	8	0.09		300.00	500.00
20-20	8	0.09		40000.00	10000.00

版别：凸版
设计者：李大玮
印制厂：北京邮票厂
注：封背左侧面封口。1973 年 10 月 10 日停售。
相关档案资料：中华人民共和国邮政总局文件《关于发行“革命青年的榜样”邮票和邮资信封的通知》（70）邮工字 014 号（1970 年 1 月 21 日）。

PF4 普 12 天安门图
PF4 R12 Tian' anmen Design

1970 年 8 月 1 日起发行
全套 5 枚

第一组 1970 年 8 月 1 日—1972 年发行

信封邮票规格：24mm × 19.5mm
信封规格：162mm × 103mm
5-1（编号 1-1970）天安门图（1970 年 8 月 1 日发行）（封口圆角）
5-2（编号 2-1971）天安门图（封口圆角）
5-3（编号 3-1972）天安门图（封口尖角）

1-1970

1-1970 封背

2-1971

2-1971 封背

3-1972

3-1972 封背

序号	面值（分）	售价（元）	发行量（万枚）	市场参考价格 新（元）	旧（元）
5-1	8	0.09		150.00	100.00
5-2	8	0.09		200.00	100.00
5-3	8	0.09		1000.00	100.00

注：按顺序编号。封背左侧面封口。
相关档案资料：交通部邮政总局（通知）《关于发行革命现代京剧〈智取威虎山〉邮票的通知》（70）交邮通字 106 号。

第二组 1973 年发行

信封邮票规格：24mm × 19.5mm
信封规格：162mm × 103mm
5-4（编号 1-1973）天安门图
5-5（编号 2-1973）天安门图

1-1973

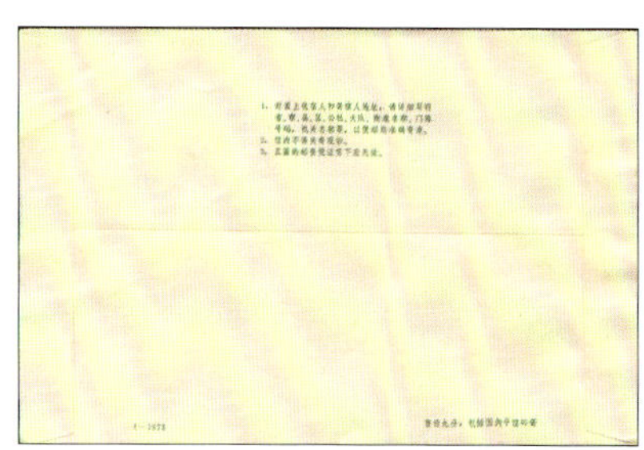
1-1973 封背

2-1973

2-1973 封背

序号	面值（分）	售价（元）	发行量（万枚）	市场参考价格 新（元）	旧（元）
5-4	8	0.09		80.00	40.00
5-5	8	0.09		100.00	50.00

版别：胶版
印制厂：北京邮票厂
注：按年编号。封背左侧面封口。

PF5 普 16 天安门图
PF5 R16 Tian' anmen Design

1974 年 4 月 1 日起发行
全套 27 枚

第一组 1974 年 4 月 1 日—1977 年发行

信封邮票规格：27mm × 21mm
信封规格：155mm × 103mm
27-1（编号 1974-1）天安门图（1974 年 4 月 1 日发行）
27-2（编号 1974-2）天安门图
27-2a 漏印邮资图
27-3（编号 1975-1）天安门图
27-4（编号 1975-2）天安门图
27-5（编号 1976-1）天安门图
27-5a 编号印为“976-1”
27-6（编号 1976-2）天安门图
27-7（编号 1977-1）天安门图
27-8（编号 1977-2）天安门图

1974-1

1974-1 封背

1974-2

1974-2 封背

1975-1

1975-1 封背

1975-2

1975-2 封背

1976-1

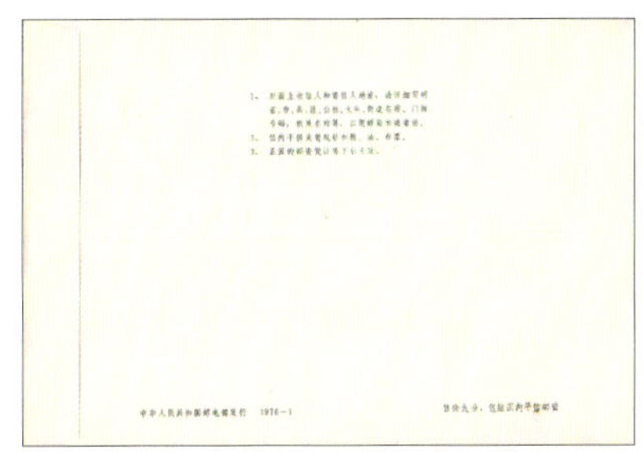
1976-1 封背

1976-2

1976-2 封背

976-2 封背

1977-1

1977-1 封背

1977-2

1977-2 封背

序号	面值（分）	售价（元）	发行量（万枚）	市场参考价格（元）
27-1	8	0.09		60.00
27-2	8	0.09		100.00
27-2a	8	0.09		200.00
27-3	8	0.09		60.00
27-4	8	0.09		50.00
27-5	8	0.09		20.00
27-5a	8	0.09		200.00
27-6	8	0.09		20.00
27-7	8	0.09		20.00
27-8	8	0.09		60.00

版别：胶版

印制厂：北京邮票厂

注：封背左侧面封口。封面无邮政编码框。

相关档案资料：邮电部文件《关于发行〈革命纪念地〉普通邮票第十六组及〈天安门图〉邮资信封的通知》（1974）邮邮字 202 号。

第二组 1978 年 5 月 20 日发行

信封邮票规格： 27mm × 21mm

信封规格： 158mm × 103mm

27-9（编号 1977-2）天安门图

A 型：名址线与编码框距离 16.5mm

B 型：名址线与编码框距离 17.5mm

C 型：名址线与编码框距离 19mm

D 型：名址线与编码框距离 20mm

27-10（编号 1977-3）天安门图

27-11（编号 1978-1）天安门图

1977-2

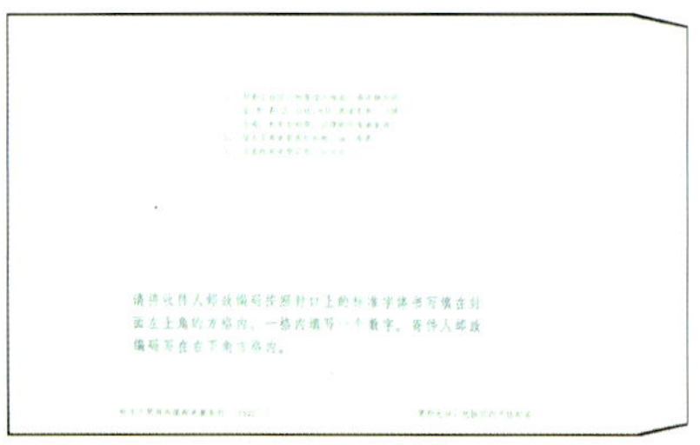

1977-2 封背

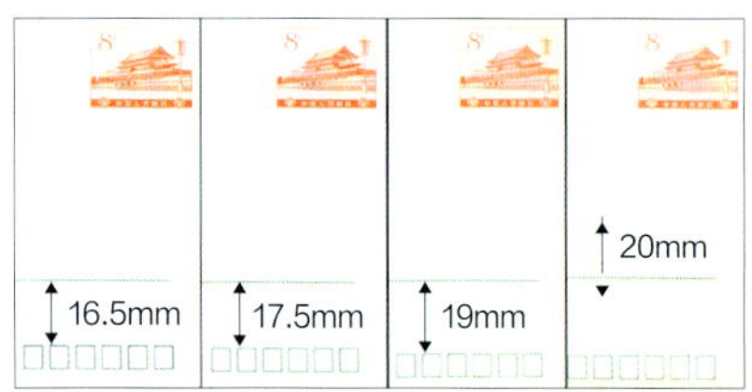

1977-3

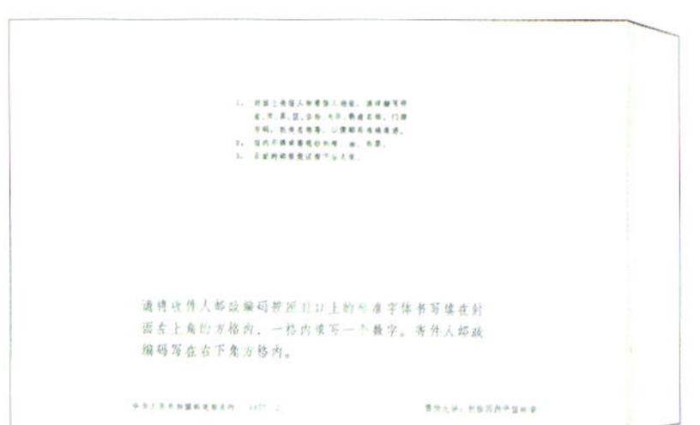

1977-3 封背

1978-1

1978-1 封背

序号	面值（分）	售价（元）	发行量（万枚）	市场参考价格（元）
27-9	8	0.09		20.00
27-10	8	0.09		150.00
27-11	8	0.09		50.00

版别：胶版

印制厂：北京邮票厂

注：封背右侧面封口，封舌上有数码方格。封面有邮政编码方框。

第三组 1979 年—1982 年发行

信封邮票规格： 27mm × 21mm

信封规格： 162mm × 103mm

27-12（编号 1979-1）天安门图

A 型：名址线与编码框距离 10mm

B 型：名址线与编码框距离 18mm

27-13（编号 1979-2）天安门图

27-14（编号 1979-3）天安门图

27-15（编号 1979-4）天安门图

27-16（编号 1980-1）天安门图

27-17（编号 1980-2）天安门图

27-18（编号 1981-1）天安门图

27-19（编号 1981-2）天安门图

27-20（编号 1982-1）天安门图

27-21（编号 1982-2）天安门图

27-22（编号 1982-3）天安门图

27-23（编号 1982-4）天安门图

27-23a 漏印邮资图

27-24（编号 1982-5）天安门图

27-25（编号 1982-6）天安门图

27-26（编号 1982-7）天安门图

27-27（编号 1982-8）天安门图

1979-1

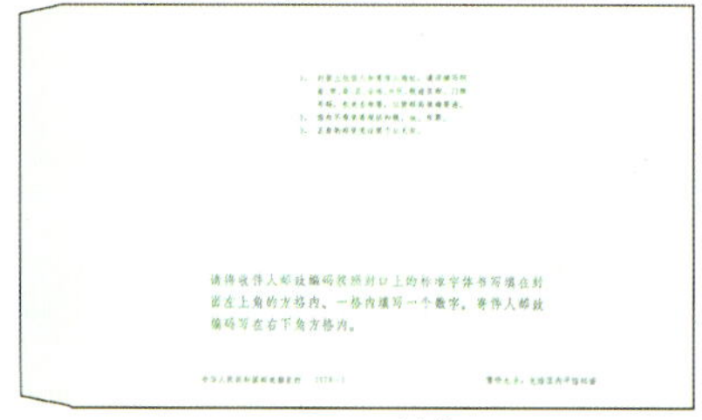

1979-1 封背

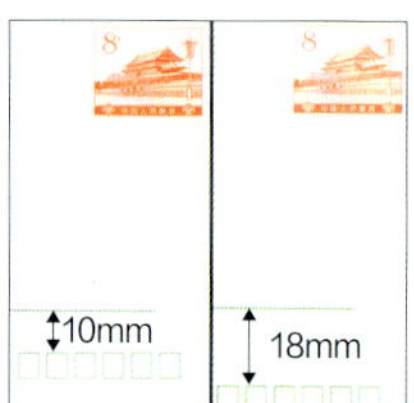

1979-2

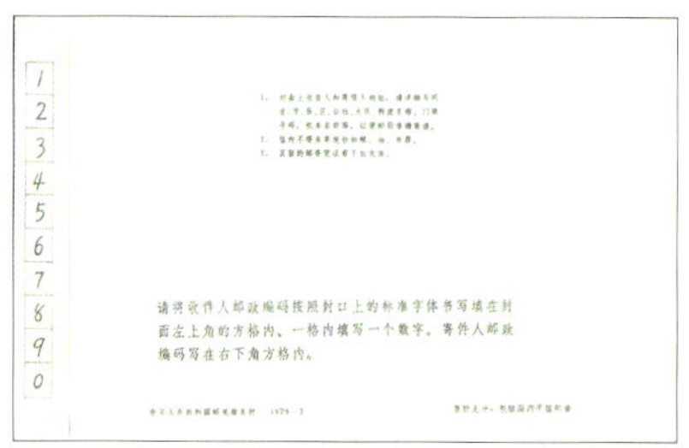

1979-2 封背

1979-3

1979-3 封背

1979-4

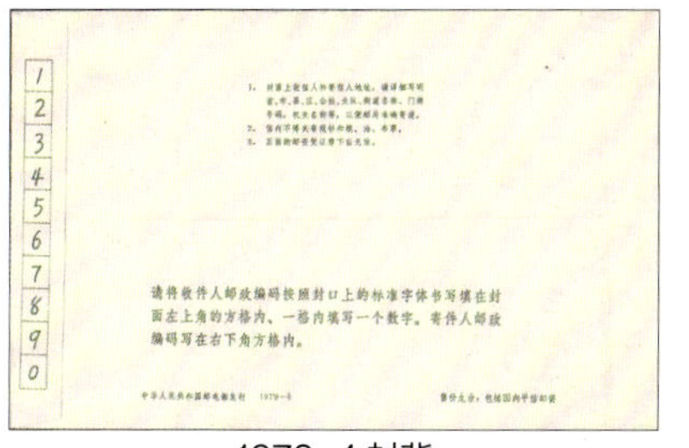
1979-4 封背

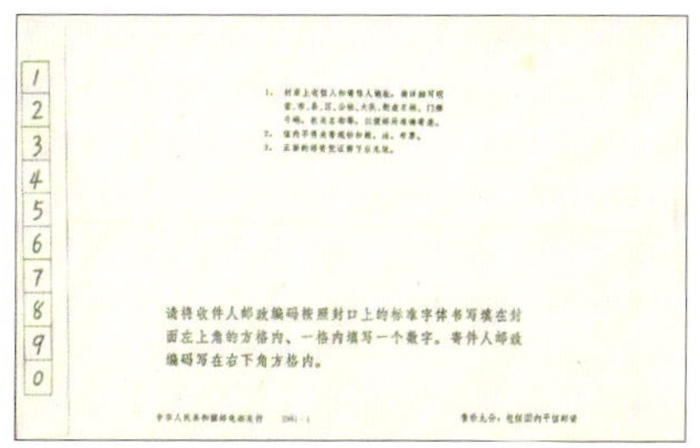
1981-1 封背

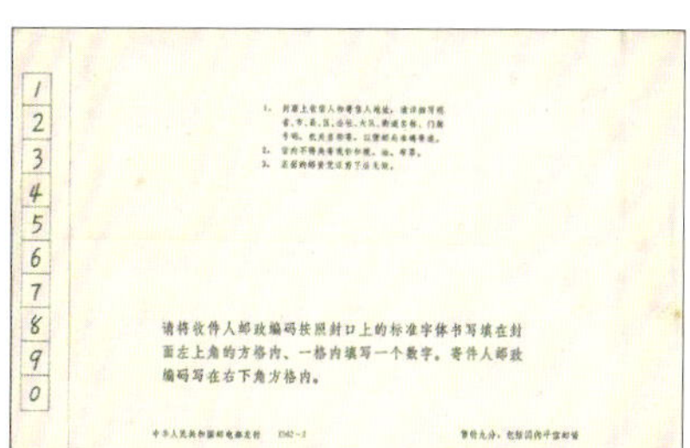
1982-2 封背

1980-1

1981-2

1982-3

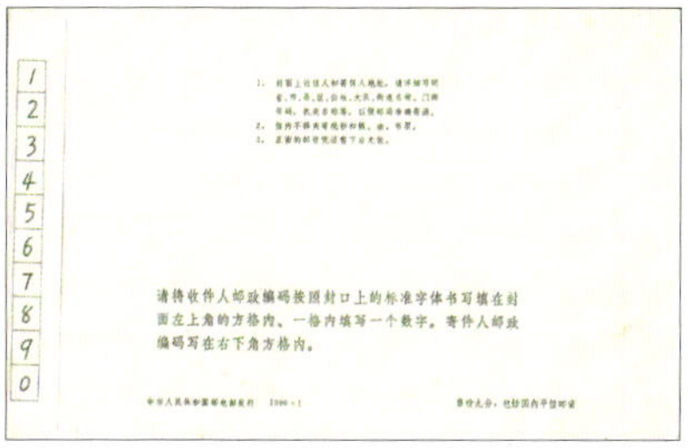
1980-1 封背

1981-2 封背

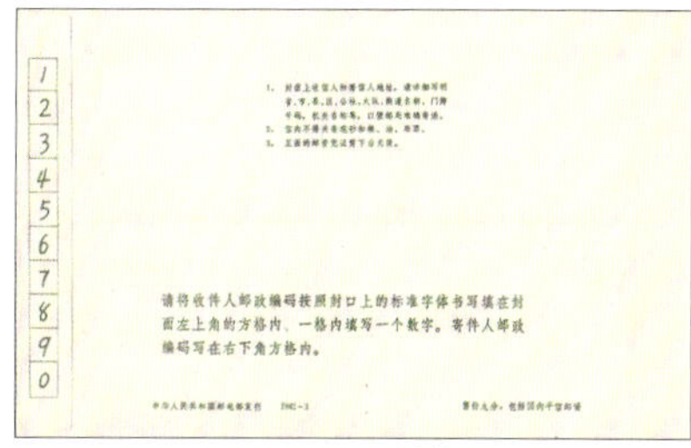
1982-3 封背

1980-2

1982-1

1982-4

1980-2 封背

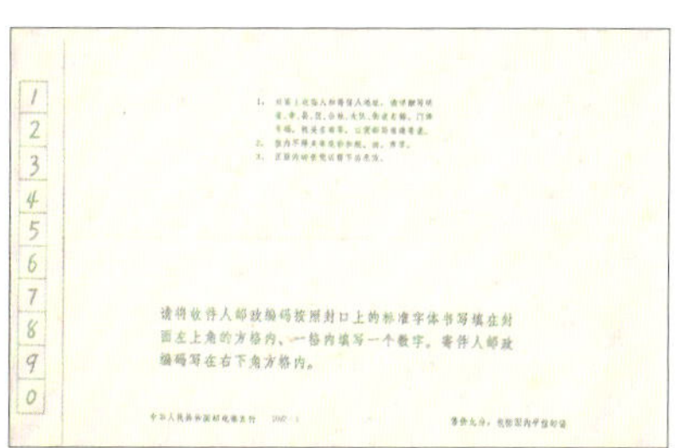
1982-1 封背

1982-4 封背

1981-1

1982-2

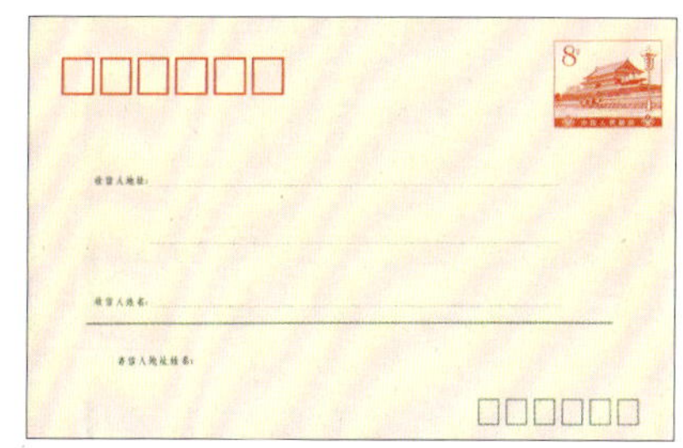
1982-5

1982-5 封背

1982-6

1982-6 封背

1982-7

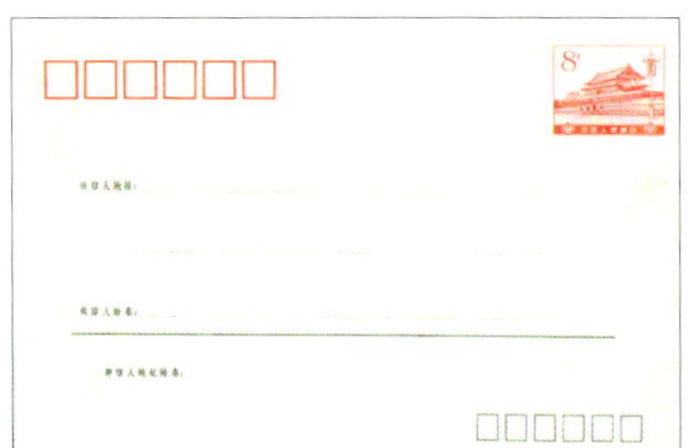
1982-8

1982-8 封背

序号	面值（分）	售价（元）	发行量（万枚）	市场参考价格（元）
27-12	8	0.09		20.00
27-13	8	0.09		30.00
27-14	8	0.09		20.00
27-15	8	0.09		30.00
27-16	8	0.09		20.00
27-17	8	0.09		20.00
27-18	8	0.09		20.00
27-19	8	0.09		20.00
27-20	8	0.09		20.00
27-21	8	0.09		20.00
27-22	8	0.09		20.00
27-23	8	0.09		20.00
27-23a	8	0.09		200.00
27-24	8	0.09		20.00
27-25	8	0.09		20.00
27-26	8	0.09		20.00
27-27	8	0.09		20.00

版别：胶版

印制厂：北京邮票厂

注：封背左侧面封口，封舌上有数码方格。封面有邮政编码方框。

PF6 正阳门箭楼
PF6 Zhengyangmen Watchtower

第一版 1992 年 7 月 15 日发行

全套 1 枚

信封邮票规格：31mm × 26mm

信封规格：165mm × 112mm

1-1 正阳门箭楼图（邮资图内印荧光邮电徽志，直径为 15mm）

1-1a 漏印荧光邮电徽志

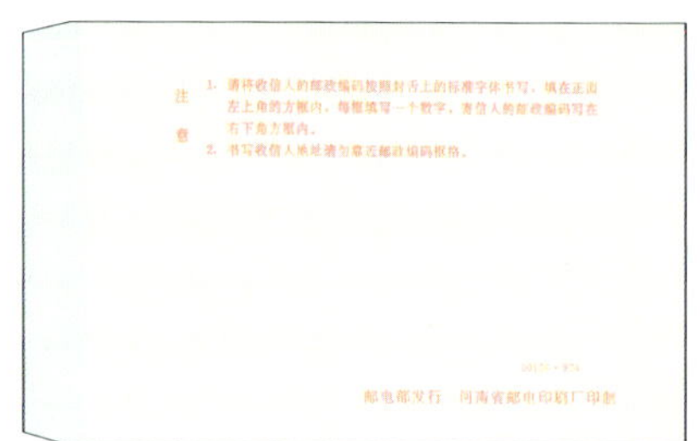

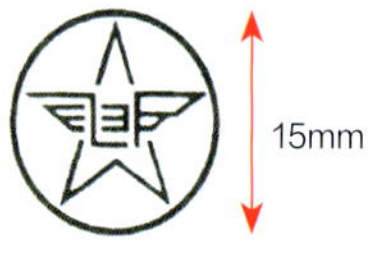

序号	面值（分）	售价（元）	发行量（万枚）	市场参考价格（元）
1-1	20	0.25		5.00
1-1a	20	0.25		5.00

版别：胶版

设计者：呼振源

印制厂：河南省邮电印刷厂

注：第一版封背印“邮电部发行 河南省邮电印刷厂印制”。

正阳门箭楼邮资图邮资信封计划生产 1856.2 万枚，实际生产 1788.67 万枚（包括第二版印制的邮资信封）。

第二版 1993 年 5 月发行

全套 1 枚

信封邮票规格：31mm × 26mm

信封规格：165mm × 112mm

1-1 正阳门箭楼图（邮资图内印荧光邮电徽志，直径为 10mm）

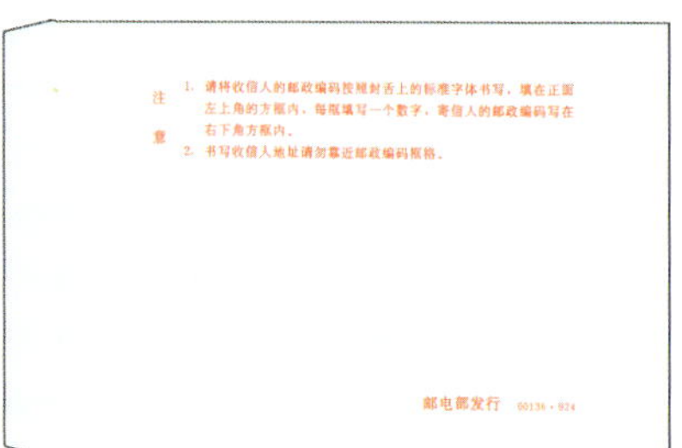

序号	面值（分）	售价（元）	发行量（万枚）	市场参考价格（元）
1-1	20	0.25		3.00

版别：胶版
设计者：呼振源
印制厂：河南省邮电印刷厂
注：第二版封背印“邮电部发行”。

PF7 彩陶（第一组）
PF7 Painted Pottery （1st Series)

1996 年 11 月 15 日发行
全套 2 枚
信封邮票规格： 26mm × 31mm
信封规格： 176mm × 110mm
2-1 涡纹彩陶
2-2 绳纹彩陶

2-1

2-2

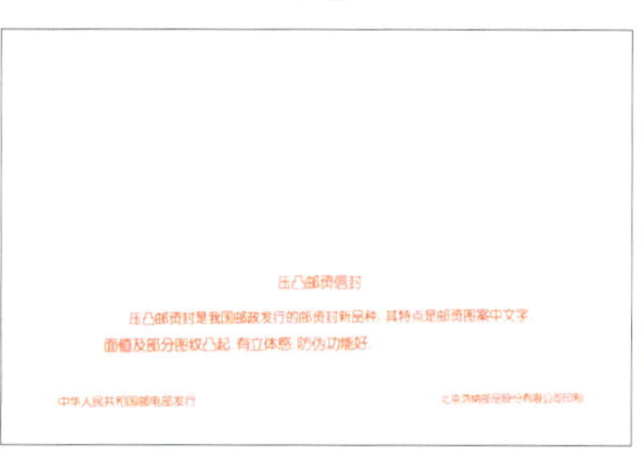

2-1、2-2 封背

序号	面值（分）	售价（元）	发行量（万枚）	市场参考价格（元）
2-1	20	0.80		3.00
2-2	20	0.80		3.00

版别：胶版、压凸
设计者：赵玉华
印制厂：北京鸿纳邮品股份有限公司

PF8 天坛
PF8 Temple of Heaven

1997 年 5 月 30 日发行
全套 1 枚
信封邮票规格： 31mm × 23mm
信封规格： 176mm × 110mm
1-1 天坛祈年殿（邮资图内印荧光邮电徽志，直径为 10mm）

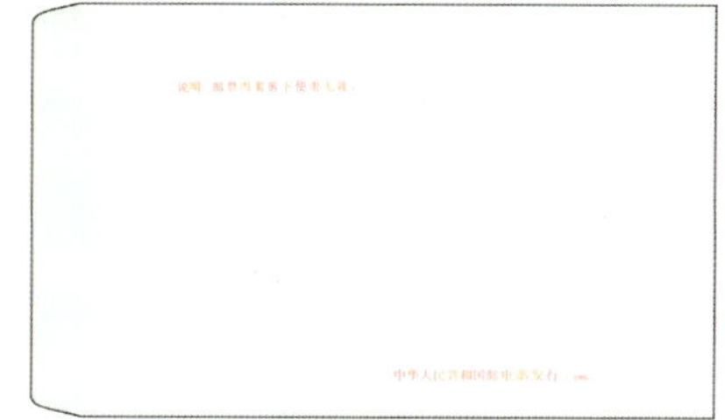

序号	面值（分）	售价（元）	发行量（万枚）	市场参考价格（元）
1-1	50	0.70	594.5	3.00

版别：胶版
设计者：阎炳武
印制厂：河南省邮电印刷厂
注：另有天坛邮资图未发行的邮资信封一种。信封规格为 165mm × 102mm。

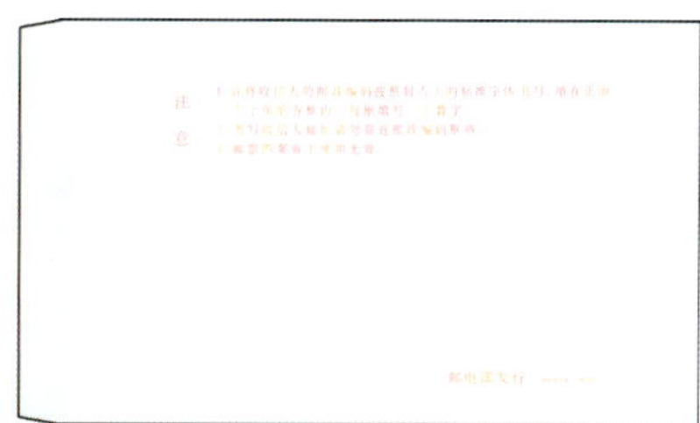

PF9 彩陶（第二组）
PF9 Painted Pottery （2nd Series）

1997 年 12 月 15 日发行
全套 1 枚
信封邮票规格： 26mm × 31mm
信封规格： 176mm × 110mm
1-1 双耳圜底彩陶罐（邮资图案分 A 型和 B 型）
A 型：陶罐上白色竖条纹较细
B 型：陶罐上白色竖条纹较粗
1-1a 错印成“双耳底圜彩陶罐”
1-1b A 型邮资图案信封漏印褐色，只有凹凸感，无邮资图
1-1c A 型邮资图案信封漏印红色，信封正面无左上方的红色编码方框和右下方的红色“邮政编码”四字，背面无文字

1-1 A 型

1-1 B 型

A 型、B 型比较图

1-1 封背印“双耳圜底彩陶罐”

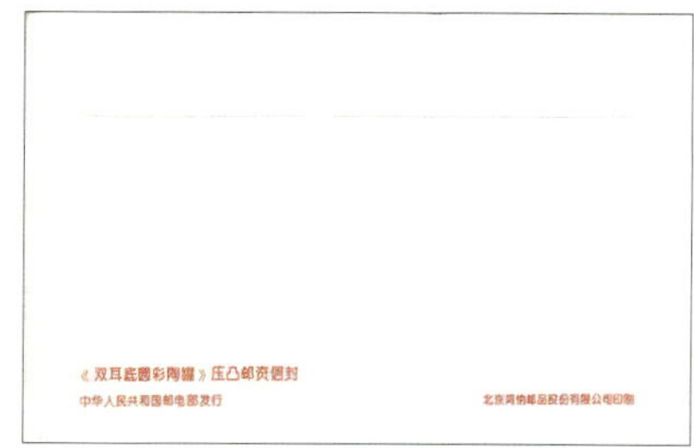

1-1a 错印“双耳底圜彩陶罐”

1-1b 漏印邮资图案的邮资信封的正面

1-1b 漏印邮资图案的邮资信封的背面

1-1c 漏印红色无邮政编码

1-1c 封背无文字

序号	面值（分）	售价（元）	发行量（万枚）	市场参考价格（元）
1-1	50	1.30		3.00
1-1a	50	1.30		200.00
1-1b	50	1.30		200.00
1-1c	50	1.30		200.00

版别：胶版、压凸
设计者：阎炳武
印制厂：北京鸿纳邮品股份有限公司

PF10 颐和园十七孔桥
PF10 Seventeen Arch Bridge of Summer Palace

1999 年 3 月 25 日发行
全套 1 枚
信封邮票规格：31mm × 22mm
信封规格：176mm × 110mm
1-1 颐和园十七孔桥（邮资图上印荧光中国邮政徽标）

序号	面值（分）	售价（元）	发行量（万枚）	市场参考价格（元）
1-1	80	1.00	1450.74	3.00

版别：胶版
设计者：王红卫
摄影者：严钟义
印制厂：河南省邮电印刷厂
注：邮资图上带有荧光中国邮政徽标。

PF11 芙蓉花
PF11 Cotton Rose Hibiscus

2001 年 6 月 26 日发行
全套 1 枚
信封邮票规格：25mm × 35mm
信封规格：230mm × 120mm
1-1 芙蓉花
A：面值 80 分
B：改值 1.20 元

序号	面值（分）	售价（元）	发行量（万枚）	市场参考价格（元）
A	80	1.00		5.00
B	120			5.00

版别：胶版
设计者：张桂徵
责任编辑：辛欣
印制厂：北京鸿纳邮品股份有限公司

PF12 菊花
PF12 Chrysanthemum

2001 年 7 月 9 日发行
全套 1 枚
信封邮票规格：25mm × 35mm
信封规格：230mm × 120mm
1-1 菊花
A：面值 60 分
B：改值 80 分

序号	面值（分）	售价（元）	发行量（万枚）	市场参考价格（元）
A	60	0.85		10.00
B	80			8.00

版别：胶版
设计者：张桂徵
责任编辑：辛欣
印制厂：河南省邮电印刷厂

PF13 郴州风光
PF13 Scenery of Chenzhou

2001 年 9 月 28 日发行
全套 4 枚
信封邮票规格：50mm × 37mm
信封规格：230mm × 120mm
4-1 苏仙岭
A：面值 80 分
B：改值 1.20 元
4-2 五盖山
A：面值 80 分
B：改值 1.20 元
4-3 东江湖
A：面值 80 分
B：改值 1.20 元
4-4 莽山
A：面值 80 分
B：改值 1.20 元

序号	面值（分）	售价（元）	发行量（万枚）	市场参考价格（元）
4-1 A	80	1.00		10.00
4-1 B	120			10.00
4-2 A	80	1.00		10.00
4-2 B	120			10.00
4-3 A	80	1.00		10.00
4-3 B	120			10.00
4-4 A	80	1.00		10.00
4-4 B	120			10.00

版别：胶版

设计者：李德福

责任编辑：虞平

印制厂：北京鸿纳邮品股份有限公司

PF14 成吉思汗陵

PF14 Genghis Khan Imperial Tomb

2001 年 9 月 28 日发行

全套 1 枚

信封邮票规格： 58mm × 33mm （异形）

信封规格： 230mm × 120mm

1-1 成吉思汗陵

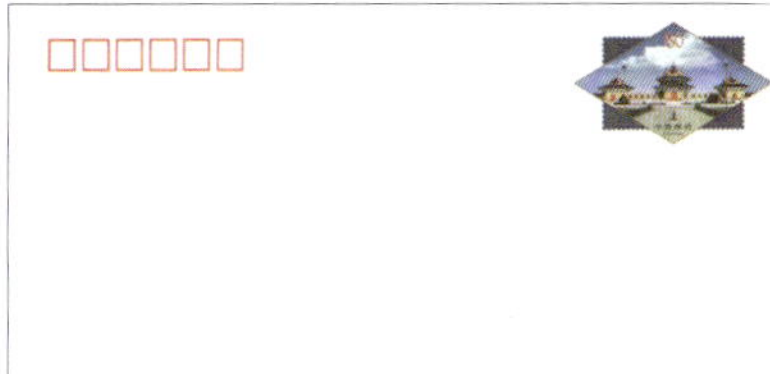

序号	面值（分）	售价（元）	发行量（万枚）	市场参考价格（元）
1-1	80	1.00		25.00

版别：胶版

设计者：王虎鸣

责任编辑：张文涛

印制厂：北京鸿纳邮品股份有限公司

PF15 古隆中

PF15 Ancient Longzhong

2001 年 9 月 29 日发行

全套 1 枚

信封邮票规格： 25mm × 35mm

信封规格： 230mm × 120mm

1-1 古隆中

A：面值 80 分

B：改值 1.20 元

序号	面值（分）	售价（元）	发行量（万枚）	市场参考价格（元）
A	80	1.00		15.00
B	120			10.00

版别：胶版

设计者：方军

责任编辑：佟立英

印制厂：北京鸿纳邮品股份有限公司

PF16 鄂州观音阁

PF16 Pavilion of Goddess of Mercy in Ezhou

2001 年 10 月 4 日发行

全套 1 枚

信封邮票规格： 40mm × 30mm

信封规格： 230mm × 120mm

1-1 鄂州观音阁

A：面值 80 分

B：改值 1.20 元

序号	面值（分）	售价（元）	发行量（万枚）	市场参考价格（元）
A	80	1.00		25.00
B	120			5.00

版别：胶版

设计者：任国恩

责任编辑：佟立英

印制厂：北京鸿纳邮品股份有限公司

PF17 黄鹤楼

PF17 Yellow Crane Tower

2001 年 10 月 20 日发行

全套 1 枚

信封邮票规格： 40mm × 30mm

信封规格： 230mm × 120mm

1-1 黄鹤楼

A：面值 80 分

B：改值 1.20 元

序号	面值（分）	售价（元）	发行量（万枚）	市场参考价格（元）
A	80	1.00		15.00
B	120			5.00

版别：胶版

设计者：方军

责任编辑：张文涛

印制厂：河南省邮电印刷厂

PF18 六和塔
PF18 Liuhe Pagoda

2001 年 10 月 20 日发行

全套 1 枚

信封邮票规格： 40mm × 30mm

信封规格： 230mm × 120mm

1-1 六和塔

A：面值 80 分

B：改值 1.20 元

序号	面值（分）	售价（元）	发行量（万枚）	市场参考价格（元）
A	80	1.00		15.00
B	120			10.00

版别：胶版

设计者：任鲸

责任编辑：虞平

印制厂：浙江省邮电印刷厂

PF19 菊花——菊渊雅韵
PF19 Tasteful and Graceful Chrysanthemum

2001 年 10 月 25 日发行

全套 1 枚

信封邮票规格：直径 35mm （圆形）

信封规格： 230mm × 120mm

1-1 菊花——菊渊雅韵

A：面值 80 分

B：改值 1.20 元

序号	面值（分）	售价（元）	发行量（万枚）	市场参考价格（元）
A	80	1.00		15.00
B	120			12.00

版别：胶版

设计者：刘雨苏

责任编辑：陈宜思

印制厂：河南省邮电印刷厂

PF20 瑞金革命遗址
PF20 Revolutionary Site in Ruijin

2001 年 12 月 6 日发行

全套 1 枚

信封邮票规格： 40mm × 30mm

信封规格： 230mm × 120mm

1-1 瑞金革命遗址

A：面值 80 分

B：改值 1.20 元

序号	面值（分）	售价（元）	发行量（万枚）	市场参考价格（元）
A	80	1.00		20.00
B	120			5.00

版别：胶版

设计者：李昕

责任编辑：佟立英

印制厂：广东邮电南方彩色印务有限公司

PF21 中国结
PF21 Chinese Knots

2001 年 12 月 16 日发行

全套 1 枚

信封邮票规格： 50mm × 38mm

信封规格： 229mm × 162mm

1-1 中国结

A：面值 80 分

B：改值 1.20 元

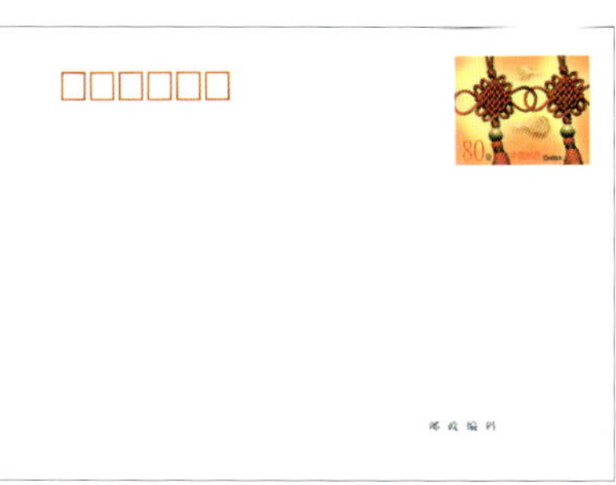

序号	面值（分）	售价（元）	发行量（万枚）	市场参考价格（元）
A	80	1.00		20.00
B	120			15.00

版别：胶版

设计者：张森、杨波

责任编辑：佟立英

印制厂：北京鸿纳邮品股份有限公司

PF22 承德避暑山庄
PF22 Chengde Imperial Summer Resort

2001 年 12 月 18 日发行

全套 1 枚

信封邮票规格： 38mm × 26mm

信封规格： 230mm × 120mm

1-1 承德避暑山庄

A：面值 80 分

B：改值 1.20 元

序号	面值（分）	售价（元）	发行量（万枚）	市场参考价格（元）
A	80	1.00		25.00
B	120			5.00

版别：胶版

设计者：方军

责任编辑：佟立英

印制厂：北京鸿纳邮品股份有限公司

PF23 沧州铁狮子
PF23 Iron Lion in Cangzhou

2001 年 12 月 20 日发行

全套 1 枚

信封邮票规格： 40mm×30mm
信封规格： 230mm×120mm
1-1 沧州铁狮子
A：面值 80 分
B：改值 1.20 元

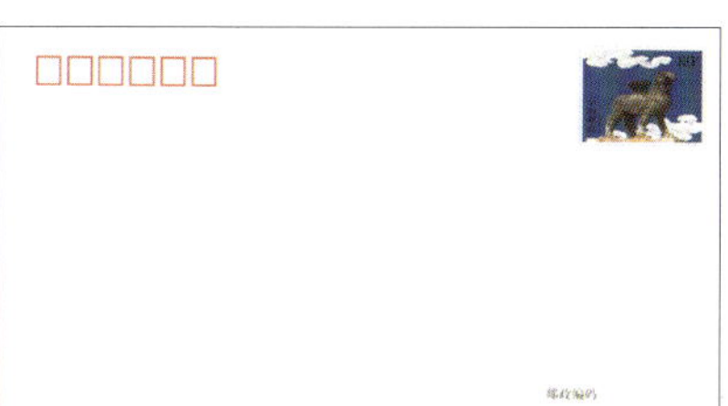

序号	面值（分）	售价（元）	发行量（万枚）	市场参考价格（元）
A	80	1.00		15.00
B	120			15.00

版别：胶版
设计者：阎炳武
责任编辑：虞平
印制厂：河南省邮电印刷厂

PF24 牡丹——夜光白
PF24 Peony in Noctilucent White Color

2001 年 12 月 22 日发行
全套 1 枚
信封邮票规格： 35mm×30mm
信封规格： 230mm×120mm
1-1 牡丹——夜光白
A：面值 60 分
B：改值 80 分

序号	面值（分）	售价（元）	发行量（万枚）	市场参考价格（元）
A	60	0.85		30.00
B	80			15.00

版别：胶版
设计者：杨荣生
责任编辑：陈宜思
印制厂：河南省邮电印刷厂

PF25 牡丹——烟笼紫
PF25 Peony in Hazy Violet Color

2001 年 12 月 22 日发行
全套 1 枚
信封邮票规格： 35mm×30mm
信封规格： 230mm×120mm
1-1 牡丹——烟笼紫
A：面值 80 分
B：改值 1.20 元

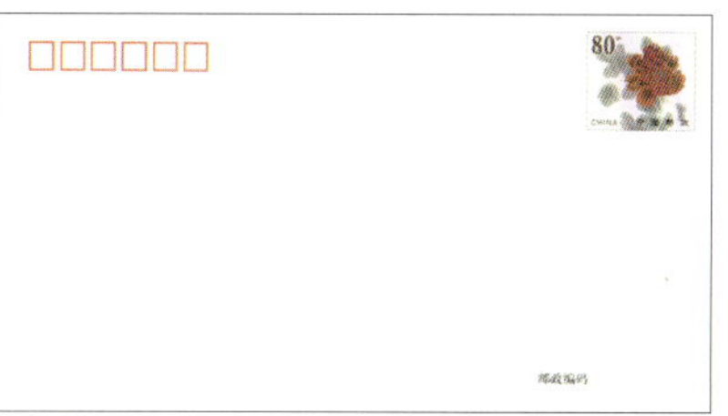

序号	面值（分）	售价（元）	发行量（万枚）	市场参考价格（元）
A	80	1.00		30.00
B	120			15.00

版别：胶版
设计者：杨荣生
责任编辑：陈宜思
印制厂：河南省邮电印刷厂

PF26 郑州“二七”纪念塔
PF26 “February 7th” Commemorative Tower in Zhengzhou

2001 年 12 月 27 日发行
全套 1 枚
信封邮票规格： 30mm×40mm
信封规格： 230mm×120mm
1-1 郑州“二七”纪念塔
A：面值 80 分
B：改值 1.20 元

序号	面值（分）	售价（元）	发行量（万枚）	市场参考价格（元）
A	80	1.00		30.00
B	120			15.00

版别：胶版
设计者：陈宜思
责任编辑：刘雨苏
印制厂：河南省邮电印刷厂

PF27 商代方鼎
PF27 Square Quadripod of Shang Dynasty

2001 年 12 月 27 日发行
全套 1 枚
信封邮票规格： 28mm×40mm
信封规格： 230mm×120mm
1-1 商代方鼎
A：面值 60 分
B：改值 80 分

序号	面值（分）	售价（元）	发行量（万枚）	市场参考价格（元）
A	60	0.85		15.00
B	80			15.00

版别：胶版
设计者：刘雨苏
责任编辑：陈宜思
印制厂：河南省邮电印刷厂

PF28 嘉兴南湖船
PF28 Nanhu Boat in Jiaxing

2001 年 12 月 28 日发行
全套 1 枚
信封邮票规格： 38mm×26mm
信封规格： 230mm×120mm
1-1 嘉兴南湖船
A：面值 80 分
B：改值 1.20 元

序号	面值（分）	售价（元）	发行量（万枚）	市场参考价格（元）
A	80	1.00		15.00
B	120			15.00

版别：胶版

设计者：门立群

责任编辑：张文涛

印制厂：浙江省邮电印刷厂

PF29 水仙花
PF29 Narcissus

2002 年 1 月 15 日发行

全套 1 枚

信封邮票规格：28mm × 38mm

信封规格：230mm × 120mm

1-1 水仙花

A：面值 80 分

B：改值 1.20 元

序号	面值（分）	售价（元）	发行量（万枚）	市场参考价格（元）
A	80	1.00		15.00
B	120			5.00

版别：胶版

设计者：李嘉

责任编辑：方军

印制厂：浙江省邮电印刷厂

PF30 永祚寺双塔
PF30 Twin Towers at Yongzuo Temple

2002 年 1 月 25 日发行

全套 1 枚

信封邮票规格：30mm × 40mm

信封规格：230mm × 120mm

1-1 永祚寺双塔

A：面值 80 分

B：改值 1.20 元

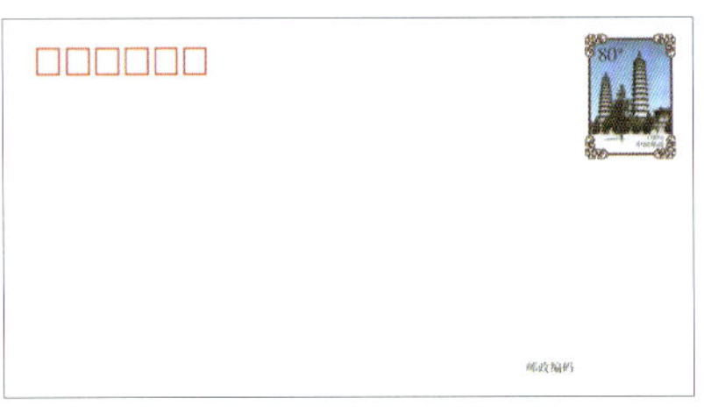

序号	面值（分）	售价（元）	发行量（万枚）	市场参考价格（元）
A	80	1.00		15.00
B	120			15.00

版别：胶版

设计者：阎炳武

责任编辑：李昕

印制厂：河南省邮电印制厂

PF31 君子兰
PF31 Kaffir Lily

2002 年 1 月 28 日发行

全套 1 枚

信封邮票规格：43mm × 33mm（异形）

信封规格：230mm × 120mm

1-1 君子兰

A：面值 80 分

B：改值 1.20 元

序号	面值（分）	售价（元）	发行量（万枚）	市场参考价格（元）
A	80	1.00		15.00
B	120			15.00

版别：胶版

设计者：王虎鸣

责任编辑：尚予

印制厂：北京鸿纳邮品股份有限公司

PF32 小天鹅
PF32 Cygnet

2002 年 3 月 25 日发行

全套 1 枚

信封邮票规格：44mm × 33mm

信封规格：230mm × 120mm

1-1 小天鹅

A：面值 80 分

B：改值 1.20 元

序号	面值（分）	售价（元）	发行量（万枚）	市场参考价格（元）
A	80	1.00		15.00
B	120			5.00

版别：胶版

设计者：顾园

责任编辑：佟立英

印制厂：江苏省邮电印制厂

PF33 云台山大瀑布
PF33 Grand Waterfall in Yuntai Mountain

2002 年 4 月 20 日发行

全套 1 枚

信封邮票规格：30mm × 40mm

信封规格：230mm × 120mm

1-1 云台山大瀑布

A：面值 80 分

B：改值 1.20 元

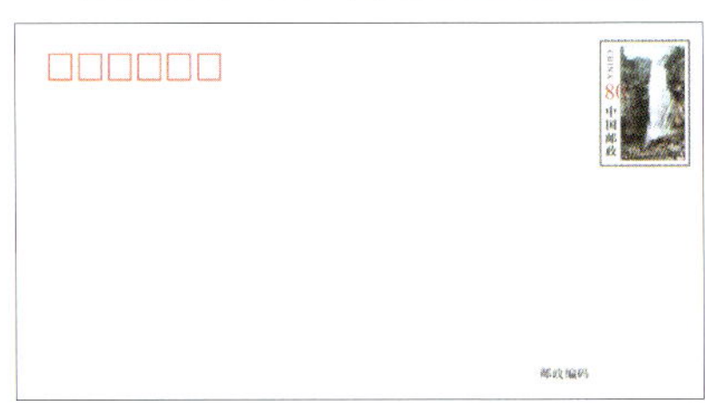

序号	面值（分）	售价（元）	发行量（万枚）	市场参考价格（元）
A	80	1.00		30.00
B	120			15.00

版别：胶版

设计者：刘雨苏

摄影者：王振松

责任编辑：虞平

印制厂：北京鸿纳邮品股份有限公司

PF34 天宁寺三圣塔
PF34 Sansheng Pagoda at Tianning Temple

2002 年 4 月 20 日发行
全套 1 枚
信封邮票规格： 36mm × 26mm
信封规格： 230mm × 120mm
1-1 天宁寺三圣塔
A：面值 80 分
B：改值 1.20 元

序号	面值（分）	售价（元）	发行量（万枚）	市场参考价格（元）
A	80	1.00		35.00
B	120			5.00

版别：胶版
设计者：方军
摄影者：张子林
责任编辑：刘雨苏
印制厂：北京鸿纳邮品股份有限公司

PF35 龙头蜈蚣风筝
PF35 Dragon Headed and Centipede Bodied Kite

2002 年 5 月 5 日发行
全套 1 枚
信封邮票规格： 44mm × 33mm
信封规格： 230mm × 120mm
1-1 龙头蜈蚣风筝
A：面值 80 分
B：改值 1.20 元

序号	面值（分）	售价（元）	发行量（万枚）	市场参考价格（元）
A	80	1.00		20.00（白封 350.00）
B	120			10.00

版别：胶版
设计者：梁文道
责任编辑：史渊
印制厂：中国人民解放军第 1206 工厂

PF36 巨型鸭嘴恐龙化石
PF36 Fossil of Giant Duck-Billed Dinosaur

2002 年 5 月 5 日发行
全套 1 枚
信封邮票规格： 43mm × 32mm
信封规格： 230mm × 120mm
1-1 巨型鸭嘴恐龙化石
A：面值 80 分
B：改值 1.20 元

序号	面值（分）	售价（元）	发行量（万枚）	市场参考价格（元）
A	80	1.00		35.00（白封 300.00）
B	120			15.00

版别：胶版
设计者：于亚娜
摄影者：李钢
责任编辑：史渊
印制厂：中国人民解放军第 1206 工厂

PF37 中国少年儿童基金会会徽
PF37 Logo of China Children and Teenager' s Fund

2002 年 6 月 1 日发行
全套 1 枚
信封邮票规格： 27mm × 36mm
信封规格： 230mm × 120mm
1-1 中国少年儿童基金会会徽

序号	面值（分）	售价（元）	发行量（万枚）	市场参考价格（元）
1-1	80	1.00		20.00（白封 200.00）

版别：胶版
设计者：谷庆莉
责任编辑：佟立英
印制厂：北京鸿纳邮品股份有限公司

PF38 商丘古城楼
PF38 Ancient City-Gate Tower of Shangqiu

2002 年 6 月 8 日发行
全套 1 枚
信封邮票规格： 40mm × 29mm
信封规格： 230mm × 120mm
1-1 商丘古城楼
A：面值 80 分
B：改值 1.20 元

序号	面值（分）	售价（元）	发行量（万枚）	市场参考价格（元）
A	80	1.00		30.00（白封 200.00）
B	120			15.00

版别：胶版
设计者：刘雨苏
摄影者：冯先学
责任编辑：陈宜思
印制厂：河南省邮电印制厂

PF39 梦想成真
PF39 Dream Has Come True

2002 年 6 月 8 日发行
全套 1 枚
信封邮票规格：半径 17.5mm （圆形）
信封规格： 230mm × 120mm
1-1 梦想成真

序号	面值（分）	售价（元）	发行量（万枚）	市场参考价格（元）
1-1	80	1.00		50.00（白封 1000.00）

版别：胶版
设计者：刘雨苏
责任编辑：方军
印制厂：中国人民解放军第 1206 工厂

PF40 星空遐想

PF40 Reveries about Starry Sky

2002 年 6 月 8 日发行

全套 1 枚

信封邮票规格： 半径 17.5mm （圆形）

信封规格： 230mm × 120mm

1-1 星空遐想

序号	面值（分）	售价（元）	发行量（万枚）	市场参考价格（元）
1-1	80	1.00		50.00（白封 1000.00）

版别：胶版

设计者：刘雨苏

责任编辑：方军

印制厂：北京鸿纳邮品股份有限公司

PF41 古城邯郸

PF41 The Ancient City of Handan

2002 年 6 月 28 日发行

全套 1 枚

信封邮票规格： 40mm × 30mm

信封规格： 230mm × 120mm

1-1 古城邯郸

A：面值 80 分

B：改值 1.20 元

序号	面值（分）	售价（元）	发行量（万枚）	市场参考价格（元）
A	80	1.00		35.00（白封 200.00）
B	120			12.00

版别：胶版

设计者：阎炳武

责任编辑：佟立英

印制厂：河南省邮电印制厂

PF42 殷墟博物苑

PF42 Museum of Yin Dynasty Ruins

2002 年 6 月 28 日发行

全套 1 枚

信封邮票规格： 31mm × 40mm

信封规格： 230mm × 120mm

1-1 殷墟博物苑

A：面值 80 分

B：改值 1.20 元

序号	面值（分）	售价（元）	发行量（万枚）	市场参考价格（元）
A	80	1.00		35.00（白封 200.00）
B	120			15.00

版别：胶版

设计者：罗冰

摄影者：李自省

责任编辑：虞平

印制厂：河南省邮电印制厂

PF43 红旗渠

PF43 Hongqi Canal

2002 年 6 月 28 日发行

全套 1 枚

信封邮票规格： 29mm × 43mm

信封规格： 230mm × 120mm

1-1 红旗渠

A：面值 80 分

B：改值 1.20 元

序号	面值（分）	售价（元）	发行量（万枚）	市场参考价格（元）
A	80	1.00		15.00（白封 250.00）
B	120			15.00

版别：胶版

设计者：阎炳武

摄影者：李自省

责任编辑：虞平

印制厂：河南省邮电印制厂

PF44 西柏坡

PF44 Xibaipo

2002 年 7 月 1 日发行

全套 1 枚

信封邮票规格： 40mm × 30mm

信封规格： 230mm × 120mm

1-1 西柏坡

A：面值 80 分

B：改值 1.20 元

序号	面值（分）	售价（元）	发行量（万枚）	市场参考价格（元）
A	80	1.00		35.00（白封 250.00）
B	120			10.00

版别：胶版

设计者：呼振源

责任编辑：刘雨苏

印制厂：北京鸿纳邮品股份有限公司

PF45 光岳楼

PF45 Guangyue Tower

2002 年 8 月 1 日发行

全套 1 枚

信封邮票规格： 41mm × 30mm

信封规格： 230mm × 120mm

1-1 光岳楼

A：面值 80 分

B：改值 1.20 元

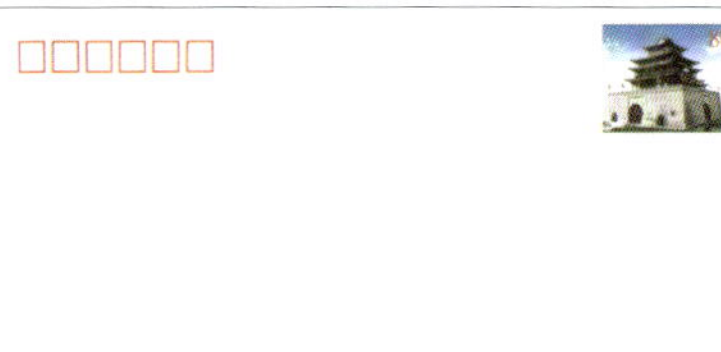

序号	面值（分）	售价（元）	发行量（万枚）	市场参考价格（元）
A	80	1.00		35.00（白封 200.00）
B	120			20.00

版别：胶版

设计者：郑伟

摄影者：吴家生

责任编辑：方军

印制厂：山东省邮电印刷厂

PF46 泉州东西塔

PF46 East Pagoda and West Pagoda in Quanzhou

2002 年 8 月 6 日发行

全套 1 枚

信封邮票规格： 30mm × 40mm

信封规格： 230mm × 120mm

1-1 泉州东西塔

A：面值 80 分

B：改值 1.20 元

序号	面值（分）	售价（元）	发行量（万枚）	市场参考价格（元）
A	80	1.00		35.00（白封 200.00）
B	120			15.00

版别：胶版

设计者：蒋长云

摄影者：蒋长云

责任编辑：朱晓兰

印制厂：北京鸿纳邮品股份有限公司

PF47 郑成功塑像

PF47 Statue of Zheng Chenggong

2002 年 8 月 8 日发行

全套 1 枚

信封邮票规格： 30mm × 39mm

信封规格： 230mm × 120mm

1-1 郑成功塑像

A：面值 80 分

B：改值 1.20 元

序号	面值（分）	售价（元）	发行量（万枚）	市场参考价格（元）
A	80	1.00		30.00（白封 200.00）
B	120			15.00

版别：胶版

设计者：黄秋兰

责任编辑：张文涛

印制厂：浙江省邮电印刷厂

PF48 秦皇岛老龙头

PF48 Laolongtou in Qinhuangdao

2002 年 8 月 25 日发行

全套 1 枚

信封邮票规格： 40mm × 30mm

信封规格： 230mm × 120mm

1-1 秦皇岛老龙头

A：面值 80 分

B：改值 1.20 元

序号	面值（分）	售价（元）	发行量（万枚）	市场参考价格（元）
A	80	1.00		35.00（白封 200.00）
B	120			20.00

版别：胶版

设计者：王虎鸣

责任编辑：朱晓兰

印制厂：北京邮票厂

PF49 雕塑——东方醒狮

PF49 Statue of Oriental Waking-up Lion

2002 年 9 月 10 日发行

全套 1 枚

信封邮票规格： 40mm × 30mm

信封规格： 230mm × 120mm

1-1 雕塑——东方醒狮

A：面值 80 分

B：改值 1.20 元

序号	面值（分）	售价（元）	发行量（万枚）	市场参考价格（元）
A	80	1.00		30.00（白封 200.00）
B	120			15.00

版别：胶版

设计者：尚予

摄影者：许水湿

责任编辑：辛欣

印制厂：北京鸿纳邮品股份有限公司

PF50 春秋楼

PF50 Spring and Autumn Tower

2002 年 9 月 12 日发行

全套 1 枚

信封邮票规格： 40mm × 30mm

信封规格： 230mm × 120mm

1-1 春秋楼

A：面值 80 分

B：改值 1.20 元

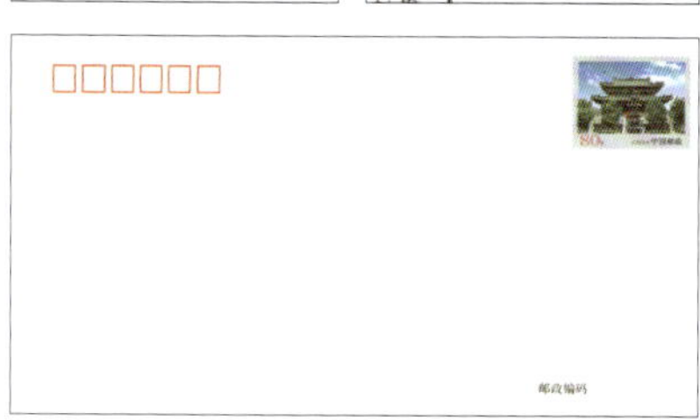

序号	面值（分）	售价（元）	发行量（万枚）	市场参考价格（元）
A	80	1.00		35.00（白封 200.00）
B	120			10.00

版别：胶版

设计者：张同春

责任编辑：史渊

印制厂：河南省邮电印制厂

PF51 呼伦贝尔草原

PF51 Hulun Buir Grassland

2002 年 9 月 18 日发行

全套 1 枚

信封邮票规格： 40mm × 30mm
信封规格： 230mm × 120mm
1-1 呼伦贝尔草原
A：面值 80 分
B：改值 1.20 元

序号	面值（分）	售价（元）	发行量（万枚）	市场参考价格（元）
A	80	1.00		20.00（白封 200.00）
B	120			15.00

版别：胶版
设计者：王虎鸣
摄影者：乌热尔图
责任编辑：刘继鸿
印制厂：辽宁省沈阳邮电印制厂

PF52 三苏祠
PF52 Sansu Temple

2002 年 9 月 20 日发行
全套 1 枚
信封邮票规格： 42mm × 32mm
信封规格： 230mm × 120mm
1-1 三苏祠
A：面值 80 分
B：改值 1.20 元

序号	面值（分）	售价（元）	发行量（万枚）	市场参考价格（元）
A	80	1.00		35.00（白封 200.00）
B	120			15.00

版别：胶版
设计者：叶秀全
责任编辑：刘继鸿
印制厂：四川省邮电印制厂

PF53 鄂黄长江公路大桥
PF53 Huanggang-Ezhou Highway Bridge over Yangtze River

2002 年 9 月 26 日发行
全套 1 枚
信封邮票规格： 42mm × 29mm
信封规格： 230mm × 120mm
1-1 鄂黄长江公路大桥
A：面值 80 分
B：改值 1.20 元

序号	面值（分）	售价（元）	发行量（万枚）	市场参考价格（元）
A	80	1.00		35.00（白封 200.00）
B	120			20.00

版别：胶版
设计者：王金春
摄影者：张辉
责任编辑：史渊
印制厂：江苏省邮电印制厂

PF54 安平古桥
PF54 Ancient Bridge of Anping

2002 年 9 月 28 日发行
全套 1 枚
信封邮票规格： 40mm × 28mm
信封规格： 230mm × 120mm
1-1 安平古桥
A：面值 80 分
B：改值 1.20 元

序号	面值（分）	售价（元）	发行量（万枚）	市场参考价格（元）
A	80	1.00		30.00（白封 200.00）
B	120			20.00

版别：胶版
设计者：郝欧
责任编辑：辛欣
印制厂：浙江省邮电印刷厂

PF55 淇河
PF55 Qi River

2002 年 9 月 29 日发行
全套 1 枚
信封邮票规格： 40mm × 30mm
信封规格： 230mm × 120mm
1-1 淇河
A：面值 80 分
B：改值 1.20 元

序号	面值（分）	售价（元）	发行量（万枚）	市场参考价格（元）
A	80	1.00		20.00（白封 200.00）
B	120			20.00

版别：胶版
设计者：方军
摄影者：傅浩
责任编辑：朱晓兰
印制厂：河南省邮电印制厂

PF56 茶花
PF56 Camellia

2002 年 10 月 9 日发行
全套 1 枚
信封邮票规格： 42mm × 32mm （椭圆形）
信封规格： 230mm × 120mm
1-1 茶花
A：面值 80 分
B：改值 1.20 元

序号	面值（分）	售价（元）	发行量（万枚）	市场参考价格（元）
A	80	1.00		30.00（白封 300.00）
B	120			8.00

版别：胶版
设计者：厉新华、林肖
责任编辑：刘继鸿
印制厂：浙江省邮电印刷厂

PF57 采石矶
PF57 Caishiji

2002 年 10 月 9 日发行
全套 1 枚
信封邮票规格：28.5mm × 33mm
信封规格：230mm × 120mm
1-1 采石矶
  A：面值 80 分
  B：改值 1.20 元

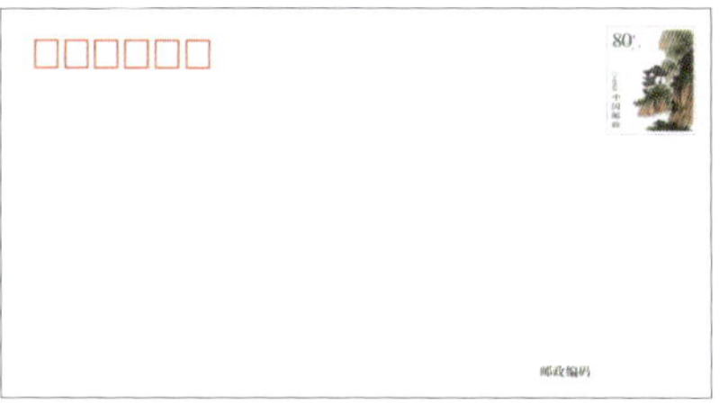

序号	面值（分）	售价（元）	发行量（万枚）	市场参考价格（元）
A	80	1.00		30.00（白封 200.00）
B	120			20.00

版别：胶版
设计者：周强
责任编辑：辛欣
印制厂：浙江省邮电印刷厂

PF58 遵义会议会址
PF58 Site of Zunyi Meeting

2002 年 10 月 10 日发行
全套 1 枚
信封邮票规格：39mm × 30mm
信封规格：230mm × 120mm
1-1 遵义会议会址
  A：面值 80 分
  B：改值 1.20 元

序号	面值（分）	售价（元）	发行量（万枚）	市场参考价格（元）
A	80	1.00		20.00（白封 250.00）
B	120			15.00

版别：胶版
设计者：吴坚
责任编辑：陈宜思
印制厂：浙江省邮电印刷厂

PF59 衡水武强年画
PF59 Wuqiang New Year Picture of Hengshui

2002 年 10 月 15 日发行
全套 1 枚
信封邮票规格：30mm × 38mm
信封规格：230mm × 120mm
1-1 衡水武强年画
  A：面值 80 分
  B：改值 1.20 元

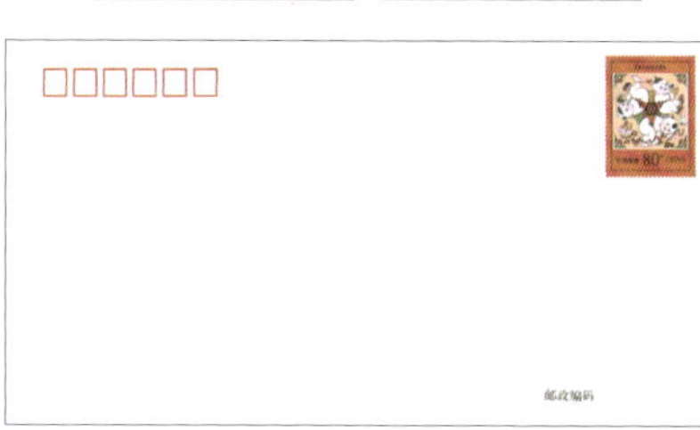

序号	面值（分）	售价（元）	发行量（万枚）	市场参考价格（元）
A	80	1.00		20.00（白封 200.00）
B	120			20.00

版别：胶版
设计者：呼振源
原画作者：路彩燕
责任编辑：刘继鸿
印制厂：北京邮票厂

PF60 雷锋同志塑像
PF60 Statue of Comrade Lei Feng

2002 年 10 月 22 日发行
全套 1 枚
信封邮票规格：30mm × 40mm
信封规格：230mm × 120mm
1-1 雷锋同志塑像
  A：面值 80 分
  B：改值 1.20 元

序号	面值（分）	售价（元）	发行量（万枚）	市场参考价格（元）
A	80	1.00		20.00（白封 250.00）
B	120			15.00

版别：胶版
设计者：李昕
塑像作者：胡德启、马明
摄影者：李树涵
责任编辑：刘继鸿
印制厂：辽宁省沈阳邮电印制厂

PF61 松花湖
PF61 Songhua Lake

2002 年 10 月 25 日发行
全套 1 枚
信封邮票规格：41mm × 31mm
信封规格：230mm × 120mm
1-1 松花湖
  A：面值 80 分
  B：改值 1.20 元

序号	面值（分）	售价（元）	发行量（万枚）	市场参考价格（元）
A	80	1.00		20.00（白封 200.00）
B	120			10.00

版别：胶版
设计者：邹起程
摄影者：邹起程
责任编辑：陈宜思
印制厂：江苏省邮电印制厂

PF62 长白山天池
PF62 Heavenly Lake of Changbai Mountain

2002 年 10 月 26 日发行
全套 1 枚
信封邮票规格：39mm × 30mm
信封规格：230mm × 120mm
1-1 长白山天池
A：面值 80 分
B：改值 1.20 元

序号	面值（分）	售价（元）	发行量（万枚）	市场参考价格（元）
A	80	1.00		20.00（白封 200.00）
B	120			8.00

版别：胶版
设计者：王虎鸣
摄影者：温波
责任编辑：刘继鸿
印制厂：辽宁省沈阳邮电印制厂

PF63 北海银滩
PF63 Yintan of Beihai

2002 年 10 月 28 日发行
全套 1 枚
信封邮票规格：40mm × 30mm
信封规格：230mm × 120mm
1-1 北海银滩
A：面值 80 分
B：改值 1.20 元

序号	面值（分）	售价（元）	发行量（万枚）	市场参考价格（元）
A	80	1.00		35.00（白封 200.00）
B	120			15.00

版别：胶版
设计者：梁祝
摄影者：梁祝
责任编辑：刘继鸿
印制厂：广东邮电南方彩色印务有限公司

PF64 成都杜甫草堂
PF64 Dufu' s Thatched Cottage in Chengdu

2002 年 12 月 5 日发行
全套 1 枚
信封邮票规格：33mm × 43mm
信封规格：230mm × 120mm
1-1 成都杜甫草堂
A：面值 80 分
B：改值 1.20 元

序号	面值（分）	售价（元）	发行量（万枚）	市场参考价格（元）
A	80	1.00		20.00（白封 250.00）
B	120			10.00

版别：胶版
设计者：杨文清
责任编辑：范艳峰
印制厂：四川省邮电印制厂

PF65 孟庙
PF65 Mencius' Temple

2002 年 12 月 12 日发行
全套 1 枚
信封邮票规格：40mm × 30mm
信封规格：230mm × 120mm
1-1 孟庙
A：面值 80 分
B：改值 1.20 元

序号	面值（分）	售价（元）	发行量（万枚）	市场参考价格（元）
A	80	1.00		35.00（白封 250.00）
B	120			10.00

版别：胶版
设计者：杨文清
责任编辑：范艳峰
印制厂：山东省邮电印刷厂

PF66 保定古莲花池
PF66 Ancient Lotus Pond in Baoding

2002 年 12 月 18 日发行
全套 1 枚
信封邮票规格：43.5mm × 33.5mm
信封规格：230mm × 120mm
1-1 保定古莲花池
A：面值 80 分
B：改值 1.20 元

序号	面值（分）	售价（元）	发行量（万枚）	市场参考价格（元）
A	80	1.00		35.00（白封 200.00）
B	120			10.00

版别：胶版
设计者：刘彦
摄影者：宋君
责任编辑：范艳峰
印制厂：中国人民解放军第 1206 工厂

PF67 雕塑——黄河母亲
PF67 Statue of Yellow River Mother

2002 年 12 月 20 日发行
全套 1 枚
信封邮票规格： 41mm × 28mm
信封规格： 230mm × 120mm
1-1 雕塑——黄河母亲
A：面值 80 分
B：改值 1.20 元

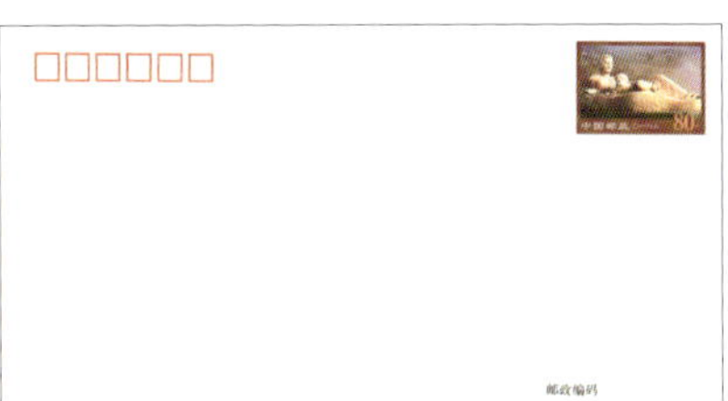

序号	面值（分）	售价（元）	发行量（万枚）	市场参考价格（元）
A	80	1.00		25.00(白封 200.00)
B	120			20.00

版别：胶版
雕塑作者：何鄂
设计者：鸿宇
摄影者：毕先责
任编辑：范艳峰
印制厂：北京鸿纳邮品股份有限公司

PF68 碴岈山
PF68 Chaya Mountain

2002 年 12 月 26 日发行
全套 1 枚
信封邮票规格： 47mm × 34mm
信封规格： 230mm × 120mm
1-1 碴岈山
A：面值 80 分
B：改值 1.20 元

序号	面值（分）	售价（元）	发行量（万枚）	市场参考价格（元）
A	80	1.00		15.00（白封 200.00）
B	120			5.00

版别：胶版
设计者：方军
摄影者：张保安
责任编辑：张文涛
印制厂：河南省邮电印制厂

PF69 风采楼
PF69 Fengcai Tower

2002 年 12 月 28 日发行
全套 1 枚
信封邮票规格： 31mm × 38mm
信封规格： 230mm × 120mm
1-1 风采楼
A：面值 80 分
B：改值 1.20 元

序号	面值（分）	售价（元）	发行量（万枚）	市场参考价格（元）
A	80	1.00		20.00（白封 200.00）
B	120			5.00

版别：胶版
设计者：鸿宇
摄影者：郭永庭、綦小林
责任编辑：刘继鸿
印制厂：广东邮电南方彩色印务有限公司

PF70 牺尊
PF70 Xizun Statue

2003 年 1 月 26 日发行
全套 1 枚
信封邮票规格： 38mm × 28mm
信封规格： 230mm × 120mm
1-1 牺尊
A：面值 80 分
B：改值 1.20 元

序号	面值（分）	售价（元）	发行量（万枚）	市场参考价格（元）
A	80	1.00		35.00（白封 200.00）
B	120			5.00

版别：胶版
设计者：鸿宇
摄影者：王滨
责任编辑：范艳峰
印制厂：山东省邮电印刷厂

PF71 石刻——辟邪
PF71 Stone carving-to ward off evil spirits

2003 年 1 月 28 日发行
全套 1 枚
信封邮票规格： 27.5mm × 36mm
信封规格： 230mm × 120mm
1-1 石刻——辟邪
A：面值 80 分
B：改值 1.20 元

序号	面值（分）	售价（元）	发行量（万枚）	市场参考价格（元）
A	80	1.00		20.00（白封 150.00）
B	120			20.00

版别：胶版
设计者：管建
摄影者：管建
责任编辑：范艳峰
印制厂：浙江省邮电印刷厂

PF72 众志成城雕塑
PF72 Will Unity Statue

2003 年 2 月 10 日发行
全套 1 枚
信封邮票规格： 29mm × 38mm （异形）
信封规格： 230mm × 120mm

1-1 众志成城雕塑
A：面值 80 分
B：改值 1.20 元

序号	面值（分）	售价（元）	发行量（万枚）	市场参考价格（元）
A	80	1.00		15.00（白封 200.00）
B	120			5.00

版别：胶版
设计者：王虎鸣
摄影者：王虎鸣
责任编辑：范艳峰
印制厂：中国人民解放军第 1206 工厂

PF73 大庆石油之光雕塑
PF73 Statue of Light of Daqing Petroleum

2003 年 2 月 12 日发行
全套 1 枚
信封邮票规格：30mm × 40mm
信封规格：230mm × 120mm
1-1 大庆石油之光雕塑
A：面值 80 分
B：改值 1.20 元

序号	面值（分）	售价（元）	发行量（万枚）	市场参考价格（元）
A	80	1.00		35.00（白封 100.00）
B	120			15.00

版别：胶版
设计者：李庆发、姜伟杰
摄影者：单亚林
责任编辑：范艳峰
印制厂：辽宁省沈阳邮电印刷厂

PF74 牡丹花 · 曹州红
PF74 Caozhouhong Peony

2003 年 3 月 10 日发行
全套 1 枚
信封邮票规格：43mm × 33mm
信封规格：230mm × 120mm
1-1 牡丹花 · 曹州红
A：面值 80 分
B：改值 1.20 元

序号	面值（分）	售价（元）	发行量（万枚）	市场参考价格（元）
A	80	1.00		20.00（白封 200.00）
B	120			20.00

版别：胶版
设计者：吴丽慧
摄影者：桑秋华
责任编辑：辛欣
印制厂：山东省邮电印刷厂

PF75 乌鲁木齐 · 亚心标塔
PF75 Sign Tower of Asian Center in Urumqi

2003 年 3 月 30 日发行
全套 1 枚
信封邮票规格：40mm × 29mm
信封规格：230mm × 120mm
1-1 乌鲁木齐 · 亚心标塔
A：面值 80 分
B：改值 1.20 元

序号	面值（分）	售价（元）	发行量（万枚）	市场参考价格（元）
A	80	1.00		50.00（白封 100.00）
B	120			50.00

版别：胶版
设计者：徐文超、董琪
摄影者：徐文超、卢向武
责任编辑：吴金福
印制厂：河南省邮电印刷厂

PF76 “科技之光”雕塑
PF76 Statue of Light of Science and Technology

2003 年 4 月 1 日发行
全套 1 枚
信封邮票规格：40mm × 30mm
信封规格：230mm × 120mm
1-1 “科技之光”雕塑
A：面值 80 分
B：改值 1.20 元

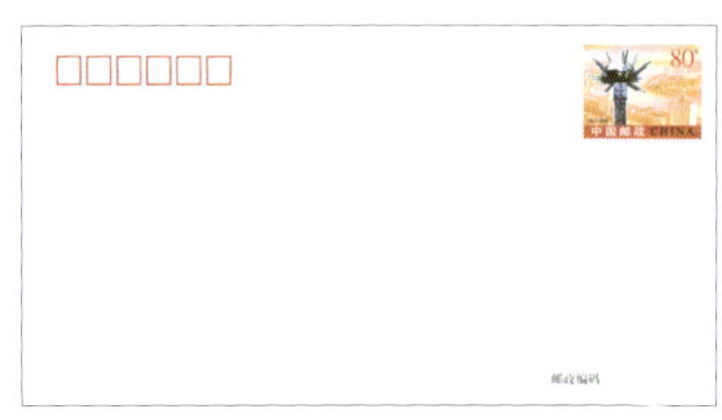

序号	面值（分）	售价（元）	发行量（万枚）	市场参考价格（元）
A	80	1.00		30.00（白封 100.00）
B	120			15.00

版别：胶版
设计者：刘雨苏
摄影者：黄达华
责任编辑：范艳峰
印制厂：四川省邮电印制厂

PF77 哈尔滨建筑艺术馆
PF77 Harbin Architectural Art Museum

2003 年 4 月 5 日发行
全套 1 枚
信封邮票规格：30mm × 40mm
信封规格：230mm × 120mm
1-1 哈尔滨建筑艺术馆
A：面值 80 分
B：改值 1.20 元

序号	面值（分）	售价（元）	发行量（万枚）	市场参考价格（元）
A	80	1.00		30.00（白封 100.00）
B	120			20.00

版别：胶版
设计者：杜志勇
摄影者：景晨明
责任编辑：刘继鸿
印制厂：辽宁省沈阳邮电印刷厂

PF78 闽江胜景
PF78 Wonderful Scenery of Minjiang River

2003 年 4 月 18 日发行
全套 1 枚
信封邮票规格：40mm × 28mm
信封规格：230mm × 120mm
1-1 闽江胜景
A：面值 80 分
B：改值 1.20 元

序号	面值（分）	售价（元）	发行量（万枚）	市场参考价格（元）
A	80	1.00		20.00（白封 100.00）
B	120			15.00

版别：胶版
设计者：林峰
摄影者：林振寿
责任编辑：吴金福
印制厂：浙江省邮电印刷厂

PF79 重庆夜景
PF79 Night Scene of Chongqing

2003 年 4 月 19 日发行
全套 1 枚
信封邮票规格：40mm × 28mm
信封规格：230mm × 120mm
1-1 重庆夜景
A：面值 80 分
B：改值 1.20 元

序号	面值（分）	售价（元）	发行量（万枚）	市场参考价格（元）
A	80	1.00		15.00（白封 100.00）
B	120			15.00

版别：胶版
设计者：魏影明
摄影者：魏影明
责任编辑：刘继鸿
印制厂：河南省邮电印刷厂

PF80 宿迁项王故里
PF80 Suqian,Hometown of Xiang Yu

2003 年 5 月 1 日发行
全套 1 枚
信封邮票规格：48mm × 36mm
信封规格：230mm × 160mm
1-1 宿迁项王故里
A：面值 80 分
B：改值 1.20 元

序号	面值（分）	售价（元）	发行量（万枚）	市场参考价格（元）
A	80	1.00		35.00（白封 150.00）
B	120			10.00

版别：胶版
设计者：张锐
摄影者：张锐
责任编辑：刘继鸿
印制厂：江苏省邮电印刷厂

PF81 安庆振风塔
PF81 Zhenfeng Tower in Anqing

2003 年 5 月 16 日发行
全套 1 枚
信封邮票规格：30mm × 40mm
信封规格：230mm × 120mm
1-1 安庆振风塔
A：面值 80 分
B：改值 1.20 元

序号	面值（分）	售价（元）	发行量（万枚）	市场参考价格（元）
A	80	1.00		30.00（白封 100.00）
B	120			6.00

版别：胶版
设计者：李建国
原作者：张旺清
责任编辑：吴金福
印制厂：江苏省邮电印刷厂

PF82 唐山抗震纪念碑
PF82 Monument of Earthquake Relief in Tangshan

2003 年 5 月 18 日发行
全套 1 枚
信封邮票规格：40mm × 30mm
信封规格：230mm × 120mm
1-1 唐山抗震纪念碑
A：面值 80 分
B：改值 1.20 元

序号	面值（分）	售价（元）	发行量（万枚）	市场参考价格（元）
A	80	1.00		15.00（白封 200.00）
B	120			8.00

版别：胶版
设计者：李德福
责任编辑：吴金福
印制厂：北京鸿纳邮品股份有限公司

PF83 瑞岩弥勒造像
PF83 Maitreya,Carved Stone at Foot of Ruiyan Mountain

2003 年 5 月 20 日发行
全套 1 枚
信封邮票规格：45mm × 29mm
信封规格：230mm × 120mm
1-1 瑞岩弥勒造像
A：面值 80 分
B：改值 1.20 元

序号	面值（分）	售价（元）	发行量（万枚）	市场参考价格（元）
A	80	1.00		35.00（白封 100.00）
B	120			7.00

版别：胶版
设计者：林泓
摄影者：林泓
责任编辑：吴金福
印制厂：浙江省邮电印刷厂

PF84 鼓浪屿日光岩
PF84 Sunlight Cliff of Gulangyu

2003 年 6 月 16 日发行
全套 1 枚
信封邮票规格：40mm × 30mm
信封规格：230mm × 120mm
1-1 鼓浪屿日光岩
A：面值 80 分
B：改值 1.20 元

序号	面值（分）	售价（元）	发行量（万枚）	市场参考价格（元）
A	80	1.00		35.00（白封 100.00）
B	120			15.00

版别：胶版
设计者：曾华伟
责任编辑：吴金福
印制厂：浙江省邮电印刷厂

PF85 武汉大学校园
PF85 Campus of Wuhan University

2003 年 6 月 25 日发行
全套 1 枚
信封邮票规格：40mm × 30mm
信封规格：230mm × 120mm
1-1 武汉大学校园
A：面值 80 分
B：改值 1.20 元

序号	面值（分）	售价（元）	发行量（万枚）	市场参考价格（元）
A	80	1.00		15.00（白封 100.00）
B	120			5.00

版别：胶版
设计者：郝旭东
摄影者：闵一航
责任编辑：吴金福
印制厂：河南省邮电印刷厂

PF86 华中科技大学校园
PF86 Campus of Huazhong University of Science and Technology

2003 年 6 月 25 日发行
全套 1 枚
信封邮票规格：40mm × 30mm
信封规格：230mm × 120mm
1-1 华中科技大学校园
A：面值 80 分
B：改值 1.20 元

序号	面值（分）	售价（元）	发行量（万枚）	市场参考价格（元）
A	80	1.00		15.00（白封 100.00）
B	120			5.00

版别：胶版
设计者：李德福
摄影者：黄民新
责任编辑：吴金福
印制厂：河南省邮电印刷厂

PF87 华中师范大学图书馆
PF87 Library of Huazhong Normal University

2003 年 6 月 25 日发行
全套 1 枚
信封邮票规格：40mm × 30mm
信封规格：230mm × 120mm
1-1 华中师范大学图书馆
A：面值 80 分
B：改值 1.20 元

序号	面值（分）	售价（元）	发行量（万枚）	市场参考价格（元）
A	80	1.00		15.00（白封 100.00）
B	120			10.00

版别：胶版

设计者：李德福
摄影者：张强
责任编辑：吴金福
印制厂：河南省邮电印刷厂

PF88 龙海水仙花
PF88 Narcissus of Longhai

2003 年 6 月 28 日发行
全套 1 枚
信封邮票规格： 30mm × 40mm
信封规格： 230mm × 120mm
1-1 龙海水仙花
　A：面值 80 分
　B：改值 1.20 元

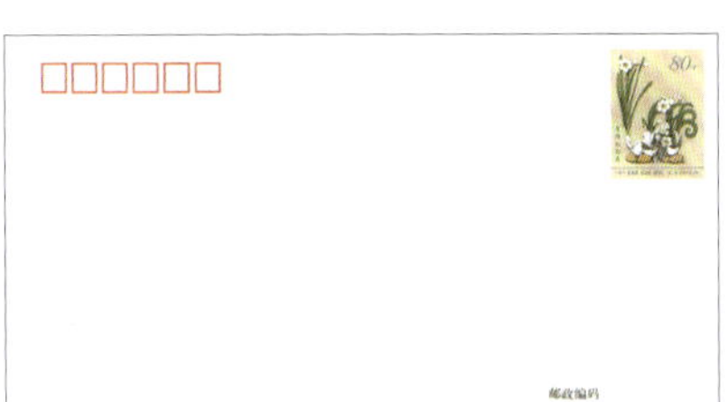

序号	面值（分）	售价（元）	发行量（万枚）	市场参考价格（元）
A	80	1.00		15.00（白封 120.00）
B	120			15.00

版别：胶版
设计者：许彦博
责任编辑：吴金福
印制厂：浙江省邮电印刷厂

PF89 高句丽古墓壁画——伏羲女娲图
PF89 Ancient Tomb Mural in Gaogouli:Fuxi and Nvwa

2003 年 6 月 28 日发行
全套 1 枚
信封邮票规格： 50mm × 27mm
信封规格： 230mm × 120mm
1-1 高句丽古墓壁画——伏羲女娲图

序号	面值（分）	售价（元）	发行量（万枚）	市场参考价格（元）
1-1	80	1.00		35.00（白封 250.00）

版别：胶版
设计者：董长福
摄影者：刘传武
责任编辑：吴金福
印制厂：辽宁省沈阳邮电印刷厂

PF90 南靖土楼
PF90 Tulou Buiding in Nanjing County

2003 年 7 月 28 日发行
全套 1 枚
信封邮票规格： 50mm × 30mm
信封规格： 230mm × 120mm
1-1 南靖土楼
　A：面值 80 分
　B：改值 1.20 元

序号	面值（分）	售价（元）	发行量（万枚）	市场参考价格（元）
A	80	1.00		35.00（白封 100.00）
B	120			15.00

版别：胶版
设计者：李燕尔
摄影者：周紫林
责任编辑：吴金福
印制厂：浙江省邮电印刷厂

PF91 孙悟空
PF91 Monkey King

2003 年 8 月 10 日发行
全套 1 枚
信封邮票规格： 30mm × 34mm
信封规格： 230mm × 120mm
1-1 孙悟空
　A：面值 80 分
　B：改值 1.20 元

序号	面值（分）	售价（元）	发行量（万枚）	市场参考价格（元）
A	80	1.00		60.00（白封 1000.00）
B	120			5.00

版别：胶版
设计者：刘雨苏
原画作者：李大玮
责任编辑：吴金福
印制厂：江苏省邮电印刷厂

PF92 扎龙自然保护区
PF92 Zhalong Natural Preservation Zone

2003 年 8 月 12 日发行
全套 1 枚
信封邮票规格： 40mm × 30mm
信封规格： 230mm × 120mm
1-1 扎龙自然保护区
　A：面值 80 分
　B：改值 1.20 元

序号	面值（分）	售价（元）	发行量（万枚）	市场参考价格（元）
A	80	1.00		35.00（白封 150.00）
B	120			15.00

版别：胶版
设计者：顾谦
摄影者：顾继德
责任编辑：吴金福
印制厂：江苏省邮电印刷厂

PF93 镜泊湖吊水楼瀑布
PF93 Diaoshuilou Waterfall at Jingbohu Lake

2003 年 8 月 12 日发行
全套 1 枚
信封邮票规格： 42mm × 30mm
信封规格： 230mm × 120mm
1-1 镜泊湖吊水楼瀑布
　A：面值 80 分
　B：改值 1.20 元

序号	面值（分）	售价（元）	发行量（万枚）	市场参考价格（元）
A	80	1.00		35.00（白封 100.00）
B	120			15.00

版别：胶版

设计者：孙树民

摄影者：方殿君

责任编辑：吴金福

印制厂：江苏省邮电印刷厂

PF94 百泉园林
PF94 Baiquan Garden

2003 年 9 月 16 日发行

全套 1 枚

信封邮票规格： 40mm × 30mm

信封规格： 230mm × 120mm

1-1 百泉园林

A：面值 80 分

B：改值 1.20 元

序号	面值（分）	售价（元）	发行量（万枚）	市场参考价格（元）
A	80	1.00		35.00（白封 100.00）
B	120			15.00

版别：胶版

设计者：王伟

责任编辑：吴金福

印制厂：河南省邮电印刷厂

PF95 西周青铜器——利簋
PF95 Bronze Ware of Western Zhou Dynasty:Ligui

2003 年 9 月 16 日发行

全套 1 枚

信封邮票规格： 30mm × 40mm

信封规格： 230mm × 120mm

1-1 西周青铜器——利簋

A：面值 80 分

B：改值 1.20 元

序号	面值（分）	售价（元）	发行量（万枚）	市场参考价格（元）
A	80	1.00		35.00（白封 120.00）
B	120			15.00

版别：胶版

设计者：张书碧

责任编辑：吴金福

印制厂：河南省邮电印刷厂

PF96 凉山雕塑——彝海结盟纪念碑
PF96 Statue in Liangshan:Yihai Alignment Monument

2003 年 9 月 18 日发行

全套 1 枚

信封邮票规格： 30mm × 37mm

信封规格： 230mm × 120mm

1-1 凉山雕塑——彝海结盟纪念碑

A：面值 80 分

B：改值 1.20 元

序号	面值（分）	售价（元）	发行量（万枚）	市场参考价格（元）
A	80	1.00		15.00（白封 100.00）
B	120			10.00

版别：胶版

设计者：沈迎春、肖正富

摄影者：张庆华

责任编辑：吴金福

印制厂：四川省邮电印制厂

PF97 建设中的沈阳浑南新区
PF97 New Hunnan District of Shenyang

2003 年 9 月 25 日发行

全套 1 枚

信封邮票规格： 40mm × 30mm

信封规格： 230mm × 120mm

1-1 建设中的沈阳浑南新区

A：面值 80 分

B：改值 1.20 元

序号	面值（分）	售价（元）	发行量（万枚）	市场参考价格（元）
A	80	1.00		15.00（白封 100.00）
B	120			40.00

版别：胶版

设计者：王亦飞

摄影者：浑南新区管委会新闻中心

责任编辑：吴金福

印制厂：辽宁省沈阳邮电印刷厂

PF98 刘开渠塑像
PF98 Statue of Liu Kaiqu

2003 年 9 月 28 日发行

全套 1 枚

信封邮票规格： 30mm × 40mm

信封规格： 230mm × 120mm

1-1 刘开渠塑像

A：面值 80 分

B：改值 1.20 元

序号	面值（分）	售价（元）	发行量（万枚）	市场参考价格（元）
A	80	1.00		35.00（白封 100.00）
B	120			15.00

版别：胶版
设计者：赵规划
雕塑者：程允贤
摄影者：程允贤
责任编辑：吴金福
印制厂：河南省邮电印刷厂

PF99 铜陵市雕塑——起舞
PF99 Statue of Tongling City:Dancing

2003 年 10 月 18 日发行
全套 1 枚
信封邮票规格：30mm × 40mm
信封规格：230mm × 120mm
1-1 铜陵市雕塑——起舞
A：面值 80 分
B：改值 1.20 元

序号	面值（分）	售价（元）	发行量（万枚）	市场参考价格（元）
A	80	1.00		35.00（白封 100.00）
B	120			15.00

版别：胶版
设计者：张福年
雕塑作者：中国美术学院造型艺术研究所
责任编辑：吴金福
印制厂：江苏省邮电印刷厂

PF100 长江大学主楼
PF100 Main Building of Changjiang University

2003 年 11 月 19 日发行
全套 1 枚
信封邮票规格：40mm × 30mm
信封规格：230mm × 120mm
1-1 长江大学主楼
A：面值 80 分
B：改值 1.20 元

序号	面值（分）	售价（元）	发行量（万枚）	市场参考价格（元）
A	80	1.00		35.00（白封 100.00）
B	120			20.00

版别：胶版
设计者：杨文清
摄影者：曹阳
责任编辑：赵蕾
印制厂：江苏省邮电印刷厂

PF101 上海公路建设
PF101 Highway Construction in Shanghai

2003 年 12 月 18 日发行
全套 1 枚
信封邮票规格：30mm × 40mm
信封规格：230mm × 120mm
1-1 上海公路建设
A：面值 60 分
B：改值 1.20 元

序号	面值（分）	售价（元）	发行量（万枚）	市场参考价格（元）
A	60	0.85		5.00（白封 100.00）
B	120			10.00

版别：胶版
设计者：沈嘉宏
摄影者：陈章庆
责任编辑：赵蕾
印制厂：山东省邮电印刷厂

PF102 苏东坡塑像
PF102 Statue of Su Dongpo

2003 年 12 月 20 日发行
全套 1 枚
信封邮票规格：50mm × 30mm
信封规格：230mm × 160mm
1-1 苏东坡塑像
A：面值 1.60 元
B：改值 2.40 元

序号	面值（元）	售价（元）	发行量（万枚）	市场参考价格（元）
A	1.60	1.90		30.00（白封 300.00）
B	2.40			8.00

版别：胶版
设计者：李华荣
摄影者：许勇
责任编辑：艾姗姗
印制厂：四川省邮电印制厂

PF103 三明风貌
PF103 Scene of Sanming

2003 年 12 月 21 日发行
全套 1 枚
信封邮票规格：30mm × 40mm
信封规格：230mm × 120mm
1-1 三明风貌
A：面值 80 分
B：改值 1.20 元

序号	面值（分）	售价（元）	发行量（万枚）	市场参考价格（元）
A	80	1.00		15.00（白封 100.00）
B	120			6.00

版别：胶版
设计者：许彦博
摄影者：许彦博
责任编辑：赵蕾
印制厂：浙江省邮电印刷厂

PF104 天津鼓楼
PF104 Drum Tower in Tianjin

2003 年 12 月 23 日发行
全套 1 枚
信封邮票规格： 40mm × 30mm
信封规格： 230mm × 120mm
1-1 天津鼓楼
A：面值 80 分
B：改值 1.20 元

序号	面值（分）	售价（元）	发行量（万枚）	市场参考价格（元）
A	80	1.00		15.00（白封 100.00）
B	120			6.00

版别：胶版
设计者：陈栋玲、景树明、于海翔
摄影者：景树明
责任编辑：赵蕾
印制厂：河南省邮电印刷厂

PF105 九江烟水亭
PF105 Yanshui Pavilion in Jiujiang

2003 年 12 月 25 日发行
全套 1 枚
信封邮票规格： 40mm × 30mm
信封规格： 230mm × 120mm
1-1 九江烟水亭
A：面值 80 分
B：改值 1.20 元

序号	面值（分）	售价（元）	发行量（万枚）	市场参考价格（元）
A	80	1.00		35.00（白封 100.00）
B	120			5.00

版别：胶版
设计者：陈晓刚
摄影者：温韶军
责任编辑：艾姗姗
印制厂：上海鸿吉印刷有限公司

PF106 沙坡头自然保护区
PF106 Shapotou Natural Preservation Zone

2004 年 3 月 5 日发行
全套 1 枚
信封邮票规格： 40mm × 30mm
信封规格： 230mm × 120mm
1-1 沙坡头自然保护区
A：面值 80 分
B：改值 1.20 元

序号	面值（分）	售价（元）	发行量（万枚）	市场参考价格（元）
A	80	1.00		35.00
B	120			20.00

版别：胶版
设计者：郝欧
摄影者：刘宪忱
责任编辑：艾姗姗
印制厂：陕西信德圆方安全印务有限责任公司

PF107 西周青铜器 · 逨鼎
PF107 Bronze Ware of Western Zhou Dynasty:Laiding Tripod

2004 年 3 月 18 日发行
全套 1 枚
信封邮票规格： 30mm × 40mm
信封规格： 230mm × 120mm
1-1 西周青铜器 · 逨鼎
A：面值 80 分
B：改值 1.20 元

序号	面值（分）	售价（元）	发行量（万枚）	市场参考价格（元）
A	80	1.00		15.00
B	120			6.00

版别：胶版
设计者：王虎鸣
摄影者：龙剑辉
任编辑：秦巍
印制厂：陕西信德圆方安全印务有限责任公司

PF108 台州府城墙
PF108 City Wall of Taizhoufu

2004 年 3 月 26 日发行
全套 1 枚
信封邮票规格： 30mm × 40mm
信封规格： 230mm × 120mm
1-1 台州府城墙
A：面值 80 分
B：改值 1.20 元

序号	面值（分）	售价（元）	发行量（万枚）	市场参考价格（元）
A	80	1.00		35.00
B	120			6.00

版别：胶版
设计者：周俊
摄影者：王登
责任编辑：艾姗姗
印制厂：浙江省邮电印刷厂

PF109 武当山太和宫
PF109 Taihe Palace in Wudang Mountain

2004年4月10日发行
全套1枚
信封邮票规格：30mm × 40mm
信封规格：230mm × 120mm
1-1 武当山太和宫
　A：面值80分
　B：改值1.20元

序号	面值（分）	售价（元）	发行量（万枚）	市场参考价格（元）
A	80	1.00		35.00
B	120			15.00

版别：胶版
设计者：潘轲
摄影者：潘轲、夏影
责任编辑：赵蕾
印制厂：河南省邮电印刷厂

PF110 宣城广教寺双塔
PF110 Twin Tower of Guangjiao Temple in Xuancheng

2004年4月16日发行
全套1枚
信封邮票规格：30mm × 40mm
信封规格：230mm × 120mm
1-1 宣城广教寺双塔
　A：面值80分
　B：改值1.20元

序号	面值（分）	售价（元）	发行量（万枚）	市场参考价格（元）
A	80	1.00		35.00
B	120			15.00

版别：胶版
设计者：李建国
摄影者：李乾暹、吴登翔
责任编辑：艾姗姗
印制厂：浙江省邮电印刷厂

PF111 苏州市徽志
PF111 Logo of Suzhou City

2004年4月17日发行
全套1枚
信封邮票规格：27mm × 35mm
信封规格：230mm × 120mm
1-1 苏州市徽志
　A：面值80分
　B：改值1.20元

序号	面值（分）	售价（元）	发行量（万枚）	市场参考价格（元）
A	80	1.00		15.00
B	120			6.00

版别：胶版
设计者：郭鹏徽
责任编辑：秦巍
印制厂：江苏省邮电印刷厂

PF112 琼花
PF112 Wild Chinese Viburnum

2004年4月18日发行
全套1枚
信封邮票规格：30mm × 40mm
信封规格：230mm × 120mm
1-1 琼花
　A：面值80分
　B：改值1.20元

序号	面值（分）	售价（元）	发行量（万枚）	市场参考价格（元）
A	80	1.00		15.00
B	120			10.00

版别：胶版
设计者：杨文清
摄影者：周泽华
责任编辑：赵蕾
印制厂：江苏省邮电印刷厂

PF113 营口望儿山
PF113 Wanger Mountain of Yingkou

2004年4月27日发行
全套1枚
信封邮票规格：30mm × 38mm
信封规格：230mm × 120mm
1-1 营口望儿山
　A：面值80分
　B：改值1.20元

序号	面值（分）	售价（元）	发行量（万枚）	市场参考价格（元）
A	80	1.00		35.00
B	120			20.00

版别：胶版
设计者：刘白山
摄影者：孙传伟、李奇鲁
责任编辑：赵蕾
印制厂：辽宁省沈阳邮电印刷厂

PF114 大连建筑艺术馆
PF114 Dalian Architectural Art Museum

2004 年 5 月 1 日发行

全套 1 枚

信封邮票规格： 36mm × 30mm

信封规格： 230mm × 120mm

1-1 大连建筑艺术馆

A：面值 80 分

B：改值 1.20 元

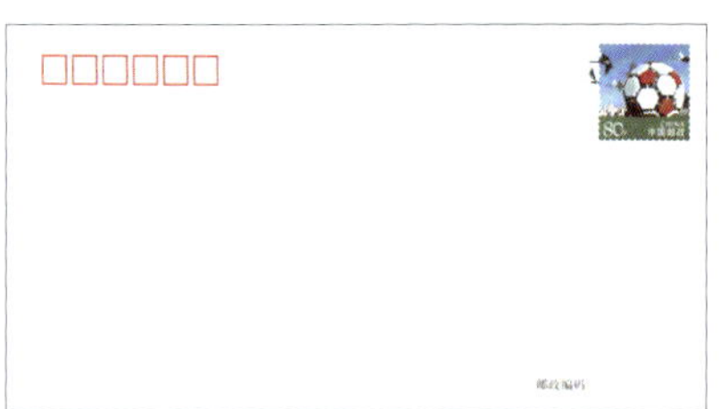

序号	面值（分）	售价（元）	发行量（万枚）	市场参考价格（元）
A	80	1.00		15.00
B	120			35.00

版别：胶版

设计者：刘雨苏

摄影者：刘国良

责任编辑：秦巍

印制厂：辽宁省沈阳邮电印刷厂

PF115 2008 扬帆青岛
PF115 Qingdao 2008-Sailing City

2004 年 5 月 13 日发行

全套 1 枚

信封邮票规格： 27mm × 35mm

信封规格： 230mm × 120mm

1-1 2008 扬帆青岛

A：面值 80 分

B：改值 1.20 元

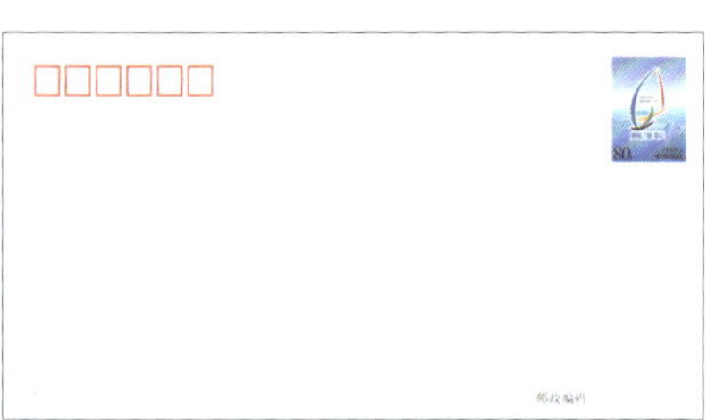

序号	面值（分）	售价（元）	发行量（万枚）	市场参考价格（元）
A	80	1.00		35.00
B	120			20.00

版别：胶版

设计者：高红

摄影者：隋以进

责任编辑：秦巍

印制厂：山东省邮电印刷厂

PF116 爱心永恒
PF116 Eternal Kindness Heart

2004 年 5 月 18 日发行

全套 1 枚

信封邮票规格： 30mm × 40mm

信封规格： 230mm × 120mm

1-1 爱心永恒

A：面值 80 分

B：改值 1.20 元

序号	面值（分）	售价（元）	发行量（万枚）	市场参考价格（元）
A	80	1.00		80.00
B	120			20.00

版别：胶版

设计者：王虎鸣

责任编辑：赵蕾

印制厂：辽宁省沈阳邮电印刷厂

PF117 安康瀛湖
PF117 Ying Lake of Ankang

2004 年 5 月 20 日发行

全套 1 枚

信封邮票规格： 37mm × 29mm

信封规格： 230mm × 120mm

1-1 安康瀛湖

A：面值 80 分

B：改值 1.20 元

序号	面值（分）	售价（元）	发行量（万枚）	市场参考价格（元）
A	80	1.00		15.00
B	120			6.00

版别：胶版

设计者：刘晓东

摄影者：刘晓东

责任编辑：秦巍

印制厂：河南省邮电印刷厂

PF118 辽阳白塔
PF118 White Pagoda in Liaoyang

2004 年 5 月 25 日发行

全套 1 枚

信封邮票规格： 40mm × 30mm

信封规格： 230mm × 120mm

1-1 辽阳白塔

A：面值 80 分

B：改值 1.20 元

序号	面值（分）	售价（元）	发行量（万枚）	市场参考价格（元）
A	80	1.00		15.00
B	120			15.00

版别：胶版

设计者：孟刚

摄影者：孟刚

责任编辑：赵蕾

印制厂：辽宁省沈阳邮电印刷厂

PF119 昭君和亲铜像
PF119 Bronze Statue of Wang Zhaojun' s Marriage

2004 年 7 月 6 日发行

全套 1 枚

信封邮票规格： 30mm × 40mm

信封规格： 230mm × 120mm

1-1 昭君和亲铜像

A：面值 80 分
B：改值 1.20 元

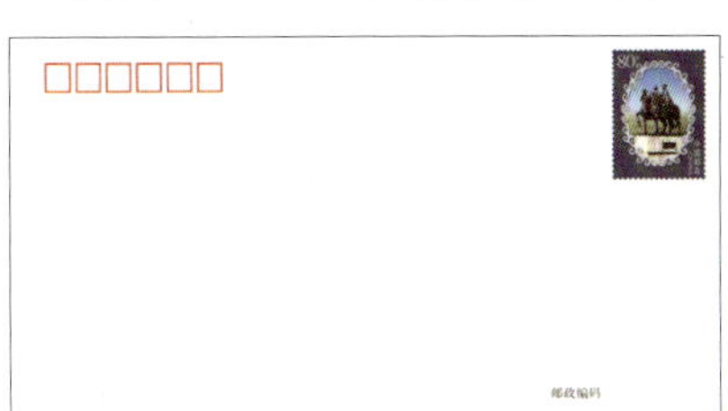

序号	面值（分）	售价（元）	发行量（万枚）	市场参考价格（元）
A	80	1.00		35.00
B	120			6.00

版别：胶版
设计者：郭宏宇
摄影者：关景旭
责任编辑：赵蕾
印制厂：内蒙古邮电印刷厂

PF120 宁波老外滩
PF120 Laowaitan of Ningbo
2004 年 7 月 8 日发行
全套 1 枚
信封邮票规格：42mm × 30mm
信封规格：230mm × 120mm
1-1 宁波老外滩
A：面值 80 分
B：改值 1.20 元

序号	面值（分）	售价（元）	发行量（万枚）	市场参考价格（元）
A	80	1.00		35.00
B	120			10.00

版别：胶版
设计者：宋兴国
摄影者：宋兴国
责任编辑：赵蕾
印制厂：浙江省邮电印刷厂

PF121 千年瓷都景德镇
PF121 Jingdezhen,a Porcelain City of a Thousand Years
2004 年 7 月 28 日发行
全套 1 枚
信封邮票规格：30mm × 40mm
信封规格：230mm × 120mm
1-1 千年瓷都景德镇
A：面值 80 分
B：改值 1.20 元

序号	面值（分）	售价（元）	发行量（万枚）	市场参考价格（元）
A	80	1.00		35.00
B	120			5.00

版别：胶版
设计者：魏侠
摄影者：郑筱卿
责任编辑：佟立英
印制厂：浙江省邮电印刷厂

PF122 云南曲靖城市雕塑——麒麟仙女
PF122 City Statue of Qujing, Yunnan:Kylin and Fairy Maiden
2004 年 8 月 10 日发行
全套 1 枚
信封邮票规格：30mm × 40mm
信封规格：230mm × 120mm
1-1 云南曲靖城市雕塑——麒麟仙女
A：面值 80 分
B：改值 1.20 元

序号	面值（分）	售价（元）	发行量（万枚）	市场参考价格（元）
A	80	1.00		35.00
B	120			6.00

版别：胶版
设计者：郝欧
摄影者：雷建才、朱景新
责任编辑：秦巍
印制厂：浙江省邮电印刷厂

PF123 梅花山自然保护区
PF123 Meihua Mountain Natural Preservation Zone
2004 年 8 月 22 日发行
全套 1 枚
信封邮票规格：40mm × 30mm
信封规格：230mm × 120mm
1-1 梅花山自然保护区
A：面值 80 分
B：改值 1.20 元

序号	面值（分）	售价（元）	发行量（万枚）	市场参考价格（元）
A	80	1.00		35.00
B	120			20.00

版别：胶版
设计者：赖积栋
摄影者：连焕彩、赖积栋
责任编辑：赵蕾
印制厂：浙江省邮电印刷厂

PF124 腾飞的伊犁
PF124 Taking off Yili
2004 年 9 月 5 日发行
全套 1 枚
信封邮票规格：40mm × 30mm
信封规格：230mm × 120mm
1-1 腾飞的伊犁
A：面值 80 分
B：改值 1.20 元

序号	面值（分）	售价（元）	发行量（万枚）	市场参考价格（元）
A	80	1.00		35.00
B	120			15.00

版别：胶版
设计者：李戈扬、李兰生
摄影者：高旭
责任编辑：赵蕾
印制厂：河南省邮电印刷厂

PF125 中国法律援助徽志
PF125 Logo of China Legal Aid

2004 年 9 月 8 日发行
全套 1 枚
信封邮票规格： 30mm × 38mm
信封规格： 230mm × 120mm
1-1 中国法律援助徽志
A：面值 80 分
B：改值 1.20 元

序号	面值（分）	售价（元）	发行量（万枚）	市场参考价格（元）
A	80	1.00		15.00
B	120			10.00

版别：胶版
设计者：谢昀
责任编辑：陈宜思
印制厂：北京邮票厂

PF126 古代科学家郭守敬塑像
PF126 Statue of Guo Shoujing, an Ancient Scientist

2004 年 9 月 8 日发行
全套 1 枚
信封邮票规格： 40mm × 30mm
信封规格： 230mm × 120mm
1-1 古代科学家郭守敬塑像
A：面值 80 分
B：改值 1.20 元

序号	面值（分）	售价（元）	发行量（万枚）	市场参考价格（元）
A	80	1.00		50.00
B	120			15.00

版别：胶版
设计者：王建军
摄影者：王建军、褚双元
雕塑者：傅天仇
责任编辑：陈宜思
印制厂：河南省邮电印刷厂

PF127 古代医学家张仲景塑像
PF127 Statue of Zhang Zhongjing, an Ancient Medical Scientist

2004 年 9 月 12 日发行
全套 1 枚
信封邮票规格： 30mm × 40mm
信封规格： 230mm × 120mm
1-1 古代医学家张仲景塑像
A：面值 80 分
B：改值 1.20 元

序号	面值（分）	售价（元）	发行量（万枚）	市场参考价格（元）
A	80	1.00		20.00
B	120			15.00

版别：胶版
设计者：阎天增
摄影者：高朝
雕塑者：谢翔、刘天印
责任编辑：秦巍
印制厂：河南省邮电印刷厂

PF128 新会小鸟天堂
PF128 Xinhui:Birds' Paradise

2004 年 10 月 1 日发行
全套 1 枚
信封邮票规格： 40mm × 27mm
信封规格： 230mm × 120mm
1-1 新会小鸟天堂
A：面值 80 分
B：改值 1.20 元

序号	面值（分）	售价（元）	发行量（万枚）	市场参考价格（元）
A	80	1.00		20.00
B	120			20.00

版别：胶版
设计者：郝欧
摄影者：黄永照
责任编辑：秦巍
印制厂：广东信源彩色印务有限公司

PF129 秋收起义纪念碑
PF129 Monument of Autumn Harvest Uprising

2004 年 10 月 10 日发行
全套 1 枚
信封邮票规格： 40mm × 30mm
信封规格： 230mm × 120mm
1-1 秋收起义纪念碑
A：面值 80 分
B：改值 1.20 元

序号	面值（分）	售价（元）	发行量（万枚）	市场参考价格（元）
A	80	1.00		20.00
B	120			5.00

版别：胶版
设计者：夏强
摄影者：李建峰
原作者：易文峰
责任编辑：赵蕾
印制厂：上海鸿吉印刷有限公司

PF130 鞍山新貌
PF130 New Look of Anshan

2004 年 10 月 22 日发行
全套 1 枚
信封邮票规格： 50mm × 26mm
信封规格： 230mm × 120mm
1-1 鞍山新貌
　A：面值 80 分
　B：改值 1.20 元

序号	面值（分）	售价（元）	发行量（万枚）	市场参考价格（元）
A	80	1.00		15.00
B	120			15.00

版别：胶版
设计者：李凌河
摄影者：牛玉亮
雕塑者：史书清
责任编辑：佟立英
印制厂：辽宁省沈阳邮电印刷厂

PF131 中国－东盟博览会会徽
PF131 Logo of China-ASEAN Exposition（CAEXPO）

2004 年 11 月 3 日发行
全套 1 枚
信封邮票规格： 30mm × 40mm
信封规格： 230mm × 120mm
1-1 中国—东盟博览会会徽
　A：面值 80 分
　B：改值 1.20 元

序号	面值（分）	售价（元）	发行量（万枚）	市场参考价格（元）
A	80	1.00		15.00
B	120			15.00

版别：胶版
设计者：呼振源
责任编辑：赵蕾
印制厂：广东信源彩色印务有限公司

PF132 仙桃街景
PF132 Street View of Xiantao

2004 年 11 月 10 日发行
全套 1 枚
信封邮票规格： 40mm × 28mm
信封规格： 230mm × 120mm
1-1 仙桃街景
　A：面值 80 分
　B：改值 1.20 元

序号	面值（分）	售价（元）	发行量（万枚）	市场参考价格（元）
A	80	1.00		35.00
B	120			5.00

版别：胶版
设计者：李泽雄
摄影者：郭文杰、李泽雄
雕塑者：白澜生
责任编辑：赵蕾
印制厂：江苏省邮电印刷厂

PF133 九鲤湖瀑布
PF133 Waterfall of Nine Carp Lake

2004 年 11 月 15 日发行
全套 1 枚
信封邮票规格： 40mm × 30mm
信封规格： 230mm × 120mm
1-1 九鲤湖瀑布
　A：面值 80 分
　B：改值 1.20 元

序号	面值（分）	售价（元）	发行量（万枚）	市场参考价格（元）
A	80	1.00		35.00
B	120			15.00

版别：胶版
设计者：郝欧
摄影者：赵贺民
责任编辑：陈宜思
印制厂：上海鸿吉印刷有限公司

PF134 新余仙女湖
PF134 Fairy Maiden Lake of Xinyu

2004 年 11 月 15 日发行
全套 1 枚
信封邮票规格： 50mm × 30mm
信封规格： 230mm × 120mm
1-1 新余仙女湖
　A：面值 80 分
　B：改值 1.20 元

序号	面值（分）	售价（元）	发行量（万枚）	市场参考价格（元）
A	80	1.00		35.00
B	120			5.00

版别：胶版

设计者：顾文
摄影者：周端生
责任编辑：虞平
印制厂：广东信源彩色印务有限公司

PF135 三星堆大立人
PF135 Daliren（Big Standing Figure）of Sanxingdui

2004 年 11 月 16 日发行
全套 1 枚
信封邮票规格：25mm × 45mm
信封规格：230mm × 120mm
1-1 三星堆大立人
A：面值 80 分
B：改值 1.20 元

序号	面值（分）	售价（元）	发行量（万枚）	市场参考价格（元）
A	80	1.00		35.00
B	120			15.00

版别：胶版
设计者：李厚纯
摄影者：李厚纯
责任编辑：佟立英
印制厂：四川省邮电印制厂

PF136 海上女神妈祖
PF136 Mazu, the Sea Goddess

2004 年 11 月 18 日发行
全套 1 枚
信封邮票规格：30mm × 40mm
信封规格：230mm × 120mm
1-1 海上女神妈祖
A：面值 80 分
B：改值 1.20 元

序号	面值（分）	售价（元）	发行量（万枚）	市场参考价格（元）
A	80	1.00		35.00
B	120			15.00

版别：胶版
设计者：蔡燕芬、陈高
摄影者：李维杞、蒋志强
责任编辑：赵蕾
印制厂：上海鸿吉印刷有限公司

PF137 天津经济技术开发区
PF137 Tianjin Economic and Technological Development Zone

2004 年 11 月 18 日发行
全套 1 枚
信封邮票规格：40mm × 30mm
信封规格：230mm × 120mm
1-1 天津经济技术开发区
A：面值 80 分
B：改值 1.20 元

序号	面值（分）	售价（元）	发行量（万枚）	市场参考价格（元）
A	80	1.00		15.00
B	120			15.00

版别：胶版
设计者：熊欣
摄影者：陈烨
责任编辑：赵蕾
印制厂：北京邮票厂

PF138 烟台·海滨风光
PF138 Seaside Scenry of Yantai

2004 年 11 月 20 日发行
全套 1 枚
信封邮票规格：40mm × 30mm
信封规格：230mm × 120mm
1-1 烟台·海滨风光
A：面值 80 分
B：改值 1.20 元

序号	面值（分）	售价（元）	发行量（万枚）	市场参考价格（元）
A	80	1.00		15.00
B	120			15.00

版别：胶版
设计者：丛玉君、武艳萍
摄影者：李程、王青
责任编辑：赵蕾
印制厂：山东省邮电印刷厂

PF139 雕塑——徐福东渡
PF139 Statue of Xu Fu Sailing Eastward

2004 年 11 月 28 日发行
全套 1 枚
信封邮票规格：40mm × 30mm
信封规格：230mm × 120mm
1-1 雕塑——徐福东渡
A：面值 80 分
B：改值 1.20 元

序号	面值（分）	售价（元）	发行量（万枚）	市场参考价格（元）
A	80	1.00		15.00
B	120			15.00

版别：胶版
设计者：孙晶
摄影者：荆元胜、李程
责任编辑：赵蕾
印制厂：山东省邮电印刷厂

PF140 亳州花戏楼
PF140 Huaxilou Theater in Bozhou

2004 年 12 月 18 日发行
全套 1 枚
信封邮票规格： 40mm × 30mm
信封规格： 230mm × 120mm
1-1 亳州花戏楼
A：面值 80 分
B：改值 1.20 元

序号	面值（分）	售价（元）	发行量（万枚）	市场参考价格（元）
A	80	1.00		35.00
B	120			6.00

版别：胶版
设计者：李建国
摄影者：锁伟、李言海
责任编辑：陈宜思
印制厂：河南省邮电印刷厂

PF141 八路军重庆办事处旧址
PF141 Site of Former Chongqing Office of Eighth Route Army

2004 年 12 月 26 日发行
全套 1 枚
信封邮票规格： 40mm × 30mm
信封规格： 230mm × 120mm
1-1 八路军重庆办事处旧址
A：面值 80 分
B：改值 1.20 元

序号	面值（分）	售价（元）	发行量（万枚）	市场参考价格（元）
A	80	1.00		35.00
B	120			15.00

版别：胶版
设计者：王建中
原作者：王建中
责任编辑：秦巍
印制厂：山东省邮电印刷厂

PF142 孝感市貌
PF142 Appearance of Xiaogan City

2005 年 1 月 18 日发行
全套 1 枚
信封邮票规格： 50mm × 30mm
信封规格： 230mm × 120mm
1-1 孝感市貌
A：面值 80 分
B：改值 1.20 元

序号	面值（分）	售价（元）	发行量（万枚）	市场参考价格（元）
A	80	1.00		35.00
B	120			15.00

版别：胶版
设计者：鲁福成
摄影者：鲁福成
原作者：郭雪
责任编辑：赵蕾
印制厂：江苏省邮电印刷厂

PF143 乾陵壁画 · 端杯侍女
PF143 Wall Mural at Qian Mausoleum: Cup-Carrying Maidservant

2005 年 4 月 15 日发行
全套 1 枚
信封邮票规格： 33mm × 43mm
信封规格： 230mm × 120mm
1-1 乾陵壁画 · 端杯侍女
A：面值 80 分
B：改值 1.20 元

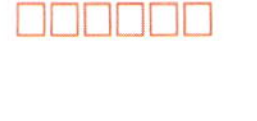

序号	面值（分）	售价（元）	发行量（万枚）	市场参考价格（元）
A	80	1.00		15.00
B	120			15.00

版别：胶版
设计者：阎炳武
摄影者：樊英峰
责任编辑：杨晓栋
印制厂：陕西信德圆方安全印务有限责任公司

PF144 润扬长江公路大桥
PF144 Runyang Yangtze River Highway Bridge

2005 年 4 月 16 日发行
全套 1 枚
信封邮票规格： 55 mm × 27.5mm
信封规格： 230mm × 120mm
1-1 润扬长江公路大桥
A：面值 80 分
B：改值 1.20 元

序号	面值（分）	售价（元）	发行量（万枚）	市场参考价格（元）
A	80	1.00		20.00
B	120			8.00

版别：胶版
设计者：杨文清
摄影者：黄浩
责任编辑：杨晓栋
印制厂：江苏省邮电印刷厂

PF145 汕头风光
PF145 Scenery of Shantou

2005 年 6 月 6 日发行
全套 1 枚
信封邮票规格： 55mm × 30mm
信封规格： 230mm × 120mm
1-1 汕头风光
A：面值 80 分
B：改值 1.20 元

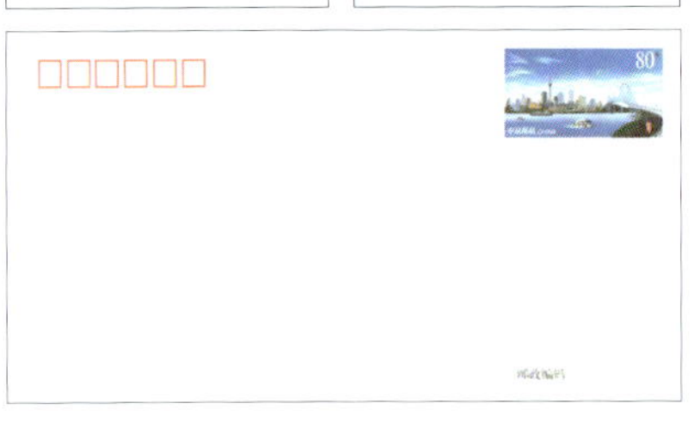

序号	面值（分）	售价（元）	发行量（万枚）	市场参考价格（元）
A	80	1.00		20.00
B	120			10.00

版别：胶版
设计者：董琪
摄影者：黄秀芬
责任编辑：杨晓栋
印制厂：广东信源彩色印务有限公司

PF146 武夷山玉女峰
PF146 Yunv Peak of Wuyi Mountain

2005 年 6 月 18 日发行
全套 1 枚
信封邮票规格： 44mm × 33mm
信封规格： 230mm × 120mm
1-1 武夷山玉女峰
A：面值 80 分
B：改值 1.20 元

序号	面值（分）	售价（元）	发行量（万枚）	市场参考价格（元）
A	80	1.00		15.00
B	120			15.00

版别：胶版
设计者：李群
摄影者：张章景
责任编辑：杨晓栋
印制厂：浙江省邮电印刷厂

PF147 喜鹊登枝
PF147 Magpie Forecasts Good News

2005 年 6 月 23 日发行
全套 1 枚
信封邮票规格： 30mm × 40mm
信封规格： 229mm × 162mm
1-1 喜鹊登枝
A：面值 3.80 元
B：改值 4.20 元

序号	面值（元）	售价（元）	发行量（万枚）	市场参考价格（元）
A	3.80	4.30		30.00
B	4.20			20.00

版别：胶版
设计者：呼振源
原画作者：呼振源
责任编辑：杨晓栋
印制厂：中国人民解放军第 1206 工厂

PF148 飞腾
PF148 Flying Swiftly

2005 年 6 月 28 日发行
全套 1 枚
信封邮票规格： 38mm × 27mm
信封规格： 230mm × 120mm
1-1 飞腾
A：面值 80 分
B：改值 1.20 元

序号	面值（分）	售价（元）	发行量（万枚）	市场参考价格（元）
A	80	1.00		15.00
B	120			15.00

版别：胶版
设计者：毛宇娟
摄影者：毛宇娟
责任编辑：杨晓栋
印制厂：河南省邮电印刷厂

PF149 白城鹤乡
PF149 Baicheng,Hometown of Cranes

2005 年 7 月 1 日发行
全套 1 枚
信封邮票规格： 46mm × 41mm （异形）
信封规格： 230mm × 120mm
1-1 白城鹤乡
A：面值 80 分
B：改值 1.20 元

序号	面值（分）	售价（元）	发行量（万枚）	市场参考价格（元）
A	80	1.00		15.00
B	120			15.00

版别：胶版
设计者：李肇宏
摄影者：王国才
责任编辑：杨晓栋
印制厂：辽宁省沈阳邮电印刷厂

PF150 宁波港
PF150 Ningbo Port

2005 年 7 月 8 日发行
全套 1 枚
信封邮票规格： 50mm × 30mm
信封规格： 230mm × 120mm

1-1 宁波港

A：面值 80 分

B：改值 1.20 元

序号	面值（分）	售价（元）	发行量（万枚）	市场参考价格（元）
A	80	1.00		40.00
B	120			25.00

版别：胶版

设计者：呼振源

摄影者：王川

责任编辑：杨晓栋

印制厂：浙江省邮电印刷厂

PF151 安庆长江公路大桥
PF151 Anqing Yangtze River Highway Bridge

2005 年 7 月 18 日发行

全套 1 枚

信封邮票规格： 50mm × 30mm

信封规格： 230mm × 120mm

1-1 安庆长江公路大桥

A：面值 80 分

B：改值 1.20 元

序号	面值（分）	售价（元）	发行量（万枚）	市场参考价格（元）
A	80	1.00		15.00
B	120			5.00

版别：胶版

设计者：阎炳武

摄影者：洪中为

责任编辑：杨晓栋

印制厂：浙江省邮电印刷厂

PF152 密云水库秋色
PF152 Autumn Scenery of Miyun Reservoir

2005 年 7 月 18 日发行

全套 1 枚

信封邮票规格： 50mm × 30mm

信封规格： 230mm × 120mm

1-1 密云水库秋色

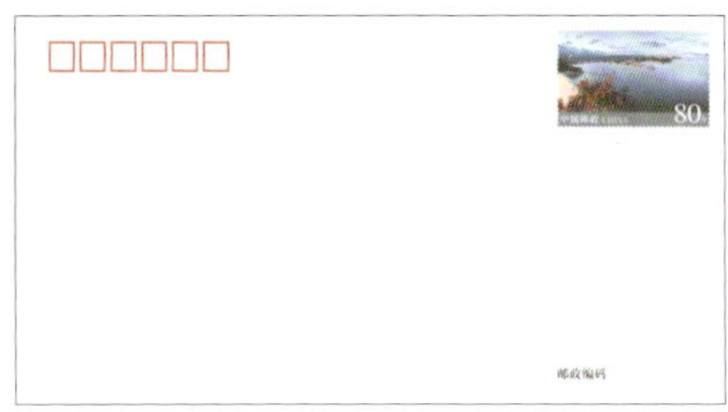

序号	面值（分）	售价（元）	发行量（万枚）	市场参考价格（元）
1-1	80	1.00		15.00

版别：胶版

设计者：任国恩

摄影者：王技文

责任编辑：杨晓栋

印制厂：北京邮票厂

PF153 最高人民法院办公大楼
PF153 Office Building of Supreme People' s Court

2005 年 8 月 1 日发行

全套 1 枚

信封邮票规格： 55mm × 28mm

信封规格： 230mm × 120mm

1-1 最高人民法院办公大楼

序号	面值（分）	售价（元）	发行量（万枚）	市场参考价格（元）
1-1	80	1.00		25.00

版别：胶版

设计者：阎炳武

责任编辑：杨晓栋

印制厂：北京邮票厂

PF154 庆祝新疆维吾尔自治区成立五十周年徽志
PF154 Logo in Celebration of 50th Anniversary of Founding of Xinjiang Uygur Autonomous Region

2005 年 8 月 9 日发行

全套 1 枚

信封邮票规格： 30mm × 38mm

信封规格： 230mm × 120mm

1-1 庆祝新疆维吾尔自治区成立五十周年徽志

A：面值 80 分

B：改值 1.20 元

序号	面值（分）	售价（元）	发行量（万枚）	市场参考价格（元）
A	80	1.00		35.00
B	120			50.00

版别：胶版

设计者：郝旭东

责任编辑：杨晓栋

印制厂：河南省邮电印刷厂

PF155 渤海滨城——葫芦岛
PF155 Huludao,Seaside City of Bohai

2005 年 8 月 15 日发行

全套 1 枚

信封邮票规格： 47mm × 36mm

信封规格： 230mm × 120mm

1-1 渤海滨城——葫芦岛

A：面值 80 分

B：改值 1.20 元

序号	面值（分）	售价（元）	发行量（万枚）	市场参考价格（元）
A	80	1.00		15.00
B	120			15.00

版别：胶版

设计者：李天伟
摄影者：卢国强、徐万水
责任编辑：杨晓栋
印制厂：辽宁省沈阳邮电印刷厂

PF156《淮南子》
PF156 Huainanzi

2005 年 8 月 18 日发行
全套 1 枚
信封邮票规格： 35mm × 33.5mm
信封规格： 230mm × 120mm
1-1《淮南子》
A：面值 80 分
B：改值 1.20 元

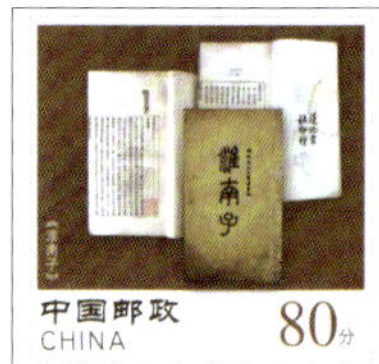
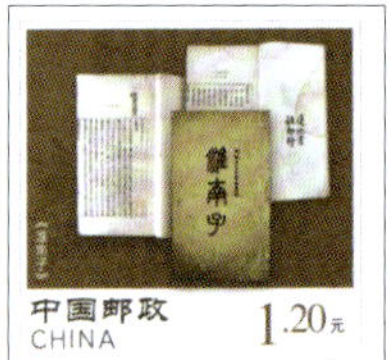

序号	面值（分）	售价（元）	发行量（万枚）	市场参考价格（元）
A	80	1.00		15.00
B	120			5.00

版别：胶版
设计者：李建国
摄影者：李建国
责任编辑：杨晓栋
印制厂：河南省邮电印刷厂

PF157 包头城市雕塑——奔鹿腾飞
PF157 City Sculpture of Baotou:Galloping Deers

2005 年 8 月 20 日发行
全套 1 枚
信封邮票规格：对角线 30mm × 30mm（菱形）
信封规格： 230mm × 120mm
1-1 包头城市雕塑——奔鹿腾飞
A：面值 80 分
B：改值 1.20 元

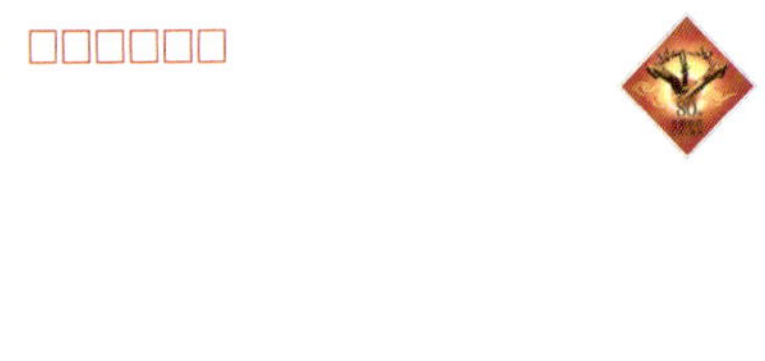

序号	面值（分）	售价（元）	发行量（万枚）	市场参考价格（元）
A	80	1.00		15.00
B	120			8.00

版别：胶版
设计者：韩国梁
摄影者：王宏伟
雕塑作者：白景山
责任编辑：杨晓栋
印制厂：内蒙古邮电印刷厂

PF158 城市雕塑——珠海渔女
PF158 City Sculpture of Zhuhai:Maiden Fisher

2005 年 8 月 23 日发行
全套 1 枚
信封邮票规格： 28mm × 40mm
信封规格： 230mm × 120mm
1-1 城市雕塑——珠海渔女
A：面值 80 分
B：改值 1.20 元

序号	面值（分）	售价（元）	发行量（万枚）	市场参考价格（元）
A	80	1.00		15.00
B	120			15.00

版别：胶版
设计者：王虎鸣
雕塑作者：潘鹤
责任编辑：杨晓栋
印制厂：广东信源彩色印务有限公司

PF159 雕塑——洪崖乐祖
PF159 Sculpture of Hong Ya, Music Originator

2005 年 9 月 15 日发行
全套 1 枚
信封邮票规格： 30mm × 40mm
信封规格： 230mm × 120mm
1-1 雕塑——洪崖乐祖
A：面值 80 分
B：改值 1.20 元

序号	面值（分）	售价（元）	发行量（万枚）	市场参考价格（元）
A	80	1.00		15.00
B	120			15.00

版别：胶版
设计者：阎炳武
雕塑作者：江国华、万林、谢晓经
摄影者：吴祖讲
责任编辑：杨晓栋
印制厂：广东信源彩色印务有限公司

PF160 华山西峰
PF160 West Peak of Hua Mountain

2005 年 9 月 20 日发行
全套 1 枚
信封邮票规格： 30mm × 50mm
信封规格： 230mm × 120mm
1-1 华山西峰
A：面值 80 分
B：改值 1.20 元

序号	面值（分）	售价（元）	发行量（万枚）	市场参考价格（元）
A	80	1.00		15.00
B	120			15.00

版别：胶版

设计者：吴建坤

原画作者：吴建坤

责任编辑：杨晓栋

印制厂：陕西信德圆方安全印务有限责任公司

PF161 西施浣纱石
PF161 Washing of Xi Shi

2005 年 10 月 28 日发行

全套 1 枚

信封邮票规格： 30mm × 40mm

信封规格： 230mm × 120mm

1-1 西施浣纱石

A：面值 80 分

B：改值 1.20 元

序号	面值（分）	售价（元）	发行量（万枚）	市场参考价格（元）
A	80	1.00		15.00
B	120			10.00

版别：胶版

设计者：方军

摄影者：马校成

责任编辑：杨晓栋

印制厂：浙江省邮电印刷厂

PF162 麒麟送子（国际资费）
PF162 Kylin Bringing in a Son (International Postage)

2005 年 11 月 10 日发行

全套 1 枚

信封邮票规格： 30mm × 40mm

信封规格： 229mm × 162mm

1-1 麒麟送子

A：面值 5 元

B：改值 5.50 元

序号	面值（元）	售价（元）	发行量（万枚）	市场参考价格（元）
A	5	5.50		20.00
B	5.50			20.00

版别：胶版

设计者：王虎鸣

责任编辑：佟立英

印制厂：北京邮票厂

PF163 白鹤梁·张八歹刻木鱼
PF163 Wooden Fish Carved by Zhang Badai on Baiheliang

2005 年 11 月 28 日发行

全套 1 枚

信封邮票规格： 40mm × 30mm

信封规格： 230mm × 120mm

1-1 白鹤梁·张八歹刻木鱼

A：面值 80 分

B：改值 1.20 元

序号	面值（分）	售价（元）	发行量（万枚）	市场参考价格（元）
A	80	1.00		15.00
B	120			15.00

版别：胶版

设计者：阎炳武

摄影者：黄德建

责任编辑：杨晓栋

印制厂：北京邮票厂

PF164 黄果树大瀑布
PF164 Huangguoshu Waterfall

2006 年 1 月 22 日发行

全套 1 枚

信封邮票规格： 35mm × 43mm

信封规格： 229mm × 162mm

1-1 黄果树大瀑布

A：面值 80 分

B：改值 1.20 元

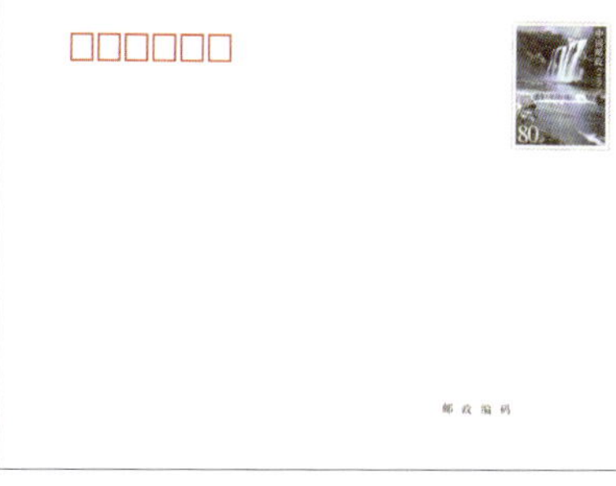

序号	面值（分）	售价（元）	发行量（万枚）	市场参考价格（元）
A	80	1.10		15.00
B	120			10.00

版别：胶版

设计者：李群

摄影者：李群

责任编辑：杨晓栋

印制厂：河南省邮电印刷厂

PF165 雕塑——中国乳都
PF165 Sculpture:Milk Capital of China

2006 年 2 月 10 日发行

全套 1 枚

信封邮票规格：对角线 40mm×40mm（菱形）

信封规格： 230mm × 120mm

1-1 雕塑——中国乳都

A：面值 80 分

B：改值 1.20 元

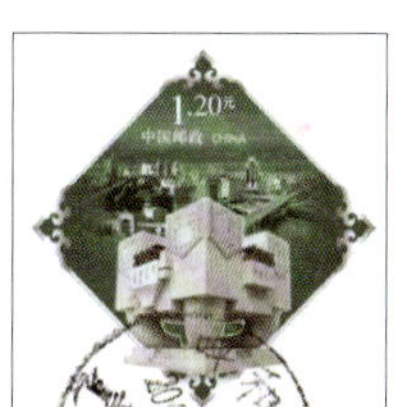

序号	面值（分）	售价（元）	发行量（万枚）	市场参考价格（元）
A	80	1.00		15.00
B	120			8.00

版别：胶版
设计者：郭宇宏
雕塑作者：郝重海
摄影者：刘岩
责任编辑：杨晓栋
印制厂：内蒙古邮电印刷厂

PF166 沈阳世界园艺博览会景观·凤之翼
PF166 Wings of Phoenix,a Scene of Shenyang International Horticultural Exposition 2006

2006 年 3 月 8 日发行
全套 1 枚
信封邮票规格：50mm × 33mm（异形）
信封规格：230mm × 120mm
1-1 沈阳世界园艺博览会景观·凤之翼
A：面值 80 分
B：改值 1.20 元

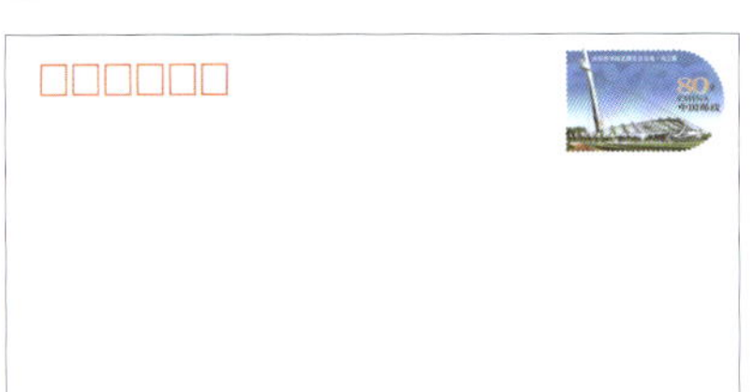

序号	面值（分）	售价（元）	发行量（万枚）	市场参考价格（元）
A	80	1.00		15.00
B	120			5.00

版别：胶版
设计者：王虎鸣
责任编辑：杨晓栋
印制厂：辽宁省沈阳邮电印刷厂

PF167 2006 杭州世界休闲博览会会标和吉祥物
PF167 Logo and Mascot of 2006 Hangzhou World Leisure Exposition 2006

2006 年 3 月 18 日发行
全套 1 枚
信封邮票规格：48mm × 30mm
信封规格：230mm × 120mm
1-1 2006 杭州世界休闲博览会会标和吉祥物
A：面值 80 分
B：改值 1.20 元

序号	面值（分）	售价（元）	发行量（万枚）	市场参考价格（元）
A	80	1.00		15.00
B	120			5.00

版别：胶版
设计者：徐颂
摄影者：任鲸
责任编辑：杨晓栋
印制厂：浙江省邮电印刷厂

PF168 阿坝·卧龙自然保护区
PF168 Wolong Natural Reserve in Aba

2006 年 4 月 6 日发行
全套 1 枚
信封邮票规格：45mm × 34mm
信封规格：229mm × 162mm
1-1 阿坝·卧龙自然保护区
A：面值 80 分
B：改值 1.20 元

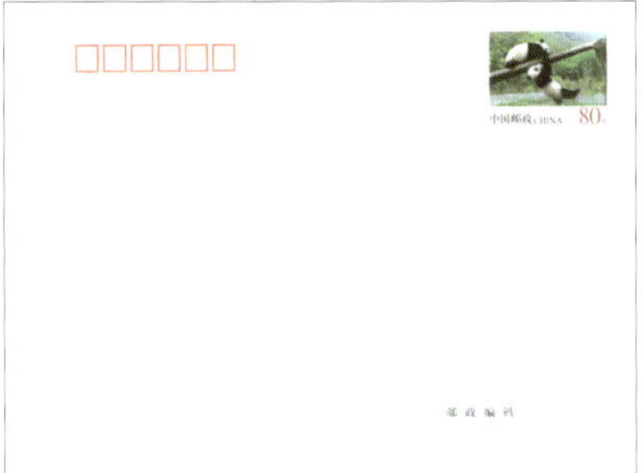

序号	面值（分）	售价（元）	发行量（万枚）	市场参考价格（元）
A	80	1.10		35.00
B	120			10.00

版别：胶版
设计者：周锦还
摄影者：何小平
责任编辑：杨晓栋
印制厂：四川省邮电印制厂

PF169 东莞风貌
PF169 Scene of Dongguan

2006 年 4 月 18 日发行
全套 1 枚
信封邮票规格：50mm × 30mm
信封规格：230mm × 120mm
1-1 东莞风貌
A：面值 80 分
B：改值 1.20 元

序号	面值（分）	售价（元）	发行量（万枚）	市场参考价格（元）
A	80	1.00		15.00
B	120			10.00

版别：胶版
设计者：王虎鸣
摄影者：陈建明
责任编辑：杨晓栋
印制厂：广东信源彩色印务有限公司

PF170 合肥包公祠·包拯塑像
PF170 Statue of Bao Zheng in Bao Gong' s Memorial Temple in Hefei

2006 年 5 月 22 日发行
全套 1 枚
信封邮票规格：30mm × 41mm
信封规格：230mm × 120mm
1-1 合肥包公祠·包拯塑像
A：面值 80 分
B：改值 1.20 元

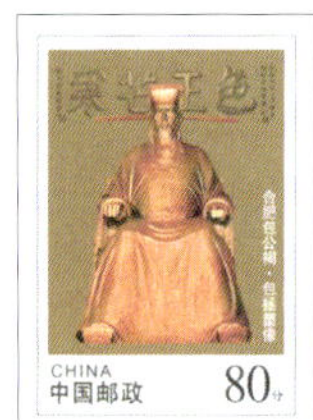

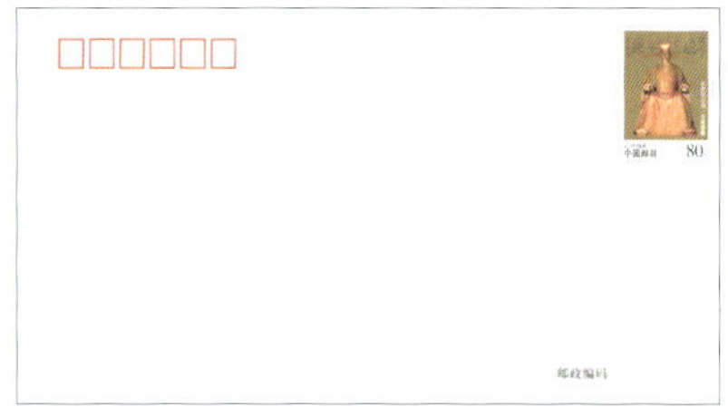

序号	面值（分）	售价（元）	发行量（万枚）	市场参考价格（元）
A	80	1.00		35.00
B	120			5.00

版别：胶版

设计者：李建国

摄影者：陈建亮

责任编辑：杨晓栋

印制厂：河南省邮电印刷厂

PF171 白玉兰
PF171 White Magnolia

2006 年 5 月 25 日发行

全套 1 枚

信封邮票规格： 40mm × 30mm

信封规格： 230mm × 120mm

1-1 白玉兰

A：面值 60 分

B：改值 80 分

序号	面值（分）	售价（元）	发行量（万枚）	市场参考价格（元）
A	60	0.85		15.00
B	80			8.00

版别：胶版

设计者：李青

摄影者：姜世惠

责任编辑：杨晓栋

印制厂：江苏省邮电印刷厂

PF172 内蒙古自治区第十一届运动会吉祥物
PF172 The Mascot of 11th Sports Games of Inner Mongolia Autonomous Region

2006 年 6 月 6 日发行

全套 1 枚

信封邮票规格： 39mm × 30mm

信封规格： 230mm × 120mm

1-1 内蒙古自治区第十一届运动会吉祥物

A：面值 80 分

B：改值 1.20 元

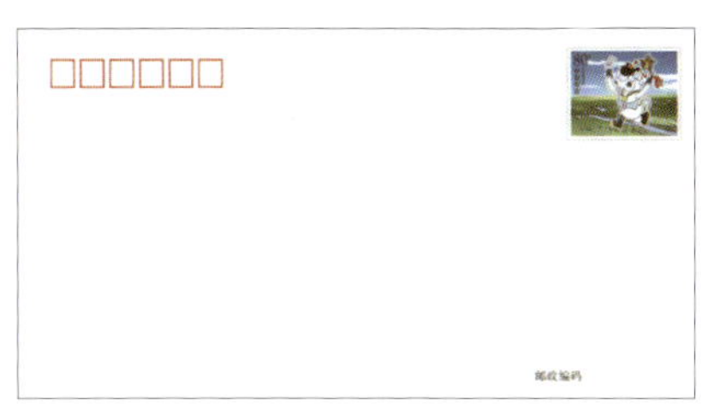

序号	面值（分）	售价（元）	发行量（万枚）	市场参考价格（元）
A	80	1.00		15.00
B	120			25.00

版别：胶版

设计者：陈嵘

摄影者：陈嵘

责任编辑：杨晓栋

印制厂：辽宁省沈阳邮电印刷厂

PF173 塞上湖城 · 银川
PF173 Yinchuan,Lake City to North of Great Wall

2006 年 6 月 16 日发行

全套 1 枚

信封邮票规格： 40mm × 30mm

信封规格： 230mm × 120mm

1-1 塞上湖城 · 银川

A：面值 80 分

B：改值 1.20 元

序号	面值（分）	售价（元）	发行量（万枚）	市场参考价格（元）
A	80	1.00		15.00
B	120			8.00

版别：胶版

设计者：樊磊

摄影者：王宏

责任编辑：杨晓栋

印制厂：江苏省邮电印刷厂

PF174 宜春明月山
PF174 Mingyue Mountain of Yichun

2006 年 6 月 28 日发行

全套 1 枚

信封邮票规格： 48mm × 30mm

信封规格： 230mm × 120mm

1-1 宜春明月山

A：面值 80 分

B：改值 1.20 元

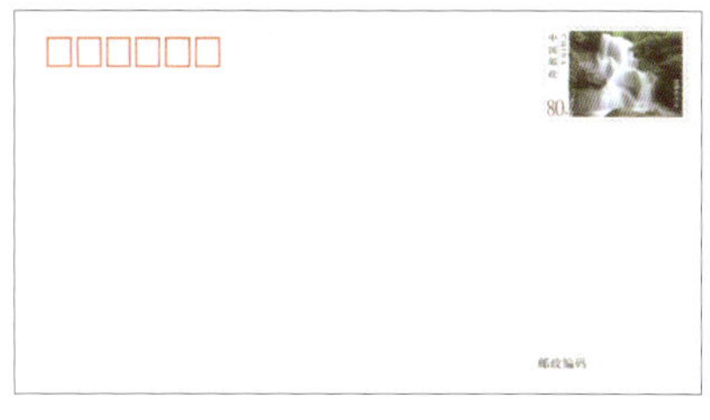

序号	面值（分）	售价（元）	发行量（万枚）	市场参考价格（元）
A	80	1.00		15.00
B	120			8.00

版别：胶版

设计者：阎炳武

摄影者：兰书华

责任编辑：杨晓栋

印制厂：浙江省邮电印刷厂

PF175 伟人故里——中山
PF175 Zhongshan, Hometown of Dr. Sun Yat-sen

2006 年 7 月 18 日发行

全套 1 枚

信封邮票规格： 50mm × 38mm

信封规格： 230mm × 120mm

1-1 伟人故里——中山

A：面值 80 分

B：改值 1.20 元

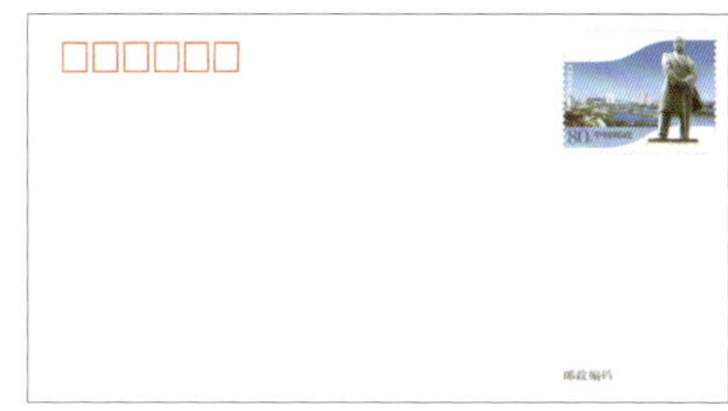

序号	面值（分）	售价（元）	发行量（万枚）	市场参考价格（元）
A	80	1.00		15.00
B	120			8.00

版别：胶版
设计者：王虎鸣
摄影者：朱景辉
雕塑作者：焦耀明
责任编辑：杨晓栋
印制厂：广东信源彩色印务有限公司

PF176 汉中朱鹮国家级自然保护区
PF176 Hanzhong, National Natural Reserve for Ibises

2006 年 7 月 30 日发行
全套 1 枚
信封邮票规格：39mm × 29mm
信封规格：230mm × 120mm
1-1 汉中朱鹮国家级自然保护区
A：面值 80 分
B：改值 1.20 元

序号	面值（分）	售价（元）	发行量（万枚）	市场参考价格（元）
A	80	1.00		15.00
B	120			8.00

版别：胶版
设计者：张俊
摄影者：李仁义
责任编辑：杨晓栋
印制厂：河南省邮电印刷厂

PF177 铁岭银岗书院
PF177 Yinggang Academy in Tieling

2006 年 8 月 16 日发行
全套 1 枚
信封邮票规格：45mm × 32.5mm
信封规格：230mm × 120mm
1-1 铁岭银岗书院
A：面值 80 分
B：改值 1.20 元

序号	面值（分）	售价（元）	发行量（万枚）	市场参考价格（元）
A	80	1.00		15.00
B	120			10.00

版别：胶版
设计者：方立文
摄影者：顾晓林
责任编辑：杨晓栋
印制厂：辽宁省沈阳邮电印刷厂

PF178 本溪水洞
PF178 Benxi Water Cave

2006 年 8 月 22 日发行
全套 1 枚
信封邮票规格：50mm × 30mm
信封规格：230mm × 120mm
1-1 本溪水洞
A：面值 80 分
B：改值 1.20 元

序号	面值（分）	售价（元）	发行量（万枚）	市场参考价格（元）
A	80	1.00		未发行
B	120			8.00

版别：胶版
设计者：郭涛
摄影者：郭涛
责任编辑：杨晓栋
印制厂：辽宁省沈阳邮电印刷厂

PF179 锦州·笔架山
PF179 Bijia Mountain of Jinzhou

2006 年 9 月 1 日发行
全套 1 枚
信封邮票规格：50mm × 30mm
信封规格：230mm × 120mm
1-1 锦州·笔架山
A：面值 80 分
B：改值 1.20 元

序号	面值（分）	售价（元）	发行量（万枚）	市场参考价格（元）
A	80	1.00		未发行
B	120			10.00

版别：胶版
设计者：董辉
摄影者：沈保华
责任编辑：杨晓栋
印制厂：辽宁省沈阳邮电印刷厂

PF180 瓷都风采·潮州
PF180 Chaozhou,Graceful Porcelain Capital

2006 年 9 月 30 日发行
全套 1 枚
信封邮票规格：50mm × 30mm
信封规格：230mm × 120mm
1-1 瓷都风采·潮州
A：面值 80 分
B：改值 1.20 元

序号	面值（分）	售价（元）	发行量（万枚）	市场参考价格（元）
A	80	1.00		35.00
B	120			10.00

版别：胶版
设计者：林梓华
摄影者：丘东
责任编辑：杨晓栋
印制厂：广东信源彩色印务有限公司

PF181 湖南工业大学科技楼
PF181 Science and Technology Building of Hunan Polytechnical University

2006 年 10 月 12 日发行
全套 1 枚
信封邮票面值：国内邮资已付
信封邮票规格： 30mm × 30mm
信封规格： 230mm × 120mm
1-1 湖南工业大学科技楼
A：国内邮资已付（平信）
B：改值 1.20 元

序号	面值（元）	售价（元）	发行量（万枚）	市场参考价格（元）
A	国内邮资已付（平信）	1.00		35.00
B		1.20		10.00

版别：胶版
设计者：李群
摄影者：王卓英
责任编辑：杨晓栋
印制厂：河南省邮电印刷厂

PF182 暨南大学
PF182 Ji' nan University

2006 年 11 月 16 日发行
全套 1 枚
信封邮票规格： 30mm × 36mm
信封规格： 230mm × 120mm
1-1 暨南大学

序号	面值（元）	售价（元）	发行量（万枚）	市场参考价格（元）
1-1	1.20	1.50		15.00

版别：胶版
设计者：刘达明
责任编辑：杨晓栋
印制厂：广东信源彩色印务有限公司

PF183 辽沈战役纪念馆
PF183 Memorial Hall of Liaoxi-Shenyang Campaign

2006 年 11 月 30 日发行
全套 1 枚
信封邮票规格： 26mm × 36mm
信封规格： 230mm × 120mm
1-1 辽沈战役纪念馆

序号	面值（元）	售价（元）	发行量（万枚）	市场参考价格（元）
1-1	1.20	1.50		未发行

版别：胶版
设计者：何宇
摄影者：赵金波
责任编辑：杨晓栋
印制厂：辽宁省沈阳邮电印刷厂

PF184 诚信纳税
PF184 Tax Payment in Good Faith

2007 年 1 月 1 日发行
全套 2 枚
信封邮票规格： 30mm × 41mm
信封规格：（2-1） 230mm × 120mm
（2-2） 229mm × 162mm
2-1 诚信纳税
2-2 诚信纳税

序号	面值（元）	售价（元）	发行量（万枚）	市场参考价格（元）
2-1	4.20	4.50		30.00
2-2	4.20	4.50		15.00

版别：胶版
设计者：张磊
责任编辑：杨晓栋
防伪方式：防伪油墨
印制厂：上海鸿吉印刷有限公司

PF185 常州中华恐龙园
PF185 Changzhou Dinosaur Park of China

2007 年 1 月 10 日发行
全套 1 枚
信封邮票规格： 48.5mm × 32mm
信封规格： 229mm × 162mm
1-1 常州中华恐龙园

序号	面值（元）	售价（元）	发行量（万枚）	市场参考价格（元）
1-1	1.20	1.50		15.00

版别：胶版
设计者：李群
责任编辑：杨晓栋
印制厂：江苏省邮电印刷厂

PF186 查干湖
PF186 Chagan Lake

2007 年 1 月 18 日发行
全套 1 枚
信封邮票规格： 51.5mm × 30mm
信封规格： 230mm × 120mm
1-1 查干湖

序号	面值（元）	售价（元）	发行量（万枚）	市场参考价格（元）
1-1	1.20	1.50		15.00

版别：胶版
设计者：李群
责任编辑：杨晓栋
印制厂：辽宁省沈阳邮电印刷厂

PF187 沈阳地铁
PF187 Shenyang Subway

2007 年 2 月 6 日发行
全套 1 枚

信封邮票规格：50mm × 30mm
信封规格：230mm × 120mm
1-1 沈阳地铁

序号	面值（元）	售价（元）	发行量（万枚）	市场参考价格（元）
1-1	1.20	1.50		30.00

版别：胶版
设计者：王虎鸣
责任编辑：杨晓栋
印制厂：辽宁省沈阳邮电印刷厂

PF188 仙客来
PF188 Cyclamen
2007 年 2 月 8 日发行
全套 1 枚
信封邮票规格：30mm × 40mm
信封规格：230mm × 120mm
1-1 仙客来

序号	面值（元）	售价（元）	发行量（万枚）	市场参考价格（元）
1-1	4.20	4.50		未发行

版别：胶版
设计者：曾孝濂
责任编辑：赵蕾
印制厂：河南省邮电印刷厂

PF189 大运河扬州揽胜
PF189 Beautiful Scenery of Yangzhou by Grand Canal
2007 年 4 月 8 日发行
全套 1 枚
信封邮票规格：50mm × 30mm
信封规格：230mm × 120mm
1-1 大运河扬州揽胜

序号	面值（元）	售价（元）	发行量（万枚）	市场参考价格（元）
1-1	1.20	1.50		15.00

版别：胶版
设计者：杨文清
责任编辑：杨晓栋
印制厂：江苏省邮电印刷厂

PF190 红掌（国际资费）
PF190 Anthurium（Internation of Postage）
2007 年 5 月 21 日发行
全套 1 枚
信封邮票规格：30mm × 40mm
信封规格：229mm × 162mm
1-1 红掌

序号	面值（元）	售价（元）	发行量（万枚）	市场参考价格（元）
1-1	6	6.50		10.00

版别：胶版
设计者：曾孝濂
责任编辑：赵蕾
印制厂：北京邮票厂

PF191 成都锦里古街
PF191 Ancient Jinli Street of Chengdu
2007 年 6 月 5 日发行
全套 1 枚
信封邮票规格：40mm × 30mm
信封规格：230mm × 120mm
1-1 成都锦里古街

序号	面值（元）	售价（元）	发行量（万枚）	市场参考价格（元）
1-1	1.20	1.50		15.00

版别：胶版
设计者：阎炳武
摄影者：张跃轩
责任编辑：杨晓栋
印制厂：四川省邮电印制厂

PF192 上饶 · 信江风光
PF192 Xinjiang Scenery of Shangrao
2007 年 6 月 15 日发行
全套 1 枚
信封邮票规格：50mm × 28.5mm
信封规格：230mm × 120mm
1-1 上饶 · 信江风光

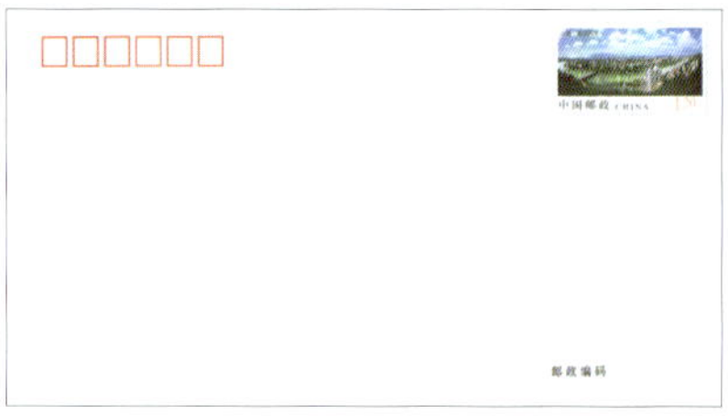

序号	面值（元）	售价（元）	发行量（万枚）	市场参考价格（元）
1-1	1.20	1.50		15.00

版别：胶版
设计者：李群
摄影者：汪维炎
责任编辑：杨晓栋
印制厂：浙江省邮电印刷厂

PF193 内蒙古自治区 60 周年大庆徽标
PF193 Logo of 60th Anniversary of Inner Mongolia Autonomous Region
2007 年 6 月 25 日发行
全套 1 枚
信封邮票规格：30mm × 40mm
信封规格：230mm × 120mm
1-1 内蒙古自治区 60 周年大庆徽标

序号	面值（元）	售价（元）	发行量（万枚）	市场参考价格（元）
1-1	1.20	1.50		15.00

版别：胶版
设计者：阎炳武
责任编辑：杨晓栋
印制厂：内蒙古邮电印刷厂

PF194 郑州国际会展中心
PF194 Zhengzhou International Convention and Exhibition Centre
2007 年 7 月 10 日发行
全套 1 枚
信封邮票规格：40mm × 30mm
信封规格：230mm × 120mm
1-1 郑州国际会展中心

序号	面值（元）	售价（元）	发行量（万枚）	市场参考价格（元）
1-1	1.20	1.50		15.00

版别：胶版
设计者：刘民
摄影者：李亚楠
责任编辑：杨晓栋
印制厂：河南省邮电印刷厂

PF195 郑州炎黄二帝塑像
PF195 Statues of Yan and Huang Emperors in Zhengzhou

2007 年 7 月 10 日发行
全套 1 枚
信封邮票规格： 40mm × 30mm
信封规格： 230mm × 120mm
1-1 郑州炎黄二帝塑像

序号	面值（分）	售价（元）	发行量（万枚）	市场参考价格（元）
1-1	80	1.10		35.00

版别：胶版
设计者：刘民
摄影者：李亚楠
责任编辑：杨晓栋
印制厂：河南省邮电印刷厂

PF196 第八届中国艺术节标志
PF196 Logo of 8th China Arts Festival

2007 年 7 月 28 日发行
全套 1 枚
信封邮票规格： 30mm × 40mm
信封规格： 230mm × 120mm
1-1 第八届中国艺术节标志

序号	面值（元）	售价（元）	发行量（万枚）	市场参考价格（元）
1-1	1.20	1.50		35.00

版别：胶版
设计者：涂东
责任编辑：杨晓栋
印制厂：江苏省邮电印刷厂

PF197 兰花 · 荷之冠
PF197 Orchid · Crown of Lotus

2007 年 8 月 5 日发行
全套 1 枚
信封邮票规格： 30mm × 40mm
信封规格： 230mm × 120mm
1-1 兰花 · 荷之冠

序号	面值（元）	售价（元）	发行量（万枚）	市场参考价格（元）
1-1	1.20	1.50		15.00

版别：胶版
设计者：秦怡北
摄影者：朱佳
责任编辑：杨晓栋
印制厂：浙江省邮电印刷厂

PF198 东坡赤壁
PF198 Dongpo Red Cliff

2007 年 8 月 17 日发行
全套 1 枚
信封邮票规格： 40mm × 30mm
信封规格： 230mm × 120mm
1-1 东坡赤壁

序号	面值（元）	售价（元）	发行量（万枚）	市场参考价格（元）
1-1	1.20	1.50		15.00

版别：胶版
设计者：饶涵
摄影者：杜建新
责任编辑：杨晓栋
印制厂：河南省邮电印刷厂

PF199 水上运动之都——中国 · 日照
PF199 Rizhao of China,Capital of Water Sports

2007 年 8 月 21 日发行
全套 1 枚
信封邮票规格： 45mm × 30mm
信封规格： 230mm × 120mm
1-1 水上运动之都——中国 · 日照

序号	面值（元）	售价（元）	发行量（万枚）	市场参考价格（元）
1-1	1.20	1.50		15.00

版别：胶版
设计者：惠磊
摄影者：孙海峰
责任编辑：杨晓栋
印制厂：河南省邮电印刷厂

PF200 厦门园博园 · 杏林阁
PF200 Xinglin Pavilion of Xiamen Garden Expo

2007 年 8 月 22 日发行
全套 1 枚
信封邮票规格： 30mm × 40mm
信封规格： 230mm × 120mm
1-1 厦门园博园 · 杏林阁

序号	面值（元）	售价（元）	发行量（万枚）	市场参考价格（元）
1-1	1.20	1.50		15.00

版别：胶版
设计者：李群
摄影者：吴明芳
责任编辑：杨晓栋
印制厂：浙江省邮电印刷厂

PF201 古田会议会址
PF201 Site of Gutian Conference

2007 年 8 月 22 日发行
全套 1 枚
信封邮票规格： 50mm × 30mm
信封规格： 230mm × 120mm
1-1 古田会议会址

序号	面值（元）	售价（元）	发行量（万枚）	市场参考价格（元）
1-1	1.20	1.50		15.00

版别：胶版
设计者：李群
摄影者：傅柒生
责任编辑：杨晓栋
印制厂：福建省邮电印刷厂

PF202 民间舞蹈——颍上花鼓灯
PF202 Folk Dance:Yingshang Flower Drum Dance

2007 年 8 月 26 日发行
全套 1 枚
信封邮票规格：30mm × 40mm
信封规格：230mm × 120mm
1-1 民间舞蹈——颍上花鼓灯

序号	面值（元）	售价（元）	发行量（万枚）	市场参考价格（元）
1-1	1.20	1.50		15.00

版别：胶版
设计者：李建国
摄影者：吴同彦
责任编辑：杨晓栋
印制厂：河南省邮电印刷厂

PF203 宁国山核桃
PF203 Ningguo Hickory

2007 年 8 月 28 日发行
全套 1 枚
信封邮票规格：30mm × 40mm
信封规格：230mm × 120mm
1-1 宁国山核桃

序号	面值（元）	售价（元）	发行量（万枚）	市场参考价格（元）
1-1	1.20	1.50		15.00

版别：胶版
设计者：李群
摄影者：杨群
责任编辑：杨晓栋
印制厂：江苏省邮电印刷厂

PF204 中秋祝福
PF204 Blessing of Mid-Autumn Festival

2007 年 8 月 30 日发行
全套 1 枚
信封邮票规格：36mm × 36mm
信封规格：229mm × 162mm
1-1 中秋祝福

序号	面值（元）	售价（元）	发行量（万枚）	市场参考价格（元）
1-1	2.40	5.00		20.00

版别：胶版
设计者：陈楠
责任编辑：佟立英
印制厂：北京邮票厂

PF205 生日祝愿
PF205 Birthday Wishes

2007 年 8 月 30 日发行
全套 1 枚
信封邮票规格：36mm × 36mm （异形）
信封规格：229mm × 162mm
1-1 生日祝愿

序号	面值（元）	售价（元）	发行量（万枚）	市场参考价格（元）
1-1	2.40	5.00		20.00

版别：胶版
设计者：尚予
责任编辑：陈静芝
印制厂：北京邮票厂

PF206 丹东·鸭绿江风光
PF206 Yalu River Scenery of Dandong

2007 年 10 月 9 日发行
全套 1 枚
信封邮票规格：50mm × 29mm
信封规格：230mm × 120mm
1-1 丹东·鸭绿江风光

序号	面值（分）	售价（元）	发行量（万枚）	市场参考价格（元）
1-1	80	1.10		15.00

版别：胶版
设计者：李群
摄影者：于东华
责任编辑：杨晓栋
印制厂：辽宁省沈阳邮电印刷厂

PF207 牵手
PF207 Hand in Hand

2007 年 10 月 18 日发行
全套 1 枚
信封邮票规格：30mm × 40mm
信封规格：230mm × 120mm
1-1 牵手

序号	面值（分）	售价（元）	发行量（万枚）	市场参考价格（元）
1-1	80	1.10		20.00

版别：胶版
设计者：朱海浪
责任编辑：杨晓栋
印制厂：江苏省邮电印刷厂

PF208 惠安崇武古城
PF208 Ancient Chongwu City of Huian

2007 年 10 月 30 日发行
全套 1 枚
信封邮票规格：38mm × 32mm
信封规格：230mm × 120mm
1-1 惠安崇武古城

序号	面值（元）	售价（元）	发行量（万枚）	市场参考价格（元）
1-1	1.20	1.50		15.00

版别：胶版
设计者：李群
摄影者：赵冬烨
责任编辑：杨晓栋
印制厂：福建省邮电印刷厂

PF209 呼伦贝尔白鹿岛
PF209 Bailu Island of Hulun buir

2007 年 11 月 2 日发行
全套 1 枚
信封邮票规格：50mm × 27mm
信封规格：230mm × 120mm
1-1 呼伦贝尔白鹿岛

序号	面值（元）	售价（元）	发行量（万枚）	市场参考价格（元）
1-1	1.20	1.50		15.00

版别：胶版
设计者：李群
摄影者：郭伟忠
责任编辑：杨晓栋
印制厂：内蒙古邮电印刷厂

PF210 书信
PF210 Correspondence

2007 年 11 月 22 日发行
全套 1 枚
信封邮票规格：直径 36mm （圆形）
信封规格：230mm × 120mm
1-1 书信

序号	面值（分）	售价（元）	发行量（万枚）	市场参考价格（元）
1-1	80	1.10		15.00

版别：胶版
设计者：关瑞琳
责任编辑：陈静芝
印制厂：北京邮票厂

PF211 成吉思汗庙
PF211 Genghis Khan Temple

2007 年 11 月 26 日发行
全套 1 枚
信封邮票规格：47.5mm × 31mm
信封规格：230mm × 120mm
1-1 成吉思汗庙

序号	面值（元）	售价（元）	发行量（万枚）	市场参考价格（元）
1-1	1.20	1.50		15.00

版别：胶版
设计者：任国恩
原作者：连鸿冰
责任编辑：杨晓栋
印制厂：内蒙古邮电印刷厂

PF212 和谐号动车组
PF212 Harmonious Brand of China Railways High-Speed

2007 年 11 月 28 日发行
全套 1 枚
信封邮票规格：40mm × 32mm
信封规格：230mm × 120mm
1-1 和谐号动车组

序号	面值（分）	售价（元）	发行量（万枚）	市场参考价格（元）
1-1	80	1.10		15.00

版别：胶版
设计者：阎炳武、陈洁
摄影者：杨阳
责任编辑：杨晓栋
印制厂：河南省邮电印刷厂

PF213 瑞安玉海楼
PF213 Yuhai Building of Ruian

2007 年 12 月 18 日发行
全套 1 枚
信封邮票规格：46.5mm × 31mm
信封规格：230mm × 120mm
1-1 瑞安玉海楼

序号	面值（元）	售价（元）	发行量（万枚）	市场参考价格（元）
1-1	1.20	1.50		15.00

版别：胶版
设计者：李群
原作者：陈钦益
责任编辑：杨晓栋
印制厂：浙江省邮电印刷厂

PF214 盘锦湿地
PF214 Panjin Wetland

2008 年 1 月 26 日发行
全套 1 枚
信封邮票规格：53mm × 31mm （异形）
信封规格：230mm × 120mm
1-1 盘锦湿地

序号	面值（元）	售价（元）	发行量（万枚）	市场参考价格（元）
1-1	1.20	1.50		15.00

版别：胶版
设计者：李群
原作者：李凌河
摄影者：宗树兴
责任编辑：杨晓栋
印制厂：辽宁省沈阳邮电印刷厂

PF215 绚丽惠州
PF215 Magnificent Huizhou

2008 年 4 月 5 日发行
全套 1 枚
信封邮票规格：28mm × 40mm
信封规格：230mm × 120mm
1-1 绚丽惠州

序号	面值（元）	售价（元）	发行量（万枚）	市场参考价格（元）
1-1	1.20	1.50		15.00

版别：胶版
设计者：黄晓民
摄影者：吴燕峰
责任编辑：杨晓栋
印制厂：广东信源彩色印务有限公司

PF216 赣州客家先民南迁纪念坛
PF216 Altar Marking South Migration of Ganzhou Hakka Ancestors

2008 年 4 月 28 日发行
全套 1 枚
信封邮票规格：40mm × 30mm
信封规格：230mm × 120mm
1-1 赣州客家先民南迁纪念坛

序号	面值（元）	售价（元）	发行量（万枚）	市场参考价格（元）
1-1	1.20	1.50		15.00

版别：胶版
设计者：虞红生
摄影者：王健
责任编辑：杨晓栋
印制厂：河南省邮电印刷厂

PF217 安溪铁观音
PF217 Oolong Tea of Anxi

2008 年 5 月 15 日发行
全套 1 枚
信封邮票规格：40mm × 30mm
信封规格：230mm × 120mm
1-1 安溪铁观音

序号	面值（元）	售价（元）	发行量（万枚）	市场参考价格（元）
1-1	1.20	1.50		15.00

版别：胶版
设计者：马力航
摄影者：林亚静
责任编辑：杨晓栋
印制厂：福建省邮电印刷厂

PF218 海峡西岸建设
PF218 Construction of West Bank of the Strait

2008 年 6 月 12 日发行
全套 1 枚
信封邮票规格：40mm × 30mm
信封规格：230mm × 120mm
1-1 海峡西岸建设

序号	面值（元）	售价（元）	发行量（万枚）	市场参考价格（元）
1-1	1.20	1.50		15.00

版别：胶版
设计者：杨戈
责任编辑：杨晓栋
印制厂：福建省邮电印刷厂

PF219 人人重庆
PF219 Everybody' s Chongqing

2008 年 6 月 18 日发行
全套 1 枚
信封邮票规格：32mm × 44mm
信封规格：230mm × 120mm
1-1 人人重庆

序号	面值（元）	售价（元）	发行量（万枚）	市场参考价格（元）
1-1	1.20	1.50		15.00

版别：胶版
设计者：张德贤
责任编辑：杨晓栋
印制厂：河南省邮电印刷厂

PF220 和谐深圳
PF220 Harmonious Shenzhen

2008 年 6 月 19 日发行
全套 1 枚
信封邮票规格：30mm × 40mm
信封规格：230mm × 120mm
1-1 和谐深圳

序号	面值（分）	售价（元）	发行量（万枚）	市场参考价格（元）
1-1	80	1.10		15.00

版别：胶版
设计者：呼振源
摄影者：韦洪兴
责任编辑：杨晓栋
印制厂：广东信源彩色印务有限公司

PF221 和谐深圳
PF221 Harmonious Shenzhen

2008 年 6 月 19 日发行
全套 1 枚
信封邮票规格：40mm × 30mm
信封规格：230mm × 120mm
1-1 和谐深圳

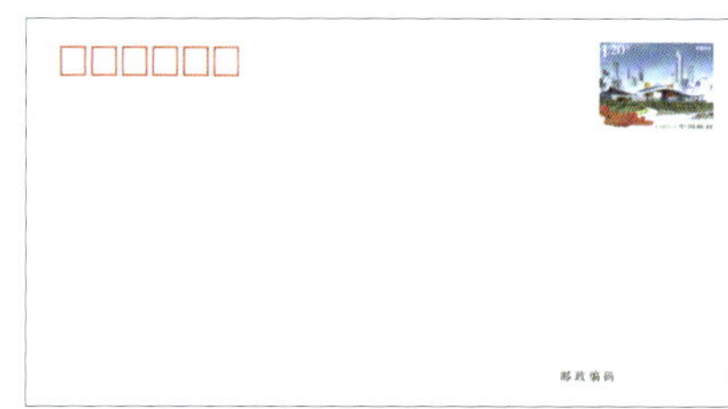

序号	面值（元）	售价（元）	发行量（万枚）	市场参考价格（元）
1-1	1.20	1.50		15.00

版别：胶版
设计者：呼振源
摄影者：韦洪兴
责任编辑：杨晓栋
印制厂：广东信源彩色印务有限公司

PF222 黄河从这里入海 · 东营
PF222 into the sea from here, Dongying,Estuary of Yellow River

2008 年 8 月 15 日发行
全套 1 枚
信封邮票规格：40mm × 30mm
信封规格：230mm × 120mm
1-1 黄河从这里入海 · 东营

序号	面值（元）	售价（元）	发行量（万枚）	市场参考价格（元）
1-1	1.20	1.50		15.00

版别：胶版
设计者：周艳
摄影者：侯贺良
责任编辑：杨晓栋
印制厂：山东金邮印务股份有限公司

PF223 秀丽杭州
PF223 Beautiful Hangzhou
2008 年 8 月 28 日发行
全套 1 枚
信封邮票规格：50mm × 30mm
信封规格：230mm × 120mm
1-1 秀丽杭州

序号	面值（元）	售价（元）	发行量（万枚）	市场参考价格（元）
1-1	1.20	1.50		15.00

版别：胶版
设计者：徐颂
摄影者：任鲸
责任编辑：杨晓栋
印制厂：浙江省邮电印刷厂

PF224 辽宁朝阳
PF224 Chaoyang of Liaoning
2008 年 10 月 20 日发行
全套 1 枚
信封邮票规格：40mm × 28mm
信封规格：230mm × 120mm
1-1 辽宁朝阳

序号	面值（元）	售价（元）	发行量（万枚）	市场参考价格（元）
1-1	1.20	1.50		15.00

版别：胶版
设计者：张刚
摄影者：张刚
责任编辑：杨晓栋
印制厂：辽宁省沈阳邮电印刷厂

PF225 火炬计划徽志
PF225 Emblem of Torch Plan
2008 年 12 月 7 日发行
全套 1 枚
信封邮票规格：30mm × 40mm
信封规格：230mm × 120mm
1-1 火炬计划徽志

序号	面值（分）	售价（元）	发行量（万枚）	市场参考价格（元）
1-1	80	1.10		15.00

版别：胶版
设计者：尚颖
责任编辑：杨晓栋
印制厂：北京邮票厂

PF226 中国 2010 年上海世博会会徽
PF226 Logo of 2010 Shanghai Expo
2009 年 7 月 1 日发行
全套 1 枚
信封邮票规格：40mm × 30mm
信封规格：230mm × 120mm
1-1 中国 2010 年上海世博会会徽

序号	面值（元）	售价（元）	发行量（万枚）	市场参考价格（元）
1-1	1.20	1.50		15.00

版别：胶版
设计者：李群
资料提供：上海世博会事务协调局
责任编辑：董研
印制厂：上海证券印制有限公司

PF227 天安门
PF227 Tian' anmen Design
2009 年 8 月 5 日发行
全套 1 枚
信封邮票规格：40mm × 30mm
信封规格：230mm × 120mm
1-1 天安门

序号	面值（元）	售价（元）	发行量（万枚）	市场参考价格（元）
1-1	1.20	1.50		15.00

版别：胶版
设计者：沈嘉宏
摄影者：尚盈
责任编辑：王静
印制厂：北京邮票厂

PF228 中国京剧（国际资费）
PF228 Beijing Opera of China （International Postage）
2009 年 12 月 25 日发行
全套 1 枚
信封邮票规格：54mm × 38mm
信封规格：324mm × 229mm
1-1 中国京剧

序号	面值（元）	售价（元）	发行量（万枚）	市场参考价格（元）
1-1	6	7.00		40.00

版别：胶版
设计者：余俊鹤
脸谱画作者：傅学斌
责任编辑：吕垚
印制厂：江苏省邮电印刷厂

PF229 中国 2010 年上海世博会会徽（2010）
PF229 Logo of 2010 Shanghai Expo （2010）
2010 年 2 月 1 日发行
全套 1 枚
信封邮票规格：40mm × 30mm

信封规格： 229mm × 162mm
1-1 中国 2010 年上海世博会会徽

序号	面值（元）	售价（元）	发行量（万枚）	市场参考价格（元）
1-1	1.20	1.60		15.00

版别：胶版
设计者：李群
资料提供：上海世博会事务协调局
责任编辑：董研
印制厂：上海证券印制有限公司
注：2009 年 7 月 1 日曾经发行过面值 1.20 元的《中国 2010 年上海世博会会徽》普通邮资信封，规格为 230mm × 120mm。

PF230 南京云锦
PF230 Nanjing Brocade

2010 年 4 月 15 日发行
全套 1 枚
信封邮票规格： 30mm × 40mm
信封规格： 230mm × 120mm
1-1 南京云锦

序号	面值（元）	售价（元）	发行量（万枚）	市场参考价格（元）
1-1	1.20	1.50		15.00

版别：胶版
设计者：方军
责任编辑：杨晓栋
印制厂：江苏省邮电印刷厂

PF231 我们在一起
PF231 We are Together

2010 年 6 月 2 日发行
全套 1 枚
信封邮票规格： 30mm × 40mm
信封规格： 230mm × 120mm
1-1 我们在一起

序号	面值（元）	售价（元）	发行量（万枚）	市场参考价格（元）
1-1	1.20	1.50		15.00

版别：胶版
设计者：王虎鸣、余俊鹤
责任编辑：杨晓栋
印制厂：河南省邮电印刷厂

PF232 第 16 届亚洲运动会会徽
PF232 Emblem of 16th Asian Games

2010 年 8 月 4 日发行
全套 1 枚
信封邮票规格： 30mm × 40mm
信封规格： 230mm × 120mm
1-1 第 16 届亚洲运动会会徽

序号	面值（元）	售价（元）	发行量（万枚）	市场参考价格（元）
1-1	1.20	1.50		15.00

版别：胶版
设计者：李群
资料提供：第 16 届亚洲运动会组委会
责任编辑：董研
印制厂：广东信源彩色印务有限公司

PF233 和平发展
PF233 Peaceful Development

2011 年 10 月 10 日发行
全套 1 枚
信封邮票规格： 50mm × 25mm
信封规格： 230mm × 120mm
1-1 和平发展

序号	面值（元）	售价（元）	发行量（万枚）	市场参考价格（元）
1-1	1.20	1.50		100.00

版别：胶版
设计者：李志宏、尚钰
责任编辑：陈静芝
印制厂：北京邮票厂

PF234 中国载人航天工程
PF234 China Manned Space Engineering

2011 年 11 月 17 日发行
全套 1 枚
信封邮票规格： 75mm × 30mm
信封规格： 230mm × 120mm
1-1 中国载人航天工程

序号	面值（元）	售价（元）	发行量（万枚）	市场参考价格（元）
1-1	1.20	1.50		25.00

版别：胶版
设计者：马刚
资料提供：中国载人航天工程办公室
责任编辑：陈宜思
印制厂：浙江省邮电印刷股份有限公司

PF235 北京精神
PF235 Beijing Spirit

2011 年 12 月 24 日发行
全套 1 枚
信封邮票规格： 54mm × 27mm
信封规格： 229mm × 162mm
1-1 北京精神

序号	面值（元）	售价（元）	发行量（万枚）	市场参考价格（元）
1-1	1.20	1.50		15.00

版别：胶版
设计者：徐诺
责任编辑：杨晓栋
印制厂：北京邮票厂

PF236 盘锦湿地 · 红海滩
PF236 Red Beach in Panjin Wetland

2012 年 1 月 16 日发行

全套 1 枚

信封邮票规格： 50mm × 27mm

信封规格： 230mm × 120mm

1-1 盘锦湿地 · 红海滩

序号	面值（元）	售价（元）	发行量（万枚）	市场参考价格（元）
1-1	1.20	1.50		15.00

版别：胶版

设计者：邢文伟

摄影者：刘杰

责任编辑：杨晓栋

印制厂：辽宁省沈阳邮电印刷厂

PF237 中国银行
PF237 Bank of China

2012 年 2 月 5 日发行

全套 1 枚

信封邮票规格： 30mm × 40mm

信封规格： 230mm × 120mm

1-1 中国银行

序号	面值（元）	售价（元）	发行量（万枚）	市场参考价格（元）
1-1	1.20	1.50		15.00

版别：胶版

设计者：马立航、李群

责任编辑：杨晓栋

印制厂：北京邮票厂

PF238 爱电影 看天下
PF238 Love the Movie to See the World

2012 年 3 月 8 日发行

全套 1 枚

信封邮票规格： 45mm × 34mm

信封规格： 229mm × 162mm

1-1 爱电影 看天下

序号	面值（元）	售价（元）	发行量（万枚）	市场参考价格（元）
1-1	2.40	2.70		15.00

版别：胶版

设计者：王旭

责任编辑：王静

印制厂：佳人递贺卡（北京）有限公司

注：另见有规格为 230mm × 120mm 的普通邮资信封。

PF239 苏州轨道交通
PF239 Suzhou Rail Transit

2012 年 4 月 28 日发行

全套 1 枚

信封邮票规格： 50mm × 30mm

信封规格： 230mm × 120mm

1-1 苏州轨道交通

序号	面值（元）	售价（元）	发行量（万枚）	市场参考价格（元）
1-1	1.20	1.50		15.00

版别：胶版

设计者：王虎鸣

责任编辑：杨晓栋

印制厂：江苏省邮电印刷厂

PF240 米奇
PF240 Mickey

2012 年 6 月 1 日发行

全套 1 枚

信封邮票规格： 28mm × 31mm

信封规格： 230mm × 120mm

1-1 米奇

序号	面值（元）	售价（元）	发行量（万枚）	市场参考价格（元）
1-1	1.20	1.50		15.00

版别：胶版

设计者：华特迪士尼（上海）有限公司

责任编辑：杨晓栋

印制厂：上海界龙现代印刷纸品有限公司

PF241 枣庄 · 台儿庄古城
PF241 Tai 'erzhuang Ancient City of Zaozhuang

2012 年 9 月 5 日发行

全套 1 枚

信封邮票规格： 42mm × 30mm

信封规格： 230mm × 120mm

1-1 枣庄 · 台儿庄古城

序号	面值（元）	售价（元）	发行量（万枚）	市场参考价格（元）
1-1	1.20	1.50		15.00

版别：胶版

设计者：郝旭东

责任编辑：杨晓栋

印制厂：山东金邮印务股份有限公司

PF242 灵秀湖北
PF242 Scenic Hubei

2012 年 12 月 18 日发行

全套 1 枚

信封邮票规格： 43mm × 30mm

信封规格： 230mm × 120mm

1-1 灵秀湖北

序号	面值（元）	售价（元）	发行量（万枚）	市场参考价格（元）
1-1	1.20	1.50		15.00

版别：胶版

设计者：邢文伟

资料提供：湖北省旅游局

责任编辑：杨晓栋

印制厂：湖北鸿泰安全印务有限公司

PF243 第八届中国花卉博览会会徽
PF243 Emblem of the 8th China Flower Expo

2013 年 1 月 23 日发行

全套 1 枚

信封邮票规格： 35mm × 35mm

信封规格： 229mm × 162mm

1-1 第八届中国花卉博览会会徽

序号	面值（元）	售价（元）	发行量（万枚）	市场参考价格（元）
1-1	1.20	1.50		15.00

版别：胶版

设计者：邢文伟

资料提供：第八届中国花卉博览会组委会

责任编辑：杨晓栋

印制厂：江苏省邮电印刷厂

PF244 党的群众路线教育实践活动
PF244 Party's Masses Line Educational Practice

2013 年 9 月 16 日发行

全套 2 枚

信封邮票规格：（2-1）40mm×30mm
（2-2）直径 37mm（圆形）

信封规格：（2-1） 230mm × 120mm
（2-2） 229mm × 162mm

2-1 党的群众路线教育实践活动

2-2 党的群众路线教育实践活动

序号	面值（元）	售价（元）	发行量（万枚）	市场参考价格（元）
2-1	1.20	1.60		20.00
2-2	2.40	3.50		20.00

版别：胶版

设计者：郝旭东、于秋艳

摄影者：张肇基

资料提供：北京全景视觉网络科技有限公司

责任编辑：温文雅

印制厂：河南省邮电印刷厂

PF245 苏州精神
PF245 Suzhou Spirit

2013 年 11 月 12 日发行

全套 2 枚

信封邮票规格： 50mm × 30mm

信封规格：（2-1） 230mm × 120mm
（2-2） 229mm × 162mm

2-1 苏州精神

2-2 苏州精神

序号	面值（元）	售价（元）	发行量（万枚）	市场参考价格（元）
2-1	1.20	1.50		15.00
2-2	1.20	1.60		15.00

版别：胶版

设计者：黄伏余

责任编辑：杨晓栋

印制厂：江苏省邮电印刷厂

PF246 安全进万家
PF246 Security Walked Ten Thousand

2013 年 12 月 16 日发行

全套 2 枚

信封邮票规格： 37mm × 37mm

信封规格（2-1） 230mm × 120mm
（2-2） 229mm × 162mm

2-1 安全进万家

2-2 安全进万家

序号	面值（元）	售价（元）	发行量（万枚）	市场参考价格（元）
2-1	1.20	1.50		15.00
2-2	2.40	3.50		15.00

版别：胶版

设计者：杨志英

责任编辑：于止戈

印制厂：江苏省邮电印刷厂

PF247 民生直达
PF247 Directly to Livelihood of the People

2013 年 12 月 16 日发行

全套 2 枚

信封邮票规格：对角线 48mm×48mm（菱形）

信封规格：（2-1） 230mm × 120mm
（2-2） 229mm × 162mm

2-1 民生直达

2-2 民生直达

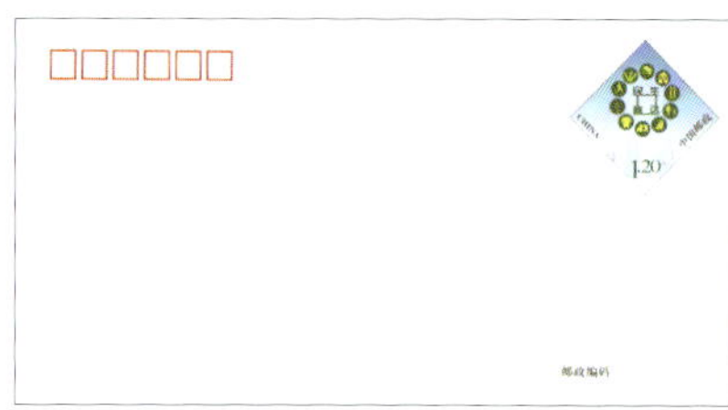

序号	面值（元）	售价（元）	发行量（万枚）	市场参考价格（元）
2-1	1.20	1.50		15.00
2-2	2.40	3.50		15.00

设计者：杨志英
责任编辑：于止戈
印制厂：江苏省邮电印刷厂

PF248 温暖回家路
PF248 Warm Way to Home

2013 年 12 月 16 日发行
全套 2 枚
信封邮票规格：40mm × 30mm
信封规格：（2-1）230mm × 120mm
（2-2）229mm × 162mm
2-1 温暖回家路
2-2 温暖回家路

序号	面值（元）	售价（元）	发行量（万枚）	市场参考价格（元）
2-1	1.20	1.50		15.00
2-2	2.40	3.50		15.00

版别：胶版
设计者：刘博
责任编辑：于止戈
印制厂：江苏省邮电印刷厂

PF249 爱
PF249 Love

2013 年 12 月 16 日发行
全套 2 枚
信封邮票规格：40mm × 34mm（异形）
信封规格：（2-1）230mm × 120mm
（2-2）229mm × 162mm
2-1 爱
2-2 爱

序号	面值（分）	售价（元）	发行量（万枚）	市场参考价格（元）
2-1	1.20	1.50		15.00
2-2	2.40	3.50		15.00

版别：胶版
设计者：王静
责任编辑：于止戈
印制厂：江苏省邮电印刷厂

PF250 卡通——红毛小 Q
PF250 Cartoon – Red Hair Small Q

2014 年 2 月 12 日发行
全套 1 枚
信封邮票规格：42mm × 42mm（异形）
信封规格：229mm × 162mm
1-1 卡通——红毛小 Q

序号	面值（元）	售价（元）	发行量（万枚）	市场参考价格（元）
1-1	1.20	1.60		15.00

版别：胶版
设计者：范福来
责任编辑：杨晓栋
印制厂：河南省邮电印刷厂

PF251 第二届夏季青年奥林匹克运动会会徽
PF251 Emblem of the 2nd Summer Youth Olympic Games

2014 年 2 月 25 日发行
全套 1 枚
信封邮票规格：30mm × 40mm
信封规格：230mm × 120mm
1-1 第二届夏季青年奥林匹克运动会会徽

序号	面值（元）	售价（元）	发行量（万枚）	市场参考价格（元）
1-1	1.20	1.50		15.00

版别：胶版
设计者：刘雯清
责任编辑：杨晓栋
资料提供：第二届夏季青年奥林匹克运动会组织委员会
印制厂：江苏省邮电印刷厂

PF252 家书
PF252 Letter from Home

2014 年 9 月 29 日发行
全套 2 枚
信封邮票规格：（2-1）40mm × 30mm
（2-2）44mm × 33mm
信封规格：（2-1）220mm × 110mm
（2-2）229mm × 162mm
2-1 家书
2-2 家书

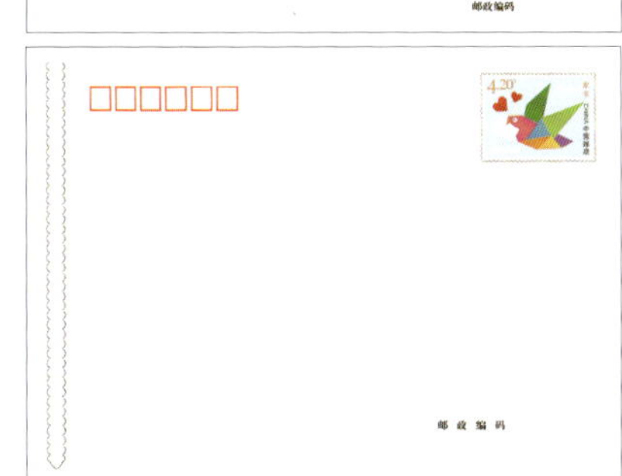

序号	面值（元）	售价（元）	发行量（万枚）	市场参考价格（元）
2-1	4.20	4.60		15.00
2-2	4.20	4.60		15.00

版别：胶版
设计者：于秋艳
责任编辑：杨晓栋
印制厂：北京邮票厂

PF253 东亚文化之都 · 2014 泉州
PF253 East Asian Cultural City-Quanzhou 2014

2014 年 11 月 25 日发行
全套 1 枚
信封邮票规格：对角线 30mm×30mm（菱形）
信封规格：230mm × 120mm
1-1 东亚文化之都 · 2014 泉州

序号	面值（元）	售价（元）	发行量（万枚）	市场参考价格（元）
1-1	1.20	1.50		15.00

版别：胶版

设计者：刘钊、张帆

责任编辑：杨晓栋

印制厂：福建省邮电印刷厂

PF254 中国结（2015）

PF254 Chinese Knots（2015）

2015 年 1 月 5 日发行

全套 1 枚

信封邮票规格： 44mm × 33mm

信封规格： 230mm × 120mm

1-1 中国结

序号	面值（元）	售价（元）	发行量（万枚）	市场参考价格（元）
1-1	1.20	1.50		15.00

版别：胶版

设计者：张森、杨波

责任编辑：佟立英

印制厂：北京邮票厂

注：2001 年 12 月 16 日曾发行过面值 80 分的《中国结》普通邮资信封，规格为 229mm × 162mm。

PF255 强军梦

PF255 Dream of a Strong Army

2015 年 2 月 15 日发行

全套 1 枚

信封邮票规格： 40mm × 30mm

信封规格： 230mm × 120mm

1-1 强军梦

序号	面值（元）	售价（元）	发行量（万枚）	市场参考价格（元）
1-1	1.20	1.50		60.00

版别：胶版

设计者：薛满杰

责任编辑：杨晓栋

印制厂：浙江省邮电印刷股份有限公司

PF256 梅兰芳舞台艺术

PF256 Stage Art of Mei Lanfang

2015 年 3 月 10 日发行

全套 1 枚

信封邮票规格： 30mm × 40mm

信封规格： 230mm × 120mm

1-1 梅兰芳舞台艺术

序号	面值（元）	售价（元）	发行量（万枚）	市场参考价格（元）
1-1	1.20	1.50		100.00

版别：胶版

设计者：刘俊

责任编辑：杨晓栋

印制厂：浙江省邮电印刷股份有限公司

PF257 梵净山

PF257 Fanjing Mountain

2015 年 5 月 11 日发行

全套 1 枚

信封邮票规格： 40mm × 30mm

信封规格： 229mm × 162mm

1-1 梵净山

序号	面值（元）	售价（元）	发行量（万枚）	市场参考价格（元）
1-1	1.20	1.50		15.00

版别：胶版

设计者：于秋艳

原画作者：陈德刚

责任编辑：杨晓栋

印制厂：广东信源彩色印务有限公司

PF258 魅力淮安

PF258 Charming Huai' an

2015 年 11 月 5 日发行

全套 1 枚

信封邮票规格： 45mm × 30mm

信封规格： 229mm × 162mm

1-1 魅力淮安

序号	面值（元）	售价（元）	发行量（万枚）	市场参考价格（元）
1-1	1.20	1.50		15.00

版别：胶版

设计者：刘钊、邱芬

责任编辑：李阳

印制厂：江苏省邮电印刷厂

PF259 马踏飞燕

PF259 Horse stepping Flying Swallow

2016 年 6 月 19 日发行

全套 1 枚

信封邮票规格： 30mm × 30mm

信封规格： 230mm × 120mm

1-1 马踏飞燕

序号	面值（元）	售价（元）	发行量（万枚）	市场参考价格（元）
1-1	1.20	1.50	181	10.00

版别：胶版

设计者：方军、门立群

责任编辑：张文涛

印制厂：北京邮票厂

注：这是流水编号首次出现在普通邮资信封的封背上。

PF260 信达天下

PF260 Letter get to World

2016 年 6 月 30 日发行

全套 1 枚

信封邮票规格： 30mm × 37mm

信封规格： 229mm × 162mm

1-1 信达天下

序号	面值（元）	售价（元）	发行量（万枚）	市场参考价格（元）
1-1	2.40	3.50	181	10.00

版别：胶版
设计者：黄华强
责任编辑：虞平
印制厂：北京邮票厂

PF261 祥泰之州
PF261 Auspicious Taizhou

2016 年 8 月 12 日发行
全套 1 枚
信封邮票规格：边长 16mm （八边形）
信封规格：229mm × 162mm
1-1 祥泰之州

序号	面值（元）	售价（元）	发行量（万枚）	市场参考价格（元）
1-1	1.20	1.50	181	10.00

版别：胶版
设计者：马立航
摄影者：袁恕、杜潇潇
责任编辑：杨晓栋
印制厂：北京邮票厂

PF262 美丽乡村
PF262 Beautiful Countryside

2016 年 8 月 31 日发行
全套 1 枚
信封邮票规格：40mm × 35mm （异形）
信封规格：230mm × 120mm
1-1 美丽乡村

序号	面值（元）	售价（元）	发行量（万枚）	市场参考价格（元）
1-1	1.20	1.50	181	10.00

版别：胶版
设计者：蒋毅海
责任编辑：王静
印制厂：北京邮票厂

PF263 预防职务犯罪邮路
PF263 Postal Routes for the Prevention of Job-related Crimes Prevention of Duty Crimes

2017 年 9 月 15 日发行
全套 1 枚
信封邮票规格：30mm × 35mm
信封规格：230mm × 120mm
1-1 预防职务犯罪邮路

序号	面值（元）	售价（元）	发行量（万枚）	市场参考价格（元）
1-1	1.20	1.50	108	8.00

版别：胶版
设计者：陈志皓
摄影者：肖杰
责任编辑：何金梅
印制厂：北京邮票厂

PF264 红色旅游——淮安
PF264 Red Tourism-Huai' an

2018 年 3 月 25 日发行
全套 1 枚
信封邮票规格：48mm × 32mm
信封规格：229mm × 162mm
1-1 红色旅游——淮安

序号	面值（元）	售价（元）	发行量（万枚）	市场参考价格（元）
1-1	1.20	1.50	33.6	8.00

版别：胶版
设计者：刘钊、邱芬
摄影者：王旭馗、谭长谷
责任编辑：杨晓栋
印制厂：北京邮票厂

PF265 无锡印象
PF265 Impression of Wuxi

2018 年 5 月 5 日发行
全套 1 枚
信封邮票规格：上圆弧长 68mm，直边长 25mm （扇形）
信封规格：230mm × 120mm
1-1 无锡印象

序号	面值（元）	售价（元）	发行量（万枚）	市场参考价格（元）
1-1	1.20	1.50	33.6	8.00

版别：胶版
设计者：于秋艳
摄影者：王国中
责任编辑：杨晓栋
印制厂：北京邮票厂

PF266 美好新海南
PF266 Beautiful New Hainan

2018 年 6 月 15 日发行
全套 1 枚
信封邮票规格：对角线 42mm×42mm（菱形）
信封规格：230mm × 120mm
1-1 美好新海南

序号	面值（元）	售价（元）	发行量（万枚）	市场参考价格（元）
1-1	1.20	1.50	33.6	8.00

版别：胶版
设计者：于秋艳、孙珂珂
资料提供：中共海南省委宣传部
责任编辑：杨晓栋
印制厂：北京邮票厂

PF267 不忘初心 牢记使命
PF267 Never Forget the Beginning and Remember the Mission

2018 年 7 月 14 日发行
全套 1 枚
信封邮票规格：36mm × 36mm
信封规格：230mm × 120mm
1-1 不忘初心 牢记使命

序号	面值（元）	售价（元）	发行量（万枚）	市场参考价格（元）
1-1	1.20	1.50	33.6	8.00

版别：胶版
设计者：张帆
资料提供：曹海荣
责任编辑：董研
印制厂：北京邮票厂

PF268 丝绸古镇——盛泽
PF268 Silk Ancient Town-Shengze

2019 年 3 月 31 日发行
全套 1 枚
信封邮票规格： 40mm × 30mm
信封规格： 229mm × 162mm
1-1 丝绸古镇——盛泽

序号	面值（元）	售价（元）	发行量（万枚）	市场参考价格（元）
1-1	1.20	1.50	31.2	8.00

版别：胶版
设计者：于雪
原画作者：张幸亏
摄影者：钮泉娜
责任编辑：杨晓栋
印制厂：北京邮票厂
注：这是条码区首次出现在普通邮资信封的封面上。

PF269 中国（寿光）国际蔬菜科技博览会
PF269 China (Shouguang) International Vegetable Science and Technology Expo

2019 年 4 月 20 日发行
全套 1 枚
信封邮票规格： 40mm × 30mm
信封规格： 230mm × 120mm
1-1 中国（寿光）国际蔬菜科技博览会

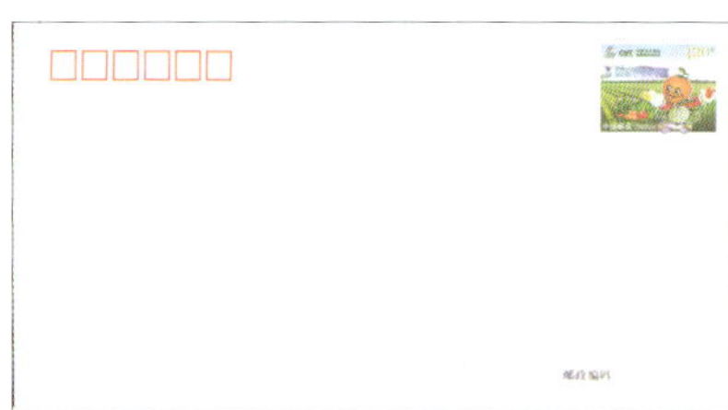

序号	面值（元）	售价（元）	发行量（万枚）	市场参考价格（元）
1-1	1.20	1.50	31.2	8.00

版别：胶版
设计者：马立航、周玉凤
资料提供：中国（寿光）国际蔬菜科技博览会组委会办公室
责任编辑：杨晓栋
印制厂：北京邮票厂

PF270 桃
PF270 Peach

2019 年 6 月 28 日发行
全套 1 枚
信封邮票规格： 35mm × 40mm
信封规格： 230mm × 120mm
1-1 桃

序号	面值（元）	售价（元）	发行量（万枚）	市场参考价格（元）
1-1	1.20	1.50	31.2	5.00

版别：胶版
设计者：于平、任凭
责任编辑：杨志英
印制厂：北京邮票厂

PF271 祝福祖国
PF271 Blessing the Motherland

2019 年 7 月 1 日发行
全套 1 枚
信封邮票规格： 38mm × 30mm
信封规格： 230mm × 120mm
1-1 祝福祖国

序号	面值（分）	售价（元）	发行量（万枚）	市场参考价格（元）
1-1	1.20	1.50	31.2	5.00

版别：胶版
设计者：于雪
责任编辑：温文雅
印制厂：北京邮票厂

PF272 团圆
PF272 Reunion

2019 年 8 月 7 日发行
全套 1 枚
信封邮票规格： 45mm × 34mm
信封规格： 229mm × 162mm
1-1 团圆

序号	面值（元）	售价（元）	发行量（万枚）	市场参考价格（元）
1-1	1.20	1.50	31.2	5.00

版别：胶版
设计者：于平、任凭
责任编辑：于止戈
印制厂：北京邮票厂

PF273 毛主席纪念堂
PF273 Chairman Mao Memorial Hall

2019 年 12 月 26 日发行
全套 1 枚
信封邮票规格： 50mm × 30mm
信封规格： 230mm × 120mm
1-1 毛主席纪念堂

序号	面值（元）	售价（元）	发行量（万枚）	市场参考价格（元）
1-1	1.20	1.50	31.2	8.00

版别：胶版
设计者：郝欧
责任编辑：杨晓栋
印制厂：北京邮票厂

PF274 北京 2022 年冬奥会吉祥物和冬残奥会吉祥物
PF274 The Mascots for 2022 Winter Olympic Games and Paralympic Games

2020 年 1 月 16 日发行
全套 2 枚
信封邮票规格：半径 15mm （圆形）
信封规格： 230mm × 120mm
2-1 冰墩墩
2-2 雪容融

序号	面值（元）	售价（元）	发行量（万套）	市场参考价格（元）
全套	1.20×2	1.50×2	30.3	10.00

版别：胶版
设计者：于秋艳
资料提供：北京2022年冬奥会和冬残奥会组织委员会
责任编辑：干止戈
印制厂：北京邮票厂

PF275 万众一心
PF275 All the People of one Mind
2020年6月2日发行
全套1枚
信封邮票规格：35mm×35mm
信封规格：230mm×120mm
1-1 万众一心

序号	面值（元）	售价（元）	发行量（万枚）	市场参考价格（元）
1-1	1.20	1.50	30.3	8.00

版别：胶版
设计者：董琪
责任编辑：李可心
印制厂：北京邮票厂

PF276 喜鹊登枝
PF276 Magpie on Branch
2020年8月8日发行
全套1枚
信封邮票规格：30mm×40mm
信封规格：230mm×120mm
1-1 喜鹊登枝

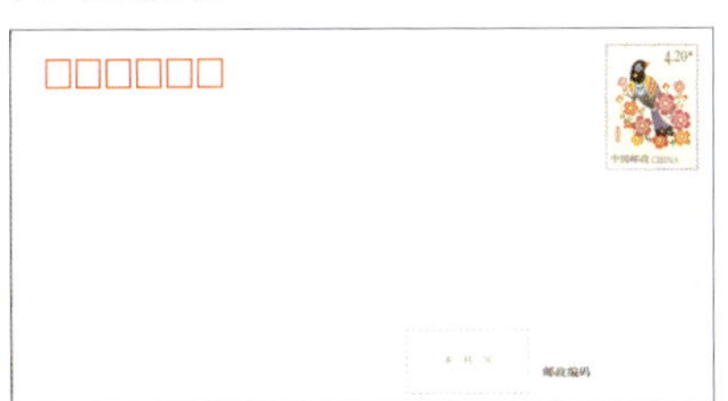

序号	面值（元）	售价（元）	发行量（万枚）	市场参考价格（元）
1-1	4.20	4.50	30.3	5.00

版别：胶版
设计者：呼振源
责任编辑：杨晓栋
印制厂：北京邮票厂

PF277 山海港城——连云港
PF277 Shanhai Port City - Lianyungang
2020年8月18日发行
全套1枚
信封邮票规格：40mm×30mm
信封规格：229mm×162mm
1-1 山海港城——连云港

序号	面值（元）	售价（元）	发行量（万枚）	市场参考价格（元）
1-1	1.20	1.50	30.3	4.00

版别：胶版
设计者：李昊
责任编辑：杨晓栋
印制厂：北京邮票厂

PF278 华中科技大学同济医学院附属同济医院
PF278 Tongji Hospital affiliated to Tongji Medical College of Huazhong University of Science and Technology
2020年10月28日发行
全套1枚
1-1 华中科技大学同济医学院附属同济医院
信封邮票规格：对角线40mm×40mm（菱形）
信封规格：230mm×120mm

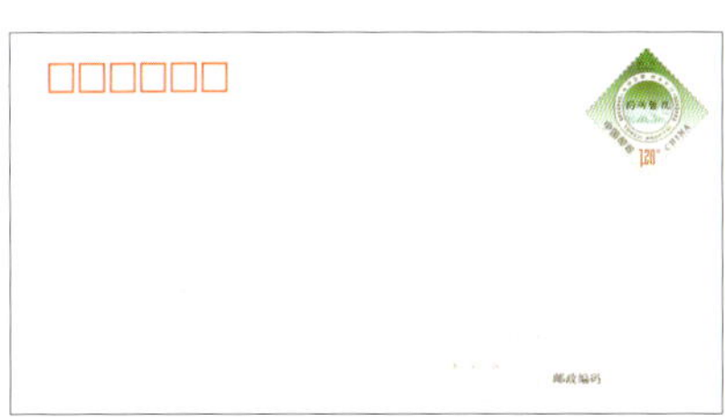

序号	面值（元）	售价（元）	发行量（万枚）	市场参考价格（元）
1-1	1.20	1.50	30.3	5.00

版别：胶版
设计者：蒋毅海
资料提供：华中科技大学同济医学院附属同济医院
责任编辑：杨晓栋
印制厂：北京邮票厂

普通邮资美术信封(PMF)
Regular Stamped Picture Envelopes (PMF)

PMF1 普 9 天安门图
PMF1 R9 Tian' anmen Design

1957 年 3 月 15 日 -1959 年 10 月 1 日发行
全套 28 枚

第一组 5 枚

1957 年 3 月 15 日发行
信封邮票规格： 25mm × 19mm
信封规格： 155mm × 105mm
28-1 （编号 1-1957） 天安门图
信封图案：婆媳上冬学（国画）
原画作者：汤文选
28-2 （编号 2-1957） 天安门图
信封图案：牧歌（版画）
原画作者：张漾兮
28-3 （编号 3-1957） 天安门图
信封图案：两个羊羔（国画）
原画作者：周昌彀
28-4 （编号 4-1957） 天安门图
信封图案：武松打虎（连环画）
原画作者：刘继卣
28-5 （编号 5-1957） 天安门图
信封图案：拔萝卜（年画）
原画作者：特伟

1-1957

1-1957 封背

2-1957

3-1957

4-1957

5-1957

序号	面值（分）	售价（元）	发行量（万枚）	市场参考价格 新（元）	旧（元）
28-1	8	0.11	102.6	2000.00	1000.00
28-2	8	0.11	103.4	2000.00	1000.00
28-3	8	0.11	122.8	2000.00	1000.00
28-4	8	0.11	52.8	4000.00	2000.00
28-5	8	0.11	102.4	2000.00	1000.00

版别：彩色胶版
印制厂：上海市国营五四二厂
注：封背上三角形封口。
相关档案资料：1957 年 3 月 15 日出版的《邮电部文件汇编》（1957 年第 3 号）中的《邮电部关于发行“美术邮资信封”的通知》（57）邮票字第 4 号。

第二组 5 枚

1957 年发行
信封邮票规格： 25mm × 19mm
信封规格： 155mm × 105mm
28-6 （编号 6-1957） 天安门图
信封图案：万寿山佛香阁
原画作者：孙传哲
　A 型：封背文字长加盖
　B 型：封背文字短加盖
28-7 （编号 7-1957） 天安门图
信封图案：百合花（版画）
原画作者：力群
　A 型：封背文字长加盖
28-8 （编号 8-1957） 天安门图
信封图案：我愿做一个和平鸽（宣传画）
原画作者：方菁
　A 型：封背文字长加盖
　B 型：封背文字短加盖
　C 型：封背文字重新制版
28-9 （编号 9-1957） 天安门图
信封图案：鹊噪（国画）
原画作者：徐悲鸿
　A 型：封背文字长加盖
　B 型：封背文字短加盖
　C 型：封背文字重新制版
28-10 （编号 10-1957） 天安门图
信封图案：晨（石版画）
原画作者：孙恩同
　A 型：封背文字长加盖
　B 型：封背文字短加盖

6-1957

6-1957 A 型

6-1957 B 型

7-1957

7-1957 A型

8-1957

8-1957 A型

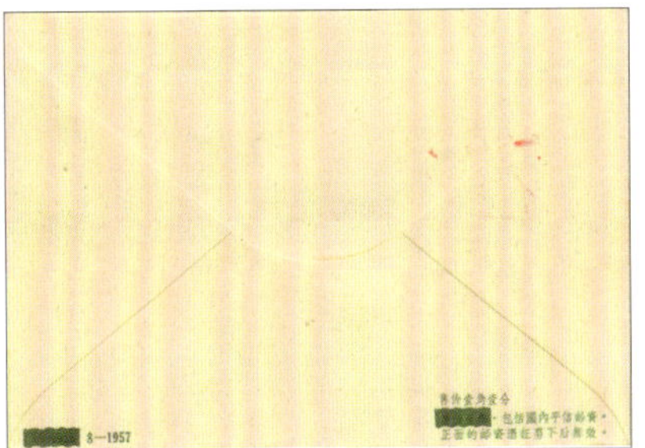

8-1957 B型

8-1957 C型

9-1957

9-1957 A型

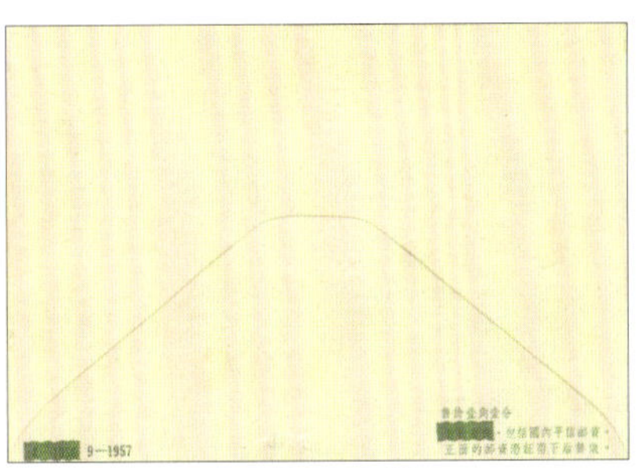

9-1957 B型

9-1957 C型

10-1957

10-1957 A型

10-1957 B型

序号	面值（分）	售价（元）	发行量（万枚）	市场参考价格 新（元）	旧（元）
28-6A	8	0.11	101.0	2000.00	1000.00
28-6B	8	0.11		2000.00	1500.00
28-7A	8	0.11	102.5	2000.00	1000.00
28-8A	8	0.11	123.9	3000.00	1000.00
28-8B	8	0.1		20000.00	15000.00
28-8C	8	0.11		100000.00	30000.00
28-9A	8	0.11	123.9	3000.00	1000.00
28-9B	8	0.11		8000.00	5000.00
28-9C	8	0.11		20000.00	10000.00
28-10A	8	0.11	104.5	2000.00	1000.00
28-10B	8	0.11		120000.00	50000.00

版别：彩色胶版

印制厂：上海市国营五四二厂

注：封背上三角形封口。

第三组 齐白石作品选 5 枚

1958 年发行

信封邮票规格： 25mm × 19mm

信封规格： 155mm × 105mm

28-11（编号 11-1958）天安门图

信封图案：虾趣图（国画）

原画作者：齐白石

28-12（编号 12-1958）天安门图

信封图案：蟹（国画）

原画作者：齐白石

28-13（编号 13-1958）天安门图

信封图案：梅花（国画）

原画作者：齐白石

28-14（编号 14-1958）天安门图

信封图案：梨花小院怀人（国画）

原画作者：齐白石

28-15（编号 15-1958）天安门图
信封图案：菊酒（国画）
原画作者：齐白石

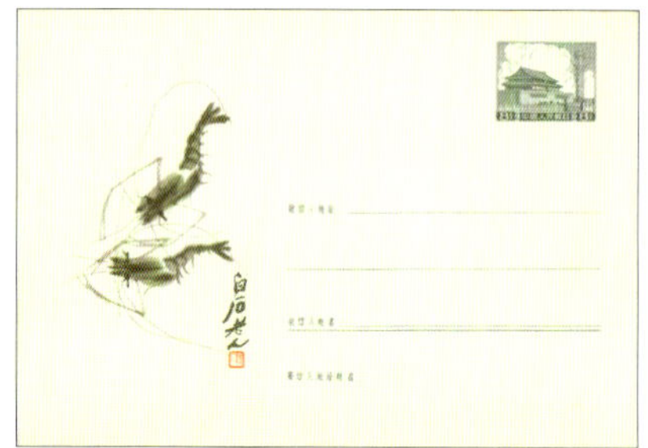
11-1958

11-1958 封背

12-1958

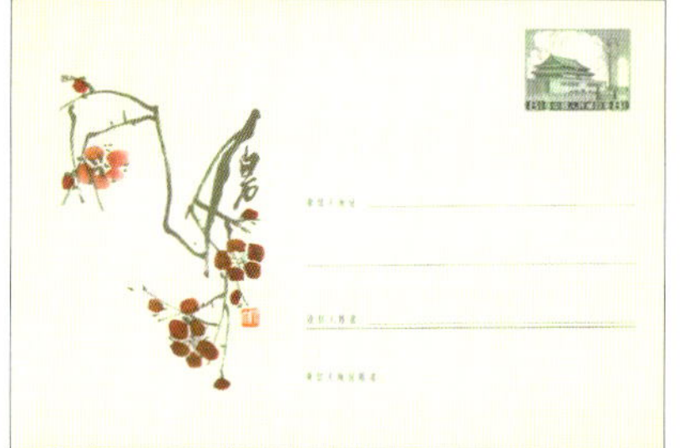
13-1958

14-1958

15-1958

序号	面值（分）	售价（元）	发行量（万枚）	市场参考价格 新（元）	旧（元）
28-11	8	0.11	100.11	5000.00	2000.00
28-12	8	0.11	100.27	5000.00	2000.00
28-13	8	0.11	100.29	5000.00	3000.00
28-14	8	0.11	100.22	5000.00	3000.00
28-15	8	0.11	100.66	5000.00	3000.00

版别：胶版
印制厂：上海市国营五四二厂
注：封背左侧面封口。

第四组 4 枚

1959 年 2 月 16 日发行（发文日期）
信封邮票规格：25mm × 19mm
信封规格：155mm × 105mm
28-16（编号 16-1959）天安门图
信封图案：春节走亲戚（装饰画）
原画作者：周令钊、陈若菊
28-17（编号 17-1959）天安门图
信封图案：牧牛（迎春曲）（装饰画）
原画作者：周令钊、陈若菊
28-18（编号 18-1959）天安门图
信封图案：人民公社好（人民公社聚宝盆）（宣传画）
原画作者：倪常明
28-19（序号 19-1959）天安门图
信封图案：在重工业优先发展的条件下工业和农业同时并举（宣传画）
原画作者：中央工艺美术学院集体创作

16-1959

16-1959 封背

17-1959

18-1959

19-1959

序号	面值（分）	售价（元）	发行量（万枚）	市场参考价格 新（元）	旧（元）
28-16	8	0.10	50	8000.00	4000.00
28-17	8	0.10	50	8000.00	4000.00
28-18	8	0.10	50	10000.00	5000.00
28-19	8	0.10	50	10000.00	5000.00

版别：彩色胶版
印制厂：上海市国营五四二厂
注：封背左侧面封口。上海发售日期为 1959 年 3 月 18 日。
相关档案资料：《中华人民共和国邮电部关于发行美术邮资信封的通知》（59）邮票字第 69 号（1959 年 2 月 16 日）。

第五组 庆祝国庆 9 枚

1959 年 10 月 1 日发行
信封邮票规格：25mm × 19mm
信封规格：155mm × 100mm
28-20（编号 20-1959）天安门图
信封图案：老翁献桃下国门
原画作者：孙传哲
28-21（编号 21-1959）天安门图
信封图案：丰收舞蹈
原画作者：孙传哲
28-22（编号 22-1959）天安门图
信封图案：大头娃娃扭秧歌
原画作者：卢天骄
28-23（编号 23-1959）天安门图
信封图案：舞狮

原画作者：卢天骄

28-24（编号 24-1959）天安门图

信封图案：舞龙

原画作者：张绥芝

28-25（编号 25-1959）天安门图

信封图案：打腰鼓

原画作者：刘硕仁

28-26（编号 26-1959）天安门图

信封图案：庆祝国庆（剪纸）

原画作者：万维生

28-27（编号 27-1959）天安门图

信封图案：各族人民歌舞

原画作者：卢天骄

28-28（编号 29-1959）天安门图

信封图案：菊花（国画）

原画作者：刘硕仁

20-1959

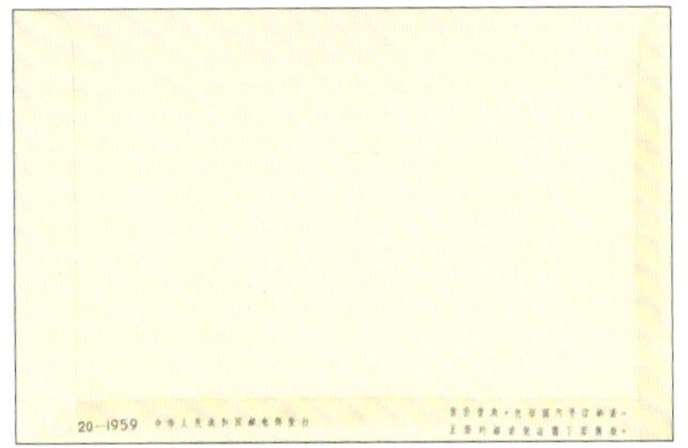

20-1959 封背

21-1959

22-1959

23-1959

24-1959

25-1959

26-1959

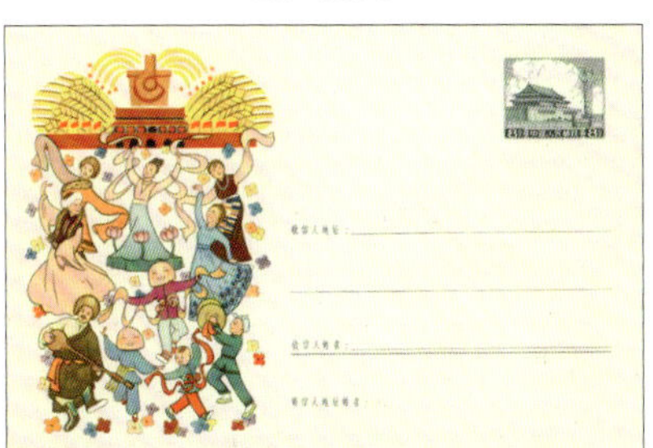

27-1959

29-1959

序号	面值（分）	售价（元）	发行量（万枚）	市场参考价格 新（元）	旧（元）
28-20	8	0.10	约 50	5000.00	2500.00
28-21	8	0.10	约 50	5000.00	2500.00
28-22	8	0.10	约 50	5000.00	2500.00
28-23	8	0.10	约 50	5000.00	2500.00
28-24	8	0.10	约 50	5000.00	2500.00
28-25	8	0.10	约 50	5000.00	2500.00
28-26	8	0.10	约 50	5000.00	2500.00
28-27	8	0.10	约 50	5000.00	2500.00
28-28	8	0.10	约 50	8000.00	4000.00

版别：彩色胶版、胶雕套印

印制厂：上海市国营五四二厂

注：封背左侧面封口。

相关档案资料：《中华人民共和国邮电部关于发行美术邮资信封及“首都风景”美术明信片的通知》（59）邮票字第 560 号（1959 年 9 月 19 日）。

第六组 未发行，改作邮电公事信封

信封邮票规格： 25mm × 19mm

信封规格： 155mm × 100mm

1-1 天安门图（编号 28-1957）

信封图案：钢产量从 535 万吨增加到 1070 万～ 1800 万吨

原画作者：孙传哲

28-1959

序号	面值（分）	售价（元）	发行量（万枚）	市场参考价格（元）
1-1	8		未发行	300 000.00

版别：彩色胶版

印制厂：上海市国营五四二厂

注：封背左侧面封口。

美术邮资信封（MF）
Pictorial Stamped Envelopes（MF）

MF1 花卉图
MF1 Flower Design

1983 年 4 月 1 日发行
全套 10 枚
信封邮票规格： 30mm × 40mm
信封规格： 180mm × 105mm
10-1 ［编号 M1 （10-1）］牡丹
10-2 ［编号 M1 （10-2）］睡莲
10-3 ［编号 M1 （10-3）］月季花
10-4 ［编号 M1 （10-4）］兰花
10-5 ［编号 M1 （10-5）］菊花
10-6 ［编号 M1 （10-6）］玉兰
10-7 ［编号 M1 （10-7）］杜鹃花
10-8 ［编号 M1 （10-8）］水仙
10-9 ［编号 M1 （10-9）］梅花
10-10 ［编号 M1 （10-10）］荷花

M1（10-1）正面

M1（10-1）背面

M1（10-2）

M1（10-3）

M1（10-4）

M1（10-5）

M1（10-6）

M1（10-7）

M1（10-8）

M1（10-9）

M1（10-10）

序号	面值（分）	售价（元）	发行量（万套）	市场参考价格（元）
全套	80	1.10	300	120.00

版别：彩色胶版、压凸
设计者：孙传哲
印制厂：北京邮票厂

礼仪邮资信封(LF)
Etiquette Stamped Envelopes（LF）

礼仪信函
Etiquette Letters

1995 年 5 月 5 日发行

全套 5 枚

信封邮票规格： 27.5mm × 36mm

信封规格： 230mm × 120mm

5-1 ［编号 PF1995（10-1）］生日封
封内有生日卡 1 枚

5-2 ［编号 PF1995（10-2）］婚庆封
封内有婚庆卡 1 枚

5-3 ［编号 PF1995（10-3）］敬师封
封内有敬师卡 1 枚

5-4 ［编号 PF1995（10-4）］邀请封
封内有邀请卡 1 枚

5-5 ［编号 PF1995（10-5）］致哀封
封内有致哀卡 1 枚

PF1995（10-1）

PF1995（10-2）

PF1995（10-3）

PF1995（10-4）

PF1995（10-5）

序号	面值（分）	售价（元）	发行量（万枚）	市场参考价格（元）
5-1	20	2.50	200	7.00
5-2	20	2.50	200	7.00
5-3	20	2.50	150	7.00
5-4	20	2.50	150	7.00
5-5	20	2.50	100	7.00
全套	10	12.50	800	35.00

版别：彩色胶版

信封设计者：北京理想创意艺术设计有限公司

邮票设计者：邵柏林

印制厂：北京鸿纳邮品股份有限公司

LF1 恭贺新禧
LF1 Happy New Year

1999 年 2 月 10 日发行

全套 1 枚

信封邮票规格： 32mm × 41mm

信封规格： 230mm × 160mm

1-1 恭贺新禧

序号	面值（分）	售价（元）	发行量（万枚）	市场参考价格（元）
1-1	100	1.50	481.04	6.00

版别：彩色胶版

设计者：陈幼林

印制厂：北京邮票厂

LF2 福寿延年
LF2 Happiness and Longevity

1999 年 2 月 10 日发行

全套 1 枚

信封邮票规格： 31mm × 41mm

信封规格： 230mm × 160mm

1-1 福寿延年

序号	面值（分）	售价（元）	发行量（万枚）	市场参考价格（元）
1-1	100	1.50	481.04	6.00

版别：彩色胶版

设计者：何洁

印制厂：北京邮票厂

LF3 喜事连连
LF3 Happy Events One after Another

1999 年 2 月 10 日发行

全套 1 枚

信封邮票规格：31mm × 28mm （2 幅）

信封规格：230mm × 160mm

1-1 喜事连连

序号	面值（分）	售价（元）	发行量（万枚）	市场参考价格（元）
1-1	540+100	6.90	320.14	15.00

版别：彩色胶版

设计者：黄里

印制厂：北京邮票厂

注：我国首枚双面值邮资信封。

LF4 恭贺新春
LF4 Happy Lunar New Year

1999 年 12 月 18 日发行

全套 1 枚

信封邮票规格：28mm × 34mm

信封规格：230mm × 120mm

1-1 恭贺新春

序号	面值（分）	售价（元）	发行量（万枚）	市场参考价格（元）
1-1	80	1.20	300.04	6.00

版别：彩色胶版

设计者：陈幼林、刘雨苏

印制厂：北京鸿纳邮品股份有限公司

LF5 四季平安
LF5 Peace in All Seasons

1999 年 12 月 18 日发行

全套 1 枚

信封邮票规格：31mm × 31mm

信封规格：230mm × 120mm

1-1 四季平安

序号	面值（分）	售价（元）	发行量（万枚）	市场参考价格（元）
1-1	80	1.20	300.04	6.00

版别：彩色胶版

设计者：李昕

印制厂：北京邮票厂

LF6 爱心永驻
LF6 Everlasting Love

1999 年 12 月 18 日发行

全套 1 枚

信封邮票规格：31mm × 31mm

信封规格：230mm × 120mm

1-1 爱心永驻

序号	面值（分）	售价（元）	发行量（万枚）	市场参考价格（元）
1-1	80	1.20	300.04	6.00

版别：彩色胶版

设计者：陈幼林、刘雨苏

印制厂：北京鸿纳邮品股份有限公司

LF7 迎春接福
LF7 Greeting Spring and Receiving Happiness

2000 年 1 月 20 日发行

全套 1 枚

信封邮票规格：25mm × 35mm

信封规格：208mm × 110mm

1-1 迎春接福

序号	面值（分）	售价（元）	发行量（万枚）	市场参考价格（元）
1-1	80	1.30		6.00

版别：彩色胶版、压凸

设计者：李德福、吴勇

印制厂：北京鸿纳邮品股份有限公司

专用邮资信封(ZF)
Special-Use Stamped Envelopes（ZF）

ZF1 正阳门箭楼
ZF1 Zhengyangmen Watchtower

1996 年 6 月印发

全套 1 枚

信封邮票规格： 30.5mm × 25.5mm

信封规格： 165mm × 102mm

1-1 正阳门箭楼图 深蓝色 图内荧光邮电徽志，直径为 10mm

信封正面文字为深蓝色，背面提示文字和发行单位文字为红色；封舌尖角，印有红色阿拉伯数字

序号	面值（分）	售价（元）	发行量（万枚）	市场参考价格（元）
1-1	20		42	500.00

版别：胶版

设计者：呼振源

印制厂：北京邮票厂

注：采用《正阳门箭楼》普通邮资信封邮资图案印制。

ZF2 天坛
ZF2 Temple of Heaven

1997 年 6 月印发

全套 1 枚

信封邮票规格： 31mm × 23mm

信封规格： 165mm × 102mm

1-1 天坛祈年殿 紫红色 图内荧光邮电徽志，直径为 10mm

信封正面收信单位名址为深蓝色，邮政编码为紫红色；背面提示文字和发行单位文字为红色；封舌分尖角和圆角

圆角

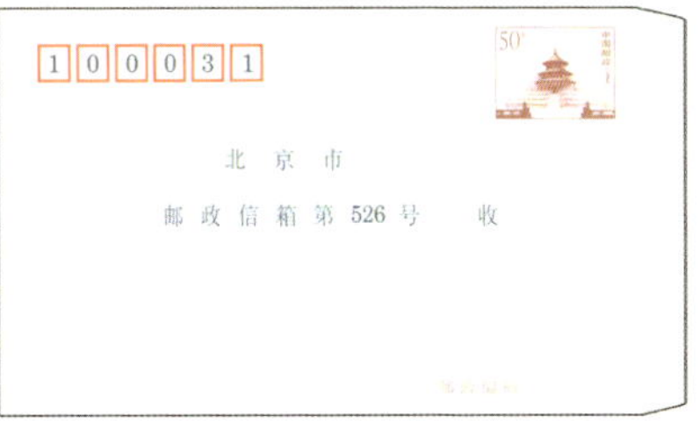

尖角

序号	面值（分）	售价（元）	发行量（万枚）	市场参考价格（元）
1-1	50		50	150.00

版别：胶版

设计者：阎炳武

印制厂：河南省邮电印刷厂

注：采用《天坛》普通邮资信封邮资图案印制。

ZF3 天坛
ZF3 Temple of Heaven

1998 年 5–7 月印发

全套 2 枚

信封邮票规格： 31mm × 23mm

信封规格： 165mm × 102mm

2-1 天坛祈年殿 紫红色 图内荧光邮电徽志，直径为 10mm

信封背面说明文字和发行单位文字为红色，封舌直角，邮政调查专用， 1998 年 5 月印发，信封正面收信单位名址为草绿色，邮政编码为棕色。

2-2 天坛祈年殿 紫红色 图内荧光邮电徽志，直径为 10mm

信封背面“说明”和发行单位为红色，封舌直角，邮政电信调查专用， 1998 年 7 月印发，信封正面收信单位名址为深蓝色，邮政编码为棕色，收信单位名址、邮政编码有两种字体。

草绿色

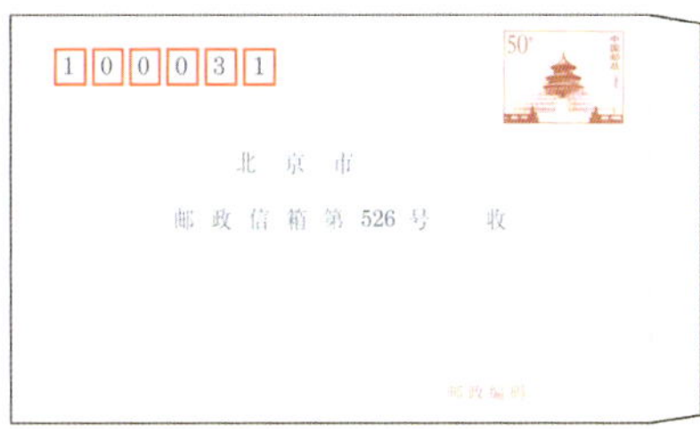

深蓝色

邮 政 信 箱 第 526 号 收

邮 政 信 箱 第 526 号 收

两种宋体字

序号	面值（分）	售价（元）	发行量（万枚）	市场参考价格（元）
2-1	50		15	150.00
2-2	50		34	150.00

版别：胶版

设计者：阎炳武

印制厂：河南省邮电印刷厂

注：采用《天坛》普通邮资信封邮资图案印制。

ZF4 颐和园十七孔桥
ZF4 Seventeen Arch Bridge of Summer Palace

1999 年 4–5 月印发

全套 2 枚

信封邮票规格： 31mm × 22mm

信封规格： 165mm × 102mm

2-1 颐和园十七孔桥 棕色 图内荧光中国邮政徽志， 9mm × 9mm

信封背面提示文字和发行单位文字为红色，封舌分直角和圆角，邮政调查专用，1999 年 4 月印发，信封正面收信单位名址为蓝绿色，邮政编码为棕色。

2-2 颐和园十七孔桥 棕色 图内荧光中国邮政徽志， 9mm × 9mm

信封背面提示文字和发行单位文字为红色，封舌分尖角和圆角，电信调查专用，1999 年 5 月印发，信封正面收信单位名址为蓝色，邮政编码为棕色。

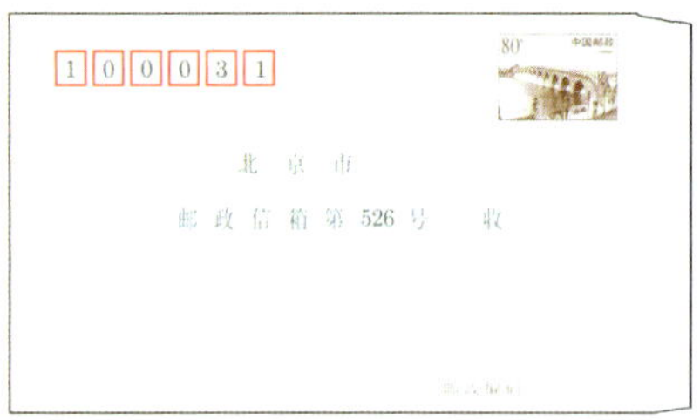

蓝绿字

蓝字尖角

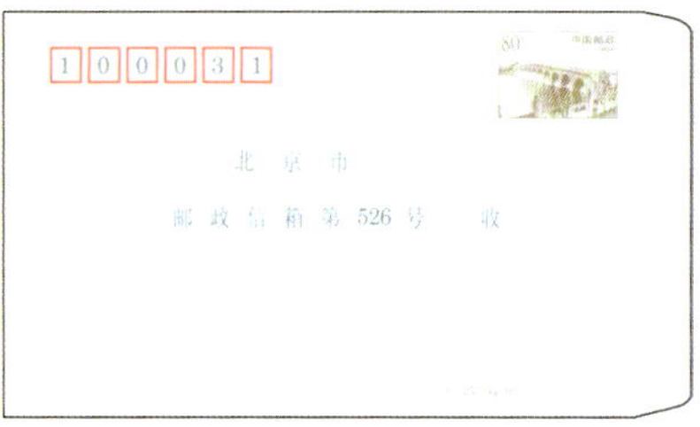

蓝字圆角

序号	面值（分）	售价（元）	发行量（万枚）	市场参考价格（元）
2-1	80		20	150.00
2-2	80		40	150.00

版别：胶版

设计者：王红卫

摄影者：严钟义

印制厂：河南省邮电印刷厂

注：采用《颐和园十七孔桥》普通邮资信封邮资图案印制。

ZF5　颐和园十七孔桥
ZF5　Seventeen Arch Bridge of Summer Palace

2000 年 5 月印发

全套 1 枚

信封邮票规格：31mm × 22mm

信封规格：165mm × 102mm

1-1 颐和园十七孔桥 棕色图内荧光中国邮政徽志，9mm × 9mm

信封背面说明文字和发行单位文字为红色，封舌分尖角、圆角、尖圆角，邮政调查专用，2000 年 5 月印发，信封正面收信单位名址为深绿色，邮政编码为棕色。

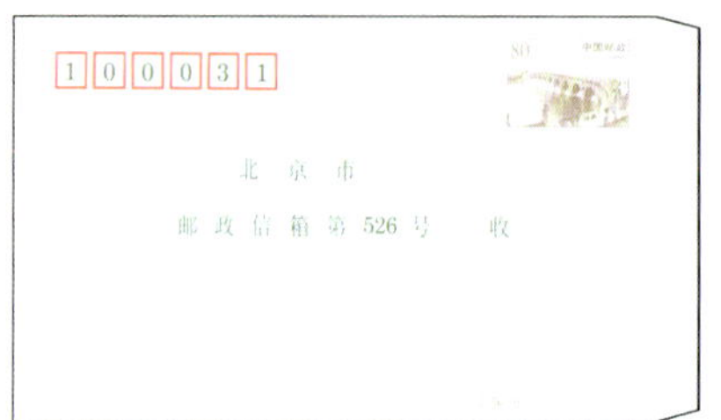

尖角

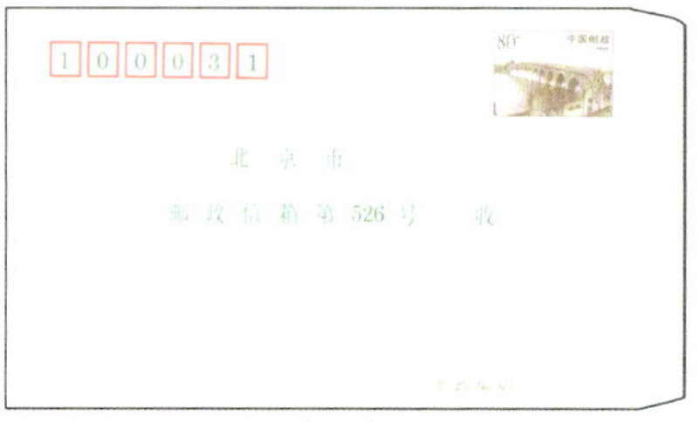

尖圆角

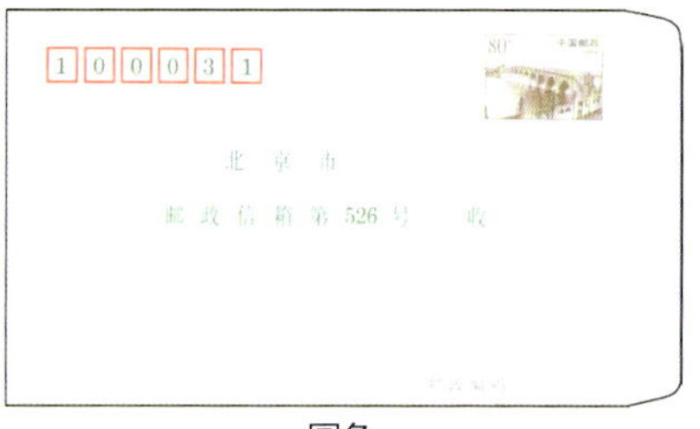

圆角

序号	面值（分）	售价（元）	发行量（万枚）	市场参考价格（元）
1-1	80		25	160.00

版别：胶版

设计者：王红卫

摄影者：严钟义

印制厂：河南省邮电印刷厂

注：采用《颐和园十七孔桥》普通邮资信封邮资图案印制。

ZF6　颐和园十七孔桥
ZF6　Seventeen Arch Bridge of Summer Palace

2001 年 5 月印发

全套 1 枚

邮资图案规格：31mm × 22mm

信封规格：165mm × 102mm

1-1 颐和园十七孔桥 棕色 图内荧光中国邮政徽志，9mm × 9mm

信封背面说明文字和发行单位文字为红色，封舌分尖角、圆角，邮政调查专用，2001 年 5 月印发，信封正面收信单位名址为黑色，邮政编码为棕色。

黑字

序号	面值（分）	售价（元）	发行量（万枚）	市场参考价格（元）
1-1	80		20	160.00

版别：胶版

设计者：王红卫

摄影者：严钟义

印制厂：河南省邮电印刷厂

注：采用《颐和园十七孔桥》普通邮资信封邮资图案印制。

ZF7　力耕华彩
ZF7　Ligenghuacai

2020 年 11 月 5 日发行

2020 年 12 月 1 日发售

全套 1 枚

信封邮票规格：36mm × 36mm

信封规格：230mm × 120mm

信封邮票图案：力耕华彩

信封图案：条码区、退回批条、卡函专送

序号	面值（分）	售价（元）	发行量（万枚）	市场参考价格（元）
1-1	4.20	40.00		40.00

版别：彩色胶版

设计者：张帆

中国邮政混合信函（HM）
Mixed Letters of China Post（HM）

HM1 中国邮政混合信函业务试开通首日纪念
HM1 To Commemorate the First Day of the Opening Test of Business of Mixed Letters of China Post

2001 年 11 月 1 日发行

全套 4 枚，可选邮资面值： 2.00 元 /2.50 元 /3.00 元 /3.50 元

信封邮资戳记规格：直径 25mm （圆形）

信封规格： 210mm × 110mm

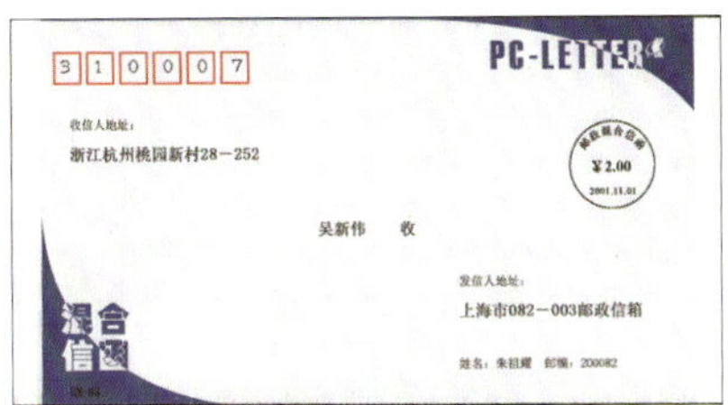

面值 2.00 元正面

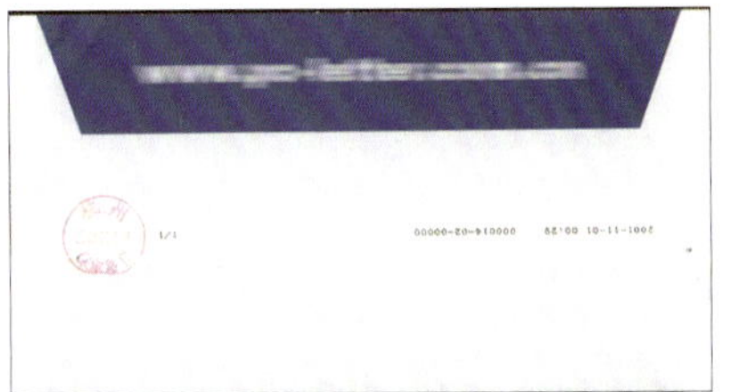

面值 2.00 元背面

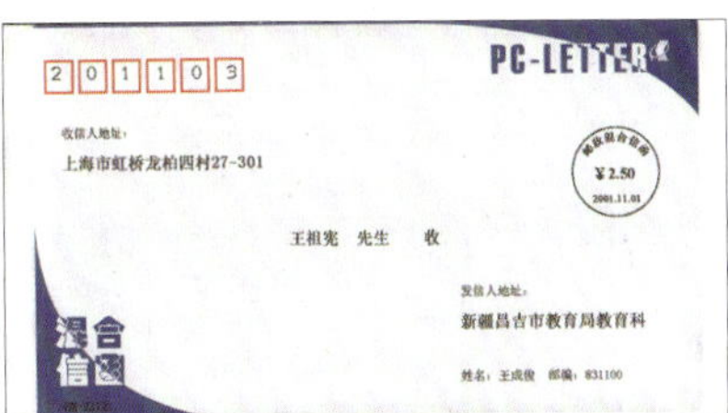

面值 2.50 元正面

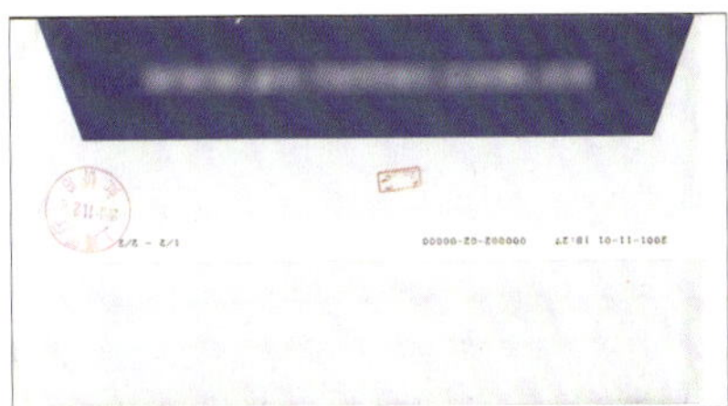

面值 2.50 元背面

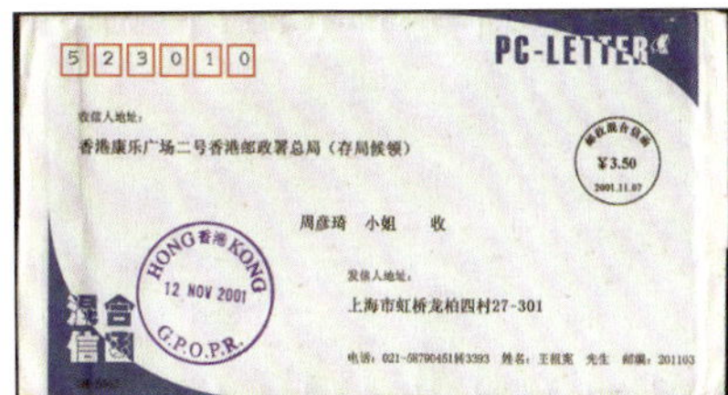

面值 3.50 元正面

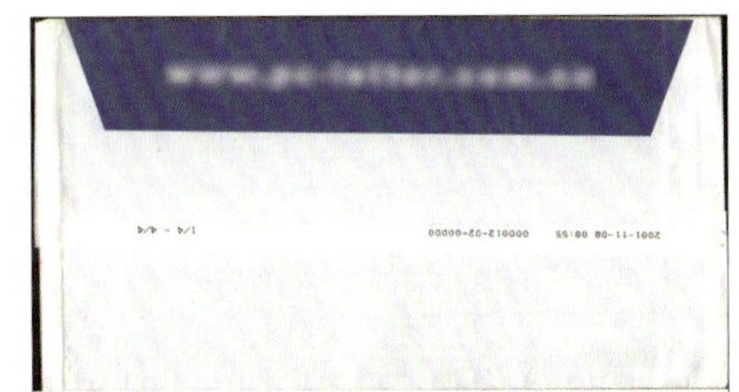

面值 3.50 元背面

发行量： 2318 枚

设计者：北京新速公司

市场价格： 800 元 / 枚

注： 2001 年 11 月 1 日，中国邮政在 18 个省市试开通混合信函业务，通过原国家邮政局中国邮政信函服务器集中控制，每个试开通省市打印的混合信函都带有该省市专门的机器编号，其中福建省有 2 个机器编号，计有 19 个机器编号，机器编号为 6 位数字，打印于信封背面中线位置的信函打印年月日时间后面；每一件混合信函有独立的流水号，打印于信封正面左下角处；3.50 元面值的混合信函业务，于 2002 年 7 月被取消，之后仅有 2.00 元、2.50 元、 3.00 元 3 种邮资面值的混合信函业务。

HM2 中国邮政混合信函业务全国开办纪念
HM2 To Commemorate Business Start-up of the Mixed Letters of China Post in All China

2002 年 9 月 28 日发行

全套 3 枚，可选邮资面值： 2.00 元 /2.50 元 /3.00 元

信封邮资戳记规格： 65mm × 28mm

信封规格： 210mm × 110mm

面值 2.00 元

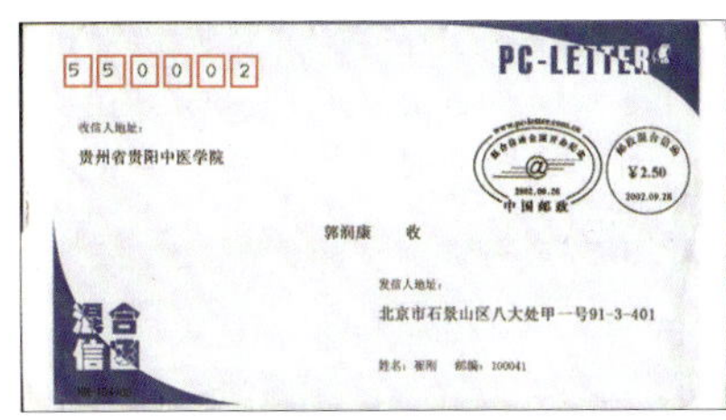

面值 2.50 元

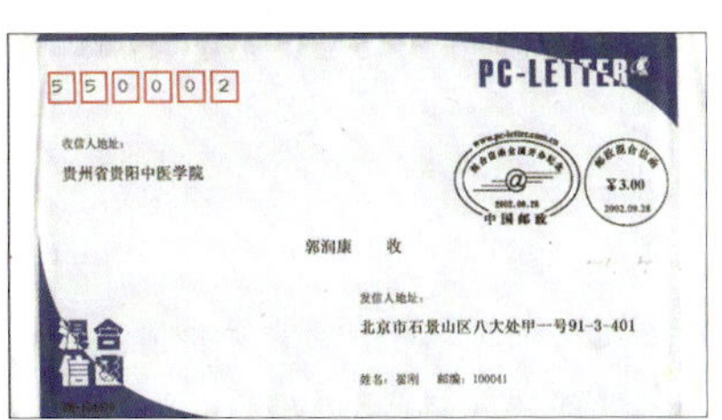

面值 3.00 元

发行量： 16700 枚

设计者：北京新速公司

市场价格： 300 元 / 枚

注： 2002 年 9 月 28 日，中国邮政在全国 31 个省市正式开通混合信函业务，通过原国家邮政局中国邮政信函服务器集中控制，在每个省会城市及直辖市设置一台混合信函接收封装一体机，其中福建省设置了两台（分别在福州和厦门），另在国家邮政局总部还设置了一台应急使用的混合信函接收封装一体机（机号 000000，在业务量过大，或其他设备故障时临时应急使用），全国合计共设置 33 台，每台混合信函接收封装一体机打印出的混合信函均带有该打印设备的机器编号。

HM3 中国邮政混合信函业务开办 1 周年纪念
HM3 Commemoration of 1st Anniversary of Business Start-up of the Mixed Letters of China Post

2003 年 9 月 28 日发行

全套 3 枚，可选邮资面值： 2.00 元 /2.50 元 /3.00 元

信封邮资戳记规格： 70mm × 25mm

信封规格： 210mm × 110mm

面值 2.00 元

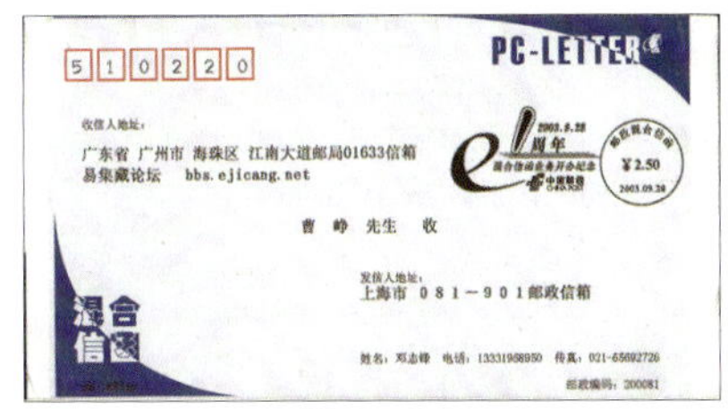

面值 2.50 元

面值 3.00 元

发行量：15300 枚
设计者：北京新速公司
市场价格：200 元 / 枚

HM4 中国邮政混合信函业务开办 2 周年纪念

HM4 Commemoration of 2nd Anniversary of Business Start-up of the Mixed Letters of China Post

2004 年 9 月 28 日发行
全套 3 枚，可选邮资面值：2.00 元 /2.50 元 /3.00 元
信封邮资戳记规格：70mm × 28mm
信封规格：210mm × 110mm

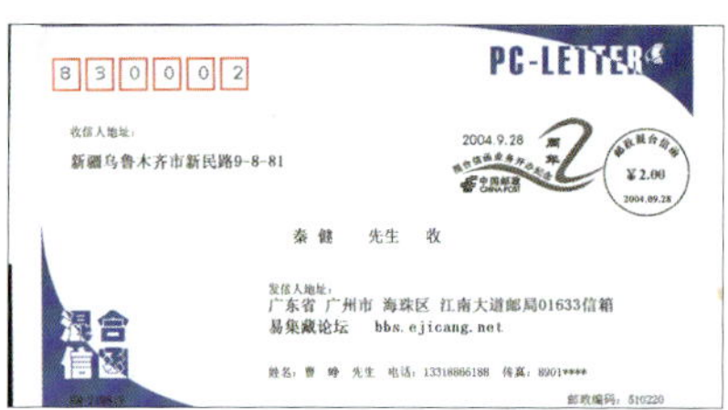

面值 2.00 元

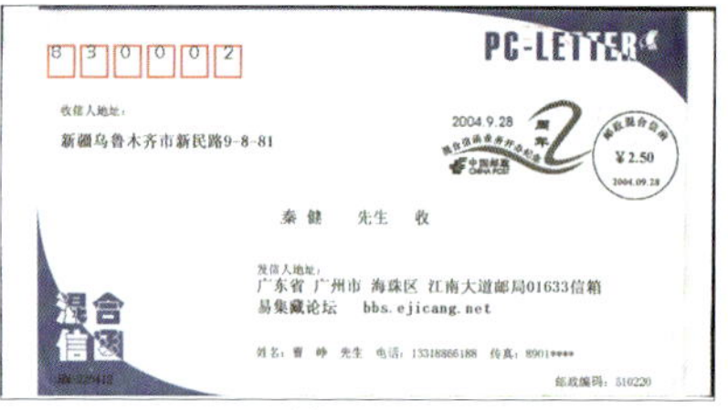

面值 2.50 元

面值 3.00 元

发行量：4820 枚
设计者：北京新速公司
市场价格：300 元 / 枚
注：由于中国邮政信函的服务器出现异常，于 2004 年 10 月 12 日发送的打印混合信函上也带上了 2004 年 9 月 28 日邮政混合信函业务开办 2 周年纪念的纪念邮资图，数量极少，市场价格为 1500 元 / 枚。

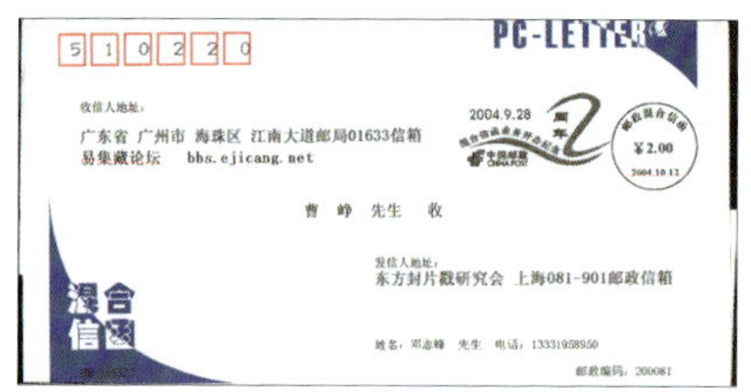

面值 2.00 元

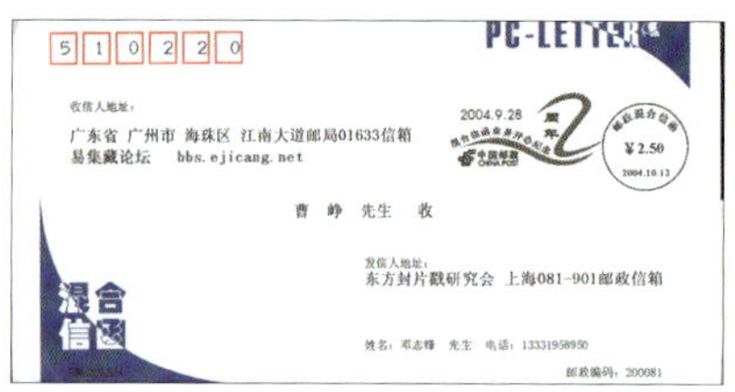

面值 2.50 元

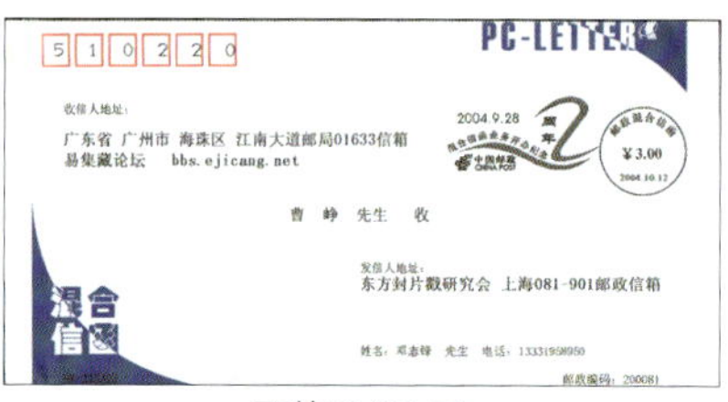

面值 3.00 元

HM5 中国邮政混合信函业务开办 3 周年纪念

HM5 Commemoration of 3rd Anniversary of Business Start-up of the Mixed Letters of China Post

2005 年 9 月 28 日发行
全套 3 枚，可选邮资面值：2.00 元 /2.50 元 /3.00 元
信封邮资戳记规格：66mm × 30mm
信封规格：210mm × 110mm

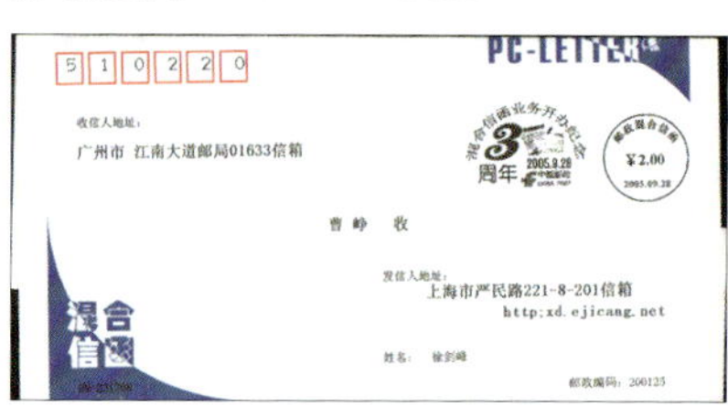

面值 2.00 元

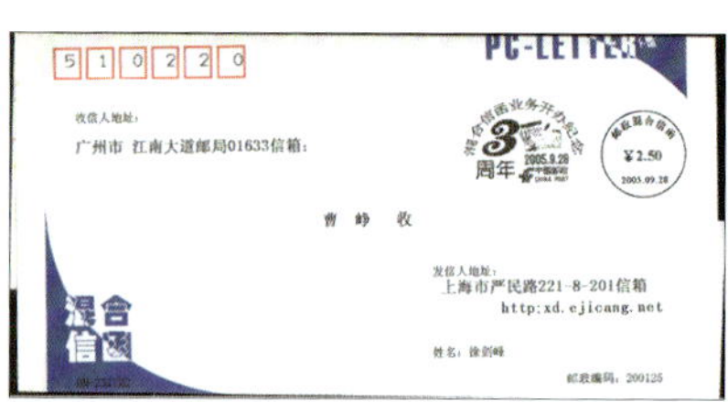

面值 2.50 元

面值 3.00 元

发行量：1194 枚
设计者：北京新速公司
市场价格：500 元 / 枚
注：中国邮政宣布 2007 年 4 月 16 日混合信函业务停止使用，最后一枚混合信函发送于 2007 年 4 月 2 日，打印于 2007 年 4 月 6 日，流水编号：HM － 237391。因此，在混合信函业务开办的近 6 年时间中，理论打印数量为 237391 件。

纪念邮资信封(JF)
Commemorative Stamped Envelopes（JF）

JF1 纳米比亚日
JF1 Namibia Day

1982 年 8 月 26 日发行
全套 1 枚
信封邮票规格： 30mm × 40mm
信封规格： 180mm × 105mm
1-1 纳米比亚日

序号	面值（分）	售价（元）	发行量（万枚）	市场参考价格（元）
1-1	8	0.18	20	600.00

版别：胶版
设计者：黄里
印制厂：北京邮票厂

JF2 老龄问题世界大会
JF2 World Assembly on Aging

1982 年 9 月 20 日发行
全套 1 枚
信封邮票规格： 56mm × 29mm
信封规格： 180mm × 105mm
1-1 老龄问题世界大会

序号	面值（分）	售价（元）	发行量（万枚）	市场参考价格（元）
1-1	8	0.18	20	600.00

版别：胶版
设计者：孙传哲
印制厂：北京邮票厂

JF3 国际民航组织成立四十周年
JF3 40th Anniversary of Founding of ICAO

1984 年 12 月 7 日发行
全套 1 枚
信封邮票规格： 40mm × 30mm
信封规格： 180mm × 105mm
1-1 国际民航组织成立四十周年

序号	面值（分）	售价（元）	发行量（万枚）	市场参考价格（元）
1-1	10	0.20	48.5465	45.00

版别：胶版
设计者：万维生
印制厂：北京邮票厂

JF4 中国南极考察
JF4 China Antarctic Research Expedition

1984 年 12 月 11 日发行
全套 1 枚
信封邮票规格： 32mm × 42mm
信封规格： 180mm × 105mm
1-1 中国南极考察

序号	面值（分）	售价（元）	发行量（万枚）	市场参考价格（元）
1-1	8	0.18	50.6213	45.00

版别：胶版
设计者：黄里
印制厂：北京邮票厂

JF5 第七十一届国际世界语大会
JF5 71st World Esperanto Congress

1986 年 7 月 26 日发行
全套 1 枚
信封邮票规格： 26mm × 31mm
信封规格： 180mm × 105mm
1-1 第七十一届国际世界语大会

序号	面值（分）	售价（元）	发行量（万枚）	市场参考价格（元）
1-1	10	0.25	107.6819	15.00

版别：胶版
设计者：任宇
印制厂：北京邮票厂

JF6 北京国际图书博览会
JF6 Beijing International Book Fair' 86

1986 年 9 月 5 日发行
全套 1 枚
信封邮票规格：对角线 41mm × 41mm（菱形）
信封规格： 180mm × 105mm
1-1 北京国际图书博览会

序号	面值（分）	售价（元）	发行量（万枚）	市场参考价格（元）
1-1	20	0.35	51.4919	20.00

版别：胶版
设计者：卢天骄
印制厂：北京邮票厂

JF7 商务印书馆建馆九十周年
JF7 The 90th Anniversary of the Founding of the Commercial Press

1987 年 2 月 11 日发行
全套 1 枚
信封邮票规格： 30mm × 26mm
信封规格： 180mm × 105mm
1-1 商务印书馆建馆九十周年

序号	面值（分）	售价（元）	发行量（万枚）	市场参考价格（元）
1-1	8	0.23	68.35	20.00

版别：胶版
设计者：邓锡清、潘可明
印制厂：北京邮票厂

JF8 新华书店成立五十周年
JF8 50th Anniversary of Founding of New China Book Store

1987 年 4 月 24 日发行
全套 1 枚
信封邮票规格： 40mm × 29mm
信封规格： 180mm × 105mm
1-1 新华书店成立五十周年

序号	面值（分）	售价（元）	发行量（万枚）	市场参考价格（元）
1-1	8	0.23	69.05	20.00

版别：胶版
设计者：潘可明
印制厂：北京邮票厂

JF9 第三世界广告大会
JF9 The Third World Advertising Congress

1987 年 6 月 16 日发行
全套 1 枚
信封邮票规格： 31mm × 39mm
信封规格： 180mm × 105mm
1-1 第三世界广告大会

序号	面值（分）	售价（元）	发行量（万枚）	市场参考价格（元）
1-1	8	0.23	64.05	30.00

版别：胶版
设计者：卢天骄
印制厂：北京邮票厂

JF10 世界奥林匹克集邮展览
JF10 World Olympic Philatelic Exhibition

1987 年 8 月 29 日发行
全套 1 枚
信封邮票规格： 56mm × 25mm
信封规格： 180mm × 105mm
1-1 世界奥林匹克集邮展览

序号	面值（分）	售价（元）	发行量（万枚）	市场参考价格（元）
1-1	8	0.23	66.62	30.00

版别：胶版
设计者：潘可明
印制厂：北京邮票厂

JF11 中国国际广播电台开播四十周年
JF11 40th Anniversary of Radio Beijing

1987 年 9 月 11 日发行
全套 1 枚
信封邮票规格： 57mm × 27mm
信封规格： 180mm × 105mm
1-1 中国国际广播电台开播四十周年

序号	面值（分）	售价（元）	发行量（万枚）	市场参考价格（元）
1-1	8	0.23	68.40	25.00

版别：胶版
设计者：邹建军
印制厂：北京邮票厂

JF12 世界针灸学会联合会成立大会暨第一届针灸学术大会
JF12 Inaugural Meeting of WFAS and 1st World Conference on Acupuncture-Moxibustion

1987 年 11 月 22 日发行
全套 1 枚
信封邮票规格： 31mm × 39mm
信封规格： 180mm × 105mm
1-1 世界针灸学会联合会成立大会暨第一届针灸学术大会

序号	面值（分）	售价（元）	发行量（万枚）	市场参考价格（元）
1-1	8	0.23	67.12	30.00

版别：胶版
设计者：陈晓聪
印制厂：北京邮票厂

JF13 中国共产主义青年团第十二次全国代表大会
JF13 12th National Congress of Chinese Communist Youth League

1988 年 5 月 4 日发行
全套 1 枚
信封邮票规格： 38mm × 28mm
信封规格： 180mm × 105mm
1-1 中国共产主义青年团第十二次全国代表大会

序号	面值（分）	售价（元）	发行量（万枚）	市场参考价格（元）
1-1	8	0.23	59.42	25.00

版别：胶版
设计者：邹建军
印制厂：北京邮票厂

JF14 国际农业发展基金会成立十周年
JF14 10th Anniversary of International Fund for Agricultural Development

1988 年 1 月 26 日发行

全套 1 枚

信封邮票规格： 40mm × 28mm

信封规格： 180mm × 105mm

1-1 国际农业发展基金会成立十周年

序号	面值（分）	售价（元）	发行量（万枚）	市场参考价格（元）
1-1	8	0.23	60.52	20.00

版别：胶版

设计者：吴建坤

印制厂：北京邮票厂

JF15 世界卫生组织成立四十周年
JF15 40th Anniversary of World Health Organization

1988 年 4 月 7 日发行

全套 1 枚

信封邮票规格： 30mm × 38mm

信封规格： 180mm × 105mm

1-1 世界卫生组织成立四十周年

序号	面值（分）	售价（元）	发行量（万枚）	市场参考价格（元）
1-1	8	0.23	45.07	45.00

版别：胶版

设计者：卢天骄

印制厂：北京邮票厂

JF16 中国福利会成立五十周年
JF16 50th Anniversary of Founding of China Welfare Institute

1988 年 6 月 14 日发行

全套 1 枚

信封邮票规格： 26mm × 33mm

信封规格： 180mm × 105mm

1-1 中国福利会成立五十周年

序号	面值（分）	售价（元）	发行量（万枚）	市场参考价格（元）
1-1	8	0.23	43.12	60.00

版别：胶版

设计者：刘硕仁

印制厂：北京邮票厂

JF17 人民日报创刊四十周年
JF17 40th Anniversary of Publication of *People's Daily*

1988 年 6 月 15 日发行

全套 1 枚

信封邮票规格： 29mm × 37mm

信封规格： 180mm × 105mm

1-1 人民日报创刊四十周年

序号	面值（分）	售价（元）	发行量（万枚）	市场参考价格（元）
1-1	8	0.23	55.02	30.00

版别：胶版

设计者：卢天骄

印制厂：北京邮票厂

JF18 中国妇女第六次全国代表大会
JF18 6th National Women's Congress

1988 年 9 月 1 日发行

全套 1 枚

信封邮票规格： 26mm × 38mm

信封规格： 180mm × 105mm

1-1 中国妇女第六次全国代表大会

序号	面值（分）	售价（元）	发行量（万枚）	市场参考价格（元）
1-1	8	0.23	68.77	15.00

版别：胶版

设计者：卢天骄

印制厂：北京邮票厂

JF19 中国工会第十一次全国代表大会
JF19 11th National Congress of Chinese Trade Unions

1988 年 10 月 22 日发行

全套 1 枚

信封邮票规格： 30mm × 40mm

信封规格： 180mm × 105mm

1-1 中国工会第十一次全国代表大会

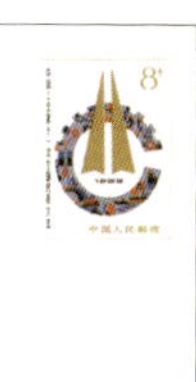

序号	面值（分）	售价（元）	发行量（万枚）	市场参考价格（元）
1-1	8	0.23	46.07	25.00

版别：胶版

设计者：蒋明

印制厂：北京邮票厂

JF20 中国南极中山站建站
JF20 Establishment of Chinese Zhongshan Station in Antarctica

1989 年 2 月 28 日发行

全套 1 枚

信封邮票规格： 38mm × 31mm

信封规格： 185mm × 110mm

1-1 中国南极中山站建站

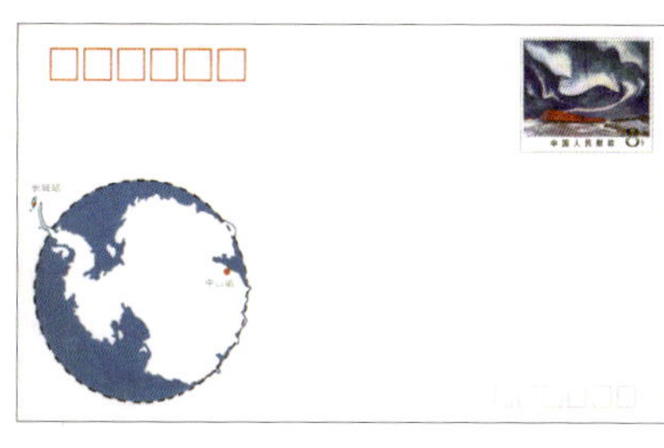

序号	面值（分）	售价（元）	发行量（万枚）	市场参考价格（元）
1-1	8	0.28	82.72	15.00

版别：胶版

设计者：黄里

印制厂：北京邮票厂

JF21 亚洲开发银行理事会第二十二届年会
JF21 22nd Annual Meeting of Asian Development Bank

1989 年 5 月 4 日发行

全套 1 枚

信封邮票规格： 35mm × 28mm

信封规格： 185mm × 110mm

1-1 亚洲开发银行理事会第二十二届年会

序号	面值（分）	售价（元）	发行量（万枚）	市场参考价格（元）
1-1	8	0.28	84.32	15.00

版别：胶版

设计者：邹建军

印制厂：北京邮票厂

JF22 中国唱片出版四十周年

JF22 40th Anniversary of Publishing of China' s Records

1989 年 6 月 6 日发行

全套 1 枚

信封邮票规格： 直径 36mm （圆形）

信封规格： 185mm × 110mm

1-1 中国唱片出版四十周年

序号	面值（分）	售价（元）	发行量（万枚）	市场参考价格（元）
1-1	8	0.28	41.62	60.00

版别：胶版

设计者：潘可明

印制厂：北京邮票厂

JF23 全国劳动模范和先进工作者表彰大会

JF23 Conference to Commend National Model Workers and Advanced Workers

1989 年 9 月 28 日发行

全套 1 枚

信封邮票规格： 30mm × 40mm

信封规格： 185mm × 110mm

1-1 全国劳动模范和先进工作者表彰大会

序号	面值（分）	售价（元）	发行量（万枚）	市场参考价格（元）
1-1	8	0.28	70.43	15.00

版别：胶版

设计者：周昭坎

印制厂：北京邮票厂

JF24 北京猿人第一个头盖骨发现六十周年

JF24 60th Anniversary of Discovery of First Skull of Peking Man

1989 年 10 月 19 日发行

全套 1 枚

信封邮票规格： 37mm × 30mm

信封规格： 185mm × 110mm

1-1 北京猿人第一个头盖骨发现六十周年

序号	面值（分）	售价（元）	发行量（万枚）	市场参考价格（元）
1-1	8	0.28	54.92	20.00

版别：胶版

设计者：李大玮、陈晓聪

印制厂：北京邮票厂

JF25 中国科学院建院四十周年

JF25 40th Anniversary of Founding of Chinese Academy of Sciences

1989 年 11 月 1 日发行

全套 1 枚

信封邮票规格：边长 17mm （六边形）

信封规格： 185mm × 110mm

1-1 中国科学院建院四十周年

序号	面值（分）	售价（元）	发行量（万枚）	市场参考价格（元）
1-1	8	0.28	53.57	25.00

版别：胶版

设计者：潘可明

印制厂：北京邮票厂

JF26 国际灌溉排水委员会成立四十周年

JF26 40th Anniversary of International Commission on Irrigation and Drainage

1990 年 4 月 30 日发行

全套 1 枚

信封邮票规格： 28mm × 38mm

信封规格： 185mm × 110mm

1-1 国际灌溉排水委员会成立四十周年

序号	面值（分）	售价（元）	发行量（万枚）	市场参考价格（元）
1-1	8	0.28	80.62	10.00

版别：胶版

设计者：吴建坤

印制厂：北京邮票厂

JF27 邮政特快专递

JF27 Express Mail Service

1990 年 7 月 15 日发行

全套 1 枚

信封邮票规格： 55mm × 20.5mm

信封规格： 185mm × 110mm

1-1 邮政特快专递

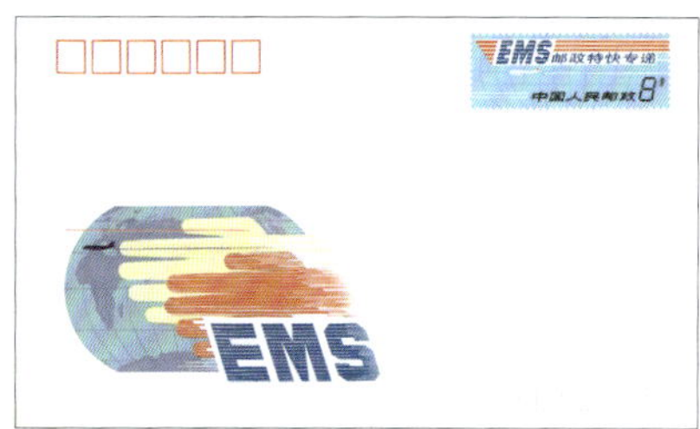

序号	面值（分）	售价（元）	发行量（万枚）	市场参考价格（元）
1-1	8	0.28	80.67	10.00

版别：胶版

设计者：杨文清

印制厂：北京邮票厂

JF28 治理淮河四十年

JF28 Forty Years of Harnessing Huai River

1990 年 10 月 14 日发行

全套 1 枚

信封邮票规格： 23mm × 37mm

信封规格： 185mm × 110mm

1-1 治理淮河四十年

A：封背文字“自一九五〇年十月起至今已四十年”

B：封背文字“已”错为“己”字

序号	面值（分）	售价（元）	发行量（万枚）	市场参考价格（元）
1-1A	20	0.40	80.32	20.00
1-1B	20	0.40		200.00

版别：胶版

设计者：李德福

印制厂：北京邮票厂

JF29 人民出版社建社四十周年
JF29 40th Anniversary of Founding of People' s Publishing House

1990 年 12 月 1 日发行

全套 1 枚

信封邮票规格： 32mm × 38mm

信封规格： 185mm × 110mm

1-1 人民出版社建社四十周年

序号	面值（分）	售价（元）	发行量（万枚）	市场参考价格（元）
1-1	20	0.40	86.12	15.00

版别：胶版

设计者：任宇

印制厂：北京邮票厂

JF30 中央人民广播电台建台五十周年
JF30 50th Anniversary of Central People' s Broadcasting Station

1990 年 12 月 30 日发行

全套 1 枚

信封邮票规格： 52mm × 31mm

信封规格： 185mm × 110mm

1-1 中央人民广播电台建台五十周年

序号	面值（分）	售价（元）	发行量（万枚）	市场参考价格（元）
1-1	20	0.40	84.77	10.00

版别：胶版

设计者：李大玮、李印清、丁寿生

印制厂：北京邮票厂

JF31 中国新兴版画运动六十年
JF31 60th Anniversary of Nascent Woodcut Movement in China

1991 年 9 月 25 日发行

全套 1 枚

信封邮票规格： 38mm × 33mm

信封规格： 185mm × 110mm

1-1 中国新兴版画运动六十年

序号	面值（分）	售价（元）	发行量（万枚）	市场参考价格（元）
1-1	20	0.40	105.24	10.00

版别：胶版

设计者：栾源文

印制厂：北京邮票厂

JF32 新华通讯社建社六十周年
JF32 60th Anniversary of Founding of Xinhua News Agency

1991 年 11 月 7 日发行

全套 1 枚

信封邮票规格： 33mm × 40mm

信封规格： 185mm × 110mm

1-1 新华通讯社建社六十周年

序号	面值（分）	售价（元）	发行量（万枚）	市场参考价格（元）
1-1	20	0.40	158.42	10.00

版别：胶版

设计者：任宇

印制厂：北京邮票厂

JF33 第四届全国少数民族传统体育运动会
JF33 4th National Traditional Games of Minority Nationalities

1991 年 11 月 10 日发行

全套 1 枚

信封邮票规格： 27mm × 33mm

信封规格： 185mm × 110mm

1-1 第四届全国少数民族传统体育运动会

序号	面值（分）	售价（元）	发行量（万枚）	市场参考价格（元）
1-1	20	0.40	159.64	10.00

版别：胶版

设计者：李印清

印制厂：北京邮票厂

JF34 北京市西厢工程通车
JF34 Completion of Beijing Xixiang Project

1991 年 12 月 25 日发行

全套 1 枚

信封邮票规格： 41mm × 31mm

信封规格： 185mm × 110mm

1-1 北京市西厢工程通车

序号	面值（分）	售价（元）	发行量（万枚）	市场参考价格（元）
1-1	20	0.40	150.24	10.00

版别：胶版

设计者：刘硕仁

印制厂：北京邮票厂

JF35 中国银行成立八十周年
JF35 80th Anniversary of Founding of Bank of China

1992 年 1 月 24 日发行

全套 1 枚

信封邮票规格： 31mm × 35mm

信封规格： 185mm × 110mm

1-1 中国银行成立八十周年

序号	面值（分）	售价（元）	发行量（万枚）	市场参考价格（元）
1-1	20	0.40	164.54	7.00

版别：胶版
设计者：任宇
印制厂：北京邮票厂

JF36 中华苏维埃共和国邮政总局成立六十周年
JF36 60th Anniversary of Founding of Directorate-General of Posts of Chinese Soviet Republic

1992 年 5 月 1 日发行
全套 1 枚
信封邮票规格：26mm × 41mm
信封规格：185mm × 110mm
1-1 中华苏维埃共和国邮政总局成立六十周年

序号	面值（分）	售价（元）	发行量（万枚）	市场参考价格（元）
1-1	20	0.40	168.64	7.00

版别：胶版
设计者：卢天骄
印制厂：北京邮票厂

JF37 中国历史博物馆成立八十周年
JF37 80th Anniversary of Establishment of Museum of Chinese History

1992 年 7 月 9 日发行
全套 1 枚
信封邮票规格：30mm × 36mm
信封规格：185mm × 110mm
1-1 中国历史博物馆成立八十周年

序号	面值（分）	售价（元）	发行量（万枚）	市场参考价格（元）
1-1	20	0.40	212.79	7.00

版别：胶版
设计者：任宇
印制厂：北京邮票厂

JF38 招商局成立一百二十周年
JF38 120th Anniversary of China Merchants

1992 年 12 月 26 日发行
全套 1 枚
信封邮票规格：29mm × 40mm
信封规格：185mm × 110mm
1-1 招商局成立一百二十周年

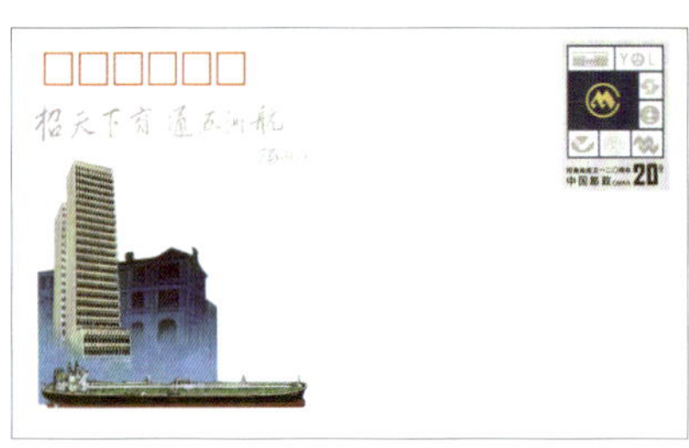

序号	面值（分）	售价（元）	发行量（万枚）	市场参考价格（元）
1-1	20	0.40	238.29	7.00

版别：胶版
设计者：李德福
印制厂：北京邮票厂

JF39 中国国境卫生检疫一百二十周年
JF39 120th Anniversary of China Frontier Health and Quarantine

1993 年 8 月 25 日发行
全套 1 枚
信封邮票规格：25mm × 40mm
信封规格：185mm × 110mm
1-1 中国国境卫生检疫一百二十周年

序号	面值（分）	售价（元）	发行量（万枚）	市场参考价格（元）
1-1	20	0.40	416.79	8.00

版别：胶版
设计者：黄里
印制厂：北京邮票厂

JF40 上海杨浦大桥建成
JF40 Completion of Shanghai Yangpu Bridge

1993 年 9 月 25 日发行
全套 1 枚
信封邮票规格：34mm × 25mm
信封规格：185mm × 110mm
1-1 上海杨浦大桥建成

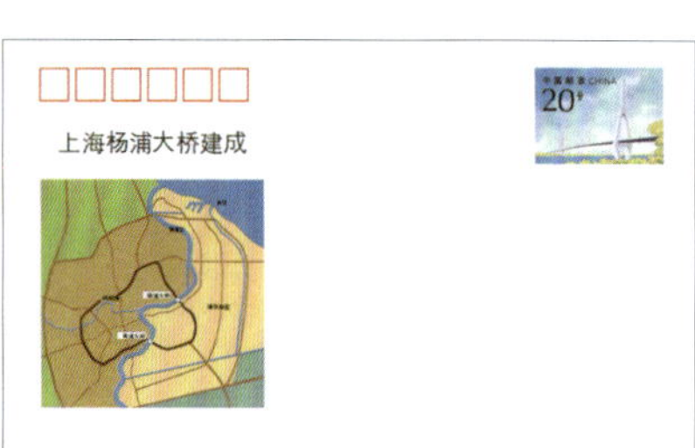

序号	面值（分）	售价（元）	发行量（万枚）	市场参考价格（元）
1-1	20	0.40	406.94	5.00

版别：胶版
设计者：卢天骄
印制厂：北京邮票厂

JF41 中国人民建设银行成立四十周年
JF41 40th Anniversary of the Establishment of People' s Construction Bank of China

1994 年 9 月 8 日发行
全套 1 枚
信封邮票规格：50mm × 32mm
信封规格：208mm × 110mm
1-1 中国人民建设银行成立四十周年

序号	面值（分）	售价（元）	发行量（万枚）	市场参考价格（元）
1-1	20	0.40	592.29	5.00

版别：胶版
设计者：潘可明
印制厂：北京邮票厂

JF42 1994 中国少年书信比赛
JF42 China Children Juvenile Letter Writing Competition 1994

1994 年 10 月 9 日发行
全套 1 枚
信封邮票规格：29mm × 39mm
信封规格：208mm × 110mm
1-1 1994 中国少年书信比赛

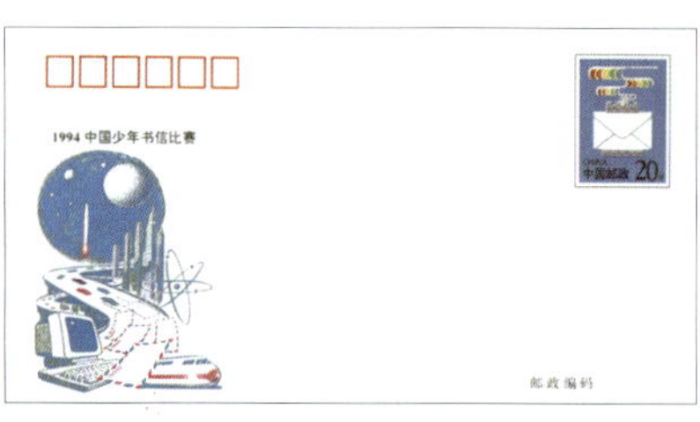

序号	面值（分）	售价（元）	发行量（万枚）	市场参考价格（元）
1-1	20	0.40	440.09	5.00

版别：胶版
设计者：刘弘、王凌波
印制厂：北京邮票厂

JF43 荣宝斋建店一百周年
JF43 100th Anniversary of Founding of Rongbaozhai

1994 年 10 月 19 日发行
全套 1 枚
信封邮票规格：对角线 48mm × 48mm（菱形）
信封规格：208mm × 110mm
1-1 荣宝斋建店一百周年

序号	面值（分）	售价（元）	发行量（万枚）	市场参考价格（元）
1-1	20	0.40	524.39	5.00

版别：胶版
设计者：任宇
印制厂：北京邮票厂

JF44 维护消费者权益运动十年
JF44 10th Anniversary of Movement of Protecting Consumer' s Rights and Interests

1994 年 12 月 26 日发行
全套 1 枚
信封邮票规格：31mm × 40mm
信封规格：208mm × 110mm
1-1 维护消费者权益运动十年

序号	面值（分）	售价（元）	发行量（万枚）	市场参考价格（元）
1-1	20	0.40	500.9	5.00

版别：胶版
设计者：黄里
印制厂：河南省邮电印刷厂

JF45 第七届国际反贪污大会
JF45 7th International Anti-Corruption Conference

1995 年 10 月 6 日发行
全套 1 枚
信封邮票规格：45mm × 27mm
信封规格：208mm × 110mm
1-1 第七届国际反贪污大会

序号	面值（分）	售价（元）	发行量（万枚）	市场参考价格（元）
1-1	20	0.40	410.64	5.00

版别：胶版
设计者：潘可明
印制厂：北京邮票厂

JF46 第 62 届国际图联大会
JF46 62nd IFLA General Conference

1996 年 8 月 25 日发行
全套 1 枚
信封邮票规格：40mm × 25mm
信封规格：208mm × 110mm
1-1 第 62 届国际图联大会

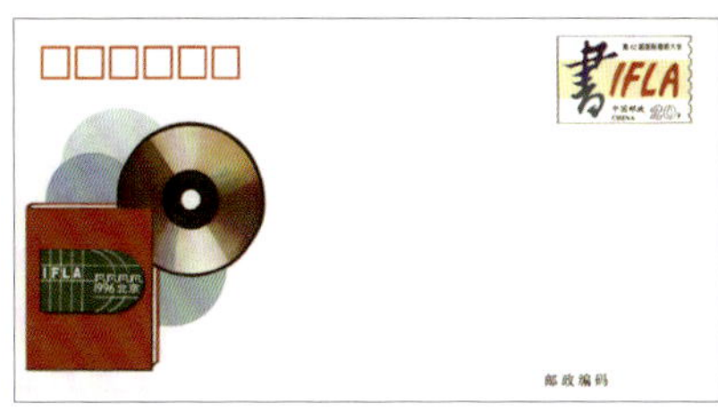

序号	面值（分）	售价（元）	发行量（万枚）	市场参考价格（元）
1-1	20	0.40	307.24	5.00

版别：胶版
设计者：潘可明
印制厂：北京邮票厂

JF47 第二届亚洲太平洋城市首脑会议
JF47 2nd Asia-Pacific City Summit

1996 年 9 月 27 日发行
全套 1 枚
信封邮票规格：25mm × 36mm
信封规格：208mm × 110mm
1-1 第二届亚洲太平洋城市首脑会议

序号	面值（分）	售价（元）	发行量（万枚）	市场参考价格（元）
1-1	20	0.40	396.59	5.00

版别：胶版
设计者：卢天骄
印制厂：北京邮票厂

JF48 第十五届世界石油大会
JF48 15th World Petroleum Congress

1997 年 10 月 12 日发行
全套 1 枚
信封邮票规格：27mm × 37mm
信封规格：208mm × 110mm
1-1 第十五届世界石油大会

序号	面值（分）	售价（元）	发行量（万枚）	市场参考价格（元）
1-1	50	0.90	408.39	5.00

版别：胶版
设计者：陈晓聪
印制厂：北京邮票厂

JF49 推广普及广播体操
JF49 Popularizing Gymnastics by Radio

1997 年 10 月 28 日发行
全套 1 枚
信封邮票规格：28mm × 35mm
信封规格：208mm × 110mm
1-1 推广普及广播体操

序号	面值（分）	售价（元）	发行量（万枚）	市场参考价格（元）
1-1	50	0.90	401.29	5.00

版别：胶版
设计者：黄里
印制厂：北京邮票厂

JF50 第十八届国际遗传学大会
JF50 18th International Congress of Genetics

1998 年 8 月 10 日发行
全套 1 枚
信封邮票规格：27mm × 37mm
信封规格：208mm × 110mm
1-1 第十八届国际遗传学大会

序号	面值（分）	售价（元）	发行量（万枚）	市场参考价格（元）
1-1	50	0.90	599.80	5.00

版别：胶版

设计者：王虎鸣

印制厂：北京邮票厂

JF51 火炬计划实施十周年
JF51 10th Anniversary of Implementation of Torch Plan

1998 年 8 月 6 日发行

全套 1 枚

信封邮票规格：26mm × 33mm

信封规格：208mm × 110mm

1-1 火炬计划实施十周年

序号	面值（分）	售价（元）	发行量（万枚）	市场参考价格（元）
1-1	50	0.90	453.20	5.00

版别：胶版

设计者：任宇

印制厂：北京邮票厂

JF52 国际建筑师协会第 20 届世界建筑师大会
JF52 20th UIA Congress of World Architects

1999 年 6 月 23 日发行

全套 1 枚

信封邮票规格：27mm × 36mm

信封规格：208mm × 110mm

1-1 国际建筑师协会第 20 届世界建筑师大会

序号	面值（分）	售价（元）	发行量（万枚）	市场参考价格（元）
1-1	80	1.20	600.19	5.00

版别：胶版

设计者：陈栋玲

印制厂：北京邮票厂

JF53 中国 1999 世界集邮展览
JF53 China 1999,World Philatelic Exhibition

1999 年 8 月 21 日发行

全套 10 枚

信封邮票规格：27mm × 35mm

信封规格：208mm × 110mm

10-1 邮展日

10-2 青少年集邮日

10-3 邮政日

10-4 集邮研究日

10-5 奥林匹克日

10-6 ACPF 日

10-7 集邮报告日

10-8 FIP 日

10-9 颁奖日

10-10 FIAP 日

序号	面值（分）	售价（元）	发行量（万套）	市场参考价格（元）
全套	80 × 10	13.5 × 10	550.04	15.00

版别：胶版

设计者：冯小红

印制厂：北京邮票厂

JF54 中国—联合国开发计划署成功合作20周年
JF54 China-UNDP Successful Cooperation of 20 Years

1999年9月10日发行
全套1枚
信封邮票规格：30mm×40mm
信封规格：208mm×110mm
1-1 中国—联合国开发计划署成功合作20周年

序号	面值（分）	售价（元）	发行量（万枚）	市场参考价格（元）
1-1	80	1.20	600	5.00

版别：胶版
设计者：郭振山
印制厂：河南省邮电印制厂

JF55 北京邮票厂建厂40周年
JF55 40th Anniversary of Beijing Postage Stamp Printing House

1999年9月25日发行
全套1枚
信封邮票规格：40mm×30mm
信封规格：208mm×110mm
1-1 北京邮票厂建厂40周年

序号	面值（分）	售价（元）	发行量（万枚）	市场参考价格（元）
1-1	80	1.20	629.04	5.00

版别：胶版
设计者：尚予
印制厂：北京邮票厂

JF56 孔子诞生2550周年
JF56 2550th Anniversary of Confucius' Birth

1999年9月28日发行
全套1枚
信封邮票规格：30mm×40mm
信封规格：208mm×110mm
1-1 孔子诞生2550周年

序号	面值（分）	售价（元）	发行量（万枚）	市场参考价格（元）
1-1	80	1.20	600.34	5.00

版别：胶版
设计者：陈全胜
印制厂：北京鸿纳邮品股份有限公司

JF57 中央档案馆建馆40周年
JF57 40th Anniversary of Central Archives

1999年10月8日发行
全套1枚
信封邮票规格：44mm×23mm
信封规格：208mm×110mm
1-1 中央档案馆建馆40周年

序号	面值（分）	售价（元）	发行量（万枚）	市场参考价格（元）
1-1	80	1.20	600	5.00

版别：胶版
设计者：李帆、徐悦
印制厂：河南省邮电印刷厂

JF58 中国国际贸易中心成立15周年
JF58 15th Anniversary of China World Trade Center

2000年2月11日发行
全套1枚
信封邮票规格：35mm×30mm
信封规格：208mm×110mm
1-1 中国国际贸易中心成立15周年

序号	面值（分）	售价（元）	发行量（万枚）	市场参考价格（元）
1-1	80	1.20	400	5.00

版别：胶版
设计者：吴勇
印制厂：北京邮票厂

JF59 邮政报刊发行业务开办50周年
JF59 50th Anniversary of Postal Distribution Service

2000年2月15日发行
全套1枚
信封邮票规格：28mm×33mm
信封规格：208mm×110mm
1-1 邮政报刊发行业务开办50周年

序号	面值（分）	售价（元）	发行量（万枚）	市场参考价格（元）
1-1	80	1.20	400	5.00

版别：胶版
设计者：阎炳武
印制厂：北京鸿纳邮品股份有限公司

JF60 中国人民革命战争时期邮票发行70周年
JF60 70th Anniversary of Stamp Issuance of Chinese Peoples' s Revolutionary War Period

2000年8月1日发行
全套1枚
信封邮票规格：42mm×31mm
信封规格：208mm×110mm
1-1 中国人民革命战争时期邮票发行70周年

序号	面值（分）	售价（元）	发行量（万枚）	市场参考价格（元）
1-1	80	1.20	350	5.00

版别：胶版
设计者：呼振源
印制厂：北京鸿纳邮品股份有限公司

JF61 中非合作论坛—北京2000年部长级会议
JF61 Forum on China-Africa Cooperation:Ministerial Conference,Beijing 2000

2000年10月10日发行
全套1枚
信封邮票规格：30mm×40mm
信封规格：208mm×110mm
1-1 中非合作论坛—北京2000年部长级会议

序号	面值（分）	售价（元）	发行量（万枚）	市场参考价格（元）
1-1	80	1.20	350	5.00

版别：胶版

设计者：呼振源

印制厂：北京邮票厂

JF62 联合国难民署成立 50 周年
JF62 50th Anniversary of United Nations High Commissioner for Refugees

2000 年 12 月 14 日发行

全套 1 枚

信封邮票规格：34mm×32mm

信封规格：208mm×110mm

1-1 联合国难民署成立 50 周年

序号	面值（分）	售价（元）	发行量（万枚）	市场参考价格（元）
1-1	80	1.20	350	5.00

版别：胶版

设计者：刘雨苏

摄影者：W.McCoy A.Roulct K.Gooi、H.J.Davies M.Kobayshi

印制厂：北京鸿纳邮品股份有限公司

JF63 世界知识产权日
JF63 Wold Intellectual Property Day

2001 年 4 月 26 日发行

全套 1 枚

信封邮票规格：25mm×33mm

信封规格：208mm×110mm

1-1 世界知识产权日

序号	面值（分）	售价（元）	发行量（万枚）	市场参考价格（元）
1-1	80	1.20	350	5.00

版别：胶版

设计者：门立群

印制厂：北京邮票厂

JF64 第七届世界印刷大会
JF64 7th Word Print Congress

2001 年 5 月 20 日发行

全套 1 枚

信封邮票规格：24mm×34mm

信封规格：208mm×110mm

1-1 第七届世界印刷大会

序号	面值（分）	售价（元）	发行量（万枚）	市场参考价格（元）
1-1	80	1.20	350	5.00

版别：胶版

设计者：王虎鸣

责任编辑：辛欣

印制厂：北京邮票厂

JF65 第 20 届国际制图大会
JF65 20th International Cartographic Conference

2001 年 8 月 6 日发行

全套 1 枚

信封邮票规格：半径 18mm（圆形）

信封规格：208mm×110mm

1-1 第 20 届国际制图大会

序号	面值（分）	售价（元）	发行量（万枚）	市场参考价格（元）
1-1	80	1.20	350	5.00

版别：胶版

设计者：王虎鸣

责任编辑：辛欣

印制厂：河南省邮电印刷厂

JF66 科技活动周
JF66 National Science Week

2002 年 5 月 18 日发行

全套 1 枚

信封邮票规格：30mm×40mm

信封规格：208mm×110mm

1-1 科技活动周

序号	面值（分）	售价（元）	发行量（万枚）	市场参考价格（元）
1-1	80	1.20	350	5.00

版别：胶版

设计者：邵立辰、姚克

责任编辑：佟立英

印制厂：北京鸿纳邮品股份有限公司

JF67 中国北京国际科技产业博览会
JF67 China Beijing International High-Tech Expo

2002 年 5 月 23 日发行

全套 1 枚

信封邮票规格：30mm×40mm

信封规格：208mm×110mm

1-1 中国北京国际科技产业博览会

序号	面值（分）	售价（元）	发行量（万枚）	市场参考价格（元）
1-1	80	1.20	350	5.00

版别：胶版

设计者：阎炳武

责任编辑：虞平

印制厂：北京邮票厂

JF68 大公报创刊 100 周年
JF68 100th Anniversary of *Ta Kung Pao*

2002 年 6 月 17 日发行

全套 1 枚

信封邮票规格：26mm×34mm

信封规格：208mm×110mm

1-1 大公报创刊 100 周年

序号	面值（分）	售价（元）	发行量（万枚）	市场参考价格（元）
1-1	80	1.20	350	5.00

版别：胶版
设计者：李国柱
责任编辑：辛欣
印刷厂：北京邮票厂

JF69 全民国防教育日
JF69 National Defense Education Day

2002 年 9 月 21 日发行
全套 1 枚
信封邮票规格： 30mm × 40mm
信封规格： 208mm × 110mm
1-1 全民国防教育日

序号	面值（分）	售价（元）	发行量（万枚）	市场参考价格（元）
1-1	80	1.20	350	5.00

版别：胶版
设计者：姚翔宇
责任编辑：佟立英
印刷厂：北京邮票厂

JF70 中国健康扶贫工程
JF70 Nationwide Health Project for the Poor

2003 年 5 月 18 日发行
全套 1 枚
信封邮票规格： 29mm × 35mm
信封规格： 208mm × 110mm
1-1 中国健康扶贫工程

序号	面值（分）	售价（元）	发行量（万枚）	市场参考价格（元）
1-1	80	1.20	200	5.00

版别：胶版
设计者：李德福、李昕
责任编辑：虞平
印刷厂：北京邮票厂

JF71 中国自然辩证法研究会成立 25 周年
JF71 25th Anniversary of Founding of China Society for Dialectics of Nature

2003 年 5 月 24 日发行
全套 1 枚
信封邮票规格： 40mm × 30mm
信封规格： 208mm × 110mm
1-1 中国自然辩证法研究会成立 25 周年

序号	面值（分）	售价（元）	发行量（万枚）	市场参考价格（元）
1-1	80	1.20	200	5.00

版别：胶版
设计者：陈楠
责任编辑：史渊
印刷厂：北京邮票厂

JF72 人民邮电出版社建社 50 周年
JF72 50th Anniversary of Founding of Posts and Telecommunications Press

2003 年 9 月 19 日发行
全套 1 枚
信封邮票规格： 25mm × 35mm
信封规格： 208mm × 110mm
1-1 人民邮电出版社建社 50 周年

序号	面值（分）	售价（元）	发行量（万枚）	市场参考价格（元）
1-1	80	1.20	200	5.00

版别：胶版
设计者：阎炳武
责任编辑：虞平
印刷厂：北京鸿纳邮品股份有限公司

JF73 中国工商银行成立二十周年
JF73 20th Anniversary of Founding of Industrial and Commercial Bank of China

2004 年 1 月 1 日发行
全套 1 枚
信封邮票规格：边长 30mm×30mm（菱形）
信封规格： 208mm × 110mm
1-1 中国工商银行成立二十周年

序号	面值（分）	售价（元）	发行量（万枚）	市场参考价格（元）
1-1	80	1.20	150	5.00

版别：胶版
设计者：冯小红
摄影者：冯志
责任编辑：虞平
印刷厂：北京邮票厂

JF74 第一届世界地质公园大会
JF74 1st International Conference on Geoparks

2004 年 6 月 27 日发行
全套 1 枚
信封邮票规格：边长 26mm×26mm（菱形）
信封规格： 208mm × 110mm
1-1 第一届世界地质公园大会

序号	面值（分）	售价（元）	发行量（万枚）	市场参考价格（元）
1-1	80	1.20	200	5.00

版别：胶版
防伪方式：防伪油墨
设计者：沈嘉宏、陈楠
责任编辑：秦巍
印刷厂：北京邮票厂

JF75 第一次全国经济普查
JF75 1st National Economic Census

2004 年 12 月 31 日发行
全套 1 枚
信封邮票规格：边长 25mm×25mm（菱形）
信封规格： 220mm × 110mm
1-1 第一次全国经济普查

序号	面值（分）	售价（元）	发行量（万枚）	市场参考价格（元）
1-1	80	1.20	200	5.00

版别：胶版
防伪方式：防伪油墨
设计者：郝欧
责任编辑：虞平
印刷厂：北京邮票厂

JF76 故宫博物院建院八十周年
JF76 80th Anniversary of Establishment of Palace Museum

2005 年 10 月 10 日发行
全套 1 枚
信封邮票规格：30mm × 30mm
信封规格：220mm × 110mm
1-1 故宫博物院建院八十周年

序号	面值（分）	售价（元）	发行量（万枚）	市场参考价格（元）
1-1	80	1.20	88	15.00

版别：胶版
防伪方式：防伪油墨
设计者：王虎鸣
邮资图中的标志设计者：邵柏林
责任编辑：秦巍
印刷厂：北京邮票厂

JF77 2005 珠穆朗玛峰高程测量
JF77 Elevation Measurement for Mount Qomolangma in 2005

2005 年 10 月 18 日发行
全套 1 枚
信封邮票规格：40mm × 26mm
信封规格：220mm × 110mm
1-1 2005 珠穆朗玛峰高程测量

序号	面值（分）	售价（元）	发行量（万枚）	市场参考价格（元）
1-1	80	1.20	67	30.00

版别：胶版
防伪方式：防伪油墨
设计者：王虎鸣
责任编辑：陈静
印刷厂：北京邮票厂

JF78 人民教育出版社建社 55 周年
JF78 55th Anniversary of Founding of People' s Education Press

2005 年 12 月 1 日发行
全套 1 枚
信封邮票规格：25mm × 30mm
信封规格：220mm × 110mm
1-1 人民教育出版社建社 55 周年

序号	面值（分）	售价（元）	发行量（万枚）	市场参考价格（元）
1-1	80	1.20	57	40.00

版别：胶版
防伪方式：防伪油墨
设计者：李昕
责任编辑：陈静
印刷厂：辽宁省沈阳邮电印刷厂

JF79 2006 俄罗斯年
JF79 Russia Year 2006

2006 年 3 月 21 日发行
全套 1 枚
信封邮票规格：40mm × 30mm
信封规格：220mm × 110mm
1-1 2006 俄罗斯年

序号	面值（分）	售价（元）	发行量（万枚）	市场参考价格（元）
1-1	80	1.20	117	10.00

版别：胶版
防伪方式：防伪油墨
设计者：陈楠
资料提供：俄罗斯联邦驻中华人民共和国大使馆
责任编辑：赵蕾
印刷厂：北京邮票厂

JF80 2006 国际防治荒漠化年
JF80 International Year to Combat Desertification 2006

2006 年 6 月 17 日发行
全套 1 枚
信封邮票规格：对角线 35mm × 35mm（菱形）
信封规格：220mm × 110mm
1-1 2006 国际防治荒漠化年

序号	面值（分）	售价（元）	发行量（万枚）	市场参考价格（元）
1-1	80	1.20	101	10.00

版别：胶版
防伪方式：防伪油墨
设计者：沈嘉宏、李庆发
资料提供：国家林业局防治荒漠化管理中心
责任编辑：佟立英
印刷厂：北京邮票厂

JF81 联合国教科文组织孔子教育奖
JF81 The UNESCO Confucius Prize for Literacy

2006 年 9 月 23 日发行
全套 1 枚
信封邮票规格：28mm × 40mm
信封规格：220mm × 110mm
1-1 联合国教科文组织孔子教育奖

序号	面值（分）	售价（元）	发行量（万枚）	市场参考价格（元）
1-1	80	1.20	180	8.00

版别：胶版
防伪方式：防伪油墨
设计者：王虎鸣
摄影者：李晖
资料提供：曲阜市文物管理委员会、曲阜市孔府文物档案馆
责任编辑：陈宜思
印刷厂：北京邮票厂

JF82 测绘迈向信息化
JF82 Stepping up Towards IT-based Surveying and Mapping

2006 年 10 月 12 日发行
全套 1 枚
信封邮票规格：40mm × 30mm
信封规格：220mm × 110mm
1-1 测绘迈向信息化

序号	面值（分）	售价（元）	发行量（万枚）	市场参考价格（元）
1-1	80	1.20	91	10.00

版别：胶版
防伪方式：防伪油墨
设计者：王虎鸣
责任编辑：陈静
印刷厂：北京邮票厂

JF83 2006 中印友好年
JF83 China-India Friendship Year 2006

2006 年 11 月 20 日发行
全套 1 枚
信封邮票规格：40mm × 30mm
信封规格：220mm × 110mm
1-1 2006 中印友好年

序号	面值（元）	售价（元）	发行量（万枚）	市场参考价格（元）
1-1	1.20	1.60	89	10.00

版别：胶版
防伪方式：防伪油墨
设计者：陈楠
摄影者：郝旭东
责任编辑：陈宜思
印刷厂：河南省邮电印刷厂

JF84 中国和巴基斯坦建交 55 周年
JF84 55th Anniversary of Establishment of Diplomatic Relations Between China and Pakistan

2006 年 11 月 23 日发行
全套 1 枚
信封邮票规格：40mm × 30mm
信封规格：220mm × 110mm
1-1 中国和巴基斯坦建交 55 周年

序号	面值（元）	售价（元）	发行量（万枚）	市场参考价格（元）
1-1	1.20	1.60	86	10.00

版别：胶版
防伪方式：防伪油墨
设计者：冯小红
责任编辑：佟立英
印刷厂：北京邮票厂

JF85 西安事变 70 周年
JF85 70th Anniversary of Xi' an Incident

2006 年 12 月 12 日发行
全套 1 枚
信封邮票规格：40mm × 30mm
信封规格：220mm × 110mm
1-1 西安事变 70 周年

序号	面值（元）	售价（元）	发行量（万枚）	市场参考价格（元）
1-1	1.20	1.60	131	8.00

版别：胶版
防伪方式：防伪油墨
设计者：姚晓东
摄影者：苗怀良
责任编辑：赵蕾
印刷厂：北京邮票厂

JF86 第二次全国农业普查
JF86 2nd National Agricultural Census

2007 年 1 月 1 日发行
全套 1 枚
信封邮票规格：40mm × 30mm
信封规格：220mm × 110mm
1-1 第二次全国农业普查

序号	面值（元）	售价（元）	发行量（万枚）	市场参考价格（元）
1-1	1.20	1.60	97	7.00

版别：胶版
防伪方式：防伪油墨
设计者：姚晓东
责任编辑：赵蕾
印刷厂：河南省邮电印刷厂

JF87 中国社会科学院建院三十周年
JF87 30th Anniversary of Chinese Academy of Social Sciences

2007 年 5 月 7 日发行
全套 1 枚
信封邮票规格：40mm × 30mm
信封规格：220mm × 110mm
1-1 中国社会科学院建院三十周年

序号	面值（元）	售价（元）	发行量（万枚）	市场参考价格（元）
1-1	1.20	1.60	130	7.00

版别：胶版
防伪方式：防伪油墨
设计者：呼振源
标志设计者：何洁、张洪海
责任编辑：赵蕾
印刷厂：北京邮票厂

JF88 中国邮政邮票博物馆开馆
JF88 Opening of China National Post and Postage Stamp Museum

2007 年 8 月 22 日发行
全套 1 枚
信封邮票规格：30mm × 40mm
信封规格：220mm × 110mm
1-1 中国邮政邮票博物馆开馆

序号	面值（元）	售价（元）	发行量（万枚）	市场参考价格（元）
1-1	1.20	1.60	120	7.00

版别：胶版
防伪方式：防伪油墨
设计者：李德福
责任编辑：赵蕾
印刷厂：北京邮票厂

JF89 中国国民党革命委员会成立六十周年
JF89 60th Anniversary of Revolutionary Committee of Chinese Kuomintang (RCCK)

2008 年 1 月 1 日发行
全套 1 枚
信封邮票规格：边长 30mm × 30mm（菱形）

信封规格： 220mm × 110mm

1-1 中国国民党革命委员会成立六十周年

序号	面值（元）	售价（元）	发行量（万枚）	市场参考价格（元）
1-1	1.20	1.60	65	15.00

版别：胶版

防伪方式：防伪油墨

设计者：方军

责任编辑：董研

印刷厂：河南省邮电印刷厂

JF90 气候变化与科技创新国际论坛

JF90 International Forum on Climate Change and Science and Technology Innovation

2008 年 4 月 24 日发行

全套 1 枚

信封邮票规格： 40mm × 30mm

信封规格： 220mm × 110mm

1-1 气候变化与科技创新国际论坛

序号	面值（元）	售价（元）	发行量（万枚）	市场参考价格（元）
1-1	1.20	1.60	60	12.00

版别：胶版

防伪方式：防伪油墨

设计者：李群

责任编辑：陈宜思

印刷厂：北京邮票厂

JF91 中国人民解放军海军成立 60 周年

JF91 60th Anniversary of Founding of the Chinese People' s Liberation Army Navy

2009 年 4 月 23 日发行

全套 5 枚

信封邮票规格： 30mm × 40mm

信封规格： 220mm × 110mm

5-1 海军潜艇部队

5-2 海军水面舰艇部队

5-3 海军航空兵

5-4 海军陆战队

5-5 海军岸防兵

序号	面值（元）	售价（元）	发行量（万套）	市场参考价格（元）
全套	1.20 × 5	1.60 × 5	60	25.00

版别：胶版

防伪方式：防伪油墨

设计者：任国恩

摄影者：王朝武、龙运河、陈富平、周拥军、钟魁润

责任编辑：秦巍

印刷厂：北京邮票厂

JF92 中邮人寿保险股份有限公司开业

JF92 Opening of China Post Life Insurance Company Limited

2009 年 9 月 9 日发行

全套 1 枚

信封邮票规格： 40mm × 30mm

信封规格： 220mm × 110mm

1-1 中邮人寿保险股份有限公司开业

序号	面值（元）	售价（元）	发行量（万枚）	市场参考价格（元）
1-1	1.20	1.60	60	5.00

版别：胶版

防伪方式：防伪油墨

设计者：邵立辰

责任编辑：陈静芝

印刷厂：北京邮票厂

JF93 中国人民解放军空军成立 60 周年

JF93 60th Anniversary of Founding of Chinese People' s Liberation Army Air Force

2009 年 11 月 11 日发行

全套 7 枚

信封邮票规格： 30mm × 40mm

信封规格： 220mm × 110mm

7-1 空军航空兵

7-2 空军地面防空兵

7-3 空军空降兵

7-4 空军通信兵

7-5 空军雷达兵

7-6 空军电子对抗兵

7-7 空军防化兵

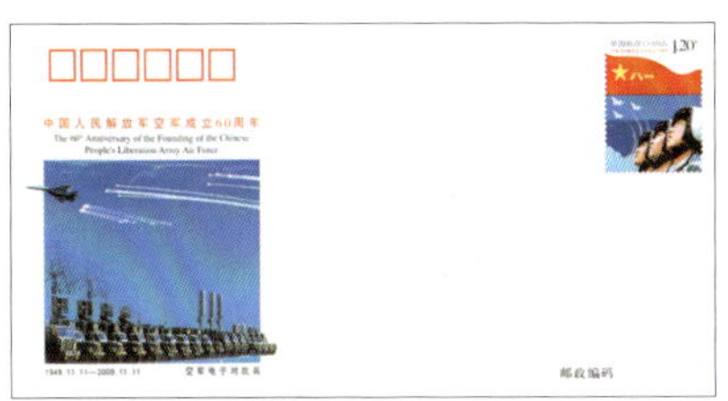

序号	面值（元）	售价（元）	发行量（万套）	市场参考价格（元）
全套	1.20×7	1.60×7	60	25.00

版别：胶版

防伪方式：防伪油墨

设计者：项群、任国恩、李群

图片资料提供：中国人民解放军空军

责任编辑：秦巍

印刷厂：北京邮票厂

JF94 中国航空邮政 90 周年
JF94 90th Anniversary of Chinese Postal Airmail Service

2010 年 5 月 7 日发行

全套 1 枚

信封邮票规格：30mm×30mm

信封规格：220mm×110mm

1-1 中国航空邮政 90 周年

序号	面值（元）	售价（元）	发行量（万枚）	市场参考价格（元）
1-1	1.20	1.60	65	24.00

版别：胶版

防伪方式：防伪油墨

设计者：尚予

责任编辑：董研

印刷厂：北京邮票厂

JF95 新中国军事测绘 60 周年
JF95 60th Anniversary of Military Surveying and Mapping of New China

2010 年 5 月 11 日发行

全套 2 枚

信封邮票规格：40mm×30mm

信封规格：220mm×110mm

2-1 巩固国防

2-2 服务社会

序号	面值（元）	售价（元）	发行量（万套）	市场参考价格（元）
全套	1.20×2	1.60×2	60	10.00

版别：胶版

防伪方式：防伪油墨

设计者：沈嘉宏、尚盈

徽志提供：中国人民解放军总参谋部测绘局

责任编辑：陈宜思

印刷厂：北京邮票厂

JF96 中国邮政速递物流股份有限公司成立
JF96 Founding Ceremony of China Postal Express & Logistics Co., Ltd.

2010 年 6 月 29 日发行

全套 1 枚

信封邮票规格：84mm×28mm

信封规格：220mm×110mm

1-1 中国邮政速递物流股份有限公司成立

序号	面值（元）	售价（元）	发行量（万枚）	市场参考价格（元）
1-1	1.20	1.60	65	10.00

版别：胶版

防伪方式：防伪油墨

设计者：马刚

责任编辑：王静

印刷厂：北京邮票厂

JF97 中国农工民主党成立 80 周年
JF97 80th Anniversary of Founding of Chinese Peasants and Workers Democratic Party

2010 年 8 月 9 日发行

全套 1 枚

信封邮票规格：27mm×36mm

信封规格：220mm×110mm

1-1 中国农工民主党成立 80 周年

序号	面值（元）	售价（元）	发行量（万枚）	市场参考价格（元）
1-1	1.20	1.60	65	15.00

版别：胶版

防伪方式：防伪油墨

设计者：沈嘉宏

责任编辑：陈静芝

印刷厂：北京邮票厂

JF98 中国对外援助 60 周年
JF98 60th Anniversary of China' s Aid to Foreign Countries

2010 年 8 月 12 日发行

全套 1 枚

信封邮票规格：40mm×27mm

信封规格：220mm×110mm

1-1 中国对外援助 60 周年

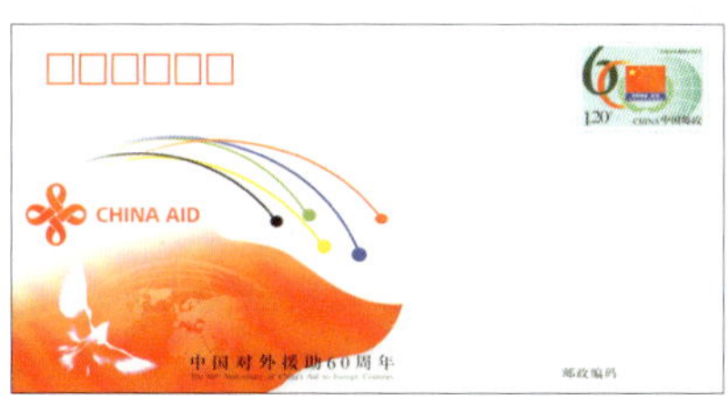

序号	面值（元）	售价（元）	发行量（万枚）	市场参考价格（元）
1-1	1.20	1.60	50	15.00

版别：胶版

防伪方式：防伪油墨

设计者：凌连伟、蒋蔚

责任编辑：王静

印刷厂：北京邮票厂

JF99 中国和新加坡建交 20 周年
JF99 The 20th Anniversary of Establishment of Diplomatic Relations Between China and Singapore

2010 年 10 月 18 日发行

全套 1 枚

信封邮票规格：40mm × 26mm

信封规格：220mm × 110mm

1-1 中国和新加坡建交 20 周年

序号	面值（元）	售价（元）	发行量（万枚）	市场参考价格（元）
1-1	1.20	1.60	65	6.00

版别：胶版

防伪方式：防伪油墨

设计者：呼振源、凌连伟

责任编辑：陈静芝

印刷厂：北京邮票厂

JF100 中国人民广播电台成立 70 周年
JF100 The 70th Anniversary of the Founding of the China National Radio

2010 年 11 月 10 日发行

全套 1 枚

信封邮票规格：50mm × 25mm

信封规格：220mm × 110mm

1-1 中国人民广播电台成立 70 周年

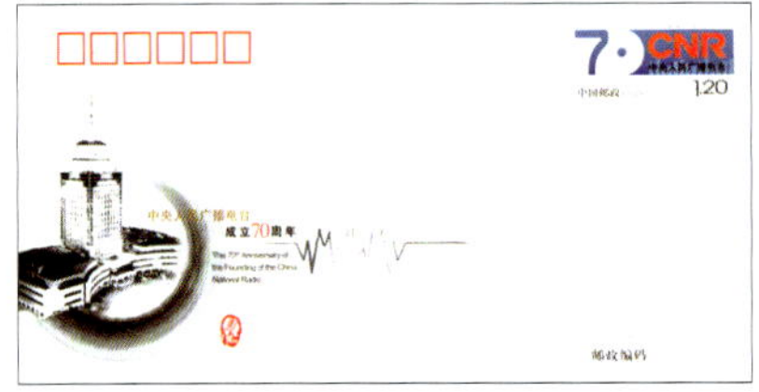

序号	面值（元）	售价（元）	发行量（万枚）	市场参考价格（元）
1-1	1.20	1.60	55	8.00

版别：胶版

防伪方式：防伪油墨

设计者：史渊、王静

责任编辑：王静

印刷厂：北京邮票厂

JF101 中国国家博物馆新馆落成
JF101 Completion of the National Museum of China New Building

2011 年 3 月 27 日发行

全套 1 枚

信封邮票规格：48mm × 21mm

信封规格：220mm × 110mm

1-1 中国国家博物馆新馆落成

序号	面值（元）	售价（元）	发行量（万枚）	市场参考价格（元）
1-1	1.20	1.60	80	5.00

版别：胶版

防伪方式：防伪油墨 缩微文字

设计者：陈景异

资料提供：中国国家博物馆

责任编辑：干止戈

印制厂：北京邮票厂

JF102 博鳌亚洲论坛 10 周年
JF102 10th Anniversary of Bo' ao Forum for Asia

2011 年 4 月 15 日发行

全套 1 枚

信封邮票规格：对角线 34mm（六边形）

信封规格：220mm × 110mm

1-1 博鳌亚洲论坛 10 周年

序号	面值（元）	售价（元）	发行量（万枚）	市场参考价格（元）
1-1	1.20	1.60	85	5.00

版别：胶版

防伪方式：防伪油墨

设计者：董琪

博鳌亚洲论坛标识提供：博鳌亚洲论坛

责任编辑：陈宜思

印制厂：北京邮票厂

JF103 青岛胶州湾隧道通车
JF103 Jiaozhou Bay Undersea Tunnel of Qingdao Opening to Traffic

2011 年 6 月 30 日发行

全套 1 枚

信封邮票规格：30mm × 40mm

信封规格：220mm × 110mm

1-1 青岛胶州湾隧道通车

序号	面值（元）	售价（元）	发行量（万枚）	市场参考价格（元）
1-1	1.20	1.60	95	5.00

版别：胶版

防伪方式：防伪油墨

设计者：原艺珊

资料提供：青岛国信发展（集团）有限责任公司

责任编辑：原艺珊

印制厂：北京邮票厂

JF104 中国加入世界贸易组织 10 周年
JF104 The 10th Anniversary of China' s Accession to the WTO

2011 年 12 月 11 日发行

全套 1 枚

信封邮票规格：40mm × 30mm

信封规格：220mm × 110mm

1-1 中国加入世界贸易组织 10 周年

序号	面值（元）	售价（元）	发行量（万枚）	市场参考价格（元）
1-1	1.20	1.60	78	5.00

版别：胶版

防伪方式：防伪油墨

设计者：刘益省

责任编辑：陈静芝

印制厂：北京邮票厂

JF105 蛟龙号成功完成 7000 米级海上试验
JF105 The 7000m Sea Trial of the Submersible JIAOLONG is Successfully Finished

2012 年 7 月 16 日发行

全套 1 枚

信封邮票规格：40mm × 30mm

信封规格：220mm × 110mm

1-1 蛟龙号成功完成 7000 米级海上试验

序号	面值（元）	售价（元）	发行量（万枚）	市场参考价格（元）
1-1	1.20	1.60	98	5.00

版别：胶版

防伪方式：防伪油墨

设计者：邵立辰、余勇

资料提供：中国大洋矿产资源研究开发协会办公室

责任编辑：刘欲晓

印制厂：北京邮票厂

JF106 三联书店创建 80 周年
JF106 The 80th Anniversary of SDX Joint Publishing Company

2012 年 7 月 26 日发行

全套 1 枚

信封邮票规格： 30mm × 40mm

信封规格： 220mm × 110mm

1-1 三联书店创建 80 周年

序号	面值（元）	售价（元）	发行量（万枚）	市场参考价格（元）
1-1	1.20	1.60	78	5.00

版别：胶版

防伪方式：防伪油墨

设计者：董琪

资料提供：北京生活·读书·新知三联书店

责任编辑：刘欲晓

印制厂：北京邮票厂

JF107 中华全国集邮联合会成立 30 周年
JF107 The 30th Anniversary of the Founding of All China Philatelic Federation

2012 年 8 月 25 日发行

全套 1 枚

信封邮票规格： 30mm × 40mm

信封规格： 220mm × 110mm

1-1 中华全国集邮联合会成立 30 周年

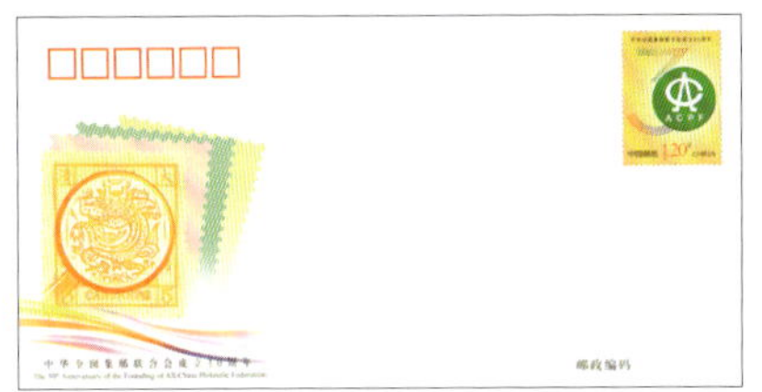

序号	面值（元）	售价（元）	发行量（万枚）	市场参考价格（元）
1-1	1.20	1.60	78	5.00

版别：胶版

防伪方式：防伪油墨

设计者：呼振源、宋秋萍

资料提供：中华全国集邮联合会

责任编辑：温文雅

印制厂：北京邮票厂

JF108 中华人民共和国第九届大学生运动会
JF108 The 9th Universiade of the People' s Republic of China

2012 年 9 月 8 日发行

全套 1 枚

信封邮票规格： 30mm × 30mm

信封规格： 220mm × 110mm

1-1 中华人民共和国第九届大学生运动会

序号	面值（元）	售价（元）	发行量（万枚）	市场参考价格（元）
1-1	1.20	1.60	83	5.00

版别：胶版

防伪方式：防伪油墨

设计者：郭振山

资料提供：中华人民共和国第九届大学生运动会组织委员会

责任编辑：温文雅

印制厂：北京邮票厂

JF109 延安双拥运动 70 周年
JF109 The 70th Anniversary of the Two Supports Movement in Yan' an

2013 年 1 月 25 日发行

全套 1 枚

信封邮票规格： 30mm × 35mm

信封规格： 220mm × 110mm

1-1 延安双拥运动 70 周年

序号	面值（元）	售价（元）	发行量（万枚）	市场参考价格（元）
1-1	1.20	1.60	67	5.00

版别：胶版

防伪方式：防伪油墨

设计者：刘鸿、沈嘉宏、邢文伟

摄影者：宋后军

责任编辑：温文雅

印制厂：北京邮票厂

JF110 第九届中国（北京）国际园林博览会
JF110 The 9th China (Beijing) International Garden Expo

2013 年 5 月 18 日发行

全套 1 枚

信封邮票规格：直径 32mm（圆形）

信封规格： 220mm × 110mm

1-1 第九届中国（北京）国际园林博览会

序号	面值（元）	售价（元）	发行量（万枚）	市场参考价格（元）
1-1	1.20	1.60	85	5.00

版别：胶版

防伪方式：防伪油墨

设计者：陈志皓

资料提供：第九届中国（北京）国际园林博览会

责任编辑：温文雅

印制厂：北京邮票厂

JF111 中国一汽建厂 60 周年
JF111 The 60th Anniversary of China FAW Group

2013 年 7 月 15 日发行

全套 1 枚

信封邮票规格： 40mm × 30mm

信封规格： 220mm × 110mm

1-1 中国一汽建厂 60 周年

序号	面值（元）	售价（元）	发行量（万枚）	市场参考价格（元）
1-1	1.20	1.60	95	5.00

版别：胶版

防伪方式：防伪油墨

设计者：沈嘉宏

资料提供：中国第一汽车集团公司

责任编辑：温文雅

印制厂：北京邮票厂

JF112 亚洲相互协作与信任措施会议第四次峰会

JF112 4th Summit of Conference on Interaction and Confidence Building Measures in Asia

2014 年 5 月 20 日发行

全套 1 枚

信封邮票规格： 30mm × 30mm

信封规格： 220mm × 110mm

1-1 亚洲相互协作与信任措施会议第四次峰会

序号	面值（元）	售价（元）	发行量（万枚）	市场参考价格（元）
1-1	1.20	1.60	65	2.00

版别：胶版

防伪方式：防伪油墨

设计者：陈志鹏

资料提供：上海市人民政府外事办公室

责任编辑：温文雅

印制厂：北京邮票厂

JF113 国际家庭日

JF113 International Day of Families

2014 年 5 月 15 日发行

全套 1 枚

信封邮票规格： 40mm × 30mm

信封规格： 220mm × 110mm

1-1 国际家庭日

序号	面值（元）	售价（元）	发行量（万枚）	市场参考价格（元）
1-1	1.20	1.60	60	2.00

版别：胶版

防伪方式：防伪油墨

设计者：于雪

责任编辑：干止戈

印制厂：北京邮票厂

JF114 第十五届政府间邮票印制者大会

JF114 The 15th Conference of the Government Postage Stamp Printers' Association

2014 年 10 月 13 日发行

全套 1 枚

信封邮票规格： 35mm × 30mm

信封规格： 220mm × 110mm

1-1 第十五届政府间邮票印制者大会

序号	面值（元）	售价（元）	发行量（万枚）	市场参考价格（元）
1-1	1.20	1.60	58	10.00

版别：胶雕

防伪方式：防伪油墨

设计者：李昊

资料提供：第十五届政府间邮票印制者大会组委会、北京全景视觉网络科技有限公司

责任编辑：李可心

印制厂：北京邮票厂

JF115 中国建设银行成立 60 周年

JF115 The 60th Anniversary of China Construction Bank

2014 年 12 月 30 日发行

全套 1 枚

信封邮票规格： 40mm × 27mm

信封规格： 220mm × 110mm

1-1 中国建设银行成立 60 周年

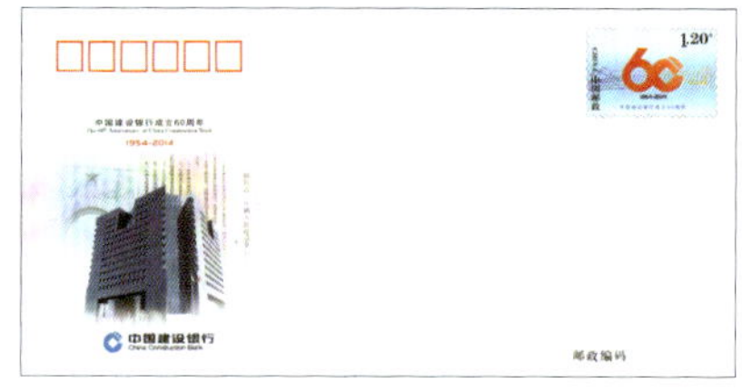

序号	面值（元）	售价（元）	发行量（万枚）	市场参考价格（元）
1-1	1.20	1.60	200	3.00

版别：胶雕

防伪方式：防伪油墨

设计者：沈嘉宏、于雪、刘冠丛

资料提供：中国建设银行股份有限公司公共关系与企业文化部

责任编辑：温文雅

印制厂：北京邮票厂

JF116 中国与欧盟建交 40 周年

JF116 The 40th Anniversary of China-EU Diplomatic Relations

2015 年 5 月 6 日发行

全套 1 枚

信封邮票规格： 49.5mm × 39mm

信封规格： 220mm × 110mm

1-1 中国与欧盟建交 40 周年

序号	面值（元）	售价（元）	发行量（万枚）	市场参考价格（元）
1-1	1.20	1.60	180	5.00

版别：胶版

防伪方式：防伪油墨

设计者：于秋艳、姚晓东

责任编辑：干止戈

印制厂：北京邮票厂

JF117 中国人民抗日战争暨世界反法西斯战争胜利 70 周年

JF117 The 70th Anniversary of the Victory of the Chinese People's War of Resistance Against Japanese Aggression and the World Anti-Fascist War

2015 年 6 月 12 日发行

全套 1 枚

信封邮票规格： 40mm × 30mm

信封规格： 220mm × 110mm

1-1 中国人民抗日战争暨世界反法西斯战争胜利 70 周年

序号	面值（元）	售价（元）	发行量（万枚）	市场参考价格（元）
1-1	1.20	1.60	360	5.00

版别：胶版

防伪方式：防伪油墨

设计者：林蔚菁、陈旭升

责任编辑：李金薇

印制厂：北京邮票厂

JF118 长春电影制片厂建厂 70 周年

JF118 The 70th Anniversary of the Founding of Changchun Film Studio

2015 年 10 月 1 日发行

全套 1 枚

信封邮票规格： 28mm × 37mm

信封规格： 220mm × 110mm

1-1 长春电影制片厂建厂 70 周年

序号	面值（元）	售价（元）	发行量（万枚）	市场参考价格（元）
1-1	1.20	1.60	195	5.00

版别：胶版
防伪方式：防伪油墨
设计者：沈嘉宏
资料提供：长春集团有限责任公司
责任编辑：李可心
印制厂：北京邮票厂
注：这是流水编号首次出现在纪念邮资信封的封背上。

JF119 中华人民共和国第一届青年运动会
JF119 The 1st Youth Games of the People' s Republic of China

2015 年 10 月 18 日发行
全套 1 枚
信封邮票规格：对角线 40mm × 40mm （菱形）
信封规格：220mm × 110mm
1-1 中华人民共和国第一届青年运动会

序号	面值（元）	售价（元）	发行量（万枚）	市场参考价格（元）
1-1	1.20	1.60	210	5.00

版别：胶版
防伪方式：防伪油墨
设计者：宋秋萍
责任编辑：干止戈
印制厂：北京邮票厂

JF120 中国工农红军长征胜利 80 周年
JF120 The 80th Anniversary of the Victory of the Long March of the Chinese Workers' and Peasants' Red Army

2016 年 9 月 1 日发行
全套 1 枚
信封邮票规格：27mm × 35mm
信封规格：220mm × 110mm
1-1 中国工农红军长征胜利 80 周年

序号	面值（分）	售价（元）	发行量（万枚）	市场参考价格（元）
1-1	1.20	1.60	490	4.00

版别：胶版
防伪方式：防伪油墨
设计者：马立航、梁晖
资料提供：沈尧伊
责任编辑：李金薇
印制厂：北京邮票厂

JF121 第 33 届国际地理大会
JF121 The 33rd International Geographical Congress

2016 年 8 月 21 日发行
全套 1 枚
信封邮票规格：50mm × 25mm （异形）
信封规格：220mm × 110mm
1-1 第 33 届国际地理大会

序号	面值（元）	售价（元）	发行量（万枚）	市场参考价格（元）
1-1	1.20	1.60	373	4.00

版别：胶版
防伪方式：防伪油墨
设计者：夏竞秋
资料提供：中国地理学会
责任编辑：温文雅
印制厂：北京邮票厂

JF122 一带一路 共赢发展
JF122 Building the Belt and Road for Win-Win Development

2017 年 5 月 28 日发行
全套 1 枚
信封邮票规格：30mm × 30mm
信封规格：220mm × 110mm
1-1 一带一路 共赢发展

序号	面值（元）	售价（元）	发行量（万枚）	市场参考价格（元）
1-1	1.20	1.60	326	4.00

版别：胶版
防伪方式：防伪油墨
设计者：齐镇宇
责任编辑：王静
印制厂：北京邮票厂

JF123 全民族抗战爆发 80 周年
JF123 The 80th Anniversary of the Outbreak of China' s Nationwide War of Resistance against Japanese Aggression

2017 年 7 月 7 日发行
全套 1 枚
信封邮票规格：30mm × 40mm
信封规格：220mm × 110mm
1-1 全民族抗战爆发 80 周年

序号	面值（元）	售价（元）	发行量（万枚）	市场参考价格（元）
1-1	1.20	1.60	298	4.00

版别：胶版
防伪方式：防伪油墨
设计者：宋秋萍
摄影者：陈志鹏
资料提供：李志宏
责任编辑：温文雅
印制厂：北京邮票厂

JF124 中国人民大学建校 80 周年
JF124 The 80th Anniversary of Renmin University of China

2017 年 10 月 3 日发行
全套 1 枚
信封邮票规格：35mm × 25mm
信封规格：220mm × 110mm
1-1 中国人民大学建校 80 周年

序号	面值（元）	售价（元）	发行量（万枚）	市场参考价格（元）
1-1	1.20	1.60	266	4.00

版别：胶版
防伪方式：防伪油墨

设计者：蒋毅海、刘冠丛
校徽和校庆标识设计者：章叶青
摄影者：袁源
责任编辑：刘畅
印制厂：北京邮票厂

JF125 中国首次海域天然气水合物试采成功
JF125 1st Successful Production Test of Marine Gas Hydrate in China
2017 年 12 月 23 日发行
全套 1 枚
信封邮票规格：40mm × 30mm
信封规格：220mm × 110mm
1-1 中国首次海域天然气水合物试采成功

序号	面值（元）	售价（元）	发行量（万枚）	市场参考价格（元）
1-1	1.20	1.60	264	4.00

版别：胶版
防伪方式：防伪油墨
设计者：于秋艳、邢文伟
责任编辑：陈静芝
印制厂：北京邮票厂

JF126 北京大学建校 120 周年
JF126 The 120th Anniversary of Peking University
2018 年 5 月 4 日发行
全套 1 枚
信封邮票规格：对角线 36mm × 36mm （菱形）
信封规格：220mm × 110mm
1-1 北京大学建校 120 周年

序号	面值（元）	售价（元）	发行量（万枚）	市场参考价格（元）
1-1	1.20	1.60	110	5.00

版别：胶版
防伪方式：防伪油墨
设计者：马立航
资料提供：中国共产党北京大学委员会宣传部
责任编辑：温文雅
印制厂：北京邮票厂

JF127《人民日报》创刊 70 周年
JF127 The 70th Anniversary of *People's Daily*
2018 年 6 月 15 日发行
全套 1 枚
信封邮票规格：40mm × 30mm
信封规格：220mm × 110mm
1-1《人民日报》创刊 70 周年

序号	面值（元）	售价（元）	发行量（万枚）	市场参考价格（元）
1-1	1.20	1.60	96	5.00

版别：胶版
防伪方式：防伪油墨
设计者：尚盈
资料提供：人民日报社、李国良
责任编辑：董研
印制厂：北京邮票厂

JF128 改革开放四十周年
JF128 The 40th Anniversary of Reform and Opening-up
2018 年 6 月 24 日发行
全套 1 枚
信封邮票规格：30mm × 40mm
信封规格：220mm × 110mm
1-1 改革开放四十周年

序号	面值（元）	售价（元）	发行量（万枚）	市场参考价格（元）
1-1	1.20	1.60	115	5.00

版别：胶版
防伪方式：防伪油墨
设计者：宋秋萍
责任编辑：何金梅
印制厂：北京邮票厂

JF129《中华人民共和国全国人大常委会告台湾同胞书》发表四十周年
JF129 The 40th Anniversary of the Issuance of the Message to Compatriots in Taiwan by the Standing Committee of the National People's Congress of the People's Republic of China
2019 年 1 月 1 日发行
全套 1 枚
信封邮票规格：30mm × 37mm
信封规格：220mm × 110mm
1-1《中华人民共和国全国人大常委会告台湾同胞书》发表四十周年

序号	面值（元）	售价（元）	发行量（万枚）	市场参考价格（元）
1-1	1.20	1.60	74	10.00

版别：胶版
防伪方式：防伪油墨
设计者：尚盈、沈嘉宏
资料提供：人民日报社
责任编辑：温文雅
印制厂：北京邮票厂

JF130《解放日报》在上海创刊 70 周年
JF130 The 70th Anniversary of the Launch of *Jiefang Daily* in Shanghai
2019 年 5 月 28 日发行
全套 1 枚
信封邮票规格：33mm × 33mm
信封规格：220mm × 110mm
1-1《解放日报》在上海创刊 70 周年

序号	面值（元）	售价（元）	发行量（万枚）	市场参考价格（元）
1-1	1.20	1.60	87	6.00

版别：胶版
防伪方式：防伪油墨
设计者：刘冠丛
资料提供：解放日报社
责任编辑：李金薇
印制厂：北京邮票厂
注：这是条码区首次出现在纪念邮资信封封面上。

JF131 中华人民共和国第二届青年运动会
JF131 The 2nd Youth Games of the People's Republic of China
2019 年 8 月 8 日发行
全套 1 枚
信封邮票规格：39mm × 43mm （异形）

信封规格： 220mm × 110mm

1-1 中华人民共和国第二届青年运动会

序号	面值（元）	售价（元）	发行量（万枚）	市场参考价格（元）
1-1	1.20	1.60	79	6.00

版别：胶版

防伪方式：防伪油墨

设计者：邢文伟

资料提供：中华人民共和国第二届青年运动会组委会、李勇

责任编辑：温文雅

印制厂：北京邮票厂

JF132 北京邮票厂建厂 60 周年

JF132 The 60th Anniversary of the Founding of Beijing Postage Printing House

2019 年 9 月 25 日发行

全套 1 枚

信封邮票规格： 40mm × 30mm

信封规格： 220mm × 110mm

1-1 北京邮票厂建厂 60 周年

序号	面值（元）	售价（元）	发行量（万枚）	市场参考价格（元）
1-1	1.20	1.60	71	6.00

版别：胶版

防伪方式：防伪油墨

设计者：李昊、沈嘉宏

责任编辑：干止戈

印制厂：北京邮票厂

JF133 重庆大学建校 90 周年

JF133 The 90th Anniversary of Chongqing University

2019 年 10 月 12 日发行

全套 1 枚

信封邮票规格： 38mm × 27mm

信封规格： 220mm × 110mm

1-1 重庆大学建校 90 周年

序号	面值（元）	售价（元）	发行量（万枚）	市场参考价格（元）
1-1	1.20	1.60	76	6.00

版别：胶版

防伪方式：防伪油墨

设计者：刘冠丛、于秋艳

资料提供：重庆大学校长办公室

责任编辑：杨志英

印制厂：北京邮票厂

JF134 苏州大学建校 120 周年

JF134 The 120th Anniversary of Soochow University

2020 年 10 月 18 日发行

全套 1 枚

信封邮票规格： 38mm × 29mm

信封规格： 220mm × 110mm

1-1 苏州大学建校 120 周年

序号	面值（元）	售价（元）	发行量（万枚）	市场参考价格（元）
1-1	1.20	1.60	80	3.00

版别：胶版

防伪方式：防伪油墨

设计者：刘明慧

资料提供：苏州大学

责任编辑：杨志英

印制厂：北京邮票厂

JF135 2020 珠穆朗玛峰高程测量

JF135 Height Measurement for Mount Qomolangma in 2020

2020 年 12 月 28 日发行

全套 1 枚

信封邮票规格： 36mm × 36mm

信封规格： 220mm × 110mm

1-1 2020 珠穆朗玛峰高程测量

序号	面值（元）	售价（元）	发行量（万枚）	市场参考价格（元）
1-1	1.20	1.60	73	3.00

版别：胶版

防伪方式：防伪油墨

设计者：蒋蔚、于秋艳

资料提供：苏州大学

责任编辑：温文雅

印制厂：北京邮票厂

邮资明信片
Stamped Postcards

普通邮资明信片
Regular Stamped Postcards

东北贴用普通邮资明信片（DP）
Regular Stamped Postcards Used in the Northeast China（DP）

DP1 普东 1 天安门图
DP1 RN1 Tian' anmen Design

1950 年 2 月发行
全套 1 枚
明信片邮票规格：18mm × 21mm
明信片规格：135mm × 89mm
1-1 天安门图（右边文字为“另加纸费五百元”）
A 型：深绿
B 型：浅绿

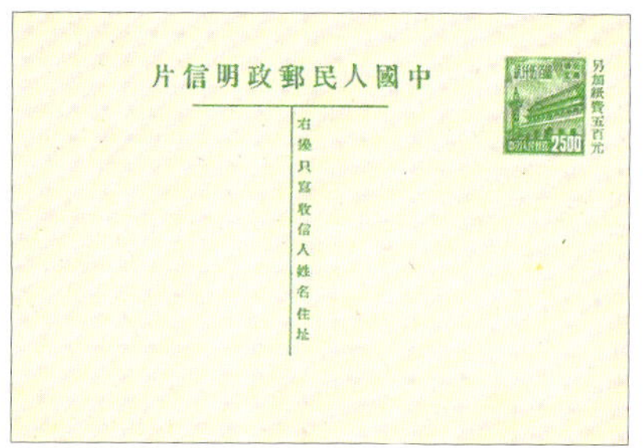

A 型

B 型

序号	面值 东北币（元）	售价 东北币（元）	发行量（万枚）	市场参考价格 新（元）	市场参考价格 旧（元）
A 型	2500	3000		5000.00	8000.00
B 型	2500	3000		5000.00	8000.00

版别：凸版
印制厂：沈阳东北邮电印刷厂
注：东北贴用普通邮资明信片的邮资币值单位为东北币元。“东北贴用”四字为窄距，“东北”与“贴用”相距 0.5mm。

DP2 普东 2 天安门图
DP2 RN2 Tian' anmen Design

1950 年 11 月 20 日发行
全套 2 枚
明信片邮票规格：18mm × 20mm
明信片规格：135mm × 89mm
2-1 天安门图（右边文字为“另加纸费五百元”）
2-2 天安门图（右边文字为“另加纸费五百元”）

序号	面值 东北币（元）	售价 东北币（元）	发行量（万枚）	市场参考价格 新（元）	市场参考价格 旧（元）
2-1	1250	1750		5000.00	8000.00
2-2	2500	3000		5000.00	8000.00

版别：凸版
印制厂：沈阳东北邮电印刷厂
注：东北贴用普通邮资明信片的邮资币值单位为东北币元。“东北贴用”四字为窄距，“东北”与“贴用”相距 1mm。
相关档案资料：1950 年 11 月 18 日邮电部东北邮电管理局供调字第 24 号通令 1950 年 11 月 21 日第 202 号公报。

普通邮资明信片（PP）
Regular Stamped Postcards (PP)

PP1 普 4 天安门图
PP1 R4 Tian' anmen Design

1952 年 1 月 1 日发行

全套 1 枚

明信片邮票规格： 18mm × 21mm

明信片规格： 135mm × 88mm

1-1 天安门图（右边文字为“另收成本壹佰圆”）

A 型：票图模糊，邮资图水平于标头

B 型：票图清晰，邮资图高于标头

A 型

B 型

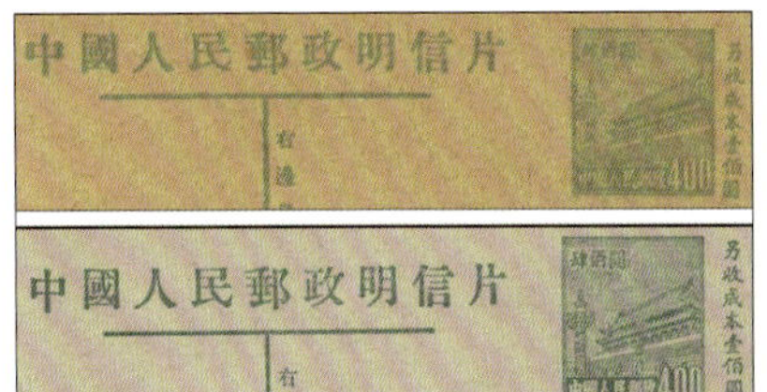

A 型、B 型比较图

序号	面值旧币（元）	售价旧币（元）	发行量（万枚）	市场参考价格新（元）	市场参考价格旧（元）
A 型	400	500		12000.00	5000.00
B 型	400	500		1500.00	800.00

版别：凸版

印制厂：华东邮电器材第四分厂

注：明信片铭记为“中国人民邮政明信片”。

相关档案资料： 1951 年 12 月 29 日出版《邮电部公报》第 102 号（第二卷第 86 期）通令《发行国内资费明信片》邮字第 341 号。

PP2 华东供给制毛泽东像加盖“中国人民邮政明信片”改值
PP2 East China Supply System Portrait of Mao Zedong Overprinted with “ Postcard of Chinese People' s Post” and Surcharged

1952 年 4 月 19 日发行

全套 1 枚

明信片邮票规格： 23mm × 25mm

明信片规格： 140mm × 89mm

1-1 毛主席像（右边文字为“另收成本费壹百圆”）

序号	面值旧币（元）	售价旧币（元）	发行量（万枚）	市场参考价格新（元）	市场参考价格旧（元）
1-1	400/40	500		7000.00	5000.00

版别：凸版

加盖厂：华东邮政南京印刷厂

注：此片加盖版式较多。

相关档案资料： 1952 年 4 月 19 日出版《邮电部公报》第 132 号通知《华东库存供给制人员用四十元明信片经加字改值售用》邮字第 34344 号。

PP3 普 6 故宫角楼图
PP3 R6 Watchtower Design of the Imperial Palace

1954 年 1 月 30 日发行

全套 1 枚

明信片邮票规格： 19mm × 21mm

明信片规格： 135mm × 88mm

1-1 故宫角楼图（右边文字为“售价叁佰圆”）

A 型：“信”字第三笔为点

B 型：“信”字第三笔为横

A 型

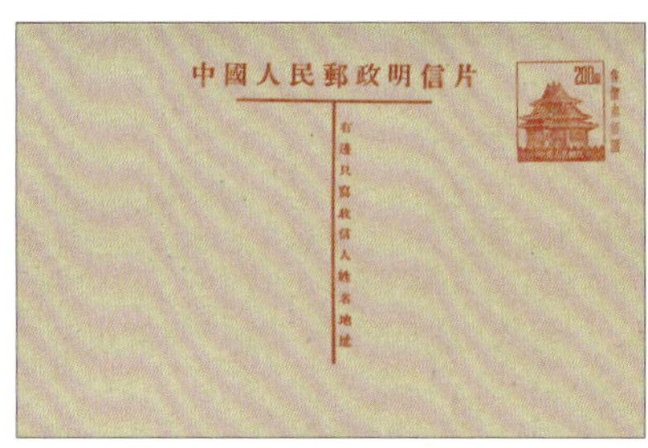

B 型

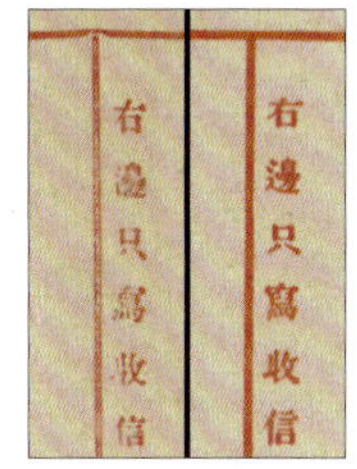

A 型（左）、B 型（右）比较图

序号	面值旧币（元）	售价旧币（元）	发行量（万枚）	市场参考价格新（元）	市场参考价格旧（元）
A 型	200	300		3000.00	2000.00
B 型	200	300		500.00	400.00

版别：凸版

印制厂：上海市印刷四厂

相关档案资料： 1954 年 1 月 30 日出版《邮电部公报》第 270 号通知《发行本埠明信片》邮字第 808 号。

PP4 普 4 天安门图（第二组）
PP4 R4 Tian' anmen Design （2nd Series）

1954 年 5 月 24 日发行

全套 1 枚

明信片邮票规格： 18mm × 20mm

明信片规格： 135mm × 88mm

1-1 天安门图（右边文字为“售价伍佰圆”）

序号	面值旧币（元）	售价旧币（元）	发行量（万枚）	市场参考价格新（元）	市场参考价格旧（元）
1-1	400	500		300.00	250.00

版别：凸版

印制厂：华东邮政南京印刷厂

注：以上普通邮资明信片的邮资使用的是人民币旧币。

相关档案资料： 1954 年 5 月 24 日出版《邮电部公报》第 275 号通知《发行白色卡纸国内资费明信片》邮字第 992 号。

PP5 普 8 陆军战士图
PP5 R8 Army Soldier Design

1955 年 5 月 5 日发行
全套 1 枚
明信片邮票规格： 18mm × 20mm
明信片规格： 135mm × 88mm
1-1 陆军战士图（右边文字为“售价伍分”）

序号	面值（分）	售价（元）	发行量（万枚）	市场参考价格 新（元）	旧（元）
1-1	4	0.05		300.00	250.00

版别：凸版
印制厂：上海人民印刷厂
注：以下普通邮资明信片的邮资使用的是人民币新币。
相关档案资料：中央人民政府邮电部通知《发行新币普通明信片》邮票字第 185 号（1955 年 5 月 5 日）。

PP6 普 9 天安门图
PP6 R9 Tian' anmen Design

1956 年 9 月 5 日起发行
全套 9 枚

第一组 1956 年 9 月 5 日发行

明信片邮票规格： 25mm × 19mm
明信片规格： 146mm × 97mm
9-1 （无编号）天安门图（右边文字为“售价五分”）

无编号

序号	面值（分）	售价（元）	发行量（万枚）	市场参考价格 新（元）	旧（元）
9-1	4	0.05		100.00	80.00

版别：凸版
印制厂：上海人民印刷厂
注：名址线为四条虚线、一条实线。
相关档案资料：1956 年 9 月 5 日出版的《邮电部文件汇编》（1956 年第 8 号）《邮电部关于发行新规格国内普通明信片事项的通知》（56）邮票字第 29 号。

第二组 1958 年 6 月 8 日—1962 年发行

明信片邮票规格： 25.5mm × 19mm
明信片规格： 146mm × 98mm
9-2 （编号 1-1958） 天安门图（右边文字为“售价五分”）（1958 年 6 月 8 日发行）
9-3 （编号 2-1959） 天安门图（右边文字为“售价五分”）（1959 年 5 月 16 日发行）
9-4 （编号 3-1959） 天安门图（右边文字为“售价五分”）
9-5 （编号 4-1960） 天安门图（右边文字为“售价五分”）
9-6 （编号 5-1961） 天安门图（右边文字为“售价五分”）
9-7 （编号 6-1962） 天安门图（右边文字为“售价五分”）

1-1958

2-1959

3-1959

4-1960

5-1961

6-1962

序号	面值（分）	售价（元）	发行量（万枚）	市场参考价格 新（元）	旧（元）
9-2	4	0.05		50.00	30.00
9-3	4	0.05		50.00	30.00
9-4	4	0.05		50.00	30.00
9-5	4	0.05		50.00	30.00
9-6	4	0.05		50.00	30.00
9-7	4	0.05		50.00	30.00

版别：（9-2、 9-3）凸版，（9-4、 9-5、 9-6、 9-7）胶版
印制厂：（9-2、 9-3）上海人民印刷厂，（9-4、 9-5、 9-6、 9-7）北京邮票厂
注：名址线为三条虚线，一条实线。
相关档案资料：1958 年 6 月 8 日出版的《邮电部文件汇编》（1958 年第 6 号）《邮电部关于发行普通明信片的通知》（58）邮票字第 17 号。

第三组 1962 年 5 月 5 日发行

明信片邮票规格： 25.5mm × 19mm
明信片规格： 146mm × 97mm
9-8 （编号 1-1962） 天安门图（右边文字为“售价三分”）

1-1962

序号	面值（分）	售价（元）	发行量（万枚）	市场参考价格 新（元）	旧（元）
9-8	2	0.03		50.00	30.00

版别：胶版

印制厂：北京邮票厂

注：名址线为三条虚线、一条实线。

相关档案资料：《中华人民共和国邮电部关于发行本埠邮资普通明信片的通知》（62）邮票字第108号（1962年5月5日）。

第四组 1970年发行

明信片邮票规格：27mm×20mm

明信片规格：145mm×97mm

9-9（编号1-1970）天安门图（右边文字为“售价叁分”）

1-1970

序号	面值（分）	售价（元）	发行量（万枚）	市场参考价格 新（元）	旧（元）
9-9	2	0.03		50.00	30.00

版别：胶版

印制厂：北京邮票厂

注：名址线为三条虚线、一条实线。

PP7 普9天安门图加盖“敬祝毛主席万寿无疆”

PP7 R9 Tian' anmen Design Overprinted with “Long Live Chairman Mao ”

1969年发行

全套3枚

明信片邮票规格：25.5mm×19mm

明信片规格：146mm×97mm

3-1（编号4-1960）天安门图（右边文字为“售价五分”）

3-2（编号5-1961）天安门图（右边文字为“售价五分”）

3-3（编号6-1962）天安门图（右边文字为“售价五分”）

4-1960

5-1967

6-1962

序号	面值（分）	售价（元）	发行量（万枚）	市场参考价格 新（元）	旧（元）
3-1	4	0.05		50.00	80.00
3-2	4	0.05		50.00	80.00
3-3	4	0.05		50.00	80.00

版别：胶版

加盖厂：北京邮票厂

注：《普9天安门图》普通邮资明信片在“文革”期间重新收回到北京邮票厂加盖“敬祝毛主席万寿无疆”九个字后再发售。较早的出厂包装封条的包装日期显示是1968年11月。加盖的明信片于1972年9月19日停售。

PP8 普14人民大会堂

PP8 R14 Great Hall of the People

1972年9月25日起发行

全套10枚

第一组 1972年9月25日—1977年发行

明信片邮票规格：26mm×21mm

明信片规格：（10-1、10-2）145mm×97mm（10-3、10-4、10-5、10-6、10-7、10-8）145mm×92mm

10-1（编号1-1972）人民大会堂图（右边文字为“售价叁分”）（1972年9月25日发行）

10-2（编号2-1972）人民大会堂图（右边文字为“售价五分”）（1972年9月25日发行）

10-3（编号3-1975）人民大会堂图（右边文字为“售价叁分”）

10-4（编号4-1975）人民大会堂图（右边文字为“售价五分”）

10-5（编号5-1976）人民大会堂图（右边文字为“售价叁分”）

10-6（编号6-1976）人民大会堂图（右边文字为“售价五分”）

10-7（编号7-1977）人民大会堂图（右边文字为“售价叁分”）

10-8（编号8-1977）人民大会堂图（右边文字为“售价五分”）

1-1972

2-1972

3-1975

4-1975

5-1976

6-1976

7-1977

8-1977

序号	面值（分）	售价（元）	发行量（万枚）	市场参考价格（元）
10-1	2	0.03		5.00
10-2	4	0.05		5.00
10-3	2	0.03		5.00
10-4	4	0.05		5.00
10-5	2	0.03		20.00
10-6	4	0.05		5.00
10-7	2	0.03		5.00
10-8	4	0.05		5.00

版别：胶版

印制厂：北京邮票厂

相关档案资料：《交通部关于发行普通邮资明信片的通知》（72）交邮字 1791 号。

第二组 1981 年发行

明信片邮票规格：26mm × 21mm

明信片规格：145mm × 92mm

10-9（编号 1-1981）人民大会堂图（右边文字为“售价叁分”）

10-10（编号 1-1981）人民大会堂图（右边文字为“售价五分”）

10-10a 白卡纸

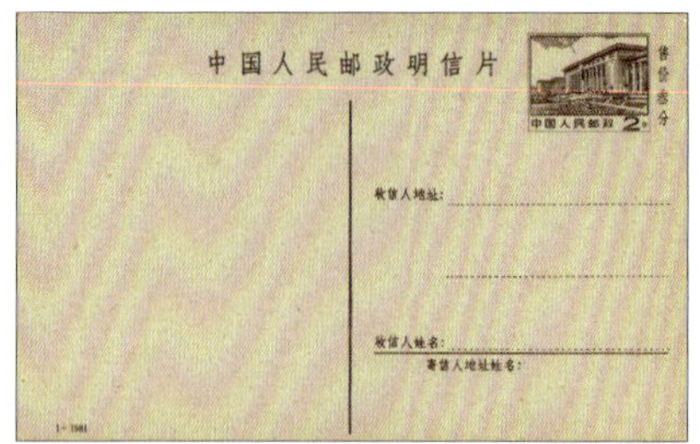

1-1981

1-1981

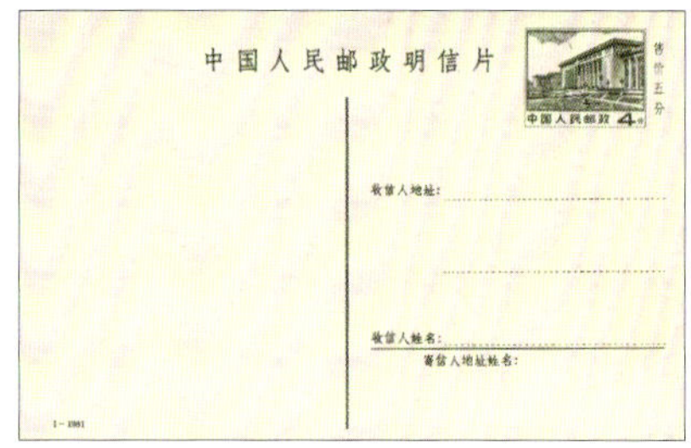

1-1981a 白卡纸

序号	面值（分）	售价（元）	发行量（万枚）	市场参考价格（元）
10-9	2	0.03		5.00
10-10	4	0.05		5.00

版别：胶版

印制厂：北京邮票厂

PP9 北京风景
PP9 Scenes of Beijing

1984 年 6 月 1 日起发行

全套 6 枚

明信片邮票规格：30mm × 20mm

明信片规格：145mm × 92mm

6-1（编号 1-1984）北海公园白塔

6-2（编号 1-1984）颐和园万寿山

6-3（编号 1-1985）颐和园万寿山

6-4（编号 1-1986）北海公园白塔

6-5（编号 1-1986）颐和园万寿山

6-6（编号 1-1987）北海公园白塔

1-1984

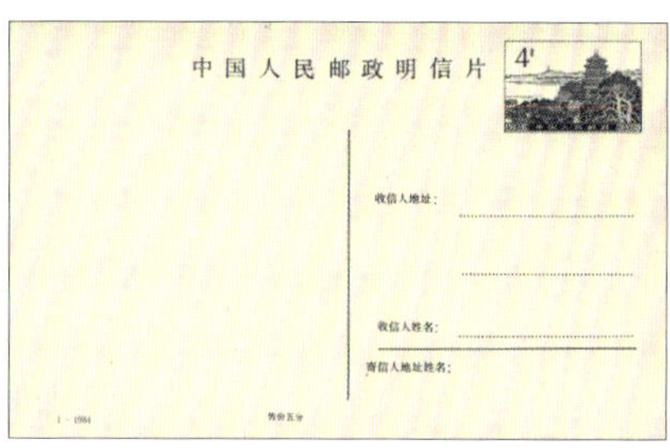

1-1984

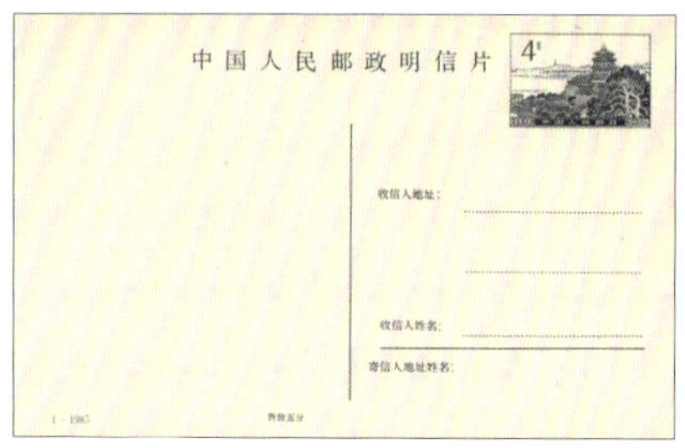

1-1985

1-1986

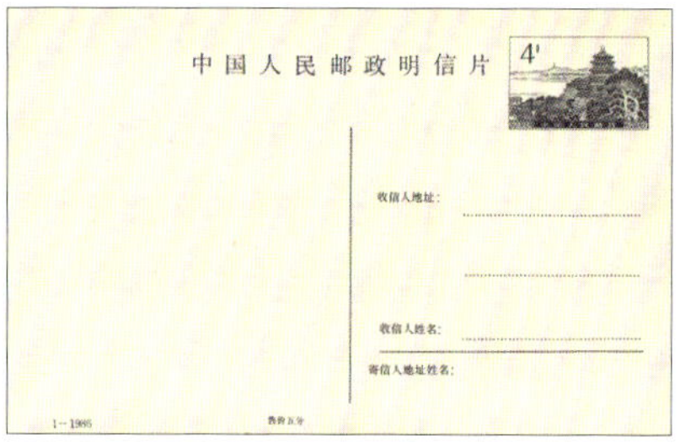

1-1986

1-1987

序号	面值（分）	售价（元）	发行量（万枚）	市场参考价格（元）
6-1	2	0.03		2.00
6-2	4	0.05		2.00
6-3	4	0.05		2.00
6-4	2	0.03		2.00
6-5	4	0.05		2.00
6-6	2	0.03		2.00

版别：胶版

设计者：孙传哲

印制厂：北京邮票厂

PP10 石舫
PP10 Marble Boat

第一版 1992 年 6 月 15 日发行
全套 2 枚
明信片邮票规格： 25.5mm × 18mm
明信片规格： 148mm × 100mm
2-1 （编号 1992 JYY） 石舫
2-2 （编号 1992 JYY） 石舫

序号	面值（分）	售价（元）	发行量（万枚）	市场参考价格（元）
2-1	10	0.15		3.00
2-2	15	0.20		3.00

版别：胶版
设计者：孙传哲
印制厂：河北邮电印刷厂
注：明信片铭记为“中国邮政明信片”。

第二版 1993 年发行
全套 2 枚
明信片邮票规格： 25.5mm × 18mm
明信片规格： 148mm × 100mm
2-1 （编号 1993） 石舫
2-2 （编号 1993） 石舫

序号	面值（分）	售价（元）	发行量（万枚）	市场参考价格（元）
2-1	10	0.15		3.00
2-2	15	0.20		5.00

版别：胶版
设计者：孙传哲
印制厂：河北邮电印刷厂
注：明信片铭记为“中国邮政明信片”。

PP11 良渚玉琮
PP11 Yucong Musical Instrument of Liangzhu Culture

1997 年 12 月 5 日发行
全套 1 枚
明信片邮票规格： 24mm × 30mm
明信片规格： 165mm × 102mm
1-1 良渚玉琮

序号	面值（分）	售价（元）	发行量（万枚）	市场参考价格（元）
1-1	40	0.65		4.00

版别：胶版
设计者：赵玉华
印制厂：辽宁省沈阳邮电印刷厂
注：中华人民共和国邮电部发行。

PP12 玫瑰
PP12 Rugosa Rose

1998 年 5 月 16 日发行
全套 1 枚
明信片邮票规格： 27mm × 37mm
明信片规格： 165mm × 102mm
1-1 玫瑰

序号	面值（分）	售价（元）	发行量（万枚）	市场参考价格（元）
1-1	40	0.65		3.00

版别：胶版
设计者：任宇、杨文清
印制厂：北京邮票厂
注：中华人民共和国信息产业部发行。

PP13 月季（国际资费）
PP13 Chinese Rose （International Postage）

1999 年 2 月 8 日发行
全套 1 枚
明信片邮票规格： 27mm × 37mm
明信片规格： 165mm × 102mm
1-1 月季

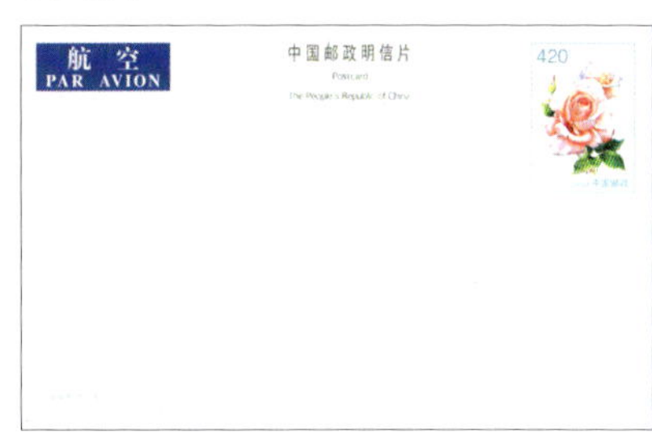

序号	面值（分）	售价（元）	发行量（万枚）	市场参考价格（元）
1-1	420	4.50		8.00

版别：胶版
设计者：任宇、杨文清
印制厂：北京邮票厂
注：国家邮政局发行。

PP14 牡丹
PP14 Peony

1999 年 3 月 22 日发行
全套 1 枚
明信片邮票规格： 25mm × 35mm
明信片规格： 165mm × 102mm
1-1 牡丹

序号	面值（分）	售价（元）	发行量（万枚）	市场参考价格（元）
1-1	60	0.85		3.00

版别：胶版
设计者：曾孝濂
印制厂：北京邮票厂

PP15 荷花
PP15 Lotus （Water Lily）

1999 年 7 月 23 日发行

全套 1 枚

明信片邮票规格： 25mm × 31mm

明信片规格： 148mm × 100mm

1-1 荷花

A：面值 60 分

B：面值 80 分

序号	面值（分）	售价（元）	发行量（万枚）	市场参考价格（元）
A	60	0.85		3.00
B	80			5.00

版别：胶版

设计者：张桂徵

印制厂：北京邮票厂

PP16 木棉花
PP16 Kapok

1999 年 12 月 10 日发行

全套 1 枚

明信片邮票规格： 25mm × 35mm

明信片规格： 148mm × 100mm

1-1 木棉花

A：面值 60 分

B：改值 80 分

序号	面值（分）	售价（元）	发行量（万枚）	市场参考价格（元）
A	60	0.85		8.00
B	80			5.00

版别：胶版

设计者：吴敏荣

印制厂：河南省邮电印刷厂

PP17 大盂鼎
PP17 Big Yuding（Ancient Vessel with Two Loop Handles and Three or Four Legs）

1999 年 12 月 10 日发行

全套 1 枚

明信片邮票规格： 25mm × 35mm

明信片规格： 148mm × 100mm

1-1 大盂鼎

A：面值 60 分

B：改值 80 分

序号	面值（分）	售价（元）	发行量（万枚）	市场参考价格（元）
A	60	0.85		4.00
B	80			5.00

版别：胶版

设计者：尚予

印制厂：江苏省邮电印刷厂

PP18 2000 年
PP18 The Year of 2000

1999 年 12 月 26 日发行

全套 1 枚

明信片邮票规格： 31mm × 26mm

明信片规格： 148mm × 100mm

1-1 2000 年

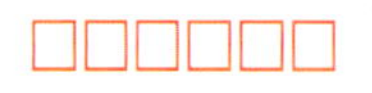

序号	面值（分）	售价（元）	发行量（万枚）	市场参考价格（元）
1-1	60	0.85		5.00

版别：胶版

设计者：张磊

印制厂：北京邮票厂

PP19 上海慈善基金会会标
PP19 Logo of Shanghai Charity Funds

1999 年 12 月 27 日发行

全套 1 枚

明信片邮票规格： 24mm × 30mm

明信片规格： 148mm × 100mm

1-1 上海慈善基金会会标

A：面值 60 分

B：改值 80 分

序号	面值（分）	售价（元）	发行量（万枚）	市场参考价格（元）
A	60	0.85		5.00
B	80			5.00

版别：胶版

设计者：王虎鸣

印制厂：河南省邮电印刷厂

PP20 黄山松
PP20 Huangshan Mountain Pine

2000 年 5 月 28 日发行

全套 1 枚

明信片邮票规格： 35mm × 25mm

明信片规格： 148mm × 100mm

1-1 黄山松

A：面值 60 分

B：改值 80 分

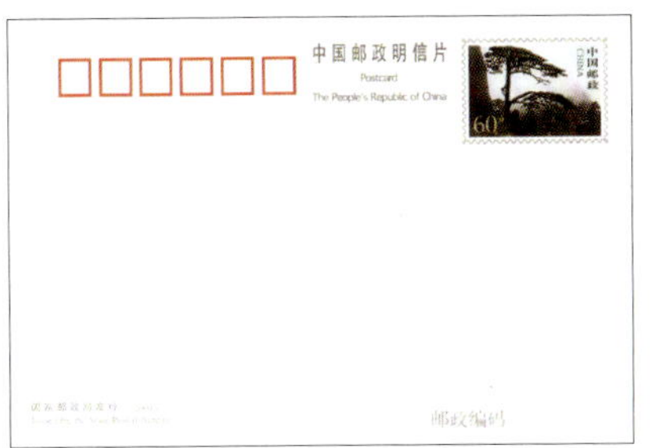

序号	面值（分）	售价（元）	发行量（万枚）	市场参考价格（元）
A	60	0.85		3.00
B	80			5.00

版别：胶版

设计者：李建国

印制厂：江苏省邮电印刷厂

PP21 梅花

PP21 Plum Blossom

2000 年 8 月 15 日发行

全套 1 枚

明信片邮票规格：25mm × 35mm

明信片规格：148mm × 100mm

1-1 梅花

A：面值 60 分

B：改值 80 分

序号	面值（分）	售价（元）	发行量（万枚）	市场参考价格（元）
A	60	0.85		6.00
B	80			5.00

版别：胶版

设计者：任宇

印制厂：江苏省邮电印刷厂

PP22 桂花

PP22 Sweet Osmanthus

2000 年 8 月 29 日发行

全套 1 枚

明信片邮票规格：25mm × 35mm

明信片规格：148mm × 100mm

1-1 桂花

A：面值 60 分

B：改值 80 分

序号	面值（分）	售价（元）	发行量（万枚）	市场参考价格（元）
A	60	0.85		5.00
B	80			5.00

版别：胶版

设计者：孙志钧

印制厂：浙江省邮电印刷厂

PP23 北京 2008 年奥运会申办委员会会徽

PP23 Emblem of Beijing 2008 Olympic Games Bid Committee

2000 年 9 月 18 日发行

全套 1 枚

明信片邮票规格：25mm × 35mm

明信片规格：148mm × 100mm

1-1 北京 2008 年奥运会申办委员会会徽

序号	面值（分）	售价（元）	发行量（万枚）	市场参考价格（元）
1-1	60	0.85		5.00

版别：胶版

设计者：张磊

印制厂：中国人民解放军第 1206 工厂

PP24 大雁塔

PP24 Great Wild Goose Pagoda (Dayanta)

2000 年 9 月 20 日发行

全套 1 枚

明信片邮票规格：25mm × 35mm

明信片规格：148mm × 100mm

1-1 大雁塔

A：面值 60 分

B：改值 80 分

序号	面值（分）	售价（元）	发行量（万枚）	市场参考价格（元）
A	60	0.85		5.00
B	80			5.00

版别：胶版

设计者：李庆发

印制厂：陕西省印刷厂

PP25 哈尔滨人民防洪纪念塔

PP25 Harbin People Fighting Flood Monument

2000 年 9 月 25 日发行

全套 1 枚

明信片邮票规格：35mm × 25mm

明信片规格：148mm × 100mm

1-1 哈尔滨人民防洪纪念塔

A：面值 60 分

B：改值 80 分

序号	面值（分）	售价（元）	发行量（万枚）	市场参考价格（元）
A	60	0.85		5.00
B	80			5.00

版别：胶版
设计者：呼振源
印制厂：江苏省邮电印刷厂

PP26 百合花
PP26 Lily

2000 年 12 月 15 日发行
全套 1 枚
明信片邮票规格：25mm × 35mm
明信片规格：148mm × 100mm
1-1 百合花
A：面值 60 分
B：改值 80 分

序号	面值（分）	售价（元）	发行量（万枚）	市场参考价格（元）
A	60	0.85		8.00
B	80			5.00

版别：胶版
设计者：吴敏荣
印制厂：河南省邮电印刷厂

PP27 玉兰花
PP27 Magnolia

2000 年 12 月 20 日发行
全套 1 枚
明信片邮票规格：25mm × 35mm
明信片规格：148mm × 100mm
1-1 玉兰花
A：面值 60 分
B：改值 80 分

序号	面值（分）	售价（元）	发行量（万枚）	市场参考价格（元）
A	60	0.85		5.00
B	80			5.00

版别：胶版
设计者：吴敏荣
印制厂：江苏省邮电印刷厂

PP28 中国世界遗产标志
PP28 Emblem of World Heritage of China

2000 年 12 月 25 日发行
全套 1 枚
明信片邮票规格：35mm × 25mm
明信片规格：148mm × 100mm
1-1 中国世界遗产标志
A：面值 60 分
B：改值 80 分

序号	面值（分）	售价（元）	发行量（万枚）	市场参考价格（元）
A	60	0.85		5.00
B	80			5.00

版别：胶版
设计者：尚予
印制厂：浙江省邮电印刷厂

PP29 中华人民共和国第九届运动会吉祥物
PP29 Mascot of 9th National Games of People' s Republic of China

2001 年 2 月 10 日发行
全套 1 枚
明信片邮票规格：25mm × 35mm
明信片规格：148mm × 100mm
1-1 中华人民共和国第九届运动会吉祥物

序号	面值（分）	售价（元）	发行量（万枚）	市场参考价格（元）
1-1	60	0.85		5.00

版别：胶版
设计者：方军
印制厂：广东邮电南方彩色印务有限公司

PP30 康乃馨
PP30 Carnation

2001 年 2 月 26 日发行
全套 1 枚
明信片邮票规格：25mm × 35mm
明信片规格：148mm × 100mm
1-1 康乃馨
A：面值 60 分
B：改值 80 分

序号	面值（分）	售价（元）	发行量（万枚）	市场参考价格（元）
A	60	0.85		8.00
B	80			3.00

版别：胶版
设计者：吴敏荣
印制厂：江苏省邮电印刷厂

PP31 人文初祖——黄帝
PP31 Humanistic Initial Ancestor : Yellow Emperor

2001 年 4 月 4 日发行
全套 1 枚
明信片邮票规格： 23mm × 36mm
明信片规格： 148mm × 100mm
1-1 人文初祖——黄帝
A：面值 60 分
B：改值 80 分

序号	面值（分）	售价（元）	发行量（万枚）	市场参考价格（元）
A	60	0.85		8.00
B	80			5.00

版别：胶版
设计者：王虎鸣
印制厂：陕西省印刷厂

PP32 牵牛花
PP32 Morning Glory

2001 年 6 月 1 日发行
全套 1 枚
明信片邮票规格： 25mm × 35mm
明信片规格： 148mm × 100mm
1-1 牵牛花
A：面值 60 分
B：改值 80 分

序号	面值（分）	售价（元）	发行量（万枚）	市场参考价格（元）
A	60	0.85		5.00
B	80			5.00

版别：胶版
设计者：吴越
责任编辑：尚予
印制厂：河南省邮电印刷厂

PP33 中华世纪坛
PP33 China Millennium Altar

2001 年 6 月 20 日发行
全套 1 枚
明信片邮票规格： 30mm × 30mm × 35mm（三角形）
明信片规格： 148mm × 100mm
1-1 中华世纪坛
A：面值 60 分
B：改值 80 分

序号	面值（分）	售价（元）	发行量（万枚）	市场参考价格（元）
A	60	0.85		5.00
B	80			20.00

版别：胶版
设计者：张磊
责任编辑：方军
印制厂：中国人民解放军第 1206 工厂

PP34 迎客松
PP34 Greeting Pine

2001 年 6 月 28 日发行
全套 1 枚
明信片邮票规格： 33mm × 25mm （异形）
明信片规格： 148mm × 100mm
1-1 迎客松
A：面值 60 分
B：改值 80 分

序号	面值（分）	售价（元）	发行量（万枚）	市场参考价格（元）
A	60	0.85		5.00
B	80			4.00

版别：胶版
设计者：王虎鸣
责任编辑：辛欣
印制厂：浙江省邮电印刷厂

PP35 钢铁长城
PP35 Great Wall of Steel

2001 年 7 月 15 日发行
全套 1 枚
明信片邮票规格： 27mm × 35mm
明信片规格： 148mm × 100mm
1-1 钢铁长城
A：面值 60 分
B：改值 80 分

序号	面值（分）	售价（元）	发行量（万枚）	市场参考价格（元）
A	60	0.85		5.00
B	80			4.00

版别：胶版
设计者：杨谷昌
责任编辑：李昕
印制厂：北京邮票厂

PP36 山海关
PP36 Shanhai Pass of Great Wall

2001 年 7 月 29 日发行
全套 1 枚
明信片邮票规格： 28mm × 22mm
明信片规格： 148mm × 100mm
1-1 山海关
　　A：面值 60 分
　　B：改值 80 分

序号	面值（分）	售价（元）	发行量（万枚）	市场参考价格（元）
A	60	0.85		5.00
B	80			5.00

版别：胶版
设计者：杨文清
责任编辑：佟立英
印制厂：中国人民解放军第 1206 工厂

PP37 杜鹃花
PP37 Rhododendron

2001 年 8 月 24 日发行
全套 1 枚
明信片邮票规格： 25mm × 34mm
明信片规格： 148mm × 100mm
1-1 杜鹃花
　　A：面值 60 分
　　B：改值 80 分

序号	面值（分）	售价（元）	发行量（万枚）	市场参考价格（元）
A	60	0.85		30.00
B	80			8.00

版别：胶版
设计者：曾孝濂
责任编辑：虞平
印制厂：浙江省邮电印刷厂

PP38 并蒂莲
PP38 Twin Lotus Flowers

2001 年 9 月 1 日发行
全套 1 枚
明信片邮票规格： 25mm × 35mm
明信片规格： 148mm × 100mm
1-1 并蒂莲
　　A：面值 60 分
　　B：改值 80 分

序号	面值（分）	售价（元）	发行量（万枚）	市场参考价格（元）
A	60	0.85		20.00
B	80			5.00

版别：胶版
设计者：张桂徵
责任编辑：辛欣
印制厂：广东邮电南方彩色印务有限公司

PP39 朱家角放生桥
PP39 Bridge of Free Captive Animals at Zhujiajiao

2001 年 9 月 8 日发行
全套 1 枚
明信片邮票规格：35mm × 25mm（椭圆形）
明信片规格： 148mm × 100mm
1-1 朱家角放生桥
　　A：面值 60 分
　　B：改值 80 分

序号	面值（分）	售价（元）	发行量（万枚）	市场参考价格（元）
A	60	0.85		8.00
B	80			5.00

版别：胶版
设计者：尚予
责任编辑：佟立英
印制厂：江苏省邮电印刷厂

PP40 慈善工程
PP40 Charity Project

2001 年 9 月 8 日发行
全套 1 枚
明信片邮票规格： 26mm × 30mm
明信片规格： 148mm × 100mm
1-1 慈善工程
　　A：面值 60 分
　　B：改值 80 分

序号	面值（分）	售价（元）	发行量（万枚）	市场参考价格（元）
A	60	0.85		5.00
B	80			5.00

版别：胶版
设计者：李建国
责任编辑：虞平
印制厂：江苏省邮电印刷厂

PP41 九华山凤凰松
PP41 Phoenix Pine at Jiuhua Mountain

2001 年 9 月 12 日发行
全套 1 枚
明信片邮票规格： 34mm × 27mm
明信片规格： 148mm × 100mm
1-1 九华山凤凰松
A：面值 60 分
B：改值 80 分

序号	面值（分）	售价（元）	发行量（万枚）	市场参考价格（元）
A	60	0.85		10.00
B	80			4.00

版别：胶版
设计者：李建国
责任编辑：虞平
印制厂：浙江省邮电印刷厂

PP42 开平立园
PP42 Li Garden in Kaiping

2001 年 9 月 12 日发行
全套 1 枚
明信片邮票规格： 25mm × 34mm
明信片规格： 148mm × 100mm
1-1 开平立园
A：面值 60 分
B：改值 80 分

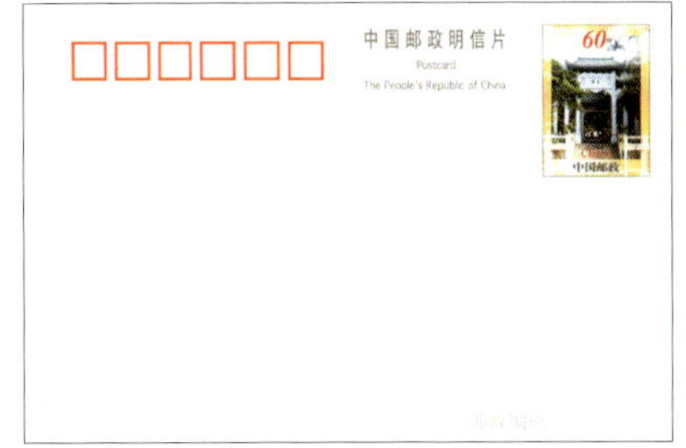

序号	面值（分）	售价（元）	发行量（万枚）	市场参考价格（元）
A	60	0.85		5.00
B	80			5.00

版别：胶版
设计者：刘雨苏
责任编辑：陈宜思
印制厂：广东邮电南方彩色印务有限公司

PP43 松江方塔
PP43 Square Tower by Songjiang River

2001 年 9 月 22 日发行
全套 1 枚
明信片邮票规格：直径 29mm （圆形）
明信片规格： 148mm × 100mm
1-1 松江方塔
A：面值 60 分
B：改值 80 分

序号	面值（分）	售价（元）	发行量（万枚）	市场参考价格（元）
A	60	0.85		5.00
B	80			5.00

版别：胶版
设计者：尚予
责任编辑：张文涛
印制厂：浙江省邮电印刷厂

PP44 绍兴柯岩
PP44 Ke Stone in Shaoxing

2001 年 9 月 28 日发行
全套 1 枚
明信片邮票规格： 24mm × 35mm
明信片规格： 148mm × 100mm
1-1 绍兴柯岩
A：面值 60 分
B：改值 80 分

序号	面值（分）	售价（元）	发行量（万枚）	市场参考价格（元）
A	60	0.85		5.00
B	80			5.00

版别：胶版
设计者：方军
责任编辑：辛欣
印制厂：浙江省邮电印刷厂

PP45 泰山日出
PP45 The Sun Rising from Tai Mountain

2001 年 9 月 30 日发行
全套 1 枚
明信片邮票规格： 34mm × 27mm
明信片规格： 148mm × 100mm
1-1 泰山日出
A：面值 60 分
B：改值 80 分

序号	面值（分）	售价（元）	发行量（万枚）	市场参考价格（元）
A	60	0.85		8.00
B	80			5.00

版别：胶版
设计者：王衍春
责任编辑：陈宜思
印制厂：浙江省邮电印刷厂

PP46 教书育人
PP46 Imparting Knowledge and Educating People

2001 年 10 月 5 日发行
全套 1 枚
明信片邮票规格：25mm × 35mm
明信片规格：148mm × 100mm
1-1 教书育人
　A：面值 60 分
　B：改值 80 分

序号	面值（分）	售价（元）	发行量（万枚）	市场参考价格（元）
A	60	0.85		8.00
B	80			5.00

版别：胶版
设计者：史速建、华慧
责任编辑：佟立英
印制厂：河南省邮电印刷厂

PP47 镇江金山
PP47 Jin Mountain in Zhenjiang

2001 年 10 月 8 日发行
全套 1 枚
明信片邮票规格：35mm × 25mm
明信片规格：148mm × 100mm
1-1 镇江金山
　A：面值 60 分
　B：改值 80 分

序号	面值（分）	售价（元）	发行量（万枚）	市场参考价格（元）
A	60	0.85		8.00
B	80			5.00

版别：胶版
设计者：焦鸿杰
责任编辑：张文涛
印制厂：江苏省邮电印刷厂

PP48 北回归线标志塔
PP48 Sign Tower of Tropic of Cancer

2001 年 10 月 21 日发行
全套 1 枚
明信片邮票规格：23mm × 35mm
明信片规格：148mm × 100mm
1-1 北回归线标志塔
　A：面值 60 分
　B：改值 80 分

序号	面值（分）	售价（元）	发行量（万枚）	市场参考价格（元）
A	60	0.85		10.00
B	80			5.00

版别：胶版
设计者：卢天骄
责任编辑：虞平
印制厂：广东邮电南方彩色印务有限公司

PP49 滕王阁
PP49 Tengwang Pavilion

2001 年 11 月 20 日发行
全套 1 枚
明信片邮票规格：30mm × 35mm
明信片规格：148mm × 100mm
1-1 滕王阁
　A：面值 60 分
　B：改值 80 分

序号	面值（分）	售价（元）	发行量（万枚）	市场参考价格（元）
A	60	0.85		12.00
B	80			5.00

版别：胶版
设计者：李昕
摄影者：沈岗
责任编辑：张文涛
印制厂：广东邮电南方彩色印务有限公司

PP50 安平桥
PP50 Anping Bridge

2001 年 12 月 8 日发行
全套 1 枚
明信片邮票规格：25mm × 34mm
明信片规格：148mm × 100mm
1-1 安平桥
　A：面值 60 分
　B：改值 80 分

序号	面值（分）	售价（元）	发行量（万枚）	市场参考价格（元）
A	60	0.85		12.00
B	80			5.00

版别：胶版

设计者：郝欧

责任编辑：辛欣

印制厂：浙江省邮电印刷厂

PP51 蝴蝶兰
PP51 Butterfly Orchid

2001 年 12 月 26 日发行

全套 1 枚

明信片邮票规格： 25mm × 35mm

明信片规格： 148mm × 100mm

1-1 蝴蝶兰

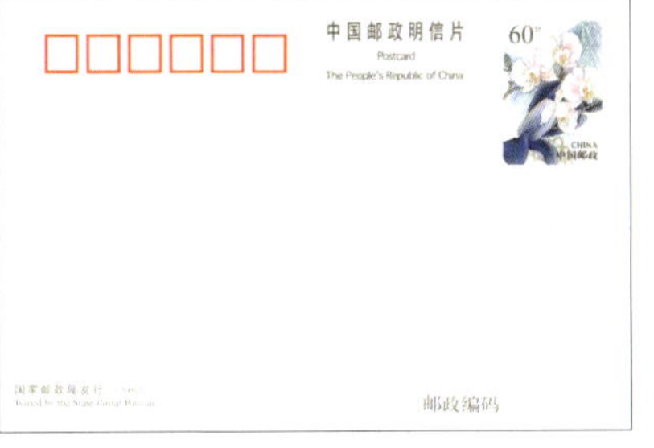

序号	面值（分）	售价（元）	发行量（万枚）	市场参考价格（元）
1-1	60	0.85		20.00

版别：胶版

设计者：吴敏荣

责任编辑：辛欣

印制厂：北京鸿纳邮品股份有限公司

PP52 武侯祠
PP52 Wuhou Temple

2001 年 12 月 31 日发行

全套 1 枚

明信片邮票规格： 34mm × 30mm

明信片规格： 148mm × 100mm

1-1 武侯祠

A：面值 60 分

B：改值 80 分

序号	面值（分）	售价（元）	发行量（万枚）	市场参考价格（元）
A	60	0.85		12.00
B	80			5.00

版别：胶版

设计者：陈宜思

责任编辑：虞平

印制厂：四川省邮电印制厂

PP53 普陀山磐陀石
PP53 Pantuo Stone in Putuo Mountain

2002 年 1 月 1 日发行

全套 1 枚

明信片邮票规格： 34mm × 24mm

明信片规格： 148mm × 100mm

1-1 普陀山磐陀石

A：面值 60 分

B：改值 80 分

序号	面值（分）	售价（元）	发行量（万枚）	市场参考价格（元）
A	60	0.8		12.00
B	80			5.00

版别：胶版

设计者：陈徽

责任编辑：辛欣

印制厂：浙江省邮电印刷厂

PP54 马踏飞燕
PP54 Horse Steps on Flying Swallow

2002 年 1 月 10 日发行

全套 1 枚

明信片邮票规格： 22mm × 22mm

明信片规格： 125mm × 78mm

1-1 马踏飞燕

A：面值 60 分

B：改值 80 分

序号	面值（分）	售价（元）	发行量（万枚）	市场参考价格（元）
A	60	0.75		5.00
B	80			2.00

版别：胶版

设计者：门立群、方军

责任编辑：张文涛

印制厂：北京邮票厂

PP55 周庄
PP55 Zhouzhuang

2002 年 2 月 10 日发行

全套 1 枚

明信片邮票规格： 30mm × 23mm

明信片规格： 148mm × 100mm

1-1 周庄

A：面值 60 分

B：改值 80 分

序号	面值（分）	售价（元）	发行量（万枚）	市场参考价格（元）
A	60	0.85		12.00
B	80			5.00

版别：胶版

设计者：刘雨苏

摄影者：刘大健

责任编辑：辛欣
印制厂：江苏省邮电印刷厂

PP56 蓬莱阁
PP56 Penglai Taoist Temple

2002 年 3 月 22 日发行
全套 1 枚
明信片邮票规格：24mm × 34mm
明信片规格：148mm × 100mm
1-1 蓬莱阁
　A：面值 60 分
　B：改值 80 分

序号	面值（分）	售价（元）	发行量（万枚）	市场参考价格（元）
A	60	0.85		15.00
B	80			5.00

版别：胶版
设计者：李旭光
摄影者：高远
责任编辑：张文涛
印制厂：山东省邮电印刷厂

PP57 故宫角楼（国内资费、国际资费）
PP57 Watchtower of the Imperial Palace（Domestic Postage, International Postage）

2002 年 4 月 1 日发行
全套 2 枚
明信片邮票规格：（2-1）24mm × 30mm
（2-2）34mm × 25mm
明信片规格：148mm × 100mm
2-1 故宫角楼（国内邮资）
　A：面值 60 分
　B：改值 80 分
2-2 故宫角楼（国际邮资）
　A：面值 4.20 元

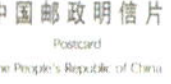

序号	面值（分）	售价（元）	发行量（万枚）	市场参考价格（元）
2-1 A	60	0.85		20.00
2-1 B	80			3.00
2-2 A	420	4.50		60.00

版别：胶版
设计者：刘继鸿、肖慧芬、谷庆莉
摄影者：任国恩
责任编辑：张文涛
印制厂：北京邮票厂

PP58 甲秀楼
PP58 Jiaxiu Tower

2002 年 4 月 18 日发行
全套 1 枚
明信片邮票规格：24mm × 30mm
明信片规格：148mm × 100mm
1-1 甲秀楼
　A：面值 60 分
　B：改值 80 分

序号	面值（分）	售价（元）	发行量（万枚）	市场参考价格（元）
A	60	0.85		12.00
B	80			5.00

版别：胶版
设计者：方军
摄影者：吴坚
责任编辑：虞平
印制厂：浙江省邮电印刷厂

PP59 雪莲
PP59 Snow Lotus（Saussurea Involucrate）

2002 年 5 月 18 日发行
全套 1 枚
明信片邮票规格：32mm × 25mm
明信片规格：148mm × 100mm
1-1 雪莲
　A：面值 60 分
　B：改值 80 分

序号	面值（分）	售价（元）	发行量（万枚）	市场参考价格（元）
A	60	0.85		5.00（白片 500.00）
B	80			5.00

版别：胶版
设计者：刘雨苏
摄影者：何宣义、赵君安
责任编辑：李昕
印制厂：北京鸿纳邮品服务有限公司、中国人民解放军第 1206 工厂

PP60 隋·鎏金铜佛像
PP60 Gilded Bronze Figure of Buddha of Sui Dynasty

2002 年 5 月 19 日发行
全套 1 枚
明信片邮票规格：26mm × 36mm
明信片规格：148mm × 100mm
1-1 隋·鎏金铜佛像
　A：面值 60 分
　B：改值 80 分

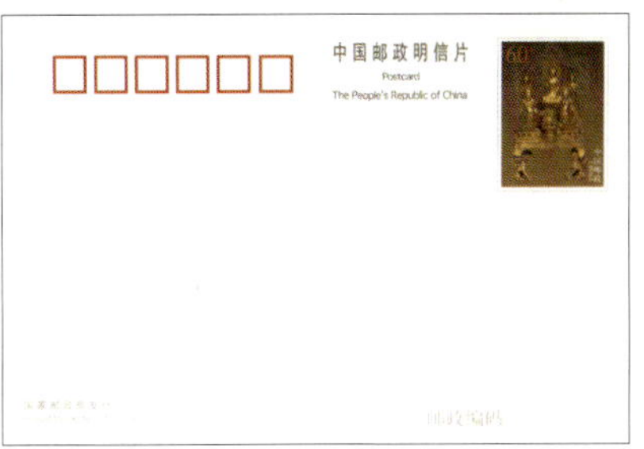

序号	面值（分）	售价（元）	发行量（万枚）	市场参考价格（元）
A	60	0.85		20.00（白片 160.00）
B	80			20.00

版别：胶版

设计者：阎炳武

责任编辑：刘雨苏

印制厂：陕西省印刷厂

PP61 延安宝塔山

PP61 Baota Mountain in Yan' an

2002 年 6 月 2 日发行

全套 1 枚

明信片邮票规格：24mm × 34mm

明信片规格：148mm × 100mm

1-1 延安宝塔山

A：面值 60 分

B：改值 80 分

序号	面值（分）	售价（元）	发行量（万枚）	市场参考价格（元）
A	60	0.85		20.00（白片 170.00）
B	80			10.00

版别：胶版

设计者：支红

责任编辑：虞平

印制厂：广东邮电南方彩色印务有限公司

PP62 马蔺

PP62 Chinese Small Iris

2002 年 10 月 1 日发行

全套 1 枚

明信片邮票规格：26mm × 36mm

明信片规格：148mm × 100mm

1-1 马蔺

A：面值 60 分

B：改值 80 分

序号	面值（分）	售价（元）	发行量（万枚）	市场参考价格（元）
A	60	0.85		5.00（白片 150.00）
B	80			5.00

版别：胶版

设计者：金平

摄影者：马文宇

责任编辑：史渊

印制厂：江苏省邮电印刷厂

PP63 中山桥

PP63 Sun Yat-sen Bridge

2002 年 12 月 20 日发行

全套 1 枚

明信片邮票规格：35mm × 25mm

明信片规格：148mm × 100mm

1-1 中山桥

A：面值 60 分

B：改值 80 分

序号	面值（分）	售价（元）	发行量（万枚）	市场参考价格（元）
A	60	0.85		20.00（白片 130.00）
B	80			20.00

版别：胶版

设计者：李德福

责任编辑：范艳峰

印制厂：陕西省印刷厂

PP64 孙中山故居

PP64 Former Residence of Dr. Sun Yatsen

2002 年 12 月 22 日发行

全套 1 枚

明信片邮票规格：30mm × 21mm

明信片规格：148mm × 100mm

1-1 孙中山故居

A：面值 60 分

B：改值 80 分

序号	面值（分）	售价（元）	发行量（万枚）	市场参考价格（元）
A	60	0.85		20.00（白片 150.00）
B	80			20.00

版别：胶版

设计者：范艳峰

摄影者：林华煊

责任编辑：范艳峰

印制厂：广东邮电南方彩色印务有限公司

PP65 剑门关

PP65 Jianmen Pass of Great Wall

2002 年 12 月 25 日发行

全套 1 枚

明信片邮票规格：25mm × 34mm

明信片规格：148mm × 100mm

1-1 剑门关

A：面值 60 分

B：改值 80 分

序号	面值（分）	售价（元）	发行量（万枚）	市场参考价格（元）
A	60	0.85		20.00（白片 150.00）
B	80			20.00

版别：胶版

设计者：姜伟杰

责任编辑：范艳峰

印制厂：四川省邮电印制厂

PP66 九寨沟诺日朗瀑布
PP66 Nuorilang Waterfall of Jiuzhaigou（Nine Village Valley）

2003 年 1 月 1 日发行

全套 1 枚

明信片邮票规格：24mm × 18mm

明信片规格：125mm × 78mm

1-1 九寨沟诺日朗瀑布

A：面值 60 分

B：改值 80 分

序号	面值（分）	售价（元）	发行量（万枚）	市场参考价格（元）
A	60	0.75		20.00（白片 160.00）
B	80			20.00

版别：胶版

设计者：周锦还

责任编辑：陈宜思

印制厂：四川省邮电印制厂

PP67 银鎏金镶珠金翅鸟
PP67 Golden-Wing Bird of Vermeil Inlaid with Jewels

2003 年 1 月 15 日发行

全套 1 枚

明信片邮票规格：19mm × 21mm

明信片规格：125mm × 78mm

1-1 银鎏金镶珠金翅鸟

A：面值 60 分

B：改值 80 分

序号	面值（分）	售价（元）	发行量（万枚）	市场参考价格（元）
A	60	0.75		5.00（白片 160.00）
B	80			5.00

版别：胶版

设计者：鸿宇

摄影者：李维江、梅家红

责任编辑：范艳峰

印制厂：广东邮电南方彩色印务有限公司

PP68 山西绵山大罗宫
PP68 Daluo Palace in Mianshan of Shanxi

2003 年 4 月 3 日发行

全套 1 枚

明信片邮票规格：25mm × 34mm

明信片规格：148mm × 100mm

1-1 山西绵山大罗宫

A：面值 60 分

B：改值 80 分

序号	面值（分）	售价（元）	发行量（万枚）	市场参考价格（元）
A	60	0.85		15.00（白片 150.00）
B	80			15.00

版别：胶版

设计者：杜国华

摄影者：杜国华

责任编辑：辛欣

印制厂：辽宁省沈阳邮电印刷厂

PP69 北齐 · 贴金彩绘石雕佛
PP69 Carved Stone Buddha Covered with Gold and Decorated with Colored Drawings of Northern Qi Dynasty（550-577A.D.）

2003 年 5 月 20 日发行

全套 1 枚

明信片邮票规格：25mm × 35mm

明信片规格：148mm × 100mm

1-1 北齐 · 贴金彩绘石雕佛

A：面值 60 分

B：改值 80 分

序号	面值（分）	售价（元）	发行量（万枚）	市场参考价格（元）
A	60	0.75		5.00（白片 150.00）
B	80			5.00

版别：胶版

设计者：阎炳武

责任编辑：吴金福

印制厂：中国人民解放军第 1206 工厂

PP70 八一南昌起义纪念塔
PP70 Monument of August 1st Nangchang Uprising

2003 年 7 月 1 日发行

全套 1 枚

明信片邮票规格：28mm × 35mm

明信片规格：148mm × 100mm

1-1 八一南昌起义纪念塔

A：面值 60 分

B：改值 80 分

序号	面值（分）	售价（元）	发行量（万枚）	市场参考价格（元）
A	60	0.85		5.00（白片 150.00）
B	80			5.00

版别：胶版

设计者：陈春

摄影者：涂峰

责任编辑：吴金福

印制厂：浙江省邮电印刷厂

PP71 灵璧石—庆云峰

PP71 Lingbishi of Qingyun Summit

2003 年 8 月 1 日发行

全套 1 枚

明信片邮票规格： 25mm × 34mm

明信片规格： 148mm × 100mm

1-1 灵璧石—庆云峰

A：面值 60 分

B：改值 80 分

序号	面值（分）	售价（元）	发行量（万枚）	市场参考价格（元）
A	60	0.85		5.00（白片 150.00）
B	80			5.00

版别：胶版

设计者：夏建华

摄影者：夏建华

责任编辑：吴金福

印制厂：江苏省邮电印刷厂

注：明信片上错印成“灵壁石—庆云峰”。

PP72 移动通信

PP72 Mobile Communication

2003 年 8 月 18 日发行

全套 1 枚

明信片邮票规格： 24mm × 30mm

明信片规格： 148mm × 100mm

1-1 移动通信

A：面值 60 分

B：改值 80 分

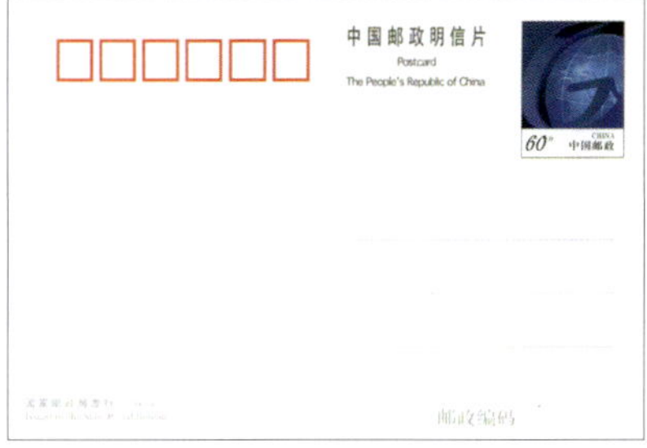

序号	面值（分）	售价（元）	发行量（万枚）	市场参考价格（元）
A	60	0.75		5.00（白片 280.00）
B	80			5.00

版别：胶版

设计者：阎炳武

责任编辑：吴金福

印制厂：浙江省邮电印刷厂

PP73 韶山滴水洞

PP73 Dishui Cave of Shaoshan

2003 年 9 月 1 日发行

全套 1 枚

明信片邮票规格： 30mm × 21mm

明信片规格： 148mm × 100mm

1-1 韶山滴水洞

A：面值 60 分

B：改值 80 分

序号	面值（分）	售价（元）	发行量（万枚）	市场参考价格（元）
A	60	0.85		5.00（白片 150.00）
B	80			5.00

版别：胶版

设计者：李德福

责任编辑：吴金福

印制厂：广东邮电南方彩色印务有限公司

PP74 乔家大院 · 百寿图

PP74 Picture of One Hundred Characters of “Shou” at Qiao' s Grand Courtyard

2003 年 10 月 4 日发行

全套 1 枚

明信片邮票规格： 28mm × 35mm

明信片规格： 148mm × 100mm

1-1 乔家大院 · 百寿图

A：面值 60 分

B：改值 80 分

序号	面值（分）	售价（元）	发行量（万枚）	市场参考价格（元）
A	60	0.85		15.00（白片 160.00）
B	80			15.00

版别：胶版

设计者：吕金平

责任编辑：吴金福

印制厂：辽宁省沈阳邮电印刷厂

PP75 中华人民共和国第五届农民运动会吉祥物
PP75 Mascot of 5th National Peasant Games of People' s Republic of China

2003 年 10 月 26 日发行
全套 1 枚
明信片邮票规格：28mm × 31mm （异形）
明信片规格：148mm × 100mm
1-1 中华人民共和国第五届农民运动会吉祥物

序号	面值（分）	售价（元）	发行量（万枚）	市场参考价格（元）
1-1	60	0.85		5.00（白片 150.00）

版别：胶版
设计者：刘雨苏
责任编辑：李坤
印制厂：广东邮电南方彩色印务有限公司

PP76 四川乐山风光
PP76 Scenery of Le Mountain in Sichuan

2003 年 11 月 8 日发行
全套 1 枚
明信片邮票规格：30mm × 25mm
明信片规格：148mm × 100mm
1-1 四川乐山风光
　A：面值 60 分
　B：改值 80 分

序号	面值（分）	售价（元）	发行量（万枚）	市场参考价格（元）
A	60	0.85		20.00（白片 150.00）
B	80			20.00

版别：胶版
设计者：沈嘉宏
摄影者：靳岷江
责任编辑：赵蕾
印制厂：四川省邮电印制厂

PP77 毗卢洞石刻造像
PP77 Stone Statues in Pilu Cave

2003 年 12 月 15 日发行
全套 1 枚
明信片邮票规格：25mm × 35mm
明信片规格：148mm × 100mm
1-1 毗卢洞石刻造像
　A：面值 60 分
　B：改值 80 分

序号	面值（分）	售价（元）	发行量（万枚）	市场参考价格（元）
A	60	0.85		20.00（白片 150.00）
B	80			20.00

版别：胶版
设计者：阎炳武
摄影者：李官智、王畅
责任编辑：赵蕾
印制厂：四川省邮电印制厂
注：2006 国邮版邮资明信片上的名称为“毗卢洞石刻”。

PP78 生肖猴
PP78 Monkey of Shengxiao

2004 年 1 月 5 日发行
全套 1 枚
明信片邮票规格：28mm × 28mm
明信片规格：148mm × 100mm
1-1 生肖猴

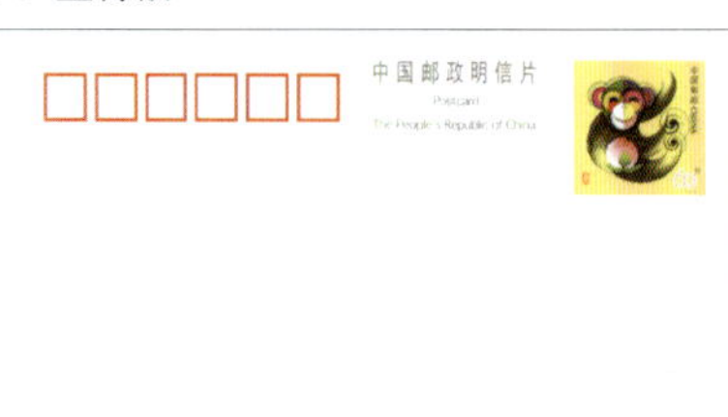

序号	面值（分）	售价（元）	发行量（万枚）	市场参考价格（元）
1-1	60	0.85		25.00（白片 1000.00）

版别：胶雕套印
设计者：陈绍华
责任编辑：赵蕾
印制厂：上海鸿吉印刷有限公司

PP79 雁荡山大龙湫
PP79 Dalongqiu Waterfall in Yandang Mountain

2004 年 2 月 25 日发行
全套 1 枚
明信片邮票规格：22mm × 30mm
明信片规格：125mm × 78mm
1-1 雁荡山大龙湫
　A：面值 60 分
　B：改值 80 分

序号	面值（分）	售价（元）	发行量（万枚）	市场参考价格（元）
A	60	0.75		10.00（白片 180.00）
B	80			10.00

版别：胶版
设计者：张利华
责任编辑：赵蕾
印制厂：浙江省邮电印刷厂

PP80 孔庙—大成殿
PP80 Temple of Confucius:Dacheng Hall

2004 年 3 月 14 日发行
全套 1 枚
明信片邮票规格：35mm × 25mm
明信片规格：148mm × 100mm
1-1 孔庙—大成殿
　A：面值 60 分
　B：改值 80 分

序号	面值（分）	售价（元）	发行量（万枚）	市场参考价格（元）
A	60	0.75		20.00（白片 280.00）
B	80			20.00

版别：胶版
设计者：刘晓玲
摄影者：孙红晏
责任编辑：秦巍
印制厂：山东省邮电印刷厂

PP81 孔庙—杏坛
PP81 Confucian Temple:Xing Altar

2004 年 3 月 14 日发行
全套 1 枚
明信片邮票规格：25mm × 30mm
明信片规格：148mm × 100mm
1-1 孔庙—杏坛
A：面值 60 分
B：改值 80 分

序号	面值（分）	售价（元）	发行量（万枚）	市场参考价格（元）
A	60	0.85		20.00（白片 160.00）
B	80			20.00

版别：胶版
设计者：刘晓玲
摄影者：孙红晏
责任编辑：秦巍
印制厂：山东省邮电印刷厂

PP82 苏州市西园戒幢律寺
PP82 Jiezhuanglv Temple of Xiyuan Garden in Suzhou

2004 年 4 月 21 日发行
全套 1 枚
明信片邮票规格：24mm × 32mm
明信片规格：148mm × 100mm
1-1 苏州市西园戒幢律寺
A：面值 60 分
B：改值 80 分

序号	面值（分）	售价（元）	发行量（万枚）	市场参考价格（元）
A	60	0.75		5.00（白片 160.00）
B	80			5.00

版别：胶版
设计者：释寂贤
摄影者：释寂贤
责任编辑：赵蕾
印制厂：江苏省邮电印刷厂

PP83 三星堆青铜纵目面具
PP83 Sanxingdui Bronze Mask

2004 年 4 月 30 日发行
全套 1 枚
明信片邮票规格：25mm × 20mm
明信片规格：125mm × 78mm （异形）
1-1 三星堆青铜纵目面具
A：面值 60 分
B：改值 80 分

序号	面值（分）	售价（元）	发行量（万枚）	市场参考价格（元）
A	60	0.75		5.00（白片 140.00）
B	80			5.00

版别：胶版
设计者：蜀尤光
摄影者：谢文
责任编辑：赵蕾
印制厂：四川省邮电印制厂

PP84 黄龙争艳池
PP84 Zhengyan Ponds at Huanglong

2004 年 5 月 1 日发行
全套 1 枚
明信片邮票规格：24mm × 19mm
明信片规格：125mm × 78mm
1-1 黄龙争艳池
A：面值 60 分
B：改值 80 分

序号	面值（分）	售价（元）	发行量（万枚）	市场参考价格（元）
A	60	0.75		20.00（白片 160.00）
B	80			5.00

版别：胶版
设计者：郝欧
摄影者：台云东
责任编辑：秦巍
印制厂：四川省邮电印制厂

PP85 情系我的兄弟姐妹
PP85 Brotherly and Sisterly Affection

2004 年 5 月 18 日发行
全套 1 枚
明信片邮票规格：边长 24mm × 24mm （菱形）
明信片规格：148mm × 100mm
1-1 情系我的兄弟姐妹
A：面值 60 分
B：改值 80 分

序号	面值（分）	售价（元）	发行量（万枚）	市场参考价格（元）
A	60	0.85		3.00（白片 150.00）
B	80			3.00

版别：胶版

设计者：王虎鸣

责任编辑：赵蕾

印制厂：辽宁省沈阳邮电印刷厂

PP86　从奥林匹亚到万里长城

PP86　From Olympia to Great Wall

2004 年 6 月 29 日发行

全套 1 枚

明信片邮票规格：24mm × 32mm

明信片规格：148mm × 100mm

1-1　从奥林匹亚到万里长城

序号	面值（分）	售价（元）	发行量（万枚）	市场参考价格（元）
1-1	60	0.85		5.00（白片 140.00）

版别：胶版

设计者：瑞盛德（北京）体育文化发展有限公司

责任编辑：秦巍

印制厂：辽宁省沈阳邮电印刷厂

PP87　广州 2010 年亚运会申办徽志

PP87　Logo for Bidding Guangzhou 2010 Asian Games

2004 年 7 月 1 日发行

全套 1 枚

明信片邮票规格：28mm × 20mm

明信片规格：148mm × 100mm

1-1　广州 2010 年亚运会申办徽志

A：面值 60 分

B：改值 80 分

序号	面值（分）	售价（元）	发行量（万枚）	市场参考价格（元）
A	60	0.85		5.00（白片 150.00）
B	80			5.00

版别：胶版

设计者：黄瑞华

责任编辑：秦巍

印制厂：广东信源彩色印务有限公司

PP88　中华人民共和国第十届运动会吉祥物

PP88　Mascot of 10th National Games of People' s Republic of China

2004 年 8 月 28 日发行

全套 1 枚

明信片邮票规格：29mm × 29mm

明信片规格：148mm × 100mm

1-1　中华人民共和国第十届运动会吉祥物

序号	面值（分）	售价（元）	发行量（万枚）	市场参考价格（元）
1-1	60	0.85		5.00（白片 150.00）

版别：胶版、压凸

设计者：陈玲

责任编辑：虞平

印制厂：上海鸿吉印刷有限公司

PP89　中华人民共和国第十届运动会主体育场

PP89　Main Stadium of 10th National Games of People' s Republic of China

2004 年 8 月 28 日发行

全套 1 枚

明信片邮票规格：36mm × 25mm　（异形）

明信片规格：148mm × 100mm

1-1　中华人民共和国第十届运动会主体育场

序号	面值（分）	售价（元）	发行量（万枚）	市场参考价格（元）
1-1	60	0.85		5.00（白片 150.00）

版别：胶版、压凸

设计者：陈玲

责任编辑：虞平

印制厂：上海鸿吉印刷有限公司

PP90　千岛湖珍珠列岛

PP90　Zhenzhu Islands of Qiandao Lake

2004 年 9 月 15 日发行

全套 1 枚

明信片邮票规格：22mm × 25mm

明信片规格：125mm × 78mm

1-1　千岛湖珍珠列岛

A：面值 60 分

B：改值 80 分

序号	面值（分）	售价（元）	发行量（万枚）	市场参考价格（元）
A	60	0.75		5.00（白片 160.00）
B	80			5.00

版别：胶版

设计者：周振

摄影者：吴宗其

责任编辑：虞平

印制厂：浙江省邮电印刷厂

PP91 蒙山鹰窝峰

PP91 Yingwo Peak of Meng Mountain

2004 年 9 月 20 日发行

全套 1 枚

明信片邮票规格： 25mm × 20mm

明信片规格： 125mm × 78mm

1-1 蒙山鹰窝峰

A：面值 60 分

B：改值 80 分

序号	面值（分）	售价（元）	发行量（万枚）	市场参考价格（元）
A	60	0.75		10.00（白片 150.00）
B	80			10.00

版别：胶版

设计者：刘厚川

摄影者：吕全新

责任编辑：赵磊

印制厂：山东省邮电印刷厂

PP92 上海国际赛车场标志

PP92 Logo of Shanghai International Circuit

2004 年 9 月 22 日发行

全套 1 枚

明信片邮票规格： 30mm × 24mm

明信片规格： 148mm × 100mm

1-1 上海国际赛车场标志

A：面值 60 分

B：改值 80 分

序号	面值（分）	售价（元）	发行量（万枚）	市场参考价格（元）
A	60	0.85		5.00（白片 180.00）
B	80			15.00

版别：胶版

设计者：牛忠梁

摄影者：吕弘、李辉

责任编辑：佟立英

印制厂：上海鸿吉印刷有限公司

PP93 大理古城南门城楼

PP93 South Gate Tower of Ancient Dali City

2004 年 9 月 23 日发行

全套 1 枚

明信片邮票规格： 30mm × 23mm

明信片规格： 148mm × 100mm

1-1 大理古城南门城楼

A：面值 60 分

B：改值 80 分

序号	面值（分）	售价（元）	发行量（万枚）	市场参考价格（元）
A	60	0.85		5.00（白片 150.00）
B	80			5.00

版别：胶版

设计者：李明

摄影者：李维江

责任编辑：秦巍

印制厂：广东信源彩色印务有限公司

PP94 宜春明月山

PP94 Mingyue Mountain of Yichun

2004 年 9 月 25 日发行

全套 1 枚

明信片邮票规格： 30mm × 24mm

明信片规格： 148mm × 100mm

1-1 宜春明月山

A：面值 60 分

B：改值 80 分

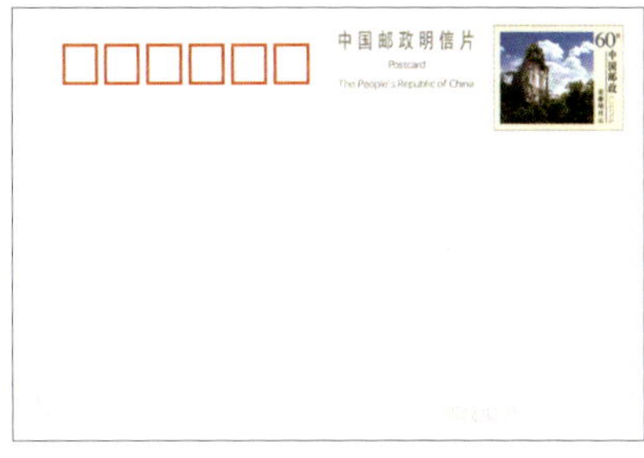

序号	面值（分）	售价（元）	发行量（万枚）	市场参考价格（元）
A	60	0.85		5.00（白片 150.00）
B	80			5.00

版别：胶版

设计者：陈谷芳

摄影者：兰书华

责任编辑：陈宜思

印制厂：上海鸿吉印刷有限公司

PP95 乐山大佛

PP95 Giant Stone Buddha at Le Mountain

2004 年 9 月 25 日发行

全套 1 枚

明信片邮票规格： 25mm × 20mm

明信片规格： 125mm × 78mm

1-1 乐山大佛

A：面值 60 分

B：改值 80 分

序号	面值（分）	售价（元）	发行量（万枚）	市场参考价格（元）
A	60	0.75		20.00（白片 130.00）
B	80			5.00

版别：胶版

设计者：郝欧

摄影者：河川

责任编辑：虞平

印制厂：四川省邮电印制厂

PP96 井冈山黄洋界

PP96 Huangyangjie of Jinggang Mountain

2004 年 9 月 28 日发行

全套 1 枚

明信片邮票规格： 25mm × 20mm

明信片规格： 125mm × 78mm

1-1 井冈山黄洋界

A：面值 60 分

B：改值 80 分

序号	面值（分）	售价（元）	发行量（万枚）	市场参考价格（元）
A	60	0.75		15.00（白片 150.00）
B	80			5.00

版别：胶版

设计者：刘冬生

摄影者：刘冬生

责任编辑：佟立英

印制厂：广东信源彩色印务有限公司

PP97 恒山悬空寺

PP97 Hanging Buddhist Temple at Hengshan Mountain

2004 年 10 月 30 日发行

全套 1 枚

明信片邮票规格： 22mm × 25mm

明信片规格： 125mm × 78mm

1-1 恒山悬空寺

A：面值 60 分

B：改值 80 分

序号	面值（分）	售价（元）	发行量（万枚）	市场参考价格（元）
A	60	0.75		15.00（白片 200.00）
B	80			5.00

版别：胶版

设计者：孙海川

摄影者：孙海川

责任编辑：秦巍

印制厂：辽宁省沈阳邮电印刷厂

PP98 金色年华

PP98 Golden Years

2004 年 11 月 28 日发行

全套 1 枚

明信片邮票规格： 24mm × 30mm

明信片规格： 148mm × 100mm

1-1 金色年华

A：面值 60 分

B：改值 80 分

序号	面值（分）	售价（元）	发行量（万枚）	市场参考价格（元）
A	60	0.85		5.00（白片 150.00）
B	80			5.00

版别：胶版

设计者：胡滔

责任编辑：秦巍

印制厂：上海鸿吉印刷有限公司

PP99 普陀山洛迦山

PP99 Luojia Mountain in Putuo Mountain

2005 年 1 月 1 日发行

全套 1 枚

明信片邮票规格： 25mm × 18mm

明信片规格： 125mm × 78mm

1-1 普陀山洛迦山

A：面值 60 分

B：改值 80 分

序号	面值（分）	售价（元）	发行量（万枚）	市场参考价格（元）
A	60	0.75		15.00（白片 240.00）
B	80			5.00

版别：胶版

设计者：顾军辉

摄影者：马加德

责任编辑：虞平

印制厂：浙江省邮电印刷厂

PP100 宋庆龄同志雕像

PP100 Statue of Comrade Soong Chingling

2005 年 1 月 2 日发行

全套 1 枚

明信片邮票规格： 24mm × 30mm

明信片规格： 148mm × 100mm

1-1 宋庆龄同志雕像

A：面值 60 分

B：改值 80 分

序号	面值（分）	售价（元）	发行量（万枚）	市场参考价格（元）
A	60	0.75		20.00（白片 150.00）
B	80			5.00

版别：胶版

设计者：方军

摄影者：王惠厚

雕塑作者：王维力

责任编辑：佟立英

印制厂：北京邮票厂

PP101 江油窦圌山
PP101 Douchuan Mountain in Jiangyou

2005 年 2 月 1 日发行
全套 1 枚
明信片邮票规格： 28mm × 20mm
明信片规格： 148mm × 100mm
1-1 江油窦圌山
A：面值 60 分
B：改值 80 分

序号	面值（分）	售价（元）	发行量（万枚）	市场参考价格（元）
A	60	0.85		20.00（白片 150.00）
B	80			5.00

版别：胶版
设计者：李鸿、熊弘荣
摄影者：李鸿
责任编辑：陈宜思
印制厂：四川省邮电印制厂

PP102 西安大唐芙蓉园
PP102 Tang Paradise in Xi' an

2005 年 4 月 11 日发行
全套 1 枚
明信片邮票规格： 25mm × 20mm
明信片规格： 125mm × 78mm
1-1 西安大唐芙蓉园
A：面值 60 分
B：改值 80 分

序号	面值（分）	售价（元）	发行量（万枚）	市场参考价格（元）
A	60	0.75		10.00（白片 200.00）
B	80			5.00

版别：胶版
设计者：徐海龙
摄影者：兰春辉
责任编辑：杨晓栋
印制厂：陕西信德圆方安全印务有限责任公司

PP103 放风筝（国际资费）
PP103 Flying Kites （International Postage）

2005 年 4 月 15 日发行
全套 1 枚
明信片邮票规格： 25mm × 35mm
明信片规格： 148mm × 100mm
1-1 放风筝
A：面值 4.50 元
B：改值 5 元

序号	面值（元）	售价（元）	发行量（万枚）	市场参考价格（元）
A	4.50	4.80		20.00
B	5			10.00

版别：胶版
防伪方式：微缩文字
设计者：陈楠
责任编辑：佟立英
印制厂：北京邮票厂

PP104 上海城市规划展示馆
PP104 Shanghai Urban Planning Exhibition Center

2005 年 4 月 18 日发行
全套 1 枚
明信片邮票规格： 25mm × 20mm
明信片规格： 125mm × 78mm
1-1 上海城市规划展示馆
A：面值 60 分
B：改值 80 分

序号	面值（分）	售价（元）	发行量（万枚）	市场参考价格（元）
A	60	0.75		5.00（白片 150.00）
B	80			5.00

版别：胶版
设计者：赵嫔
摄影者：李大新
责任编辑：虞平
印制厂：上海鸿吉印刷有限公司

PP105 万佛湖风光
PP105 Scenery of Ten Thousand Buddhas Lake

2005 年 4 月 21 日发行
全套 1 枚
明信片邮票规格： 28mm × 20mm
明信片规格： 125mm × 78mm
1-1 万佛湖风光
A：面值 60 分
B：改值 80 分

序号	面值（分）	售价（元）	发行量（万枚）	市场参考价格（元）
A	60	0.75		5.00（白片 150.00）
B	80			5.00

版别：胶版
设计者：阎炳武
摄影者：张恣宽
责任编辑：杨晓栋
印制厂：江苏省邮电印刷厂

PP106 南戴河国际娱乐中心
PP106 Nandaihe International Amusement Center

2005 年 4 月 22 日发行
全套 1 枚
明信片邮票规格： 28mm × 20mm
明信片规格： 148mm × 100mm
1-1 南戴河国际娱乐中心
A：面值 60 分
B：改值 80 分

序号	面值（分）	售价（元）	发行量（万枚）	市场参考价格（元）
A	60	0.85		20.00（白片 150.00）
B	80			5.00

版别：胶版
设计者：郝旭东
摄影者：胡印民
责任编辑：杨晓栋
印制厂：河南省邮电印刷厂

PP107 黄果树瀑布
PP107 Huangguoshu Waterfall

2005 年 4 月 23 日发行
全套 1 枚
明信片邮票规格： 25mm × 20mm
明信片规格： 125mm × 78mm
1-1 黄果树瀑布
A：面值 60 分
B：改值 80 分

序号	面值（分）	售价（元）	发行量（万枚）	市场参考价格（元）
A	60	0.85		10.00（白片 150.00）
B	80			5.00

版别：胶版
设计者：李群
摄影者：李群
责任编辑：杨晓栋
印制厂：浙江省邮电印刷厂

PP108 八达岭长城北城
PP108 North Town of Badaling Great Wall

2005 年 4 月 30 日发行
全套 1 枚
明信片邮票规格： 25mm × 20mm
明信片规格： 125mm × 78mm
1-1 八达岭长城北城
A：面值 60 分
B：改值 80 分

序号	面值（分）	售价（元）	发行量（万枚）	市场参考价格（元）
A	60	0.75		15.00（白片 180.00）
B	80			15.00

版别：胶版
设计者：李群
摄影者：李恩
责任编辑：杨晓栋
印制厂：北京邮票厂

PP109 婺源彩虹桥
PP109 Wuyuan Rainbow Bridge

2005 年 5 月 1 日发行
全套 1 枚
明信片邮票规格： 25mm × 22mm
明信片规格： 125mm × 78mm
1-1 婺源彩虹桥
A：面值 60 分
B：改值 80 分

序号	面值（分）	售价（元）	发行量（万枚）	市场参考价格（元）
A	60	0.75		5.00（白片 280.00）
B	80			5.00

版别：胶版
设计者：李群
摄影者：王冶洪
责任编辑：杨晓栋
印制厂：河南省邮电印刷厂

PP110 天津日报大厦
PP110 Office Building of Tianjin Daily

2005 年 7 月 28 日发行
全套 1 枚
明信片邮票规格： 19mm × 28mm
明信片规格： 125mm × 78mm
1-1 天津日报大厦
A：面值 60 分
B：改值 80 分

序号	面值（分）	售价（元）	发行量（万枚）	市场参考价格（元）
A	60	0.75		5.00（白片 130.00）
B	80			5.00

版别：胶版
设计者：呼振源
摄影者：魏孝明
责任编辑：杨晓栋
印制厂：北京邮票厂

PP111 龙虎山仙水岩
PP111 Xianshui Rock in Longhu Mountain

2005 年 7 月 31 日发行

全套 1 枚
明信片邮票规格： 35mm × 29mm
明信片规格： 148mm × 100mm
1-1 龙虎山仙水岩
　A：面值 60 分
　B：改值 80 分

序号	面值（分）	售价（元）	发行量（万枚）	市场参考价格（元）
A	60	0.85		5.00（白片 150.00）
B	80			5.00

版别：胶版
设计者：李群
摄影者：夏程琳
责任编辑：杨晓栋
印制厂：浙江省邮电印刷厂

PP112 商·饕餮乳钉纹青铜方鼎
PP112 Bronze Square-Shaped Quagripod with Taotie and Ruding Designs of Shang Dynasty

2005 年 8 月 18 日发行
全套 1 枚
明信片邮票规格： 28mm × 25mm
明信片规格： 148mm × 100mm
1-1 商·饕餮乳钉纹青铜方鼎
　A：面值 60 分
　B：改值 80 分

序号	面值（分）	售价（元）	发行量（万枚）	市场参考价格（元）
A	60	0.85		10.00（白片 150.00）
B	80			5.00

版别：胶版
设计者：呼振源
摄影者：袁柏松
责任编辑：杨晓栋
印制厂：河南省邮电印刷厂

PP113 铁道游击队纪念碑
PP113 Monument of Railway Guerrilla Forces

2005 年 8 月 18 日发行
全套 1 枚
明信片邮票规格： 25mm × 30mm
明信片规格： 148mm × 100mm
1-1 铁道游击队纪念碑
　A：面值 60 分
　B：改值 80 分

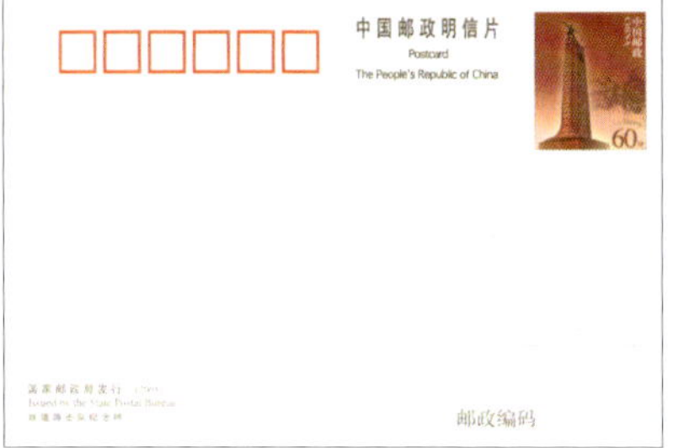

序号	面值（分）	售价（元）	发行量（万枚）	市场参考价格（元）
A	60	0.75		10.00（白片 150.00）
B	80			5.00

版别：胶版
设计者：郝旭东
摄影者：潘福安、田家苗
责任编辑：杨晓栋
印制厂：山东省邮电印刷厂

PP114 中国电影基金会会标
PP114 Logo of China Film Foundation

2005 年 9 月 8 日发行
全套 1 枚
明信片邮票规格： 26mm × 35mm
明信片规格： 148mm × 100mm
1-1 中国电影基金会会标

序号	面值（分）	售价（元）	发行量（万枚）	市场参考价格（元）
1-1	60	0.85		5.00（白片 150.00）

版别：胶版
设计者：阎炳武
责任编辑：杨晓栋
印制厂：广东信源彩色印务有限公司

PP115 映日荷花
PP115 Red Lotus with Mirrored Sun

2005 年 9 月 20 日发行
全套 1 枚
明信片邮票规格： 30mm × 24mm
明信片规格： 148mm × 100mm
1-1 映日荷花
　A：面值 60 分
　B：改值 80 分

序号	面值（分）	售价（元）	发行量（万枚）	市场参考价格（元）
A	60	0.85		20.00
B	80			8.00

版别：胶版
防伪方式：微缩文字
设计者：张桂徵
责任编辑：虞平
印制厂：河南省邮电印刷厂

PP116 信达天下
PP116 Letters Sent to Everyone Everywhere

2005 年 9 月 20 日发行
全套 1 枚
明信片邮票规格： 21mm × 25mm
明信片规格： 125mm × 78mm
1-1 信达天下
　A：面值 60 分
　B：改值 80 分

序号	面值（分）	售价（元）	发行量（万枚）	市场参考价格（元）
A	60	0.75		15.00
B	80			2.00

版别：胶版
防伪方式：微缩文字
设计者：黄华强
责任编辑：虞平
印制厂：河南省邮电印刷厂

PP117 大地之春（国际资费）
PP117 Spring of the Earth (International Postage)

2005 年 9 月 20 日发行
全套 1 枚
明信片邮票规格：30mm × 27mm
明信片规格：165mm × 115mm
1-1 大地之春
A：面值 4.50 元
B：改值 5 元

序号	面值（元）	售价（元）	发行量（万枚）	市场参考价格（元）
A	4.50	4.80		15.00
B	5			10.00

版别：胶版
防伪方式：微缩文字
设计者：王少卿
责任编辑：佟立英
印制厂：北京邮票厂

PP118 上海邮政总局旧址
PP118 Site of Shanghai General Post Office

2005 年 10 月 20 日发行
全套 1 枚
明信片邮票规格：28mm × 24mm
明信片规格：148mm × 100mm
1-1 上海邮政总局旧址
A：面值 60 分
B：改值 80 分

序号	面值（分）	售价（元）	发行量（万枚）	市场参考价格（元）
A	60	0.85		10.00（白片 260.00）
B	80			5.00

版别：胶版
设计者：陈洁
摄影者：黄海星
责任编辑：杨晓栋
印制厂：上海鸿吉印刷有限公司

PP119 九寨天堂
PP119 Jiuzhai Paradise

2005 年 11 月 18 日发行
全套 1 枚
明信片邮票规格：35mm × 26mm
明信片规格：148mm × 100mm
1-1 九寨天堂
A：面值 60 分
B：改值 80 分

序号	面值（分）	售价（元）	发行量（万枚）	市场参考价格（元）
A	60	0.85		15.00（白片 150.00）
B	80			5.00

版别：胶版
设计者：周锦还
摄影者：向华
责任编辑：杨晓栋
印制厂：四川省邮电印制厂

PP120 雾凇
PP120 Rime

2005 年 11 月 20 日发行
全套 1 枚
明信片邮票规格：32mm × 24mm
明信片规格：148mm × 100mm
1-1 雾凇
A：面值 60 分
B：改值 80 分

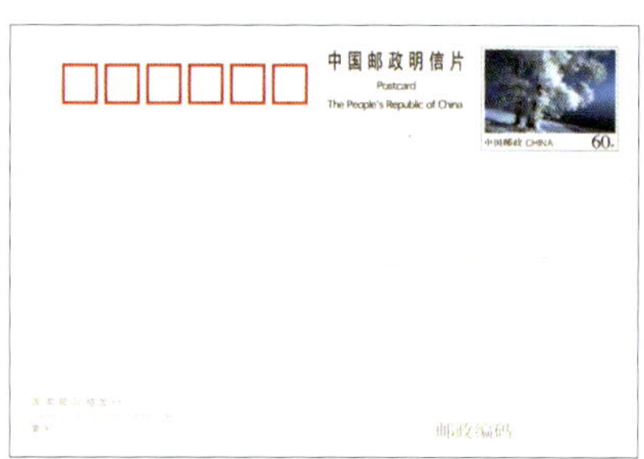

序号	面值（分）	售价（元）	发行量（万枚）	市场参考价格（元）
A	60	0.85		10.00（白片 180.00）
B	80			5.00

版别：胶版
设计者：谢继云
摄影者：李柔韧
责任编辑：杨晓栋
印制厂：江苏省邮电印刷厂

PP121 崂山太清
PP121 Taiqing Palace of Lao Mountain

2005 年 11 月 22 日发行
全套 1 枚
明信片邮票规格：26mm × 23mm
明信片规格：125mm × 78mm
1-1 崂山太清
A：面值 60 分
B：改值 80 分

序号	面值（分）	售价（元）	发行量（万枚）	市场参考价格（元）
A	60	0.75		5.00（白片 150.00）
B	80			5.00

版别：胶版
设计者：罗志超
摄影者：罗志超
责任编辑：杨晓栋
印制厂：山东省邮电印刷厂

PP122 张家界黄石寨
PP122 Huangshi Village in Zhangjiajie

2005 年 11 月 28 日发行
全套 1 枚
明信片邮票规格：28mm × 20mm
明信片规格：125mm × 78mm
1-1 张家界黄石寨
A：面值 60 分
B：改值 80 分

序号	面值（分）	售价（元）	发行量（万枚）	市场参考价格（元）
A	60	0.75		15.00（白片 150.00）
B	80			5.00

版别：胶版
设计者：阎炳武
摄影者：孙建华
责任编辑：杨晓栋
印制厂：河南省邮电印刷厂

PP123 青城秀色
PP123 Beauty of Qingcheng Mountain

2005 年 12 月 1 日发行
全套 1 枚
明信片邮票规格：28mm × 35mm
明信片规格：148mm × 100mm
1-1 青城秀色
A：面值 60 分
B：改值 80 分

序号	面值（分）	售价（元）	发行量（万枚）	市场参考价格（元）
A	60	0.75		15.00（白片 150.00）
B	80			5.00

版别：胶版
设计者：曹晖
原画作者：吴浩
责任编辑：杨晓栋
印制厂：四川省邮电印制厂

PP124 南京明孝陵 · 神道
PP124 Winding Sacred Way of Xiao Mausoleum of Ming Dynasty in Nanjing

2006 年 2 月 10 日发行
全套 1 枚
明信片邮票规格：28mm × 20mm
明信片规格：125mm × 78mm
1-1 南京明孝陵 · 神道
A：面值 60 分
B：改值 80 分

序号	面值（分）	售价（元）	发行量（万枚）	市场参考价格（元）
A	60	0.75		10.00（白片 300.00）
B	80			5.00

版别：胶版
设计者：呼振源
摄影者：屠国啸
责任编辑：杨晓栋
印制厂：江苏省邮电印刷厂

PP125 无锡灵山
PP125 Lingshan of Wuxi

2006 年 2 月 28 日发行
全套 1 枚
明信片邮票规格：28mm × 22mm
明信片规格：125mm × 78mm
1-1 无锡灵山
A：面值 60 分
B：改值 80 分

序号	面值（分）	售价（元）	发行量（万枚）	市场参考价格（元）
A	60	0.75		10.00（白片 130.00）
B	80			5.00

版别：胶版
设计者：阎炳武
摄影者：林翎
责任编辑：杨晓栋
印制厂：江苏省邮电印刷厂

PP126 南京中国近代史遗址博物馆
PP126 Modern Chinese Historical Relics Museum in Nanjing

2006 年 3 月 1 日发行
全套 1 枚
明信片邮票规格：28mm × 20mm
明信片规格：125mm × 78mm
1-1 南京中国近代史遗址博物馆
A：面值 60 分
B：改值 80 分

序号	面值（分）	售价（元）	发行量（万枚）	市场参考价格（元）
A	60	0.75		15.00（白片 130.00）
B	80			5.00

版别：胶版
设计者：呼振源
摄影者：高旭青、缪晖
责任编辑：杨晓栋
印制厂：江苏省邮电印刷厂

PP127 敦煌莫高窟
PP127 Mogao Grottoes in Dunhuang

2006 年 3 月 20 日发行
全套 1 枚
明信片邮票规格：33mm × 24mm
明信片规格：148mm × 100mm
1-1 敦煌莫高窟
A：面值 60 分
B：改值 80 分

序号	面值（分）	售价（元）	发行量（万枚）	市场参考价格（元）
A	60	0.85		5.00（白片 130.00）
B	80			5.00

版别：胶版
设计者：李群
责任编辑：杨晓栋
印制厂：江苏省邮电印刷厂

PP128 岷江春色
PP128 Spring Scenery of Min River

2006 年 4 月 5 日发行
全套 1 枚
明信片邮票规格：19mm × 27mm
明信片规格：125mm × 78mm
1-1 岷江春色
A：面值 60 分
B：改值 80 分

序号	面值（分）	售价（元）	发行量（万枚）	市场参考价格（元）
A	60	0.75		15.00（白片 130.00）
B	80			5.00

版别：胶版
设计者：李群
原画作者：吴浩
责任编辑：杨晓栋
印制厂：四川省邮电印制厂

PP129 红螺寺
PP129 Hongluo Temple

2006 年 4 月 26 日发行
全套 1 枚
明信片邮票规格：27mm × 21mm
明信片规格：125mm × 78mm
1-1 红螺寺
A：面值 60 分
B：改值 80 分

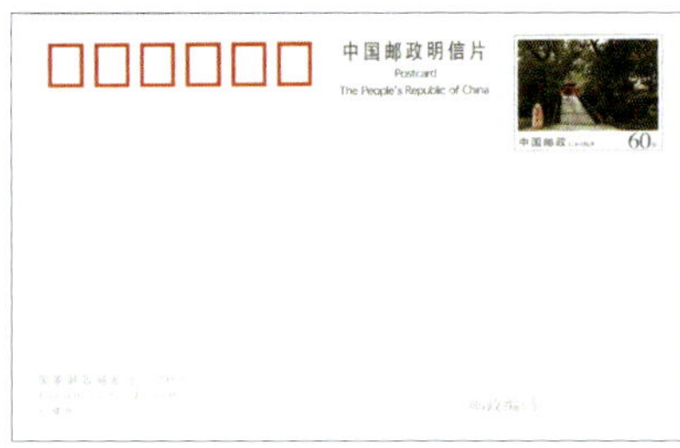

序号	面值（分）	售价（元）	发行量（万枚）	市场参考价格（元）
A	60	0.75		5.00（白片 160.00）
B	80			5.00

版别：胶版
设计者：古庆莉
摄影者：田文燕
责任编辑：杨晓栋
印制厂：北京邮票厂

PP130 上海龙华古寺 · 龙华塔
PP130 Longhua Pagoda of Longhua Temple in Shanghai

2006 年 4 月 30 日发行
全套 1 枚
明信片邮票规格：25mm × 30mm
明信片规格：148mm × 100mm
1-1 上海龙华古寺 · 龙华塔
A：面值 60 分
B：改值 80 分

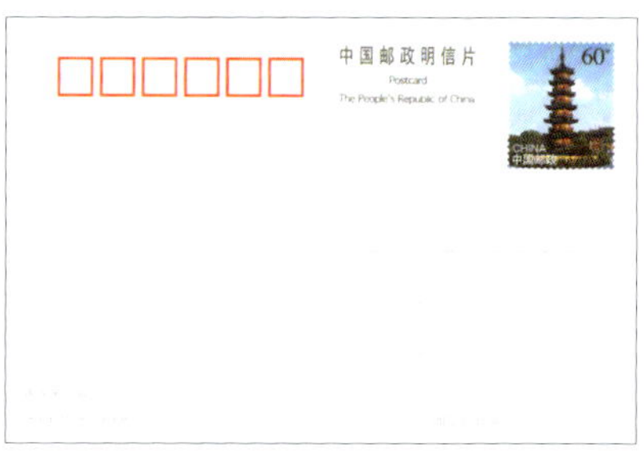

序号	面值（分）	售价（元）	发行量（万枚）	市场参考价格（元）
A	60	0.85		10.00（白片 120.00）
B	80			5.00

版别：胶版
设计者：李青
摄影者：吴立东
责任编辑：杨晓栋
印制厂：浙江省邮电印刷厂

PP131 天子山
PP131 Tianzi Mountain

2006 年 7 月 28 日发行
全套 1 枚
明信片邮票规格：28mm × 22mm
明信片规格：125mm × 78mm
1-1 天子山
A：面值 60 分
B：改值 80 分

序号	面值（分）	售价（元）	发行量（万枚）	市场参考价格（元）
A	60	0.75		5.00（白片 130.00）
B	80			5.00

版别：胶版
设计者：李群
摄影者：孙建华
责任编辑：杨晓栋
印制厂：河南省邮电印刷厂

PP132 云台山红石峡
PP132 Red Stone Gorge of Yuntai Mountain

2006 年 8 月 6 日发行
全套 1 枚
明信片邮票规格：19mm × 27mm
明信片规格：125mm × 78mm
1-1 云台山红石峡
A：面值 60 分
B：改值 80 分

序号	面值（分）	售价（元）	发行量（万枚）	市场参考价格（元）
A	60	0.75		12.00（白片 130.00）
B	80			5.00

版别：胶版
设计者：李群
摄影者：李杰
责任编辑：杨晓栋
印制厂：河南省邮电印刷厂

PP133 殷墟
PP133 The Yin Dynasty Ruins

2006 年 8 月 9 日发行
全套 1 枚
明信片邮票规格：32.5mm × 23.5mm
明信片规格：148mm × 100mm
1-1 殷墟
A：面值 60 分
B：改值 80 分

序号	面值（分）	售价（元）	发行量（万枚）	市场参考价格（元）
A	60	0.85		12.00（白片 130.00）
B	80			5.00

版别：胶版
设计者：阎炳武
摄影者：罗冰
责任编辑：杨晓栋
印制厂：河南省邮电印刷厂

PP134 西安曲江海洋世界
PP134 Qujiang Ocean World of Xi' an

2006 年 8 月 10 日发行
全套 1 枚
明信片邮票规格：25mm × 20mm
明信片规格：125mm × 78mm
1-1 西安曲江海洋世界
A：面值 60 分
B：改值 80 分

序号	面值（分）	售价（元）	发行量（万枚）	市场参考价格（元）
A	60	0.75		10.00（白片 180.00）
B	80			5.00

版别：胶版
设计者：李群
责任编辑：杨晓栋
印制厂：河南省邮电印刷厂

PP135 龙门石窟·卢舍那大佛
PP135 Losana Buddha in Longmen Grottoes

2006 年 9 月 21 日发行
全套 1 枚
明信片邮票规格：22mm × 28mm
明信片规格：125mm × 78mm
1-1 龙门石窟·卢舍那大佛
A：面值 60 分
B：改值 80 分

序号	面值（分）	售价（元）	发行量（万枚）	市场参考价格（元）
A	60	0.75		15.00（白片 130.00）
B	80			5.00

版别：胶版
设计者：李群
责任编辑：杨晓栋
印制厂：河南省邮电印刷厂

PP136 中山陵
PP136 Sun Yat-sen Mausoleum

2006 年 11 月 1 日发行
全套 1 枚
明信片邮票规格：25mm × 20mm
明信片规格：125mm × 78mm
1-1 中山陵
A：面值 60 分
B：改值 80 分

序号	面值（分）	售价（元）	发行量（万枚）	市场参考价格（元）
A	60	0.75		5.00（白片 130.00）
B	80			5.00

版别：胶版
设计者：图国孝
责任编辑：杨晓栋
印制厂：江苏省邮电印刷厂

PP137 中华人民共和国第六届城市运动会会徽
PP137 Emblem of 6th City Games of People' s Republic of China
2006 年 12 月 28 日发行
全套 1 枚
明信片邮票规格： 38mm × 21mm （异形）
明信片规格： 148mm × 100mm
1-1 中华人民共和国第六届城市运动会会徽

序号	面值（分）	售价（元）	发行量（万枚）	市场参考价格（元）
1-1	80	1.00		5.00（白片 140.00）

版别：胶版
设计者：王虎鸣
责任编辑：杨晓栋
印制厂：江苏省邮电印刷厂

PP138 全国最佳邮票评选徽志
PP138 Logo of National Best Postage Stamp Poll
2007 年 2 月 1 日发行
全套 1 枚
明信片邮票规格： 23mm × 32mm
明信片规格： 148mm × 100mm
1-1 全国最佳邮票评选徽志

序号	面值（分）	售价（元）	发行量（万枚）	市场参考价格（元）
1-1	80	1.00		5.00（白片 300.00）

版别：胶版
设计者：王虎鸣
责任编辑：杨晓栋
印制厂：北京邮票厂

PP139 龙宫
PP139 Longgong Caves
2007 年 4 月 20 日发行
全套 1 枚
明信片邮票规格： 25mm × 20mm
明信片规格： 125mm × 78mm
1-1 龙宫

序号	面值（分）	售价（元）	发行量（万枚）	市场参考价格（元）
1-1	80	1.00		10.00（白片 600.00）

版别：胶版
设计者：李群
摄影者：姚启荣
责任编辑：杨晓栋
印制厂：河南省邮电印刷厂

PP140 上海碧海金沙
PP140 Bihaijinsha Water Park of Shanghai
2007 年 4 月 30 日发行
全套 1 枚
明信片邮票规格： 25mm × 21mm
明信片规格： 125mm × 78mm
1-1 上海碧海金沙

序号	面值（分）	售价（元）	发行量（万枚）	市场参考价格（元）
1-1	80	1.00		25.00（白片 500.00）

版别：胶版
设计者：陈建国、陈洁
责任编辑：杨晓栋
印制厂：上海鸿吉印刷有限公司

PP141 杭州湾跨海大桥
PP141 Hangzhou Bay Cross-Ocean Bridge
2007 年 5 月 18 日发行
全套 1 枚
明信片邮票规格： 30mm × 24mm
明信片规格： 148mm × 100mm
1-1 杭州湾跨海大桥

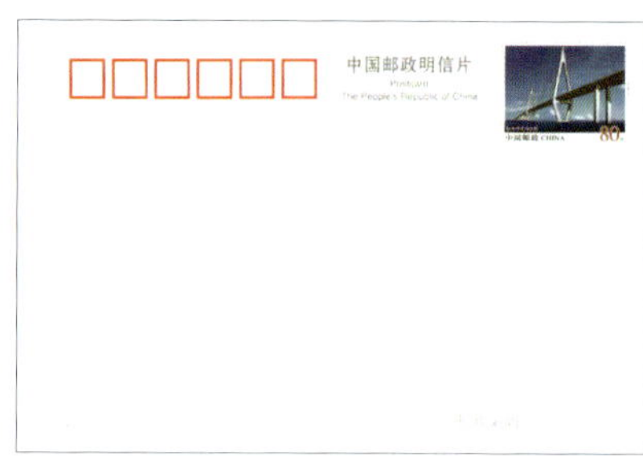

序号	面值（分）	售价（元）	发行量（万枚）	市场参考价格（元）
1-1	80	1.00		10.00（白片 2000.00）

版别：胶版
设计者：呼振源
责任编辑：杨晓栋
印制厂：浙江省邮电印刷厂

PP142 天柱山天柱峰
PP142 Peak of Tianzhu Mountain
2007 年 5 月 18 日发行
全套 1 枚
明信片邮票规格： 26mm × 20mm
明信片规格： 125mm × 78mm
1-1 天柱山天柱峰

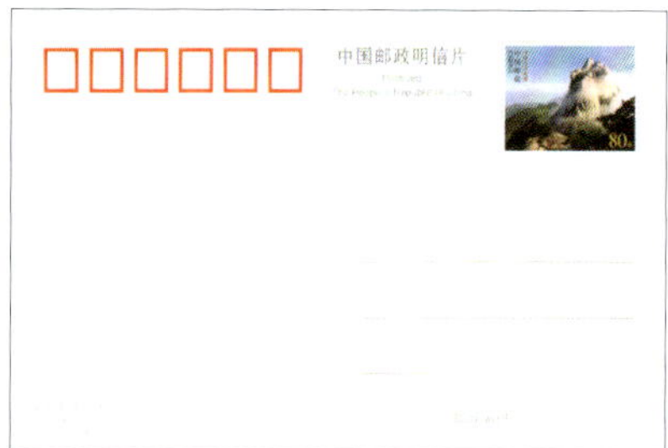

序号	面值（分）	售价（元）	发行量（万枚）	市场参考价格（元）
1-1	80	1.00		8.00（白片 1500.00）

版别：胶版
设计者：李建国
摄影者：徐储来
责任编辑：杨晓栋
印制厂：浙江省邮电印刷厂

PP143 幸运邮天下
PP143 Lucky Postal World
2007 年 6 月 1 日发行
全套 1 枚
明信片邮票规格： 21mm × 21mm （异形）
明信片规格： 125mm × 78mm
1-1 幸运邮天下

序号	面值（分）	售价（元）	发行量（万枚）	市场参考价格（元）
1-1	80	1.00		5.00（白片 400.00）

版别：胶版

设计者：方军

责任编辑：杨晓栋

印制厂：北京邮票厂

PP144 长白山天池
PP144 Heavenly Lake of Changbai Mountain

2007 年 6 月 1 日发行

全套 1 枚

明信片邮票规格：25mm × 20mm

明信片规格：125mm × 78mm

1-1 长白山天池

序号	面值（分）	售价（元）	发行量（万枚）	市场参考价格（元）
1-1	80	1.00		5.00（白片 600.00）

版别：胶版

设计者：李群

摄影者：韩峰

责任编辑：杨晓栋

印制厂：江苏省邮电印刷厂

PP145 哈尔滨第 24 届世界大学生冬季运动会会徽
PP145 Emblem of Harbin 24th Winter Universiade

2007 年 6 月 10 日发行

全套 1 枚

明信片邮票规格：21mm × 25.5mm

明信片规格：125mm × 78mm

1-1 哈尔滨第 24 届世界大学生冬季运动会会徽

序号	面值（分）	售价（元）	发行量（万枚）	市场参考价格（元）
1-1	80	1.00		10.00（白片 1500.00）

版别：胶版

设计者：曲杨

责任编辑：杨晓栋

印制厂：河南省邮电印刷厂

PP146 长影世纪城
PP146 Changchun Movie Wonderland

2007 年 6 月 11 日发行

全套 1 枚

明信片邮票规格：26mm × 20.5mm

明信片规格：125mm × 78mm

1-1 长影世纪城

序号	面值（分）	售价（元）	发行量（万枚）	市场参考价格（元）
1-1	80	1.00		10.00（白片 500.00）

版别：胶版

设计者：阎炳武

摄影者：关鹏

责任编辑：杨晓栋

印制厂：辽宁省沈阳邮电印刷厂

PP147 织金洞
PP147 Zhijin Cave

2007 年 6 月 15 日发行

全套 1 枚

明信片邮票规格：25mm × 34mm

明信片规格：148mm × 100mm

1-1 织金洞

序号	面值（分）	售价（元）	发行量（万枚）	市场参考价格（元）
1-1	80	1.00		5.00（白片 500.00）

版别：胶版

设计者：李群

责任编辑：杨晓栋

印制厂：河南省邮电印刷厂

PP148 沈阳世博园 · 百合塔
PP148 Shenyang Expo:Lily Pagoda

2007 年 6 月 15 日发行

全套 1 枚

明信片邮票规格：33mm × 22mm （异形）

明信片规格：148mm × 100mm

1-1 沈阳世博园 · 百合塔

序号	面值（分）	售价（元）	发行量（万枚）	市场参考价格（元）
1-1	80	1.00		5.00（白片 800.00）

版别：胶版

设计者：阎炳武

摄影者：王震

责任编辑：杨晓栋

印制厂：辽宁省沈阳邮电印刷厂

PP149 沈阳故宫 · 凤凰楼
PP149 Shenyang Imperial Palace: Phoenix House

2007 年 6 月 15 日发行

全套 1 枚

明信片邮票规格：31.5mm × 26mm

明信片规格：148mm × 100mm

1-1 沈阳故宫 · 凤凰楼

序号	面值（分）	售价（元）	发行量（万枚）	市场参考价格（元）
1-1	80	1.00		5.00（白片 600.00）

版别：胶版

设计者：阎炳武

摄影者：赵琛

责任编辑：杨晓栋

印制厂：辽宁省沈阳邮电印刷厂

PP150 中华恐龙园

PP150 Chinese Dinosaur Park

2007 年 6 月 18 日发行

全套 1 枚

明信片邮票规格： 20mm × 26mm

明信片规格： 125mm × 78mm

1-1 中华恐龙园

序号	面值（分）	售价（元）	发行量（万枚）	市场参考价格（元）
1-1	80	1.00		5.00（白片 600.00）

版别：胶版

设计者：呼振源

摄影者：赵琛

责任编辑：杨晓栋

印制厂：江苏省邮电印刷厂

PP151 内蒙古自治区 60 周年大庆徽标

PP151 Logo of 60th Anniversary of Inner Mongolia Autonomous Region

2007 年 6 月 25 日发行

全套 1 枚

明信片邮票规格： 23.5mm × 31mm

明信片规格： 148mm × 100mm

1-1 内蒙古自治区 60 周年大庆徽标

序号	面值（分）	售价（元）	发行量（万枚）	市场参考价格（元）
1-1	80	1.00		20.00（白片 600.00）

版别：胶版

设计者：阎炳武

责任编辑：杨晓栋

印制厂：内蒙古邮电印刷厂

PP152 魅力神农架

PP152 Charm Shennongjia

2007 年 7 月 12 日发行

全套 1 枚

明信片邮票规格： 24mm × 30mm

明信片规格： 148mm × 100mm

1-1 魅力神农架

序号	面值（分）	售价（元）	发行量（万枚）	市场参考价格（元）
1-1	80	1.00		10.00（白片 800.00）

版别：胶版

设计者：任国恩

责任编辑：杨晓栋

印制厂：河南省邮电印刷厂

PP153 第 29 届奥林匹克运动会会徽（国内资费、国际资费）

PP153 Emblem of 29th Olympic Games（Domestic Postage, International Postage）

2007 年 8 月 8 日发行

全套 2 枚

明信片邮票规格：22mm × 30mm（国内资费）

23mm × 30mm （国际资费）

明信片规格： 148mm × 100mm（国内资费）

165mm × 115mm （国际资费）

2-1 第 29 届奥林匹克运动会会徽（国内资费）（背面图案 6 种）

A 背面图案：第 29 届奥林匹克运动会吉祥物福娃

B 背面图案：第 29 届奥林匹克运动会吉祥物福娃贝贝

C 背面图案：第 29 届奥林匹克运动会吉祥物福娃晶晶

D 背面图案：第 29 届奥林匹克运动会吉祥物福娃欢欢

E 背面图案：第 29 届奥林匹克运动会吉祥物福娃迎迎

F 背面图案：第 29 届奥林匹克运动会吉祥物福娃妮妮

2-2 第 29 届奥林匹克运动会会徽（国际资费）

背面图案：北京欢迎你

序号	面值（分）	售价（元）	发行量（万枚）	市场参考价格（元）
2-1	480	12.00		20.00
2-2	450	8.00		10.00
全套	930	20.00		30.00

版别：胶版

防伪方式：缩微文字

设计者：史渊

资料提供：第 29 届奥林匹克运动会组织委员会

责任编辑：赵蕾

印制厂：北京邮票厂

PP154 第 29 届奥林匹克运动会会徽（光栅）

PP154 Emblem of 29th Olympic Games（Grating）

2007 年 8 月 8 日发行

全套 1 枚

明信片邮票规格：22mm × 30mm

明信片规格：148mm × 100mm

1-1 第 29 届奥林匹克运动会会徽（背面图案五种）

A 背面图案：第 29 届奥林匹克运动会吉祥物福娃贝贝

B 背面图案：第 29 届奥林匹克运动会吉祥物福娃晶晶

C 背面图案：第 29 届奥林匹克运动会吉祥物福娃欢欢

D 背面图案：第 29 届奥林匹克运动会吉祥物福娃迎迎

E 背面图案：第 29 届奥林匹克运动会吉祥物福娃妮妮

序号	面值（分）	售价（元）	发行量（万枚）	市场参考价格（元）
1-1	400	10.00		25.00

版别：胶版

防伪方式：缩微文字

设计者：史渊

资料提供：第 29 届奥林匹克运动会组织委员会

责任编辑：赵蕾

印制厂：河南省邮电印刷厂

PP155 第 29 届奥林匹克运动会会徽和吉祥物

PP155 Emblem and Mascot of 29th Olympic Games

2007 年 8 月 8 日发行

全套 6 枚

明信片邮票规格： 16mm × 22mm

明信片规格： 125mm × 78mm

6-1 会徽

6-2 吉祥物福娃贝贝

6-3 吉祥物福娃晶晶

6-4 吉祥物福娃欢欢

6-5 吉祥物福娃迎迎

6-6 吉祥物福娃妮妮

序号	面值（分）	售价（元）	发行量（万枚）	市场参考价格（元）
6-1	80	1.80		
6-2	80	1.80		
6-3	80	1.80		
6-4	80	1.80		
6-5	80	1.80		
6-6	80	1.80		
全套	480	10.80		10.80

版别：胶版

防伪方式：微缩文字

设计者：史渊

资料提供：第 29 届奥林匹克运动会组织委员会

责任编辑：赵蕾

印制厂：北京邮票厂

PP156 中国吉林 · 东北亚投资贸易博览会会徽

PP156 Emblem of Northeast Asia Investment and Trade Expo in Jilin, China

2007 年 8 月 20 日发行

全套 1 枚

明信片邮票规格： 23mm × 31mm

明信片规格： 148mm × 100mm

1-1 中国吉林 · 东北亚投资贸易博览会会徽

序号	面值（分）	售价（元）	发行量（万枚）	市场参考价格（元）
1-1	80	1.00		10.00（白片 1500.00）

版别：胶版

设计者：王小月

会徽设计者：赵延成

责任编辑：杨晓栋

印制厂：北京邮票厂

PP157 沙漠植物——四合木
PP157 Desert Plants:Tetraena mongolica

2007 年 8 月 21 日发行

全套 1 枚

明信片邮票规格： 23mm × 31mm

明信片规格： 148mm × 100mm

1-1 沙漠植物——四合木

序号	面值（分）	售价（元）	发行量（万枚）	市场参考价格（元）
1-1	80	1.00		5.00（白片 1200.00）

版别：胶版

设计者：李群

摄影者：杨杰

责任编辑：杨晓栋

印制厂：广东信源彩色印务有限公司

PP158 厦门园博园 · 杏林阁
PP158 Xinglin Pavilion of Xiamen Garden Expo

2007 年 8 月 22 日发行

全套 1 枚

明信片邮票规格： 27mm × 20mm

明信片规格： 125mm × 78mm

1-1 厦门园博园 · 杏林阁

序号	面值（分）	售价（元）	发行量（万枚）	市场参考价格（元）
1-1	80	1.00		8.00（白片 800.00）

版别：胶版

设计者：李群

摄影者：吴明芳

责任编辑：杨晓栋

印制厂：浙江省邮电印刷厂

PP159 瓷房子
PP159 Porcelain House

2007 年 9 月 3 日发行

全套 1 枚

明信片邮票规格： 25mm × 30mm

明信片规格： 148mm × 100mm

1-1 瓷房子

序号	面值（分）	售价（元）	发行量（万枚）	市场参考价格（元）
1-1	80	1.00		5.00（白片 1000.00）

版别：胶版

设计者：任国恩、李群

责任编辑：杨晓栋

印制厂：北京邮票厂

PP160 广州陈家祠
PP160 Chen Clan Temple in Guangzhou

2007 年 9 月 20 日发行

全套 1 枚

明信片邮票规格： 30mm × 22mm

明信片规格： 148mm × 100mm

1-1 广州陈家祠

序号	面值（分）	售价（元）	发行量（万枚）	市场参考价格（元）
1-1	80	1.00		10.00（白片 500.00）

版别：胶版

设计者：李群

摄影者：李卓祺

责任编辑：杨晓栋

印制厂：广东信源彩色印务有限公司

PP161 大连星海湾广场
PP161 Xinghai Square of Dalian

2007 年 9 月 30 日发行

全套 1 枚

明信片邮票规格： 30mm × 22mm

明信片规格： 148mm × 100mm

1-1 大连星海湾广场

序号	面值（分）	售价（元）	发行量（万枚）	市场参考价格（元）
1-1	80	1.00		5.00（白片 600.00）

版别：胶版

设计者：李群

摄影者：刘国良

责任编辑：杨晓栋

印制厂：辽宁省沈阳邮电印刷厂

PP162 宜兴紫砂陶——提梁壶
PP162 Yixing Pottery:Beam Lifting Pot

2007 年 10 月 8 日发行

全套 1 枚

明信片邮票规格： 22mm × 30mm

明信片规格： 148mm × 100mm

1-1 宜兴紫砂陶——提梁壶

序号	面值（分）	售价（元）	发行量（万枚）	市场参考价格（元）
1-1	80	1.00		5.00（白片 400.00）

版别：胶版

设计者：李群

摄影者：陈健

责任编辑：杨晓栋

印制厂：江苏省邮电印刷厂

PP163 韶山滴水洞
PP163 Dishui Cave of Shaoshan

2007 年 11 月 1 日发行

全套 1 枚

明信片邮票规格： 28mm × 20mm

明信片规格： 125mm × 78mm

1-1 韶山滴水洞

序号	面值（分）	售价（元）	发行量（万枚）	市场参考价格（元）
1-1	80	1.00		10.00（白片 800.00）

版别：胶版
防伪方式：防伪油墨、微缩文字
设计者：李群
摄影者：杨小丹
责任编辑：杨晓栋
印制厂：广东信源彩色印务有限公司

PP164 和谐号动车组
PP164 Harmonious Brand CRH（China Railways High-Speed）

2007 年 11 月 28 日发行
全套 1 枚
明信片邮票规格：24.5mm × 19.5mm
明信片规格：125mm × 78mm
1-1 和谐号动车组

序号	面值（分）	售价（元）	发行量（万枚）	市场参考价格（元）
1-1	80	1.00		8.00（白片 1000.00）

版别：胶版
设计者：阎炳武、陈洁
摄影者：杨阳
责任编辑：杨晓栋
印制厂：河南省邮电印刷厂

PP165 峨眉山金顶十方普贤像
PP165 Golden Summit Shifang Puxian Statue in Emei Mountain

2007 年 12 月 3 日发行
全套 1 枚
明信片邮票规格：28mm × 18mm
明信片规格：125mm × 78mm
1-1 峨眉山金顶十方普贤像

序号	面值（分）	售价（元）	发行量（万枚）	市场参考价格（元）
1-1	80	1.00		8.00（白片 1000.00）

版别：胶版
设计者：李群
摄影者：吴健
责任编辑：杨晓栋
印制厂：四川省邮电印制厂

PP166 五粮液古窖池 · 明
PP166 Ancient Pits of Wuliangye Alcohol of Ming Dynasty

2007 年 12 月 15 日发行
全套 1 枚
明信片邮票规格：30mm × 23mm
明信片规格：148mm × 100mm
1-1 五粮液古窖池 · 明

序号	面值（分）	售价（元）	发行量（万枚）	市场参考价格（元）
1-1	80	1.00		5.00（白片 1000.00）

版别：胶版
设计者：李群
资料提供：五粮液集团公司
责任编辑：杨晓栋
印制厂：四川省邮电印制厂

PP167 携手慈善 共创和谐
PP167 Do Charitable Work Together to Create Harmony

2008 年 1 月 1 日发行
全套 1 枚
明信片邮票规格：27mm × 32mm
明信片规格：148mm × 100mm
1-1 携手慈善 共创和谐

序号	面值（分）	售价（元）	发行量（万枚）	市场参考价格（元）
1-1	80	1.00		5.00（白片 250.00）

版别：胶版
设计者：梁永刚
责任编辑：杨晓栋
印制厂：中国人民解放军第 1206 工厂

PP168 开封府
PP168 Ancient Kaifeng Government Office

2008 年 2 月 26 日发行
全套 1 枚
明信片邮票规格：26mm × 20mm
明信片规格：125mm × 78mm
1-1 开封府

序号	面值（分）	售价（元）	发行量（万枚）	市场参考价格（元）
1-1	80	1.00		5.00（白片 1000.00）

版别：胶版
设计者：李彬
摄影者：刘天增
责任编辑：杨晓栋
印制厂：河南省邮电印刷厂

PP169 网络门牌
PP169 Network House Numbers

2008 年 3 月 22 日发行
全套 1 枚
明信片邮票规格：25mm × 18mm
明信片规格：148mm × 100mm
1-1 网络门牌

序号　面值　售价　发行量　市场参考价格
（分）（元）（万枚）　（元）
1-1　80　1.00　5.00（白片 800.00）
版别：胶版
设计者：阎炳武
责任编辑：杨晓栋
印制厂：福建省邮电印刷厂

PP170 惠州西湖
PP170 West Lake of Huizhou
2008 年 4 月 5 日发行
全套 1 枚
明信片邮票规格： 26mm × 18mm
明信片规格： 148mm × 100mm
1-1 惠州西湖

序号　面值　售价　发行量　市场参考价格
（分）（元）（万枚）　（元）
1-1　80　1.00　5.00（白片 1200.00）
版别：胶版
设计者：黄晓民
摄影者：吴燕峰
责任编辑：杨晓栋
印制厂：广东信源彩色印务有限公司

PP171 金达莱
PP171 Rhododendron
2008 年 6 月 5 日发行
全套 1 枚
明信片邮票规格： 30mm × 23mm
明信片规格： 148mm × 100mm
1-1 金达莱

序号　面值　售价　发行量　市场参考价格
（分）（元）（万枚）　（元）
1-1　80　1.00　5.00（白片 1200.00）
版别：胶版
设计者：李群
摄影者：许先行
责任编辑：杨晓栋
印制厂：辽宁省沈阳邮电印刷厂

PP172 昆明世博园花园大道
PP172 World Expo Garden Boulevard in Kunming
2008 年 6 月 10 日发行
全套 1 枚
明信片邮票规格： 26mm × 21mm
明信片规格： 125mm × 78mm
1-1 昆明世博园花园大道

序号　面值　售价　发行量　市场参考价格
（分）（元）（万枚）　（元）
1-1　80　1.00　10.00（白片 1000.00）
版别：胶版
设计者：阳晨波
摄影者：李学辉
责任编辑：杨晓栋
印制厂：河南省邮电印刷厂

PP173 与爱同行
PP173 We love together
2008 年 6 月 25 日发行
全套 1 枚
明信片邮票规格： 23mm × 30mm
明信片规格： 148mm × 100mm
1-1 与爱同行

序号　面值　售价　发行量　市场参考价格
（分）（元）（万枚）　（元）
1-1　80　1.00　5.00（白片 1500.00）
版别：胶版
设计者：邢文伟
责任编辑：杨晓栋
印制厂：四川省邮电印制厂

PP174 青海湖
PP174 Qinghai Lake
2008 年 7 月 9 日发行
全套 1 枚
明信片邮票规格： 32mm × 20mm （异形）
明信片规格： 148mm × 100mm
1-1 青海湖

序号　面值　售价　发行量　市场参考价格
（分）（元）（万枚）　（元）
1-1　80　1.00　8.00（白片 1500.00）
版别：胶版
设计者：王虎鸣
责任编辑：杨晓栋
印制厂：河南省邮电印刷厂

PP175 青海湖
PP175 Qinghai Lake
2008 年 7 月 9 日发行
全套 1 枚
明信片邮票规格：对角线 28mm × 21mm（菱形）
明信片规格： 125mm × 78mm
1-1 青海湖

序号　面值　售价　发行量　市场参考价格
（分）（元）（万枚）　（元）
1-1　80　1.00　8.00（白片 1500.00）
版别：胶版
设计者：王虎鸣
责任编辑：杨晓栋
印制厂：河南省邮电印刷厂

PP176 嘉峪关
PP176 Jiayu Pass of Great Wall
2008 年 8 月 1 日发行
全套 1 枚
明信片邮票规格： 27mm × 20mm
明信片规格： 125mm × 78mm
1-1 嘉峪关

序号	面值（分）	售价（元）	发行量（万枚）	市场参考价格（元）
1-1	80	1.00		5.00（白片 800.00）

版别：胶版
设计者：邢文伟
摄影者：周丰元
责任编辑：杨晓栋
印制厂：甘肃瑞通邮政印刷有限责任公司

PP177 伏羲庙
PP177 Fuxi Temple
2008 年 8 月 1 日发行
全套 1 枚
明信片邮票规格：27mm × 20mm
明信片规格：125mm × 78mm
1-1 伏羲庙

序号	面值（分）	售价（元）	发行量（万枚）	市场参考价格（元）
1-1	80	1.00		5.00（白片 700.00）

版别：胶版
设计者：邢文伟
摄影者：徐正宇
责任编辑：杨晓栋
印制厂：甘肃瑞通邮政印刷有限责任公司

PP178 舟山桃花岛
PP178 Peach Blossom Island of Zhoushan
2008 年 8 月 1 日发行
全套 1 枚
明信片邮票规格：27mm × 20mm
明信片规格：125mm × 78mm
1-1 舟山桃花岛

序号	面值（分）	售价（元）	发行量（万枚）	市场参考价格（元）
1-1	80	1.00		5.00（白片 400.00）

版别：胶版
设计者：邢文伟
摄影者：马如德
责任编辑：杨晓栋
印制厂：浙江省邮电印刷厂

PP179 东莞西城楼
PP179 West Gate Tower of Dongguan
2008 年 8 月 7 日发行
全套 1 枚
明信片邮票规格：31mm × 23mm
明信片规格：148mm × 100mm
1-1 东莞西城楼

序号	面值（分）	售价（元）	发行量（万枚）	市场参考价格（元）
1-1	80	1.00		5.00（白片 800.00）

版别：胶版
设计者：任国恩
背景设计者：舒勤
摄影者：王晓强
责任编辑：杨晓栋
印制厂：广东信源彩色印务有限公司

PP180 北京 2008 年残奥会闭幕式纪念
PP180 In Commemoration of Closing Ceremony of 2008 Beijing Paralympic Games
2008 年 9 月 17 日发行
全套 1 枚
明信片邮票规格：28mm × 21mm
明信片规格：148mm × 100mm
1-1 北京 2008 年残奥会闭幕式纪念
背面图案：国家体育场（鸟巢）与红叶

序号	面值（分）	售价（元）	发行量（万枚）	市场参考价格（元）
1-1	80	1.00		10.00

版别：胶版
设计者：王虎鸣
责任编辑：陈宜思
印制厂：北京邮票厂

PP181 罗浮山
PP181 Luofu Mountain
2008 年 9 月 26 日发行
全套 1 枚
明信片邮票规格：28mm × 20mm
明信片规格：148mm × 100mm
1-1 罗浮山

序号	面值（分）	售价（元）	发行量（万枚）	市场参考价格（元）
1-1	80	1.00		5.00（白片 800.00）

版别：胶版
设计者：谢泽南
责任编辑：杨晓栋
印制厂：广东信源彩色印务有限公司

PP182 砚都肇庆
PP182 Zhaoqing,Capital of Inkstone
2008 年 9 月 27 日发行
全套 1 枚
明信片邮票规格：28mm × 21mm
明信片规格：125mm × 78mm
1-1 中国砚都·广东肇庆

序号	面值（分）	售价（元）	发行量（万枚）	市场参考价格（元）
1-1	80	1.00		15.00（白片 400.00）

版别：胶版
设计者：王虎鸣
摄影者：梁锡明
责任编辑：杨晓栋
印制厂：广东信源彩色印务有限公司

PP183 南山大佛
PP183 Giant Buddha in Nanshan Mountain

2008 年 10 月 6 日发行
全套 1 枚
明信片邮票规格： 25mm × 21mm
明信片规格： 125mm × 78mm
1-1 南山大佛

序号	面值（分）	售价（元）	发行量（万枚）	市场参考价格（元）
1-1	80	1.00		15.00（白片 400.00）

版别：胶版
设计者：呼振源
摄影者：李建超
责任编辑：杨晓栋
印制厂：山东金邮印务股份有限公司

PP184 绘画作品——贵妃醉酒
PP184 Painting:Drunken Beauty

2008 年 11 月 3 日发行
全套 1 枚
明信片邮票规格： 29mm × 23mm
明信片规格： 148mm × 100mm
1-1 绘画作品——贵妃醉酒

序号	面值（分）	售价（元）	发行量（万枚）	市场参考价格（元）
1-1	80	1.00		150.00（白片 2000.00）

版别：胶版
设计者：尚盈
责任编辑：杨晓栋
印制厂：浙江省邮电印刷厂

PP185 宝相寺太子灵踪塔
PP185 Prince Lingzong Pagoda in Baoxiang Temple

2008 年 11 月 10 日发行
全套 1 枚
明信片邮票规格： 25mm × 33mm
明信片规格： 148mm × 100mm
1-1 宝相寺太子灵踪塔

序号	面值（分）	售价（元）	发行量（万枚）	市场参考价格（元）
1-1	80	1.00		15.00（白片 1500.00）

版别：胶版
设计者：郭延静
摄影者：李成伟
责任编辑：杨晓栋
印制厂：山东省邮电印刷厂

PP186 居庸关
PP186 Juyong Pass of Great Wall

2009 年 6 月 13 日发行
全套 1 枚
明信片邮票规格： 30mm × 23mm
明信片规格： 148mm × 100mm
1-1 居庸关

序号	面值（分）	售价（元）	发行量（万枚）	市场参考价格（元）
1-1	80	1.00		15.00（白片 800.00）

版别：胶版
设计者：毛燕
摄影者：张宇英
责任编辑：杨晓栋
印制厂：北京邮票厂

PP187 中国 2010 年上海世博会会徽
PP187 Emblem of World Exposition 2010 Shanghai,China

2009 年 6 月 15 日发行
全套 1 枚
明信片邮票规格：直径 26mm （圆形）
明信片规格： 148mm × 100mm
1-1 中国 2010 年上海世博会会徽

序号	面值（分）	售价（元）	发行量（万枚）	市场参考价格（元）
1-1	80	1.00		15.00（白片 500.00）

版别：胶版
设计者：郝欧
资料提供：上海世博会事务协调局
责任编辑：董研
印制厂：上海证券印制有限公司

PP188 明十三陵 · 长陵
PP188 Chang Mausoleum, Tombs of Ming Dynasty

2009 年 6 月 20 日发行
全套 1 枚
明信片邮票规格： 25mm × 33mm
明信片规格： 148mm × 100mm
1-1 明十三陵 · 长陵

序号	面值（分）	售价（元）	发行量（万枚）	市场参考价格（元）
1-1	80	1.00		15.00（白片 400.00）

版别：胶版
设计者：王雨辰
摄影者：王颖
责任编辑：杨晓栋
印制厂：北京邮票厂

PP189　天安门
PP189　Tian' anmen

2009 年 6 月 20 日发行
全套 1 枚
明信片邮票规格：28mm × 22mm
明信片规格：148mm × 100mm
1-1　天安门

序号	面值（分）	售价（元）	发行量（万枚）	市场参考价格（元）
1-1	80	1.00		10.00（白片 1000.00）

版别：胶版
设计者：沈嘉宏
摄影者：尚盈
责任编辑：王静
印制厂：广东信源彩色印务有限公司
注：另见有规格为 165mm × 115mm 的普通邮资明信片。

PP190　四羊方尊
PP190　Four Sheep Square Bronze

2009 年 9 月 10 日发行
全套 1 枚
明信片邮票规格：28mm × 34mm
明信片规格：148mm × 100mm
1-1　四羊方尊

序号	面值（分）	售价（元）	发行量（万枚）	市场参考价格（元）
1-1	80	1.00		100.00

版别：胶版
防伪方式：光敏油墨
设计者：杭海
责任编辑：杨晓栋
印制厂：北京邮票厂

PP191　中国 2010 年上海世博会吉祥物（国际资费）
PP191　The Mascot of World Expo 2010 Shanghai,China（International Postage）

2009 年 12 月 18 日发行
全套 1 枚
明信片邮票规格：37mm × 32mm（异形）
明信片规格：165mm × 115mm
1-1　中国 2010 年上海世博会吉祥物

序号	面值（元）	售价（元）	发行量（万枚）	市场参考价格（元）
1-1	4.50	4.80		25.00（白片 3000.00）

版别：胶版
设计者：尚盈
图片资料提供：上海世博会事务协调局
责任编辑：董研
印制厂：上海证券印制有限公司
注：明信片铭记为“中国邮政”。

PP192　上海长江隧桥
PP192　Yangtze River Tunnel and Bridge of Shanghai

2009 年 12 月 28 日发行
全套 1 枚
明信片邮票规格：30mm × 24mm
明信片规格：148mm × 100mm
1-1　上海长江隧桥

序号	面值（分）	售价（元）	发行量（万枚）	市场参考价格（元）
1-1	80	1.00		15.00

版别：胶版
设计者：马金宇
责任编辑：杨晓栋
印制厂：浙江省邮电印刷股份有限公司

PP193　海峡旅游
PP193　Straits Tourism

2010 年 4 月 10 日发行
全套 1 枚
明信片邮票面值：80 分
明信片邮票规格：28mm × 21mm
明信片规格：148mm × 100mm
1-1　海峡旅游

序号	面值（分）	售价（元）	发行量（万枚）	市场参考价格（元）
1-1	80	1.00		15.00

版别：胶版
设计者：杨戈
责任编辑：杨晓栋
印制厂：福建省邮电印刷厂

PP194　布达拉宫
PP194　Potala Palace

2010 年 4 月 16 日发行
全套 1 枚
明信片邮票面值：80 分
明信片邮票规格：26mm × 16mm
明信片规格：125mm × 78mm
1-1　布达拉宫

序号	面值（分）	售价（元）	发行量（万枚）	市场参考价格（元）
1-1	80	1.00		15.00

版别：胶版
设计者：任国恩
责任编辑：杨晓栋
印制厂：江苏省邮电印刷厂

PP195 黄鹤楼
PP195 Yellow Crane Tower

2010 年 4 月 28 日发行
全套 1 枚
明信片邮票面值： 80 分
明信片邮票规格： 22mm × 22mm
明信片规格： 125mm × 78mm
1-1 黄鹤楼

序号	面值（分）	售价（元）	发行量（万枚）	市场参考价格（元）
1-1	80	1.00		15.00

版别：胶版
设计者：史渊
责任编辑：杨晓栋
印制厂：湖北鸿泰邮政印务有限公司

PP196 映日荷花（2010）
PP196 Red Lotus with Mirrored Sun (2010)

2010 年 4 月 28 日发行
全套 1 枚
明信片邮票规格： 30mm × 24mm
明信片规格： 165mm × 115mm
1-1 映日荷花

序号	面值（分）	售价（元）	发行量（万枚）	市场参考价格（元）
1-1	80	1.00		15.00

版别：胶版
设计者：张桂徵
责任编辑：虞平
印制厂：河南省邮电印刷厂
注：2005 年 9 月 20 日曾经发行过面值 60 分的《映日荷花》普通邮资明信片，规格为 148mm × 100mm。

PP197 中国 2010 年上海世博会会徽（2010）
PP197 Emblem of World Expo 2010 Shanghai,China (2010)

2010 年 5 月 7 日发行
全套 1 枚
明信片邮票规格：直径 26mm （圆形）
明信片规格： 165mm × 115mm
1-1 中国 2010 年上海世博会会徽

序号	面值（分）	售价（元）	发行量（万枚）	市场参考价格（元）
1-1	80	1.00		15.00

版别：胶版
设计者：郝欧
资料提供：上海世博会事务协调局
责任编辑：董研
印制厂：上海证券印制有限公司
注：2009 年 6 月 15 日曾经发行过面值 80 分的《中国 2010 年上海世博会会徽》普通邮资明信片，规格为 148mm × 100mm。

PP198 第 16 届亚洲运动会吉祥物
PP198 Mascot of 16th Asian Games

2010 年 8 月 4 日发行
全套 1 枚
明信片邮票规格：对角线 32mm × 32mm（菱形）
明信片规格： 148mm × 100mm
1-1 第 16 届亚洲运动会吉祥物

序号	面值（分）	售价（元）	发行量（万枚）	市场参考价格（元）
1-1	80	1.00		15.00

版别：胶版
设计者：方军
资料提供：第 16 届亚洲运动会组委会
责任编辑：董研
印制厂：广东信源彩色印务有限公司

PP199 第 16 届亚洲运动会吉祥物
PP199 Mascot of 16th Asian Games

2010 年 9 月 10 日发行
全套 1 枚
明信片邮票规格：对角线 32mm × 32mm（菱形）
明信片规格： 125mm × 78mm
1-1 第 16 届亚洲运动会吉祥物

序号	面值（分）	售价（元）	发行量（万枚）	市场参考价格（元）
1-1	80	1.00		100.00

版别：胶版
设计者：方军
资料提供：第 16 届亚洲运动会组委会
责任编辑：董研
印制厂：广东信源彩色印务有限公司

PP200 居庸关（2010）
PP200 Juyong Pass of the Great Wall (2010)

2010 年 11 月 5 日发行
全套 1 枚
明信片邮票规格： 30mm × 23mm
明信片规格： 125mm × 78mm
1-1 居庸关（2010）

序号	面值（分）	售价（元）	发行量（万枚）	市场参考价格（元）
1-1	80	1.00		15.00（白片 80.00）

版别：胶版
设计者：毛燕
摄影者：张宇英

责任编辑：杨晓栋
印制厂：北京邮票厂
注：2009年6月13日曾经发行过面值80分的《居庸关》普通邮资明信片，规格为148mm×100mm。

PP201 美在黑龙江
PP201 Beautiful Heilongjiang
2011年2月25日发行
全套1枚
明信片邮票规格：28mm×28mm
明信片规格：148mm×100mm
1-1 美在黑龙江

序号	面值（分）	售价（元）	发行量（万枚）	市场参考价格（元）
1-1	80	1.00		15.00

版别：胶版
设计者：岳昕
责任编辑：秦巍
印制厂：辽宁省沈阳邮电印刷厂

PP202 大足石刻·日月观音
PP202 Dazu Rock Carvings · Sun moon Avalokite' vara
2011年3月9日发行
全套1枚
明信片邮票规格：27mm×27mm
明信片规格：125mm×78mm
1-1 大足石刻·日月观音

序号	面值（分）	售价（元）	发行量（万枚）	市场参考价格（元）
1-1	80	1.00		15.00

版别：胶版
设计者：任国恩
摄影者：任国恩
责任编辑：杨晓栋
印制厂：四川省邮电印制有限责任公司

PP203 和谐深圳
PP203 Harmonious Shenzhen
2011年6月18日发行
全套1枚
明信片邮票规格：30mm×40mm
明信片规格：148mm×100mm
1-1 和谐深圳

序号	面值（分）	售价（元）	发行量（万枚）	市场参考价格（元）
1-1	80	1.00		15.00

版别：胶版
设计者：呼振源
摄影者：韦洪兴
责任编辑：杨晓栋
印制厂：广东信源彩色印务有限公司

PP204 广州塔
PP204 Canton Tower
2011年6月28日发行
全套1枚
明信片邮票规格：20mm×30mm
明信片规格：125mm×78mm
1-1 广州塔

序号	面值（分）	售价（元）	发行量（万枚）	市场参考价格（元）
1-1	80	1.00		15.00

版别：胶版
设计者：于艳秋、郭承辉
责任编辑：杨晓栋
印制厂：广东信源彩色印务有限公司

PP205 2011西安世界园艺博览会吉祥物
PP205 Mascot of International Horticultural Exposition 2011 Xi' an
2011年7月1日发行
全套1枚
明信片邮票规格：32mm×24mm
明信片规格：148mm×100mm
1-1 2011西安世界园艺博览会吉祥物

序号	面值（分）	售价（元）	发行量（万枚）	市场参考价格（元）
1-1	80	1.00		15.00

版别：胶版
设计者：陈绍华
资料提供：西安世界园艺博览会筹备委员会办公室
责任编辑：陈静芝
印制厂：河南省邮电印刷厂

PP206 漠河·北极圣诞
PP206 Mohe · North Pole Christmas
2011年7月5日发行
全套1枚
明信片邮票规格：30mm×23mm
明信片规格：148mm×100mm
1-1 漠河·北极圣诞

序号	面值（分）	售价（元）	发行量（万枚）	市场参考价格（元）
1-1	80	1.00		15.00

版别：胶版
设计者：刘欲晓
责任编辑：杨晓栋
印制厂：山东省金邮印务有限公司

PP207 中国航空博物馆
PP207 China Aviation Museum
2011年11月11日发行
全套1枚
明信片邮票规格：35mm×24mm
明信片规格：148mm×100mm
1-1 中国航空博物馆

序号	面值（分）	售价（元）	发行量（万枚）	市场参考价格（元）
1-1	80	1.00		15.00

版别：胶版
设计者：马立航、邢文伟、孟庆晨
责任编辑：杨晓栋
印制厂：北京邮票厂

PP208 网络生活 e 时代
PP208 E-era Network of Life

2011 年 12 月 15 日发行
全套 1 枚
明信片邮票规格： 22mm × 22mm
明信片规格： 148mm × 100mm
1-1 网络生活 e 时代

序号	面值（分）	售价（元）	发行量（万枚）	市场参考价格（元）
1-1	80	1.00		15.00

版别：胶版
设计者：王虎鸣
责任编辑：杨晓栋
印制厂：广东信源彩色印务有限公司

PP209 中国银行
PP209 Bank of China

2012 年 2 月 5 日发行
全套 1 枚
明信片邮票规格： 22mm × 24mm
明信片规格： 148mm × 100mm
1-1 中国银行

序号	面值（分）	售价（元）	发行量（万枚）	市场参考价格（元）
1-1	80	1.00		15.00（白片 60.00）

版别：胶版
设计者：马立航、李群
责任编辑：杨晓栋
印制厂：北京邮票厂

PP210 2012 年中国邮政贺卡标识（千秋文脉）
PP210 2012 China Postal Card Identification (Future Context)

2012 年 3 月 1 日发行
全套 2 枚
明信片邮票规格： 26mm × 26mm
明信片规格： 165mm × 115mm
2-1 2012 年中国邮政贺卡标识 天行健 君子以自强不息
2-2 2012 年中国邮政贺卡标识 地势坤 君子以厚德载物

2-1

2-1 背面

2-2

2-2 背面

序号	面值（分）	售价（元）	发行量（万枚）	市场参考价格（元）
全套	80 × 2			15.00

版别：胶版（背面为雕刻版）
设计者：李晨
原画作者：马刚
雕刻者：马丁·莫克（丹麦）
责任编辑：陈宜思
印制厂：北京邮票厂
注：作为 2012 年中国邮政贺卡获奖纪念的奖品。

PP211 爱电影 看天下
PP211 Love the Movie to See the World

2012 年 3 月 1 日发行
全套 1 枚
明信片邮票规格： 30mm × 23mm
明信片规格： 125mm × 78mm
1-1 爱电影 看天下

序号	面值（分）	售价（元）	发行量（万枚）	市场参考价格（元）
1-1	80	1.00		15.00（白片 80.00）

版别：胶版
设计者：王旭
责任编辑：王静
印制厂：佳人递贺卡（北京）有限公司
注：另见有规格为 148mm × 100mm 的邮资明信片。

PP212 南通狼山
PP212 Langshan Mountain in Nantong

2012 年 5 月 1 日发行
全套 1 枚
明信片邮票规格： 27mm × 18mm
明信片规格： 125mm × 78mm
1-1 南通狼山

序号	面值（分）	售价（元）	发行量（万枚）	市场参考价格（元）
1-1	80	1.00		15.00

版别：胶版
设计者：马立航
原画作者：沈启鹏
责任编辑：杨晓栋
印制厂：广东信源彩色印务有限公司

PP213 米奇
PP213 Mickey
2012 年 6 月 1 日发行
全套 1 枚
明信片邮票规格：25mm × 25mm
明信片规格：148mm × 100mm
1-1 米奇

序号	面值（分）	售价（元）	发行量（万枚）	市场参考价格（元）
1-1	80	1.00		15.00（白片 80.00）

版别：胶版
设计者：华特迪士尼（上海）有限公司
责任编辑：杨晓栋
印制厂：上海界龙现代印刷纸品有限公司

PP214 漠河 · 北极圣诞（2012）
PP214 Mohe · North Pole Christmas (2012)
2012 年 6 月 18 日发行
全套 1 枚
明信片邮票规格：30mm × 23mm
明信片规格：125mm × 78mm
1-1 漠河 · 北极圣诞

序号	面值（分）	售价（元）	发行量（万枚）	市场参考价格（元）
1-1	80	1.00		15.00（白片 80.00）

版别：胶版
设计者：刘欲晓
责任编辑：杨晓栋
印制厂：山东金邮印务股份有限公司
注：2011 年 7 月 5 日曾经发行过面值 80 分的《漠河 · 北极圣诞》普通邮资明信片，规格为 148mm × 100mm。

PP215 美在黑龙江（2012）
PP215 Beautiful Heilongjiang (2012)
2012 年 6 月 28 日发行
全套 1 枚
明信片邮票规格：28mm × 28mm
明信片规格：125mm × 78mm
1-1 美在黑龙江

序号	面值（分）	售价（元）	发行量（万枚）	市场参考价格（元）
1-1	80	1.00		15.00（白片 80.00）

版别：胶版
设计者：岳昕
责任编辑：杨晓栋
印制厂：辽宁省沈阳邮电印刷厂
注：2011 年 2 月 25 日曾经发行过面值 80 分的《美在黑龙江》普通邮资明信片，规格为 148mm × 100mm。

PP216 蛟龙探海
PP216 Dragon Goes to Sea
2012 年 7 月 16 日发行
全套 1 枚
明信片邮票规格：20mm × 25mm
明信片规格：125mm × 78mm
1-1 蛟龙探海

序号	面值（分）	售价（元）	发行量（万枚）	市场参考价格（元）
1-1	80	1.00		15.00（白片 80.00）

版别：胶版
设计者：原艺珊
责任编辑：杨晓栋
印制厂：北京邮票厂

PP217 长江三峡工程
PP217 Three Gorges Water Conservancy Project of Yangtze River
2012 年 9 月 23 日发行
全套 1 枚
明信片邮票规格：32mm × 25mm
明信片规格：148mm × 100mm
1-1 长江三峡工程

序号	面值（分）	售价（元）	发行量（万枚）	市场参考价格（元）
1-1	80	1.00		15.00

版别：胶版
设计者：刘晓梁
原画作者：刘祚忠
责任编辑：杨晓栋
印制厂：湖北鸿泰安全印务有限公司

PP218 牡丹花都 · 洛阳
PP218 The Peony Capital, Luoyang
2012 年 10 月 9 日发行
全套 1 枚
明信片邮票规格：25mm × 25mm（异形）
明信片规格：125mm × 78mm
1-1 牡丹花都 · 洛阳

序号	面值（分）	售价（元）	发行量（万枚）	市场参考价格（元）
1-1	80	1.00		15.00

版别：胶版
设计者：赵彬
责任编辑：杨晓栋
印制厂：河南省邮电印刷厂

PP219 灵秀湖北
PP219 Scenic Hubei
2012 年 12 月 18 日发行
全套 2 枚
明信片邮票规格：（2-1）32mm × 22mm
（2-2）28mm × 19mm
明信片规格：（2-1）148mm × 100mm
（2-2）125mm × 78mm
2-1 灵秀湖北
2-2 灵秀湖北

序号	面值（分）	售价（元）	发行量（万枚）	市场参考价格（元）
2-1	80	1.00		10.00
2-2	80	1.00		10.00

版别：胶版
设计者：邢文伟
资料提供：湖北省旅游局
责任编辑：杨晓栋
印制厂：湖北鸿泰安全印务有限公司

PP220 鼓浪屿
PP220 Gulangyu Island
2013 年 1 月 25 日发行
全套 1 枚
明信片邮票规格： 32mm × 21mm
明信片规格： 148mm × 100mm
1-1 鼓浪屿

序号	面值（分）	售价（元）	发行量（万枚）	市场参考价格（元）
1-1	80	1.00		15.00

版别：胶版
设计者：李庆发
责任编辑：杨晓栋
印制厂：福建省邮电印刷厂

PP221 法门寺
PP221 Famen Temple
2013 年 3 月 15 日发行
全套 1 枚
明信片邮票规格： 21mm × 28mm
明信片规格： 125mm × 78mm
1-1 法门寺

序号	面值（分）	售价（元）	发行量（万枚）	市场参考价格（元）
1-1	80	1.00		15.00

版别：胶版
设计者：王虎鸣
责任编辑：杨晓栋
印制厂：甘肃瑞通邮政印刷有限责任公司

PP222 珠穆朗玛峰
PP222 Mount Qomolangma
2013 年 3 月 28 日发行
全套 1 枚
明信片邮票规格： 35mm × 21mm
明信片规格： 148mm × 100mm
1-1 珠穆朗玛峰

序号	面值（分）	售价（元）	发行量（万枚）	市场参考价格（元）
1-1	80	1.00		15.00

版别：胶版
设计者：方军
摄影者：格桑贡嘎
责任编辑：杨晓栋
印制厂：河南省邮电印刷厂

PP223 2013 年中国邮政贺卡标识（灵蛇报恩）
PP223 2012 China Postal Card Identification（Snake Gratitude）
2013 年 4 月 1 日发行
全套 1 枚
明信片邮票规格： 26mm × 26mm
明信片规格： 165mm × 115mm
1-1 2013 年中国邮政贺卡标识
A：隋侯出行，见大蛇被伤中断
B：疑其灵异，使人以药封之
C：蛇乃能走
D：岁余，蛇衔明珠以报之

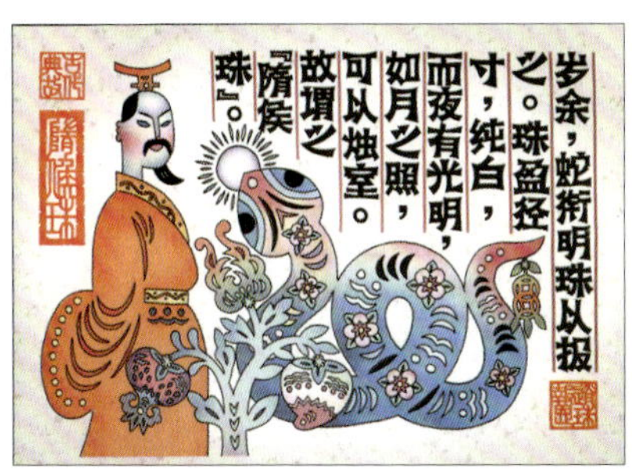

序号	面值（分）	售价（元）	发行量（万枚）	市场参考价格（元）
全套	80 × 4	1.10 × 4		15.00

版别：胶版（背面为雕刻版）
设计者：于平、任凭
原作者：马刚
责任编辑：陈宜思
印制厂：北京邮票厂
注：作为 2013 年中国邮政贺卡获奖纪念的奖品。

PP224 人文陕西
PP224 Humanities Shaanxi

2013 年 4 月 26 日发行
全套 1 枚
明信片邮票规格： 23mm × 26mm
明信片规格： 148mm × 100mm
1-1 人文陕西

序号	面值（分）	售价（元）	发行量（万枚）	市场参考价格（元）
1-1	80	1.00		15.00

版别：胶版
设计者：王虎鸣
责任编辑：杨晓栋
印制厂：河南省邮电印刷厂

PP225 好客山东
PP225 Hospitality Shandong

2013 年 4 月 26 日发行
全套 2 枚
明信片邮票规格：（2-1） 30mm × 24mm
（2-2） 25mm × 20mm
明信片规格：（2-1） 148mm × 100mm
（2-2） 125mm × 78mm
2-1 好客山东
2-2 好客山东

序号	面值（分）	售价（元）	发行量（万枚）	市场参考价格（元）
2-1	80	1.00		15.00
2-2	80	1.00		15.00

版别：胶版
设计者：于秋艳
责任编辑：杨晓栋
印制厂：山东金邮印务股份有限公司

PP226 第八届中国花卉博览会会徽
PP226 Emblem of 8th China Flower Expo

2013 年 5 月 6 日发行
全套 1 枚
明信片邮票规格： 23mm × 23mm
明信片规格： 125mm × 78mm
1-1 第八届中国花卉博览会会徽

序号	面值（分）	售价（元）	发行量（万枚）	市场参考价格（元）
1-1	80	1.00		15.00

版别：胶版
设计者：邢文伟
资料提供：第八届中国花卉博览会组委会
责任编辑：杨晓栋
印制厂：江苏省邮电印刷厂

PP227 中国载人航天工程
PP227 China Manned Space Engineering

2013 年 6 月 11 日发行
全套 1 枚
明信片邮票规格： 31mm × 31mm （菱形）
明信片规格： 148mm × 100mm
1-1 中国载人航天工程

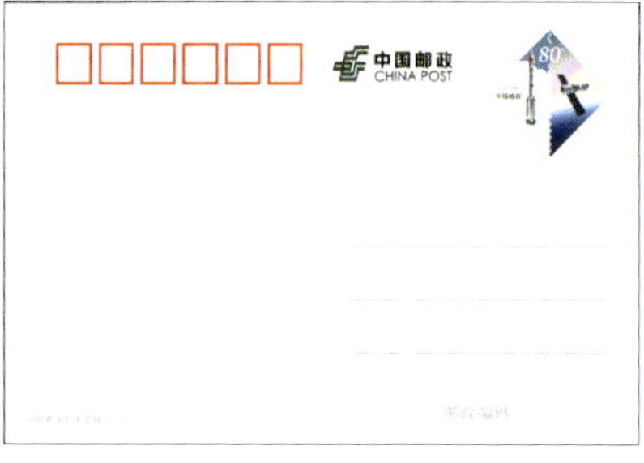

序号	面值（分）	售价（元）	发行量（万枚）	市场参考价格（元）
1-1	80	1.00		15.00

版别：胶版
设计者：马刚
资料提供：中国载人航天工程办公室
责任编辑：杨晓栋
印制厂：河南省邮电印刷厂

PP228 中国—东北亚博览会会徽
PP228 Emblem of China - Northeast Asia Expo

2013 年 8 月 20 日发行
全套 1 枚
明信片邮票规格： 27mm × 36mm
明信片规格： 148mm × 100mm
1-1 中国—东北亚博览会会徽

序号	面值（分）	售价（元）	发行量（万枚）	市场参考价格（元）
1-1	80	1.00		15.00

版别：胶版
设计者：马成旭
资料提供：吉林省博览事务局
责任编辑：杨晓栋
印制厂：辽宁省沈阳邮电印刷厂

PP229 集美鳌园
PP229 Jimei Turtle Garden

2013 年 10 月 21 日发行
全套 1 枚
明信片邮票规格： 30mm × 22mm
明信片规格： 148mm × 100mm
1-1 集美鳌园

序号	面值（分）	售价（元）	发行量（万枚）	市场参考价格（元）
1-1	80	1.00		15.00

版别：胶版
设计者：邢文伟、孟庆晨、杨戈、徐志宏
责任编辑：杨晓栋
印制厂：福建邮电印刷厂

PP230 明·铜鎏金释迦牟尼佛像
PP230 Gilt Copper Buddha Sakyamuni of Ming Dynasty

2013 年 10 月 27 日发行
全套 1 枚
明信片邮票规格： 24mm × 32mm

明信片规格： 148mm × 100mm

1-1 明 · 铜鎏金释迦牟尼佛像

序号	面值（分）	售价（元）	发行量（万枚）	市场参考价格（元）
1-1	80	1.00		15.00

版别：胶版

设计者：孟庆晨

摄影者：余宁川

责任编辑：杨晓栋

印制厂：北京邮票厂

PP231 孔庙—大成殿（2013）
PP231 Temple of Confucius : Dacheng Hall (2013)

2013 年 11 月 11 日发行

全套 1 枚

明信片邮票规格： 32mm × 23mm

明信片规格： 125mm × 78mm

1-1 孔庙—大成殿

序号	面值（分）	售价（元）	发行量（万枚）	市场参考价格（元）
1-1	80	1.00		15.00

版别：胶版

设计者：刘晓玲

摄影者：孙红晏

责任编辑：秦巍

印制厂：山东金邮印务股份有限公司

注： 2004 年 3 月 14 日曾经发行过面值 60 分的《孔庙—大成殿》普通邮资明信片，规格为 148mm × 100mm。

PP232 张家界天门山
PP232 Tianmen Mountain in Zhangjiajie

2013 年 11 月 28 日发行

全套 1 枚

明信片邮票规格： 28mm × 20mm

明信片规格： 125mm × 78mm

1-1 张家界天门山

序号	面值（分）	售价（元）	发行量（万枚）	市场参考价格（元）
1-1	80	1.00		15.00

版别：胶版

设计者：孟庆晨

责任编辑：杨晓栋

印制厂：湖南省邮电印务有限责任公司

PP233 安全进万家
PP233 Security Walked Ten Thousand

2013 年 12 月 16 日发行

全套 3 枚

明信片邮票规格：（3-1） 24mm × 24mm

（3-2） 26mm × 26mm

（3-3） 32mm × 32mm

明信片规格：（3-1） 125mm × 78mm

（3-2） 148mm × 100mm

（3-3） 165mm × 115mm

3-1 安全进万家

3-2 安全进万家

3-3 安全进万家

序号	面值（分）	售价（元）	发行量（万枚）	市场参考价格（元）
3-1	80	1.00		12.00
3-2	80	1.00		12.00
3-3	80	1.10		12.00

版别：胶版

设计者：杨志英

责任编辑：干止戈

印制厂：江苏省邮电印刷厂

PP234 民生直达
PP234 Directly to Livelihood of the People

2013 年 12 月 16 日发行

全套 3 枚

明信片邮票规格：

（3-1）对角线 28mm × 28mm （菱形）

（3-2）对角线 30mm × 30mm （菱形）

（3-3）对角线 38mm × 38mm （菱形）

明信片规格：（3-1） 125mm × 78mm

（3-2） 148mm × 100mm

（3-3） 165mm × 115mm

3-1 民生直达

3-2 民生直达

3-3 民生直达

序号	面值（分）	售价（元）	发行量（万枚）	市场参考价格（元）
3-1	80	1.00		12.00
3-2	80	1.00		12.00
3-3	80	1.10		12.00

版别：胶版
设计者：杨志英
责任编辑：干止戈
印制厂：江苏省邮电印刷厂

PP235 温暖回家路
PP235 Warm Way to Home
2013 年 12 月 16 日发行
全套 3 枚
明信片邮票规格：（3-1） 30mm × 23mm
（3-2） 32mm × 24mm
（3-3） 38mm × 28mm
明信片规格：（3-1） 125mm × 78mm
（3-2） 148mm × 100mm
（3-3） 165mm × 115mm
3-1 温暖回家路
3-2 温暖回家路
3-3 温暖回家路

序号	面值（分）	售价（元）	发行量（万枚）	市场参考价格（元）
3-1	80	1.00		12.00
3-2	80	1.00		12.00
3-3	80	1.10		12.00

版别：胶版
设计者：刘博
责任编辑：干止戈
印制厂：江苏省邮电印刷厂

PP236 爱
PP236 Love
2013 年 12 月 16 日发行
全套 3 枚
明信片邮票规格：
（3-1） 28mm × 24mm（异形）
（3-2） 30mm × 26mm（异形）
（3-3） 35mm × 30mm（异形）
明信片规格：（3-1） 125mm × 78mm
（3-2） 148mm × 100mm
（3-3） 165mm × 115mm
3-1 爱
3-2 爱
3-3 爱

序号	面值（分）	售价（元）	发行量（万枚）	市场参考价格（元）
3-1	80	1.00		12.00
3-2	80	1.00		12.00
3-3	80	1.10		12.00

版别：胶版
设计者：王静
责任编辑：干止戈
印制厂：江苏省邮电印刷厂

PP237 民生调查
PP237 Survey of Livelihood of the People
2013 年 12 月 16 日发行
全套 1 枚
明信片邮票规格：28mm × 28mm
明信片规格：148mm × 100mm
1-1 民生调查

序号	面值（分）	售价（元）	发行量（万枚）	市场参考价格（元）
1-1	80	1.00		15.00

版别：胶版
设计者：于秋艳、宋秋萍
责任编辑：杨晓栋
印制厂：北京邮票厂

PP238 卡通——红毛小 Q
PP238 Cartoon-Red Hair Small Q
2014 年 2 月 12 日发行
全套 1 枚
明信片邮票规格：30mm × 30mm
明信片规格：148mm × 100mm
1-1 卡通——红毛小 Q

序号	面值（分）	售价（元）	发行量（万枚）	市场参考价格（元）
1-1	80	1.00		15.00

版别：胶版
设计者：范福来
责任编辑：杨晓栋
印制厂：河南省邮电印刷厂

PP239 重庆旅游
PP239 Chongqing Tourism
2014 年 2 月 22 日
全套 1 枚
明信片邮票规格：34mm × 23mm
明信片规格：148mm × 100mm
1-1 重庆旅游

序号	面值（分）	售价（元）	发行量（万枚）	市场参考价格（元）
1-1	80	1.00		15.00

版别：胶版
设计者：邢文伟
资料提供：重庆市旅游局
责任编辑：杨晓栋
印制厂：河南省邮电印刷厂

PP240 第二届夏季青年奥林匹克运动会吉祥物
PP240 Mascot of the 2nd Summer Youth Olympic Games

2014 年 2 月 25 日
全套 1 枚
明信片邮票规格： 23mm × 32mm
明信片规格： 148mm × 100mm
1-1 第二届夏季青年奥林匹克运动会吉祥物

序号	面值（分）	售价（元）	发行量（万枚）	市场参考价格（元）
1-1	80	1.00		15.00

版别：胶版
设计者：刘雯清
责任编辑：杨晓栋
资料提供：第二届夏季青年奥林匹克运动会组织委员会
印制厂：江苏省邮电印刷厂

PP241 长征颂歌
PP241 Long March Carols

2014 年 3 月 28 日发行
全套 1 枚
明信片邮票规格： 28mm × 28mm
明信片规格： 148mm × 100mm
1-1 长征颂歌

序号	面值（分）	售价（元）	发行量（万枚）	市场参考价格（元）
1-1	80	1.00		15.00

版别：胶版
设计者：刘欲晓
资料提供：北京中联育青青少年文化发展中心
责任编辑：杨晓栋
印制厂：北京邮票厂

PP242 2014 年中国邮政贺卡标识（福马神风）
PP242 2014 China Postal Card Identification （Lucky Horse Kamikaze）

2014 年 4 月 1 日发行
全套 1 枚
明信片邮票规格： 26mm × 26mm
明信片规格： 165mm × 115mm
1-1 2014 年中国邮政贺卡标识
A：探个究竟
B：村民生病
C：葫芦取水
D：村民病愈

序号	面值（分）	售价（元）	发行量（万枚）	市场参考价格（元）
全套	80 × 4	1.10 × 4		30.00

版别：胶版（背面为雕刻版）
设计者：李晨
原作者：马刚
责任编辑：王静
印制厂：北京邮票厂
注：作为 2014 年中国邮政贺卡获奖纪念的奖品。

PP243 蜀南竹海
PP243 Bamboo Sea of Southern Sichuan

2014 年 4 月 18 日发行
全套 1 枚
明信片邮票规格： 30mm × 18mm
明信片规格： 125mm × 78mm
1-1 蜀南竹海

序号	面值（分）	售价（元）	发行量（万枚）	市场参考价格（元）
1-1	80	1.00		15.00

版别：胶版
设计者：于秋艳
资料提供：宜宾市蜀南竹海风景区管理局
责任编辑：杨晓栋
印制厂：四川省邮电印制有限责任公司

PP244 美丽杭州（国内资费、国际资费）
PP244 Beautiful Hangzhou (Domestic Postage,International Postage)

2014 年 5 月 8 日发行
全套 2 枚
明信片邮票规格： 35mm × 28mm
明信片规格： 148mm × 100mm
2-1 美丽杭州
A：面值 80 分
2-2 美丽杭州

A：面值 4.50 元
B：改值 5.00 元

序号	面值（分）	售价（元）	发行量（万枚）	市场参考价格（元）
2-1A	80	1.00		10.00
2-2A	450	4.80		15.00
2-2B	500			10.00

版别：胶版
设计者：于秋艳
资料提供：杭州市旅游局
责任编辑：杨晓栋
印制厂：浙江省邮电印刷股份有限公司

PP245 全聚德
PP245 Quanjude

2014 年 7 月 2 日发行
全套 1 枚
明信片邮票规格：28mm × 28mm
明信片规格：148mm × 100mm
1-1 全聚德

序号	面值（分）	售价（元）	发行量（万枚）	市场参考价格（元）
1-1	80	1.00		300.00

版别：胶版
设计者：马立航
资料提供：全聚德（集团）股份有限公司
责任编辑：杨晓栋
印制厂：北京邮票厂

PP246 丽江古城
PP246 Ancient City of Lijiang

2014 年 8 月 6 日发行
全套 1 枚
明信片邮票规格：35mm × 26mm
明信片规格：148mm × 100mm
1-1 丽江古城

序号	面值（分）	售价（元）	发行量（万枚）	市场参考价格（元）
1-1	80	1.00		15.00

版别：胶版
设计者：刘冠丛
摄影者：和平凡
责任编辑：杨晓栋
印制厂：浙江省邮电印刷股份有限公司

PP247 中国国家博物馆
PP247 National Museum of China

2014 年 8 月 26 日发行
全套 1 枚
明信片邮票规格：36mm × 18mm
明信片规格：148mm × 100mm
1-1 中国国家博物馆

序号	面值（分）	售价（元）	发行量（万枚）	市场参考价格（元）
1-1	80	1.00		15.00

版别：胶版
设计者：方军、郭奕然
摄影者：郭奕然
资料提供：中国国家博物馆
责任编辑：杨晓栋
印制厂：北京邮票厂

PP248 家书
PP248 Letter from Home

2014 年 9 月 29 日发行
全套 1 枚
明信片邮票规格：36mm × 27mm
明信片规格：165mm × 115mm
1-1 家书

序号	面值（分）	售价（元）	发行量（万枚）	市场参考价格（元）
1-1	3.80	4.10		15.00

版别：胶印
设计者：于秋艳
责任编辑：杨晓栋
印制厂：北京邮票厂
注：另见有规格为 148mm × 100mm 的邮资明信片。

PP249 江西旅游
PP249 Jiangxi Tourism

2015 年 1 月 12 日发行
全套 2 枚
明信片邮票规格：（2-1）30mm × 21mm
（2-2）34mm × 24mm
明信片规格：（2-1）125mm × 78mm
（2-2）148mm × 100mm
2-1 江西旅游
2-2 江西旅游

序号	面值（分）	售价（元）	发行量（万枚）	市场参考价格（元）
全套	160	2.00		30.00

版别：胶印
设计者：于秋艳
摄影者：李哲民
责任编辑：杨晓栋
印制厂：河南省邮电印刷厂

PP250 强军梦
PP250 Dream of a Strong Army

2015 年 2 月 15 日发行
全套 1 枚
明信片邮票规格：32mm × 24mm
明信片规格：148mm × 100mm
1-1 强军梦

序号	面值（分）	售价（元）	发行量（万枚）	市场参考价格（元）
1-1	80	1.00		150.00

版别：胶印
设计者：薛满杰
责任编辑：杨晓栋
印制厂：浙江省邮电印刷股份有限公司

PP251 2015 年中国邮政贺卡标识（衔谷救人）
PP251 2015 China Post Identification(Let the Valley Save People)

2015 年 4 月 1 日发行
全套 1 枚
明信片邮票规格：26mm × 26mm
明信片规格：165mm × 115mm
1-1 2015 年中国邮政贺卡标识
 A：打猎为生
 B：跪地祈福
 C：衔谷救人
 D：教人播种

序号	面值（分）	售价（元）	发行量（万枚）	市场参考价格（元）
全套	320	4.40		8.00

版别：胶印（背面为雕刻版）
设计者：李晨
原作者：马刚
责任编辑：王静
印制厂：北京邮票厂

PP252 洪洞大槐树
PP252 Hongdong Big Locust Tree

2015 年 4 月 1 日发行
全套 1 枚
明信片邮票规格：35mm × 25mm
明信片规格：148mm × 100mm
1-1 洪洞大槐树

序号	面值（分）	售价（元）	发行量（万枚）	市场参考价格（元）
1-1	80	1.00		20.00

版别：胶印
设计者：于秋艳
责任编辑：杨晓栋
印制厂：河南省邮电印刷厂

PP253 平遥古城
PP253 Pingyao Ancient City

2015 年 5 月 19 日发行
全套 1 枚
明信片邮票规格：36mm × 27mm
明信片规格：148mm × 100mm
1-1 平遥古城

序号	面值（分）	售价（元）	发行量（万枚）	市场参考价格（元）
1-1	80	1.00		15.00

版别：胶印
设计者：于秋艳
摄影者：王林庆
责任编辑：杨晓栋
印制厂：河南省邮电印刷厂

PP254 菲力猫
PP254 Felix the Cat

2015 年 6 月 28 日发行
全套 1 枚
明信片邮票规格：29mm × 29mm （异形）
明信片规格：125mm × 78mm
1-1 菲力猫

序号	面值（分）	售价（元）	发行量（万枚）	市场参考价格（元）
1-1	80	1.00		15.00

版别：胶印
设计者：马立航
责任编辑：杨晓栋
印制厂：辽宁省沈阳邮电印刷厂

PP255 天津解放桥
PP255 Tianjin Liberation Bridge

2015 年 8 月 8 日发行
全套 1 枚
明信片邮票规格：32mm × 24mm
明信片规格：148mm × 100mm
1-1 天津解放桥

序号	面值（分）	售价（元）	发行量（万枚）	市场参考价格（元）
1-1	80	1.00		15.00

版别：胶印
设计者：郭振山
责任编辑：杨晓栋
印制厂：河南省邮电印刷厂

PP256 奋起
PP256 Rise up

2015 年 8 月 25 日发行
全套 1 枚
信封邮票规格：25mm × 33mm
信封规格：148mm × 100mm
1-1 奋起

序号	面值（分）	售价（元）	发行量（万枚）	市场参考价格（元）
1-1	80	1.00		15.00

版别：胶印
设计者：刘钊
原画作者：詹建俊、叶南
责任编辑：杨晓栋
印制厂：北京邮票厂

PP257 第十届中国（武汉）国际园林博览会吉祥物
PP257 Mascot of the 10th China(Wuhan)International Garden Expo

2015 年 9 月 8 日发行
全套 2 枚
信封邮票规格：（2-1） 26mm × 20mm
（2-2） 28mm × 22mm
信封规格：（2-1） 125mm × 78mm
（2-2） 148mm × 100mm
2-1 第十届中国（武汉）国际园林博览会吉祥物
2-2 第十届中国（武汉）国际园林博览会吉祥物

序号	面值（分）	售价（元）	发行量（万枚）	市场参考价格（元）
全套	80 × 2	2.00		20.00

版别：胶印
设计者：于雪
责任编辑：杨晓栋
印制厂：河南省邮电印刷厂

PP258 韶峰耸翠
PP258 Shaoshan Mountain Peak

2015 年 9 月 9 日发行
全套 1 枚
明信片邮票规格：30mm × 22mm
明信片规格：125mm × 78mm
1-1 韶峰耸翠

序号	面值（分）	售价（元）	发行量（万枚）	市场参考价格（元）
1-1	80	1.00		20.00

版别：胶印
设计者：方军
摄影者：陈凌
责任编辑：杨晓栋
印制厂：湖南省邮电印务有限责任公司

PP259 韶山毛泽东同志故居
PP259 Shaoshan Former Residence of Comrade Mao Zedong

2015 年 9 月 9 日发行
全套 1 枚
明信片邮票规格：30mm × 22mm
明信片规格：125mm × 78mm
1-1 韶山毛泽东同志故居

序号	面值（分）	售价（元）	发行量（万枚）	市场参考价格（元）
1-1	80	1.00		20.00

版别：胶印
设计者：马立航
摄影者：陈凌
责任编辑：杨晓栋
印制厂：湖南省邮电印务有限责任公司

PP260 第九届江苏省园艺博览会会徽
PP260 The Emblem of the 9th Jiangsu Horticultural Exposition

2015 年 12 月 30 日发行
全套 1 枚
明信片邮票规格：24mm × 24mm
明信片规格：125mm × 78mm
1-1 第九届江苏省园艺博览会会徽

序号	面值（分）	售价（元）	发行量（万枚）	市场参考价格（元）
1-1	80	1.00		15.00

版别：胶印
设计者：于秋艳
资料提供：苏州市吴中区园博工作局

责任编辑：李阳
印制厂：江苏省邮电印刷厂

PP261 信达天下（2016）
PP261 Letters get to World（2016）

2016 年 6 月 30 日发行
全套 1 枚
明信片邮票规格：25mm × 30mm
明信片规格：165mm × 115mm
1-1 信达天下

序号	面值（分）	售价（元）	发行量（万枚）	市场参考价格（元）
1-1	80	1.10	182	10.00

版别：胶印
设计者：黄华强
责任编辑：虞平
印制厂：北京邮票厂
注：2005 年 9 月 20 日曾经发行过面值 60 分的《信达天下》普通邮资明信片，规格为 125mm × 78mm。这是流水编号首次出现在普通邮资明信片的封面上。

PP262 天安门（2016）
PP262 Tian' anmen（2016）

2016 年 6 月 30 日发行
全套 1 枚
明信片邮票规格：35mm × 26mm
明信片规格：165mm × 115mm
1-1 天安门

序号	面值（分）	售价（元）	发行量（万枚）	市场参考价格（元）
1-1	80	1.10	182	10.00

版别：胶印
设计者：沈嘉宏
摄影者：尚盈
责任编辑：王静
印制厂：北京邮票厂
注：2009 年 6 月 20 日曾经发行过面值 80 分的《天安门》普通邮资明信片，规格为 148mm × 100mm。

PP263 长征
PP263 Long March

2016 年 6 月 30 日发行
全套 1 枚
明信片邮票规格：35mm × 26mm
明信片规格：165mm × 115mm
1-1 长征

序号	面值（分）	售价（元）	发行量（万枚）	市场参考价格（元）
1-1	80	1.10	182	10.00

版别：胶印
设计者：沈嘉宏
摄影者：尚盈
责任编辑：王静
印制厂：北京邮票厂

PP264 美丽乡村
PP264 Beautiful Countryside

2016 年 8 月 31 日发行
全套 1 枚
明信片邮票规格：37mm × 33mm （异形）
明信片规格：165mm × 115mm
1-1 美丽乡村

序号	面值（分）	售价（元）	发行量（万枚）	市场参考价格（元）
1-1	80	1.10	182	10.00

版别：胶印
设计者：蒋毅海
责任编辑：王静
印制厂：北京邮票厂

PP265 南宁国际会展中心
PP265 Nanning International Convention and Exhibition Center

2016 年 10 月 15 日发行
全套 1 枚
明信片邮票规格：32mm × 24mm
明信片规格：148mm × 100mm
1-1 南宁国际会展中心

序号	面值（分）	售价（元）	发行量（万枚）	市场参考价格（元）
1-1	80	1.10	182	10.00

版别：胶印
设计者：马立航
摄影者：余琳、何军
责任编辑：杨晓栋
印制厂：北京邮票厂

PP266 梅里雪山
PP266 Meili Snow Mountain

2016 年 10 月 22 日发行
全套 1 枚
明信片邮票规格：32mm × 24mm
明信片规格：148mm × 100mm
1-1 梅里雪山

序号	面值（分）	售价（元）	发行量（万枚）	市场参考价格（元）
1-1	80	1.10	182	10.00

版别：胶印
设计者：张帆
摄影者：李东红
责任编辑：杨晓栋
印制厂：北京邮票厂

PP267 香格里拉普达措
PP267 Shangri-La Pudacuo

2016 年 10 月 22 日发行
全套 1 枚
明信片邮票规格：30mm × 22mm
明信片规格：125mm × 78mm
1-1 香格里拉普达措

序号	面值（分）	售价（元）	发行量（万枚）	市场参考价格（元）
1-1	80	1.00	182	10.00

版别：胶印
设计者：马立航
摄影者：丁文东
责任编辑：杨晓栋
印制厂：北京邮票厂

PP268 中华戏剧
PP268 Chinese Opera
2016 年 10 月 22 日发行
全套 1 枚
明信片邮票规格：27mm × 35mm
明信片规格：165mm × 115mm
1-1 中华戏剧

序号	面值（分）	售价（元）	发行量（万枚）	市场参考价格（元）
1-1	80	1.00	182	10.00

版别：胶印
设计者：于秋艳
责任编辑：杨志英
印制厂：北京邮票厂

PP269 广西涠洲岛
PP269 Weizhou Island of Guangxi
2016 年 11 月 18 日发行
全套 1 枚
明信片邮票规格：30mm × 22mm
明信片规格：125mm × 78mm
1-1 广西涠洲岛

序号	面值（分）	售价（元）	发行量（万枚）	市场参考价格（元）
1-1	80	1.00	182	10.00

版别：胶印
设计者：马立航
摄影者：许卫杰
责任编辑：杨晓栋
印制厂：北京邮票厂

PP270 昌平草莓
PP270 Changping Strawberry
2017 年 3 月 11 日发行
全套 1 枚
明信片邮票规格：对角线 31mm × 31mm（菱形）
明信片规格：125mm × 78mm
1-1 昌平草莓

序号	面值（分）	售价（元）	发行量（万枚）	市场参考价格（元）
1-1	80	1.00	109	10.00

版别：胶印
设计者：毛燕
资料提供：北京市昌平区北京农业嘉年华组委会
责任编辑：杨晓栋
印制厂：北京邮票厂

PP271 句容茅山
PP271 Jurong Maoshan
2017 年 4 月 27 日发行
全套 1 枚
明信片邮票规格：30mm × 22mm
明信片规格：125mm × 78mm
1-1 句容茅山

序号	面值（分）	售价（元）	发行量（万枚）	市场参考价格（元）
1-1	80	1.00	109	10.00

版别：胶印
设计者：刘冠丛
摄影：李延平、王镇荣、杨政
责任编辑：杨晓栋
印刷厂：北京邮票厂

PP272 重庆风貌
PP272 Chongqing style
2017 年 5 月 31 日发行
全套 1 枚
明信片邮票规格：35mm × 20mm
明信片规格：148mm × 100mm
1-1 重庆风貌

序号	面值（分）	售价（元）	发行量（万枚）	市场参考价格（元）
1-1	80	1.00	109	10.00

版别：胶印
设计者：马立航
摄影者：陈安全
责任编辑：杨晓栋
印制厂：北京邮票厂

PP273 高原明珠 · 滇池
PP273 Plateau Pearl Dianchi Lake
2017 年 6 月 3 日发行
全套 1 枚
明信片邮票规格：35mm × 20mm
明信片规格：148mm × 100mm
1-1 高原明珠 · 滇池

序号	面值（分）	售价（元）	发行量（万枚）	市场参考价格（元）
1-1	80	1.00	182	10.00

版别：胶印
设计者：刘钊、丁东
责任编辑：杨晓栋
印制厂：北京邮票厂

PP274 特色农产品
PP274 Characteristic Agricultural Products
2017 年 6 月 12 日发行
全套 1 枚

明信片邮票规格： 27mm × 35mm
明信片规格： 165mm × 115mm
1-1 特色农产品

序号	面值（分）	售价（元）	发行量（万枚）	市场参考价格（元）
1-1	80	1.10	109	10.00

版别：胶印
设计者：马立航
责任编辑：沙志辉
印制厂：北京邮票厂

PP275 赤水丹霞
PP275 Chishui Danxia
2017 年 6 月 14 日发行
全套 1 枚
明信片邮票规格： 35mm × 25mm
明信片规格： 148mm × 100mm
1-1 赤水丹霞

序号	面值（分）	售价（元）	发行量（万枚）	市场参考价格（元）
1-1	80	1.00	109	10.00

版别：胶印
设计者：马立航
摄影者：付树湘
责任编辑：杨晓栋
印制厂：北京邮票厂

PP276 喀纳斯风光
PP276 Kanas Landscape
2017 年 6 月 22 日发行
全套 1 枚
邮资规格： 35mm × 25mm
普片规格： 148mm × 100mm
1-1 喀纳斯风光

序号	面值（分）	售价（元）	发行量（万枚）	市场参考价格（元）
1-1	80	1.00	109	10.00

版别：胶印
设计者：刘晓磊
摄影：晏先
责任编辑：杨晓栋
印制：北京邮票厂

PP277 诗画扬州
PP277 Poetry and Painting in Yangzhou
2017 年 6 月 24 日发行
全套 1 枚
明信片邮票规格： 35mm × 20mm
明信片规格： 148mm × 100mm
1-1 诗画扬州

序号	面值（分）	售价（元）	发行量（万枚）	市场参考价格（元）
1-1	80	1.00	109	10.00

版别：胶印
设计者：马立航、刘冠丛
原画作者：徐中
责任编辑：杨晓栋
印制厂：北京邮票厂

PP278 南普陀寺
PP278 Nan Putuo Temple
2017 年 7 月 12 日发行
全套 1 枚
明信片邮票规格： 27mm × 35mm
明信片规格： 148mm × 100mm
1-1 南普陀寺

序号	面值（分）	售价（元）	发行量（万枚）	市场参考价格（元）
1-1	80	1.00	109	5.00

版别：胶印
设计者：马立航
摄影者：姚文海、杨戈
责任编辑：杨晓栋
印制厂：北京邮票厂

PP279 中国明信片文化创意设计大赛标识
PP279 Logo of China Postcard Cultural Creative Design Competition
2017 年 7 月 15 日发行
全套 1 枚
明信片邮票规格：对角线 30mm × 30mm（菱形）
明信片规格： 148mm × 100mm
1-1 中国明信片文化创意设计大赛标识

序号	面值（分）	售价（元）	发行量（万枚）	市场参考价格（元）
1-1	80	1.00	109	5.00

版别：胶印
设计者：宋秋萍
标识设计者：包城
责任编辑：刘畅
印制厂：北京邮票厂

PP280 预防职务犯罪邮路
PP280 Postal Routes for the Prevention of Job-related Crimes
2017 年 9 月 15 日发行
全套 1 枚
明信片邮票规格： 24mm × 28mm
明信片规格： 148mm × 100mm
1-1 预防职务犯罪邮路

序号	面值（分）	售价（元）	发行量（万枚）	市场参考价格（元）
1-1	80	1.00	109	5.00

版别：胶印
设计者：陈志皓
摄影者：肖杰
责任编辑：何金梅
印制厂：北京邮票厂

PP281 文成刘基故里
PP281 Wencheng Liu Ji' s Hometown

2017 年 9 月 28 日发行
全套 1 枚
明信片邮票规格： 24mm × 32mm
明信片规格： 148mm × 100mm
1-1 文成刘基故里

序号	面值（分）	售价（元）	发行量（万枚）	市场参考价格（元）
1-1	80	1.00	109	5.00

版别：胶印
设计者：马立航、杨竹
摄影者：蔡雄峰
责任编辑：杨晓栋
印制厂：北京邮票厂

PP282 桂林山水
PP282 Guilin Scenery

2017 年 10 月 14 日发行
全套 1 枚
明信片邮票规格： 33mm × 23mm
明信片规格： 148mm × 100mm
1-1 桂林山水

序号	面值（分）	售价（元）	发行量（万枚）	市场参考价格（元）
1-1	80	1.00	109	5.00

版别：胶印
设计者：马立航
摄影者：林文洪、卢新忠
责任编辑：杨晓栋
印制厂：北京邮票厂

PP283 岳阳楼
PP283 Yueyang Tower

2017 年 11 月 9 日发行
全套 1 枚
明信片邮票规格：边长 10mm （八边形）
明信片规格： 125mm × 78mm
1-1 岳阳楼

序号	面值（分）	售价（元）	发行量（万枚）	市场参考价格（元）
1-1	80	1.00	109	8.00

版别：胶印
设计者：马立航
摄影者：邝野
责任编辑：杨晓栋
印制厂：北京邮票厂

PP284 大昭寺
PP284 Jokhang Temple

2017 年 12 月 12 日发行
全套 1 枚
明信片邮票规格： 35mm × 20mm
明信片规格： 148mm × 100mm
1-1 大昭寺

序号	面值（分）	售价（元）	发行量（万枚）	市场参考价格（元）
1-1	80	1.00	109	6.00

版别：胶印
设计者：方军
摄影者：旦增
责任编辑：杨晓栋
印制厂：北京邮票厂

PP285 上海中心大厦
PP285 Shanghai Center Building

2018 年 1 月 18 日发行
全套 1 枚
明信片邮票规格： 25mm × 35mm
明信片规格： 148mm × 100mm
1-1 上海中心大厦

序号	面值（分）	售价（元）	发行量（万枚）	市场参考价格（元）
1-1	80	1.00	33.6	45.00

版别：胶印
设计者：王英杰
责任编辑：杨晓栋
印制厂：北京邮票厂

PP286 抚顺雷锋群雕
PP286 Leifeng Group Sculptures in Fushun

2018 年 3 月 5 日发行
全套 1 枚
明信片邮票规格： 38mm × 22mm
明信片规格： 148mm × 100mm
1-1 抚顺雷锋群雕

序号	面值（分）	售价（元）	发行量（万枚）	市场参考价格（元）
1-1	80	1.00	33.6	20.00

版别：胶印
设计者：李晨
摄影者：陈新
责任编辑：杨晓栋
印制厂：北京邮票厂

PP287 绿水青山
PP287 Lucid Waters and Lush Mountains

2018 年 3 月 11 日发行
全套 2 枚
明信片邮票规格：（2-1） 32mm × 24mm
（2-2） 36mm × 27mm
明信片规格：（2-1） 148mm × 100mm
（2-2） 165mm × 115mm
2-1 绿水青山
2-2 绿水青山

序号	面值（分）	售价（元）	发行量（万枚）	市场参考价格（元）
2-1	80	1.00	33.6	10.00
2-2	80	1.10	33.6	10.00

版别：胶印
设计者：于秋艳
责任编辑：董研
印制厂：北京邮票厂

PP288 南京城墙
PP288 Nanjing City Wall

2018 年 3 月 21 日发行
全套 1 枚
明信片邮票规格： 35mm × 25mm
明信片规格： 148mm × 100mm
1-1 南京城墙

序号	面值（分）	售价（元）	发行量（万枚）	市场参考价格（元）
1-1	80	1.00	33.6	15.00

版别：胶印
设计者：马立航
资料提供：南京大明城墙文化发展有限公司
责任编辑：杨晓栋
印制厂：北京邮票厂

PP289 美好新海南
PP289 Beautiful New Hainan

2018 年 4 月 13 日发行
全套 1 枚
明信片邮票规格：对角线 32mm × 32mm（菱形）
明信片规格： 148mm × 100mm
1-1 美好新海南

序号	面值（分）	售价（元）	发行量（万枚）	市场参考价格（元）
1-1	80	1.00	33.6	15.00

版别：胶印
设计者：于秋艳、孙珂珂
资料提供：中共海南省委宣传部
责任编辑：杨晓栋
印制厂：北京邮票厂

PP290 茶卡盐湖
PP290 Chaka Salt Lake

2018 年 6 月 23 日发行
全套 1 枚
明信片邮票规格： 30mm × 18mm
明信片规格： 125mm × 78mm
1-1 茶卡盐湖

序号	面值（分）	售价（元）	发行量（万枚）	市场参考价格（元）
1-1	80	1.00	33.6	15.00

版别：胶印
设计者：王虎鸣
摄影者：王虎鸣、秦玉东
责任编辑：杨晓栋
印制厂：北京邮票厂

PP291 不忘初心 牢记使命
PP291 Never Forget the Beginning and Remember the Mission

2018 年 7 月 1 日发行
全套 2 枚
明信片邮票规格：（2-1） 30mm × 30mm
（2-2） 30mm × 30mm
明信片规格：（2-1） 148mm × 100mm
（2-2） 165mm × 115mm
2-1 不忘初心 牢记使命
2-2 不忘初心 牢记使命

序号	面值（分）	售价（元）	发行量（万枚）	市场参考价格（元）
2-1	80	1.00	33.6	10.00
2-2	80	1.10	33.6	10.00

版别：胶印
设计者：张帆
资料提供：曹海荣

责任编辑：董研
印制厂：北京邮票厂

PP292 河北省第二届（秦皇岛）园林博览会吉祥物
PP292 Mascot of the 2nd (Qinhuangdao) Garden Exposition in Hebei Province

2018 年 7 月 8 日发行
全套 1 枚
明信片邮票规格： 26mm × 19mm
明信片规格： 125mm × 78mm
1-1 河北省第二届（秦皇岛）园林博览会吉祥物

序号	面值（分）	售价（元）	发行量（万枚）	市场参考价格（元）
1-1	80	1.00	33.6	8.00

版别：胶印
设计者：王虎鸣
责任编辑：杨晓栋
印制厂：北京邮票厂

PP293 北京 2022 年冬奥会会徽
PP293 Beijing 2022 Winter Olympic Games Emblem

2018 年 8 月 8 日发行
全套 1 枚
明信片邮票规格：边长 15mm （六边形）
明信片规格： 148mm × 100mm
1-1 北京 2022 年冬奥会会徽

序号	面值（分）	售价（元）	发行量（万枚）	市场参考价格（元）
1-1	80	1.00	33.6	20.00

版别：胶印
设计者：于雪
冬奥会徽设计者：林存真
资料提供：北京 2022 年冬奥会和冬残奥会组织委员会
责任编辑：刘畅
印制厂：北京邮票厂

PP294 沈阳“九 · 一八”历史博物馆
PP294 Shenyang "September 18th" History Museum

2018 年 9 月 18 日发行
全套 1 枚
明信片邮票规格： 38mm × 22mm
明信片规格： 148mm × 100mm
1-1 沈阳“九 · 一八”历史博物馆

序号	面值（分）	售价（元）	发行量（万枚）	市场参考价格（元）
1-1	80	1.00	33.6	8.00

版别：胶印
设计者：李晨
责任编辑：杨晓栋
印制厂：北京邮票厂

PP295 大熊猫
PP295 Giant Panda

2018 年 9 月 23 日发行
全套 1 枚
明信片邮票规格： 32mm × 24mm
明信片规格： 148mm × 100mm
1-1 大熊猫

序号	面值（分）	售价（元）	发行量（万枚）	市场参考价格（元）
1-1	80	1.00	33.6	15.00

版别：胶印
设计者：刘中
责任编辑：刘畅
印制厂：北京邮票厂

PP296 多彩贵州
PP296 Colorful Guizhou

2018 年 10 月 15 日发行
全套 1 枚
明信片邮票规格： 27mm × 36mm
明信片规格： 148mm × 100mm
1-1 多彩贵州

序号	面值（分）	售价（元）	发行量（万枚）	市场参考价格（元）
1-1	80	1.00	33.6	8.00

版别：胶印
设计者：刘明慧
责任编辑：杨晓栋
印制厂：北京邮票厂

PP297 金彩盘州
PP297 Golden Color Panzhou

2018 年 10 月 17 日发行
全套 1 枚
明信片邮票规格： 36mm × 27mm
明信片规格： 148mm × 100mm
1-1 金彩盘州

序号	面值（分）	售价（元）	发行量（万枚）	市场参考价格（元）
1-1	80	1.00	33.6	8.00

版别：胶印
设计者：王虎鸣
资料提供：盘州市文学艺术界联合会
责任编辑：杨晓栋
印制厂：北京邮票厂

PP298 贺州长寿阁
PP298 Hezhou Longevity Pavilion

2018 年 10 月 17 日发行
全套 1 枚
明信片邮票规格： 27mm × 36mm
明信片规格： 148mm × 100mm
1-1 贺州长寿阁

序号	面值（分）	售价（元）	发行量（万枚）	市场参考价格（元）
1-1	80	1.00	33.6	8.00

版别：胶印
设计者：何军
责任编辑：杨晓栋
印制厂：北京邮票厂

PP299 辽沈战役纪念馆
PP299 Memorial Hall of Liaoshen Campaign

2018 年 11 月 28 日发行
全套 1 枚
明信片邮票规格： 36mm × 27mm
明信片规格： 148mm × 100mm
1-1 辽沈战役纪念馆

序号	面值（分）	售价（元）	发行量（万枚）	市场参考价格（元）
1-1	80	1.00	33.6	10.00

版别：胶印
设计者：马立航、李凌河
摄影者：董辉
资料提供：辽沈战役纪念馆
责任编辑：杨晓栋
印制厂：北京邮票厂

PP300 孝文化之乡——孝感
PP300 The Hometown of Filial Piety Culture-Xiaogan

2019 年 3 月 31 日发行
全套 1 枚
明信片邮票规格： 35mm × 25mm
明信片规格： 148mm × 100mm
1-1 孝文化之乡——孝感

序号	面值（分）	售价（元）	发行量（万枚）	市场参考价格（元）
1-1	80	1.00	31.2	10.00

版别：胶印
设计者：马立航
原画作者：萧玉田
摄影者：毛峰
责任编辑：杨晓栋
印制厂：北京邮票厂
注：这是条码区首次出现在普通邮资明信片封面上。“中国邮政”铭记移到左下角。

PP301 中国 2019 世界集邮展览吉祥物
PP301 Mascot of China 2019 World Philatelic Exhibition

2019 年 5 月 20 日发行
全套 1 枚
明信片邮票规格： 25mm × 30mm
明信片规格： 125mm × 78mm
1-1 中国 2019 世界集邮展览吉祥物

序号	面值（分）	售价（元）	发行量（万枚）	市场参考价格（元）
1-1	80	1.00	31.2	8.00

版别：胶印
设计者：马立航
责任编辑：杨晓栋
印制厂：北京邮票厂

PP302 中国 2019 世界集邮展览展徽
PP302 Emblem of China 2019 World Philatelic Exhibition

2019 年 5 月 20 日发行
全套 1 枚
明信片邮票规格：对角线 36mm × 36mm（菱形）
明信片规格： 148mm × 100mm
1-1 中国 2019 世界集邮展览展徽

序号	面值（分）	售价（元）	发行量（万枚）	市场参考价格（元）
1-1	80	1.00	31.2	8.00

版别：胶印
设计者：马立航
责任编辑：杨晓栋
印制厂：北京邮票厂

PP303 桃
PP303 Peach

2019 年 6 月 28 日发行
全套 1 枚
明信片邮票规格： 25mm × 30mm
明信片规格： 148mm × 100mm
1-1 桃

序号	面值（分）	售价（元）	发行量（万枚）	市场参考价格（元）
1-1	80	1.00	31.2	8.00

版别：胶印
设计者：于平、任凭
责任编辑：杨志英
印制厂：北京邮票厂

PP304 祝福祖国
PP304 Blessing the Motherland

2019 年 7 月 1 日发行
全套 1 枚
明信片邮票规格： 32mm × 25mm
明信片规格： 148mm × 100mm
1-1 祝福祖国

序号	面值（分）	售价（元）	发行量（万枚）	市场参考价格（元）
1-1	80	1.00	31.2	8.00

版别：胶印
设计者：于雪
责任编辑：温文雅
印制厂：北京邮票厂
注：另见有规格为 165mm × 115mm 的邮资明信片。邮票规格为 36mm × 28mm。

PP305 团圆
PP305 Reunion

2019 年 8 月 7 日发行
全套 1 枚
明信片邮票规格： 33mm × 25mm
明信片规格： 148mm × 100mm
1-1 团圆

序号	面值（分）	售价（元）	发行量（万枚）	市场参考价格（元）
1-1	80	1.00	31.2	8.00

版别：胶印

设计者：于平、任凭

责任编辑：王止戈

印制厂：北京邮票厂

PP306 盘锦红海滩

PP306 Panjin Red Beach

2019 年 8 月 16 日发行

全套 1 枚

明信片邮票规格：35mm × 20mm

明信片规格：148mm × 100mm

1-1 盘锦红海滩

序号	面值（分）	售价（元）	发行量（万枚）	市场参考价格（元）
1-1	80	1.00	31.2	8.00

版别：胶印

设计者：王虎鸣

摄影者：刘杰

责任编辑：杨晓栋

印制厂：北京邮票厂

PP307 网络新生活

PP307 New Life on the Internet

2019 年 8 月 17 日发行

全套 1 枚

明信片邮票规格：36mm × 27mm

明信片规格：148mm × 100mm

1-1 网络新生活

序号	面值（分）	售价（元）	发行量（万枚）	市场参考价格（元）
1-1	80	1.00	31.2	8.00

版别：胶印

设计者：于秋艳

责任编辑：王静

印制厂：北京邮票厂

PP308 大美重庆

PP308 Great Beauty Chongqing

2019 年 10 月 16 日发行

全套 2 枚

明信片邮票规格：（2-1） 35mm × 20mm

（2-2） 40mm × 23mm

明信片规格：（2-1） 125mm × 78mm

（2-2） 148mm × 100mm

2-1 大美重庆

2-2 大美重庆

序号	面值（分）	售价（元）	发行量（万枚）	市场参考价格（元）
2-1	80	1.00	31.2	8.00
2-2	80	1.00	31.2	8.00

版别：胶印

设计者：王虎鸣

责任编辑：杨晓栋

印制厂：北京邮票厂

PP309 运河城 · 扬州

PP309 Canal City-Yangzhou

2019 年 10 月 20 日发行

全套 1 枚

明信片邮票规格：30mm × 30mm （异形）

明信片规格：148mm × 100mm

1-1 运河城 · 扬州

序号	面值（分）	售价（元）	发行量（万枚）	市场参考价格（元）
1-1	80	1.00	31.2	8.00

版别：胶印

设计者：马立航

原画作者：张宽

责任编辑：杨晓栋

印制厂：北京邮票厂

PP310 杭州 · 灵隐胜境

PP310 Hangzhou-Lingyin Scenic Spot

2019 年 12 月 19 日发行

全套 1 枚

明信片邮票规格：35mm × 25mm

明信片规格：148mm × 100mm

1-1 杭州 · 灵隐胜境

序号	面值（分）	售价（元）	发行量（万枚）	市场参考价格（元）
1-1	80	1.00	31.2	8.00

版别：胶印

设计者：马立航

摄影者：薛宁刚

责任编辑：杨晓栋

印制厂：北京邮票厂

PP311 毛主席纪念堂

PP311 Chairman Mao Memorial Hall

2019 年 12 月 26 日发行

全套 1 枚

明信片邮票规格：40mm × 24mm

明信片规格：148mm × 100mm

1-1 毛主席纪念堂

序号	面值（分）	售价（元）	发行量（万枚）	市场参考价格（元）
1-1	80	1.00	31.2	10.00

版别：胶印

设计者：郝欧

责任编辑：杨晓栋

印制厂：北京邮票厂

PP312 北京大兴国际机场

PP312 Beijing Daxing International Airport

2019 年 12 月 28 日发行

全套 1 枚

明信片邮票规格： 27mm × 33mm

明信片规格： 148mm × 100mm

1-1 北京大兴国际机场

序号	面值（分）	售价（元）	发行量（万枚）	市场参考价格（元）
1-1	80	1.00	31.2	10.00

版别：胶印

设计者：于雪

责任编辑：杨晓栋

印制厂：北京邮票厂

PP313 北京2022年冬奥会吉祥物和冬残奥会吉祥物

PP313 The Mascots for Beijing 2022 Winter Olympic Games and Paralympic Games

2020 年 1 月 16 日发行

全套 2 枚

明信片邮票规格：半径 15mm （圆形）

明信片规格： 148mm × 100mm

2-1 冰墩墩

2-2 雪容融

序号	面值（分）	售价（元）	发行量（万套）	市场参考价格（元）
全套	80 × 2	1.00 × 2	30.3	20.00

版别：胶印

设计者：于秋艳

资料提供：北京 2022 年冬奥会和冬残奥会组织委员会

责任编辑：干止戈

印制厂：北京邮票厂

PP314 万众一心

PP314 All the People of One Mind

2020 年 6 月 2 日发行

全套 1 枚

明信片邮票规格： 35mm × 35mm

明信片规格： 165mm × 115mm

1-1 万众一心

序号	面值（分）	售价（元）	发行量（万枚）	市场参考价格（元）
1-1	80	1.10	30.3	12.00

版别：胶印

设计者：董琪

责任编辑：李可心

印制厂：北京邮票厂

PP315 南浔古镇 · 百间楼

PP315 Nanxun Ancient Town - Hundred Houses

2020 年 9 月 15 日发行

全套 1 枚

明信片邮票规格： 25mm × 25mm

明信片规格： 125mm × 78mm

1-1 南浔古镇 · 百间楼

序号	面值（分）	售价（元）	发行量（万枚）	市场参考价格（元）
1-1	80	1.00	30.3	8.00

版别：胶印

设计者：周小兰

责任编辑：杨晓栋

印制厂：北京邮票厂

PP316 五谷丰登

PP316 Grain Harvests

2020 年 9 月 19 日发行

全套 1 枚

明信片邮票规格：对角线 36mm × 36mm（菱形）

明信片规格： 148mm × 100mm

1-1 五谷丰登

序号	面值（分）	售价（元）	发行量（万枚）	市场参考价格（元）
1-1	80	1.00	30.3	8.00

版别：胶印

设计者：蒋毅海

责任编辑：王僡蘐

印制厂：北京邮票厂

PP317 淮安府署

PP317 Huai' an Government Offices

2020 年 9 月 26 日发行

全套 1 枚

明信片邮票规格：上圆弧长 60mm、直边长 21mm （扇形）

明信片规格： 148mm × 100mm

1-1 淮安府署

序号	面值（分）	售价（元）	发行量（万枚）	市场参考价格（元）
1-1	80	1.00	30.3	8.00

版别：胶印

设计者：徐喆

摄影者：周雪景

责任编辑：杨晓栋

印制厂：北京邮票厂

PP318 新疆是个好地方
PP318 Xinjiang is a Good Place

2020 年 10 月 21 日发行

全套 1 枚

明信片邮票规格：对角线 36mm × 36mm（菱形）

明信片规格：148mm × 100mm

1-1 新疆是个好地方

序号	面值（分）	售价（元）	发行量（万枚）	市场参考价格（元）
1-1	80	1.00	30.3	8.00

版别：胶印

设计者：刘晓磊

责任编辑：杨晓栋

印制厂：北京邮票厂

PP319 高铁追梦
PP319 High-Speed Rail Chasing Dreams

2020 年 12 月 30 日发行

全套 1 枚

明信片邮票规格：35mm × 25mm

明信片规格：148mm × 100mm

1-1 高铁追梦

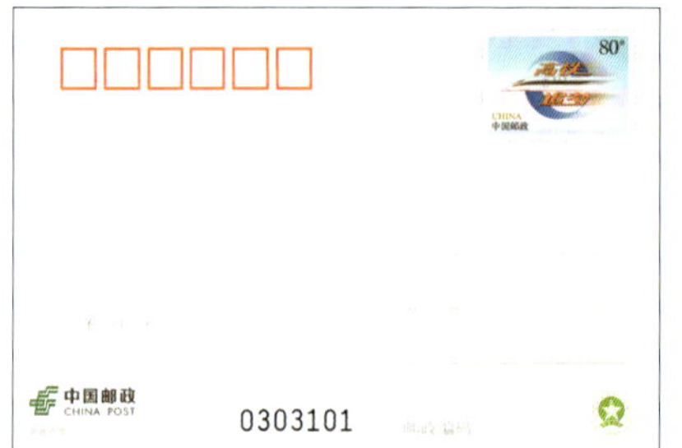

序号	面值（分）	售价（元）	发行量（万枚）	市场参考价格（元）
1-1	80	1.00	30.3	8.00

版别：胶印

设计者：赵向红、李航、王忠良

责任编辑：杨晓栋

印制厂：北京邮票厂

专用邮资明信片(ZP)
Special-Use Stamped Postcards（ZP）

希望工程助学行动
Project Hope-Action to Aid Dropouts to Return to School

1994 年 3 月 22 日发行

全套 1 枚

明信片邮票规格： 25mm × 30mm

明信片规格： 148mm × 100mm

1-1 希望工程助学行动

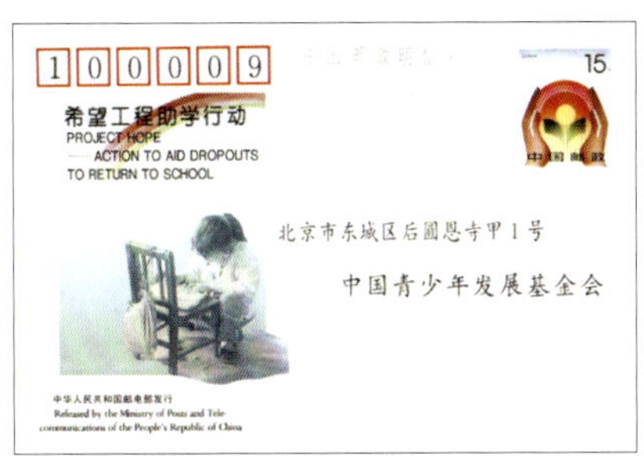

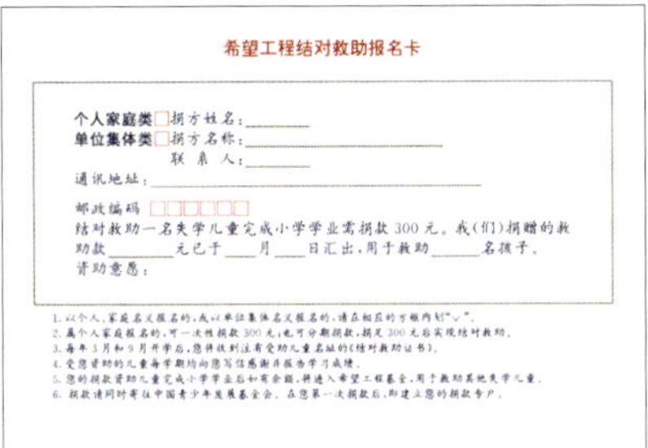

序号	面值（分）	售价（元）	发行量（万枚）	市场参考价格（元）
1-1	15	0.30	723.63	2.00

版别：胶版

设计者：阎炳武

印制厂：北京邮票厂

注：明信片铭记为“中国邮政明信片”。

中国邮政明信片咨询卡
Stamped Postcards of China Post:Consultation Cards

1995 年 11 月 1 日发行

全套 1 枚

明信片邮票规格： 24mm × 30mm

明信片规格： 165mm × 102mm

1-1 良渚玉琮 邓小平题词

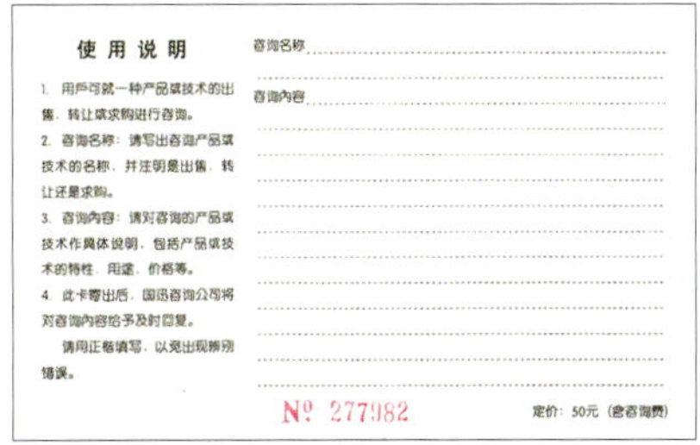

序号	面值（分）	售价（元）	发行量（万枚）	市场参考价格（元）
1-1	15	50.00	100	35.00

版别：胶版

印制厂：辽宁省沈阳邮电印刷厂

注：背面印有使用说明。面值 15 分的邮资图案“良渚玉琮”首次在明信片中使用。

ZP1 中国邮政明信片寻医问药咨询卡
ZP1 Stamped Postcards of China Post:Consultation Cards to Look for Doctor and Ask Medicine

1997 年 1 月 15 日发行

全套 2 枚

明信片邮票规格： 24mm × 30mm

明信片规格： 165mm × 102mm

2-1 良渚玉琮 吴阶平题词

2-2 良渚玉琮 陈敏章题词

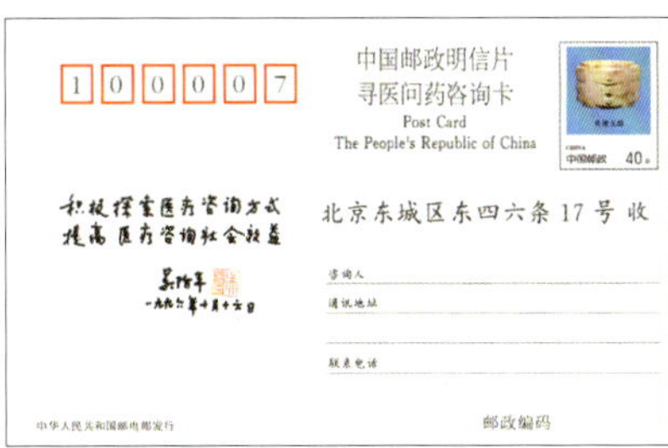

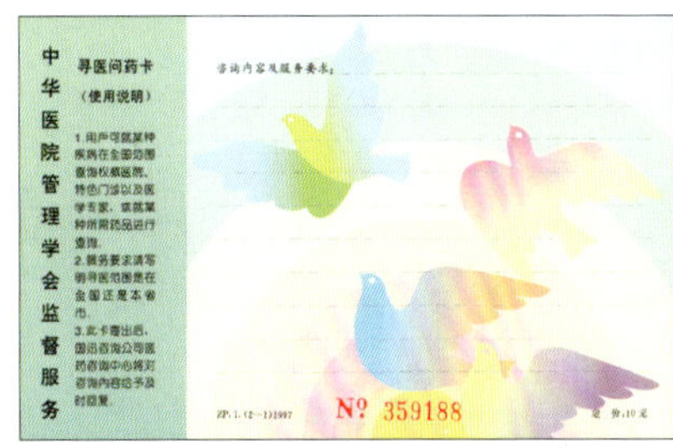

序号	面值（分）	售价（元）	发行量（万枚）	市场参考价格（元）
2-1	40	10.00		
2-2	40	10.00		
全套	80	20.00	100	25.00

版别：胶版

印制厂：辽宁省沈阳邮电印刷厂

注：背面印有寻医问药卡使用说明。该明信片比良渚玉琮普通邮资明信片先发行使用。

信鸽和地球（回音卡）
Carrier Pigeon and the Earth（Reply Cards）

1999 年 8 月 20 日发行

全套 1 枚

明信片邮票规格： 34mm × 30mm × 30mm（三角形）

明信片规格： 148mm × 100mm

1-1 信鸽和地球

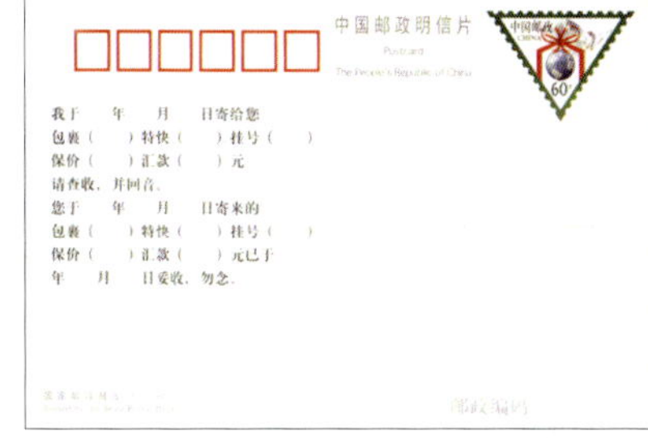

序号	面值（分）	售价（元）	发行量（万枚）	市场参考价格（元）
1-1	60	0.85		2.00

版别：胶版

设计者：苏海一

印制厂：河南省邮电印刷厂

自创型邮资明信片(ZCP)
Self-Composed Stamped Postcards (ZCP)

ZCP1 映日荷花(2006)
ZCP1 Red Lotus with Mirrored Sun (2006)

2007年发行
全套1枚
信封邮票规格：30mm×24mm
信封规格：148mm×100mm
1-1 映日荷花
　A型：流水编号为紫字
　B型：流水编号为红字

A型：AA组紫字

B型：AA组红字

序号	面值(分)	售价(元)	发行量(万枚)	市场参考价格(元)
A型	80	2.50		5.00
B型	80	2.50		5.00

版别：胶版
设计者：张桂徵
责任编辑：虞平
印制厂：邮票印制局印制
注：1. 标头文字为“中国邮政明信片”；2. 明信片左下角有条形码、编组和顺序号；3. 明信片背面为空白可打印区域，消费者可以自行设计打印图案；4. 编组号为AA组、AB组。

ZCP2 映日荷花(2009)
ZCP2 Red Lotus with Mirrored Sun (2009)

2009年发行
全套1枚
信封邮票规格：30mm×24mm
信封规格：148mm×100mm
1-1 映日荷花

AD组

AF组

序号	面值(分)	售价(元)	发行量(万枚)	市场参考价格(元)
1-1	80	2.50		5.00

版别：胶版
设计者：张桂徵
责任编辑：虞平
印制厂：邮票印制局印制
注：1. 标头文字为“中国邮政”；2. 明信片左下角有条形码、编组和顺序号；3. 明信片背面为空白可打印区域，消费者可以自行设计打印图案；4. 编组号为AD组～AF组。

纪念邮资明信片(JP)
Commemorative Stamped Postcards（JP）

JP1 中国在第 23 届奥运会获金质奖章纪念
JP1 In Commemoration of Gold Medals Won by China at 23rd Olympic Games

1984 年 8 月 1 日—8 月 19 日发行
全套 16 枚
明信片邮票规格： 28mm × 26mm
明信片规格： 148mm × 100mm
16-1 男子自选手枪（8 月 1 日发行）
16-2 52 公斤级举重（8 月 1 日发行）
16-3 56 公斤级举重（8 月 2 日发行）
16-4 男子 50 米移动靶（8 月 3 日发行）
16-5 60 公斤级举重（8 月 3 日发行）
16-6 67.5 公斤级举重（8 月 4 日发行）
16-7 女子小口径标准步枪（3 × 20）（8 月 5 日发行）
16-8 女子花剑个人（8 月 6 日发行）
16-9 男子自由体操（8 月 7 日发行）
16-10 男子鞍马（8 月 7 日发行）
16-11 男子吊环（8 月 7 日发行）
16-12 男子跳马（8 月 7 日发行）
16-13 女子高低杠（8 月 8 日发行）
16-14 女子排球（8 月 10 日发行）
16-15 女子跳台跳水（8 月 13 日发行）
16-16 金质奖章（8 月 19 日发行）

序号	面值（分）	售价（元）	发行量（万枚）	市场参考价格（元）
16-1	4	0.12	80.86	
16-2	4	0.12	80.66	
16-3	4	0.12	80.36	
16-4	4	0.12	81.26	
16-5	4	0.12	80.06	
16-6	4	0.12	79.96	
16-7	4	0.12	80.56	
16-8	4	0.12	80.46	
16-9	4	0.12	80.36	
16-10	4	0.12	83.36	
16-11	4	0.12	80.66	
16-12	4	0.12	82.96	
16-13	4	0.12	86.56	
16-14	70	0.70	69.86	
16-15	4	0.12	85.46	
16-16	4	0.12	80.76	
全套	130	2.50	1294.16	300.00

版别：胶版

设计者：卢天骄

印制厂：北京邮票厂

注：明信片铭记为"中国人民邮政明信片"。

JP2 中英关于香港问题的联合声明正式签署

JP2 Sino-British Joint Declaration on Hong Kong Officially Signed

1984 年 12 月 25 日发行

全套 2 枚

明信片邮票规格：28mm × 23mm

明信片规格：148mm × 100mm

2-1 九龙外景

2-2 交换文本

序号	面值（分）	售价（元）	发行量（万枚）	市场参考价格（元）
2-1	4	0.12	62.9135	
2-2	70	0.70	56.8135	
全套	74	0.82	119.7270	100.00

版别：胶版

设计者：万维生、李印清

印制厂：北京邮票厂

JP3 中国科学技术协会第三次全国代表大会

JP3 3rd National Congress of China Association for Science and Technology

1985 年 4 月 10 日发行

全套 1 枚

明信片邮票规格：27mm × 46mm

明信片规格：148mm × 100mm

1-1 中国科学技术协会第三次全国代表大会

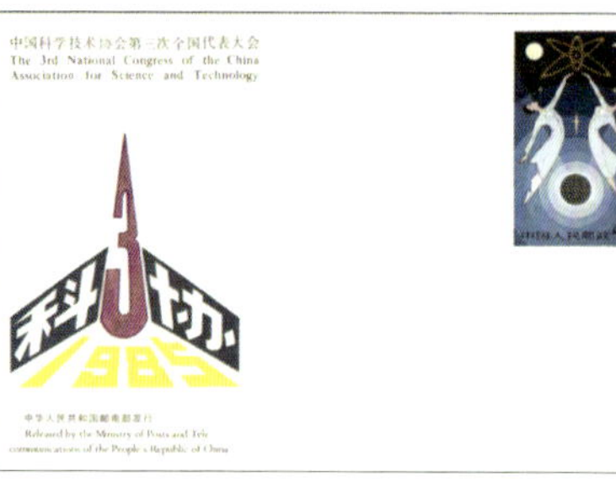

序号	面值（分）	售价（元）	发行量（万枚）	市场参考价格（元）
1-1	4	0.12	50.21	60.00

版别：胶版

设计者：李大玮

印制厂：北京邮票厂

JP4 中华医学会成立七十周年

JP4 70th Anniversary of Founding of China Medical Association

1985 年 4 月 15 日发行

全套 1 枚

明信片邮票规格：对角线 40mm × 40mm（菱形）

明信片规格：148mm × 100mm

1-1 中华医学会成立七十周年

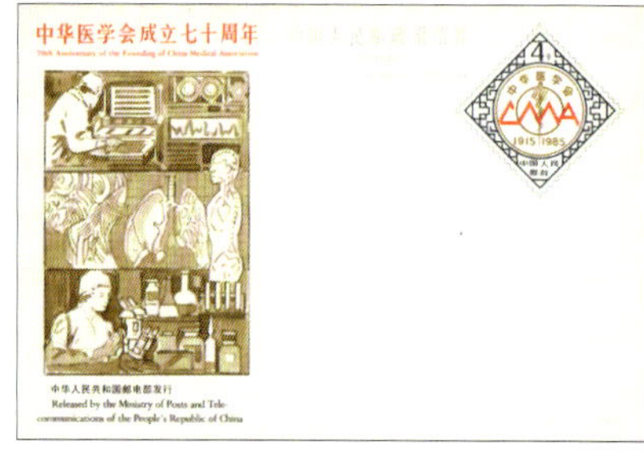

序号	面值（分）	售价（元）	发行量（万枚）	市场参考价格（元）
1-1	4	0.12	52.01	60.00

版别：胶版

设计者：孙传哲

印制厂：北京邮票厂

JP5 联合国 40 周年

JP5 40th Anniversary of United Nations

1985 年 10 月 24 日发行

全套 1 枚

明信片邮票规格：26mm × 36mm

明信片规格：148mm × 100mm

1-1 联合国 40 周年

序号	面值（分）	售价（元）	发行量（万枚）	市场参考价格（元）
1-1	4	0.12	51.91	60.00

版别：胶版
设计者：张克让
印制厂：北京邮票厂

JP6 中国人民革命战争时期邮票展览
JP6 Exhibition for Stamps Issued During Period of Chinese People' s Revolutionary War

1985 年 10 月 13 日发行
全套 1 枚
明信片邮票规格：22mm × 28mm
明信片规格：148mm × 100mm
1-1 中国人民革命战争时期邮票展览

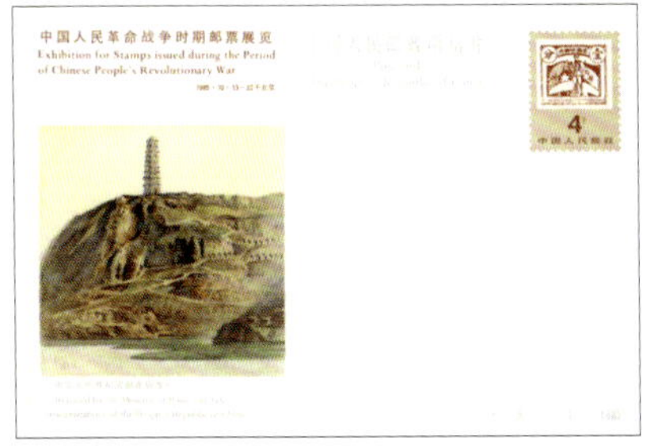

序号	面值（分）	售价（元）	发行量（万枚）	市场参考价格（元）
1-1	4	0.12	38.08	300.00

版别：胶版
设计者：杨文清、李德福
印制厂：北京邮票厂

JP7 亚太国际贸易博览会 · 1985 · 北京
JP7 Asia-Pacific International Trade Fair · 1985 · Beijing

1985 年 11 月 15 日发行
全套 1 枚
明信片邮票规格：27mm × 37mm
明信片规格：148mm × 100mm
1-1 亚太国际贸易博览会 · 1985 · 北京

序号	面值（分）	售价（元）	发行量（万枚）	市场参考价格（元）
1-1	4	0.12	40.01	100.00

版别：胶版
设计者：黄里
印制厂：北京邮票厂

JP8 第二次全国工业普查
JP8 2nd National Industrial Census

1986 年 4 月 30 日发行
全套 1 枚
明信片邮票规格：38mm × 27mm
明信片规格：148mm × 100mm
1-1 第二次全国工业普查

序号	面值（分）	售价（元）	发行量（万枚）	市场参考价格（元）
1-1	4	0.12	60.3	35.00

版别：胶版
设计者：黄里
印制厂：北京邮票厂

JP9 苏州建城二千五百年
JP9 2500th Anniversary of the Founding of Suzhou City

1986 年 11 月 1 日发行
全套 1 枚
明信片邮票规格：22mm × 33mm
明信片规格：148mm × 100mm
1-1 苏州建城二千五百年

序号	面值（分）	售价（元）	发行量（万枚）	市场参考价格（元）
1-1	4	0.12	80.82	35.00

版别：胶版
设计者：万维生
印制厂：北京邮票厂

JP10 中葡关于澳门问题的联合声明正式签署
JP10 Sino-Portuguese Joint Declaration on Macao Officially Signed

1987 年 4 月 17 日发行
全套 2 枚
明信片邮票规格：27mm × 23mm
明信片规格：148mm × 100mm
2-1 妈祖阁
2-2 交换文本

序号	面值（分）	售价（元）	发行量（万枚）	市场参考价格（元）
2-1	4	0.12	74.32	
2-2	90	0.98	59.92	
全套	94	1.10	134.24	75.00

版别：胶版
设计者：黄里
印制厂：北京邮票厂

JP11 北京图书馆新馆落成暨开馆七十五周年纪念
JP11 75th Anniversary of Founding of National Library of China and Inauguration of Its New Building

1987 年 7 月 1 日发行
全套 1 枚
明信片邮票规格：35mm × 22mm
明信片规格：148mm × 100mm
1-1 北京图书馆新馆落成暨开馆七十五周年纪念

序号	面值（分）	售价（元）	发行量（万枚）	市场参考价格（元）
1-1	4	0.12	63.72	30.00

版别：胶版

设计者：程传理、邹建军

印制厂：北京邮票厂

JP12 中华全国青少年专题集邮展览

JP12 China National Juvenile Philatelic Exhibition

1987 年 7 月 20 日发行

全套 1 枚

明信片邮票规格： 27.5mm × 30mm

明信片规格： 148mm × 100mm

1-1 中华全国青少年专题集邮展览

序号	面值（分）	售价（元）	发行量（万枚）	市场参考价格（元）
1-1	4	0.12	66.12	25.00

版别：胶版

设计者：吴建坤

印制厂：北京邮票厂

JP13 欢迎台胞探亲旅游

JP13 Welcoming Taiwan Compatriots to Mainland

1988 年 2 月 10 日发行

全套 2 枚

明信片邮票规格： 20.5mm × 30mm

明信片规格： 148mm × 100mm

2-1 龙年大吉

2-2 阖家欢乐

序号	面值（分）	售价（元）	发行量（万枚）	市场参考价格（元）
2-1	4	0.12	109.72	
2-2	30	0.38	108.32	
全套	34	0.50	218.04	25.00

版别：胶版

设计者：卢天骄、万维生

印制厂：北京邮票厂

JP14 亚洲和太平洋运输和通信十年（1985—1994）

JP14 Transport and Communications Decade for Asia and Pacific (1985—1994)

1988 年 10 月 24 日发行

全套 1 枚

明信片邮票规格： 35mm × 23mm

明信片规格： 148mm × 100mm

1-1 亚洲和太平洋运输和通信十年（1985—1994）

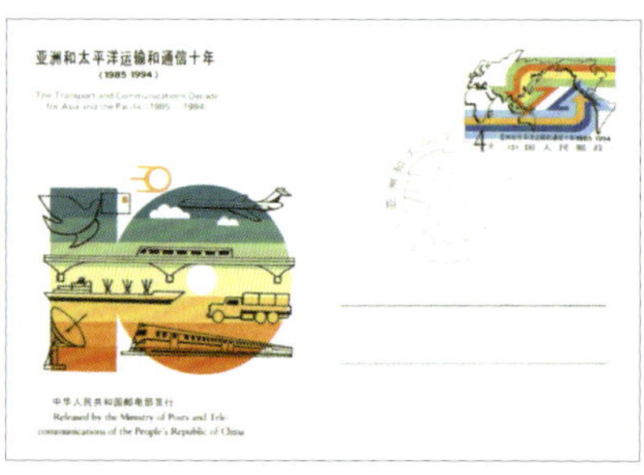

序号	面值（分）	售价（元）	发行量（万枚）	市场参考价格（元）
1-1	4	0.12	69.92	20.00

版别：胶版

设计者：卢天骄

印制厂：北京邮票厂

JP15 中国在第 24 届奥运会获金质奖章纪念

JP15 In Commemoration of Gold Medals Won by China at the 24th Olympic Games

1988 年 9 月 21 日—10 月 11 日发行

全套 6 枚

明信片邮票规格： 25mm × 35mm

明信片规格： 148mm × 100mm

6-1 女子跳台跳水（9 月 21 日发行）

6-2 男子跳马（9 月 27 日发行）

6-3 女子跳板跳水（9 月 28 日发行）

6-4 乒乓球男子双打（10 月 3 日发行）

6-5 乒乓球女子单打（10 月 4 日发行）

6-6 获奖金牌（10 月 11 日发行）

序号	面值（分）	售价（元）	发行量（万枚）	市场参考价格（元）
6-1	4	0.12	61.52	
6-2	4	0.12	61.02	
6-3	4	0.12	62.42	
6-4	4	0.12	61.32	
6-5	4	0.12	63.62	
6-6	4	0.12	65.22	
全套	24	0.72	315.12	70.00

版别：胶版

设计者：潘可明

印制厂：北京邮票厂

JP16 首届北京国际博览会
JP16 1st Beijing International Fair

1989 年 7 月 14 日发行

全套 1 枚

明信片邮票规格： 29mm × 37mm

明信片规格： 148mm × 100mm

1-1 首届北京国际博览会

序号	面值（分）	售价（元）	发行量（万枚）	市场参考价格（元）
1-1	4	0.18	62.92	20.00

版别：胶版

设计者：黄里

印制厂：北京邮票厂

JP17 第二届全国青少年运动会
JP17 2nd National Juvenile Games

1989 年 9 月 6 日发行

全套 1 枚

明信片邮票规格： 25mm × 32mm

明信片规格： 148mm × 100mm

1-1 第二届全国青少年运动会

序号	面值（分）	售价（元）	发行量（万枚）	市场参考价格（元）
1-1	4	0.18	64.42	20.00

版别：胶版

设计者：万维生

印制厂：北京邮票厂

JP18 第五届世界杯跳伞冠军赛
JP18 5th World Cup Parachuting Championships

1989 年 10 月 13 日发行

全套 1 枚

明信片邮票规格： 28mm × 38mm

明信片规格： 148mm × 100mm

1-1 第五届世界杯跳伞冠军赛

序号	面值（分）	售价（元）	发行量（万枚）	市场参考价格（元）
1-1	4	0.18	63.12	20.00

版别：胶版

设计者：邹建军

印制厂：北京邮票厂

JP19 国际食用菌生物技术学术讨论会
JP19 International Symposium on Mushroom Biotechnology

1989 年 11 月 6 日发行

全套 1 枚

明信片邮票规格： 27mm × 34mm

明信片规格： 148mm × 100mm

1-1 国际食用菌生物技术学术讨论会

序号	面值（分）	售价（元）	发行量（万枚）	市场参考价格（元）
1-1	4	0.18	62.12	20.00

版别：胶版

设计者：任宇

印制厂：北京邮票厂

JP20 北京第十四届世界法律大会
JP20 The 14th Beijing Conference on the Law of the World

1990 年 4 月 22 日发行

全套 1 枚

明信片邮票规格： 22mm × 26mm

明信片规格： 148mm × 100mm

1-1 北京第十四届世界法律大会

序号	面值（分）	售价（元）	发行量（万枚）	市场参考价格（元）
1-1	4	0.18	82.92	15.00

版别：胶版

设计者：李印清

印制厂：北京邮票厂

JP21 中华人民共和国香港特别行政区基本法
JP21 The Basic Law of Hong Kong Special Administrative Region of the People's Republic of China

1990 年 4 月 10 日发行

全套 1 枚

明信片邮票规格： 25mm × 34mm

明信片规格： 148mm × 100mm

1-1 中华人民共和国香港特别行政区基本法

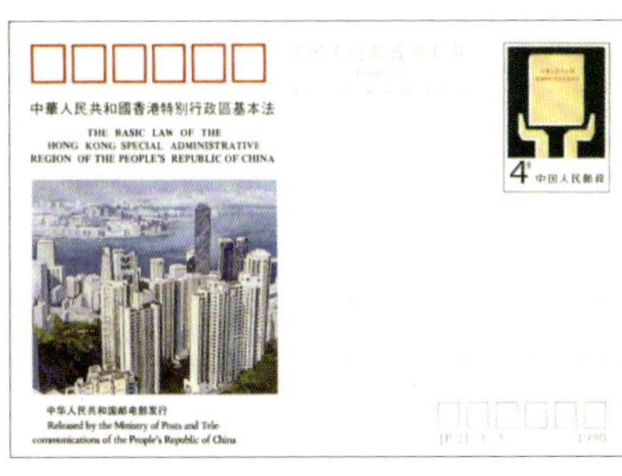

序号	面值（分）	售价（元）	发行量（万枚）	市场参考价格（元）
1-1	4	0.18	85.12	25.00

版别：胶版

设计者：李德福

印制厂：北京邮票厂

JP22 第 31 届国际数学奥林匹克 1990 · 北京

JP22 31st International Mathematical Olympiad,Beijing 1990

1990 年 7 月 11 日发行

全套 1 枚

明信片邮票规格： 30mm × 30.7mm

明信片规格： 148mm × 100mm

1-1 第 31 届国际数学奥林匹克 1990 · 北京

序号	面值（分）	售价（元）	发行量（万枚）	市场参考价格（元）
1-1	4	0.18	87.72	10.00

版别：胶版

设计者：黄里

印制厂：北京邮票厂

附录：

JP22 香港中银大厦落成纪念（撤销发行）

JP22 Commemorating The Completion of Hong Kong Bank of China Tower （Unissued）

原计划 1990 年 5 月 17 日发行

全套 1 枚

明信片邮票规格： 24mm × 40mm

明信片规格： 148mm × 100mm

1-1 香港中银大厦落成纪念

序号	面值（分）	售价（元）	发行量（万枚）	市场参考价格（元）
1-1	4	0.18		2200.00

版别：胶版

设计者：吴建坤

印制厂：北京邮票厂

JP23 第十四届世界采矿大会

JP23 The 14th World Mining Congress

1990 年 5 月 14 日发行

全套 1 枚

明信片邮票规格： 23mm × 26.5mm

明信片规格： 148mm × 100mm

1-1 第十四届世界采矿大会

序号	面值（分）	售价（元）	发行量（万枚）	市场参考价格（元）
1-1	4	0.18	83.62	10.00

版别：胶版

设计者：李印清

印制厂：北京邮票厂

JP24 第四次全国人口普查

JP24 4th National Census

1990 年 6 月 30 日发行

全套 1 枚

明信片邮票规格： 27mm × 29mm

明信片规格： 148mm × 100mm

1-1 第四次全国人口普查

序号	面值（分）	售价（元）	发行量（万枚）	市场参考价格（元）
1-1	4	0.18	81.62	10.00

版别：胶版

设计者：许彦博

印制厂：北京邮票厂

JP25 国际地理联合会亚太区域会议

JP25 IGU Asian Pacific Regional Conference

1990 年 8 月 13 日发行

全套 1 枚

明信片邮票规格： 30mm × 30mm

明信片规格： 148mm × 100mm

1-1 国际地理联合会亚太区域会议

序号	面值（分）	售价（元）	发行量（万枚）	市场参考价格（元）
1-1	15	0.30	84.42	10.00

版别：胶版

设计者：潘可明

印制厂：北京邮票厂

JP26 第二次联合国最不发达国家会议

JP26 2nd United Nations Conference on Least Developed Countries

1990 年 9 月 3 日发行

全套 1 枚

明信片邮票规格： 30mm × 22mm

明信片规格： 148mm × 100mm

1-1 第二次联合国最不发达国家会议

序号	面值（分）	售价（元）	发行量（万枚）	市场参考价格（元）
1-1	15	0.30	82.02	10.00

版别：胶版

设计者：陈晓聪

印制厂：北京邮票厂

JP27 中国引种桉树 100 周年

JP27 The Centenary of Introduction of Eucalyptus into China

1990 年 11 月 21 日发行

全套 1 枚

明信片邮票规格： 28.5mm × 38mm

明信片规格： 148mm × 100mm

1-1 中国引种桉树 100 周年

序号	面值（分）	售价（元）	发行量（万枚）	市场参考价格（元）
1-1	15	0.30	80.52	10.00

版别：胶版

设计者：任宇

印制厂：北京邮票厂

JP28 首届全国工业企业技术进步成就展览会

JP28 1st National Exposition of Industrial Enterprises' Technological Achievements

1991 年 3 月 21 日发行
全套 1 枚
明信片邮票规格： 35mm × 23mm
明信片规格： 148mm × 100mm
1-1 首届全国工业企业技术进步成就展览会

序号	面值（分）	售价（元）	发行量（万枚）	市场参考价格（元）
1-1	15	0.30	80.13	10.00

版别：胶版
设计者：潘可明
印制厂：北京邮票厂

JP29 伽利略发现"惯性质量和引力质量等价"400 周年（1591—1991）

JP29 400th Anniversary of Discovery of "Equality of Inertial Mass and Gravitational Mass" (Mi=Mg) by Galileo Galilei (1591—1991)

1991 年 9 月 16 日发行
全套 1 枚
明信片邮票规格： 30.5mm × 30.5mm
明信片规格： 148mm × 100mm
1-1 伽利略发现"惯性质量和引力质量等价" 400 周年（1591—1991）

序号	面值（分）	售价（元）	发行量（万枚）	市场参考价格（元）
1-1	15	0.30	100.23	10.00

版别：胶版
设计者：刘硕仁
印制厂：北京邮票厂

JP30 中华人民共和国第二届城市运动会

JP30 The 2nd City-Games of the People' s Republic of China

1991 年 9 月 20 日发行
全套 1 枚
明信片邮票规格： 23.5mm × 30.5mm
明信片规格： 148mm × 100mm
1-1 中华人民共和国第二届城市运动会

序号	面值（分）	售价（元）	发行量（万枚）	市场参考价格（元）
1-1	15	0.30	130.03	10.00

版别：胶版
设计者：卢天骄
印制厂：北京邮票厂

JP31 第一届世界武术锦标赛

JP31 1st World Wushu Championships

1991 年 10 月 12 日发行
全套 1 枚
明信片邮票规格： 31mm × 24mm
明信片规格： 148mm × 100mm
1-1 第一届世界武术锦标赛

序号	面值（分）	售价（元）	发行量（万枚）	市场参考价格（元）
1-1	15	0.30	114.73	8.00

版别：胶版
设计者：卢天骄
印制厂：北京邮票厂

JP32 '92 中国友好观光年

JP32 Visit China '92

1992 年 4 月 17 日发行
全套 1 枚
明信片邮票规格： 24mm × 30mm
明信片规格： 148mm × 100mm
1-1 '92 中国友好观光年

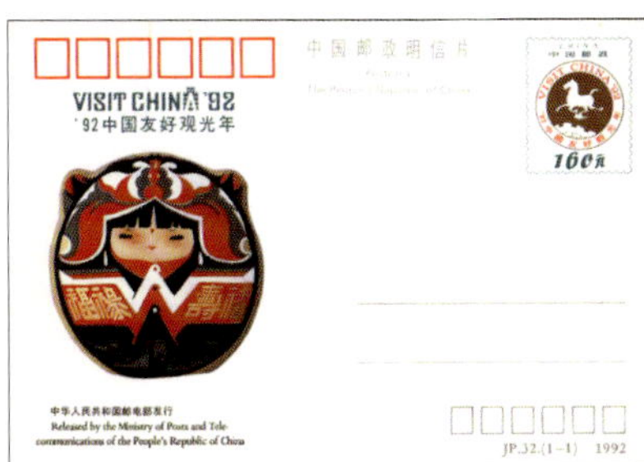

序号	面值（分）	售价（元）	发行量（万枚）	市场参考价格（元）
1-1	1.60	1.75	201.63	8.00

版别：胶版
设计者：潘可明
印制厂：北京邮票厂
注：明信片铭记为"中国邮政明信片"。另有未发行《'92 中国友好观光年》邮资明信片 1 枚。

JP33 中华人民共和国第四届大学生运动会

JP33 4th National Games for University Students of the People' s Republic of China

1992 年 9 月 29 日发行
全套 1 枚
明信片邮票规格： 23mm × 29mm
明信片规格： 148mm × 100mm
1-1 中华人民共和国第四届大学生运动会

序号	面值（分）	售价（元）	发行量（万枚）	市场参考价格（元）
1-1	15	0.30	238.13	5.00

版别：胶版
设计者：卢天骄
印制厂：北京邮票厂

JP34 中华全国集邮联合会成立十周年

JP34 10th Anniversary of Founding of All China Philatelic Federation

1992 年 10 月 13 日发行

全套 1 枚
明信片邮票规格： 24mm × 28.5mm
明信片规格： 148mm × 100mm
1-1 中华全国集邮联合会成立十周年

序号	面值（分）	售价（元）	发行量（万枚）	市场参考价格（元）
1-1	15	0.30	209.73	5.00

版别：胶版
设计者：邓锡清
印制厂：北京邮票厂

JP35 全国沿海开放城市改革开放成就展览会
JP35 Exhibition on Reform and Opening Achievements of China' s Coastal Cities

1993 年 3 月 19 日发行
全套 1 枚
明信片邮票规格： 34mm × 27mm
明信片规格： 148mm × 100mm
1-1 全国沿海开放城市改革开放成就展览会

序号	面值（分）	售价（元）	发行量（万枚）	市场参考价格（元）
1-1	15	0.30	351.53	5.00

版别：胶版
设计者：任宇
印制厂：北京邮票厂

JP36 中华人民共和国澳门特别行政区基本法
JP36 Basic Law of Macao Special Administrative Region of the People' s Republic of China

1993 年 4 月 20 日发行
全套 1 枚
明信片邮票规格： 35mm × 23mm
明信片规格： 148mm × 100mm
1-1 中华人民共和国澳门特别行政区基本法

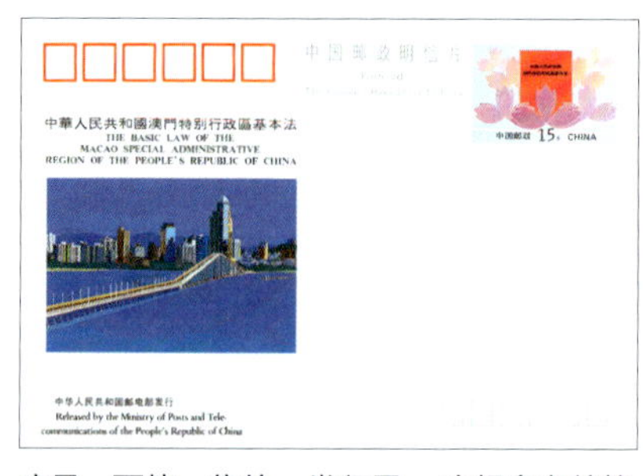

序号	面值（分）	售价（元）	发行量（万枚）	市场参考价格（元）
1-1	15	0.30	354.23	8.00

版别：胶版
设计者：潘可明
印制厂：北京邮票厂

JP37 中国医疗队派出 30 周年
JP37 The 30th Anniversary of China' s Sending 1st Medical Team Abroad

1993 年 4 月 16 日发行
全套 1 枚
明信片邮票规格： 26mm × 30mm
明信片规格： 148mm × 100mm
1-1 中国医疗队派出 30 周年

序号	面值（分）	售价（元）	发行量（万枚）	市场参考价格（元）
1-1	15	0.30	384.03	4.00

版别：胶版
设计者：万维生、李印清
印制厂：北京邮票厂

JP38 中国共产主义青年团第十三次全国代表大会
JP38 The 13th National Congress of Chinese Communist Youth League

1993 年 5 月 3 日发行
全套 1 枚
明信片邮票规格： 31.7mm × 23mm
明信片规格： 148mm × 100mm
1-1 中国共产主义青年团第十三次全国代表大会

序号	面值（分）	售价（元）	发行量（万枚）	市场参考价格（元）
1-1	15	0.30	375.13	4.00

版别：胶版
设计者：邹建军、李印清
印制厂：北京邮票厂

JP39 '93 国际奥林匹克日
JP39 International Olympic Day '93

1993 年 6 月 23 日发行
全套 1 枚
明信片邮票规格： 25.8mm × 30mm
明信片规格： 148mm × 100mm
1-1 '93 国际奥林匹克日

序号	面值（分）	售价（元）	发行量（万枚）	市场参考价格（元）
1-1	15	0.30	345.23	6.00

版别：胶版
设计者：王振华、李印清
印制厂：北京邮票厂

JP40 第十一届国际洞穴学大会
JP40 11th International Congress of Speleology

1993 年 8 月 2 日发行
全套 1 枚
明信片邮票规格： 23.5mm × 33mm
明信片规格： 148mm × 100mm
1-1 第十一届国际洞穴学大会

序号	面值（分）	售价（元）	发行量（万枚）	市场参考价格（元）
1-1	15	0.30	357.23	4.00

版别：胶版
设计者：李印清
印制厂：北京邮票厂

JP41 中国妇女第七次全国代表大会
JP41 China' s 7th National Women' s Congress

1993 年 9 月 1 日发行
全套 1 枚

明信片邮票规格： 23mm × 35mm

明信片规格： 148mm × 100mm

1-1 中国妇女第七次全国代表大会

序号	面值（分）	售价（元）	发行量（万枚）	市场参考价格（元）
1-1	15	0.30	399.23	4.00

版别： 胶版

设计者： 潘可明

印制厂： 北京邮票厂

JP42 中国四川成都 '93 国际熊猫节
JP42 International Panda Festival '93 Chengdu,Sichuan,China

1993 年 9 月 24 日发行

全套 1 枚

明信片邮票规格： 24mm × 34mm

明信片规格： 148mm × 100mm

1-1 中国四川成都 '93 国际熊猫节

序号	面值（分）	售价（元）	发行量（万枚）	市场参考价格（元）
1-1	15	0.30	354.93	4.00

版别： 胶版

设计者： 王振华

印制厂： 北京邮票厂

JP43 中国工会第十二次全国代表大会
JP43 12th National Congress of Chinese Trade Unions

1993 年 10 月 24 日发行

全套 1 枚

明信片邮票规格： 27mm × 32mm

明信片规格： 148mm × 100mm

1-1 中国工会第十二次全国代表大会

序号	面值（分）	售价（元）	发行量（万枚）	市场参考价格（元）
1-1	15	0.30	354.43	4.00

版别： 胶版

设计者： 任宇

印制厂： 北京邮票厂

JP44 '93 中华全国集邮展览——纪念毛泽东同志诞辰 100 周年
JP44 CHINPEX '93–Commemorating Centenary of Comrade Mao Zedong's Birth

1993 年 11 月 16 日发行

全套 1 枚

明信片邮票规格： 对角线 30mm × 30mm（菱形）

明信片规格： 148mm × 100mm

1-1 '93 中华全国集邮展览——纪念毛泽东同志诞辰 100 周年

序号	面值（分）	售价（元）	发行量（万枚）	市场参考价格（元）
1-1	15	0.30	498.93	4.00

版别： 胶版

设计者： 卢天骄

印制厂： 北京邮票厂

JP45 实行无偿献血制度
JP45 Implementation of Non-Remunerated Blood Donation System

1994 年 5 月 18 日发行

全套 1 枚

明信片邮票规格： 31mm × 21mm

明信片规格： 148mm × 100mm

1-1 实行无偿献血制度

序号	面值（分）	售价（元）	发行量（万枚）	市场参考价格（元）
1-1	15	0.30	539.23	4.00

版别： 胶版

设计者： 李印清

印制厂： 北京邮票厂

JP46 大亚湾核电站
JP46 Daya Bay Nuclear Power Station

1994 年 7 月 1 日发行

全套 1 枚

明信片邮票规格： 33mm × 27mm

明信片规格： 148mm × 100mm

1-1 大亚湾核电站

序号	面值（分）	售价（元）	发行量（万枚）	市场参考价格（元）
1-1	15	0.30	553.23	4.00

版别： 胶版

设计者： 邹建军

印制厂： 北京邮票厂

JP47 布达拉宫维修工程竣工
JP47 Completion of Renovation of Potala Palace

1994 年 8 月 5 日发行

全套 1 枚

明信片邮票规格： 25mm × 30mm

明信片规格： 148mm × 100mm

1-1 布达拉宫维修工程竣工

序号	面值（分）	售价（元）	发行量（万枚）	市场参考价格（元）
1-1	15	0.30	520.83	4.00

版别： 胶版

设计者： 卢天骄

印制厂： 北京邮票厂

JP48 第十一届世界技巧（中国邮电杯）锦标赛
JP48 11th World Championships in Sports Acrobatics (The China Posts & Telecom. Cups)

1994 年 10 月 25 日发行

全套 1 枚
明信片邮票规格：24mm × 30mm
明信片规格：148mm × 100mm
1-1 第十一届世界技巧（中国邮电杯）锦标赛

序号	面值（分）	售价（元）	发行量（万枚）	市场参考价格（元）
1-1	15	0.30	344.13	4.00

版别：胶版
设计者：邹建军
印制厂：北京邮票厂

JP49 中国'96—第 9 届亚洲国际集邮展览
JP49 China'96-9th Asian International Philatelic Exhibition

1994 年 11 月 22 日发行
全套 2 枚
明信片邮票规格：30mm × 22mm
明信片规格：148mm × 100mm
2-1 展徽 飞翔的鸿雁
2-2 吉祥物 孙悟空

序号	面值（分）	售价（元）	发行量（万枚）	市场参考价格（元）
2-1	15	0.30	367.23	
2-2	230	2.45	212.23	
全套	245	2.75	579.46	4.00

版别：胶版
设计者：邓锡清
印制厂：北京邮票厂

JP50 中国集邮笑迎明天
JP50 Tomorrow Hails China's Philately!

1995 年 1 月 18 日发行
全套 1 枚
明信片邮票规格：31mm × 35mm
明信片规格：148mm × 100mm
1-1 中国集邮笑迎明天

序号	面值（分）	售价（元）	发行量（万枚）	市场参考价格（元）
1-1	15	0.30	312.14	4.00

版别：胶版
设计者：邹建军
印制厂：辽宁省沈阳邮电印刷厂

JP51 依法纳税是每个公民应尽的义务
JP51 It Is Obligatory upon Every Citizen to Pay Tax in Compliance with the Law

1995 年 4 月 1 日发行
全套 1 枚
明信片邮票规格：24mm × 32mm
明信片规格：148mm × 100mm
1-1 依法纳税是每个公民应尽的义务

序号	面值（分）	售价（元）	发行量（万枚）	市场参考价格（元）
1-1	15	0.30	312.83	4.00

版别：胶版
设计者：呼振源
印制厂：北京邮票厂

JP52 琉璃河遗址
JP52 Ruins of Liulihe

1995 年 8 月 21 日发行
全套 1 枚
明信片邮票规格：27mm × 34mm
明信片规格：148mm × 100mm
1-1 琉璃河遗址

序号	面值（分）	售价（元）	发行量（万枚）	市场参考价格（元）
1-1	15	0.30	426.03	4.00

版别：胶版
设计者：王虎鸣
印制厂：北京邮票厂

JP53 国际刑警组织第六十四届全体大会
JP53 The 64th Session of I.C.P.O. — Interpol General Assembly

1995 年 10 月 4 日发行
全套 1 枚
明信片邮票规格：30mm × 25mm
明信片规格：148mm × 100mm
1-1 国际刑警组织第六十四届全体大会

序号	面值（分）	售价（元）	发行量（万枚）	市场参考价格（元）
1-1	15	0.30	422.03	4.00

版别：胶版
设计者：卢天骄
印制厂：北京邮票厂

JP54 国际消除贫困年
JP54 International Year for Eradication of Poverty

1996 年 3 月 29 日发行
全套 1 枚
明信片邮票规格：26mm × 30mm
明信片规格：148mm × 100mm
1-1 国际消除贫困年

序号	面值（分）	售价（元）	发行量（万枚）	市场参考价格（元）
1-1	15	0.30	401.23	4.00

版别：胶版

设计者：吴建坤

印制厂：北京邮票厂

JP55 第三十一届国际军事医学大会
JP55 31st International Congress on Military Medicine

1996 年 10 月 8 日发行

全套 1 枚

明信片邮票规格： 24mm × 30mm

明信片规格： 148mm × 100mm

1-1 第三十一届国际军事医学大会

序号	面值（分）	售价（元）	发行量（万枚）	市场参考价格（元）
1-1	15	0.30	400.03	4.00

版别：胶版

设计者：王振华

印制厂：北京邮票厂

JP56 孙中山诞生一百三十周年
JP56 130th Anniversary of Birth of Dr. Sun Yat-sen

1996 年 11 月 12 日发行

全套 1 枚

明信片邮票规格： 27mm × 39mm

明信片规格： 148mm × 100mm

1-1 孙中山诞生一百三十周年

序号	面值（分）	售价（元）	发行量（万枚）	市场参考价格（元）
1-1	15	0.30	406.23	4.00

版别：胶版

设计者：陈晓聪

印制厂：北京邮票厂

JP57 西安事变六十周年
JP57 60th Anniversary of Xi' an Incident

1996 年 12 月 12 日发行

全套 1 枚

明信片邮票规格： 25mm × 30mm

明信片规格： 148mm × 100mm

1-1 西安事变六十周年

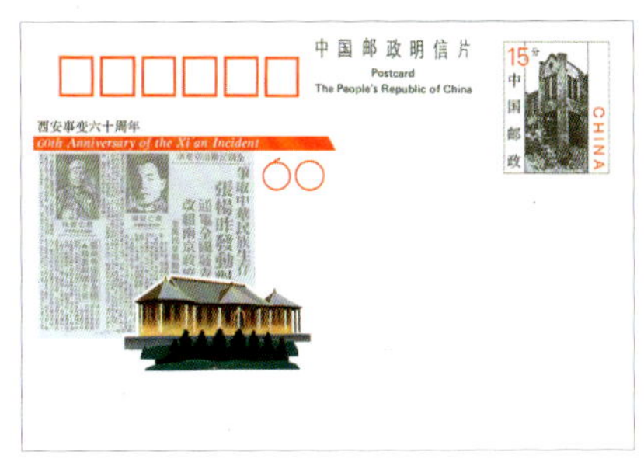

序号	面值（分）	售价（元）	发行量（万枚）	市场参考价格（元）
1-1	15	0.30	404.53	4.00

版别：胶版

设计者：李庆发

印制厂：北京邮票厂

JP58 第二届亚太经合组织国际贸易博览会
JP58 2nd APEC International Trade Fair

1997 年 6 月 5 日发行

全套 1 枚

明信片邮票规格： 30mm × 33mm

明信片规格： 148mm × 100mm

1-1 第二届亚太经合组织国际贸易博览会

序号	面值（分）	售价（元）	发行量（万枚）	市场参考价格（元）
1-1	40	0.65	400.34	4.00

版别：胶版

设计者：邹建军

印制厂：沈阳邮电印刷厂

JP59 虎门大桥建成通车
JP59 The Completion and Opening to Traffic of Humen Bridge

1997 年 6 月 9 日发行

全套 1 枚

明信片邮票规格： 30mm × 23mm

明信片规格： 148mm × 100mm

1-1 虎门大桥建成通车

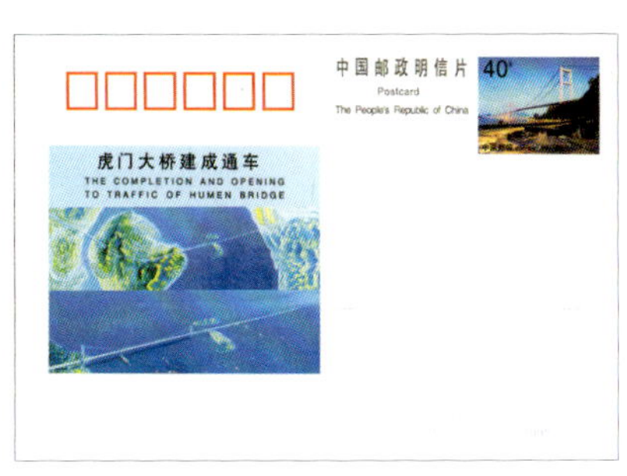

序号	面值（分）	售价（元）	发行量（万枚）	市场参考价格（元）
1-1	40	0.65	402.93	3.00

版别：胶版

设计者：任宇

印制厂：北京邮票厂

JP60 广州地铁通车
JP60 Opening of Guangzhou' s Subway

1997 年 6 月 28 日发行

全套 1 枚

明信片邮票规格： 26mm × 35mm

明信片规格： 148mm × 100mm

1-1 广州地铁通车

序号	面值（分）	售价（元）	发行量（万枚）	市场参考价格（元）
1-1	40	0.65	402.43	3.00

版别：胶版

设计者：卢天骄

印制厂：北京邮票厂

JP61 戒烟有益健康
JP61 Giving up Smoking Is Good for Health

1997 年 8 月 20 日发行

全套 1 枚

明信片邮票规格： 25mm × 34mm

明信片规格： 148mm × 100mm

1-1 戒烟有益健康

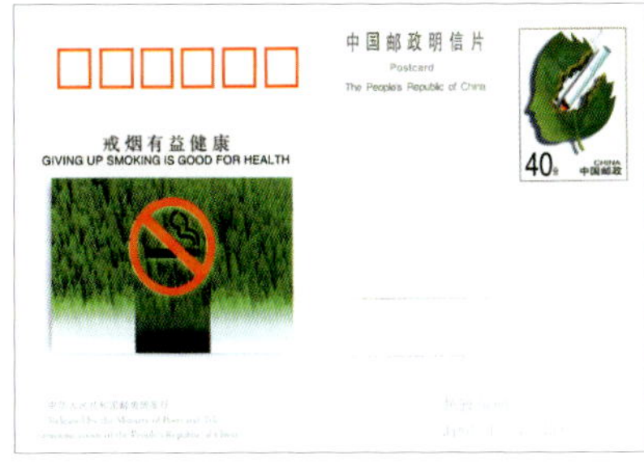

序号	面值（分）	售价（元）	发行量（万枚）	市场参考价格（元）
1-1	40	0.65	400.93	3.00

版别：胶版

设计者：王虎鸣

印制厂：北京邮票厂

JP62 1997 世界华人经济成就展览会
JP62 1997 Exposition for Economic Achievements of World Chinese

1997 年 9 月 17 日发行

全套 1 枚

明信片邮票规格： 30mm × 39mm

明信片规格： 148mm × 100mm

1-1 1997 世界华人经济成就展览会

序号	面值（分）	售价（元）	发行量（万枚）	市场参考价格（元）
1-1	40	0.65	458.93	3.00

版别：胶版

设计者：杨文清、刘咸宜

印制厂：北京邮票厂

JP63 第 22 届万国邮政联盟大会·1999 北京
JP63 22nd Universal Postal Congress · Beijing 1999

1997 年 10 月 9 日发行

全套 4 枚

明信片邮票规格： 26mm × 36mm

明信片规格： 148mm × 100mm

4-1 大会会徽

4-2 长城情怀

4-3 信息烽火

4-4 世纪邮政

序号	面值（分）	售价（元）	发行量（万枚）	市场参考价格（元）
4-1	420	4.50	300.0	
4-2	420	4.50	305.2	
4-3	40	0.65	408.4	
4-4	40	0.65	400.7	
全套	920	10.30	1414.3	8.00

版别：胶版

设计者：李德福

印制厂：辽宁省沈阳邮电印刷厂

JP64 1997 年中华全国集邮展览
JP64 China 1997 National Philatelic Exhibition

1997 年 10 月 18 日发行

全套 1 枚

明信片邮票规格： 24mm × 31mm

明信片规格： 148mm × 100mm

1-1 1997 年中华全国集邮展览

序号	面值（分）	售价（元）	发行量（万枚）	市场参考价格（元）
1-1	40	0.65	404.63	3.00

版别：胶版

设计者：姜伟杰

印制厂：北京邮票厂

JP65 国际北方城市会议
JP65 International Northern Intercity Conference

1998 年 1 月 15 日发行

全套 1 枚

明信片邮票规格： 26mm × 31mm

明信片规格： 148mm × 100mm

1-1 国际北方城市会议

序号	面值（分）	售价（元）	发行量（万枚）	市场参考价格（元）
1-1	40	0.65	407.50	3.00

版别：胶版

设计者：呼振源

印制厂：北京邮票厂

JP66 世界卫生组织成立五十周年
JP66 50th Anniversary of World Health Organization

1998 年 4 月 7 日发行

全套 1 枚

明信片邮票规格： 31mm × 31mm

明信片规格： 148mm × 100mm

1-1 世界卫生组织成立五十周年

序号	面值（分）	售价（元）	发行量（万枚）	市场参考价格（元）
1-1	40	0.65	503.40	5.00

版别：胶版

设计者：卢天骄

印制厂：北京邮票厂

注：中华人民共和国信息产业部发行。

JP67 人民日报创刊五十周年
JP67 50th Anniversary of People' s Daily

1998 年 6 月 15 日发行

全套 1 枚

明信片邮票规格： 24mm × 34mm

明信片规格： 148mm × 100mm

1-1 人民日报创刊五十周年

序号	面值（分）	售价（元）	发行量（万枚）	市场参考价格（元）
1-1	40	0.65	514.90	3.00

版别：胶版

设计者：李庆发

印制厂：北京邮票厂

JP68 1998 中国沈阳—亚洲体育节
JP68 Asian Sports Festival 1998 Shenyang, China

1998 年 8 月 29 日发行

全套 1 枚

明信片邮票规格：28mm × 40mm

明信片规格：148mm × 100mm

1-1 1998 中国沈阳—亚洲体育节

序号	面值（分）	售价（元）	发行量（万枚）	市场参考价格（元）
1-1	40	0.65	520.50	3.00

版别：胶版

设计者：李跃义

印制厂：北京邮票厂

JP69 中国中央电视台建台 40 周年
JP69 40th Anniversary of CCTV

1998 年 9 月 2 日发行

全套 1 枚

明信片邮票规格：25mm × 36mm

明信片规格：148mm × 100mm

1-1 中国中央电视台建台 40 周年

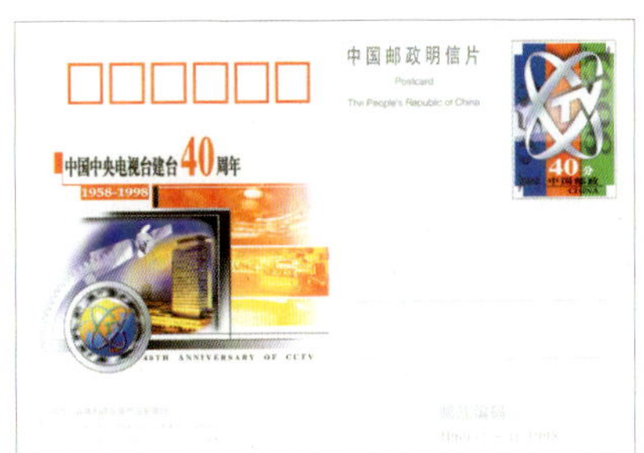

序号	面值（分）	售价（元）	发行量（万枚）	市场参考价格（元）
1-1	40	0.65	516.60	3.00

版别：胶版

设计者：姜宜舒

印制厂：北京邮票厂

JP70 国家推广全国通用的普通话
JP70 State Promotes Nationwide Use of Putonghua

1998 年 9 月 14 日发行

全套 1 枚

明信片邮票规格：27mm × 36mm

明信片规格：148mm × 100mm

1-1 国家推广全国通用的普通话

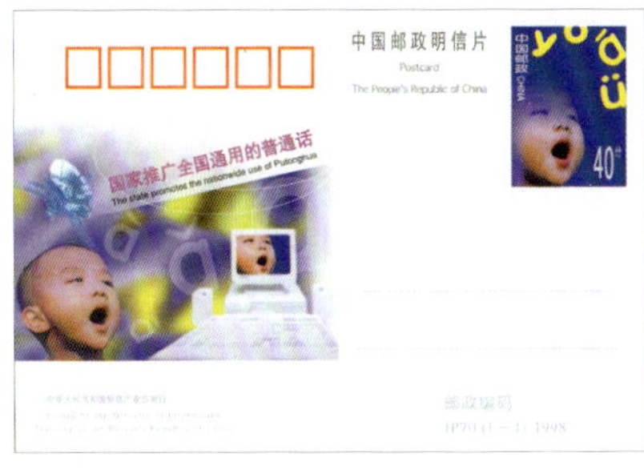

序号	面值（分）	售价（元）	发行量（万枚）	市场参考价格（元）
1-1	40	0.65	500.50	3.00

版别：胶版

设计者：杨文清、郝旭东

印制厂：北京邮票厂

JP71 中国科学技术协会成立四十周年
JP71 40th Anniversary of China Association for Science and Technology

1998 年 9 月 23 日发行

全套 1 枚

明信片邮票规格：30mm × 29mm

明信片规格：148mm × 100mm

1-1 中国科学技术协会成立四十周年

序号	面值（分）	售价（元）	发行量（万枚）	市场参考价格（元）
1-1	40	0.65	507.60	3.00

版别：胶版

设计者：王红卫

印制厂：北京邮票厂

JP72 第 22 届万国邮政联盟大会·1999 北京（二）
JP72 22nd Universal Postal Congress Beijing · 1999 (2nd Series)

1998 年 10 月 9 日发行

全套 4 枚

明信片邮票规格：25mm × 35mm

明信片规格：148mm × 100mm

4-1 置邮传命

4-2 驿骑星流

4-3 情绿东方

4-4 缘系五洲

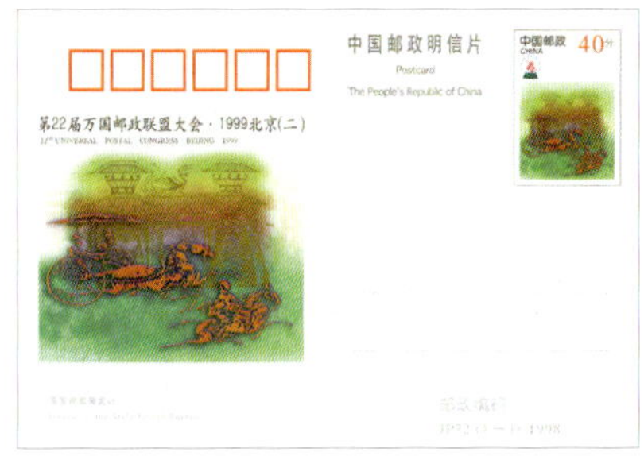

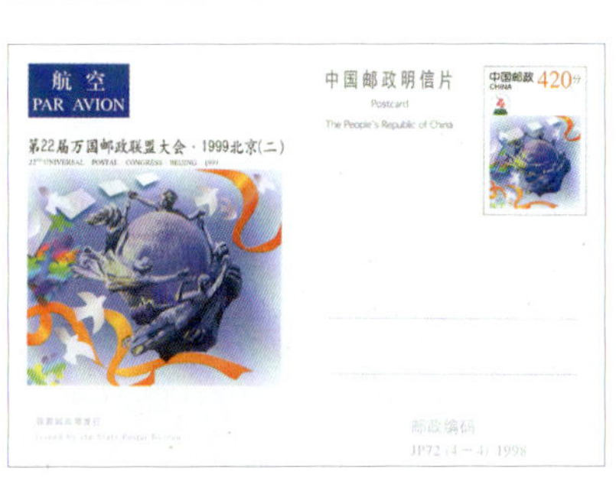

序号	面值（分）	售价（元）	发行量（万枚）	市场参考价格（元）
4-1	40	0.65	400.80	
4-2	40	0.65	416.60	
4-3	420	4.50	302.20	
4-4	420	4.50	302.20	
全套	920	10.30	1421.80	8.00

版别：胶版
设计者：阎炳武
印制厂：北京邮票厂
注：国家邮政局发行。

JP73 中国国际航空航天博览会
JP73 China International Aviation & Aerospace Exhibition

1998 年 11 月 15 日发行
全套 1 枚
明信片邮票规格：30mm × 40mm
明信片规格：148mm × 100mm
1-1 中国国际航空航天博览会

序号	面值（分）	售价（元）	发行量（万枚）	市场参考价格（元）
1-1	40	0.65	504.80	3.00

版别：胶版
设计者：陈晓聪
印制厂：北京邮票厂

JP74 毛泽东同志题词“人民邮电”五十周年
JP74 50th Anniversary of Comrade Mao Zedong' s Inscription "The People' s Posts and Telecommunications"

1998 年 12 月 26 日发行
全套 1 枚
明信片邮票规格：30mm × 26mm
明信片规格：148mm × 100mm
1-1 毛泽东同志题词“人民邮电”五十周年

序号	面值（分）	售价（元）	发行量（万枚）	市场参考价格（元）
1-1	40	0.65	606.70	3.00

版别：胶版
设计者：李庆发
印制厂：北京邮票厂

JP75 中华人民共和国第九届冬季运动会
JP75 9th Winter Games of People' s Republic of China

1999 年 1 月 10 日发行
全套 1 枚
明信片邮票规格：30mm × 40mm
明信片规格：148mm × 100mm
1-1 中华人民共和国第九届冬季运动会

序号	面值（元）	售价（元）	发行量（万枚）	市场参考价格（元）
1-1	40	0.65	600.63	3.00

版别：胶版
设计者：王虎鸣
印制厂：北京邮票厂

JP76 中国人民解放军海军成立五十周年
JP76 50th Anniversary of PLA Navy of China

1999 年 4 月 23 日发行
全套 1 枚
明信片邮票规格：30mm × 31mm
明信片规格：148mm × 100mm
1-1 中国人民解放军海军成立五十周年

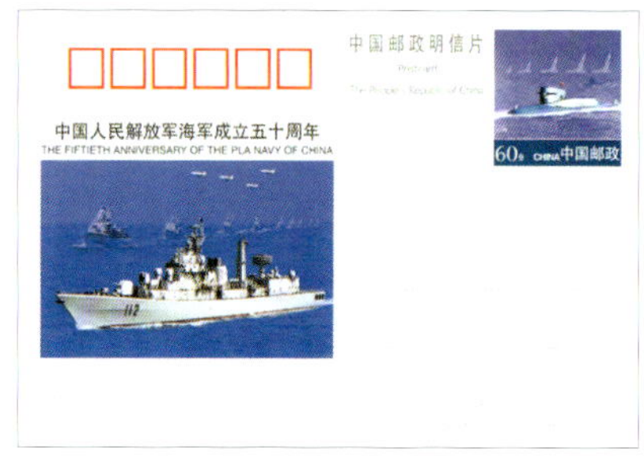

序号	面值（元）	售价（元）	发行量（万枚）	市场参考价格（元）
1-1	60	0.85	600.53	4.00

版别：胶版
设计者：任国恩、龙运河
印制厂：北京邮票厂

JP77 “五四”运动八十周年
JP77 80th Anniversary of May 4th Movement

1999 年 5 月 4 日发行
全套 1 枚
明信片邮票规格：27mm × 33mm
明信片规格：148mm × 100mm
1-1 “五四”运动八十周年

序号	面值（分）	售价（元）	发行量（万枚）	市场参考价格（元）
1-1	60	0.85	712.23	3.00

版别：胶版
设计者：李跃义
印制厂：北京邮票厂

JP78 中国 1999 世界集邮展览
JP78 China 1999 World Philatelic Exhibition

1999 年 5 月 26 日发行
全套 2 枚
明信片邮票规格：21mm × 25mm
明信片规格：148mm × 100mm
2-1 中国 1999 世界集邮展览会徽
2-2 中国 1999 世界集邮展览吉祥物

序号	面值（分）	售价（元）	发行量（万枚）	市场参考价格（元）
2-1	60	0.85	610.33	
2-2	420	4.50	560.13	
全套	480	5.35	1170.46	3.00

版别：胶版
设计者：任宇
印制厂：北京邮票厂

JP79 第 22 届万国邮政联盟大会·1999 北京（三）
JP79 22nd Universal Postal Congress · Beijing 1999 (3rd Series)

1999 年 8 月 23 日发行

全套 4 枚
明信片邮票规格： 25mm × 35mm
明信片规格： 148mm × 100mm
4-1 相聚在北京
4-2 天涯若比邻
4-3 邮政里程碑
4-4 迈向新世纪

序号	面值（分）	售价（元）	发行量（万枚）	市场参考价格（元）
4-1	60	0.85	610.24	
4-2	60	0.85	610.24	
4-3	420	4.50	550.03	
4-4	420	4.50	550.03	
全套	960	10.70	2320.54	8.00

版别：胶版
设计者：方军
印制厂：（4-1、4-2）辽宁省沈阳邮电印刷厂、（4-3、4-4）北京邮票厂

JP80 大连建市一百周年
JP80 Centenary of Founding of Dalian

1999 年 9 月 19 日发行
全套 1 枚
明信片邮票规格： 26mm × 32mm
明信片规格： 148mm × 100mm
1-1 大连建市一百周年

序号	面值（分）	售价（元）	发行量（万枚）	市场参考价格（元）
1-1	60	0.85	602.74	3.00

版别：胶版
设计者：王虎鸣
印制厂：辽宁省沈阳邮电印刷厂

JP81 第六届全国少数民族传统体育运动会
JP81 6th National Traditional Games of Minority Nationalities

1999 年 9 月 24 日发行
全套 1 枚
明信片邮票规格： 27mm × 36mm
明信片规格： 148mm × 100mm
1-1 第六届全国少数民族传统体育运动会

序号	面值（分）	售价（元）	发行量（万枚）	市场参考价格（元）
1-1	60	0.85	601.64	3.00

版别：胶版
设计者：王虎鸣
印制厂：辽宁省沈阳邮电印刷厂

JP82 1999 年天津世界体操锦标赛
JP82 1999 Tianjin Artistic Gymnastics World Championships

1999 年 10 月 8 日发行
全套 2 枚
明信片邮票规格： 24mm × 32mm
明信片规格： 148mm × 100mm
2-1 男体操运动员
2-2 女体操运动员

序号	面值（分）	售价（元）	发行量（万套）	市场参考价格（元）
全套	60 × 2	0.85 × 2	610.74	3.00

版别：胶版
设计者：孟祥斌、赵伟民
印制厂：辽宁省沈阳邮电印刷厂

JP83 中国少年先锋队建队五十周年
JP83 50th Anniversary of Founding of Chinese Young Pioneers

1999 年 10 月 13 日发行
全套 1 枚
明信片邮票规格： 26mm × 36mm
明信片规格： 148mm × 100mm
1-1 中国少年先锋队建队五十周年

序号	面值（分）	售价（元）	发行量（万枚）	市场参考价格（元）
1-1	60	0.85	598.13	3.00

版别：胶版
设计者：高晨阳、杨洁
印制厂：北京邮票厂

JP84 中国人民解放军空军成立五十周年
JP84 50th Anniversary of PLA Air Force of China

1999 年 11 月 11 日发行
全套 1 枚
明信片邮票规格： 30mm × 26mm
明信片规格： 148mm × 100mm
1-1 中国人民解放军空军成立五十周年

序号	面值（分）	售价（元）	发行量（万枚）	市场参考价格（元）
1-1	60	0.85	600.03	4.00

版别：胶版
设计者：任国恩
摄影者：王维忠
印制厂：北京邮票厂

JP85 甲骨文发现一百周年
JP85 Centenary of Discovery of Oracle Bone Inscriptions

1999 年 11 月 15 日发行
全套 1 枚
明信片邮票规格：25mm × 35mm
明信片规格：148mm × 100mm
1-1 甲骨文发现一百周年

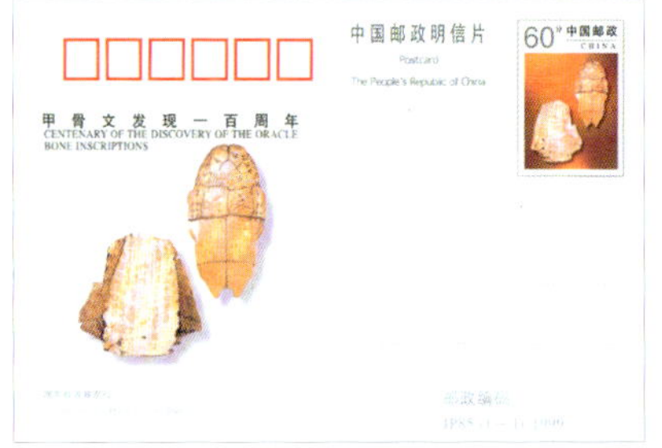

序号	面值（分）	售价（元）	发行量（万枚）	市场参考价格（元）
1-1	60	0.85	600.03	3.00

版别：胶版
设计者：郭承辉
印制厂：北京邮票厂

JP86 1999《财富》全球论坛 · 上海
JP86 1999 *Fortune* Global Forum in Shanghai

1999 年 9 月 27 日发行
全套 1 枚
明信片邮票规格：23mm × 35mm
明信片规格：148mm × 100mm
1-1 1999《财富》全球论坛 · 上海

序号	面值（分）	售价（元）	发行量（万枚）	市场参考价格（元）
1-1	60	0.85	415.03	3.00

版别：胶版
设计者：阎炳武
印制厂：北京邮票厂

JP87 2000 年全国劳动模范和先进工作者表彰大会
JP87 Commending Conference for National Model Workers and Advanced Workers of 2000

2000 年 4 月 29 日发行
全套 1 枚
明信片邮票规格：26mm × 36mm
明信片规格：148mm × 100mm
1-1 2000 年全国劳动模范和先进工作者表彰大会

序号	面值（分）	售价（元）	发行量（万枚）	市场参考价格（元）
1-1	60	0.85	400	3.00

版别：胶版
设计者：阎炳武
印制厂：北京邮票厂

JP88 中国—瑞士邮票展览
JP88 China-Switzerland Stamp Exhibition

2000 年 4 月 30 日发行
全套 1 枚
明信片邮票规格：30mm × 24mm
明信片规格：148mm × 100mm
1-1 中国—瑞士邮票展览

序号	面值（分）	售价（元）	发行量（万枚）	市场参考价格（元）
1-1	60	0.85	350	3.00

版别：胶版
设计者：尚予
印制厂：北京邮票厂

JP89 敦煌莫高窟藏经洞发现 100 周年
JP89 Centenary of Discovery of Library Cave at Mogao Grottoes, Dunhuang

2000 年 6 月 22 日发行
全套 1 枚
明信片邮票规格：25mm × 36mm
明信片规格：148mm × 100mm
1-1 敦煌莫高窟藏经洞发现 100 周年

序号	面值（分）	售价（元）	发行量（万枚）	市场参考价格（元）
1-1	60	0.85	400	3.00

版别：胶版
设计者：王虎鸣
摄影者：任国恩、余利良
印制厂：北京邮票厂

JP90 第 20 届国际大坝会议
JP90 20th Congress of International Commission on Large Dams

2000 年 9 月 14 日发行
全套 1 枚
明信片邮票规格：25mm × 31mm
明信片规格：148mm × 100mm
1-1 第 20 届国际大坝会议

序号	面值（分）	售价（元）	发行量（万枚）	市场参考价格（元）
1-1	60	0.85	350	3.00

版别：胶版
设计者：李昕
印制厂：北京邮票厂

JP91 第六届中国艺术节
JP91 The 6th China Art Festival

2000 年 9 月 28 日发行
全套 2 枚
明信片邮票规格：26mm × 35mm
明信片规格：148mm × 100mm
2-1 会徽
2-2 吉祥物

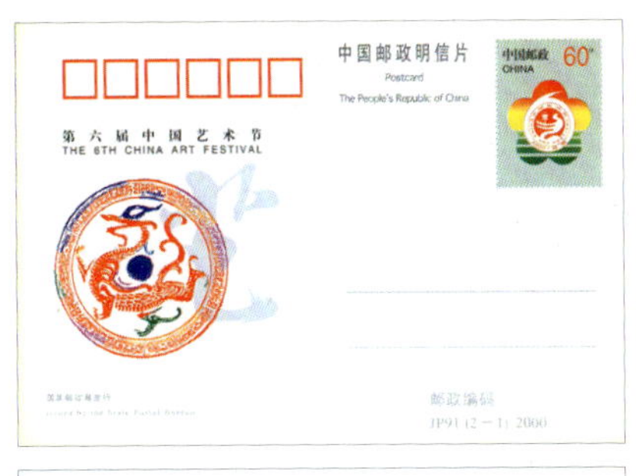

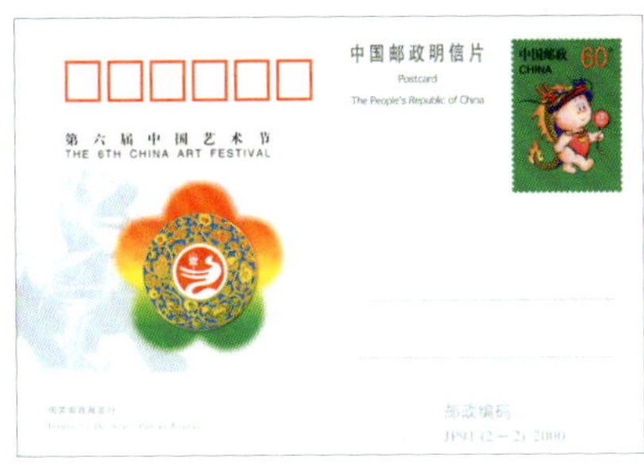

序号	面值（分）	售价（元）	发行量（万枚）	市场参考价格（元）
2-1	60	0.85	400	
2-2	60	0.85	350	
全套	120	1.70	750	3.00

版别：胶版
设计者：丁蕾
印制厂：北京邮票厂

JP92 中国国际高新技术成果交易会
JP92 China Hi-Tech Fair

2000 年 10 月 11 日发行
全套 1 枚
明信片邮票规格：30mm × 25mm
明信片规格：148mm × 100mm
1-1 中国国际高新技术成果交易会

序号	面值（分）	售价（元）	发行量（万枚）	市场参考价格（元）
1-1	60	0.85	350	3.00

版别：胶版
设计者：王翔
印制厂：北京邮票厂

JP93 中国杭州西湖博览会
JP93 West Lake Expo Hangzhou, China

2000 年 10 月 20 日发行
全套 1 枚
明信片邮票规格：25mm × 25mm
明信片规格：148mm × 100mm
1-1 中国杭州西湖博览会

序号	面值（分）	售价（元）	发行量（万枚）	市场参考价格（元）
1-1	60	0.85	350	3.00

版别：胶版
设计者：任国恩
印制厂：北京邮票厂

JP94 记者节
JP94 Journalists Day

2000 年 11 月 8 日发行
全套 1 枚
明信片邮票规格：25mm × 35mm
明信片规格：148mm × 100mm
1-1 记者节

序号	面值（分）	售价（元）	发行量（万枚）	市场参考价格（元）
1-1	60	0.85	350	3.00

版别：胶版
设计者：蒙卫旦、门立群
印制厂：辽宁省沈阳邮电印刷厂

JP95 西藏和平解放 50 周年
JP95 50th Anniversary of Peaceful Liberation of Tibet

2001 年 5 月 23 日发行
全套 1 枚
明信片邮票规格：25mm × 33mm
明信片规格：148mm × 100mm
1-1 西藏和平解放 50 周年

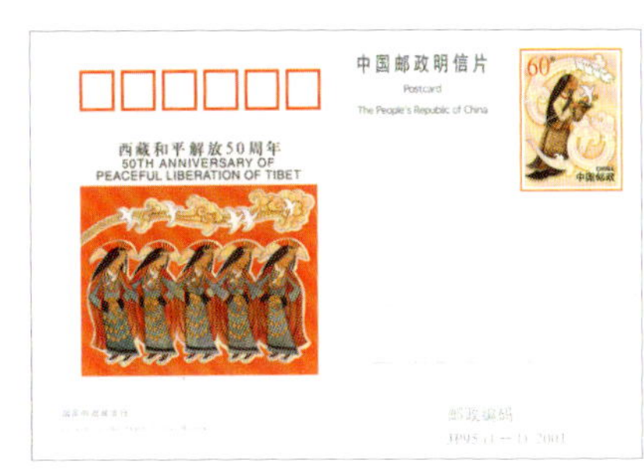

序号	面值（分）	售价（元）	发行量（万枚）	市场参考价格（元）
1-1	60	0.85	350	3.00

版别：胶版
设计者：嘎德
责任编辑：刘雨苏
印制厂：北京邮票厂

JP96 国有企业改革与发展暨技术创新成果展览会
JP96 Exhibition on Achievements of StateOwned Enterprise Reform, Development and Technological Innovation

2001 年 6 月 18 日发行
全套 1 枚
明信片邮票规格：23mm × 32mm
明信片规格：148mm × 100mm
1-1 国有企业改革与发展暨技术创新成果展览会

序号	面值（分）	售价（元）	发行量（万枚）	市场参考价格（元）
1-1	60	0.85	350	3.00

版别：胶版
设计者：李跃义
责任编辑：李昕
印制厂：北京邮票厂

JP97 第六届世界华商大会
JP97 6th World Chinese Entrepreneurs Convention

2001 年 9 月 17 日发行
全套 2 枚
明信片邮票规格：20mm × 25mm
明信片规格：148mm × 100mm
2-1 同心同结
2-2 科技发展

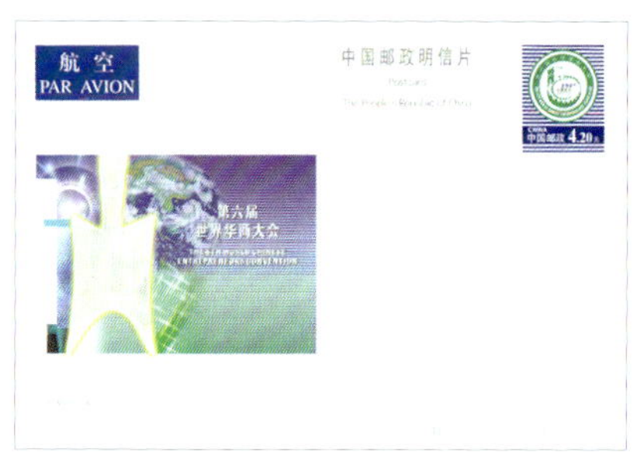

序号	面值（分）	售价（元）	发行量（万枚）	市场参考价格（元）
2-1	60	0.85	300	
2-2	420	4.50	150	
全套	480	5.35	450	5.00

版别：胶版
设计者：李炜
责任编辑：刘雨苏
印制厂：北京邮票厂

JP98 世界空间周
JP98 World Space Week

2001 年 10 月 4 日发行
全套 1 枚
明信片邮票规格： 26mm × 35mm
明信片规格： 148mm × 100mm
1-1 世界空间周

序号	面值（分）	售价（元）	发行量（万枚）	市场参考价格（元）
1-1	60	0.85	350	3.00

版别：胶版
设计者：齐镇宇
责任编辑：方军
印制厂：北京邮票厂

JP99 辛亥革命 90 周年
JP99 90th Anniversary of 1911 Revolution

2001 年 10 月 10 日发行
全套 1 枚
明信片邮票规格：对角线 33mm × 33mm（菱形）
明信片规格： 148mm × 100mm
1-1 辛亥革命 90 周年

序号	面值（分）	售价（元）	发行量（万枚）	市场参考价格（元）
1-1	60	0.85	350	3.00

版别：胶版
设计者：卢天骄
责任编辑：辛欣
印制厂：北京邮票厂

JP100 国际农业科学技术大会
JP100 International Conference on Agricultural Science and Technology

2001 年 11 月 5 日发行
全套 1 枚
明信片邮票规格： 30mm × 23mm
明信片规格： 148mm × 100mm
1-1 国际农业科学技术大会

序号	面值（分）	售价（元）	发行量（万枚）	市场参考价格（元）
1-1	60	0.85	350	3.00

版别：胶版
设计者：郭振山
责任编辑：方军
印制厂：北京邮票厂

JP101 新华通讯社建社 70 周年
JP101 70th Anniversary of Xinhua News Agency

2001 年 11 月 7 日发行
全套 1 枚
明信片邮票规格： 28mm × 38mm
明信片规格： 148mm × 100mm
1-1 新华通讯社建社 70 周年

序号	面值（分）	售价（元）	发行量（万枚）	市场参考价格（元）
1-1	60	0.85	350	5.00

版别：胶版
设计者：郭振山
摄影者：何静远
责任编辑：方军
印制厂：北京邮票厂

JP102 中国国家足球队获 2002 年世界杯决赛资格
JP102 China Team Is Qualified for 2002 FIFA World Cup Korea/Japan

2001 年 10 月 7 日发行
全套 2 枚
明信片邮票规格：（2-1）20mm × 25mm
（2-2）27mm × 19mm
明信片规格： 148mm × 100mm
2-1 中国之队
2-2 走向世界

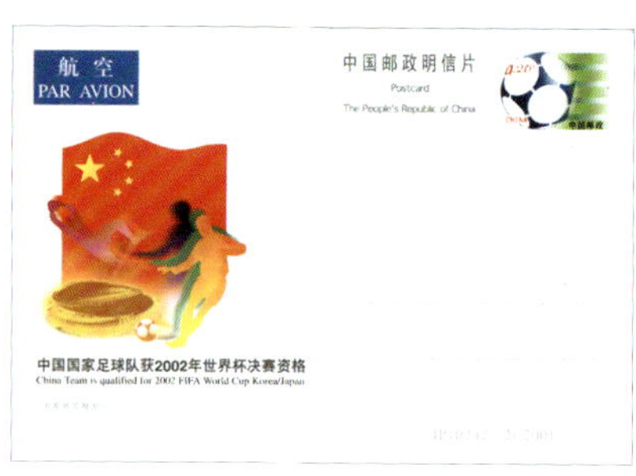

序号	面值（分）	售价（元）	发行量（万枚）	市场参考价格（元）
2-1	60	0.85	350	
2-2	420	4.50	100	
全套	480	5.35	450	10.00

版别：胶版
设计者：尚予
责任编辑：方军
印制厂：北京邮票厂

JP103 中国 CDMA 国家公众移动通信网开通
JP103 Launch of China CDMA State Public Mobile Communication Network

2002 年 4 月 8 日发行

全套 1 枚

明信片邮票规格： 25mm × 25mm

明信片规格： 148mm × 100mm

1-1 中国 CDMA 国家公众移动通信网开通

序号	面值（分）	售价（元）	发行量（万枚）	市场参考价格（元）
1-1	60	0.85	350	3.00

版别：胶版

设计者：刘雨苏

责任编辑：张文涛

印制厂：北京邮票厂

JP104 亚洲议会和平协会第三届年会
JP104 3rd General Assembly of Association of Asian Parliaments for Peace

2002 年 4 月 16 日发行

全套 1 枚

明信片邮票规格： 27mm × 32mm

明信片规格： 148mm × 100mm

1-1 亚洲议会和平协会第三届年会

序号	面值（分）	售价（元）	发行量（万枚）	市场参考价格（元）
1-1	60	0.85	350	3.00

版别：胶版

设计者：卢天骄

摄影者：卢天骄、杨绍全

责任编辑：李昕

印制厂：北京邮票厂

JP105 中国共青团建团 80 周年
JP105 80th Anniversary of Founding of the Communist Youth League of China

2002 年 5 月 4 日发行

全套 1 枚

明信片邮票规格： 30mm × 20mm

明信片规格： 148mm × 100mm

1-1 中国共青团建团 80 周年

序号	面值（分）	售价（元）	发行量（万枚）	市场参考价格（元）
1-1	60	0.85	350	3.00

版别：胶版

设计者：卢诗阳

责任编辑：尚予

印制厂：北京邮票厂

JP106 2002 年汤姆斯杯、尤伯杯世界羽毛球 团体锦标赛
JP106 2002 Thomas Cup & Uber Cup World Team Badminton Championships

2002 年 5 月 9 日发行

全套 1 枚

明信片邮票规格： 26mm × 35mm

明信片规格： 148mm × 100mm

1-1 2002 年汤姆斯杯、尤伯杯世界羽毛球团体锦标赛

序号	面值（分）	售价（元）	发行量（万枚）	市场参考价格（元）
1-1	60	0.85	350	3.00

版别：胶版

设计者：门立群

责任编辑：方军

印制厂：北京邮票厂

JP107 宋庆龄基金会成立 20 周年
JP107 20th Anniversary of Founding of Soong Chingling Foundation

2002 年 5 月 29 日发行

全套 1 枚

明信片邮票规格： 27mm × 34mm

明信片规格： 148mm × 100mm

1-1 宋庆龄基金会成立 20 周年

序号	面值（分）	售价（元）	发行量（万枚）	市场参考价格（元）
1-1	60	0.85	350	3.00

版别：胶版

设计者：李国柱

摄影者：胡堂林

责任编辑：方军

印制厂：北京邮票厂

JP108 2002 年国际数学家大会
JP108 International Congress of Mathematicians 2002

2002 年 8 月 20 日发行

全套 1 枚

明信片邮票规格： 26mm × 35mm

明信片规格： 148mm × 100mm

1-1 2002 年国际数学家大会

序号	面值（分）	售价（元）	发行量（万枚）	市场参考价格（元）
1-1	60	0.85	350	3.00

版别：胶版

设计者：陈宁

责任编辑：方军

印制厂：北京邮票厂

JP109 中国投资贸易洽谈会
JP109 China International Fair for Investment & Trade

2002 年 9 月 8 日发行

全套 1 枚

明信片邮票规格：直径 25mm （圆形）
明信片规格：148mm × 100mm
1-1 中国投资贸易洽谈会

序号	面值（分）	售价（元）	发行量（万枚）	市场参考价格（元）
1-1	60	0.85	350	3.00

版别：胶版
设计者：李炜
摄影者：朱庆福
责任编辑：刘雨苏
印制厂：北京邮票厂

JP110 全球环境基金会第二届成员国大会
JP110 2nd Global Environment Facility (GEF) Assembly

2002 年 10 月 13 日发行
全套 1 枚
明信片邮票规格：23mm × 31mm
明信片规格：148mm × 100mm
1-1 全球环境基金会第二届成员国大会

序号	面值（分）	售价（元）	发行量（万枚）	市场参考价格（元）
1-1	60	0.85	350	3.00

版别：胶版
设计者：阎炳武
责任编辑：陈宜思
印制厂：北京邮票厂

JP111 招商局成立 130 周年
JP111 130th Anniversary of China Merchants Group

2002 年 12 月 26 日发行
全套 1 枚
明信片邮票规格：26mm × 35mm
明信片规格：148mm × 100mm
1-1 招商局成立 130 周年

序号	面值（分）	售价（元）	发行量（万枚）	市场参考价格（元）
1-1	60	0.85	350	3.00

版别：胶版
设计者：李德福
责任编辑：陈宜思
印制厂：北京邮票厂

JP112 2003 中国·吉林首届国际冬季龙舟赛
JP112 1st Jinlin International Winter Dragon Boat Racing,China 2003

2003 年 1 月 3 日发行
全套 1 枚
明信片邮票规格：21mm × 27mm
明信片规格：148mm × 100mm
1-1 2003 中国 • 吉林首届国际冬季龙舟赛

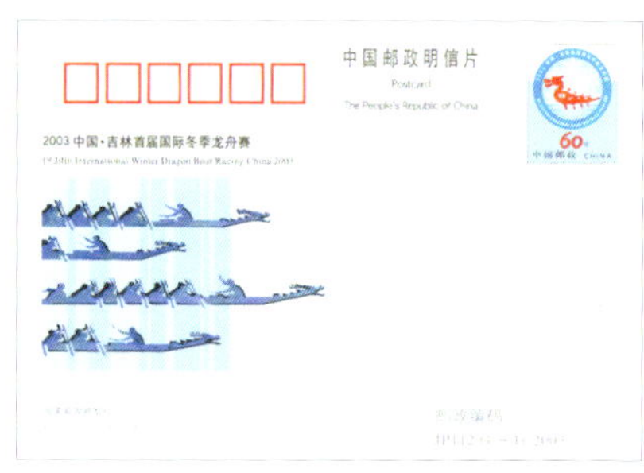

序号	面值（分）	售价（元）	发行量（万枚）	市场参考价格（元）
1-1	60	0.85	300	3.00

版别：胶版
设计者：李德福
责任编辑：陈宜思
印制厂：北京邮票厂

JP113 中华人民共和国第十届冬季运动会
JP113 10th National Winter Games of the People' s Republic of China

2003 年 1 月 5 日发行
全套 1 枚
明信片邮票规格：33mm × 33mm （菱形）
明信片规格：148mm × 100mm
1-1 中华人民共和国第十届冬季运动会

序号	面值（分）	售价（元）	发行量（万枚）	市场参考价格（元）
1-1	60	0.85	300	3.00

版别：胶版
设计者：王虎鸣
责任编辑：刘继鸿
印制厂：北京邮票厂

JP114 老一辈无产阶级革命家为雷锋题词 40 周年
JP114 40th Anniversary of Inscriptions for Lei Feng by Proletarian Revolutionaries of Older Generation

2003 年 3 月 5 日发行
全套 1 枚
明信片邮票规格：32mm × 23mm
明信片规格：148mm × 100mm
1-1 老一辈无产阶级革命家为雷锋题词 40 周年

序号	面值（分）	售价（元）	发行量（万枚）	市场参考价格（元）
1-1	60	0.85	300	5.00

版别：胶版
设计者：阎炳武
摄影者：李树涵
雕塑作者：庞乃轩
责任编辑：范艳峰
印制厂：北京邮票厂

JP115 第三届中国长春国际汽车博览会
JP115 3rd China Changchun International Automobile Fair

2003 年 7 月 15 日发行
全套 1 枚
明信片邮票规格：35mm × 15mm
明信片规格：148mm × 100mm
1-1 第三届中国长春国际汽车博览会

序号	面值（分）	售价（元）	发行量（万枚）	市场参考价格（元）
1-1	60	0.85	300	3.00

版别：胶版
设计者：王虎鸣
责任编辑：陈宜思
印制厂：北京邮票厂

JP116 中华人民共和国第六届残疾人运动会
JP116 6th National Games of the Disabled of the People' s Republic of China

2003 年 9 月 16 日发行
全套 1 枚
明信片邮票规格：22.5mm × 28mm
明信片规格：148mm × 100mm
1-1 中华人民共和国第六届残疾人运动会

序号	面值（分）	售价（元）	发行量（万枚）	市场参考价格（元）
1-1	60	0.85	390	3.00

版别：胶版
设计者：尚予
责任编辑：陈宜思
印制厂：北京邮票厂

JP117 中华人民共和国第五届城市运动会
JP117 5th Intercity Games of the People' s Republic of China

2003 年 10 月 18 日发行
全套 1 枚
明信片邮票规格：19mm × 24mm
明信片规格：148mm × 100mm
1-1 中华人民共和国第五届城市运动会

序号	面值（分）	售价（元）	发行量（万枚）	市场参考价格（元）
1-1	60	0.85	300	3.00

版别：胶版
设计者：王虎鸣
责任编辑：刘继鸿
印制厂：北京邮票厂

JP118 世界经济发展宣言
JP118 World Economic Development Declaration

2003 年 11 月 6 日发行
全套 1 枚
明信片邮票规格：28mm × 35mm
明信片规格：148mm × 100mm
1-1 世界经济发展宣言

序号	面值（分）	售价（元）	发行量（万枚）	市场参考价格（元）
1-1	60	0.85	250	3.00

版别：胶版
设计者：沈嘉宏
责任编辑：史渊
印制厂：北京邮票厂

JP119 和平共处五项原则创立 50 周年
JP119 50th Anniversary of Proclamation of Five Principles of Peaceful Co-existence

2004 年 6 月 28 日发行
全套 1 枚
明信片邮票规格：30mm × 26mm
明信片规格：148mm × 100mm
1-1 和平共处五项原则创立 50 周年

序号	面值（分）	售价（元）	发行量（万枚）	市场参考价格（元）
1-1	60	0.85	380	3.00

版别：胶版
防伪方式：防伪油墨、微缩文字
设计者：何洁
图文提供：新华社
责任编辑：赵蕾
印制厂：北京鸿纳邮品股份有限公司

JP120 2004 年中国亚洲杯足球赛
JP120 AFC Asian Cup China 2004

2004 年 7 月 17 日发行
全套 1 枚
明信片邮票规格：29mm × 22mm （异形）
明信片规格：148mm × 100mm
1-1 2004 年中国亚洲杯足球赛

序号	面值（分）	售价（元）	发行量（万枚）	市场参考价格（元）
1-1	60	0.85	600	3.00

版别：胶版
防伪方式：防伪油墨、微缩文字
设计者：刘雨苏
责任编辑：史渊
印制厂：北京邮票厂

JP121 第 28 届国际心理学大会
JP121 28th International Congress of Psychology

2004 年 8 月 7 日发行
全套 1 枚
明信片邮票规格：22mm × 28mm
明信片规格：148mm × 100mm
1-1 第 28 届国际心理学大会

序号	面值（分）	售价（元）	发行量（万枚）	市场参考价格（元）
1-1	60	0.85	380	3.00

版别：胶版
防伪方式：防伪油墨、微缩文字
设计者：姜伟杰
责任编辑：秦巍
印制厂：北京邮票厂

JP122 第三届亚洲政党国际会议
JP122 3rd International Conference of Asian Political Parties

2004 年 9 月 2 日发行
全套 1 枚
明信片邮票规格：边长 25mm×25mm（菱形）
明信片规格： 148mm × 100mm
1-1 第三届亚洲政党国际会议

序号	面值（分）	售价（元）	发行量（万枚）	市场参考价格（元）
1-1	60	0.85	350	3.00

版别：胶版
防伪方式：防伪油墨、微缩文字
设计者：王虎鸣
责任编辑：史渊
印制厂：北京邮票厂

JP123 西藏江孜抗英斗争 100 周年
JP123 Centenary of Anti-British Battle in Gyangze of Tibet

2004 年 9 月 18 日发行
全套 1 枚
明信片邮票规格： 25mm × 35mm
明信片规格： 148mm × 100mm
1-1 西藏江孜抗英斗争 100 周年

序号	面值（分）	售价（元）	发行量（万枚）	市场参考价格（元）
1-1	60	0.85	410	3.00

版别：胶版
防伪方式：防伪油墨、微缩文字
设计者：李庆发
摄影者：车刚、刘学东、刘银岗
责任编辑：佟立英
印制厂：北京邮票厂

JP124 第七届中国艺术节
JP124 7th China Arts Festival

2004 年 9 月 9 日发行
全套 1 枚
明信片邮票规格： 22mm × 30mm
明信片规格： 148mm × 100mm
1-1 第七届中国艺术节

序号	面值（分）	售价（元）	发行量（万枚）	市场参考价格（元）
1-1	60	0.85	560	3.00

版别：胶版
防伪方式：防伪油墨、微缩文字
设计者：刘雨苏
责任编辑：陈宜思
印制厂：北京邮票厂

JP125 天津建城 600 周年
JP125 600th Anniversary of Tianjin as a City

2004 年 12 月 23 日发行
全套 1 枚
明信片邮票规格： 30mm × 25mm
明信片规格： 148mm × 100mm
1-1 天津建城 600 周年

序号	面值（分）	售价（元）	发行量（万枚）	市场参考价格（元）
1-1	60	0.85	258	3.00

版别：胶版
防伪方式：防伪油墨、微缩文字
设计者：陈幼林
摄影者：齐振宇
责任编辑：佟立英
印制厂：北京鸿纳邮品股份有限公司

JP126 中国邮政开办集邮业务 50 周年
JP126 The 50th Anniversary of China Post' s Opening the Philatelic Services

2005 年 1 月 25 日发行
全套 1 枚
明信片邮票规格：对角线 23mm × 23mm（菱形）
明信片规格： 148mm × 100mm
1-1 中国邮政开办集邮业务 50 周年

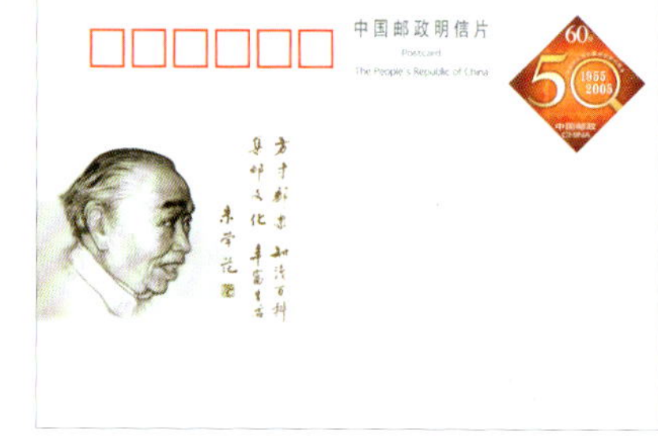

序号	面值（分）	售价（元）	发行量（万枚）	市场参考价格（元）
1-1	60	0.85	380	3.00

版别：胶版
防伪方式：防伪油墨、微缩文字
设计者：张磊、沈嘉宏
附图原画作者：蒋建国
责任编辑：赵蕾
印制厂：北京邮票厂

JP127 2005 世界物理年
JP127 2005 World Year of Physics

2005 年 2 月 26 日发行
全套 1 枚
明信片邮票规格：直径 30mm（圆形）
明信片规格： 148mm × 100mm
1-1 2005 世界物理年

序号	面值（分）	售价（元）	发行量（万枚）	市场参考价格（元）
1-1	60	0.85	220	5.00

版别：胶版

防伪方式：防伪油墨、微缩文字

设计者：王虎鸣

责任编辑：陈宜思

印制厂：北京邮票厂

JP128 第四次世界妇女大会十周年
JP128 The 10th Anniversary of the 4th World Conference on Women

2005 年 8 月 29 日发行

全套 1 枚

明信片邮票规格： 30mm × 30mm

明信片规格： 148mm × 100mm

1-1 第四次世界妇女大会十周年

序号	面值（分）	售价（元）	发行量（万枚）	市场参考价格（元）
1-1	60	0.85	87	10.00

版别：胶版

防伪方式：防伪油墨、微缩文字

设计者：陈绍华

责任编辑：秦巍

印制厂：北京邮票厂

JP129 2005 年国际欧洲级帆船世界锦标赛
JP129 2005 International Europe Class World Championship

2005 年 9 月 2 日发行

全套 1 枚

明信片邮票规格：边长 30mm（等边三角形）

明信片规格： 148mm × 100mm

1-1 2005 年国际欧洲级帆船世界锦标赛

序号	面值（分）	售价（元）	发行量（万枚）	市场参考价格（元）
1-1	60	0.85	260	5.00

版别：胶版

防伪方式：防伪油墨、微缩文字

设计者：余俊鹤

邮资图中会徽设计者：孙鹤勋

责任编辑：秦巍

印制厂：北京邮票厂

JP130 第 22 届世界法律大会
JP130 22nd Congress on the Law of the World, Beijing Shanghai

2005 年 9 月 4 日发行

全套 1 枚

明信片邮票规格： 30mm × 25mm

明信片规格： 148mm × 100mm

1-1 第 22 届世界法律大会

序号	面值（分）	售价（元）	发行量（万枚）	市场参考价格（元）
1-1	60	0.85	86	10.00

版别：胶版

防伪方式：防伪油墨、微缩文字

设计者：陈幼林

责任编辑：赵蕾

印制厂：北京邮票厂

JP131 2005 年第二届中国北京国际美术双年展
JP131 2nd Beijing International Art Biennale, China 2005

2005 年 9 月 19 日发行

全套 1 枚

明信片邮票规格： 28mm × 25mm

明信片规格： 148mm × 100mm

1-1 2005 年第二届中国北京国际美术双年展

序号	面值（分）	售价（元）	发行量（万枚）	市场参考价格（元）
1-1	60	0.85	220	5.00

版别：胶版

防伪方式：防伪油墨、微缩文字

设计者：阎炳武

邮资图中标志设计者：陈丹

责任编辑：陈宜思

印制厂：北京邮票厂

JP132 红军第一方面军长征胜利到达陕北 70 周年
JP132 70th Anniversary of Successful Arrival of Red Army' s First Front Army to North Shaanxi During the Long March

2005 年 10 月 19 日发行

全套 1 枚

明信片邮票规格： 35mm × 20mm

明信片规格： 148mm × 100mm

1-1 红军第一方面军长征胜利到达陕北 70 周年

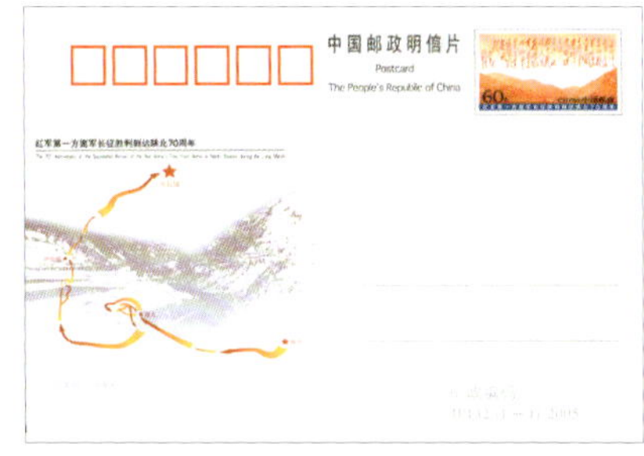

序号	面值（分）	售价（元）	发行量（万枚）	市场参考价格（元）
1-1	60	0.85	106	10.00

版别：胶版

防伪方式：防伪油墨、微缩文字

设计者：冯小红

责任编辑：陈宜思

印制厂：北京邮票厂

JP133 第一届中国诗歌节
JP133 1st China Poetry Festival

2005 年 10 月 25 日发行

全套 1 枚

明信片邮票规格： 28mm × 22mm

明信片规格： 148mm × 100mm

1-1 第一届中国诗歌节

序号	面值（分）	售价（元）	发行量（万枚）	市场参考价格（元）
1-1	60	0.85	86	30.00

版别：胶版
防伪方式：防伪油墨、微缩文字
设计者：史渊、方军
邮资图中书法作者：刘凤林
附图摄影者：谢富乐
责任编辑：陈宜思
印制厂：北京邮票厂

JP134 第 13 届世界拳击锦标赛
JP134 13th World Senior Boxing Championships

2005 年 11 月 11 日发行
全套 1 枚
明信片邮票规格：25mm × 25mm
明信片规格：148mm × 100mm
1-1 第 13 届世界拳击锦标赛

序号	面值（分）	售价（元）	发行量（万枚）	市场参考价格（元）
1-1	60	0.85	142	6.00

版别：胶版
防伪方式：防伪油墨、微缩文字
设计者：张群胆
责任编辑：佟立英
印制厂：北京邮票厂

JP135 《解放军报》创刊 50 周年
JP135 50th Anniversary of First Issue of PLA Daily

2006 年 1 月 1 日发行
全套 1 枚
明信片邮票规格：30mm × 19mm（异形）
明信片规格：148mm × 100mm
1-1 《解放军报》创刊 50 周年

序号	面值（分）	售价（元）	发行量（万枚）	市场参考价格（元）
1-1	60	0.85	141	10.00

版别：胶版
防伪方式：防伪油墨、微缩文字
设计者：夏竞秋
责任编辑：秦巍
印制厂：北京邮票厂

JP136 第二次全国残疾人抽样调查
JP136 China Sampling Survey of Disability

2006 年 4 月 1 日发行
全套 1 枚
明信片邮票规格：30mm × 18mm
明信片规格：148mm × 100mm
1-1 第二次全国残疾人抽样调查

序号	面值（分）	售价（元）	发行量（万枚）	市场参考价格（元）
1-1	60	0.85	231	7.00

版别：胶版
防伪方式：防伪油墨、微缩文字
设计者：王虎鸣
资料提供：第二次全国残疾人抽样调查办公室中国残疾人艺术团
责任编辑：赵蕾
印制厂：北京邮票厂

JP137 2006 中国沈阳世界园艺博览会
JP137 2006 Shengyang,International Horticultural Exposition,China

2006 年 4 月 30 日发行
全套 1 枚
明信片邮票规格：对角线 35mm × 35mm（菱形）
明信片规格：148mm × 100mm
1-1 2006 中国沈阳世界园艺博览会

序号	面值（分）	售价（元）	发行量（万枚）	市场参考价格（元）
1-1	60	0.85	211	7.00

版别：胶版
防伪方式：防伪油墨、微缩文字
设计者：王虎鸣
资料提供：2006 中国沈阳世界园艺博览会工作指挥部
责任编辑：陈静
印制厂：辽宁省沈阳邮电印刷厂

JP138 中国人民解放军第二炮兵组建 40 周年
JP138 40th Anniversary of Establishment of Second Artillery Force of PLA

2006 年 7 月 1 日发行
全套 1 枚
明信片邮票规格：边长 28mm（等边三角形）
明信片规格：48mm × 100mm
1-1 中国人民解放军第二炮兵组建 40 周年

序号	面值（分）	售价（元）	发行量（万枚）	市场参考价格（元）
1-1	60	0.85	265	5.00

版别：胶版
防伪方式：防伪油墨、微缩文字
设计者：方军
摄影者：冯根锁
责任编辑：陈宜思
印制厂：北京邮票厂

JP139 中国徐霞客国际旅游节
JP139 China Xu Xiake International Tourism Festival

2007 年 5 月 19 日发行
全套 1 枚
明信片邮票规格：21mm × 30mm
明信片规格：148mm × 100mm
1-1 中国徐霞客国际旅游节

序号	面值（分）	售价（元）	发行量（万枚）	市场参考价格（元）
1-1	80	1.00	245	5.00

版别：胶版

防伪方式：防伪油墨、微缩文字

设计者：蒋行裔

责任编辑：秦巍

印制厂：北京邮票厂

JP140 龙滩水电工程发电纪念
JP140 In Commemoration of Longtan Hydropower Project in Operation

2007 年 6 月 10 日发行

全套 1 枚

明信片邮票规格： 30mm × 20mm

明信片规格： 148mm × 100mm

1-1 龙滩水电工程发电纪念

序号	面值（分）	售价（元）	发行量（万枚）	市场参考价格（元）
1-1	80	1.00	230	5.00

版别：胶版

防伪方式：防伪油墨、微缩文字

设计者：陈景异

责任编辑：陈宜思

印制厂：北京邮票厂

JP141 古代文学家欧阳修诞生 1000 周年
JP141 Millennium of Birth of Ouyang Xiu,Ancient Writer

2007 年 8 月 6 日发行

全套 1 枚

明信片邮票规格： 21mm × 35mm

明信片规格： 148mm × 100mm

1-1 古代文学家欧阳修诞生 1000 周年

序号	面值（分）	售价（元）	发行量（万枚）	市场参考价格（元）
1-1	80	1.00	230	6.00

版别：胶版

防伪方式：防伪油墨、微缩文字

设计者：王虎鸣

责任编辑：佟立英

印制厂：辽宁省沈阳邮电印刷厂

JP142 2007 年中国水上运动会
JP142 2007 China Water Games

2007 年 8 月 28 日发行

全套 1 枚

明信片邮票规格： 30mm × 22mm

明信片规格： 148mm × 100mm

1-1 2007 年中国水上运动会

序号	面值（分）	售价（元）	发行量（万枚）	市场参考价格（元）
1-1	80	1.00	230	6.00

版别：胶版

防伪方式：防伪油墨、微缩文字

设计者：姚晓东

责任编辑：陈静芝

印制厂：辽宁省沈阳邮电印刷厂

JP143 杨凌农业高新技术产业示范区成立十周年
JP143 10th Anniversary of Yangling Agricultural Hi-Tech Industries Demonstration Zone

2007 年 7 月 27 日发行

全套 1 枚

明信片邮票规格： 24mm × 30mm

明信片规格： 148mm × 100mm

1-1 杨凌农业高新技术产业示范区成立十周年

序号	面值（分）	售价（元）	发行量（万枚）	市场参考价格（元）
1-1	80	1.00	230	6.00

版别：胶版

防伪方式：防伪油墨、微缩文字

设计者：任国恩

雕塑作者：王天任、刘逢刚

责任编辑：秦巍

印制厂：北京邮票厂

JP144 中国吉林·东北亚投资贸易博览会
JP144 China Jilin · Northeast Asia Investment and Trade Expo

2007 年 9 月 2 日发行

全套 1 枚

明信片邮票规格：对角线 30mm × 30mm（菱形）

明信片规格： 148mm × 100mm

1-1 中国吉林·东北亚投资贸易博览会

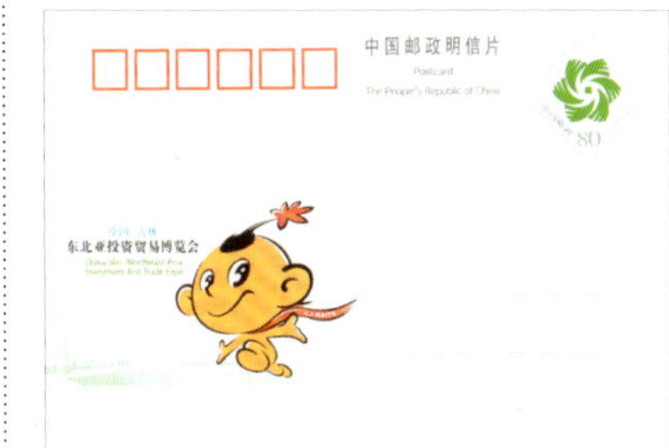

序号	面值（分）	售价（元）	发行量（万枚）	市场参考价格（元）
1-1	80	1.00	220	6.00

版别：胶版

防伪方式：防伪油墨、微缩文字

设计者：呼振源

责任编辑：陈静芝

印制厂：辽宁省沈阳邮电印刷厂

JP145 首届新领军者年会
JP145 Inaugural Annual Meeting of New Champions

2007 年 9 月 6 日发行

全套 1 枚

明信片邮票规格： 30mm × 20mm

明信片规格： 148mm × 100mm

1-1 首届新领军者年会

序号	面值（分）	售价（元）	发行量（万枚）	市场参考价格（元）
1-1	80	1.00	230	10.00

版别：胶版
防伪方式：防伪油墨、微缩文字
设计者：王虎鸣
责任编辑：史渊
印制厂：辽宁省沈阳邮电印刷厂

JP146 第八届中国艺术节
JP146 8th China Arts Festival

2007 年 11 月 5 日发行
全套 1 枚
明信片邮票规格： 27mm × 32mm
明信片规格： 148mm × 100mm
1-1 第八届中国艺术节

序号	面值（分）	售价（元）	发行量（万枚）	市场参考价格（元）
1-1	80	1.00	245	5.00

版别：胶版
防伪方式：防伪油墨、微缩文字
设计者：惠斌
资料提供：第八届中国艺术节组委会办公室
责任编辑：陈宜思
印制厂：河南省邮电印刷厂

JP147 中国举办邮票展览会 90 周年
JP147 90th Anniversary of Holding Stamp Exhibition by China

2008 年 6 月 10 日发行
全套 1 枚
明信片邮票规格：对角线 30.5mm × 30.5mm （菱形）
明信片规格： 148mm × 100mm
1-1 中国举办邮票展览会 90 周年

序号	面值（分）	售价（元）	发行量（万枚）	市场参考价格（元）
1-1	80	1.00	100	40.00

版别：胶版
防伪方式：防伪油墨、微缩文字
设计者：李群
责任编辑：史渊
印制厂：北京邮票厂

JP148 2008 世界草地与草原大会
JP148 2008 International Grassland and Rangeland Congress

2008 年 6 月 29 日发行
全套 1 枚
明信片邮票规格： 25mm × 25mm
明信片规格： 148mm × 100mm
1-1 2008 世界草地与草原大会

序号	面值（分）	售价（元）	发行量（万枚）	市场参考价格（元）
1-1	80	1.00	80	10.00

版别：胶版
防伪方式：防伪油墨、微缩文字
设计者：蒋蔚
责任编辑：陈静芝
印制厂：河南省邮电印刷厂

JP149 中国大龙邮票发行 130 周年
JP149 130th Anniversary of Issuance of Large Dragon Stamps

2008 年 7 月 24 日发行
全套 1 枚
明信片邮票规格： 20mm × 28mm
明信片规格： 148mm × 100mm
1-1 中国大龙邮票发行 130 周年

序号	面值（分）	售价（元）	发行量（万枚）	市场参考价格（元）
1-1	80	1.00	70	50.00

版别：胶版
防伪方式：防伪油墨、微缩文字
设计者：王虎鸣、李群
责任编辑：董研
印制厂：河南省邮电印刷厂

JP150 2008 年奥林匹克科学大会
JP150 2008 Olympics Scientific Congress

2008 年 8 月 1 日发行
全套 1 枚
明信片邮票规格：边长 25mm×25mm（菱形）
明信片规格： 148mm × 100mm
1-1 2008 年奥林匹克科学大会

序号	面值（分）	售价（元）	发行量（万枚）	市场参考价格（元）
1-1	80	1.00	65	10.00

版别：胶版
防伪方式：防伪油墨、微缩文字
设计者：沈嘉宏
摄影者：刘境奇
责任编辑：赵蕾
印制厂：北京邮票厂

JP151 2008 中华全国集邮展览 · 南昌
JP151 China 2008 National Philatelic Exhibition · Nanchang

2008 年 9 月 19 日发行
全套 1 枚
明信片邮票规格：对角线 31mm × 31mm （菱形）
明信片规格： 148mm × 100mm
1-1 2008 中华全国集邮展览 · 南昌

序号	面值（分）	售价（元）	发行量（万枚）	市场参考价格（元）
1-1	80	1.00	60	10.00

版别：胶版
防伪方式：防伪油墨、微缩文字
设计者：方军
责任编辑：陈静芝
印制厂：北京邮票厂

JP152 中国工程物理研究院成立五十周年
JP152 50th Anniversary of China Academy of Engineering Physics

2008 年 10 月 28 日发行
全套 1 枚
明信片邮票规格： 26mm × 21mm
明信片规格： 148mm × 100mm
1-1 中国工程物理研究院成立五十周年

序号	面值（分）	售价（元）	发行量（万枚）	市场参考价格（元）
1-1	80	1.00	50	50.00

版别：胶版
防伪方式：防伪油墨、微缩文字
设计者：尚盈
责任编辑：董研
印制厂：辽宁省邮电印刷厂

JP153 农村改革发源地——小岗村
JP153 Xiaogang Village: Birthplace of Rural Reform

2008 年 12 月 18 日发行
全套 1 枚
明信片邮票规格： 28mm × 21mm
明信片规格： 148mm × 100mm
1-1 农村改革发源地——小岗村

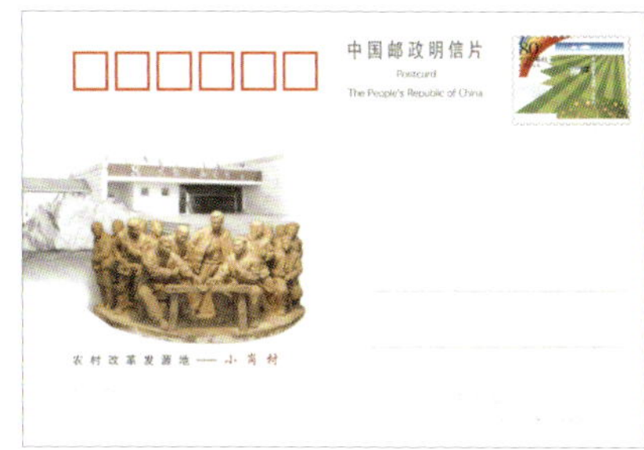

序号	面值（分）	售价（元）	发行量（万枚）	市场参考价格（元）
1-1	80	1.00	78	10.00

版别：胶版
防伪方式：防伪油墨、微缩文字
设计者：方军、陈景异
雕塑作者：温洋
责任编辑：陈宜思
印制厂：北京邮票厂

JP154 中国国际节能减排和新能源科技博览会
JP154 China International Science and Technology Exposition of Energy-Saving,Emission-Reduction,and New Energy

2009 年 3 月 19 日发行
全套 1 枚
明信片邮票规格： 25mm × 32mm
明信片规格： 165mm × 115mm
1-1 中国国际节能减排和新能源科技博览会

序号	面值（分）	售价（元）	发行量（万枚）	市场参考价格（元）
1-1	80	1.20	60	10.00

版别：胶版
防伪方式：防伪油墨、微缩文字
设计者：张群胆
责任编辑：秦巍
印制厂：北京邮票厂

JP155 西藏百万农奴解放 50 周年
JP155 50th Anniversary of Emancipation of One Million Tibetan Serfs

2009 年 3 月 28 日发行
全套 1 枚
明信片邮票规格： 30mm × 30mm
明信片规格： 165mm × 115mm
1-1 西藏百万农奴解放 50 周年

序号	面值（分）	售价（元）	发行量（万枚）	市场参考价格（元）
1-1	80	1.20	95	10.00

版别：胶版
防伪方式：防伪油墨、微缩文字
设计者：陈名杰、李昕
责任编辑：陈宜思
印制厂：北京邮票厂

JP156 第二届世界佛教论坛
JP156 2nd World Buddhist Forum

2009 年 3 月 28 日发行
全套 1 枚
明信片邮票规格：边长 26mm × 26mm（菱形）
明信片规格： 165mm × 115mm
1-1 第二届世界佛教论坛

序号	面值（分）	售价（元）	发行量（万枚）	市场参考价格（元）
1-1	80	1.20	140	8.00

版别：胶版
防伪方式：防伪油墨、微缩文字
设计者：方军、史渊
责任编辑：董研
印制厂：北京邮票厂

JP157 大连海事大学建校 100 周年
JP157 Centenary of Dalian Maritime University

2009 年 6 月 6 日发行
全套 1 枚
明信片邮票规格： 35mm × 25mm
明信片规格： 165mm × 115mm
1-1 大连海事大学建校 100 周年

序号	面值（分）	售价（元）	发行量（万枚）	市场参考价格（元）
1-1	80	1.20	90	15.00

版别：胶版
防伪方式：防伪油墨、微缩文字
设计者：李凌河
责任编辑：陈静芝
印制厂：北京邮票厂

JP158 《光明日报》创刊 60 周年
JP158 60th Anniversary of First Issue of *Guangming Daily*

2009 年 6 月 16 日发行
全套 1 枚
明信片邮票规格：35mm × 25mm
明信片规格：165mm × 115mm
1-1 《光明日报》创刊 60 周年

序号	面值（分）	售价（元）	发行量（万枚）	市场参考价格（元）
1-1	80	1.20	60	10.00

版别：胶版
防伪方式：防伪油墨、微缩文字
设计者：陈楠、余俊鹤
责任编辑：董研
印制厂：北京邮票厂

JP159 第十届世界攀岩锦标赛
JP159 10th IFSC Climbing World Championship

2009 年 6 月 30 日发行
全套 1 枚
明信片邮票规格：26mm × 30mm
明信片规格：65mm × 115mm
1-1 第十届世界攀岩锦标赛

序号	面值（分）	售价（元）	发行量（万枚）	市场参考价格（元）
1-1	80	1.20	70	8.00

版别：胶版
防伪方式：防伪油墨、微缩文字
设计者：张群胆
会徽设计者：任涛
吉祥物设计者：王波
攀岩场地效果图设计者：陈俊、宋海宁
图片资料提供：第十届世界攀岩锦标赛组委会
责任编辑：秦巍
印制厂：北京邮票厂

JP160 第七届中国花卉博览会
JP160 7th China Flower Expo

2009 年 9 月 26 日发行
全套 1 枚
明信片邮票规格：27mm × 27mm
明信片规格：148mm × 100mm
1-1 第七届中国花卉博览会

序号	面值（分）	售价（元）	发行量（万枚）	市场参考价格（元）
1-1	80	1.20	60	8.00

版别：胶版
防伪方式：防伪油墨、微缩文字
设计者：凌连伟
责任编辑：董研
印制厂：辽宁省沈阳邮电印刷厂

JP161 中国科学院建院六十周年
JP161 60th Anniversary of Chinese Academy of Sciences

2009 年 11 月 1 日发行
全套 1 枚
明信片邮票规格：边长 23mm×23mm（菱形）
明信片规格：165mm × 115mm
1-1 中国科学院建院六十周年

序号	面值（分）	售价（元）	发行量（万枚）	市场参考价格（元）
1-1	80	1.20	60	10.00

版别：胶版
防伪方式：防伪油墨、微缩文字
设计者：方军、岳昕
中国科学院徽志设计者：刘硕仁
中国科学院建院六十周年标识设计者：王子辛
图片资料提供：中国科学院
责任编辑：秦巍
印制厂：北京邮票厂
注：明信片铭记为“中国邮政”。

JP162 港珠澳大桥
JP162 Hong Kong-Zhuhai-Macau Bridge

2010 年 3 月 24 日发行
全套 1 枚
明信片邮票规格：32mm × 25.6mm
明信片规格：165mm × 115mm
1-1 港珠澳大桥

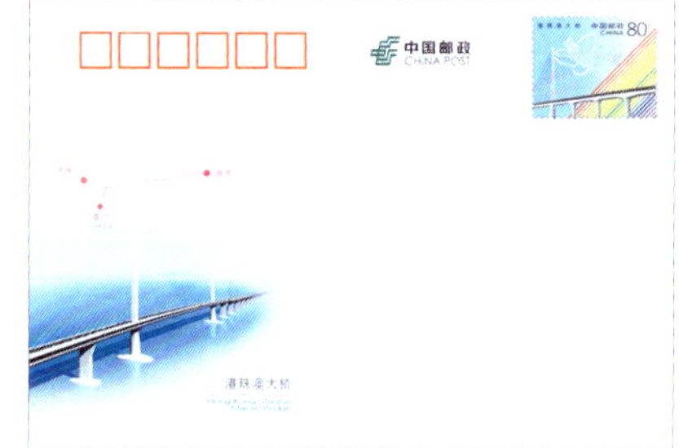

序号	面值（分）	售价（元）	发行量（万枚）	市场参考价格（元）
1-1	80	1.20	80	10.00

版别：胶版
防伪方式：防伪油墨、微缩文字
设计者：易达华、尚盈
责任编辑：董研
印制厂：北京邮票厂

JP163 苏州大学建校 110 周年
JP163 110th Anniversary of Soochow University

2010 年 5 月 18 日发行
全套 1 枚
明信片邮票规格：25mm × 25mm（菱形）
明信片规格：165mm × 115mm
1-1 苏州大学建校 110 周年

序号	面值（分）	售价（元）	发行量（万枚）	市场参考价格（元）
1-1	80	1.20	85	10.00

版别：胶版
防伪方式：防伪油墨、微缩文字
设计者：郭承辉
责任编辑：佟立英
印制厂：北京邮票厂

JP164 绍兴建城 2500 年
JP164 2500th Anniversary of Shaoxing City

2010 年 7 月 15 日发行
全套 1 枚
明信片邮票规格： 29mm × 29mm
明信片规格： 165mm × 115mm
1-1 绍兴建城 2500 年

序号	面值（分）	售价（元）	发行量（万枚）	市场参考价格（元）
1-1	80	1.20	120	10.00

版别：胶版
防伪方式：防伪油墨、微缩文字
设计者：陈志皓
责任编辑：王静
印制厂：北京邮票厂

JP165 中国 2010 年上海世博会——中华人民共和国国家馆日
JP165 Expo 2010 Shanghai China–National Pavilion Day of People' s Republic of China

2010 年 10 月 1 日发行
全套 1 枚
明信片邮票规格： 36mm × 25mm
明信片规格： 165mm × 115mm
1-1 中国 2010 年上海世博会——中华人民共和国国家馆日

序号	面值（分）	售价（元）	发行量（万枚）	市场参考价格（元）
1-1	80	1.20	90	10.00

版别：胶版
防伪方式：防伪油墨、微缩文字
设计者：蒋蔚
中国馆图片及标识提供：上海世博会事务协调局中国馆部
责任编辑：董研
印制厂：北京邮票厂

JP166 杭州 2010 中华全国集邮展览
JP166 Hangzhou 2010 All China Philatelic Exhibition

2010 年 12 月 10 日发行
全套 1 枚
明信片邮票规格： 22mm × 30mm
明信片规格： 165mm × 115mm
1-1 杭州 2010 中华全国集邮展览

序号	面值（分）	售价（元）	发行量（万枚）	市场参考价格（元）
1-1	80	1.20	85	8.00

版别：胶版
防伪方式：防伪油墨、微缩文字
设计者：蒋蔚
责任编辑：董研
印制厂：北京邮票厂

JP167 “母亲水窖”项目实施十周年
JP167 10th Anniversary of Implementation of the "Water Cellar for Mothers" Project

2010 年 12 月 17 日发行
全套 1 枚
明信片邮票规格：21.5mm×30.6mm（异形）
明信片规格： 165mm × 115mm
1-1 “母亲水窖”项目实施十周年

序号	面值（分）	售价（元）	发行量（万枚）	市场参考价格（元）
1-1	80	1.20	60	8.00

版别：胶版
防伪方式：防伪油墨、微缩文字
设计者：郝欧、尚盈
责任编辑：王静
印制厂：北京邮票厂

JP168 南湖革命纪念馆新馆开馆
JP168 Opening of New Hall of Nanhu Revolution Memorial Museum

2011 年 6 月 30 日发行
全套 1 枚
明信片邮票规格： 30mm × 40mm
明信片规格： 165mm × 115mm
1-1 南湖革命纪念馆新馆开馆

序号	面值（分）	售价（元）	发行量（万枚）	市场参考价格（元）
1-1	80	1.20	120	8.00

版别：胶版
防伪方式：防伪油墨、微缩文字
设计者：陈志皓
资料提供：嘉兴南湖革命纪念馆
责任编辑：刘健
印制厂：北京邮票厂

JP169 第八届中国（重庆）国际园林博览会
JP169 The 8th China (Chongqing) International Garden Expo

2011 年 11 月 18 日发行
全套 1 枚
明信片邮票规格：29.5mm × 33mm （异形）
明信片规格： 165mm × 115mm
1-1 第八届中国（重庆）国际园林博览会

序号	面值（分）	售价（元）	发行量（万枚）	市场参考价格（元）
1-1	80	1.20	95	8.00

版别：胶版
防伪方式：防伪油墨、微缩文字
设计者：岳昕
资料提供：第八届中国（重庆）国际园林博览园建设指挥部
责任编辑：董研
印制厂：北京邮票厂

JP170 2012 国际合作社年
JP170 2012 International Year of Cooperatives

2012 年 6 月 11 日发行
全套 1 枚
明信片邮票规格： 37mm × 28mm
明信片规格： 165mm × 115mm
1-1 2012 国际合作社年

序号	面值（分）	售价（元）	发行量（万枚）	市场参考价格（元）
1-1	80	1.20	78	8.00

版别：胶版
防伪方式：防伪油墨、微缩文字
设计者：陈楠
图片资料提供：中华全国供销合作总社
责任编辑：干止戈
印制厂：北京邮票厂

JP171 呼和浩特 2012 第 15 届中华全国集邮展览
JP171 15th All China Philatelic Exhibition，Hohhot 2012

2012 年 7 月 20 日发行
全套 1 枚
明信片邮票规格： 23mm × 30mm
明信片规格： 165mm × 115mm
1-1 呼和浩特 2012 第 15 届中华全国集邮展览

序号	面值（分）	售价（元）	发行量（万枚）	市场参考价格（元）
1-1	80	1.20	98	8.00

版别：胶版
防伪方式：防伪油墨
设计者：蒋蔚、陈景异
资料提供：中华全国集邮联合会
责任编辑：温文雅
印制厂：北京邮票厂

JP172 第二届中国非物质文化遗产博览会
JP172 The 2nd Expo of China Intangible Cultural Heritage

2012 年 9 月 6 日发行
全套 1 枚
明信片邮票规格： 24mm × 24mm（菱形）
明信片规格： 165mm × 115mm
1-1 第二届中国非物质文化遗产博览会

序号	面值（分）	售价（元）	发行量（万枚）	市场参考价格（元）
1-1	80	1.20	85	8.00

版别：胶版
防伪方式：防伪油墨、微缩文字
设计者：尚盈、沈嘉宏
资料提供：第二届中国非物质文化遗产博览会、枣庄市筹备委员会办公室
责任编辑：陈静芝
印制厂：北京邮票厂

JP173 2013 中国锦州世界园林博览会
JP173 2013 World Landscape Art Exposition Jinzhou China

2013 年 5 月 10 日发行
全套 1 枚
明信片邮票规格： 33mm × 33mm（菱形）
明信片规格： 165mm × 115mm
1-1 2013 中国锦州世界园林博览会

序号	面值（分）	售价（元）	发行量（万枚）	市场参考价格（元）
1-1	80	1.20	80	8.00

版别：胶版
防伪方式：防伪油墨、微缩文字
设计者：沈嘉宏、陈志皓
资料提供：锦州世界园林博览会筹备建设指挥部
责任编辑：陈静芝
印制厂：北京邮票厂

JP174 中国（上海）国际技术进出口交易会
JP174 China (Shanghai) International Technology Import and Export Fair

2013 年 5 月 8 日发行
全套 1 枚
明信片邮票规格： 35mm × 20mm（异形）
明信片规格： 165mm × 115mm
1-1 中国（上海）国际技术进出口交易会

序号	面值（分）	售价（元）	发行量（万枚）	市场参考价格（元）
1-1	80	1.20	115	8.00

版别：胶版
防伪方式：防伪油墨、微缩文字
设计者：史渊
资料提供：上海市国际技术进出口促进中心
责任编辑：干止戈
印制厂：北京邮票厂

JP175 顾炎武诞生 400 周年
JP175 400th Anniversary of the Birth of Gu Yanwu

2013 年 6 月 25 日发行
全套 1 枚
明信片邮票规格： 27mm × 36mm
明信片规格： 165mm × 115mm
1-1 顾炎武诞生 400 周年

序号	面值（分）	售价（元）	发行量（万枚）	市场参考价格（元）
1-1	80	1.20	85	8.00

版别：胶版

防伪方式：防伪油墨、微缩文字

设计者：邢文伟

摄影者：吴洁

责任编辑：董研

印制厂：北京邮票厂

JP176 世界环境日
JP176 World Environment Day

2013 年 6 月 5 日发行

全套 1 枚

明信片邮票规格： 30mm × 30mm

明信片规格： 165mm × 115mm

1-1 世界环境日

序号	面值（分）	售价（元）	发行量（万枚）	市场参考价格（元）
1-1	80	1.20	70	8.00

版别：胶版

防伪方式：防伪油墨、微缩文字

设计者：于秋艳、邓伟

责任编辑：干止戈

印制厂：北京邮票厂

JP177 中国文化遗产日
JP177 China Cultural Heritage Day

2013 年 6 月 8 日发行

全套 1 枚

明信片邮票规格： 34mm × 34mm （菱形）

明信片规格： 165mm × 115mm

1-1 中国文化遗产日

序号	面值（分）	售价（元）	发行量（万枚）	市场参考价格（元）
1-1	80	1.20	85	8.00

版别：胶版

防伪方式：防伪油墨、微缩文字

设计者：陈志皓

摄影者：严周臣、王恩泽

资料提供：北京全景视觉网络科技有限公司、咸阳市文物旅游局

责任编辑：陈静芝

印制厂：北京邮票厂

JP178 中国（武汉）期刊交易博览会
JP178 China (Wuhan) Periodicals Fair

2013 年 9 月 14 日发行

全套 1 枚

明信片邮票规格： 30mm × 30mm

明信片规格： 165mm × 115mm

1-1 中国（武汉）期刊交易博览会

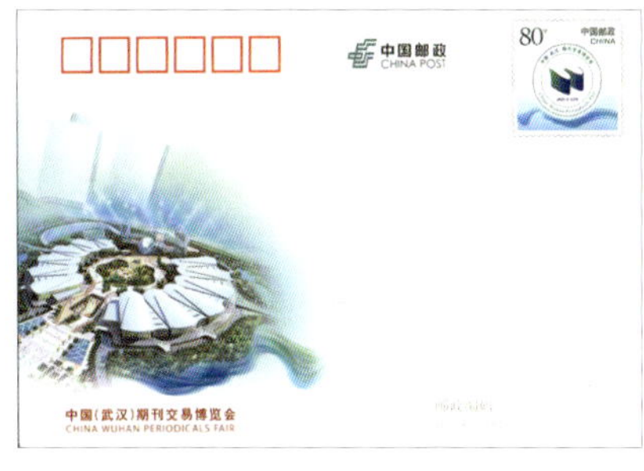

序号	面值（分）	售价（元）	发行量（万枚）	市场参考价格（元）
1-1	80	1.20	95	8.00

版别：胶版

防伪方式：防伪油墨、微缩文字

设计者：陈志鹏

资料提供：中国（武汉）期刊交易博览会组委会

责任编辑：温文雅

印制厂：北京邮票厂

JP179 2013 中国—阿拉伯国家博览会
JP179 China-Arab States Expo

2013 年 9 月 15 日发行

全套 1 枚

明信片邮票规格： 28mm × 36mm （异形）

明信片规格： 165mm × 115mm

1-1 2013 中国—阿拉伯国家博览会

序号	面值（分）	售价（元）	发行量（万枚）	市场参考价格（元）
1-1	80	1.20	75	8.00

版别：胶版

防伪方式：防伪油墨、微缩文字

设计者：李群、马立航

资料提供：中国—阿拉伯国家博览会执行委员会

责任编辑：刘欲晓

印制厂：北京邮票厂

JP180 2013（第一届）中国国际集藏文化博览会
JP180 China International Collection Expo 2013

2013 年 9 月 26 日发行

全套 1 枚

明信片邮票规格： 28mm × 39mm

明信片规格： 165mm × 115mm

1-1 2013（第一届）中国国际集藏文化博览会

序号	面值（分）	售价（元）	发行量（万枚）	市场参考价格（元）
1-1	80	1.20	120	8.00

版别：胶版

防伪方式：防伪油墨、微缩文字

设计者：陈志皓、李群、马立航

责任编辑：刘欲晓

印制厂：北京邮票厂

JP181 第八届中国花卉博览会
JP181 The 8th China Flower Expo

2013 年 9 月 28 日发行

全套 1 枚

明信片邮票规格： 27mm × 35mm

明信片规格： 165mm × 115mm

1-1 第八届中国花卉博览会

序号	面值（分）	售价（元）	发行量（万枚）	市场参考价格（元）
1-1	80	1.20	95	8.00

版别：胶版
防伪方式：防伪油墨、微缩文字
设计者：张鸿斌
责任编辑：王静
印制厂：北京邮票厂

JP182 第六届东亚运动会
JP182 The 6th East Asian Games

2013 年 10 月 6 日发行
全套 4 枚
明信片邮票规格： 39mm × 39mm （菱形）
明信片规格： 165mm × 115mm
4-1 吉祥物
4-2 场馆
4-3 口号
4-4 运动项目

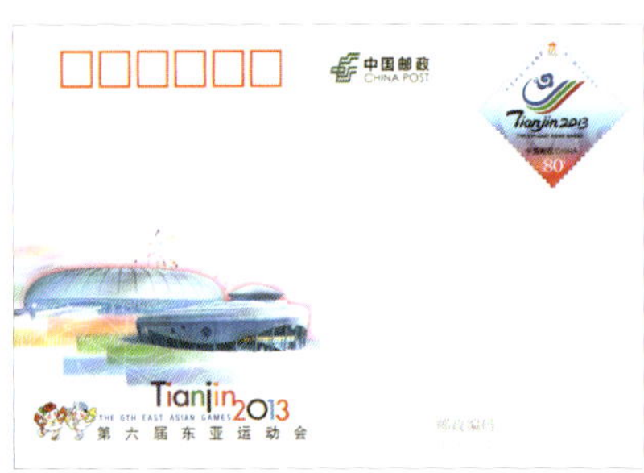

序号	面值（分）	售价（元）	发行量（万套）	市场参考价格（元）
全套	80 × 4	1.20 × 4	68	8.00

版别：胶版
防伪方式：防伪油墨、微缩文字
设计者：郭振山
资料提供：第六届东亚运动会组织委员会执行局
责任编辑：董研
印制厂：北京邮票厂

JP183 中国国际工业博览会
JP183 China International Industry Fair

2013 年 11 月 5 日发行
全套 1 枚
明信片邮票规格： 34mm × 34mm （菱形）
明信片规格： 165mm × 115mm
1-1 中国国际工业博览会

序号	面值（分）	售价（元）	发行量（万枚）	市场参考价格（元）
1-1	80	1.20	95	8.00

版别：胶版
防伪方式：防伪油墨、微缩文字
设计者：余琳、于雪
责任编辑：干止戈
印制厂：北京邮票厂

JP184 第 20 届中国杨凌农业高新科技成果博览会
JP184 The 20th China Yangling Agricultural Hi-Tech Fair

2013 年 11 月 5 日发行
全套 1 枚
明信片邮票规格： 36mm × 36mm （菱形）
明信片规格： 165mm × 115mm
1-1 第 20 届中国杨凌农业高新科技成果博览会

序号	面值（分）	售价（元）	发行量（万枚）	市场参考价格（元）
1-1	80	1.20	65	8.00

版别：胶版
防伪方式：防伪油墨、微缩文字
设计者：吴迪
摄影者：石怀逊、黄克峰
责任编辑：王静
印制厂：北京邮票厂

JP185 第 14 届世界旅游旅行大会
JP185 14th World Travel and Tourism Summit

2014 年 4 月 24 日发行
全套 1 枚
明信片邮票规格： 24mm × 32mm
明信片规格： 165mm × 115mm
1-1 第 14 届世界旅游旅行大会

序号	面值（分）	售价（元）	发行量（万枚）	市场参考价格（元）
1-1	80	1.20	65	10.00

版别：胶版
防伪方式：防伪油墨、微缩文字
设计者：吴迪
摄影者：石怀逊、黄克峰
责任编辑：王静
印制厂：北京邮票厂

JP186 长沙 2014 第 16 届中华全国集邮展览
JP186 Changsha 2014-16th All China Philatelic Exhibition

2014 年 5 月 23 日发行
全套 1 枚
明信片邮票规格：对角线 30mm × 30mm （菱形）
明信片规格： 165mm × 115mm
1-1 长沙 2014 第 16 届中华全国集邮展览

序号	面值（分）	售价（元）	发行量（万枚）	市场参考价格（元）
1-1	80	1.20	65	10.00

版别：胶版
防伪方式：防伪油墨、微缩文字
设计者：邢文伟、李群
资料提供：中华全国集邮联合会
责任编辑：温文雅集邮门户网讯
印制厂：北京邮票厂

JP187 中国旅游日
JP187 China Tourism Day

2014 年 5 月 19 日发行
全套 1 枚
明信片邮票规格： 24 mm × 32 mm
明信片规格： 165 mm × 115 mm
1-1 中国旅游日

序号	面值（分）	售价（元）	发行量（万枚）	市场参考价格（元）
1-1	80	1.20	65	8.00

版别：胶版
防伪方式：防伪油墨、微缩文字
设计者：宋秋萍
资料提供：国家旅游局办公室
摄影者：郑继明、陈云栋
责任编辑：王静
印制厂：北京邮票厂

JP188 2014 年 FIFA 世界杯
JP188 2014 FIFA World Cup

2014 年 6 月 28 日发行
全套 1 枚
明信片邮票规格： 23 mm × 30 mm
明信片规格： 165 mm × 115 mm
1-1 2014 年 FIFA 世界杯

序号	面值（分）	售价（元）	发行量（万枚）	市场参考价格（元）
1-1	80	1.20	65	5.00

版别：胶版
防伪方式：防伪油墨、微缩文字
设计者：刘冠丛、马立航
资料提供：北京全景视觉网络科技有限公司、华盖创意（天津）视讯科技有限公司
责任编辑：温文雅
印制厂：北京邮票厂

JP189 2014 年中国航海日论坛
JP189 2014 China Maritime Forum

2014 年 7 月 11 日发行
全套 1 枚
明信片邮票规格： 28 mm × 35 mm
明信片规格： 165 mm × 115 mm
1-1 2014 年中国航海日论坛

序号	面值（分）	售价（元）	发行量（万枚）	市场参考价格（元）
1-1	80	1.20	98	5.00

版别：胶版
防伪方式：防伪油墨、微缩文字
设计者：马立航、李群
资料提供：厉志荣、杨风 / 北京全景视觉网络科技有限公司、 2014 年中国航海日活动日照组织工作委员会
责任编辑：温文雅
印制厂：北京邮票厂

JP190 中华人民共和国第十二届学生运动会
JP190 The 12th National Student Sports Games of the People' s Republic of China

2014 年 7 月 28 日发行
全套 1 枚
明信片邮票规格： 对角线 33mm × 33mm （菱形）
明信片规格： 165mm × 115mm
1-1 中华人民共和国第十二届学生运动会

序号	面值（分）	售价（元）	发行量（万枚）	市场参考价格（元）
1-1	80	1.20	65	5.00

版别：胶版
防伪方式：防伪油墨、微缩文字
设计者：马立航
资料提供：北京全景视觉网络科技有限公司
责任编辑：于止戈
印制厂：北京邮票厂

JP191 第四十五届世界体操锦标赛
JP191 45th Fig Artistic Gymnastics World Championships

2014 年 9 月 3 日发行
全套 1 枚
明信片邮票规格： 35mm × 43mm （异形）
明信片规格： 165mm × 115mm
1-1 第四十五届世界体操锦标赛

序号	面值（分）	售价（元）	发行量（万枚）	市场参考价格（元）
1-1	80	1.20	65	5.00

版别：胶版
防伪方式：防伪油墨、微缩文字
设计者：李志宏
资料提供：第四十五届世界体操锦标赛组委会
责任编辑：董研
印制厂：北京邮票厂

JP192 中国（上海）自由贸易试验区成立一周年
JP192 The 1st Anniversary of China (Shanghai) Pilot Free Trade Zone

2014 年 9 月 29 日发行
全套 1 枚
明信片邮票规格： 33mm × 31mm （异形）
明信片规格： 165mm × 115mm

1-1 中国(上海)自由贸易试验区成立一周年

序号	面值（分）	售价（元）	发行量（万枚）	市场参考价格（元）
1-1	80	1.20	85	5.00

版别：胶版
防伪方式：防伪油墨、微缩文字
设计者：刘冠丛
责任编辑：干止戈
印制厂：北京邮票厂

JP193 烈士纪念日
JP193 Martyrs Memorial Day

2014 年 9 月 30 日发行
全套 1 枚
明信片邮票规格：34mm × 26mm
明信片规格：165mm × 115mm
1-1 烈士纪念日

序号	面值（分）	售价（元）	发行量（万枚）	市场参考价格（元）
1-1	80	1.20	150	8.00

版别：胶版
防伪方式：防伪油墨、微缩文字
设计者：邢文伟、原艺珊
资料提供：北京全景视觉网络科技有限公司
责任编辑：沙志辉
印制厂：北京邮票厂

JP194 中国新加坡合作——苏州工业园区成立 20 周年
JP194 20th Anniversary of China-Singapore Suzhou Industrial Park

2014 年 10 月 18 日发行
全套 1 枚
明信片邮票规格：对角线 33mm × 33mm（菱形）
明信片规格：165mm × 115mm
1-1 中国新加坡合作——苏州工业园区成立 20 周年

序号	面值（分）	售价（元）	发行量（万枚）	市场参考价格（元）
1-1	80	1.20	110	5.00

版别：胶版
防伪方式：防伪油墨、微缩文字
设计者：马立航、刘欲晓
资料提供：苏州工业园区管理委员会
责任编辑：董研
印制厂：北京邮票厂

JP195 南京大屠杀死难者国家公祭日
JP195 National Memorial Day for Nanjing Massacre Victims

2014 年 12 月 13 日发行
全套 1 枚
明信片邮票规格：35mm × 25mm
明信片规格：165mm × 115mm
1-1 南京大屠杀死难者国家公祭日

序号	面值（分）	售价（元）	发行量（万枚）	市场参考价格（元）
1-1	80	1.20	200	8.00

版别：胶版
防伪方式：防伪油墨、微缩文字
设计者：于雷、于秋艳
资料提供：侵华日军南京大屠杀遇难同胞纪念馆
责任编辑：王静
印制厂：北京邮票厂

JP196《国际民用航空公约》70 周年
JP196 70 Years of the Convention on International Civil Aviation

2014 年 12 月 7 日发行
全套 1 枚
明信片邮票规格：22mm × 32mm
明信片规格：165mm × 115mm
1-1 《国际民用航空公约》 70 周年

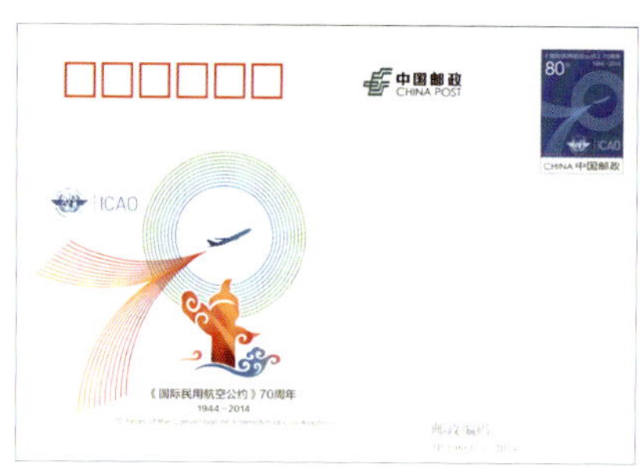

序号	面值（分）	售价（元）	发行量（万枚）	市场参考价格（元）
1-1	80	1.20	80	5.00

版别：胶版
防伪方式：防伪油墨、微缩文字
设计者：张群胆
责任编辑：李可心
印制厂：北京邮票厂

JP197 中国集邮承载历史 弘扬文化
JP197 Chinese Philately Bears History and Promotes Culture

2015 年 1 月 10 日发行
全套 1 枚
明信片邮票规格：边长 17.5mm（六边形）
明信片规格：165mm × 115mm
1-1 中国集邮承载历史 弘扬文化

序号	面值（分）	售价（元）	发行量（万枚）	市场参考价格（元）
1-1	80	1.20	240	8.00

版别：胶版
防伪方式：防伪油墨、微缩文字
设计者：张杰、王国政
资料提供：中国集邮总公司、北京博趣出版有限责任公司《集邮》杂志
责任编辑：沙志辉
印制厂：北京邮票厂

JP198 第 53 届世界乒乓球锦标赛
JP198 The 53rd World Table Tennis Championships

2015 年 4 月 26 日发行
全套 1 枚
明信片邮票规格：对角线 33mm × 33mm（菱形）
明信片规格：165mm × 115mm
1-1 第 53 届世界乒乓球锦标赛

序号	面值（分）	售价（元）	发行量（万枚）	市场参考价格（元）
1-1	80	1.20	205	8.00

版别：胶版
防伪方式：防伪油墨、微缩文字
设计者：沈嘉宏
责任编辑：董妍
印制厂：北京邮票厂

JP199 中国人民抗日战争暨世界反法西斯战争胜利 70 周年
JP199 The 70th Anniversary of the Victory of the Chinese People' s War of Resistance Against Japanese Aggression and the World Anti-Fascist War

2015 年 6 月 5 日发行
全套 1 枚
明信片邮票规格： 32mm × 24mm
明信片规格： 165mm × 115mm
1-1 中国人民抗日战争暨世界反法西斯战争胜利 70 周年

序号	面值（分）	售价（元）	发行量（万枚）	市场参考价格（元）
1-1	80	1.20	400	8.00

版别：胶版
防伪方式：防伪油墨、微缩文字
设计者：沈嘉宏、尚盈、李志宏
雕塑设计者：刘开渠
责任编辑：李金薇
印制厂：北京邮票厂

JP200 中国联合国协会成立 30 周年
JP200 The 30th Anniversary of the UN Association of China

2015 年 7 月 17 日发行
全套 1 枚
明信片邮票规格： 28mm × 28mm
明信片规格： 165mm × 115mm
1-1 中国联合国协会成立 30 周年

序号	面值（分）	售价（元）	发行量（万枚）	市场参考价格（元）
1-1	80	1.20	160	5.00

版别：胶版
防伪方式：防伪油墨、微缩文字
设计者：于秋艳
摄影者：马驭
责任编辑：李金薇
印制厂：北京邮票厂

JP201 2015 年北京国际田联世界田径锦标赛
JP201 IAAF World Championships Beijing 2015

2015 年 7 月 23 日发行
全套 1 枚
明信片邮票规格： 26mm × 38mm
明信片规格： 165mm × 115mm
1-1 2015 年北京国际田联世界田径锦标赛

序号	面值（分）	售价（元）	发行量（万枚）	市场参考价格（元）
1-1	80	1.20	280	5.00

版别：胶版
防伪方式：防伪油墨、微缩文字
设计者：齐镇宇、王佳
资料提供： 2015 年北京国际田联世界田径锦标赛组委会
责任编辑：温文雅
印制厂：北京邮票厂

JP202 第十届全国少数民族传统体育运动会
JP202 The 10th National Traditional Games of Ethnic Minorities

2015 年 8 月 9 日发行
全套 1 枚
明信片邮票规格： 40mm × 40mm （异形）
明信片规格： 165mm × 115mm
1-1 第十届全国少数民族传统体育运动会

序号	面值（分）	售价（元）	发行量（万枚）	市场参考价格（元）
1-1	80	1.20	190	5.00

版别：胶版
防伪方式：防伪油墨、微缩文字
设计者：马立航、李群
责任编辑：李金薇
印制厂：北京邮票厂

JP203 中华人民共和国第九届残疾人运动会暨第六届特殊奥林匹克运动会
JP203 The 9th National Games for Persons with Disabilities and the 6th Olympics National Games of the People' s Republic of China

2015 年 9 月 12 日发行
全套 1 枚
明信片邮票规格： 30mm × 30mm
明信片规格： 165mm × 115mm
1-1 中华人民共和国第九届残疾人运动会暨第六届特殊奥林匹克运动会

序号	面值（分）	售价（元）	发行量（万枚）	市场参考价格（元）
1-1	80	1.20	170	5.00

版 别：胶版
防伪方式：防伪油墨、微缩文字
设计者：王红卫、马立航、李群
责任编辑：李金薇
印制厂：北京邮票厂

JP204 第 24 届中国金鸡百花电影节
JP204 The 24th China Golden Rooster & Hundred Flowers Film Festival

2015 年 9 月 16 日发行
全套 1 枚
明信片邮票规格： 27mm × 35mm
明信片规格： 165mm × 115mm
1-1 第 24 届中国金鸡百花电影节

序号	面值（分）	售价（元）	发行量（万枚）	市场参考价格（元）
1-1	80	1.20	190	5.00

版别：胶版

防伪方式：防伪油墨、微缩文字

设计者：王虎鸣

资料提供：第 24 届中国金鸡百花电影节（2015 中国·吉林市）执委会、北京全景视觉网络科技有限公司

责任编辑：沙志辉

印制厂：北京邮票厂

JP205 2015（第二届）中国国际集藏文化博览会
JP205 China International Collection Expo 2015

2015 年 9 月 25 日发行

全套 1 枚

明信片邮票规格：27mm × 36mm

明信片规格：165mm × 115mm

1-1 2015（第二届）中国国际集藏文化博览会

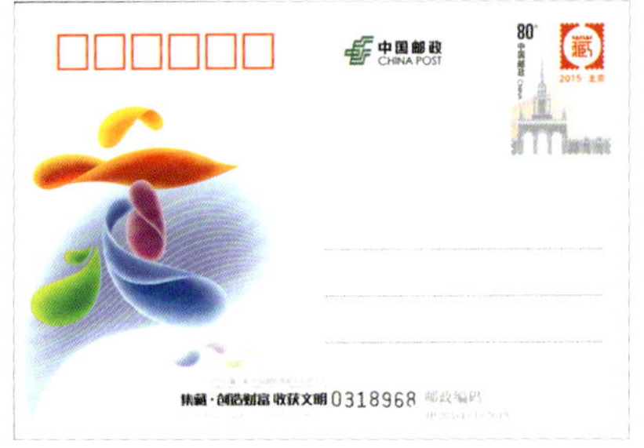

序号	面值（分）	售价（元）	发行量（万枚）	市场参考价格（元）
1-1	80	1.20	245	5.00

版别：胶版

防伪方式：防伪油墨、微缩文字

设计者：王国政

资料提供：中国集邮总公司

责任编辑：温文雅

印制厂：北京邮票厂

注：这是流水编号首次出现在纪念邮资明信片的封面上。

JP206 北京邮电大学建校 60 周年
JP206 The 60th Anniversary of Beijing University of Posts and Telecommunications

2015 年 10 月 18 日发行

全套 1 枚

明信片邮票规格：36mm × 27mm

明信片规格：165mm × 115mm

1-1 北京邮电大学建校 60 周年

序号	面值（分）	售价（元）	发行量（万枚）	市场参考价格（元）
1-1	80	1.20	85	5.00

版别：胶版

防伪方式：防伪油墨、微缩文字

设计者：董琪

资料提供：北京邮电大学

责任编辑：杨志英

印制厂：北京邮票厂

JP207 中国水利高等教育暨河海大学建校 100 周年
JP207 The 100th Anniversary of China Higher Education in Water Resources and Hohai University

2015 年 10 月 27 日发行

全套 1 枚

明信片邮票规格：27mm × 27mm

明信片规格：165mm × 115mm

1-1 中国水利高等教育暨河海大学建校 100 周年

序号	面值（分）	售价（元）	发行量（万枚）	市场参考价格（元）
1-1	80	1.20	210	5.00

版别：胶版

防伪方式：防伪油墨、微缩文字

设计者：于雪

资料提供：河海大学

责任编辑：李金薇

印制厂：北京邮票厂

JP208 第二届中国—俄罗斯博览会
JP208 The 2nd China-Russia Expo

2015 年 10 月 12 日发行

全套 1 枚

明信片邮票规格：对角线 40mm × 40mm（菱形）

明信片规格：165mm × 115mm

1-1 第二届中国—俄罗斯博览会

序号	面值（分）	售价（元）	发行量（万枚）	市场参考价格（元）
1-1	80	1.20	170	5.00

版别：胶版

防伪方式：防伪油墨、微缩文字

设计者：于秋艳

责任编辑：李金薇

印制厂：北京邮票厂

JP209 世界互联网大会·乌镇峰会
JP209 World Internet Conference-Wuzhen Summit

2015 年 12 月 16 日发行

全套 1 枚

明信片邮票规格：28mm × 36mm

明信片规格：165mm × 115mm

1-1 世界互联网大会·乌镇峰会

序号	面值（分）	售价（元）	发行量（万枚）	市场参考价格（元）
1-1	80	1.20	240	5.00

版别：胶版

防伪方式：防伪油墨、微缩文字

设计者：于秋艳、谈奇

资料提供：世界互联网大会·乌镇峰会组委会

责任编辑：沙志辉

印制厂：北京邮票厂

JP210 罗兰·希尔与黑便士邮票
JP210 Sir Rowland Hill and the Penny Black

2015 年 12 月 3 日发行

全套 1 枚

明信片邮票规格：35mm × 26mm

明信片规格：165mm × 115mm

1-1 罗兰·希尔与黑便士邮票

序号	面值（分）	售价（元）	发行量（万枚）	市场参考价格（元）
1-1	80	1.20	180	5.00

版别：胶版

防伪方式：防伪油墨、微缩文字

设计者：王红卫、宋鉴、李晨

责任编辑：王静

印制厂：北京邮票厂

JP211 海南环岛高铁建成开通
JP211 Round-the-Island High Speed Railway Completed in Hainan

2015 年 12 月 30 日发行

全套 1 枚

明信片邮票规格： 40mm × 32mm （异形）

明信片规格： 165mm × 115mm

1-1 海南环岛高铁建成开通

序号	面值（分）	售价（元）	发行量（万枚）	市场参考价格（元）
1-1	80	1.20	190	5.00

版别：胶版

防伪方式：防伪油墨、微缩文字

设计者：董琪

摄影者：李咸良

责任编辑：李金薇

印制厂：北京邮票厂

JP212 中华人民共和国第十三届冬季运动会
JP212 The 13th National Winter Games of the People' s Republic of China

2016 年 1 月 20 日发行

全套 1 枚

信封邮票规格： 30mm × 30mm

信封规格： 165mm × 115mm

1-1 中华人民共和国第十三届冬季运动会

序号	面值（分）	售价（元）	发行量（万枚）	市场参考价格（元）
1-1	80	1.20	420	5.00

版别：胶版

防伪方式：防伪油墨

设计者：宋秋萍、张强

责任编辑：于止戈

印制厂：北京邮票厂

JP213 西安 2016 第 17 届中华全国集邮展览
JP213 Xi' an 2016-17th All China Philatelic Exhibition

2016 年 4 月 8 日发行

全套 1 枚

明信片邮票规格： 24mm × 32mm

明信片规格： 165mm × 115mm

1-1 西安 2016 第 17 届中华全国集邮展览

序号	面值（分）	售价（元）	发行量（万枚）	市场参考价格（元）
1-1	80	1.20	430	4.00

版别：胶版

防伪方式：防伪油墨、微缩文字

设计者：董琪、周志国

资料提供：中华全国集邮联合会、北京全景视觉网络科技股份有限公司

责任编辑：于止戈

印制厂：北京邮票厂

JP214 西南大学建校 110 周年
JP214 The 110th Anniversary of Southwest University

2016 年 4 月 18 日发行

全套 1 枚

明信片邮票规格： 33mm × 24mm

明信片规格： 165mm × 115mm

1-1 西南大学建校 110 周年

序号	面值（分）	售价（元）	发行量（万枚）	市场参考价格（元）
1-1	80	1.20	430	4.00

版别：胶版

防伪方式：防伪油墨、微缩文字

设计者：武世宁

责任编辑：李金薇

印制厂：北京邮票厂

JP215 中国工农红军长征胜利 80 周年
JP215 The 80th Anniversary of the Victory of the Long March of the Chinese Workers' and Peasants' Red Army

2016 年 5 月 13 日发行

全套 1 枚

明信片邮票规格： 25mm × 33mm

明信片规格： 165mm × 115mm

1-1 中国工农红军长征胜利 80 周年

序号	面值（分）	售价（元）	发行量（万枚）	市场参考价格（元）
1-1	80	1.20	597	5.00

版别：胶版

防伪方式：防伪油墨、微缩文字

设计者：邢文伟、梁晖

资料提供：沈尧伊

责任编辑：李金薇

印制厂：北京邮票厂

JP216 2016 年汤姆斯杯暨尤伯杯赛
JP216 BWF Thomas and Uber Cup Final 2016

2016 年 5 月 15 日发行

全套 1 枚

明信片邮票规格：对角线 35mm × 35mm（菱形）

明信片规格： 165mm × 115mm

1-1 2016 年汤姆斯杯暨尤伯杯赛

序号	面值（分）	售价（元）	发行量（万枚）	市场参考价格（元）
1-1	80	1.20	400	4.00

版别：胶版
防伪方式：防伪油墨、微缩文字
设计者：于雪
责任编辑：王静
印制厂：北京邮票厂

JP217 2016 世界月季洲际大会
JP217 WFRS Regional Convention

2016 年 5 月 18 日发行
全套 1 枚
明信片邮票规格： 31mm × 38.5mm
明信片规格： 165mm × 115mm
1-1 2016 世界月季洲际大会

序号	面值（分）	售价（元）	发行量（万枚）	市场参考价格（元）
1-1	80	1.20	380	4.00

版别：胶版
防伪方式：防伪油墨、微缩文字
设计者：张洋俭、范思来
原画作者：孙传哲
资料提供：大兴区世界月季洲际大会执委会办公室
责任编辑：沙志辉
印制厂：北京邮票厂

JP218 2016 集邮周
JP218 2016 Philatelic Week

2016 年 8 月 5 日发行
全套 1 枚
明信片邮票规格： 26mm × 28mm
明信片规格： 165mm × 115mm
1-1 2016 集邮周

序号	面值（分）	售价（元）	发行量（万枚）	市场参考价格（元）
1-1	80	1.20	530	4.00

版别：胶版
防伪方式：防伪油墨、微缩文字
设计者：于秋艳
资料提供：中华全国集邮联合会
标识设计者：刘李冬
责任编辑：干止戈
印制厂：北京邮票厂

JP219 北京房山云居寺建寺 1400 周年
JP219 The 1400th Anniversary of Yunju Temple in Fangshan District of Beijing

2016 年 8 月 7 日发行
全套 1 枚
明信片邮票规格： 28mm × 36mm
明信片规格： 165mm × 115mm
1-1 北京房山云居寺建寺 1400 周年

序号	面值（分）	售价（元）	发行量（万枚）	市场参考价格（元）
1-1	80	1.20	395	4.00

版别：胶版
防伪方式：防伪油墨、微缩文字
设计者：马立航
资料提供：房山云居寺文物管理处、北京全景视觉网络科技股份有限公司
责任编辑：干止戈
印制厂：北京邮票厂

JP220 吉林大学建校 70 周年
JP220 The 70th Anniversary of Jilin University

2016 年 9 月 16 日发行
全套 1 枚
明信片邮票规格： 25mm × 33mm
明信片规格： 165mm × 115mm
1-1 吉林大学建校 70 周年

序号	面值（分）	售价（元）	发行量（万枚）	市场参考价格（元）
1-1	80	1.20	410	4.00

版别：胶版
防伪方式：防伪油墨、微缩文字
设计者：于雪
资料提供：吉林大学
责任编辑：干止戈
印制厂：北京邮票厂

JP221 丝绸之路（敦煌）国际文化博览会
JP221 Silk Road (Dunhuang) International Cultural Expo

2016 年 9 月 20 日发行
全套 1 枚
明信片邮票规格：40mm × 27.5mm （异形）
明信片规格： 165mm × 115mm
1-1 丝绸之路（敦煌）国际文化博览会

序号	面值（分）	售价（元）	发行量（万枚）	市场参考价格（元）
1-1	80	1.20	390	4.00

版别：胶版
防伪方式：防伪油墨、微缩文字
设计者：原艺珊
责任编辑：李可心
印制厂：北京邮票厂

JP222 戏耀中西—汤显祖与莎士比亚
JP222 Drama Shines in China and the West-Tang Xianzu and Shakespeare

2016 年 9 月 24 日发行
全套 2 枚
明信片邮票规格： 30mm × 40mm
明信片规格： 165mm × 115mm
2-1 汤显祖
2-2 莎士比亚

序号	面值（分）	售价（元）	发行量（万套）	市场参考价格（元）
全套	80×2	1.20×2	540	6.00

版别：胶版

防伪方式：防伪油墨、微缩文字

设计者：张泮俭、张庆锋

责任编辑：杨志英

印制厂：北京邮票厂

JP223 第 23 届亚洲乒乓球锦标赛
JP223 The 23rd ITTF-Asian Table Tennis Championships

2017 年 4 月 9 日发行

全套 1 枚

明信片邮票规格：直径 30mm （圆形）

明信片规格： 165mm × 115mm

1-1 第 23 届亚洲乒乓球锦标赛

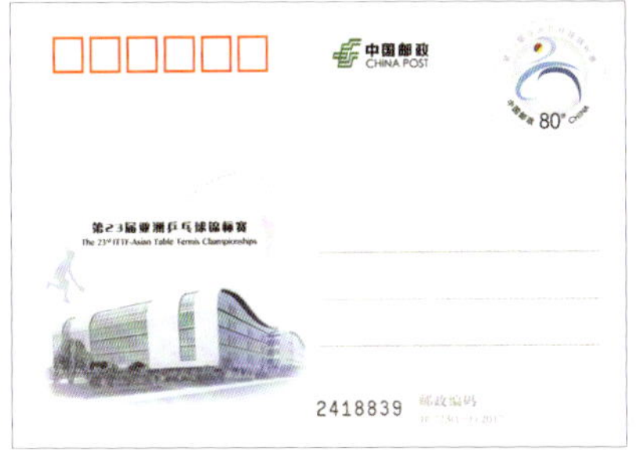

序号	面值（分）	售价（元）	发行量（万枚）	市场参考价格（元）
1-1	80	1.20	285	3.00

版别：胶版

防伪方式：防伪油墨、微缩文字

设计者：于雪

资料提供：无锡市体育局

责任编辑：温文雅

印制厂：北京邮票厂

JP224 2017 世界城市峰会
JP224 World Cities Summit 2017

2017 年 5 月 17 日发行

全套 1 枚

明信片邮票规格： 40mm × 22mm （异形）

明信片规格： 165mm × 115mm

1-1 2017 世界城市峰会

序号	面值（分）	售价（元）	发行量（万枚）	市场参考价格（元）
1-1	80	1.20	285	3.00

版别：胶版

防伪方式：防伪油墨、微缩文字

设计者：于雪

资料提供： 2017 年世界城市峰会组委会

责任编辑：何金梅

印制厂：北京邮票厂

JP225 一带一路 共赢发展
JP225 Building the Belt and Road for Win-Win Development

2017 年 5 月 21 日发行

全套 1 枚

明信片邮票规格： 24mm × 32mm

明信片规格： 165mm × 115mm

1-1 一带一路 共赢发展

序号	面值（分）	售价（元）	发行量（万枚）	市场参考价格（元）
1-1	80	1.20	333	3.00

版别：胶版

防伪方式：防伪油墨、微缩文字

设计者：蒋毅海

责任编辑：王静

印制厂：北京邮票厂

JP226 C919 大型客机首飞
JP226 The 1st Flight of C919 Aircraft

2017 年 5 月 21 日发行

全套 1 枚

明信片邮票规格： 37mm × 25mm （异形）

明信片规格： 165mm × 115mm

1-1 C919 大型客机首飞

序号	面值（分）	售价（元）	发行量（万枚）	市场参考价格（元）
1-1	80	1.20	285	3.00

版别：胶版

防伪方式：防伪油墨、微缩文字

设计者：刘明慧

资料提供：中国商用飞机有限责任公司

责任编辑：千止戈

印制厂：北京邮票厂

JP227 2017 集邮周
JP227 2017 Philatelic Week

2017 年 7 月 29 日发行

全套 1 枚

明信片邮票规格：对角线 33mm × 33mm（菱形）

明信片规格： 165mm × 115mm

1-1 2017 集邮周

序号	面值（分）	售价（元）	发行量（万枚）	市场参考价格（元）
1-1	80	1.20	315	3.00

版别：胶版

防伪方式：防伪油墨、微缩文字

设计者：马立航、李晨

资料提供：中华全国集邮联合会

标识设计者：刘李冬

责任编辑：刘畅

印制厂：北京邮票厂

JP228 第五届世界摄影大会
JP228 The 5th FLAP Photo Meeting

2017 年 8 月 8 日发行

全套 1 枚

明信片邮票规格： 27mm × 36mm

明信片规格： 165mm × 115mm

1-1 第五届世界摄影大会

序号	面值（分）	售价（元）	发行量（万枚）	市场参考价格（元）
1-1	80	1.20	285	3.00

版别：胶版
防伪方式：防伪油墨、微缩文字
设计者：沈嘉宏
摄影者：刘福生
责任编辑：陈静芝
印制厂：北京邮票厂

JP229 第九届中国花卉博览会
JP229 The 9th China Flower Expo

2017 年 9 月 1 日发行
全套 1 枚
明信片邮票规格： 33mm × 36mm （异形）
明信片规格： 165mm × 115mm
1-1 第九届中国花卉博览会

序号	面值（分）	售价（元）	发行量（万枚）	市场参考价格（元）
1-1	80	1.20	269	3.00

版别：胶版
防伪方式：防伪油墨、微缩文字
设计者：宋秋萍
摄影者：詹安稳
资料提供：银川市林业局
责任编辑：李可心
印制厂：北京邮票厂

JP230 2017（第三届）中国国际集藏文化博览会
JP230 China International Collection Expo 2017

2017 年 9 月 8 日发行
全套 1 枚
明信片邮票规格： 28mm × 33mm
明信片规格： 165mm × 115mm
1-1 2017（第三届）中国国际集藏文化博览会

序号	面值（分）	售价（元）	发行量（万枚）	市场参考价格（元）
1-1	80	1.20	341	3.00

版别：胶版
防伪方式：防伪油墨、微缩文字
设计者：马立航
摄影者：陈刚
资料提供：中国集邮总公司
责任编辑：干止戈
印制厂：北京邮票厂

JP231 上海财经大学建校 100 周年
JP231 The 100th Anniversary of Shanghai University of Finance and Economics

2017 年 9 月 17 日发行
全套 1 枚
明信片邮票规格： 25mm × 33mm
明信片规格： 165mm × 115mm
1-1 上海财经大学建校 100 周年

序号	面值（分）	售价（元）	发行量（万枚）	市场参考价格（元）
1-1	80	1.20	300	3.00

版别：胶版
防伪方式：防伪油墨、微缩文字
设计者：尚盈
资料提供：上海财经大学
责任编辑：李金薇
印制厂：北京邮票厂

JP232《联合国防治荒漠化公约》第十三次缔约方大会
JP232 The 13th Session of Conference of the Parties to the UNCCD

2017 年 9 月 6 日发行
全套 1 枚
明信片邮票规格： 35mm × 35mm （异形）
明信片规格： 165mm × 115mm
1-1《联合国防治荒漠化公约》第十三次缔约方大会

序号	面值（分）	售价（元）	发行量（万枚）	市场参考价格（元）
1-1	80	1.20	280	3.00

版别：胶版
防伪方式：防伪油墨、微缩文字
设计者：马立航
会徽设计者：刘伟
摄影者：阿思汗
责任编辑：何金梅
印制厂：北京邮票厂

JP233 绵阳 2017 中华全国专项集邮展览
JP233 China National Special Philatelic Exhibition, Mianyang 2017

2017 年 12 月 8 日发行
全套 1 枚
明信片邮票规格： 30mm × 23mm
明信片规格： 165mm × 115mm
1-1 绵阳 2017 中华全国专项集邮展览

序号	面值（分）	售价（元）	发行量（万枚）	市场参考价格（元）
1-1	80	1.20	273	3.00

版别：胶版
防伪方式：防伪油墨、微缩文字
设计者：马立航、蒋蔚
责任编辑：刘畅
印制厂：北京邮票厂

JP234 常州 2018 第 18 届中华全国集邮展览
JP234 Changzhou 2018-18th All China Philatelic Exhibition

2018 年 5 月 11 日发行
全套 1 枚
明信片邮票规格： 30mm × 30mm
明信片规格： 165mm × 115mm
1-1 常州 2018 第 18 届中华全国集邮展览

序号	面值（分）	售价（元）	发行量（万枚）	市场参考价格（元）
1-1	80	1.20	117	4.00

版别：胶版
防伪方式：防伪油墨、微缩文字
设计者：宋秋萍、邢文伟
资料提供：中华全国集邮联合会
责任编辑：王静
印制厂：北京邮票厂

JP235 改革开放四十周年
JP235 The 40th Anniversary of Reform and Opening-up

2018 年 5 月 19 日发行
全套 1 枚
明信片邮票规格： 35mm × 26mm
明信片规格： 165mm × 115mm
1-1 改革开放四十周年

序号	面值（分）	售价（元）	发行量（万枚）	市场参考价格（元）
1-1	80	1.20	128	4.00

版别：胶版
防伪方式：防伪油墨、微缩文字
设计者：邢文伟
资料提供：中国共产党凤阳县委员会宣传部
责任编辑：何金梅
印制厂：北京邮票厂

JP236 周口店遗址发现 100 周年
JP236 The Centenary of the Discovery of Zhoukoudian Site

2018 年 6 月 9 日发行
全套 1 枚
明信片邮票规格：对角线 36mm × 36mm（菱形）
明信片规格： 165mm × 115mm
1-1 周口店遗址发现 100 周年

序号	面值（分）	售价（元）	发行量（万枚）	市场参考价格（元）
1-1	80	1.20	87	5.00

版别：胶版
防伪方式：防伪油墨、微缩文字
设计者：马立航
资料提供：周口店北京人遗址管理处
责任编辑：干止戈
印制厂：北京邮票厂

JP237 2018 年世界击剑锦标赛
JP237 World Fencing

2018 年 7 月 22 日发行
全套 1 枚
明信片邮票规格： 38mm × 27mm
明信片规格： 165mm × 115mm
1-1 2018 年世界击剑锦标赛

序号	面值（分）	售价（元）	发行量（万枚）	市场参考价格（元）
1-1	80	1.20	86	4.00

版别：胶版
防伪方式：防伪油墨、微缩文字
设计者：刘冠丛
责任编辑：刘畅
印制厂：北京邮票厂

JP238 中国大龙邮票发行 140 周年
JP238 The 140th Anniversary of the Issuance of the Large Dragon Stamps

2018 年 7 月 24 日发行
全套 1 枚
明信片邮票规格： 30mm × 35mm
明信片规格： 165mm × 115mm
1-1 中国大龙邮票发行 140 周年

序号	面值（分）	售价（元）	发行量（万枚）	市场参考价格（元）
1-1	80	1.20	109	6.00

版别：胶版
防伪方式：防伪油墨、微缩文字
设计者：马立航
责任编辑：干止戈
印制厂：北京邮票厂

JP239 2018 年世界羽毛球锦标赛
JP239 BWF World Championships 2018

2018 年 7 月 30 日发行
全套 1 枚
明信片邮票规格：直径 30mm （圆形）
明信片规格： 165mm × 115mm
1-1 2018 年世界羽毛球锦标赛

序号	面值（分）	售价（元）	发行量（万枚）	市场参考价格（元）
1-1	80	1.20	95	4.00

版别：胶版
防伪方式：防伪油墨、微缩文字
设计者：于雪
资料提供： 2018 年世界羽毛球锦标赛组织委员会
责任编辑：温文雅
印制厂：北京邮票厂

JP240 2018 集邮周
JP240 2018 Philatelic Week

2018 年 8 月 4 日发行
全套 1 枚
明信片邮票规格：直径 28mm （圆形）
明信片规格： 165mm × 115mm
1-1 2018 集邮周

序号	面值（分）	售价（元）	发行量（万枚）	市场参考价格（元）
1-1	80	1.20	98	4.00

版别：胶版
防伪方式：防伪油墨、微缩文字
设计者：魏铮、徐喆
原画作者：李晨
资料提供：中华全国集邮联合会
标识设计者：刘李冬
责任编辑：刘畅
印制厂：北京邮票厂

JP241 第六届中国—亚欧博览会
JP241 The 6th China-Eurasia Expo

2018 年 8 月 30 日发行
全套 1 枚
明信片邮票规格： 36mm × 36mm （异形）
明信片规格： 165mm × 115mm
1-1 第六届中国—亚欧博览会

序号	面值（分）	售价（元）	发行量（万枚）	市场参考价格（元）
1-1	80	1.20	85	6.00

版别：胶版
防伪方式：防伪油墨、微缩文字
设计者：马立航、刘明慧
责任编辑：刘畅
印制厂：北京邮票厂

JP242 兰州 2018 中华全国航天 · 专题集邮展览
JP242 Lanzhou 2018 All-China Specialised Exhibition on Astrophilately

2018 年 9 月 15 日发行
全套 1 枚
明信片邮票规格： 30mm × 35mm
明信片规格： 165mm × 115mm
1-1 兰州 2018 中华全国航天 · 专题集邮展览

序号	面值（分）	售价（元）	发行量（万枚）	市场参考价格（元）
1-1	80	1.20	86	4.00

版别：胶版
防伪方式：防伪油墨、微缩文字
设计者：董琪
资料提供：牛涛
责任编辑：刘畅
印制厂：北京邮票厂

JP243 中国工程物理研究院成立 60 周年
JP243 The 60th Anniversary of China Academy of Engineering Physics

2018 年 10 月 16 日发行
全套 2 枚
明信片邮票规格：边长 15mm （六边形）
明信片规格： 165mm × 115mm
2-1 铸国防基石
2-2 做民族脊梁

序号	面值（分）	售价（元）	发行量（万套）	市场参考价格（元）
全套	80 × 2	1.20 × 2	110	6.00

版别：胶版
防伪方式：防伪油墨、微缩文字
设计者：于雪、史渊
资料提供：中国工程物理研究院
责任编辑：温文雅
印制厂：北京邮票厂

JP244 南京长江大桥通车 50 周年
JP244 The 50th Anniversary of the Launch of Nanjing Yangtze River Bridge

2018 年 12 月 16 日发行
全套 1 枚
明信片邮票规格： 40mm × 26mm
明信片规格： 165mm × 115mm
1-1 南京长江大桥通车 50 周年

序号	面值（分）	售价（元）	发行量（万枚）	市场参考价格（元）
1-1	80	1.20	95	4.00

版别：胶版
防伪方式：防伪油墨、微缩文字
设计者：原艺珊
原作者：张鸿斌、吴紫嫣
责任编辑：刘畅
印制厂：北京邮票厂

JP245 老舍诞生 120 周年
JP245 The 120th Anniversary of the Birth of Lao She

2019 年 2 月 3 日发行
全套 1 枚
明信片邮票规格： 22mm × 30mm
明信片规格： 165mm × 115mm
1-1 老舍诞生 120 周年

序号	面值（分）	售价（元）	发行量（万枚）	市场参考价格（元）
1-1	80	1.20	77	6.00

版别：胶版
防伪方式：防伪油墨、微缩文字
设计者：李晨
资料提供：老舍纪念馆、舒济、舒乙、舒雨、舒立
责任编辑：王静
印制厂：北京邮票厂

JP246 金丝猴科学发现 150 周年
JP246 The 150th Anniversary of the Scientific Discovery of Snub-nosed Monkeys

2019 年 4 月 27 日发行

全套 1 枚

明信片邮票规格： 30mm × 40mm

明信片规格： 165mm × 115mm

1-1 金丝猴科学发现 150 周年

序号	面值（分）	售价（元）	发行量（万枚）	市场参考价格（元）
1-1	80	1.20	85	15.00

版别：胶版

防伪方式：防伪油墨、微缩文字

设计者：邢文伟

原作者：曾孝濂

摄影者：薛康

责任编辑：刘畅

印制厂：北京邮票厂

注：这是条码区首次出现在纪念邮资明信片封面上。

JP247 壮丽七十年
JP247 Magnificent Seventy Years

2019 年 5 月 26 日发行

全套 1 枚

明信片邮票规格： 30mm × 30mm

明信片规格： 165mm × 115mm

1-1 壮丽七十年

序号	面值（分）	售价（元）	发行量（万枚）	市场参考价格（元）
1-1	80	1.20	97	4.00

版别：胶版

防伪方式：防伪油墨、微缩文字

设计者：于秋艳

责任编辑：李金薇

印制厂：北京邮票厂

JP248 “雪龙 2”号极地科学考察破冰船交船纪念
JP248 In Commemoration of the Delivery of Chinese Polar Scientific Icebreaking Research Vessel Xuelong 2

2019 年 7 月 11 日发行

全套 1 枚

明信片邮票规格：直径 35mm （圆形）

明信片规格： 165mm × 115mm

1-1 “雪龙 2”号极地科学考察破冰船交船纪念

序号	面值（分）	售价（元）	发行量（万枚）	市场参考价格（元）
1-1	80	1.20	78	5.00

版别：胶版

防伪方式：防伪油墨、微缩文字

设计者：沈嘉宏

资料提供：陈核

责任编辑：杨志英

印制厂：北京邮票厂

JP249 2019 集邮周
JP249 2019 Philatelic Week

2019 年 8 月 3 日发行

全套 1 枚

明信片邮票规格： 30mm × 40mm

明信片规格： 165mm × 115mm

1-1 2019 集邮周

序号	面值（分）	售价（元）	发行量（万枚）	市场参考价格（元）
1-1	80	1.20	85	5.00

版别：胶版

防伪方式：防伪油墨、微缩文字

设计者：吴大卫

原画作者：李晨

资料提供：中华全国集邮联合会、中国集邮总公司

责任编辑：温文雅

印制厂：北京邮票厂

JP250 中华人民共和国第十届残疾人运动会暨第七届特殊奥林匹克运动会
JP250 The 10th National Games for Persons with Disabilities & the 70th National Special Olympics Games, the People' s Republic of China

2019 年 8 月 25 日发行

全套 1 枚

明信片邮票规格：直径 35mm （圆形）

明信片规格： 165mm × 115mm

1-1 中华人民共和国第十届残疾人运动会暨第七届特殊奥林匹克运动会

序号	面值（分）	售价（元）	发行量（万枚）	市场参考价格（元）
1-1	80	1.20	79	5.00

版别：胶版

防伪方式：防伪油墨、微缩文字

设计者：陈志皓

资料提供：中华人民共和国第十届残疾人运动会暨第七届特殊奥林匹克运动会组织委员会

责任编辑：何金梅

印制厂：北京邮票厂

JP251 2019 年国际篮联篮球世界杯
JP251 FIBA Basketball World Cup China 2019

2019 年 8 月 31 日发行

全套 1 枚

明信片邮票规格： 37mm × 30mm （异形）

明信片规格： 165mm × 115mm

1-1 2019 年国际篮联篮球世界杯

序号	面值（分）	售价（元）	发行量（万枚）	市场参考价格（元）
1-1	80	1.20	77	3.00

版别：胶版

防伪方式：防伪油墨、微缩文字

设计者：沈嘉宏

责任编辑：温文雅

印制厂：北京邮票厂

JP252 中华人民共和国第十一届少数民族传统体育运动会

JP252 The 11th National Traditional Games of Ethnic Minorities of the People' s Republic of China

2019 年 9 月 8 日发行

全套 1 枚

明信片邮票规格： 29mm × 36mm （异形）

明信片规格： 165mm × 115mm

1-1 中华人民共和国第十一届少数民族传统体育运动会

序号	面值（分）	售价（元）	发行量（万枚）	市场参考价格（元）
1-1	80	1.20	77	3.00

版别：胶版

防伪方式：防伪油墨、微缩文字

设计者：蒋毅海

责任编辑：王静

印制厂：北京邮票厂

JP253 万国邮联 EMS 合作机构成立 20 周年

JP253 The 20th Anniversary of the UPU EM Cooperative

2019 年 9 月 10 日发行

全套 1 枚

明信片邮票规格： 40mm × 30mm

明信片规格： 165mm × 115mm

1-1 万国邮联 EMS 合作机构成立 20 周年

序号	面值（分）	售价（元）	发行量（万枚）	市场参考价格（元）
1-1	80	1.20	72	3.00

版别：胶版

防伪方式：防伪油墨、微缩文字

设计者：张杰

责任编辑：王静

印制厂：北京邮票厂

JP254 第 44 届世界桥牌团体锦标赛和第 12 届世界跨国公开团体赛

JP254 The 44th World Bridge Team Championships and the 12th World Transnational Open Teams Championship

2019 年 9 月 14 日发行

全套 1 枚

明信片邮票规格： 30mm × 41mm （异形）

明信片规格： 165mm × 115mm

1-1 第 44 届世界桥牌团体锦标赛和第 12 届世界跨国公开团体赛

序号	面值（分）	售价（元）	发行量（万枚）	市场参考价格（元）
1-1	80	1.20	77	3.00

版别：胶版

防伪方式：防伪油墨、微缩文字

设计者：阎炳武、蒋毅海

资料提供：武汉市桥牌协会

责任编辑：干止戈

印制厂：北京邮票厂

JP255 中国与联合国世界粮食计划署合作 40 周年

JP255 The 40th Anniversary of WFP-China Cooperation

2019 年 12 月 19 日发行

全套 1 枚

明信片邮票规格： 30mm × 30mm

明信片规格： 165mm × 115mm

1-1 中国与联合国世界粮食计划署合作 40 周年

序号	面值（分）	售价（元）	发行量（万枚）	市场参考价格（元）
1-1	80	1.20	71.2	3.00

版别：胶版

防伪方式：防伪油墨、微缩文字

设计者：王虎鸣

责任编辑：李金薇

印制厂：北京邮票厂

JP256 2020 集邮周

JP256 2020 Philatelic Week

2020 年 8 月 19 日发行

全套 1 枚

明信片邮票规格： 34mm × 32mm （异形）

明信片规格： 165mm × 115mm

1-1 2020 集邮周

序号	面值（分）	售价（元）	发行量（万枚）	市场参考价格（元）
1-1	80	1.20	80	3.00

版别：胶版

防伪方式：防伪油墨、微缩文字

设计者：于秋艳、李晨

资料提供：中华全国集邮联合会、中国集邮总公司

责任编辑：杨志英

印制厂：北京邮票厂

JP257 浙江善琏 2020 首届中华全国农民集邮展览

JP257 Shanlian Zhejiang 2020-1st China Farmer' s Philatelic Exhibition

2020 年 10 月 31 日发行

全套 1 枚

明信片邮票规格：边长 13.1mm （八边形）

明信片规格： 165mm × 115mm

1-1 浙江善琏 2020 首届中华全国农民集邮展览

序号	面值（分）	售价（元）	发行量（万枚）	市场参考价格（元）
1-1	80	1.20	80	3.00

版别：胶版

防伪方式：防伪油墨、微缩文字

设计者：刘冠丛

资料提供：湖州市善琏镇人民政府、浙江善琏 2020 首届中华全国农民集邮展览邮展组委会

标识设计者：陈志皓

责任编辑：闫瑾

印制厂：北京邮票厂

JP258 天坛建成 600 年

JP258 The 600th Anniversary of the Temple of Heaven

2020 年 12 月 21 日发行

全套 1 枚

明信片邮票规格： 30mm × 30mm

明信片规格： 165mm × 115mm

1-1 天坛建成 600 年

序号	面值（分）	售价（元）	发行量（万枚）	市场参考价格（元）
1-1	80	1.20	80	3.00

版别：胶版

防伪方式：防伪油墨、微缩文字

设计者：刘博

摄影者：张姜

资料提供：北京市天坛公园管理处

责任编辑：陈静

印制厂：北京邮票厂

特种邮资明信片（TP）
Special Stamped Postcards（TP）

TP1 哈尔滨冰雪风光
TP1 Harbin Ice and Snow Landscapes

1994 年 1 月 5 日发行
分 A、 B 两组
A 组国内邮资 全套 6 枚
明信片邮票规格： 25mm × 31mm
明信片规格： 148mm × 100mm
6-1 15 分 冰灯 邮票图案：冰雪节标志
6-2 15 分 冰雕 邮票图案：冰雪节标志
6-3 15 分 冰帆 邮票图案：冰雪节标志
6-4 15 分 滑雪 邮票图案：冰雪节标志
6-5 15 分 雪橇 邮票图案：冰雪节标志
6-6 15 分 冬泳 邮票图案：冰雪节标志
A 组封套图案：半月晚晴
B 组国际航空邮资 全套 6 枚
明信片邮票规格： 25mm × 31mm
明信片规格： 148mm × 100mm
6-1 1.60 元 冰灯 邮票图案：冰雪节标志
6-2 1.60 元 冰雕 邮票图案：冰雪节标志
6-3 1.60 元 冰帆 邮票图案：冰雪节标志
6-4 1.60 元 滑雪 邮票图案：冰雪节标志
6-5 1.60 元 雪橇 邮票图案：冰雪节标志
6-6 1.60 元 冬泳 邮票图案：冰雪节标志
B 组封套图案：晚霞

A 组

封套

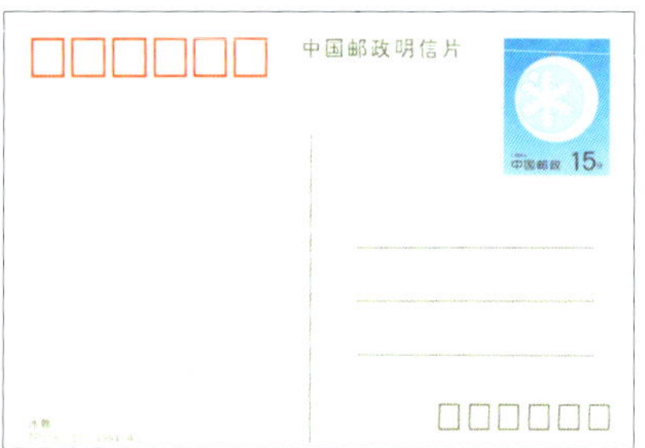

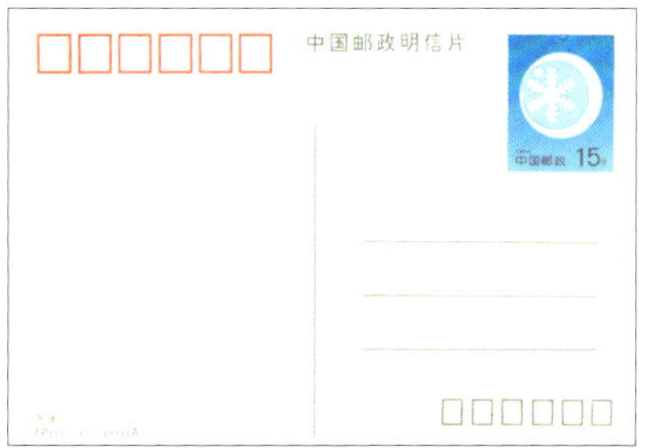

B 组

封套

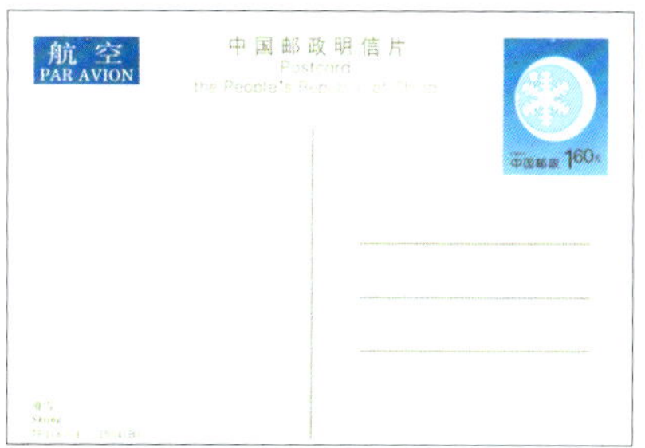

A组、B组背面

序号	面值（分）	售价（元）	发行量（万套）	市场参考价格（元）
A组	90	2.40	53.2	15.00
B组	960	11.10	11	120.00

版别：胶版

设计者：张若一

绘画：于志学、杨秀坤

题字：杨角

印制厂：河南省邮电印刷厂

注：A组印有邮政编码框，B组左上角印有蓝色航空标签。

TP2 梅兰芳京剧艺术
TP2 Beijing Opera Art of Mei Lanfang

1994年10月22日发行

全套4枚

明信片邮票规格：25.5mm×31.5mm

明信片规格：148mm×100mm

4-1 15分 太真外传

4-2 15分 生死恨

4-3 2.30元 贵妃醉酒

4-4 2.30元 断桥

封套图案：梅兰芳舞台艺术形象（贵妃醉酒）

封套

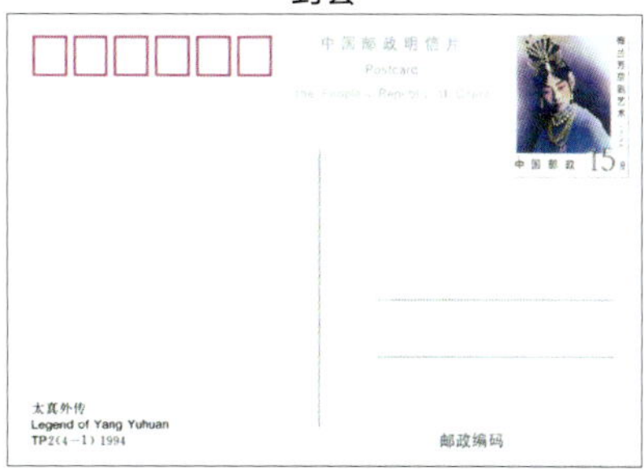

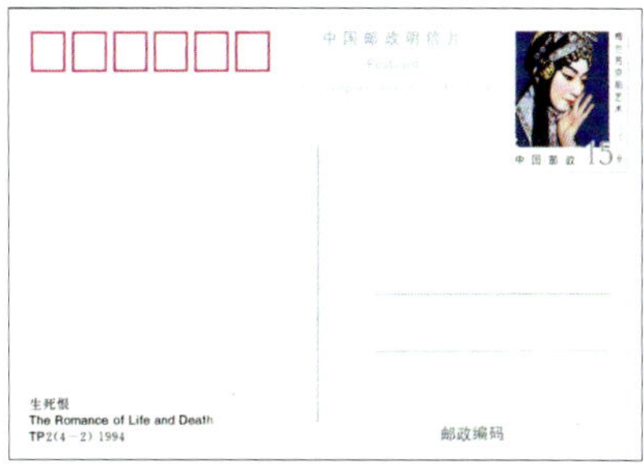

序号	面值（分）	售价（元）	发行量（万枚）	市场参考价格（元）
4-1	15	0.40	309.54	
4-2	15	0.40	309.54	
4-3	230	2.55	153.34	
4-4	230	2.55	153.34	
全套	490	5.90	925.76	30.00

版别：胶版

设计者：卢天骄、潘可明

印制厂：辽宁省沈阳邮电印刷厂、河南省邮电印刷厂

TP3 周信芳京剧艺术
TP3 Beijing Opera Art of Zhou Xinfang

1995 年 1 月 10 日发行

全套 4 枚

明信片邮票规格： 27mm × 32mm

明信片规格： 148mm × 100mm

4-1 15 分 乌龙院

4-2 15 分 徐策跑城

4-3 2.30 元 澶渊之盟

4-4 2.30 元 投军别窑

封套图案：周信芳舞台艺术形象

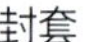

封套

序号	面值（分）	售价（元）	发行量（万枚）	市场参考价格（元）
4-1	15	0.40	200.12	
4-2	15	0.40	200.12	
4-3	230	2.55	100.12	
4-4	230	2.55	100.12	
全套	490	5.90	600.48	15.00

版别：胶版

设计者：王世安

印制厂：上海市印刷二厂、上海市印刷三厂

TP4 钱江潮

TP4 Qiangtang River Tides

1995 年 9 月 9 日发行

全套 4 枚

明信片邮票规格： 35mm × 27.5mm

明信片规格： 148mm × 100mm

4-1 15 分 钱江怒潮

4-2 15 分 海宁观潮

4-3 230 分 一线潮

4-4 230 分 钱江晨曦

封套

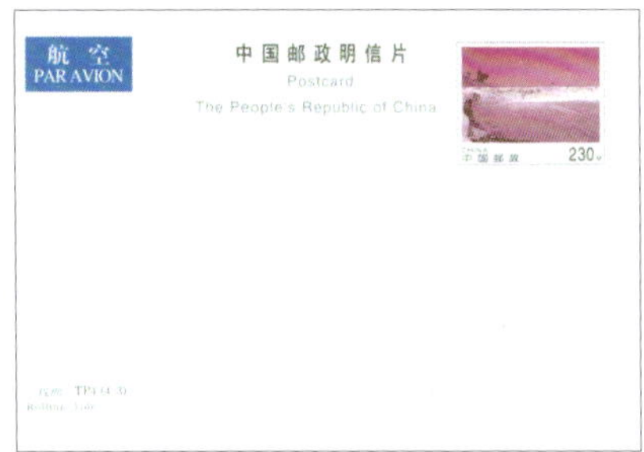

序号	面值（分）	售价（元）	发行量（万枚）	市场参考价格（元）
4-1	15	0.40	116.67	
4-2	15	0.40	100	
4-3	230	2.55	100	
4-4	230	2.55	100	
全套	490	5.90	416.76	10.00

版别：胶版

设计者：赵玉华

摄影者：方炳华、杨利斌、任鲸

印制厂：深圳当纳利旭日印刷有限公司

TP5 周恩来故里

TP5 Former Residence of Zhou Enlai

1996 年 1 月 8 日发行

全套 4 枚

明信片邮票规格： 26mm × 31mm

明信片规格： 148mm × 100mm

4-1 15 分 1919 年“五四运动”时期的周恩来

背面图案：周恩来同志故居

4-2 15 分 1927 年领导上海工人第三次武装起义的周恩来

背面图案：周恩来童年读书处

4-3 230 分 1946 年驻梅园新村的周恩来

背面图案：周恩来纪念馆

4-4 230 分 1958 年视察北京怀柔水库时的周恩来

背面图案：淮安镇淮楼

封套

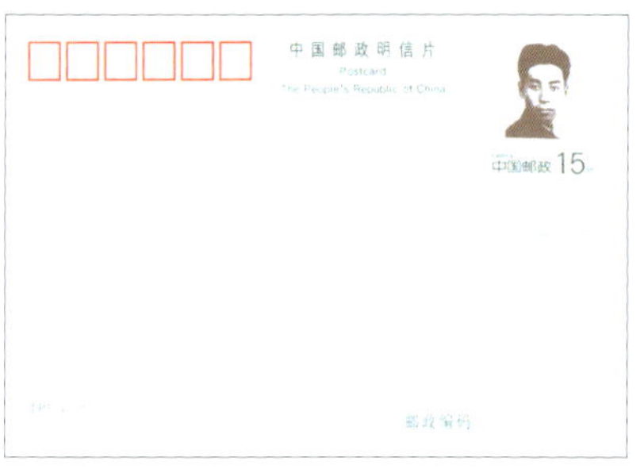

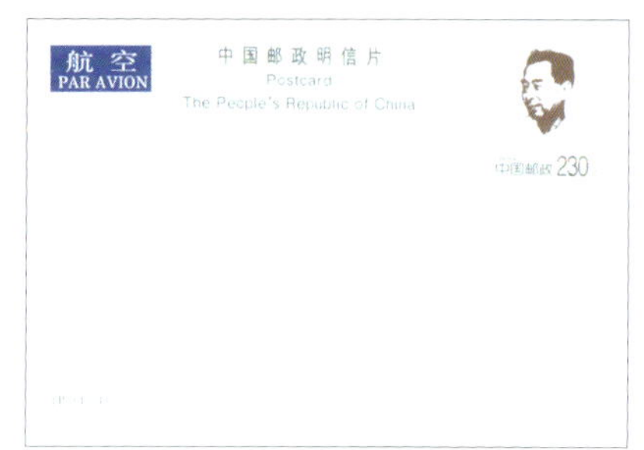

序号	面值（分）	售价（元）	发行量（万枚）	市场参考价格（元）
4-1	15	0.40	62.64	
4-2	15	0.40	62.64	
4-3	230	2.55	62.64	
4-4	230	2.55	62.64	
全套	490	5.90	250.56	15.00

版别：胶版

设计者：赵玉华

摄影者：葛华

印制厂：河南省邮电印刷厂

TP6 朱德故里

TP6 Former Residence of Zhu De

1996 年 7 月 6 日发行

全套 4 枚

明信片邮票规格：26mm × 31mm

明信片规格：148mm × 100mm

4-1 15 分 朱德 1922 年留法时照片
背面图案：朱德同志故居

4-2 15 分 朱德抗日战争时在延安照片
背面图案：朱德童年读书处

4-3 230 分 朱德在解放初照片
背面图案：朱德纪念馆

4-4 230 分 朱德大元帅像
背面图案：朱德铜像

封套

序号	面值（分）	售价（元）	发行量（万枚）	市场参考价格（元）
4-1	15	0.40	67.25	
4-2	15	0.40	67.25	
4-3	230	2.55	67.25	
4-4	230	2.55	67.25	
全套	490	5.90	269	15.00

版别：胶版

摄影者：王安序

设计者：邹建军

印制厂：河南省邮电印刷厂

TP7 毛泽东故里
TP7 Former Residence of Mao Zedong

1996 年 9 月 9 日发行

全套 4 枚

明信片邮票规格： 26mm × 31mm

明信片规格： 148mm × 100mm

4-1 15 分 毛泽东青年时期

背面图案：毛泽东诞生的地方

4-2 15 分 毛泽东在延安

背面图案：毛泽东童年读书处

4-3 230 分 毛泽东在开国大典上

背面图案：农民协会旧址

4-4 230 分 毛泽东在书房

背面图案：毛泽东铜像

封套

序号	面值（分）	售价（元）	发行量（万枚）	市场参考价格（元）
4-1	15	0.40	120.38	
4-2	15	0.40	120.38	
4-3	230	2.55	82.3	
4-4	230	2.55	82.3	
全套	490	5.90	405.36	15.00

版别：胶版

摄影者：李群

设计者：阎炳武

印制厂：深圳当纳利旭日印刷有限公司

TP8 孔庙、孔府、孔林
TP8 Temple of Confucius,Confucius Family Mansion, and Tomb of Confucius

1998 年 9 月 28 日发行

全套 4 枚

明信片邮票规格： 35mm × 28mm

明信片规格： 148mm × 100mm

4-1 40 分 孔庙

4-2 40 分 孔府

4-3 420 分 孔林

4-4 420 分 孔子故里鸟瞰

封套

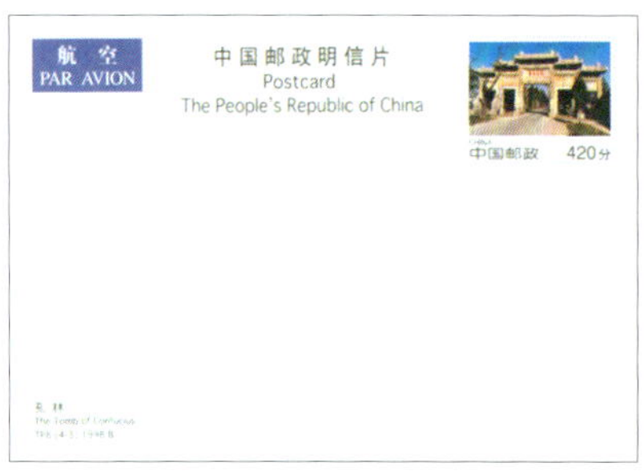

序号	面值（分）	售价（元）	发行量（万枚）	市场参考价格（元）
4-1	40	0.70	170	
4-2	40	0.70	170	
4-3	420	4.50	120	
4-4	420	4.50	120	
全套	920	10.40	580	10.00

版别：胶版

设计者：任国恩

印制厂：浙江省邮电印刷厂

TP9 高山花卉
TP9 Alpine Flowers and Plants

1999 年 6 月 22 日发行

全套 4 枚

明信片邮票规格：26mm × 31mm

明信片规格：148mm × 100mm

4-1 60 分 灰石岩报春

4-2 60 分 蓝玉簪龙胆

4-3 60 分 红菠萝花

4-4 420 分 长果绿绒蒿

封套图案：高山花卉

封套

序号	面值（分）	售价（元）	发行量（万枚）	市场参考价格（元）
4-1	60	0.90	426.71	
4-2	60	0.90	426.71	
4-3	60	0.90	426.71	
4-4	420	4.50	426.71	
全套	600	7.20	1706.84	10.00

版别：胶版

设计者：曾孝濂

印制厂：北京邮票厂

TP10 长江三峡

TP10 Three Gorges on Yangtze River

1999 年 8 月 16 日发行

全套 10 枚

明信片邮票规格：（10-1、10-2、10-6、10-7）28mm × 35mm、（10-3、10-4、10-5、10-8、10-9、10-10）35mm × 28mm

明信片规格：148mm × 100mm

10-1 60 分 瞿塘峡

10-2 60 分 夔门

10-3 60 分 巫峡

10-4 60 分 大宁河与长江交汇处

10-5 60 分 巫峡烟雨

10-6 60 分 神女峰

10-7 60 分 西陵峡

10-8 60 分 崆岭峡

10-9 60 分 灯影峡

10-10 60 分 牛肝马肺峡

封套

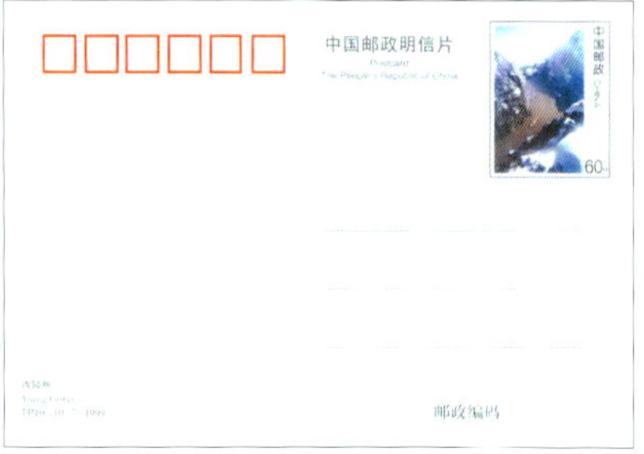

序号	面值（分）	售价（元）	发行量（万套）	市场参考价格（元）
全套	600	9.00	219.88	108.00

版别：胶版

设计者：任国恩

摄影者：刘世昭、佘代科、黄克勤、乔德炳、袁学军

印制厂：陕西省印刷厂

TP10（B）长江三峡
TP10（B）Three Gorges on Yangtze River

1999 年 8 月 16 日发行

全套 10 枚（本册式）

明信片邮票规格：（10-1、10-2、10-6、10-7）28mm×35mm、（10-3、10-4、10-5、10-8、10-9、10-10）35mm×28mm

明信片规格：148mm×100mm

本册式外形规格：230mm×100mm

10-1 60 分 瞿塘峡

10-2 60 分 夔门

10-3 60 分 巫峡

10-4 60 分 大宁河与长江交汇处

10-5 60 分 巫峡烟雨

10-6 60 分 神女峰

10-7 60 分 西陵峡

10-8 60 分 崆岭峡

10-9 60 分 灯影峡

10-10 60 分 牛肝马肺峡

THE THREE GORGES ON THE YANGTZE RIVER
長江三峽
特种邮资明信片 TP10(B)

本册式封面

中国邮政明信片
中国邮政
60
瞿塘峡
Qutang Gorge
瞿塘峡，西起重庆奉节白帝城，东至巫山大溪镇，长约八公里，在长江三峡中最短，气象却最雄奇。它由长江之水冲破巫山山脉而成，峡中河道最宽处百余公尺，两岸山峰拔地刺天，极为壮观，每逢洪水季节，瞿塘峡中常见惊涛拍岸，万水夺路的景象。
邮政编码

中国邮政明信片
中国邮政
60
夔门
Kuimen
"一门锁尽全川水"、"众水排山争夔门"，瞿塘之雄，首推夔门。这里河道狭窄，江流咆哮，两岸峭壁相逼甚近，欲合未合，堪称"天下雄关"。南岸白盐山上有一块巨石，上有宋代以后的摩崖石刻数十块，篆、隶、楷书皆具。
邮政编码

中国邮政明信片
中国邮政
60
巫峡
Wu Gorge
长江冲出瞿塘峡之后，由于山势向江岸展开，激流渐渐平缓。过了巫山县城，便进入峰峦叠翠，处处有景，景景相连的巫峡。两岸如林的峰峦，一峰未尽，一峰又起，美如画廊。
邮政编码

中国邮政明信片
中国邮政
60
大宁河与长江交汇处
Converging of the Daning River and the Yangtze River
长江支流大宁河在巫山县注入长江。大宁河的巫山县城至大昌段，峡谷益狭，景色更幽，由龙门峡、巴雾峡、滴翠峡组成。
邮政编码

中国邮政明信片
中国邮政
60
巫峡烟雨
Clouds and Rains at the Wu Gorge
巫山更有一绝，那就是曾令无数文人为之倾倒的巫山云雨。原来三峡一带湿气浓重，而巫山两岸山峰绵延，遮天蔽日，阳光只在正午时分透入峡中，使得湿气成云成雨，常年云雾缭绕，细雨蒙蒙。
邮政编码

中国邮政明信片
中国邮政
60
神女峰
Shennu Peak
"云游巫山十二峰，飘然神女下天宫"。传说西王母的女儿瑶姬和12位仙女为治理长江水患，功成后而化为一座座的山峰，屹立长江两岸，终日看顾此地百姓。神女峰矗立江北，峰顶有块人形石柱，宛若亭亭少女望断长江。它早迎朝霞，晚送落日，又称"望霞峰"。
邮政编码

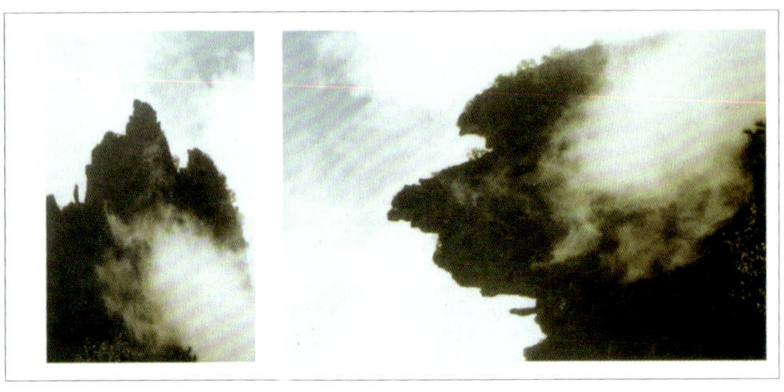

本册式封底

序号	面值（分）	售价（元）	发行量（万套）	市场参考价格（元）
全套	600	12.00	79.99	25.00

设计者：任国恩

摄影者：刘世昭、佘代科、黄克勤、乔德炳、袁学军

印制厂：陕西省印刷厂

注：本册式编号为 TP10（B），为我国首次发行的本册式邮资明信片。

TP11 钓鱼台

TP11 Diaoyutai

1999 年 9 月 20 日发行

全套 4 枚

明信片邮票规格： 32mm × 25mm

明信片规格： 148mm × 100mm

4-1 60 分 中心湖

4-2 60 分 潇碧轩

4-3 60 分 养源斋

4-4 420 分 元首楼

封套

序号	面值（分）	售价（元）	发行量（万枚）	市场参考价格（元）
4-1	60	0.90	305	
4-2	60	0.90	305	
4-3	60	0.90	305	
4-4	420	4.50	305	
全套	600	7.20	1220	8.00

版别：胶版

设计者：杨秉政

摄影者：郭秋敏

印制厂：浙江省邮电印刷厂

TP12 世纪交替 千年更始——中国古代科学技术

TP12 Turn of the Century, Begining of the Millennium—China' s Ancient Science and Technology

2000 年 3 月 1 日发行

全套 10 枚

明信片邮票规格： 35mm × 28mm

明信片规格： 148mm × 100mm

10-1 60 分 四大发明

10-2 60 分 天文历算

10-3 60 分 中医中药

10-4 60 分 农林桑茶

10-5 60 分 丝绸织染

10-6 60 分 陶瓷漆器

10-7 60 分 矿冶铸造

10-8 60 分 水利地学

10-9 60 分 建筑工程

10-10 60 分 造船航海

封套图案：四大发明之一——司南

封套

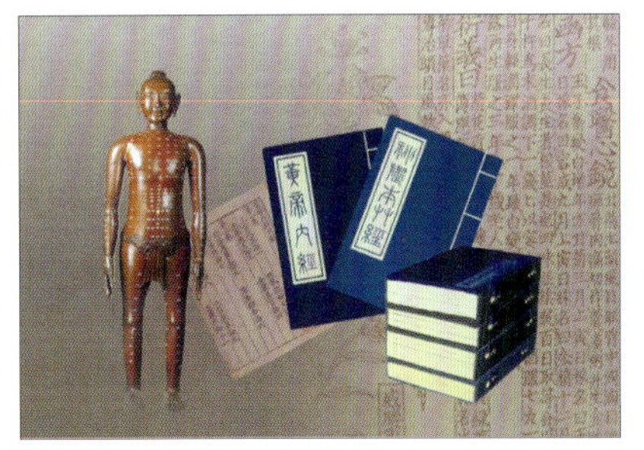

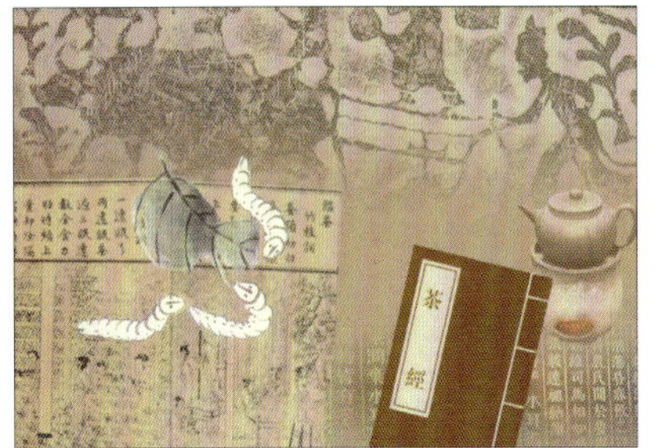

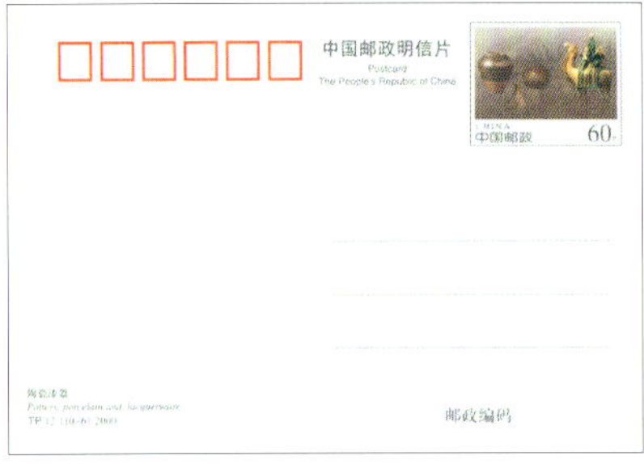

序号	面值（分）	售价（元）	发行量（万套）	市场参考价格（元）
全套	600	9.00	120	15.00

版别：胶版

设计者：郝旭东

印制厂：河南省邮电印刷厂

TP13 妈祖传说

TP13 Legend of Mazu

2000 年 4 月 27 日发行

全套 6 枚

明信片邮票规格：25mm × 36mm

明信片规格：148mm × 100mm

6-1 60 分 妈祖诞生 邮票图案：妈祖画像

6-2 60 分 海上救难 邮票图案：妈祖画像

6-3 60 分 湄屿飞升 邮票图案：妈祖画像

6-4 60 分 神女护使 邮票图案：妈祖画像

6-5 60 分 钱塘助堤 邮票图案：妈祖画像

6-6 1 元 涌泉济师 邮票图案：妈祖画像

封套图案：妈祖传说

封套

序号	面值（分）	售价（元）	发行量（万枚）	市场参考价格（元）
6-1	60	0.90	150	
6-2	60	0.90	150	
6-3	60	0.90	150	
6-4	60	0.90	150	
6-5	60	0.90	150	
6-6	100	1.30	150	
全套	400	5.80	900	18.00

版别：胶版
设计者：王虎鸣
摄影者：许任华
印制厂：浙江省邮电印刷厂

TP14 （B）内蒙古风情
TP14 （B）Flavors and Landscapes of Inner Mongolia

2000 年 7 月 29 日发行
全套 10 枚（本册式）
明信片邮票规格：33mm × 26mm
明信片规格：148mm × 100mm
本册式外形规格：230mm × 100mm
10-1 60 分 草原晨曦
10-2 60 分 原野牧歌
10-3 60 分 金色胡杨
10-4 60 分 九曲情深
10-5 60 分 沙海奇观
10-6 60 分 湖畔驼鸣
10-7 60 分 北国风光
10-8 60 分 兴安林海
10-9 60 分 情系彩虹
10-10 60 分 暮色情怀

内蒙古风情
特种邮资明信片 TP14(B)
INNER MONGOLIA FLAVOR OF THE LANDSCAPE
本册式封面

中国邮政明信片
60
邮政编码

中国邮政明信片
Postcard
The People's Republic of China
60
九曲情深
The snaky river
邮政编码

中国邮政明信片
60
邮政编码

中国邮政明信片
60
沙海奇观
Unique scene in the desert
邮政编码

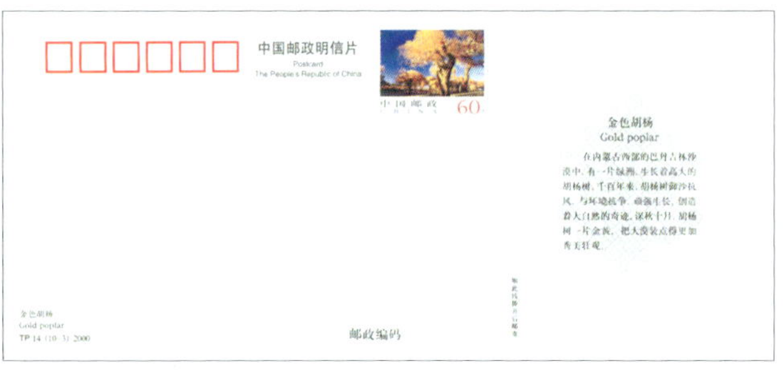
中国邮政明信片
Postcard
The People's Republic of China
60
金色胡杨
Gold poplar
邮政编码

中国邮政明信片
60
Camels by the lake
邮政编码

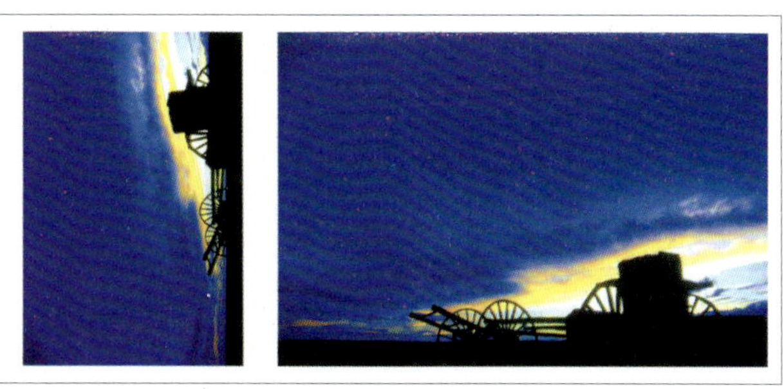

本册式封底

序号	面值（分）	售价（元）	发行量（万套）	市场参考价格（元）
全套	600	12.00	50	28.00

版别：胶版

设计者：王虎鸣

摄影者：额博、王虎鸣、高东风、周克义、石玉平、魏新民

印制厂：深圳当纳利旭日印刷有限公司

TP15 平遥古城

TP15 Ancient City of Pingyao

2000 年 8 月 18 日发行

全套 10 枚

明信片邮票规格：（10-1、10-5、10-6、10-8、10-9、10-10）35mm × 28mm、（10-2、10-3、10-4、10-7）28mm × 35mm

明信片规格：148mm × 100mm

10-1 60 分 城墙

10-2 60 分 双林寺彩塑

10-3 60 分 镇国寺万佛殿

10-4 60 分 南大街
10-5 60 分 文庙大成殿
10-6 60 分 清虚观
10-7 60 分 日升昌票号旧址
10-8 60 分 民居
10-9 60 分 社火
10-10 60 分 古城鸟瞰
封套图案：平遥古城

封套

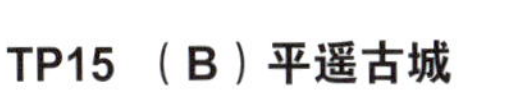

序号	面值（分）	售价（元）	发行量（万套）	市场参考价格（元）
全套	600	9.00	50	12.00

版别：胶版

设计者：李群、任宇

摄影者：李群、袁学军、郭全刚

印制厂：深圳当纳利旭日印刷有限公司

TP15 （B）平遥古城

TP15 （B）Ancient City of Pingyao

2000 年 8 月 18 日发行

全套 10 枚（本册式）

明信片邮票规格：（10-1、 10-5、 10-6、 10-8、 10-9、 10-10） 35mm × 28mm、（10-2、 10-3、 10-4、 10-7） 28mm × 35mm

明信片规格： 148mm × 100mm

本册式外形规格： 230mm × 100mm

10-1 60 分 城墙

10-2 60 分 双林寺彩塑

10-3 60 分 镇国寺万佛殿

10-4 60 分 南大街

10-5 60 分 文庙大成殿

10-6 60 分 清虚观

10-7 60 分 日升昌票号旧址

10-8 60 分 民居

10-9 60 分 社火

10-10 60 分 古城鸟瞰

封套图案：平遥古城

本册式封面

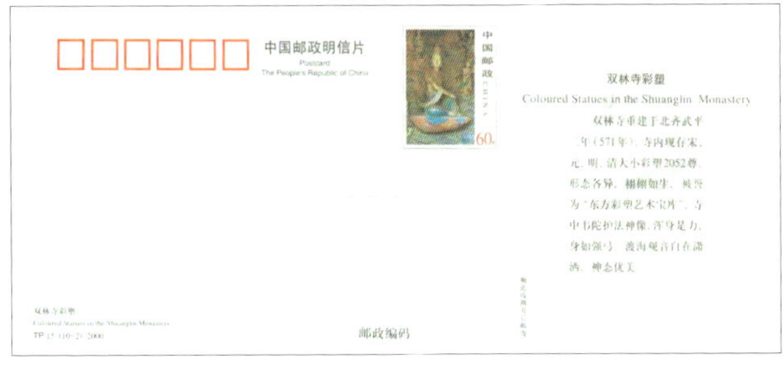

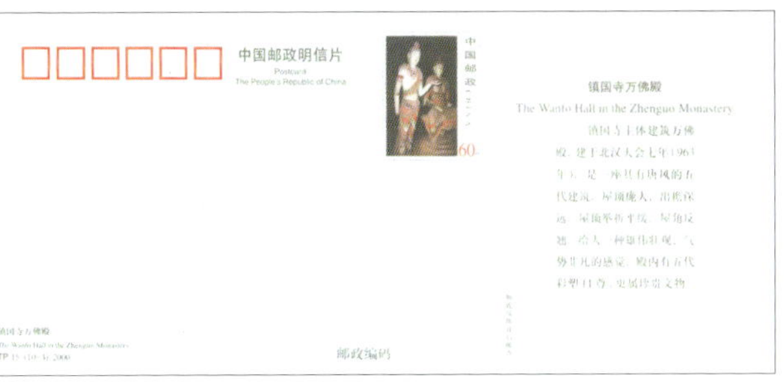

中国邮政明信片
南大街
The South Street
邮政编码

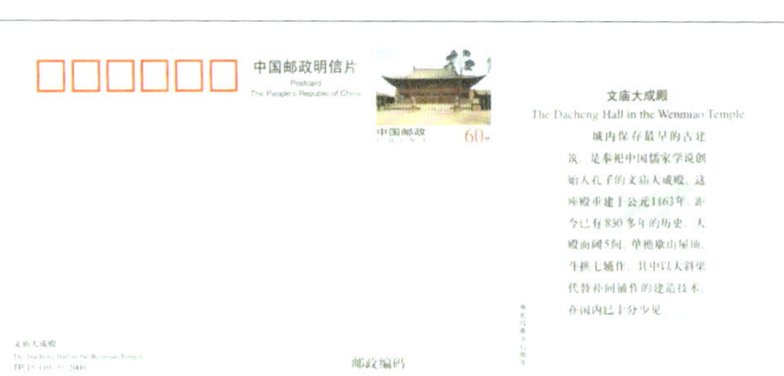
中国邮政明信片
文庙大成殿
The Dacheng Hall in the Wenmiao Temple
邮政编码

中国邮政明信片
清虚观
Taoist Temple of Qingxu
邮政编码

中国邮政明信片
日升昌票号旧址
The Site of Rishengchang Bank
邮政编码

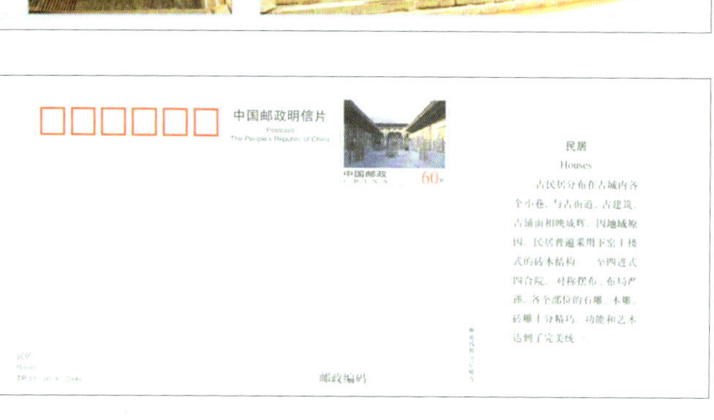
中国邮政明信片
民居
Houses
邮政编码

中国邮政明信片
社火
Traditional Celebration
每当元宵节或社会性大庆时，城内外张灯结彩，高跷、背棍、抬阁、龙灯、吹唱队伍云集大街小巷，飞龙舞狮，热闹异常，使人能感受到特殊的文化品味。
邮政编码

本册式封底

序号	面值（分）	售价（元）	发行量（万套）	市场参考价格（元）
全套	600	12.00	50	28.00

版别：胶版

设计者：李群、任宇

摄影者：李群、袁学军、郭全刚

印制厂：深圳当纳利旭日印刷有限公司

TP16 上海浦东

TP16 Pudong of Shanghai

2000 年 9 月 9 日发行

分 A、 B 两组

A 组国内邮资 全套 10 枚

明信片邮票规格：（10-1、 10-5、 10-9） 28mm × 35mm、（10-2、 10-3、 10-4、 10-6、 10-7、 10-8、 10-10） 35mm × 28m

明信片规格： 148mm × 100mm

10-1 60 分 上海国际会议中心

10-2 60 分 浦东国际机场

10-3 60 分 世纪大道

10-4 60 分 滨江大道

10-5 60 分 南浦大桥

10-6 60 分 陆家嘴金融贸易区

10-7 60 分 外高桥保税区

10-8 60 分 孙桥现代农业开发区

10-9 60 分 金桥出口加工区

10-10 60 分 张江高科技园区

A 组封套图案：东方明珠

B 组国际航空邮资 全套 4 枚

明信片邮票规格：（4-1、 4-2、 4-3） 28mm × 35mm、（4-4） 35mm × 28mm

明信片规格： 148mm × 100mm

4-1 4.20 元 金茂大厦

4-2 4.20 元 东方明珠电视塔

4-3 4.20 元 陆家嘴金融贸易区

4-4 4.20 元 上海证券交易所

B 组封套图案：东方之光

A 组

封套

中国邮政明信片
Postcard
The People's Republic of China
邮政编码

中国邮政明信片
Postcard
The People's Republic of China
邮政编码

中国邮政明信片
Postcard
The People's Republic of China
邮政编码

中国邮政明信片
Postcard
The People's Republic of China
邮政编码

中国邮政明信片
Postcard
The People's Republic of China
邮政编码

中国邮政明信片
Postcard
The People's Republic of China
邮政编码

B组

上海浦东
邮资明信片
PUDONG OF SHANGHAI
国际航空

封套

航 空
PAR AVION
中国邮政明信片
Postcard
The People's Republic of China

航 空
PAR AVION
中国邮政明信片
Postcard
The People's Republic of China

序号	面值（分）	售价（元）	发行量（万套）	市场参考价格（元）
A 组	600	9.00	80	15.00
B 组	1680	18.00	25	50.00

版别：胶版

设计者：王虎鸣

摄影者：陈石麟、姚建良、欧阳鹤

印制厂：浙江省邮电印刷厂

TP17 武汉东湖
TP17 East Lake of Wuhan

2000 年 10 月 9 日发行

全套 4 枚

明信片邮票规格：35mm × 28mm

明信片规格：148mm × 100mm

4-1 60 分 行吟阁

4-2 60 分 观鱼池

4-3 60 分 曲堤

4-4 60 分 水榭

封套图案：武汉东湖

封套

序号	面值（分）	售价（元）	发行量（万套）	市场参考价格（元）
全套	240	3.60	100	8.00

版别：胶版

设计者：刘雨苏

摄影者：黄克勤、刘雨苏、严越培

印制厂：陕西省印刷厂

TP18 花园城市 深圳

TP18 Shenzhen, a Garden City

2001 年 7 月 28 日发行

分 A、 B 两组

A 组国内邮资 全套 10 枚

明信片邮票规格： 35mm × 28mm

明信片规格： 148mm × 100mm

10-1 60 分 荔枝公园

10-2 60 分 华侨城旅游区

10-3 60 分 中心公园

10-4 60 分 大梅沙海滨公园

10-5 60 分 仙湖植物园

10-6 60 分 上步路街景

10-7 60 分 滨河—皇岗立交

10-8 60 分 蛇口景区

10-9 60 分 深圳夜景

10-10 60 分 怡景花园

A 组封套图案： 深南大道

B 组国际航空邮资 全套 4 枚

明信片邮票规格： 35mm × 28mm

明信片规格： 148mm × 100mm

4-1 420 分 荔枝公园

4-2 420 分 华侨城旅游区

4-3 420 分 大梅沙海滨公园

4-4 420 分 深圳夜景

B 组封套图案： 绿色城市

A 组

封套

B组

封套

序号	面值（分）	售价（元）	发行量（万套）	市场参考价格（元）
A组	600	9.00	60	15.00
B组	1680	18.00	20	30.00

版别：彩色胶版

设计者：任国恩

摄影者：刘伟雄、孙成毅、陈卫国、汪秦生、刘对现、文锡泉

责任编辑：辛欣

印刷厂：深圳当纳利旭日印刷有限公司

TP18 （B）花园城市 深圳
TP18 （B）Shenzhen,a Garden City

2001年7月28日发行

全套10枚（本册式）

明信片邮票规格：35mm×28mm

明信片规格：148mm×100mm

本册式外形规格：230mm×100mm

10-1 60分 荔枝公园

10-2 60分 华侨城旅游区

10-3 60分 中心公园

10-4 60分 大梅沙海滨公园

10-5 60分 仙湖植物园

10-6 60分 上步路街景

10-7 60分 滨河—皇岗立交

10-8 60分 蛇口景区

10-9 60分 深圳夜景

10-10 60分 怡景花园

封面图案：荔枝公园

本册式封面

中国邮政明信片
Postcard
The People's Republic of China

怡景花园
Yijing Garden

怡景花园古地面积27.8万平方米，其中绿地面积9万平方米，是一个理想的住宅区。

邮政编码

本册式封底

序号	面值（分）	售价（元）	发行量（万套）	市场参考价格（元）
全套	600	12.00	50	35.00

版别：胶版
设计者：任国恩
摄影者：刘伟雄、孙成毅、陈卫国、汪秦生、刘对现、文锡泉
责任编辑：辛欣
印制厂：深圳当纳利旭日印刷有限公司

TP19（B）兴城古城
TP19（B）Ancient Town of Xingcheng

2001年8月26日发行
全套10枚（本册式）
明信片邮票规格：35mm × 25mm
明信片规格：148mm × 100mm
本册式外形规格：230mm × 100mm
10-1 60分 城墙
10-2 60分 钟鼓楼
10-3 60分 瓮城

10-4 60 分 魁星楼
10-5 60 分 延辉街
10-6 60 分 祖氏石坊
10-7 60 分 棂星门
10-8 60 分 泮桥
10-9 60 分 太平钱庄
10-10 60 分 兴城海滨
本册式封面图案：威远门
本册式封底图案：兴城古城

本册式封面

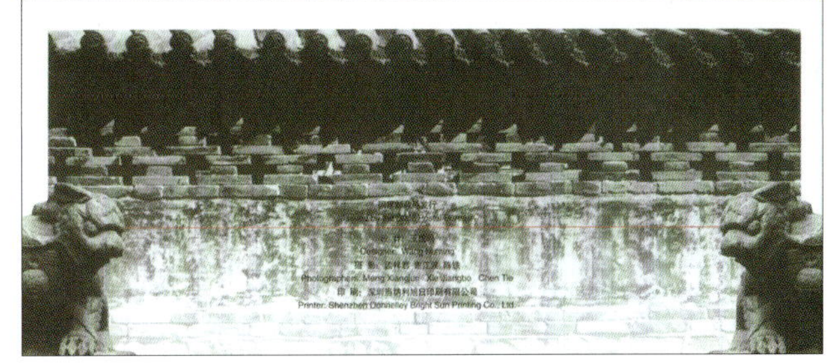

本册式封底

序号	面值（分）	售价（元）	发行量（万套）	市场参考价格（元）
全套	600	12.00	60	28.00

版别：胶版

设计者：王虎鸣

摄影者：孟祥君、谢江波、陈铁

责任编辑：佟立英

印制厂：深圳当纳利旭日印刷有限公司

TP20 美丽的鄂伦春
TP20 Beautiful Oroqen

2001 年 9 月 1 日发行

全套 4 枚

明信片邮票规格： 34mm × 27mm

明信片规格： 148mm × 100mm

4-1 60 分 兴安杜鹃谷

4-2 60 分 神指峡

4-3 60 分 诺敏自然保护区

4-4 60 分 阿里河

封套图案：美丽的鄂伦春

封套

序号	面值（分）	售价（元）	发行量（万套）	市场参考价格（元）
全套	240	3.60	60	15.00

版别：胶版

设计者：丁豫

摄影者：孟松林

责任编辑：刘雨苏

印制厂：浙江省邮电印刷厂

TP21 李白诗选
TP21 Anthology of Li Bai' s Poetry

2001 年 10 月 24 日发行

全套 6 枚

明信片邮票规格： 25mm × 35mm

明信片规格： 148mm × 100mm

6-1 60 分 望天门山

6-2 60 分 黄鹤楼 · 送 · 孟浩然之广陵

6-3 60 分 独坐敬亭山

6-4 60 分 赠汪伦

6-5 60 分 望庐山瀑布 · 其二

6-6 60 分 早发白帝城

封套图案：静夜思

封套

序号	面值（分）	售价（元）	发行量（万套）	市场参考价格（元）
全套	360	5.40	80	25.00

版别：胶版

设计者：吴同彦

责任编辑：佟立英

印制厂：深圳当纳利旭日印刷有限公司

TP22（B）开平碉楼

TP22（B）DiaoLou Buildings of Kaiping

2002 年 4 月 12 日发行

全套 10 枚（本册式）

明信片邮票规格：（10-1、10-3、10-5、10-6、10-8、10-10）30mm×25mm，（10-2、10-4、10-7、10-9）25mm×30mm

明信片规格： 148mm × 100mm

本册式外形规格： 230mm × 100mm

10-1 60 分 自力村碉楼群

10-2 60 分 瑞石楼

10-3 60 分 日升楼与翼云楼

10-4 60 分 坚安楼

10-5 60 分 雁平楼

10-6 60 分 方氏灯楼

10-7 60 分 天禄楼

10-8 60 分 姐妹楼

10-9 60 分 适庐

10-10 60 分 中坚楼

本册式封面图案：瑞石楼与马降龙碉楼群

本册式封二图案：锦江里碉楼群

本册式封三图案：六也居庐

本册式封底图案：六也居庐（局部）

本册式封面

中国邮政明信片
瑞石楼

中国邮政明信片
迎龙楼

中国邮政明信片
日升楼与翼云楼

中国邮政明信片
方氏灯楼

中国邮政明信片
坚安楼

中国邮政明信片
天禄楼

本册式封底

序号	面值（分）	售价（元）	发行量（万套）	市场参考价格（元）
全套	600	12.00	60	25.00

版别：胶版

设计者：刘雨苏

摄影者：谭伟强、李惠文、何树炯

责任编辑：佟立英

印制厂：深圳当纳利旭日印刷有限公司

TP23 （B）中国民居——王家大院

TP23 （B）Wang's Grand Courtyard, Civil Residence in China

2002 年 5 月 18 日发行

全套 10 枚（本册式）

明信片邮票规格：（10-1、10-5）35mm × 28mm、（10-2、10-3、10-4、10-6、10-7、10-8、10-9、10-10）28mm × 35mm

明信片规格：148mm × 100mm

本册式外形规格：230mm × 100mm

10-1 60 分 寝院夜色 邮票图名：砖雕 · 狮子滚绣球

10-2 60 分 府第凝瑞 邮票图名：石雕 · 孝义牌坊

10-3 60 分 道绕高庭 邮票图名：石雕 · 抱鼓石

10-4 60 分 飞阁蕴神 邮票图名：石雕 · 耕读鱼樵

10-5 60 分 老院初雪 邮票图名：石雕 · 垂带踏跺

10-6 60 分 堡门森然 邮票图名：石雕 · 招财进宝

10-7 60 分 堡院飞桥 邮票图名：砖雕 · 鹿鹤同春（局部）

10-8 60 分 庭院深深 邮票图名：石雕 · 四爱图

10-9 60 分 古院春晖 邮票图名：石雕 · 封侯挂印

10-10 60 分 秀楼韵致 邮票图名：石雕 · 唐夫人乳姑奉亲

WANG'S GRAND COURTYARD, A CIVIL RESIDENCE IN CHINA
中国
民居
王家大院
特种邮资明信片 TP23(B)

本册式封面

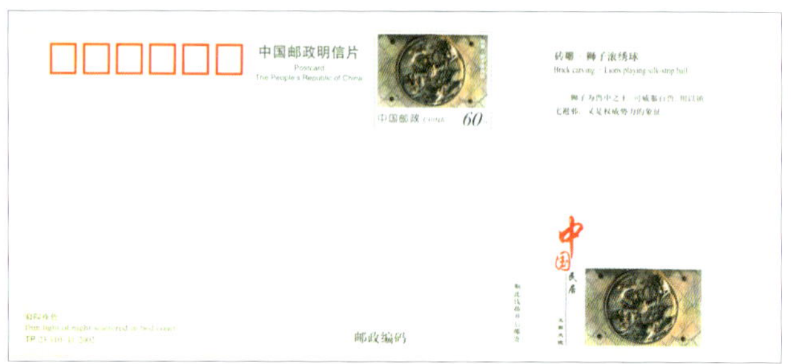
中国邮政明信片
邮政编码

中国邮政明信片
邮政编码

中国邮政明信片
邮政编码

中国邮政明信片
邮政编码

中国邮政明信片
邮政编码

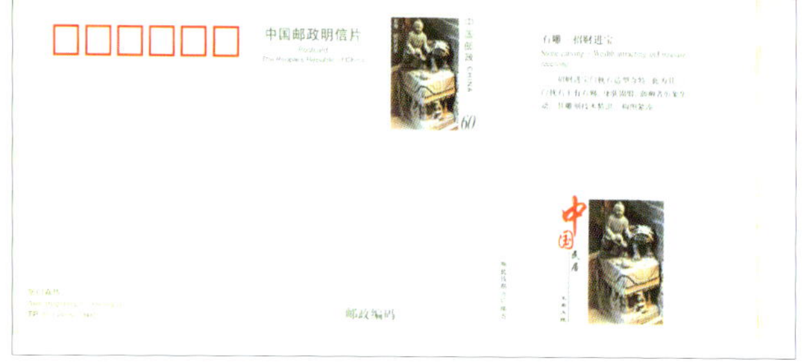
中国邮政明信片
邮政编码

本册式封底

序号	面值 （分）	售价 （元）	发行量 （万套）	市场参考价格 （元）
全套	600	12.00	50	28.00

版别：胶版
设计者：任国恩
摄影者：侯升翔
责任编辑：陈宜思
印制厂：浙江省邮电印刷厂

TP24 山茶花
TP24 Camellia

2003 年 3 月 6 日发行
全套 4 枚
明信片邮票规格： 35mm × 24mm
明信片规格： 148mm × 100mm
4-1 60 分 鸳鸯凤冠
4-2 60 分 金盘荔枝
4-3 60 分 大朱砂

4-4 60分 雪塔
封套图案：十八学士

封套

序号	面值（分）	售价（元）	发行量（万套）	市场参考价格（元）
全套	240	3.60	50	20.00

版别：胶版
设计者：金纳
责任编辑：佟立英
印制厂：北京邮票厂

TP25 巫山小三峡

TP25 Small Three Gorges at Wu Mountain

2003年4月12日发行
全套8枚
明信片邮票规格：（8-1、8-2、8-4）35mm×28mm、（8-3、8-5、8-6、8-7、8-8）28mm×35mm
明信片规格：148mm×100mm

8-1 60分 龙门峡
8-2 60分 巴雾峡
8-3 60分 滴翠峡
8-4 60分 琵琶洲
8-5 60分 小小三峡
8-6 60分 龙门飞渡
8-7 60分 幽谷浅滩
8-8 60分 宁河轻舟
封套图案：龙门飞渡

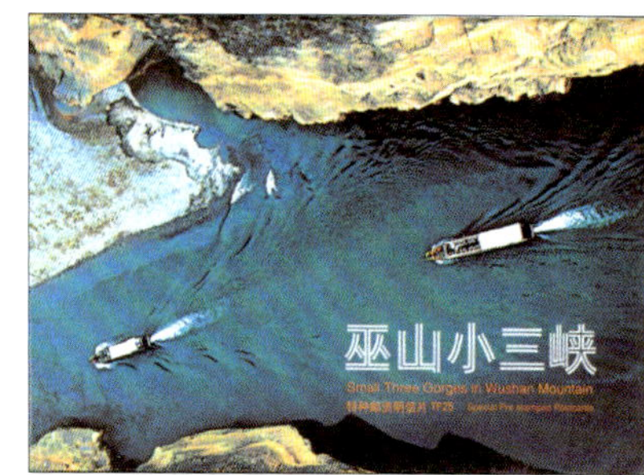

封套

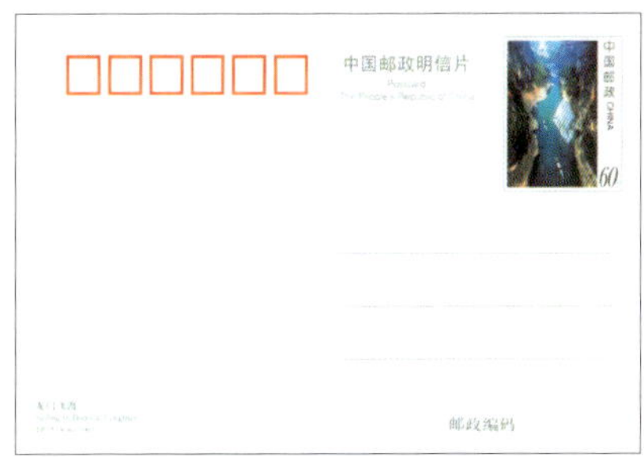

序号	面值（分）	售价（元）	发行量（万套）	市场参考价格（元）
全套	480	7.20	50	28.00

版别：胶版

设计者：任国恩、杨文清

摄影者：杨绍全、宋开平、刘力群、鄂毅、吴滨、宋军、袁学军

责任编辑：范艳峰

印制厂：深圳当纳利旭日印刷有限公司

TP25 （B）巫山小三峡

TP25 （B）Small Three Gorges at Wu Mountain

2003 年 4 月 12 日发行

全套 8 枚（本册式）

明信片邮票规格：（8-1、8-2、8-4）35mm×28mm、（8-3、8-5、8-6、8-7、8-8）28mm×35mm

明信片规格：148mm×100mm

本册式外形规格：230mm×100mm

8-1 60 分 龙门峡

8-2 60 分 巴雾峡

8-3 60 分 滴翠峡

8-4 60 分 琵琶洲

8-5 60 分 小小三峡

8-6 60 分 龙门飞渡

8-7 60 分 幽谷浅滩

8-8 60 分 宁河轻舟

封套图案：龙门飞渡

巫山小三峡
特种邮资明信片 TP25(B)
Small Three Gorges in Wushan Mountain
Special Pre-stamped Postcards

本册式封面

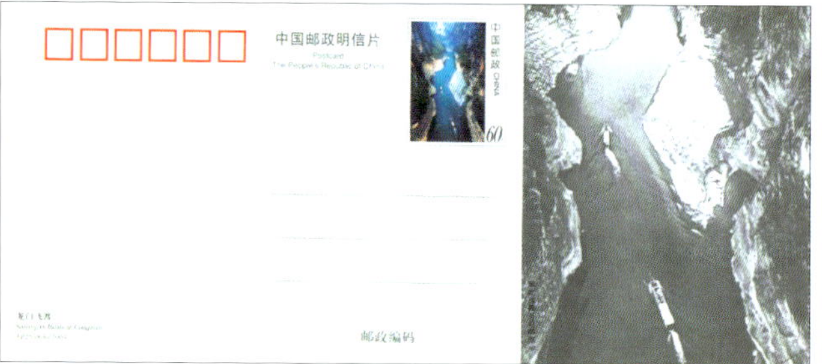

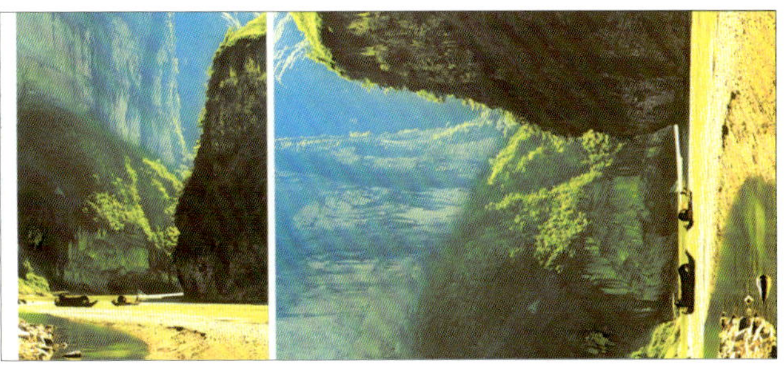

本册式封底

序号	面值（分）	售价（元）	发行量（万套）	市场参考价格（元）
全套	480	9.60	35	35.00

版别：胶版

设计者：任国恩、杨文清

摄影者：杨绍全、宋开平、刘力群、鄂毅、吴滨、宋军、袁学军

责任编辑：范艳峰

印制厂：深圳当纳利旭日印刷有限公司

TP26 （B）二十四节气

TP26 （B）24 Solar Terms

2003 年 9 月 15 日发行

全套 12 枚（本册式）

明信片邮票规格： 35mm × 27mm

明信片规格： 148mm × 100mm

本册式外形规格： 230mm × 100mm

12-1 60 分 立春、雨水 邮票图案：春

12-2 60 分 惊蛰、春分 邮票图案：春

12-3 60 分 清明、谷雨 邮票图案：春

12-4 60 分 立夏、小满 邮票图案：夏

12-5 60 分 芒种、夏至 邮票图案：夏

12-6 60 分 小暑、大暑 邮票图案：夏

12-7 60 分 立秋、处暑 邮票图案：秋

12-8 60 分 白露、秋分 邮票图案：秋

12-9 60 分 寒露、霜降 邮票图案：秋

12-10 60 分 立冬、小雪 邮票图案：冬

12-11 60 分 大雪、冬至 邮票图案：冬

12-12 60 分 小寒、大寒 邮票图案：冬

本册式封面

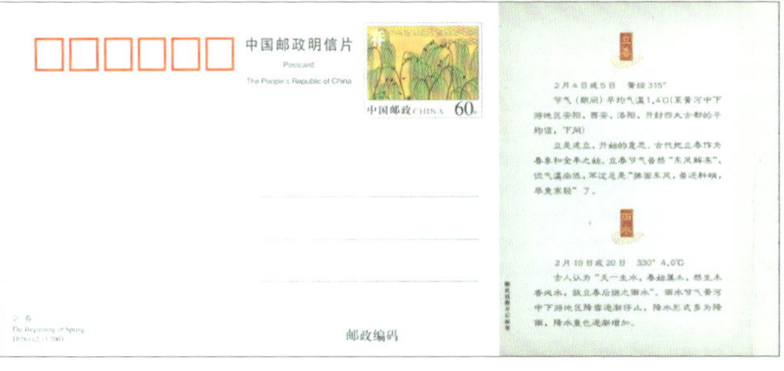

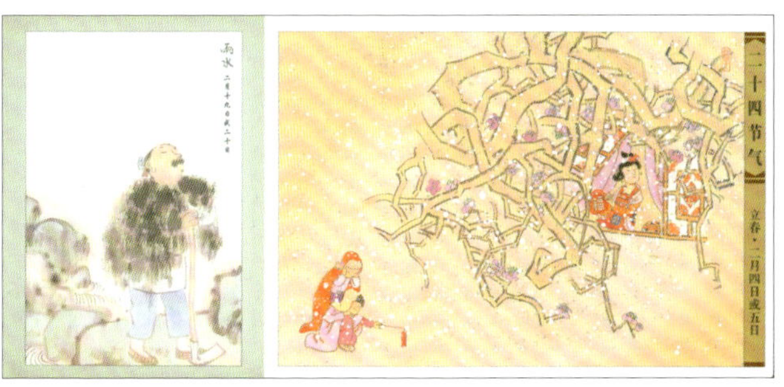

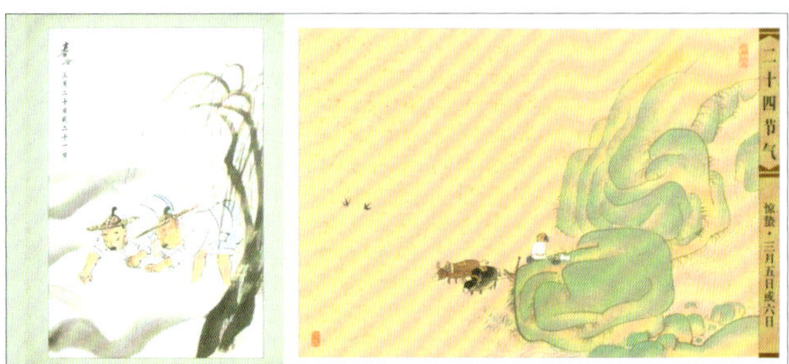

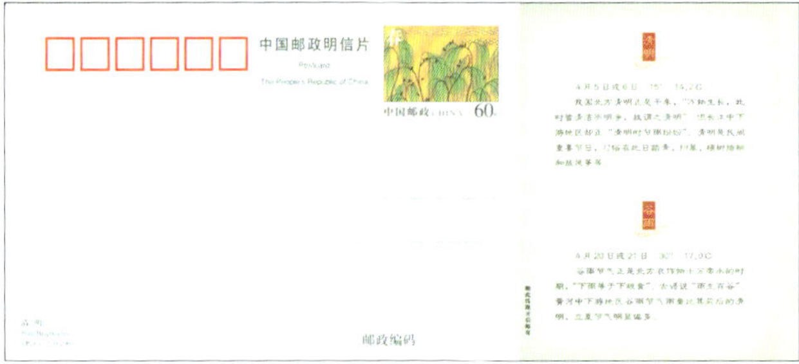

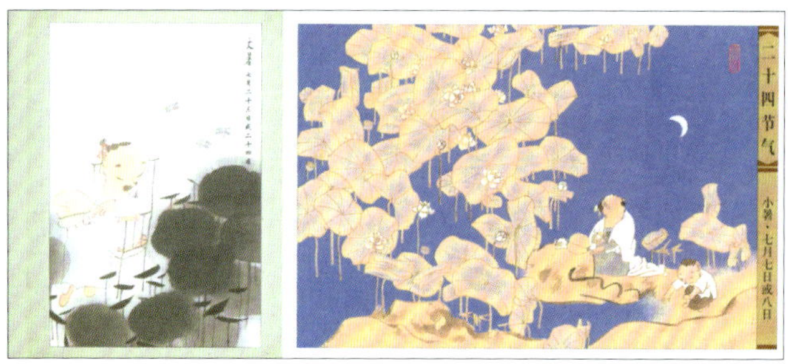

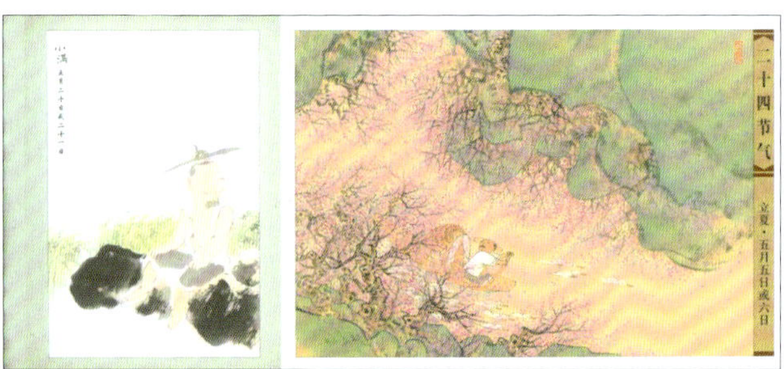

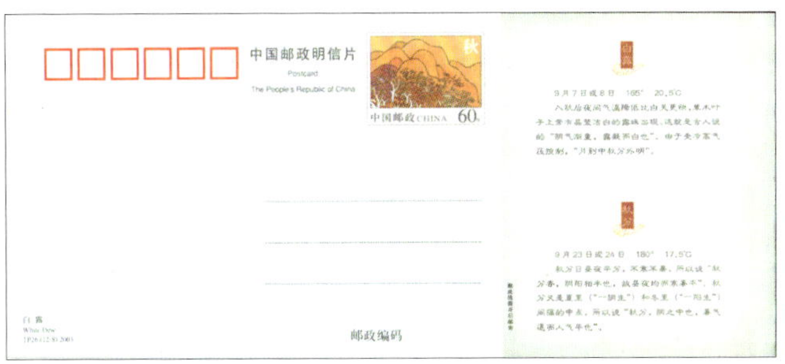

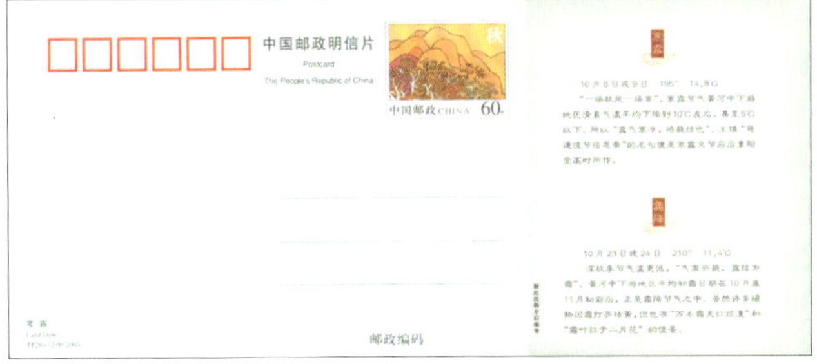

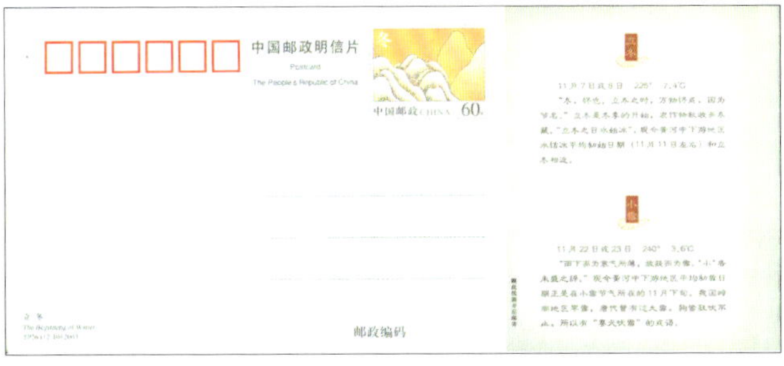

本册式封底

序号	面值（分）	售价（元）	发行量（万套）	市场参考价格（元）
全套	720	14.40	20	170.00

版别：胶版
设计者：王虎鸣
绘画：刘金贵
撰文：林之光
责任编辑：刘继鸿
印制厂：北京邮票厂

TP27 （B）丹东风光

TP27 （B）Scenery of Dandong

2003 年 9 月 11 日发行

全套 8 枚（本册式）

明信片邮票规格： 35mm × 28mm

明信片规格： 148mm × 100mm

本册式外形规格： 230mm × 100mm

8-1 60 分 鸭绿江大桥

8-2 60 分 虎山长城

8-3 60 分 江城市树

8-4 60 分 水丰湖

8-5 60 分 江畔公园

8-6 60 分 大鹿岛

8-7 60 分 五龙山

8-8 60 分 凤凰山

本册式封面

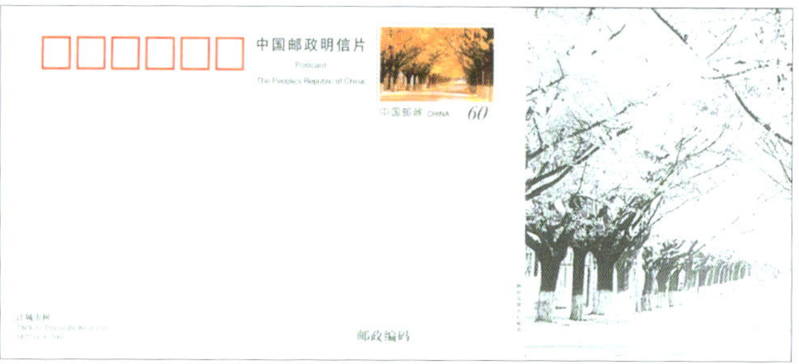

本册式封底

序号	面值（分）	售价（元）	发行量（万套）	市场参考价格（元）
全套	480	9.60	50	28.00

版别：胶版

设计者：任国恩

摄影者：毕严伟、康永哲、林文、王德杰、王廷文、于本华

责任编辑：陈宜思

印制厂：北京邮票厂

TP28 傅抱石作品——东山丝竹
TP28 Works by Fu Baoshi:Music Leisure at Dongshan

2004 年 10 月 5 日发行

全套 1 枚

明信片邮票规格： 28mm × 28mm

明信片规格： 148mm × 100mm

1-1 60 分 傅抱石作品——东山丝竹

序号	面值（分）	售价（元）	发行量（万枚）	市场参考价格（元）
1-1	60	0.85	380	12.00

版别：胶版

防伪方式：防伪油墨、微缩文字

设计者：丁蕾

责任编辑：陈宜思

印制厂：北京鸿纳邮品股份有限公司

TP29 南开学校旧址
TP29 Site of Nankai School

2004 年 10 月 17 日发行

全套 1 枚

明信片邮票规格： 30mm × 25mm

明信片规格： 148mm × 100mm

1-1 60 分 南开学校旧址

序号	面值（分）	售价（元）	发行量（万枚）	市场参考价格（元）
1-1	60	0.85	300	15.00

版别：胶版

防伪方式：防伪油墨、微缩文字

设计者：齐镇宇

责任编辑：佟立英

印制厂：北京邮票厂

TP30 革命烈士诗抄
TP30 Poems by Revolutionary Martyrs

2005 年 5 月 4 日发行

全套 8 枚

明信片邮票规格：26mm × 26mm

明信片规格：165mm × 115mm

8-1 60 分 杨超《就义诗》

8-2 60 分 周文雍《绝笔诗》

8-3 60 分 夏明翰《就义诗》

8-4 60 分 吉鸿昌《就义诗》

8-5 60 分 刘伯坚《带镣行》

8-6 60 分 赵一曼《滨江述怀》

8-7 60 分 陈然《我的"自白书"》

8-8 60 分 何敬平《把牢底坐穿》

封套

序号	面值（分）	售价（元）	发行量（万套）	市场参考价格（元）
全套	480	8.00	71.5	16.00

版别：胶版

防伪方式：防伪油墨、微缩文字

设计者：郝旭东

摄影者：佚名

责任编辑：秦巍

印制厂：北京邮票厂

TP31 （B）中国船舶

TP31 （B）China's Shipbuilding

2005 年 6 月 3 日发行

全套 8 枚（本册式）

明信片邮票规格： 35mm × 30mm

明信片规格： 148mm × 100mm

本册式外形规格： 230mm × 100mm

8-1 60 分 万吨远洋货轮“东风”号

8-2 60 分 远洋航天测量船“远望 3”号

8-3 60 分 新型导弹驱逐舰“青岛”号

8-4 60 分 全铝自控高速水翼船“南星”号

8-5 60 分 大型液化气船“金星航海者”号

8-6 60 分 5668 箱集装箱船“新浦东”号

8-7 60 分 1600 米车道客滚船“格特兰”号

8-8 60 分 海上浮式生产储油轮“海洋石油 111”号

本册式封面

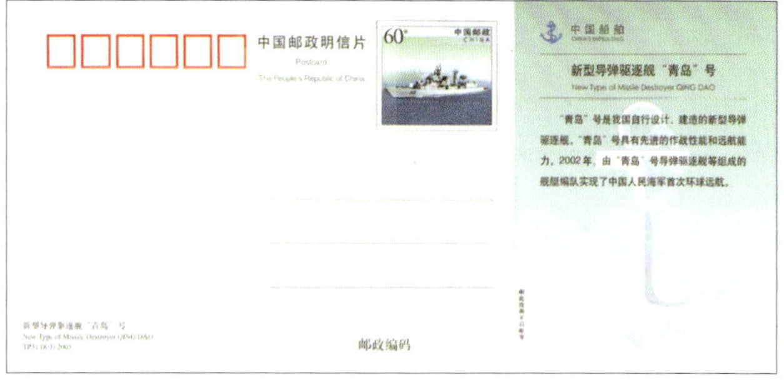

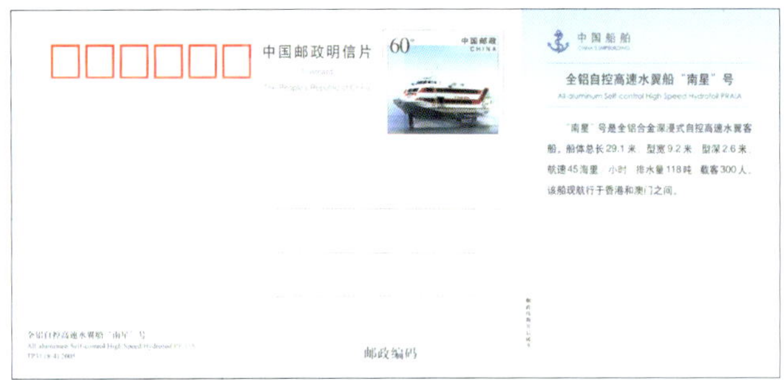

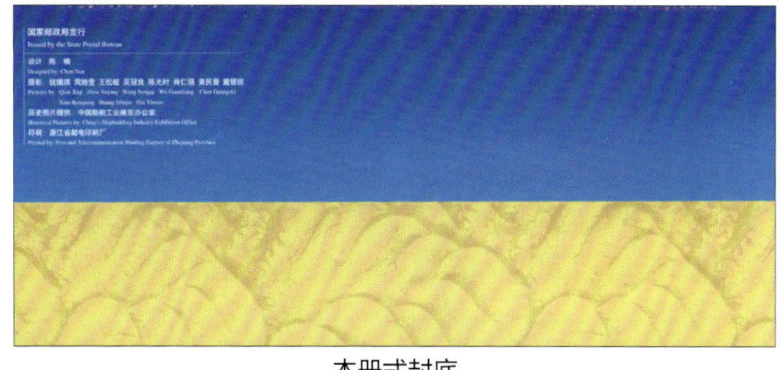

本册式封底

序号	面值（分）	售价（元）	发行量（万套）	市场参考价格（元）
全套	480	9.60	74	35.00

版别：胶版

防伪方式：防伪油墨、微缩文字

设计者：陈楠

摄影者：钱锡琪、周旭莹、王松岐、吴冠良、陈光时、肖仁强、黄民晋、戴银锁

历史图片提供：中国船舶工业展览办公室

责任编辑：佟立英

印制厂：浙江省邮电印刷厂

TP32 （B）五大连池

TP32 （B）Wudalianchi

2007 年 7 月 25 日发行

全套 10 枚（本册式）

明信片邮票规格： 35mm × 30mm

明信片规格： 148mm × 100mm

本册式外形规格： 230mm × 100mm

10-1 80 分 火山地貌

10-2 80 分 山巅火口

10-3 80 分 火山弹

10-4 80 分 三池朝霞

10-5 80 分 火山年轮

10-6 80 分 八卦湖

10-7 80 分 卧龙潭

10-8 80 分 药泉瀑布

10-9 80 分 石龙台地

10-10 80 分 火山冬青

本册式封面

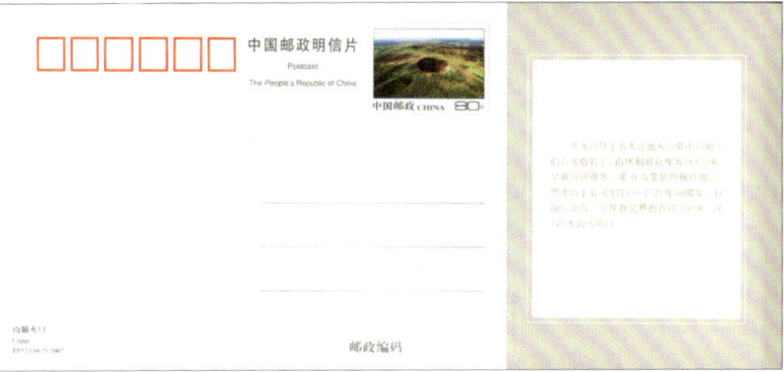

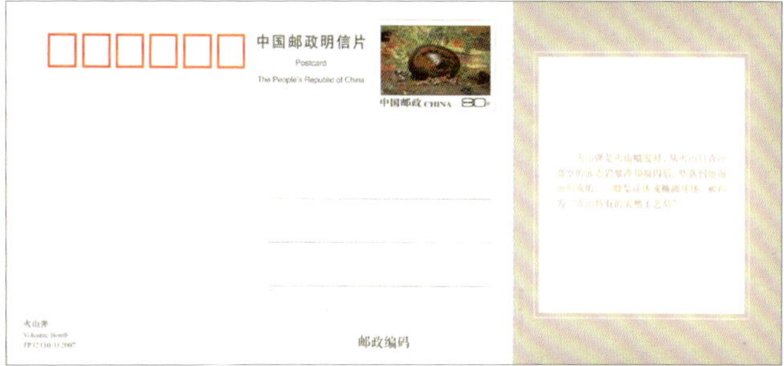

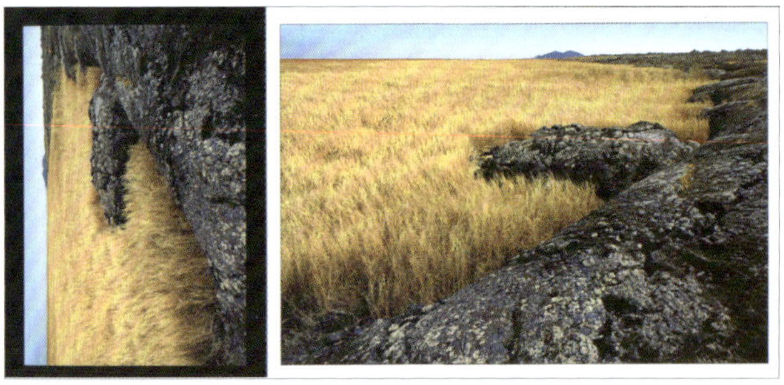

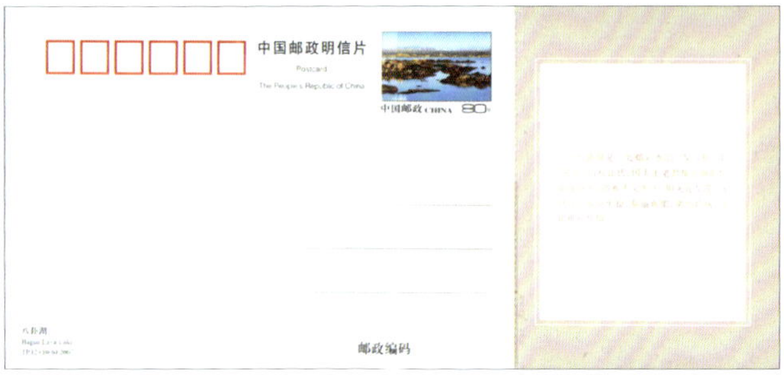
中国邮政明信片
邮政编码

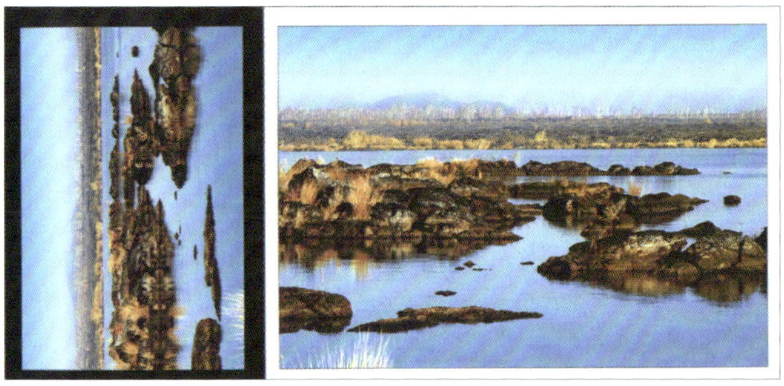

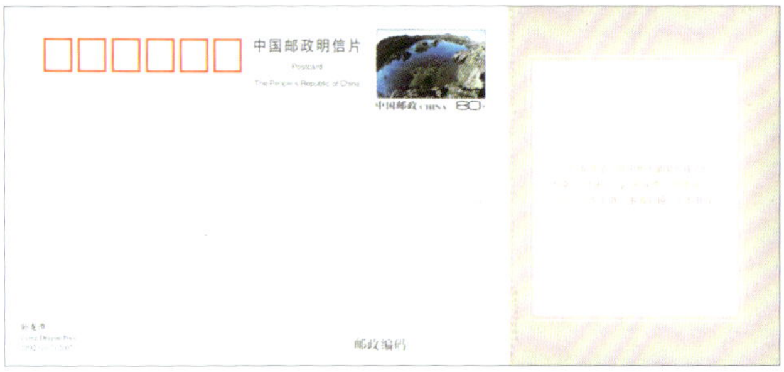
中国邮政明信片
邮政编码

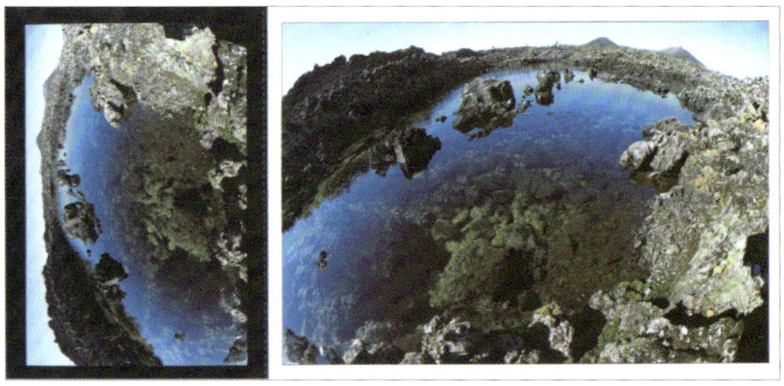

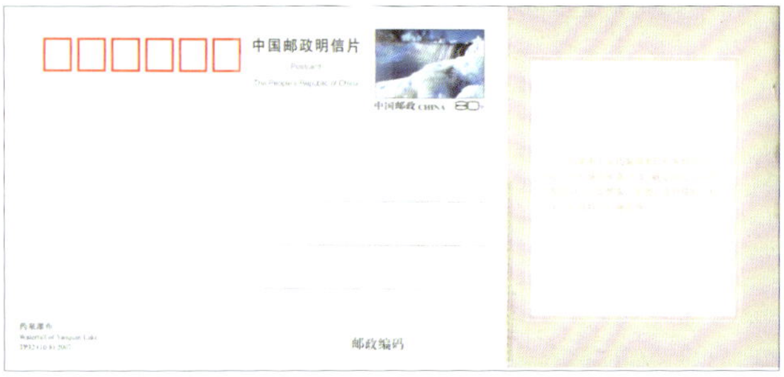
中国邮政明信片
邮政编码

中国邮政明信片
邮政编码

中国邮政明信片
邮政编码

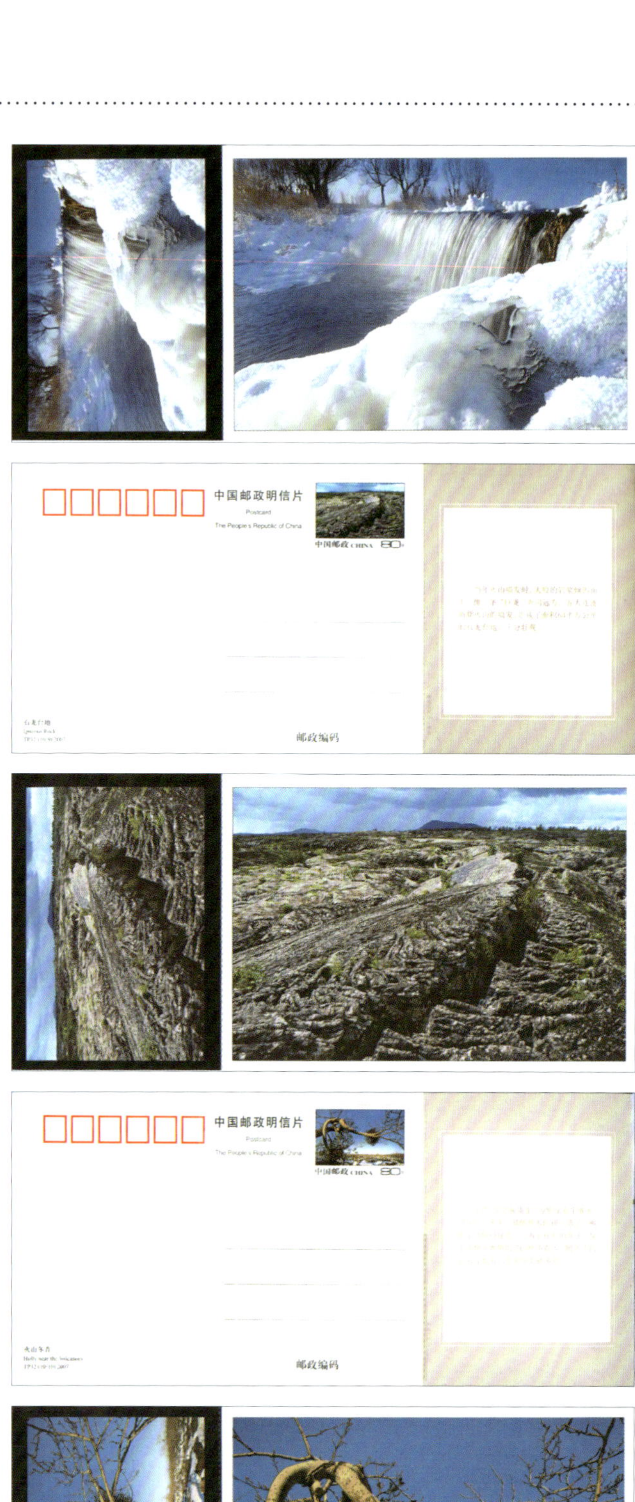

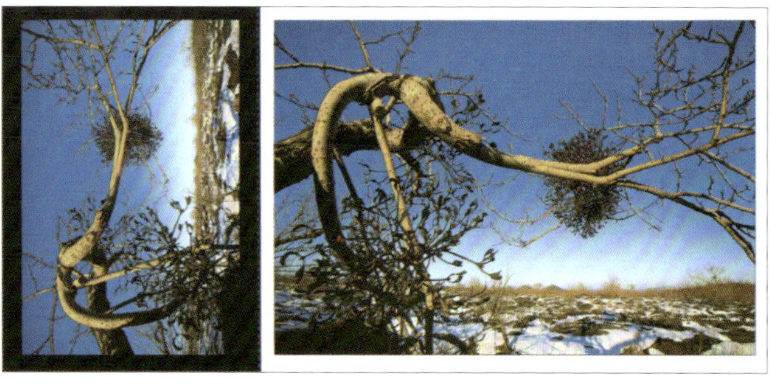

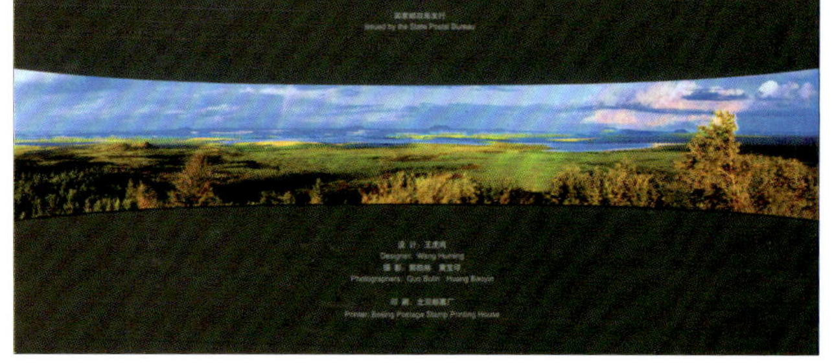

本册式封底

序号	面值（分）	售价（元）	发行量（万套）	市场参考价格（元）
全套	800	14.00	56	20.00

版别：胶版

防伪方式：防伪油墨、微缩文字

设计者：王虎鸣

摄影者：郭柏林、黄宝印

责任编辑：史渊

印制厂：北京邮票厂

TP33 迪庆风情
TP33 Scenes of Diqing

2007 年 9 月 13 日发行

全套 4 枚

明信片邮票规格： 30mm × 25mm

明信片规格： 148mm × 100mm

4-1 80 分 噶丹·松赞林寺

4-2 80 分 纳帕海

4-3 80 分 白马雪山

4-4 80 分 傈僳山寨

封套

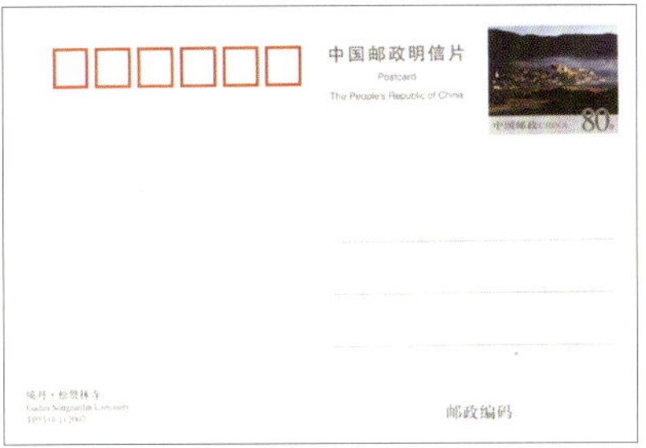

序号	面值（分）	售价（元）	发行量（万套）	市场参考价格（元）
全套	320	4.40	65	20.00

版别：胶版

防伪方式：防伪油墨、微缩文字

设计者：任国恩

摄影者：李东红、罗锦辉

责任编辑：佟立英

印制厂：河南省邮电印刷厂

TP34 武隆喀斯特
TP34 Wulong Karst

2008 年 6 月 27 日发行

全 5 枚

明信片邮票规格：（5-1、 5-2、 5-5） 30mm × 25mm、（5-3、 5-4） 25mm × 30mm

明信片规格： 148mm × 100mm

5-1 80 分 芙蓉洞

5-2 80 分 天生三桥·天龙桥

5-3 80 分 天生三桥·青龙桥

5-4 80 分 天生三桥·黑龙桥

5-5 80 分 后坪天坑

封套

序号	面值（分）	售价（元）	发行量（万套）	市场参考价格（元）
全套	400	5.50	30	20.00

版别：胶版

防伪方式：防伪油墨、微缩文字

设计者：任国恩、李群

摄影者：朱学稔、张小伙、任国恩、陈伟海、杨绍全（封套）

责任编辑：陈宜思

印制厂：北京邮票厂

TP35 抗美援朝纪念馆

TP35 Memorial Hall of War to Resist U.S. Aggression and Aid Korea

2008 年 7 月 27 日发行

全套 1 枚

明信片邮票规格： 30mm × 22mm

明信片规格： 148mm × 100mm

1-1 80 分 抗美援朝纪念馆

序号	面值（分）	售价（元）	发行量（万枚）	市场参考价格（元）
全套	80	1.00	50	20.00

版别：胶版

防伪方式：防伪油墨、微缩文字

设计者：郝欧

责任编辑：王静

印制厂：辽宁省沈阳邮电印刷厂

TP36 户县农民画

TP36 Huxian Farmer Painting

2008 年 9 月 28 日发行

全套 4 枚

明信片邮票规格：（4-1、4-3） 33mm × 24mm、（4-2、4-4） 24mm × 33mm

明信片规格： 148mm × 100mm

4-1 80 分 红高粱

4-2 80 分 轻风细雨

4-3 80 分 晒辣子

4-4 80 分 绿色家园

封套图案：吉日

封套

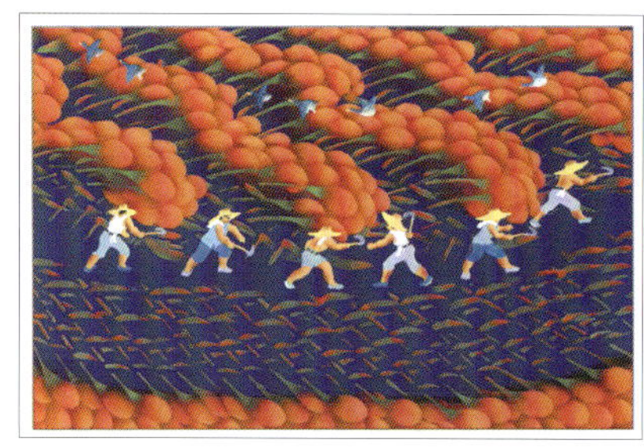

序号	面值（分）	售价（元）	发行量（万套）	市场参考价格（元）
全套	320	4.40	20	150.00

版别：胶版

防伪方式：防伪油墨、微缩文字

设计者：李群

原画作者：张选正、朱丹红、雒志俭、潘晓玲、王文吉

责任编辑：佟立英

印制厂：北京邮票厂

TP37 （B）古镇碛口

TP37 （B）Ancient Qikou Town

2008 年 11 月 10 日发行

全套 8 枚（本册式）

明信片邮票规格： 35mm × 26mm

明信片规格： 148mm × 100mm

本册式外形规格： 230mm × 100mm

8-1 80 分 碛口远眺

8-2 80 分 街道

8-3 80 分 黑龙庙

8-4 80 分 古码头

8-5 80 分 西湾村

8-6 80 分 李家山村

8-7 80 分 白家山村

8-8 80 分 孙家沟村

本册式封面

本册式封底

序号	面值（分）	售价（元）	发行量（万套）	市场参考价格（元）
全套	640	28.00	30	75.00

版别：胶版

设计者：阎炳武、李庆发

摄影者：李群、高荣明、吕刚、郝大山、苗龙

雕刻者：阎炳武、董琪

责任编辑：佟立英

印制厂：北京邮票厂

TP38 徐悲鸿作品选

TP38 Selected Paintings of Xu Beihong

2015 年 12 月 13 日发行

全套 4 枚

明信片邮票规格：（4-1、4-3）34mm × 24mm、（4-2、4-4） 24mm × 34mm

明信片规格： 148mm × 100mm

4-1 80 分 田横五百士

4-2 80 分 群马

4-3 80 分 愚公移山

4-4 80 分 负伤之狮

封套

序号	面值（分）	售价（元）	发行量（万套）	市场参考价格（元）
全套	320	4.40	120	25.00

版别：胶版

防伪方式：防伪油墨、微缩文字

设计者：马立航

责任编辑：杨志英

印制厂：北京邮票厂

注：这是流水编号首次出现在特种邮资明信片的封面上。

TP39 美好新海南

TP39 Beautiful New Hainan

2018 年 4 月 13 日发行

全套 4 枚

明信片邮票规格： 34mm × 24mm

明信片规格： 148mm × 100mm

4-1 80 分 五指山

4-2 80 分 三亚国际免税城

4-3 80 分 环岛高铁

4-4 80 分 文昌航天发射场

封套图案：南天一柱

封套

序号	面值（分）	售价（元）	发行量（万套）	市场参考价格（元）
全套	320	4.40	32	15.00

版别：胶版

防伪方式：防伪油墨、微缩文字

设计者：马立航

摄影者：游必生、朱高兴、陈泽锋、王凯、宋国强

资料提供：中共海南省委宣传部

责任编辑：于止戈

印制厂：北京邮票厂

TP40 可可西里

TP40 HOH XIL

2019 年 8 月 20 日发行

全套 6 枚

明信片邮票规格： 35mm × 20mm

明信片规格： 148mm × 100mm

6-1 80 分 冰川

6-2 80 分 河流

6-3 80 分 湖泊

6-4 80 分 草甸

6-5 80 分 动物

6-6 80 分 植被

封套图案：可可西里

封套

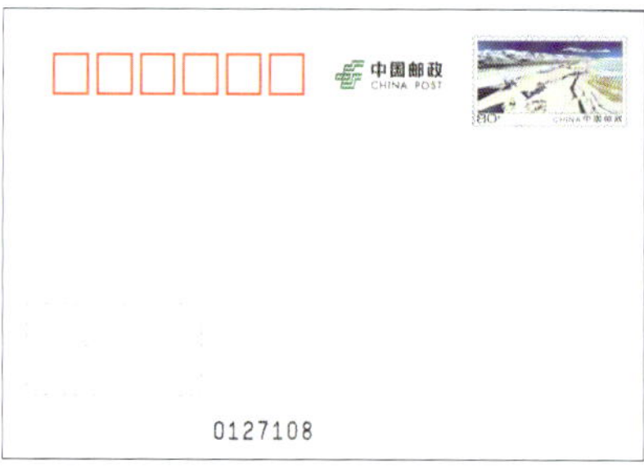

A 组、B 组背面

B 组

封套

序号	面值（分）	售价（元）	发行量（万套）	市场参考价格（元）
A组	40	1.50	80	15.00
B组	1300	14.00	15	80.00

版别：彩色胶版

设计者：任国恩

摄影者：任国恩、蒋光意、胡旭宁、魏桂宁、莫文兴、王梦祥、黄志强

印制厂：北京邮票厂

注：A组印有邮政编码框，B组左上角印有蓝色航空标签。

YP7 四川风光

YP7 Sichuan Scenery

1989年4月28日发行

分A、B两组

A组国内邮资 面值4分 全套10枚

B组国际航空邮资 面值1.30元 全套10枚

明信片邮票规格：（10-1、10-2）23mm×35.5mm、（10-3、10-4、10-5、10-6、10-7、10-8、10-9、10-10）33mm×26mm

明信片规格：148mm×100mm

10-1 乐山大佛

10-2 长江三峡

10-3 峨眉山云海

10-4 大足石刻

10-5 九寨飞瀑

10-6 黄龙秋色

10-7 海螺沟贡嘎雪峰

10-8 岷山之巅

10-9 红原风光

10-10 二郎山雪景

A组封套图案：海螺沟贡嘎雪峰

B组封套图案：海螺沟贡嘎雪峰

A组

封套

B 组

四川风光
国际航空
邮资明信片
Landscapes of Sichuan Pre-stamped Postcards

封套

航 空
PAR AVION
中国人民邮政明信片
Postcard
People's Republic of China

航 空
PAR AVION
中国人民邮政明信片
Postcard
People's Republic of China

航 空
PAR AVION
中国人民邮政明信片
Postcard
People's Republic of China

A 组、B 组背面

序号	面值（分）	售价（元）	发行量（万套）	市场参考价格（元）
A 组	40	1.50	85.78	10.00
B 组	1300	14.00	15.16	40.00

版别：彩色胶版

设计者：任国恩

摄影者：任国恩、彭小岷、王达军、牛东

印制厂：北京邮票厂

注：A 组印有邮政编码框，B 组左上角印有蓝色航空标签。

YP8 广东风光

YP8 Guangdong Scenery

1990 年 10 月 9 日发行

分 A、B 两组

A 组国内邮资 面值 15 分 全套 10 枚

B 组国际航空邮资 面值 1.60 元 全套 10 枚

明信片邮票规格：（10-1、10-10）23mm×35.5mm、（10-2、10-3、10-4、10-5、10-6、10-7、10-8、10-9）34mm×26mm

明信片规格：148mm×100mm

10-1 广州新貌

10-2 深圳远眺

10-3 珠海新姿

10-4 广东孙中山故居

10-5 广东肇庆七星岩

10-6 广东丹霞山日出

10-7 广东惠州西湖

10-8 广东梅州松口

10-9 广东汕头大学

10-10 广东新会水乡

A 组封套图案：广州海印大桥

B 组封套图案：广州海印大桥

A 组

封套

中国人民邮政
明信片

中国人民邮政
明信片

中国人民邮政
明信片

B 组

廣东
国际航空
邮资明信片
GUANGDONG POSTCARDS

封套

航 空
PAR AVION
中国人民邮政明信片
Postcard
People's Republic of China

航 空
PAR AVION
中国人民邮政明信片
Postcard
People's Republic of China

航 空
PAR AVION
中国人民邮政明信片
Postcard
People's Republic of China

航 空
PAR AVION
中国人民邮政明信片
Postcard
People's Republic of China

航 空
PAR AVION
中国人民邮政明信片
Postcard
People's Republic of China

航 空
PAR AVION
中国人民邮政明信片
Postcard
People's Republic of China

A 组、B 组背面

序号	面值（分）	售价（元）	发行量（万枚）	市场参考价格（元）
10-1	15	0.35	107.504	
10-2	15	0.35	100.284	
10-3	15	0.35	81.284	
10-4	15	0.35	100.284	
10-5	15	0.35	100.284	
10-6	15	0.35	108.284	
10-7	15	0.35	75.284	
10-8	15	0.35	75.284	
10-9	15	0.35	75.284	
10-10	15	0.35	75.284	
A 组	150	3.50	899.06	10.00

序号	面值（元）	售价（元）	发行量（万枚）	市场参考价格（元）
10-1	1.60	1.80	34.076	
10-2	1.60	1.80	44.076	
10-3	1.60	1.80	14.076	
10-4	1.60	1.80	45.796	
10-5	1.60	1.80	14.076	
10-6	1.60	1.80	44.076	
10-7	1.60	1.80	14.076	
10-8	1.60	1.80	14.076	
10-9	1.60	1.80	14.076	
10-10	1.60	1.80	14.076	
B 组	16.00	18.00	252.48	40.00

版别：彩色胶版

设计者：任国恩

摄影者：任国恩、周灿、黄日友、何煌友、周学勤、梁演错、何华景、何异能、黄容光

印制厂：佛山粤中印刷厂

注：A 组印有邮政编码框，B 组左上角印有蓝色航空标签。

YP9 海南风光
YP9 Hainan Scenery

1991 年 4 月 13 日发行

分 A、B 两组

A 组国内邮资 面值 15 分 全套 10 枚

B 组国际航空邮资 面值 1.60 元 全套 10 枚

明信片邮票规格：35mm × 28mm

明信片规格：148mm × 100mm

10-1 五指山

10-2 海口新貌

10-3 东郊椰林

10-4 兴隆度假村

10-5 黎寨风情

10-6 东坡书院

10-7 鹿回头

10-8 天涯海角

10-9 西沙石岛

10-10 南沙永署礁（应为“南沙永暑礁”）

A 组封套图案：东郊椰林

B 组封套图案：东郊椰林

A 组

封套

中国人民邮政
明信片

中国人民邮政
明信片

中国人民邮政
明信片

中国人民邮政
明信片

B组

海南风光
Landscapes of Hainan Pre-stamped Postcards
国际航空
邮资明信片

封套

航 空
PAR AVION
中国人民邮政明信片
Postcard
People's Republic of China

航 空
PAR AVION
中国人民邮政明信片
Postcard
People's Republic of China

A组、B组背面

序号	面值（分）	售价（元）	发行量（万套）	市场参考价格（元）
A组	150	3.30	40.002	15.00
B组	1600	17.80	10.002	55.00

版别：彩色胶版

设计者：任国恩

摄影者：任国恩、李靖、杨茵

印制厂：北京邮票厂

注：A组印有邮政编码框，B组左上角印有蓝色航空标签。

YP10 天津风光

YP10 Tianjin Scenery

1991年10月9日发行

分A、B两组

A组国内邮资 面值15分 全套10枚

B组国际航空邮资 面值1.60元 全套10枚

明信片邮票规格：（10-1、10-2、10-4、10-5、10-6、10-8、10-9、10-10）35mm×28mm、（10-3、10-7）25mm×38mm

明信片规格：148mm×100mm

10-1 水上公园

10-2 南市食品街

10-3 古文化街

10-4 蓟县盘山

10-5 黄崖关长城

10-6 蓟县独乐寺

10-7 电视塔

10-8 天津站

10-9 塘沽新港

10-10 蝶式立交桥

A组封套图案：天津站

B组封套图案：天津站

A组

封套

中国人民邮政
明信片

中国人民邮政
明信片

中国人民邮政
明信片

中国人民邮政
明信片

中国人民邮政
明信片

中国人民邮政
明信片

B组

天津
国际航空
邮资明信片
Scenes in Tianjin — Prestamped Postcards

封套

航 空
PAR AVION
中国人民邮政明信片
Postcard
People's Republic of China

A组、B组背面

序号	面值（分）	售价（元）	发行量（万枚）	市场参考价格（元）
10-1	15	0.33	50.65	
10-2	15	0.33	50.65	
10-3	15	0.33	50.65	
10-4	15	0.33	50.65	
10-5	15	0.33	53.95	
10-6	15	0.33	52.65	
10-7	15	0.33	50.65	
10-8	15	0.33	53.95	
10-9	15	0.33	53.75	
10-10	15	0.33	50.65	
A 组	150	3.30	518.2	10.00

序号	面值（元）	售价（元）	发行量（万套）	市场参考价格（元）
B 组	16.00	17.80	10.26	50.00

版别：彩色胶版

设计者：任国恩

摄影者：董岩青、支柱、袁选民、袁文斌、张朝玺、周元禧、任国恩

印制厂：北京邮票厂

注：A 组印有邮政编码框，B 组左上角印有蓝色航空标签。

YP11 西藏风光
YP11 Tibet Scenery

1992 年 7 月 1 日发行

分 A、B 两组

A 组国内邮资 面值 15 分 全套 10 枚

B 组国际航空邮资 面值 1.60 元 全套 10 枚

明信片邮票规格：35mm × 28mm

明信片规格：148mm × 100mm

10-1 布达拉宫

10-2 大昭寺金顶

10-3 扎什伦布寺

10-4 江孜白居寺

10-5 萨迦寺

10-6 阿里古格王国遗址

10-7 拉萨河畔

10-8 珠穆朗玛峰

10-9 南迦邦瓦峰

10-10 那曲节日帐篷城

A 组封套图案：珠穆朗玛峰

B 组封套图案：布达拉宫

A 组

封套

中国邮政明信片

中国邮政明信片

航 空 PAR AVION 中国邮政明信片 Postcard the People's Republic of China

中国邮政明信片

中国邮政明信片

航 空 PAR AVION 中国邮政明信片 Postcard the People's Republic of China

中国邮政明信片

中国邮政明信片

航 空 PAR AVION 中国邮政明信片 Postcard the People's Republic of China

中国邮政明信片

B 组

封套

航 空 PAR AVION 中国邮政明信片 Postcard the People's Republic of China

中国邮政明信片

航 空 PAR AVION 中国邮政明信片 Postcard the People's Republic of China

中国邮政明信片

航 空 PAR AVION 中国邮政明信片 Postcard the People's Republic of China

航 空 PAR AVION 中国邮政明信片 Postcard the People's Republic of China

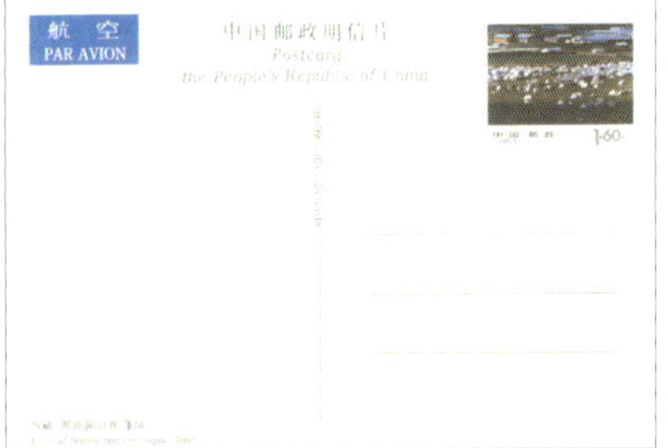

A组、B组背面

序号	面值（分）	售价（元）	发行量（万套）	市场参考价格（元）
A组	150	3.30	32.68	35.00
B组	1600	17.80	8.3	240.00

版别：彩色胶版

设计者：任国恩

摄影者：梁子、罗浩、扎西次登、于云天、任国恩

印制厂：深圳粤海旭日印刷包装有限公司

注：A组印有邮政编码框，B组左上角印有蓝色航空标签，铭记为“中国邮政明信片”。

YP12 杭州西湖风光

YP12 Scenery of West Lake in Hangzhou

1994年4月1日发行

分A、B两组

A组国内邮资 面值15分 全套10枚

B组国际航空邮资 面值1.60元 全套10枚

明信片邮票规格：（10-1、10-3、10-4、10-5、10-6、10-7、10-9）35mm × 28mm、（10-2、10-8、10-10）28mm × 35mm

明信片规格：148mm × 100mm

10-1 西湖春色

10-2 瀛州夏曲

10-3 平湖秋月

10-4 断桥残雪

10-5 六合远眺

10-6 三潭印月

10-7 曲院风荷

10-8 花港观鱼

10-9 云林禅寺

10-10 宝俶流霞

A组封套图案：西湖春色

B组封套图案：云栖竹径

A组

封套

B 组

封套

A组、B组背面

序号	面值（分）	售价（元）	发行量（万套）	市场参考价格（元）
A组	150	4.00	100	10.00
B组	1600	18.50	15	40.00

版别：彩色胶版

设计者：赵玉华

摄影者：张克庆、王雷德、徐彬

印制厂：深圳石化旭日印刷包装有限公司

注：A组印有邮政编码框，B组左上角印有蓝色航空标签。

YP13 甘肃风光

YP13 Gansu Scenery

1994 年 2 月 1 日发行

分 A、 B 两组

A 组国内邮资 面值 15 分 全套 10 枚

B 组国际航空邮资 面值 1.60 元 全套 10 枚

明信片邮票规格： 35mm × 28mm

明信片规格： 148mm × 100mm

10-1 嘉峪关

10-2 麦积山烟云

10-3 黄河

10-4 拉卜楞寺

10-5 敦煌莫高窟

10-6 鸣沙山

10-7 兰州黄河铁桥

10-8 武威雷台

10-9 丝路烽燧

10-10 祁连山

A 组封套图案： 嘉峪关

B 组封套图案： 嘉峪关

A 组

封套

B 组

封套

A组、B组背面

序号	面值（分）	售价（元）	发行量（万套）	市场参考价格（元）
A组	150	4.00	60.02	10.00
B组	1600	18.50	10.00	70.00

版别：彩色胶版

设计者：任国恩

摄影者：任国恩、常垦、张润国、张润秀、金长旭、宋宝山、梁宝毓

印制厂：广东省高明县彩色印刷厂

注：A组印有邮政编码框，B组左上角印有蓝色航空标签。

YP14 庐山风光
YP14 Lushan Scenery

1994年8月21日发行

分A、B两组

A组国内邮资 面值15分 全套10枚

B组国际航空邮资 面值1.60元 全套10枚

明信片邮票规格：（10-1、10-2、10-3、

10-5、10-6、10-8、10-9、10-10）

35mm×29mm、（10-4、10-7）

25mm×40mm

明信片规格：148mm×100mm

10-1 牯岭

10-2 含鄱口

10-3 五老峰

10-4 三叠泉

10-5 如琴湖

10-6 庐山日出

10-7 龙首崖

10-8 花径

10-9 锦绣谷

10-10 天桥

A 组封套图案：含鄱口

B 组封套图案：含鄱口

A 组

封套

B 组

封套

A组、B组背面

序号	面值（分）	售价（元）	发行量（万套）	市场参考价格（元）
A组	150	4.00	100.017	10.00
B组	1600	18.50	25.058	40.00

版别：彩色胶版

设计者：任国恩
摄影者：庐山摄影工作者集体创作
印制厂：深圳当纳利旭日印刷有限公司
注：A 组印有邮政编码框，B 组左上角印有蓝色航空标签。

YP15 黄山风光
YP15 Huangshan Scenery

1994 年 9 月 10 日发行
分 A、B 两组
A 组国内邮资 面值 15 分 全套 10 枚
B 组国际航空邮资 面值 1.60 元 全套 10 枚
明信片邮票规格：（10-1、10-2、10-3、10-4、10-5）35mm × 28mm、（10-6、10-7、10-8、10-9、10-10）25mm × 38mm
明信片规格：148mm × 100mm
10-1 黄山观云
10-2 黄山飞来石
10-3 黄山北海宾馆
10-4 黄山石猴观海
10-5 黄山落日送客
10-6 黄山群山青松
10-7 黄山天上玉屏
10-8 黄山雪松
10-9 黄山万壑松云
10-10 黄山仙女峰
A 组封套图案：黄山日出
B 组封套图案：黄山日出

A 组

封套

B 组

封套

A 组、B 组背面

序号	面值（分）	售价（元）	发行量（万套）	市场参考价格（元）
A 组	150	4.00	100	10.00
B 组	1600	18.50	20	35.00

版别：彩色胶版

设计者：任国恩

摄影者：袁廉民、郑昌嶷、陆开蒂、王天宝

印制厂：深圳当纳利旭日印刷有限公司

注：A 组印有邮政编码框，B 组左上角印有蓝色航空标签。

YP16 湖北风光
YP16 Hubei Scenery

1994 年 11 月 4 日发行

分 A、 B 两组

A 组国内邮资 面值 15 分 全套 10 枚

B 组国际航空邮资 面值 2.30 元 全套 10 枚

明信片邮票规格：（10-1、10-2、10-3、10-4、10-6、10-8、10-9、10-10）35mm × 28mm、（10-5、10-7）28mm × 35mm

明信片规格：148mm × 100mm

10-1 黄鹤楼

10-2 武昌辛亥革命起义纪念馆

10-3 长江三峡——西陵峡

10-4 长江葛洲坝水利枢纽全景

10-5 荆州古城

10-6 神农架风光

10-7 武当山雪景

10-8 古隆中

10-9 屈原祠

10-10 蒲圻赤壁

A 组封套图案：黄鹤楼

B 组封套图案：黄鹤楼

A 组

封套

B 组

封套

A组、B组背面

序号	面值（分）	售价（元）	发行量（万枚）	市场参考价格（元）
10-1	15	0.40	65	
10-2	15	0.40	65	
10-3	15	0.40	75	
10-4	15	0.40	75	
10-5	15	0.40	60	
10-6	15	0.40	55	
10-7	15	0.40	60	
10-8	15	0.40	65	
10-9	15	0.40	55	
10-10	15	0.40	55	
A 组	150	4.00	630	10.00

序号	面值（元）	售价（元）	发行量（万套）	市场参考价格（元）
B 组	23.00	25.50	15	35.00

版别：彩色胶版

设计者：任国恩

摄影者：黄克勤、李福堂、张晓军、李靖、党国先、黄河、任国恩

题字：梁清章

印制厂：深圳当纳利旭日印刷有限公司

注：A 组印有邮政编码框，B 组左上角印有蓝色航空标签。

FP 系列风光邮资明信片(FP)
FP Series Landscape Stamped Postcards (FP)

FP1 河北风光
FP1 Hebei Scenery

1995 年 5 月 18 日发行
分 A、 B 两组
A 组国内邮资 面值 15 分 全套 10 枚
B 组国际航空邮资 面值 230 分 全套 10 枚
明信片邮票规格：（10-1、10-2、10-3、10-4、10-5、10-6、10-7、10-8）35mm × 28mm、（10-9、10-10）28mm × 34mm
明信片规格： 148mm × 100mm
10-1 赵州安济桥
10-2 山海关老龙头
10-3 天下第一关
10-4 赵武灵丛台
10-5 清东陵
10-6 避暑山庄
10-7 鸽子窝
10-8 北戴河海滩
10-9 邯郸娲皇宫
10-10 白洋淀
A 组封套图案： 承德磬锤峰
B 组封套图案： 承德磬锤峰

A 组

封套

B 组

封套

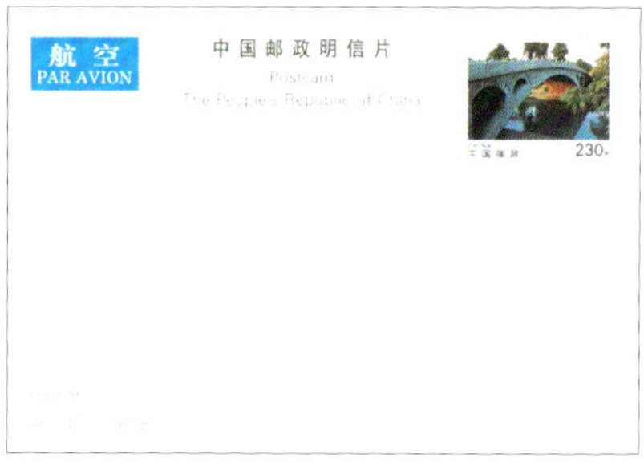

A 组、B 组背面

序号	面值（分）	售价（元）	发行量（万套）	市场参考价格（元）
A 组	150	4.00	50.60	10.00
B 组	2300	25.50	10.05	40.00

版别：彩色胶版

设计者：赵玉华

摄影者：李英杰、刘棋云、孙忠、张治明、罗大伟、陈克寅、解志茹、孙长根

印制厂：深圳当纳利旭日印刷有限公司

注：A 组印有邮政编码框，B 组左上角印有蓝色航空标签。

FP2 云南风光
FP2 Yunnan Scenery

1997 年 2 月 20 日发行

分 A、B 两组

A 组国内邮资 面值 40 分 全套 10 枚

B 组国际航空邮资 面值 420 分 全套 10 枚

明信片邮票规格：（10-1、10-2、10-7、10-8）28mm × 34mm、（10-3、10-4、10-5、10-6、10-9、10-10）35mm × 28mm

明信片规格：148mm × 100mm

10-1 路南石林
10-2 大理三塔
10-3 元阳梯田
10-4 宜良九乡溶洞
10-5 腾冲火山热海
10-6 元谋土林
10-7 曼飞龙佛塔
10-8 西双版纳
10-9 长江第一湾
10-10 玉龙雪山

A 组封套图案：西山滇池

B 组封套图案：路南石林

A 组

封套

B 组

封套

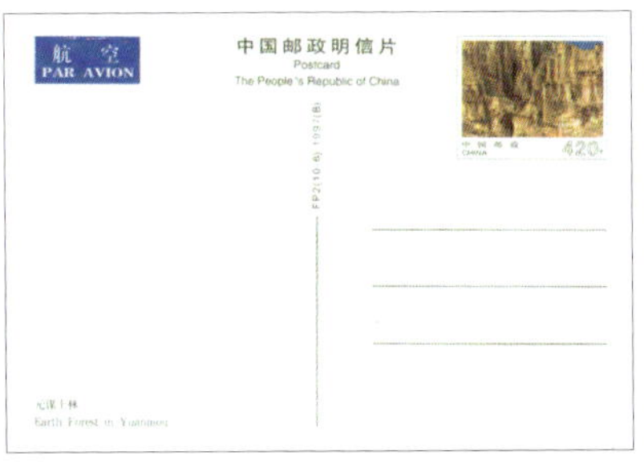

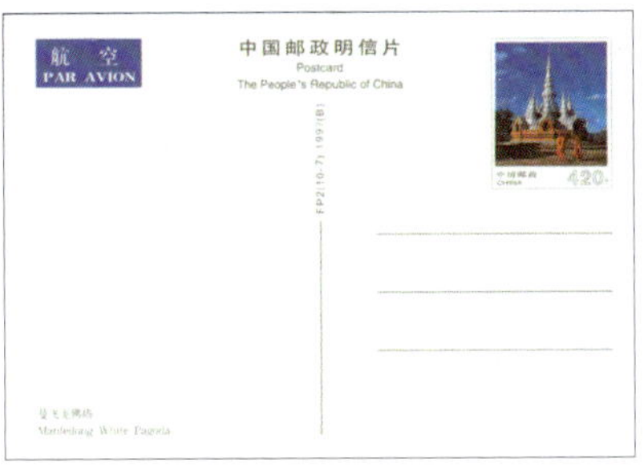

A 组、B 组背面

序号	面值（分）	售价（元）	发行量（万套）	市场参考价格（元）
A 组	400	7.00	75	10.00
B 组	4200	45.00	10	45.00

版别：彩色胶版

设计者：王虎鸣

摄影者：吴有诚、刘建明、王虎鸣、和慧军、段心民

印制厂：深圳当纳利旭日印刷有限公司

注：A 组印有邮政编码框，B 组左上角印有蓝色航空标签。

FP3 江苏风光

FP3 Jiangsu Scenery

1997 年 5 月 8 日发行

分 A、B 两组

A 组国内邮资 面值 40 分 全套 10 枚

B 组国际航空邮资 面值 420 分 全套 10 枚

明信片邮票规格：35mm × 28mm

明信片规格：148mm × 100mm

10-1 夫子庙

10-2 周庄

10-3 太湖

10-4 焦山

10-5 知音舫

10-6 连云港港口

10-7 麋鹿保护区

10-8 扬州瘦西湖

10-9 洪泽湖

10-10 狼山

A 组封套图案：A 型：中山陵

B 型：徐州水上世界

B 组封套图案：石像路

A 组

A 型封套

B 型封套

中国邮政明信片
中国邮政 40分
邮政编码

B 组

邮资明信片
JIANG SU SCENERY
PRE-STAMPED POST CARDS

封套

航空
PAR AVION
中国邮政明信片
Postcard
The People's Republic of China
中国邮政 420分

航空
PAR AVION
中国邮政明信片
Postcard
The People's Republic of China
中国邮政 420分

航空
PAR AVION
中国邮政明信片
Postcard
The People's Republic of China
中国邮政 420分

航空
PAR AVION
中国邮政明信片
Postcard
The People's Republic of China
中国邮政 420分

航空
PAR AVION
中国邮政明信片
Postcard
The People's Republic of China
中国邮政 420分

航空
PAR AVION
中国邮政明信片
Postcard
The People's Republic of China
中国邮政 420分

航空
PAR AVION
中国邮政明信片
Postcard
The People's Republic of China
中国邮政 420分

A 组、B 组背面

序号	面值（分）	售价（元）	发行量（万枚）	市场参考价格（元）
10-1	40	0.70	113.47	
10-2	40	0.70	105.97	
10-3	40	0.70	118.97	
10-4	40	0.70	111.97	
10-5	40	0.70	104.97	
10-6	40	0.70	99.02	
10-7	40	0.70	98.07	
10-8	40	0.70	102.97	
10-9	40	0.70	95.77	
10-10	40	0.70	95.47	
A组A型	400	7.00	1046.65	10.00
A组B型	400	7.00		200.00

序号	面值（分）	售价（元）	发行量（万套）	市场参考价格（元）
B组	4200	45.00	15.61	40.00

版别：彩色胶版

设计者：一子

摄影者：刘大健、张维君、陈许、茅永宽、桂宝林、纪因

印制厂：深圳当纳利旭日印刷有限公司

注：A组印有邮政编码框，B组左上角印有蓝色航空标签。

FP4 山西风光
FP4 Shanxi Scenery

1997年6月8日发行

分A、B两组

A组国内邮资 面值40分 全套10枚

B组国际航空邮资 面值420分 全套10枚

明信片邮票规格：35mm × 28mm

明信片规格：148mm × 100mm

10-1 五台山

10-2 黄河壶口瀑布

10-3 云冈石窟（第20窟）

10-4 恒山悬空寺

10-5 太原永祚寺（双塔）

10-6 运城解州关帝庙

10-7 庞泉沟

10-8 灵空山油松

10-9 藏山

10-10 北武当山

A组封套图案：五台山

B组封套图案：黄河壶口瀑布

A组

封套

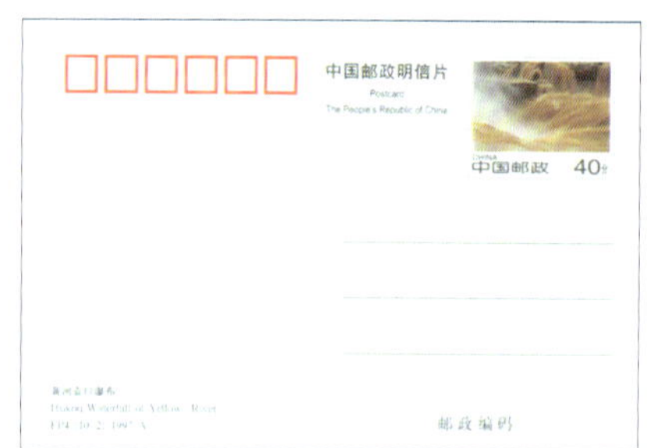

中国邮政明信片
中国邮政 40分
邮政编码

中国邮政明信片
中国邮政 40分
邮政编码

中国邮政明信片
中国邮政 40分
邮政编码

B 组

山西风光
邮资明信片
SHAN XI SCENERY
PRE-STAMPED POST CARDS

封套

航空
PAR AVION
中国邮政明信片
Postcard
The People's Republic of China
中国邮政 420分

航空
PAR AVION
中国邮政明信片
Postcard
The People's Republic of China
中国邮政 420分

航空
PAR AVION
中国邮政明信片
Postcard
The People's Republic of China
中国邮政 420分

航空
PAR AVION
中国邮政明信片
Postcard
The People's Republic of China
中国邮政 420分

航空
PAR AVION
中国邮政明信片
Postcard
The People's Republic of China
中国邮政 420分

航空
PAR AVION
中国邮政明信片
Postcard
The People's Republic of China
中国邮政 420分

A 组、B 组背面

序号	面值（分）	售价（元）	发行量（万枚）	市场参考价格（元）
10-1	40	0.70	116.86	
10-2	40	0.70	115.01	
10-3	40	0.70	114.66	
10-4	40	0.70	107.81	
10-5	40	0.70	106.71	
10-6	40	0.70	104.61	
10-7	40	0.70	95.56	
10-8	40	0.70	95.11	
10-9	40	0.70	92.71	
10-10	40	0.70	92.41	
A 组	400	7.00	1041.45	10.00

序号	面值（分）	售价（元）	发行量（万套）	市场参考价格（元）
B 组	4200	45.00	12	45.00

版别：彩色胶版

设计者：李群、阎炳武

摄影者：李群

印制厂：深圳当纳利旭日印刷有限公司

注：A 组印有邮政编码框，B 组左上角印有蓝色航空标签

FP5 新疆风光
FP5 Xinjiang Scenery

1997 年 10 月 16 日发行

分 A、B 两组

A 组国内邮资 面值 40 分 全套 10 枚

B 组国际航空邮资 面值 420 分 全套 10 枚

明信片邮票规格：35mm × 28mm

明信片规格：148mm × 100mm

10-1 哈纳斯湖

10-2 塔克拉玛干沙漠

10-3 开都河

10-4 吐鲁番火焰山

10-5 塔什库尔干石头城

10-6 高昌故城

10-7 帕米尔高原

10-8 克孜尔千佛洞

10-9 巴音布鲁克天鹅湖

10-10 伊犁河

A 组封套图案：天山天池

B 组封套图案：五彩湾

A 组

封套

B 组

封套

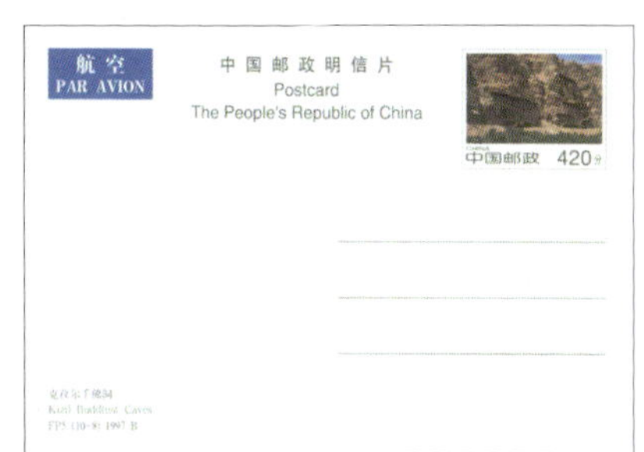

A 组、B 组背面

序号	面值（分）	售价（元）	发行量（万套）	市场参考价格（元）
A 组	400	7.00	122.91	10.00
B 组	4200	45.00	40.60	35.00

版别：彩色胶版

设计者：李德福

摄影者：赵君安、晏先、梁枫、张士英

印制厂：深圳当纳利旭日印刷有限公司

注：A 组印有邮政编码框，B 组左上角印有蓝色航空标签。

FP6 辽宁风光
FP6 Liaoning Scenery

1998 年 5 月 26 日发行

分 A、B 两组

A 组国内邮资 面值 40 分 全套 10 枚

B 组国际航空邮资 面值 420 分 全套 10 枚

明信片邮票规格：（10-1、10-2、10-3、10-4、10-5、10-6、10-7、10-8、10-9）35mm × 28mm、（10-10）28mm × 35mm

明信片规格：148mm × 100mm

10-1 沈阳故宫
10-2 沈阳北陵
10-3 大连市区
10-4 大连金石滩
10-5 千山
10-6 本溪水洞
10-7 鸭绿江大桥
10-8 虎山长城
10-9 锦州大笔架山
10-10 辽阳白塔

A 组封套图案：大连市区

B 组封套图案：千山

A 组

封套

中国邮政明信片
中国邮政 40分
邮政编码

中国邮政明信片
中国邮政 40分

中国邮政明信片
邮政编码

B组

辽宁风光
LIAONING SCENERY
PRE-STAMPED POSTCARDS

封套

航空
PAR AVION
中国邮政明信片
Postcard
The People's Republic of China
中国邮政 420分

航空
PAR AVION
中国邮政明信片
Postcard
The People's Republic of China
中国邮政 420分

航空
PAR AVION
中国邮政明信片
Postcard
The People's Republic of China
中国邮政 420分

A组、B组背面

序号	面值（分）	售价（元）	发行量（万枚）	市场参考价格（元）
10-1	40	0.70	127	
10-2	40	0.70	127	
10-3	40	0.70	124	
10-4	40	0.70	124	
10-5	40	0.70	123	
10-6	40	0.70	123.3	
10-7	40	0.70	123	
10-8	40	0.70	124	
10-9	40	0.70	122.5	
10-10	40	0.70	124	
A 组	400	7.00	1241.8	10.00

序号	面值（分）	售价（元）	发行量（万枚）	市场参考价格（元）
10-1	420	4.50	41	
10-2	420	4.50	41	
10-3	420	4.50	41	
10-4	420	4.50	41	
10-5	420	4.50	40.1	
10-6	420	4.50	40.7	
10-7	420	4.50	40.5	
10-8	420	4.50	40.5	
10-9	420	4.50	40.2	
10-10	420	4.50	40.5	
B 组	4200	45.00	406.5	35.00

版别：彩色胶版

设计者：一子

摄影者：高亚雄、曹新文、房恩吉、刘永久、田建华、闫峰、王立强、刘刚、宋玉祥

印制厂：浙江省邮电印刷厂

注：A 组印有邮政编码框，B 组左上角印有蓝色航空标签。中华人民共和国信息产业部发行。

FP7 武陵源风光

FP7 Wulingyuan Scenery

1998 年 7 月 30 日发行

分 A、B 两组

A 组国内邮资 面值 40 分 全套 10 枚

B 组国际航空邮资 面值 420 分 全套 10 枚

明信片邮票规格：35.5mm × 28mm

明信片规格：148mm × 100mm

10-1 南天门

10-2 御笔峰

10-3 武士驯马

10-4 仙女献花

10-5 卧龙岭

10-6 云卿台

10-7 天下第一桥

10-8 空中田园

10-9 金鞭溪

10-10 宝峰湖

A 组封套图案：黄石寨

B 组封套图案：南天门

A 组

封套

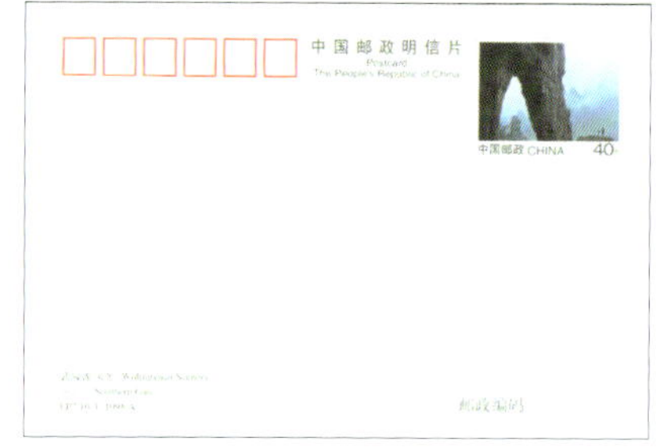

中国邮政明信片
Postcard
The People's Republic of China
中国邮政 CHINA 40分
邮政编码

中国邮政明信片
Postcard
The People's Republic of China
中国邮政 CHINA 40分
邮政编码

中国邮政明信片
Postcard
The People's Republic of China
中国邮政 CHINA 40分
邮政编码

中国邮政明信片
Postcard
The People's Republic of China
中国邮政 CHINA 40分
邮政编码

中国邮政明信片
Postcard
The People's Republic of China
中国邮政 CHINA 40分
邮政编码

中国邮政明信片
Postcard
The People's Republic of China
中国邮政 CHINA 40分
邮政编码

B 组

武陵源风光邮资明信片 WULINGYUAN SCENERY PRE-STAMPED POSTCARDS
国际航空
WuLing Yuan
World Nature Heritage
武陵源 世界自然遗产

封套

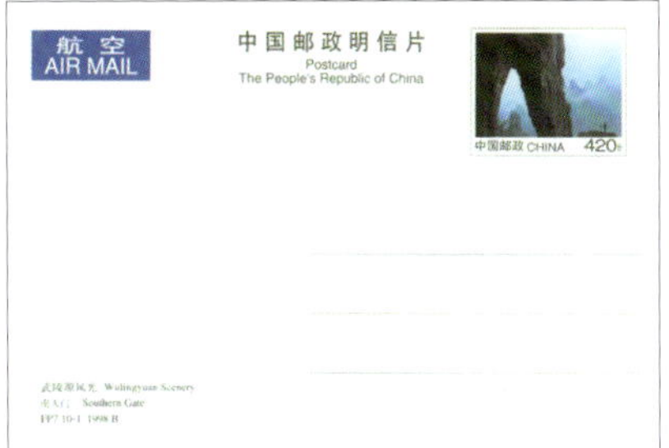
航空 AIR MAIL
中国邮政明信片
Postcard
The People's Republic of China
中国邮政 CHINA 420分

航空 AIR MAIL
中国邮政明信片
Postcard
The People's Republic of China
中国邮政 CHINA 420分

航空 AIR MAIL
中国邮政明信片
Postcard
The People's Republic of China
中国邮政 CHINA 420分

航空 AIR MAIL
中国邮政明信片
Postcard
The People's Republic of China
中国邮政 CHINA 420分

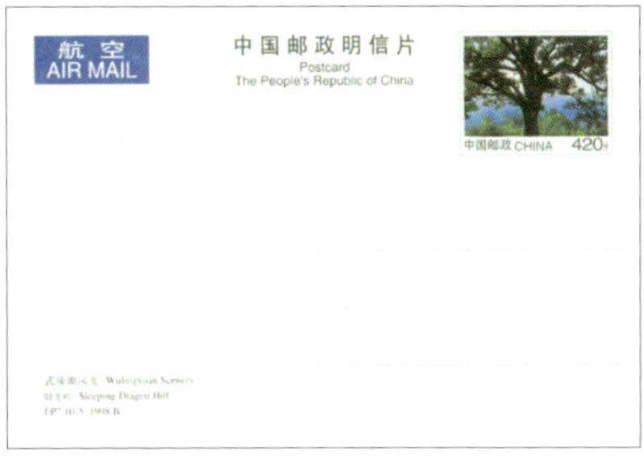
航空 AIR MAIL
中国邮政明信片
Postcard
The People's Republic of China
中国邮政 CHINA 420分

航空 AIR MAIL
中国邮政明信片
Postcard
The People's Republic of China
中国邮政 CHINA 420分

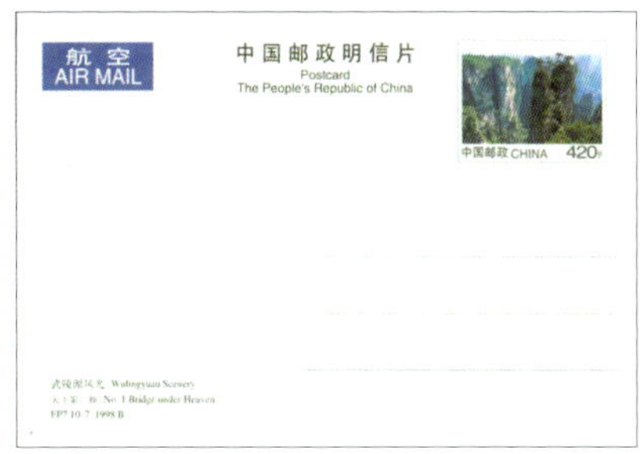
航空 AIR MAIL
中国邮政明信片
Postcard
The People's Republic of China
中国邮政 CHINA 420分

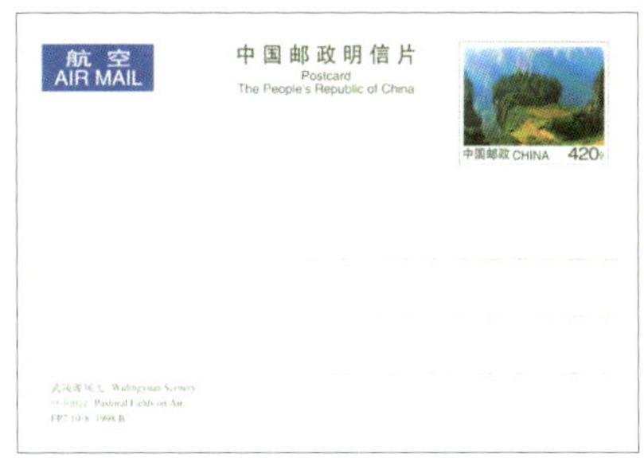
航空 AIR MAIL
中国邮政明信片
Postcard
The People's Republic of China
中国邮政 CHINA 420分

航空 AIR MAIL
中国邮政明信片
Postcard
The People's Republic of China
中国邮政 CHINA 420分

航空 AIR MAIL
中国邮政明信片
Postcard
The People's Republic of China
中国邮政 CHINA 420分

A 组、B 组背面

序号	面值（分）	售价（元）	发行量（万套）	市场参考价格（元）
A 组	400	7.00	115	10.00
B 组	4200	45.00	42	35.00

版别：彩色胶版

设计者：邵柏林

摄影者：邵柏林

印制厂：深圳当纳利旭日印刷有限公司

注：A 组印有邮政编码框，B 组左上角印有蓝色航空标签。中华人民共和国信息产业部发行。

FP8 贵州风光
FP8 Guizhou Scenery

1998 年 11 月 25 日发行

分 A、B 两组

A 组国内邮资 面值 40 分 全套 10 枚

B 组国际航空邮资 面值 420 分 全套 10 枚

明信片邮票规格：（10-1、10-7）28mm × 35mm、（10-2、10-3、10-4、10-5、10-6、10-8、10-9、10-10）35mm × 28mm

明信片规格：148mm × 100mm

10-1 黄果树瀑布

10-2 织金洞

10-3 龙宫

10-4 红枫湖

10-5 竹海公园

10-6 小七孔

10-7 梵净山

10-8 遵义会议会址

10-9 甲秀楼

10-10 青龙洞

A 组封套图案：黄果树瀑布

B 组封套图案：舞阳河

A 组

封套

B 组

封套

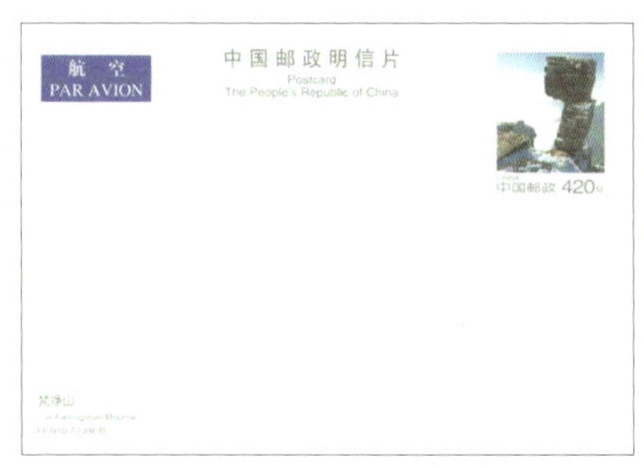

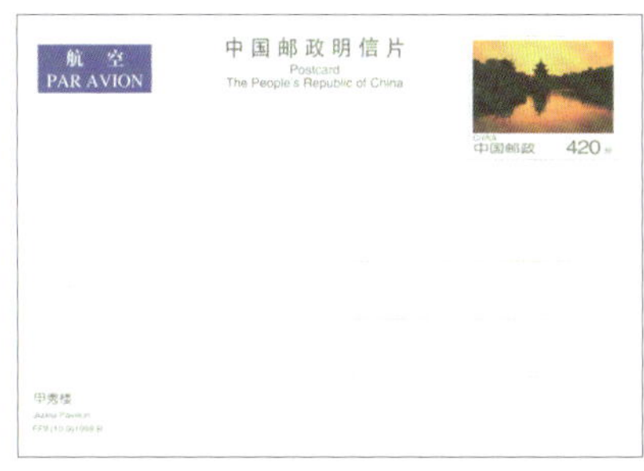

A组、B组背面

序号	面值（分）	售价（元）	发行量（万枚）	市场参考价格（元）
10-1	40	0.70	103.2	
10-2	40	0.70	93.2	
10-3	40	0.70	93.2	
10-4	40	0.70	103.2	
10-5	40	0.70	93.2	
10-6	40	0.70	93.2	
10-7	40	0.70	93.2	
10-8	40	0.70	103.2	
10-9	40	0.70	103.2	
10-10	40	0.70	93.2	
A组	400	7.00	972	10.00

序号	面值（分）	售价（元）	发行量（万套）	市场参考价格（元）
B组	4200	45.00	25.3	35.00

版别：彩色胶版

设计者：一子

摄影者：贺培铨、林安波、陈阵、叶新、傅以明

印制厂：深圳当纳利旭日印刷有限公司

注：A组印有邮政编码框，B组左上角印有蓝色航空标签。国家邮政局发行。《贵州风光》邮资明信片原定1998年11月25日发行，由于提前销售，被集邮者发现该片的编号为FP7，与1998年7月30日发行的编号FP7《武陵源风光》邮资明信片重号，于是报告到国家邮政局。国家邮政局随后决定收回这套重号为FP7的《贵州风光》邮资明信片，重新印制编号为FP8的《贵州风光》邮资明信片。

附录：FP7贵州风光（错片）。

错片A组

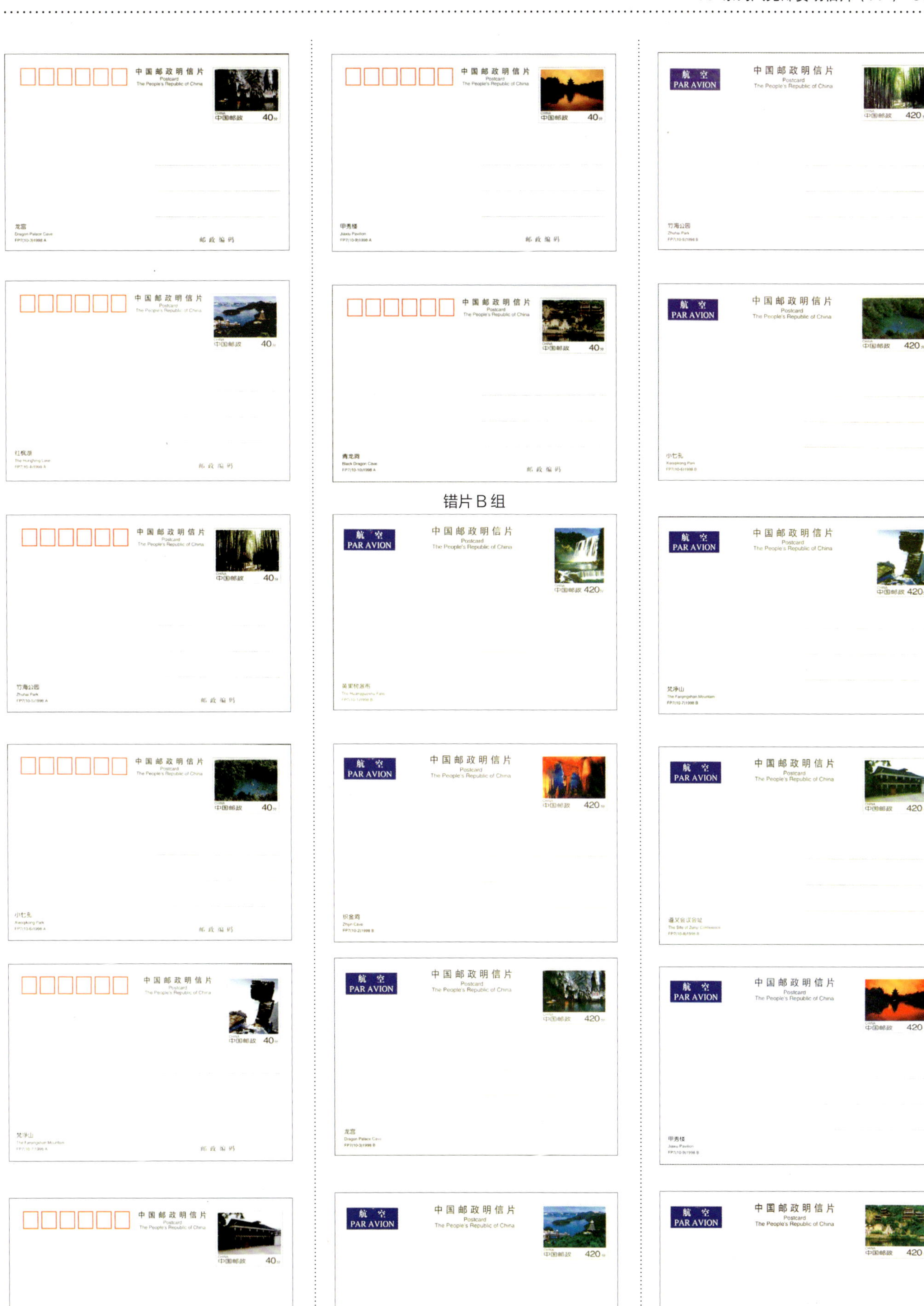

错片 B 组

序号	面值（分）	售价（元）	发行量（万套）	市场参考价格（元）
A 组	400	7.00	7274	3200.00
B 组	4200	45.00	1567	18000.00

FP9 福建风光
FP9 Fujian Scenery

1999 年 9 月 4 日发行
分 A、 B 两组
A 组国内邮资 面值 60 分 全套 10 枚
B 组国际航空邮资 面值 420 分 全套 10 枚
明信片邮票规格： 35mm × 28mm
明信片规格： 148mm × 100mm
10-1 千年古榕
10-2 鼓浪屿
10-3 太姥山
10-4 妈祖像
10-5 泉州东西塔
10-6 东山风动石
10-7 永定土楼
10-8 金湖大赤壁
10-9 武夷山玉女峰
10-10 石牌洋
A 组封套图案： 武夷山
B 组封套图案： 鼓浪屿

A 组

封套

B 组

封套

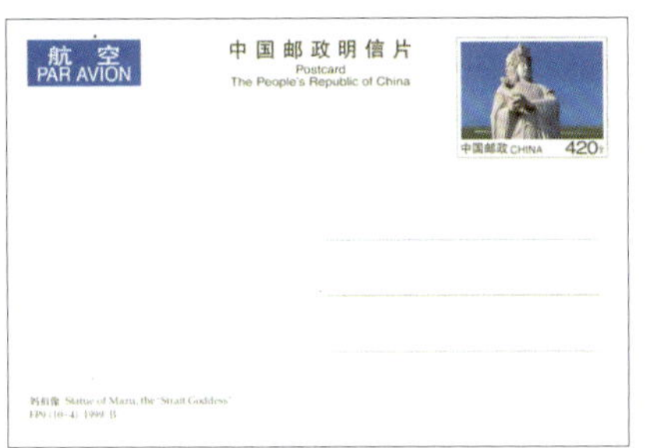

A 组、B 组背面

序号	面值（分）	售价（元）	发行量（万套）	市场参考价格（元）
A 组	600	9.00	142	10.00
B 组	4200	45.00	40	35.00

版别：彩色胶版

设计者：邵柏林

摄影者：邵柏林

印制厂：深圳当纳利旭日印刷有限公司

注：A 组印有邮政编码框，B 组左上角印有蓝色航空标签。

FP10 河南风光
FP10 Henan Scenery

1999 年 9 月 23 日发行
分 A、 B 两组
A 组国内邮资 面值 60 分 全套 10 枚
B 组国际航空邮资 面值 420 分 全套 10 枚
明信片邮票规格：（10-1、10-2、10-3、10-4、10-5、10-6、10-7、10-8、10-9）35mm × 28mm、（10-10）28mm × 35mm
明信片规格： 148mm × 100mm
10-1 嵩山
10-2 信阳鸡公山
10-3 淮阳太昊陵
10-4 南阳武侯祠
10-5 石人山
10-6 临颍小商桥
10-7 辉县百泉
10-8 巩义石窟
10-9 开封龙亭
10-10 红旗渠
A 组封套图案：郑州黄河游览区
B 组封套图案：龙门石窟

A 组

封套

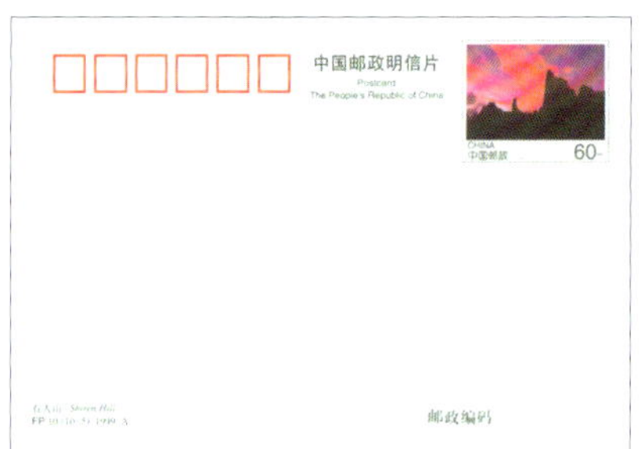

B 组

封套

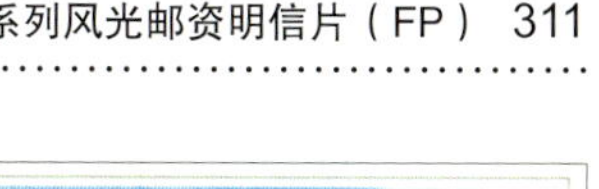

航 空
PAR AVION
中国邮政明信片
Postcard
The People's Republic of China
CHINA
中国邮政
420

航 空
PAR AVION
中国邮政明信片
Postcard
The People's Republic of China
420

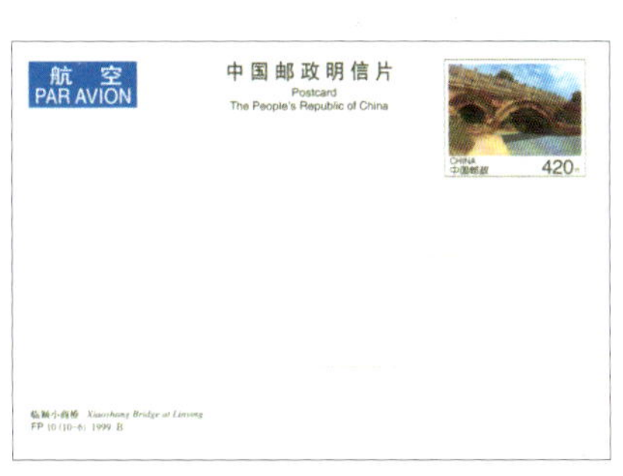
航 空
PAR AVION
中国邮政明信片
Postcard
The People's Republic of China
CHINA
中国邮政
420

航 空
PAR AVION
中国邮政明信片
Postcard
The People's Republic of China
420

航 空
PAR AVION
中国邮政明信片
Postcard
The People's Republic of China
420

航 空
PAR AVION
中国邮政明信片
Postcard
The People's Republic of China
CHINA
中国邮政
420

航 空
PAR AVION
中国邮政明信片
Postcard
The People's Republic of China
中国邮政
420

A组、B组背面

序号	面值（分）	售价（元）	发行量（万套）	市场参考价格（元）
A 组	600	9.00	120	10.00
B 组	4200	45.00	30	35.00

版别：彩色胶版
设计者：李群
摄影者：任国恩、李群、石文涛、李自省
印制厂：河南省邮电印刷厂
注：A 组印有邮政编码框，B 组左上角印有蓝色航空标签。

FP11 北京风光
FP11 Beijing Scenery

1999 年 11 月 28 日发行
分 A、B 两组
A 组国内邮资 面值 60 分 全套 10 枚
B 组国际航空邮资 面值 420 分 全套 10 枚
明信片邮票规格：35mm × 28mm
明信片规格：148mm × 100mm
10-1 天安门
10-2 人民大会堂
10-3 故宫博物院
10-4 八达岭长城
10-5 颐和园
10-6 天坛
10-7 北海
10-8 圆明园
10-9 香山碧云寺
10-10 景山
A 组封套图案：天安门
B 组封套图案：颐和园

A 组

封套

B 组

封套

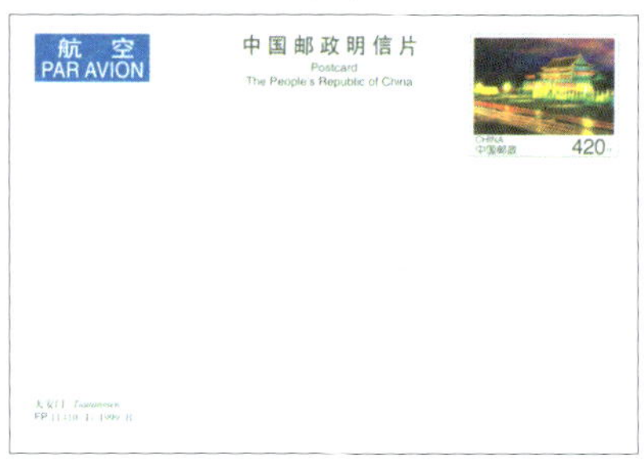

航 空
PAR AVION
中国邮政明信片
Postcard
The People's Republic of China
420
航 空
PAR AVION
中国邮政明信片
Postcard
The People's Republic of China
420

航 空
PAR AVION
中国邮政明信片
Postcard
The People's Republic of China
420

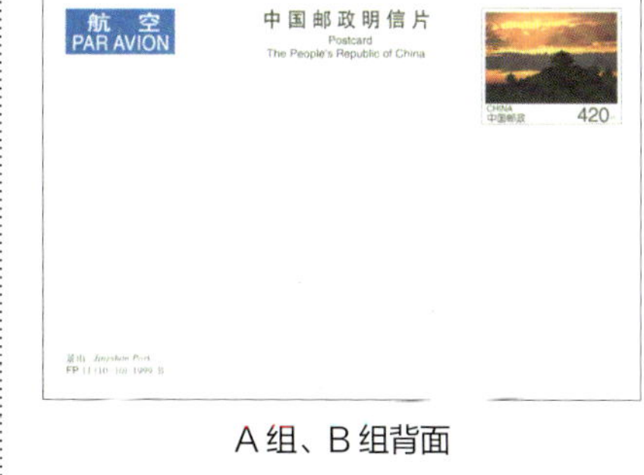
航 空
PAR AVION
中国邮政明信片
Postcard
The People's Republic of China
420

A组、B组背面

航 空
PAR AVION
中国邮政明信片
Postcard
The People's Republic of China
420

航 空
PAR AVION
中国邮政明信片
Postcard
The People's Republic of China
420

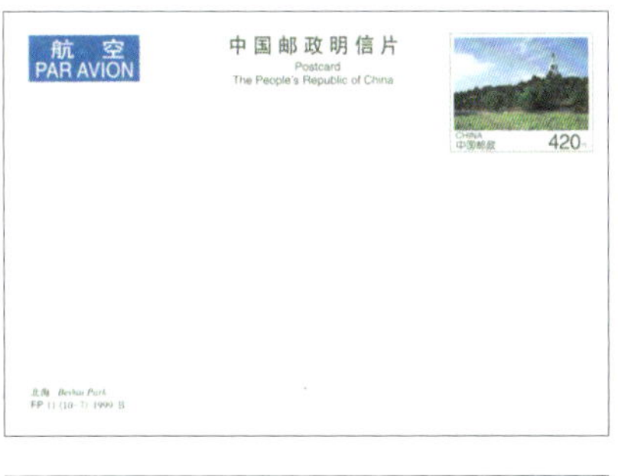
航 空
PAR AVION
中国邮政明信片
Postcard
The People's Republic of China
420

航 空
PAR AVION
中国邮政明信片
Postcard
The People's Republic of China
420

序号	面值（分）	售价（元）	发行量（万套）	市场参考价格（元）
A 组	600	9.00	203.3	10.00
B 组	4200	45.00	50.3	35.00

版别：彩色胶版

设计者：任国恩、高健生

摄影者：任国恩、高健生、于志新、陆顺平、吴弘

印制厂：深圳当纳利旭日印刷有限公司

注：A 组印有邮政编码框，B 组左上角印有蓝色航空标签。

FP12 安徽风光
FP12 Anhui Scenery

2000 年 4 月 22 日发行

分 A、B 两组

A 组国内邮资 面值 60 分 全套 10

B 组国际航空邮资 面值 4.20 元 全套 10 枚

明信片邮票规格：35mm × 28mm

明信片规格：148mm × 100mm

10-1 齐云山

10-2 醉翁亭

10-3 逍遥津

10-4 迎江寺振风塔

10-5 凤阳明皇陵

10-6 棠樾牌坊群

10-7 巢湖

10-8 采石矶

10-9 黟县宏村

10-10 亳州花戏楼

A 组封套图案：九华山

B 组封套图案：黄山

A 组

封套

B 组

封套

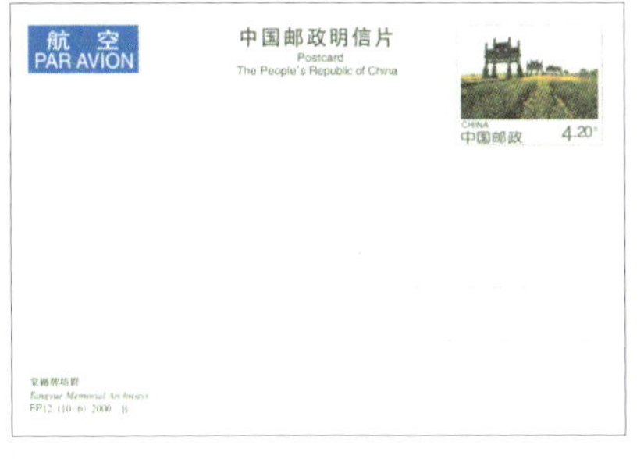

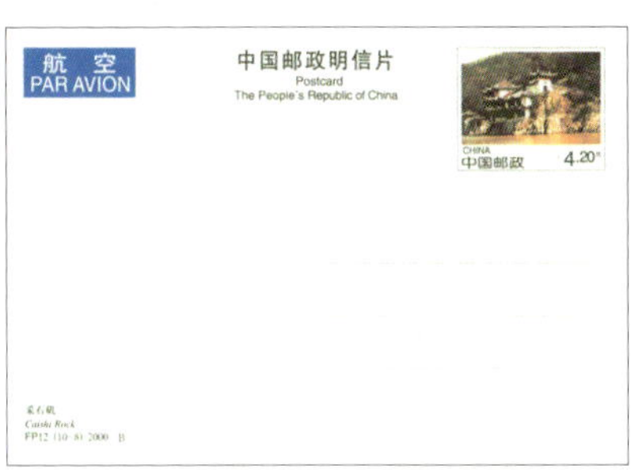

A 组、B 组背面

序号	面值（分）	售价（元）	发行量（万套）	市场参考价格（元）
A 组	600	9.00	95	10.00
B 组	4200	45.00	25	35.00

版别：彩色胶版

设计者：任国恩

摄影者：张恣宽、宣清泉、宋庆涛、杜百川、高腾龙、查若权、刘峰、何竟成、乐卫星、陆开蒂

印制厂：深圳当纳利旭日印刷有限公司

注：A 组印有邮政编码框，B 组左上角印有蓝色航空标签。

FP13 吉林风光
FP13 Jilin Scenery

2000 年 7 月 6 日发行

分 A、B 两组

A 组国内邮资 面值 60 分 全套 10 枚

B 组国际航空邮资 面值 4.20 元 全套 10 枚

明信片邮票规格：（10-1、10-2、10-3、10-4、10-5、10-6、10-7、10-8）35mm×28mm、（10-9、10-10）28mm×35mm

明信片规格：148mm×100mm

10-1 长白山天池

10-2 长白山远眺

10-3 长春文化广场

10-4 吉林雾凇

10-5 吉林松花湖

10-6 鸭绿江

10-7 龙山朝鲜族民俗村

10-8 向海鹤乡

10-9 农安辽塔

10-10 长白山瀑布

A 组封套图案：吉林雾凇

B 组封套图案：长白山天池

A 组

封套

B 组

封套

A 组、B 组背面

序号	面值（分）	售价（元）	发行量（万套）	市场参考价格（元）
A组	600	9.00	65	10.00
B组	4200	45.00	20	35.00

版别：彩色胶版
设计者：任国恩、李群
摄影者：郎琦、石永亭、李岛、高玉田、艾俊生
印制厂：深圳当纳利旭日印刷有限公司
注：A组印有邮政编码框，B组左上角印有蓝色航空标签。

FP14 重庆风光
FP14 Chongqing Scenery

2000年10月1日发行
分A、B两组
A组国内邮资 面值60分 全套10枚
B组国际航空邮资 面值4.20元 全套10枚
明信片邮票规格：（10-1、10-2、10-3、10-4、10-5、10-7、10-8、10-9）35mm×28mm、（10-6、10-10）28mm×35mm
明信片规格：148mm×100mm
10-1 山城夜色
10-2 红岩村革命纪念馆
10-3 大足石刻
10-4 合川钓鱼城
10-5 江津四面山
10-6 大宁河小三峡
10-7 忠县石宝寨
10-8 万盛石林
10-9 武隆芙蓉洞
10-10 龙潭古镇
A组封套图案：重庆市人民大会堂
B组封套图案：长江三峡

A组

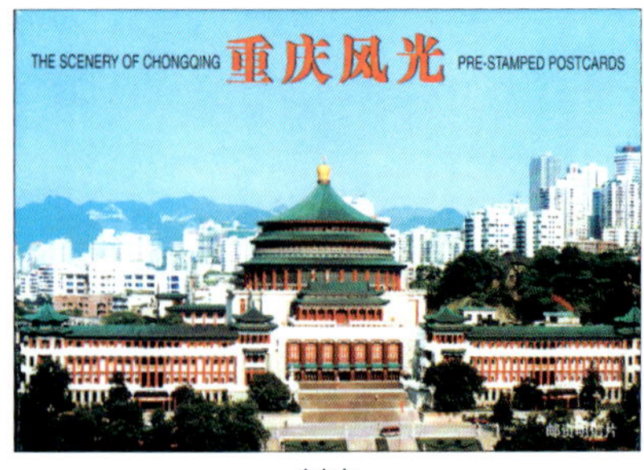

封套

B组

封套

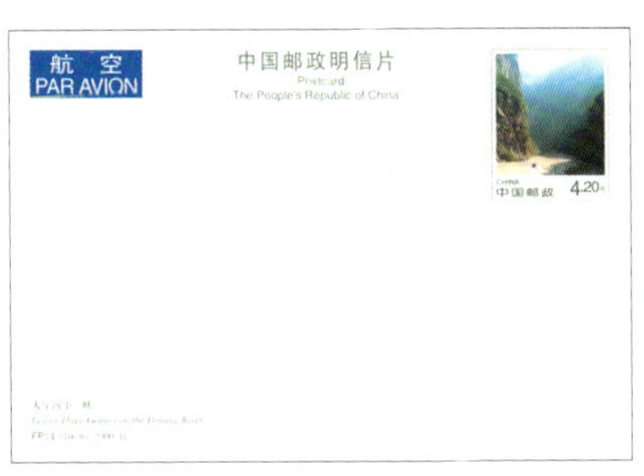

A 组、B 组背面

序号	面值（分）	售价（元）	发行量（万套）	市场参考价格（元）
A 组	600	9.00	80	15.00
B 组	4200	45.00	20	50.00

版别：彩色胶版

设计者：任国恩

摄影者：田捷民、杨绍全、孟学箴、秦仁伟

印制厂：河南省邮电印刷厂

注：A 组印有邮政编码框，B 组左上角印有蓝色航空标签。

FP15 江西风光

FP15 Jiangxi Scenery

2001 年 7 月 1 日发行

分 A、B 两组

A 组国内邮资 面值 60 分 全套 10 枚

B 组国际航空邮资 面值 4.20 元 全套 10 枚

明信片邮票规格：35mm × 25mm

明信片规格：148mm × 100mm

10-1 千里赣江

10-2 庐山瑞雪

10-3 龙潭秋色

10-4 茨坪晨曦

10-5 井冈春竹

10-6 女神杜鹃

10-7 龙虎山情

10-8 流坑古宅

10-9 仙女湖畔

10-10 鄱湖唱晚

A 组封套图案：滕王高阁

B 组封套图案：雾绕三清

A 组

封套

B 组

封套

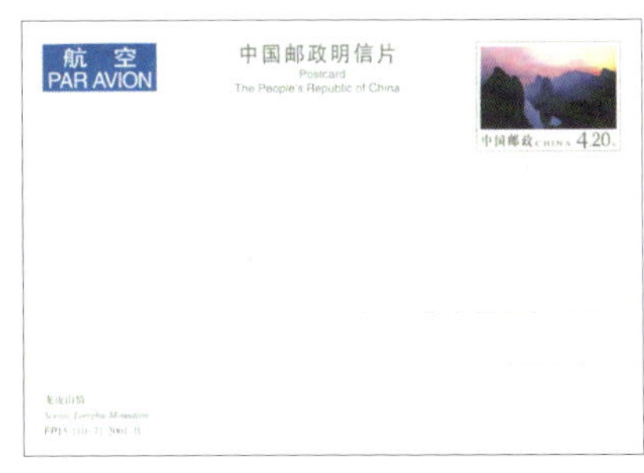

A 组、B 组背面

序号	面值（分）	售价（元）	发行量（万套）	市场参考价格（元）
A 组	600	9.00	70	10.00
B 组	4200	45.00	20	35.00

版别：胶版

设计者：王虎鸣

摄影者：刘礼国、刘冬生

责任编辑：郑复康

印制厂：深圳当纳利旭日印刷有限公司

注：A 组印有邮政编码框，B 组左上角印有蓝色航空标签。

FP16 湖南风光

FP16 Hunan Scenery

2001 年 10 月 25 日发行

分 A、B 两组

A 组国内邮资 面值 60 分 全套 10 枚

B 组国际航空邮资 面值 4.20 元 全套 10 枚

明信片邮票规格：35mm × 28mm

明信片规格：148mm × 100mm

10-1 岳阳楼

10-2 爱晚亭

10-3 东江湖

10-4 天门山

10-5 南洞庭

10-6 桃花源

10-7 芋头侗寨

10-8 南山牧场

10-9 南岳衡山

10-10 凤凰古城

A 组封套图案：天门山

B 组封套图案：黄石寨

A 组

封套

B 组

封套

A 组、B 组背面

序号	面值（分）	售价（元）	发行量（万套）	市场参考价格（元）
A组	600	9.00	60	10.00
B组	4200	45.00	30	35.00

版别：胶版

设计者：李德福

摄影者：李德福、李纲、杨润华、邓晨辉、罗昌敏

责任编辑：辛欣

印制厂：深圳当纳利旭日印刷有限公司

注：A组印有邮政编码框，B组左上角印有蓝色航空标签。

FP17 黑龙江风光

FP17 Heilongjiang Scenery

2002年1月5日发行

分A、B两组

A组国内邮资 面值60分 全套10枚

B组国际航空邮资 面值4.20元 全套10枚

明信片邮票规格：（10-1、10-2、10-5、10-6、10-7、10-8、10-9、10-10）35mm×25mm、（10-3、10-4）25mm×35mm

明信片规格：148mm×100mm

10-1 农场秋色

10-2 海林雪乡

10-3 圣索菲亚教堂

10-4 林海雪原

10-5 亚布力滑雪中心

10-6 鹤乡

10-7 兴安秀色

10-8 镜泊湖

10-9 五大连池

10-10 冰灯

A组封套图案：鸿博广场

B组封套图案：鸿博广场

A组

封套

B组

封套

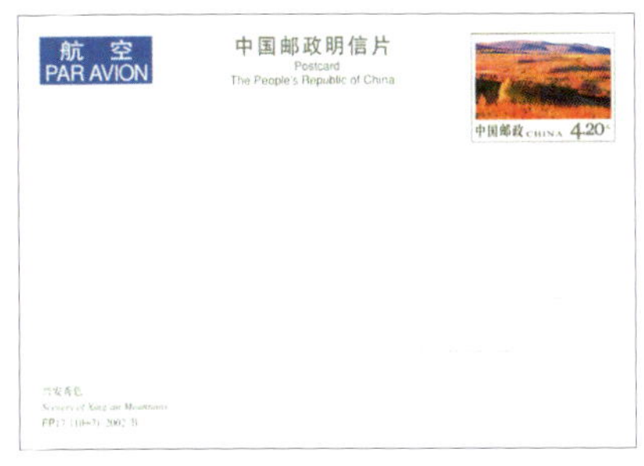

A 组、B 组背面

序号	面值（分）	售价（元）	发行量（万套）	市场参考价格（元）
A 组	600	9.00	50	20.00
B 组	4200	45.00	15	100.00

版别：胶版

设计者：王虎鸣

摄影者：白海琦、张其林、宋绍山、陆晓路、王新林、许大可、吴继学

责任编辑：李昕

印制厂：北京邮票厂

注：A 组印有邮政编码框，B 组左上角印有蓝色航空标签。

FP18 青海风光
FP18 Qinghai Scenery

2002 年 5 月 26 日发行

分 A、 B 两组

A 组国内邮资 面值 60 分 全套 10 枚

B 组国际航空邮资 面值 4.20 元 全套 10 枚

明信片邮票规格： 35mm × 25mm

明信片规格： 148mm × 100mm

10-1 千山之宗

10-2 河源袤野

10-3 梵宇宝刹

10-4 鸟之家园

10-5 江源湿地

10-6 雅丹地貌

10-7 格拉丹冬

10-8 赤岭胜景

10-9 盐湖夕照

10-10 河湟谷地

A 组封套图案：鸟岛

B 组封套图案：高原牧场

A 组

封套

B 组

QINGHAI
风光

封套

航 空
PAR AVION
中国邮政明信片
4.20

航 空
PAR AVION
中国邮政明信片
4.20

航 空
PAR AVION
中国邮政明信片

航 空
PAR AVION
中国邮政明信片
4.20

航 空
PAR AVION
中国邮政明信片
The People's Republic of China

航 空
PAR AVION
中国邮政明信片
4.20

航 空
PAR AVION
中国邮政明信片
4.20

航 空
PAR AVION
中国邮政明信片
The People's Republic of China

航 空
PAR AVION
中国邮政明信片
The People's Republic of China

航 空
PAR AVION
中国邮政明信片
4.20

A 组、B 组背面

青海风光

青海风光

青海风光

青海风光
THE SCENERY OF

青海风光

青海风光
THE SCENERY OF
QINGHAI

青海风光
THE SCENERY OF
QINGHAI

序号	面值（分）	售价（元）	发行量（万套）	市场参考价格（元）
A 组	600	9.00	50	20.00
B 组	4200	45.00	15	100.00

版别：胶版

设计者：王虎鸣

摄影者：王建军、查理、董才良、陈宜强、王虎鸣

责任编辑：尚予

印刷厂：北京邮票厂

注：A 组印有邮政编码框，B 组左上角印有蓝色航空标签。

FP19 山东风光

FP19 Shandong Scenery

2003 年 5 月 1 日发行

分 A、 B 两组

A 组国内邮资 面值 60 分 全套 10 枚

明信片邮票规格：35mm × 28mm

明信片规格：148mm × 100mm

10-1 泰山朝晖

10-2 黄河日出

10-3 曲阜孔庙

10-4 邹城孟庙

10-5 济南泉城广场

10-6 济青高速公路

10-7 青岛海滨

10-8 烟台南山村新貌

10-9 济南趵突泉

10-10 蓬莱阁

A 组封套图案：山海秀色

B 组国际航空邮资 面值 4.20 元 全套 4 枚

明信片邮票规格：35mm × 28mm

明信片规格：148mm × 100mm

4-1 泰山朝晖

4-2 曲阜孔庙

4-3 邹城孟庙

4-4 青岛海滨

B 组封套图案：泰山朝晖

A 组

封套

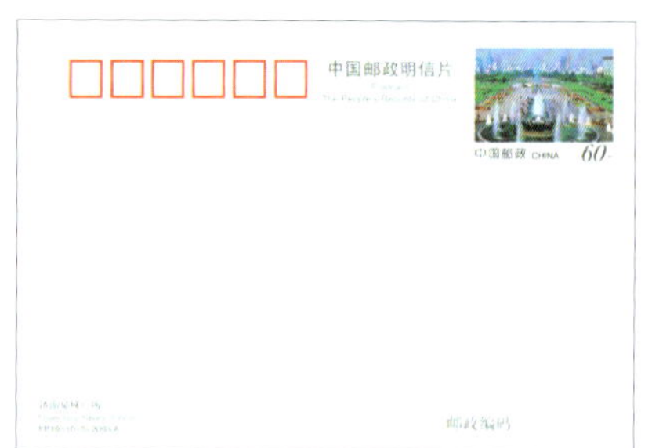

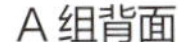

A 组背面

B 组

封套

B 组背面

序号	面值（分）	售价（元）	发行量（万套）	市场参考价格（元）
A 组	600	9.00	35	15.00
B 组	1680	18.00	15	50.00

版别：胶版

设计者：任国恩

摄影者：侯贺良、温少宁、渠晋湘、周黎明

印制厂：浙江省邮电印刷厂

注：A 组印有邮政编码框，B 组左上角印有蓝色航空标签。

FP19（B）山东风光

FP19（B）Shandong Scenery

2003 年 5 月 1 日发行

全套 10 枚（本册式）

明信片邮票规格：35mm × 28mm

明信片规格：148mm × 100mm

本册式外形规格：230mm × 100mm

10-1 60 分 泰山朝晖

10-2 60 分 黄河日出

10-3 60 分 曲阜孔庙

10-4 60 分 邹城孟庙

10-5 60 分 济南泉城广场

10-6 60 分 济青高速公路

10-7 60 分 青岛海滨

10-8 60 分 烟台南山村新貌

10-9 60 分 济南趵突泉

10-10 60 分 蓬莱阁

本册式封面

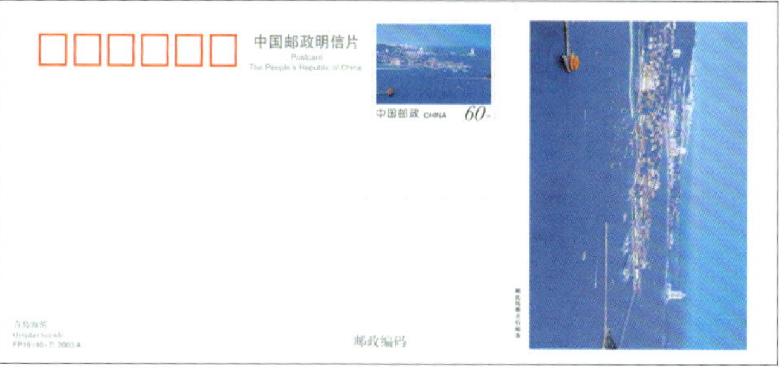

本册式封底

序号	面值（分）	售价（元）	发行量（万套）	市场参考价格（元）
全套	600	12.00	35	75.00

版别：胶版

设计者：任国恩

摄影者：侯贺良、温少宁、渠晋湘、周黎明

印制厂：浙江省邮电印刷厂

贺年邮资明信片
New Year Stamped Postcards

贺年邮资明信片(HP)
New Year Stamped Postcards（HP）

HP1 1982 年贺年邮资明信片
HP1 1982 New Year Stamped Postcards

1981 年 12 月 20 日发行
全套 2 枚
明信片邮票面值：4 分
明信片邮票规格：对角线 27mm × 27mm（菱形）
明信片规格：148mm × 100mm
2-1 春讯
2-2 天鹅

序号	面值（分）	售价（元）	发行量（万套）	市场参考价格（元）
全套	8	0.24		250.00

版别：彩色胶版
设计者：（2-1）卢天骄、（2-2）邹建军
每枚售价：0.12 元
印制厂：北京邮票厂
注：明信片铭记为“中国人民邮政”。

HP2 1983 年贺年邮资明信片
HP2 1983 New Year Stamped Postcards

1982 年 12 月 15 日发行
全套 4 枚
明信片邮票面值：4 分
明信片邮票规格：22mm × 30mm
明信片规格：148mm × 100mm
4-1 春意（水仙图）原画摄影：王露
4-2 天香（牡丹图）原画作者：唐云
4-3 比翼（双鸟图）原画作者：韩美林
4-4 有余（孩鱼图）原画作者：韩美林

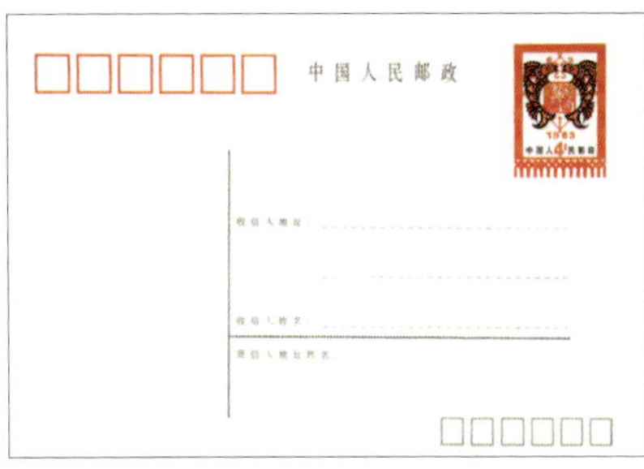

序号	面值（分）	售价（元）	发行量（万枚）	市场参考价格（元）
4-1	4	0.12	300	
4-2	4	0.12	300	
4-3	4	0.12	300	
4-4	4	0.12	100	
全套	16	0.48	1000	55.00

版别：彩色胶版
设计者：卢天骄
印制厂：北京邮票厂

HP3 1984 年贺年邮资明信片
HP3 1984 New Year Stamped Postcards

1983 年 11 月 5 日发行

全套 5 枚

明信片邮票面值： 4 分

明信片邮票规格： 29mm × 19.5mm （三角形底边 × 高）

明信片规格： 148mm × 100mm

5-1 海棠 原画作者：俞致贞、刘力上

5-2 扶桑 原画作者：萧淑芳

5-3 牡丹 原画作者：金鸿钧

5-4 鸢尾 原画作者：萧淑芳

5-5 郁金香 原画作者：金鸿钧

序号	面值（分）	售价（元）	发行量（万枚）	市场参考价格（元）
全套	20	0.60	513.8	320.00

版别：彩色胶版

设计者：潘可明

每枚售价： 0.12 元

印制厂：北京邮票厂

HP4 1985 年贺年邮资明信片
HP4 1985 New Year Stamped Postcards

1984 年 11 月 15 日发行

全套 5 枚

明信片邮票面值： 4 分

明信片邮票规格： 28.5mm × 24mm

明信片规格： 148mm × 100mm

5-1《五牛图》（一）

5-2《五牛图》（二）

5-3《五牛图》（三）

5-4《五牛图》（四）

5-5《五牛图》（五）

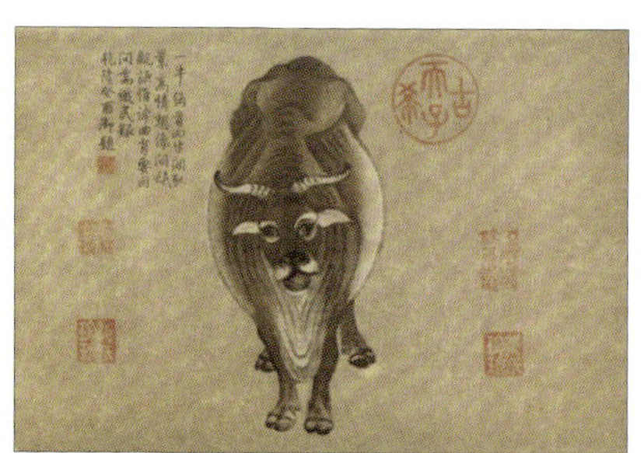

序号	面值（分）	售价（元）	发行量（万套）	市场参考价格（元）
全套	20	0.60	89.58	220.00

版别：彩色胶版

原画作者：韩晃（唐）

设计者：任宇

每枚售价：0.12 元

印制厂：北京邮票厂

HP5 1986 年贺年邮资明信片
HP5 1986 New Year Stamped Postcards

1985 年 11 月 15 日发行

全套 5 枚

明信片邮票面值：4 分

明信片邮票规格：26mm × 25mm

明信片规格：148mm × 100mm

5-1 虎 原画作者：刘继卣

5-2 虎 原画作者：刘奎龄

5-3 虎 原画作者：何香凝

5-4 虎 原画作者：张善子

5-5 虎 原画作者：胡爽庵

序号	面值（分）	售价（元）	发行量（万枚）	市场参考价格（元）
全套	20	0.60	810.7	140.00

版别：彩色胶版

设计者：李大玮

每枚售价：0.12 元

印制厂：北京邮票厂

HP6 1987 年贺年邮资明信片
HP6 1987 New Year Stamped Postcards

1986 年 11 月 15 日发行

全套 2 枚

明信片邮票面值：4 分

明信片邮票规格：24mm × 24mm

明信片规格：148mm × 100mm

2-1 兔爷

2-2 喜庆

序号	面值（分）	售价（元）	发行量（万枚）	市场参考价格（元）
全套	8	0.24	1963.2	10.00

版别：彩色胶版

泥塑原作者：郑玉鹤

设计者：陈晓聪

每枚售价：0.12 元

印制厂：北京邮票厂

HP7 1988 年贺年邮资明信片

HP7 1988 New Year Stamped Postcards

1987 年 11 月 15 日发行

全套 2 枚

明信片邮票面值：4 分

明信片邮票规格：23mm × 29mm

明信片规格：148mm × 100mm

2-1 翔龙

2-2 飞腾

序号	面值（分）	售价（元）	发行量（万套）	市场参考价格（元）
全套	8	0.24	328.64	22.00

版别：彩色胶版

设计者：程传理、邓锡清

每枚售价：0.12 元

印制厂：北京邮票厂

HP8 1989 年贺年邮资明信片

HP8 1989 New Year Stamped Postcards

1988 年 11 月 15 日发行

全套 2 枚

明信片邮票面值：4 分

明信片邮票规格：21mm × 25mm

明信片规格：148mm × 100mm

2-1 吉祥如意

2-2 大地回春

序号	面值（分）	售价（元）	发行量（万套）	市场参考价格（元）
全套	8	0.24	500.8433	10.00

版别：彩色胶版

设计者：卜镝、卜桦

每枚售价：0.12 元

印制厂：北京邮票厂

HP9 1990 年贺年邮资明信片

HP9 1990 New Year Stamped Postcards

1989 年 11 月 15 日发行

全套 2 枚

明信片邮票面值：4 分

明信片邮票规格：26mm × 31mm

明信片规格：148mm × 100mm

2-1 马（红）

2-2 马（白）

序号	面值（分）	售价（元）	发行量（万套）	市场参考价格（元）
全套	8	0.36	123.62	10.00

版别：彩色胶版

设计者：刘硕仁

每枚售价：0.12 元

印制厂：北京邮票厂

HP10 1991 年贺年邮资明信片
HP10 1991 New Year Stamped Postcards

1990 年 11 月 15 日发行
全套 2 枚
明信片邮票面值： 15 分
明信片邮票规格： 26mm × 31mm
明信片规格： 148mm × 100mm
2-1 三羊开泰
2-2 三羊开泰

序号	面值（分）	售价（元）	发行量（万套）	市场参考价格（元）
全套	30	0.60	120.02	10.00

版别：彩色胶版
设计者：吕胜中
每枚售价： 0.30 元
印制厂：北京邮票厂

中国邮政贺年(有奖)明信片(HP)
China Post New Year（Lottery）Stamped Postcards（HP）

HP1992 1992年中国邮政贺年（有奖）明信片
HP1992 1992 China Post New Year（Lottery） Stamped Postcards

1991年12月1日发行
全套2组12枚
明信片邮票面值： 15分
明信片邮票规格： 23.5mm × 30mm
明信片规格： 150mm × 102mm
明信片邮票图案：壬申年
明信片图案：
第一组 中国民间艺术·剪纸
12-1 连年有余
12-2 猴桃瑞寿
12-3 牧笛荷香
12-4 百年偕老
12-5 松鹤延年
12-6 和合如意
第二组 卡通画
12-7 你的聪明、才智……跟着新岁增长!
12-8 寄上一束鲜花，寄去我的思念，寄去我的……干脆寄去我自己才能表达一切!
12-9 老师，让这新年“幸运之车”带去学生的祝福!
12-10 祝你过个够味、够劲的新年!
12-11 祝（助）你……一帆风顺!
12-12 谢谢你的爱心，你的爱心是我的依靠，我感到很愉快，很惬意!

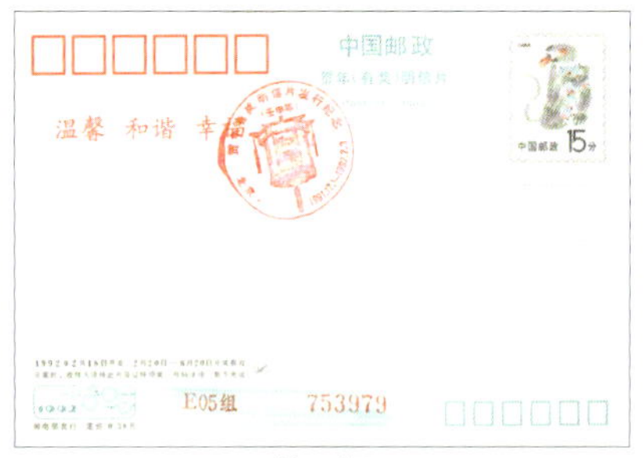

第一组

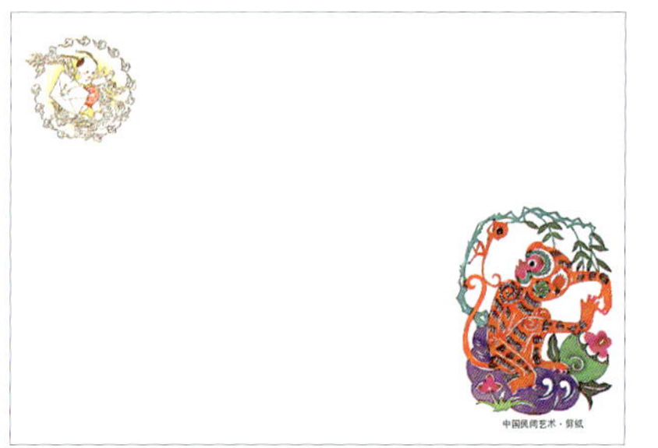

第二组

CK 组

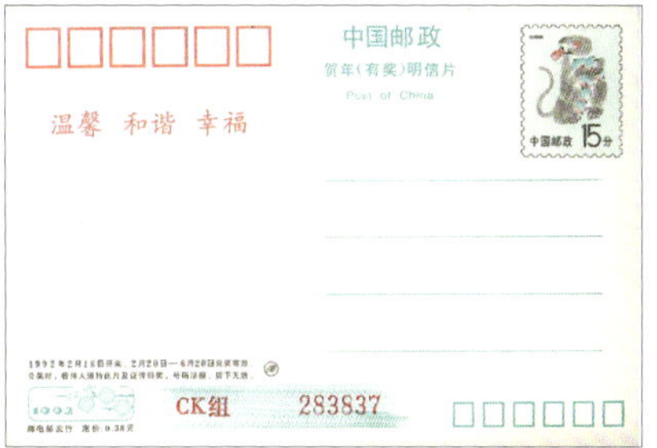

序号	面值（分）	售价（元）	发行量（万枚）	市场参考价格（元）
12-1	15	0.38	1200	
12-2	15	0.38	1200	
12-3	15	0.38	1200	
12-4	15	0.38	1200	
12-5	15	0.38	1200	
12-6	15	0.38	1200	
12-7	15	0.38	2000	
12-8	15	0.38	2400	
12-9	15	0.38	2000	
12-10	15	0.38	2000	
12-11	15	0.38	2000	
12-12	15	0.38	2400	
全套	180	4.56		36.00

版别：彩色胶版

CK 组发行量：30 万枚

邮票图案设计者：李燕

剪纸图案：选自河北民间剪纸

卡通图案设计者：高燕

标志设计者：高燕

年花：梅花

每枚售价：0.38 元

印制厂：辽宁省沈阳邮电印刷厂、中国人民解放军第 1206 工厂、河南省邮电印刷厂、浙江省邮电印刷厂

注：明信片铭记为“中国邮政贺年（有奖）明信片”。1992 年中国邮政贺年（有奖）明信片的发行期为 1991 年 12 月 1 日至 1992 年 2 月 3 日。开奖日期为 1992 年 2 月 18 日，2 月 19 日公布中奖号码，兑奖期为 1992 年 2 月 20 日至 6 月 20 日。

HP1993 1993 年中国邮政贺年（有奖）明信片

HP1993 1993 China Post New Year (Lottery) Stamped Postcards

1992 年 11 月 15 日发行

全套 2 组 12 枚

明信片邮票面值：15 分

明信片邮票规格：24mm × 31mm

明信片规格：185mm × 102mm

明信片邮票图案：癸酉年

明信片图案：

第一组 中国民间艺术 · 泥塑

12-1 心心相连

12-2 辞旧迎新

12-3 万事如意

12-4 吉庆有余

12-5 寿比南山

12-6 岁岁平安

第二组 卡通画

12-7 鱼跃升平 恭贺发财

12-8 迎新辞旧 幸福常驻

12-9 友谊情长 镌留心怀

12-10 爆米声声 时时开心

12-11 年年红火 事事顺利

12-12 捎去祝愿 快也嫌慢

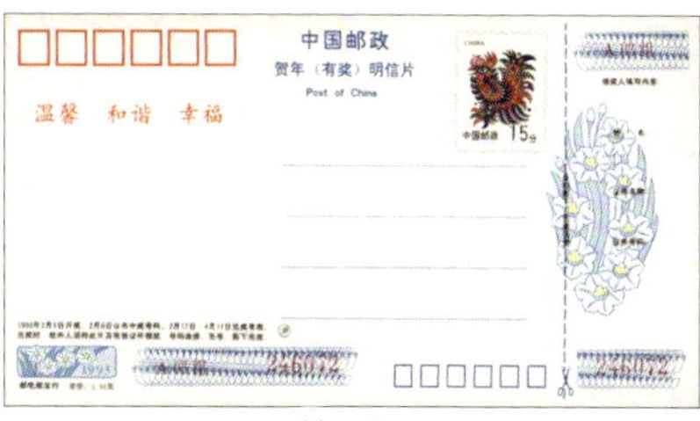

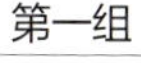
第一组

第二组

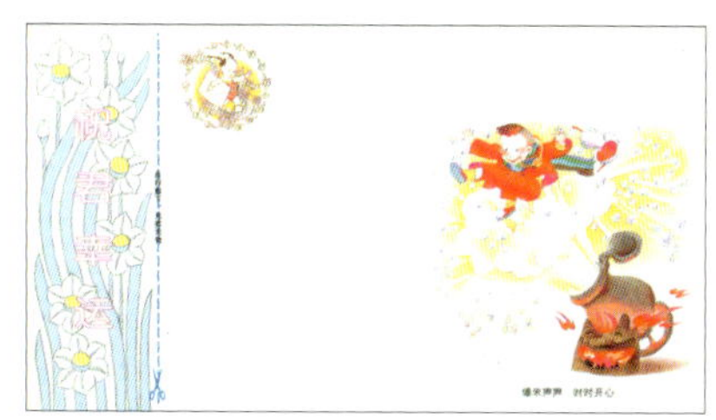

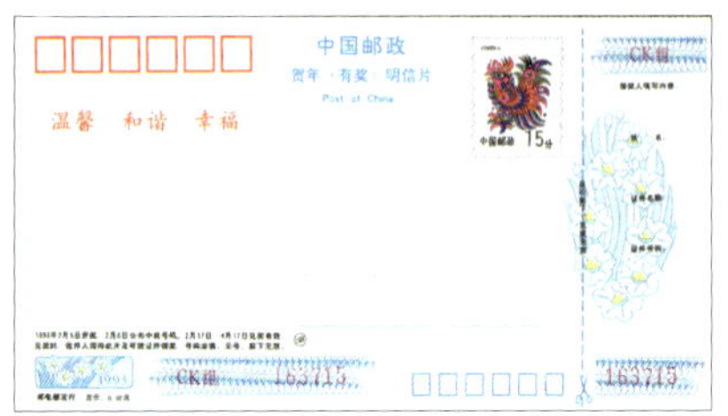

CK 组

序号	面值（分）	售价（元）	发行量（万套）	市场参考价格（元）
全套	180	6.00	988.35	10.00

版别：彩色胶版

CK 组发行量：30 万枚

企业金卡种类与发行量：15 套 41 枚、239.8 万枚

邮票图案设计者：韩美林

泥人图案设计者：郑于鹤 选自江苏无锡民间泥塑

卡通图案设计者：吴勇、吴冠英

标志设计者：高燕

年花：水仙

每枚售价：0.50 元

印制厂：中国人民解放军第 1206 工厂、河南省邮电印刷厂、陕西省印刷厂、广州高明彩印厂

1993 年中国邮政贺年（有奖）明信片获奖纪念

1993 China Post New Year (Lottery) Stamped Postcards Prize Commemoration

1993 年 2 月 17 日发行（开始兑奖日期）

全套 5 枚

明信片邮票面值：15 分

明信片邮票规格：24.5mm × 30.5mm

明信片规格：150mm × 102mm

明信片邮票图案：癸酉年

明信片图案：

5-1 喜鹊登梅

5-2 雄鸡报晓

5-3 蝴蝶恋花

5-4 孔雀开屏

5-5 牡丹迎喜

序号	面值（分）	售价（元）	发行量（万套）	市场参考价格（元）
全套	75		240	10.00

设计者：阎炳武

印制厂：广州高明彩印厂

注：1993 年中国邮政贺年（有奖）明信片的发行期为 1992 年 11 月 15 日至 1993 年 2 月 5 日（企业拜年卡 1992 年 11 月 16 日发行）。开奖日期为 1993 年 2 月 5 日，2 月 6 日公布中奖号码，兑奖期为 1993 年 2 月 17 日至 4 月 17 日。

HP1994 1994 年中国邮政贺年（有奖）明信片

HP1994 1994 China Post New Year (Lottery) Stamped Postcards

1993 年 11 月 15 日发行

分普通型、贺卡型 2 种

1. 普通型

全套 2 组 12 枚

明信片邮票面值：15 分

明信片邮票规格：24mm × 32mm

明信片规格：185mm × 102mm

明信片邮票图案：甲戌年

明信片图案：

第一组 中国民间艺术 · 年画

12-1 丹凤朝阳

12-2 连登太师

12-3 连年有余

12-4 福贵长春

12-5 福善吉庆

12-6 蟠桃献寿

第二组 卡通画

12-7 欢欢喜喜过个年

12-8 好梦成真乐开怀

12-9 一年好运满载来

12-10 瑞雪丰年融新春

12-11 铃声叮叮喜临门

12-12 天伦之乐多长寿

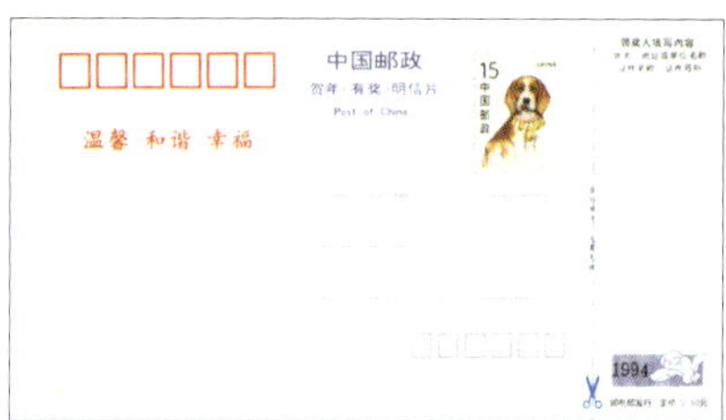

第一组

第二组

CK 组

序号	面值（分）	售价（元）	发行量（万套）	市场参考价格（元）
全套	180	6.00	704.75	10.00

版别：彩色胶版

CK 组发行量：48 万枚

企业拜年卡种类与发行量：68 套 87 枚、546 万枚

邮票图案设计者：李红军

卡通图案设计者：沈小川

年画图案：选自天津杨柳青年画

标志设计者：高燕

年花：玉兰

每枚售价：0.50 元

印制厂：中国人民解放军第 1206 工厂、上海人民印刷二厂、广州高明彩印厂

2. 贺卡型

贺卡型邮资信封 全套 6 枚

贺卡信封邮票面值：20 分

信封邮票规格：40mm × 30mm

信封规格：208mm × 110mm

贺卡信封邮票图案：甲戌年

贺卡信封图案：

6-1 热带兰

6-2 热带兰

6-3 热带兰

6-4 热带兰

6-5 热带兰

6-6 热带兰

版别：彩色胶版

邮票图案设计者：韩熙

信封图案设计者：阎炳武

印制厂：上海庙行纸品厂制封，上海人民印刷一厂印刷；天津印刷纸制品厂制封，中国人民解放军第 1206 工厂印刷

注：封口的胶水分白胶和蓝胶。

贺卡型邮资明信片全套 2 组 12 枚
贺卡明信片邮票面值： 15 分
贺卡明信片邮票规格： 24mm × 32mm
贺卡明信片规格： 183.5mm × 102mm
贺卡明信片展开规格： 335mm × 102mm
贺卡明信片邮票图案：甲戌年
贺卡明信片图案：
第一组 中国民间艺术・年画
12-1 热带兰・丹凤朝阳
12-2 热带兰・连登太师
12-3 热带兰・连年有余
12-4 热带兰・福贵长春
12-5 热带兰・福善吉庆
12-6 热带兰・蟠桃献寿
第二组 卡通画
12-7 热带兰・欢欢喜喜过个年
12-8 热带兰・好梦成真乐开怀
12-9 热带兰・一年好运满载来
12-10 热带兰・瑞雪丰年融新春
12-11 热带兰・铃声叮叮喜临门
12-12 热带兰・天伦之乐多长寿

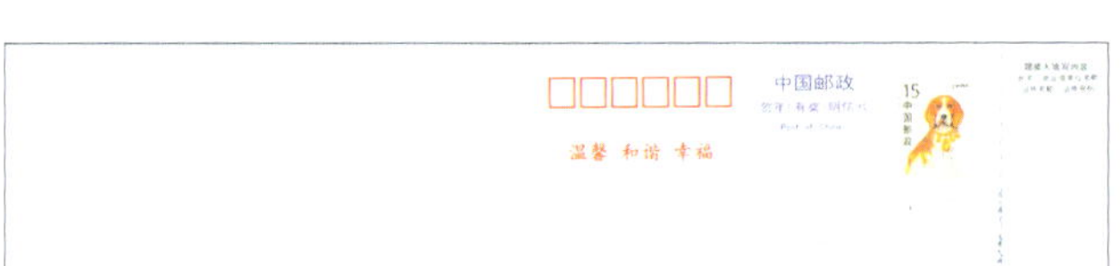

第一组

第二组

序号	封面值（分）	片面值（分）	售价（元）	发行量（万套）	市场参考价格（元）
全套	240	180	30.00	208.3333	60.00

版别：彩色胶版

邮票图案设计者：李红军

印制厂：上海人民印刷一厂、中国人民解放军第1206工厂

每套售价：2.50元

1994年中国邮政贺年（有奖）明信片获奖纪念

1994 China Post New Year (Lottery) Stamped Postcards Prize Commemoration

1994年3月7日发行（开始兑奖日期）

全套5枚

明信片邮票面值：15分

明信片邮票规格：24.5mm×30mm

明信片规格：150mm×102mm

明信片邮票图案：甲戌年

明信片图案：

5-1 雍正款珐琅彩三友橄榄式瓶

5-2 乾隆款珐琅彩婴戏双联瓶

5-3 乾隆款珐琅彩锦地花卉纹象耳瓶

5-4 康熙款蓝地珐琅彩牡丹纹碗

5-5 乾隆款黄地珐琅彩妇婴图葫芦式小瓶

序号	面值（分）	售价（元）	发行量（万套）	市场参考价格（元）
全套	75		232	15.00

版别：彩色胶版

设计者：阎炳武

印制厂：广东高明彩印厂

注：1994年中国邮政贺年（有奖）明信片的发行期为1993年11月15日至1994年2月22日（企业拜年卡1993年12月1日发行）。开奖日期为1994年2月23日，2月24日公布中奖号码，兑奖期为1994年3月7日至5月7日。

HP1995 1995年中国邮政贺年（有奖）明信片

HP1995 1995 China Post New Year (Lottery) Stamped Postcards

1994年11月1日发行

分普通型、贺卡型2种

1. 普通型

全套2组12枚

明信片邮票面值：15分

明信片邮票规格：26mm×26mm

明信片规格：185mm×102mm

明信片邮票图案：乙亥年

明信片图案：

第一组 中国民间艺术·金山农民画

12-1 元宵灯节

12-2 安居乐业

12-3 荡舟迎春

12-4 嬉踢毽子

12-5 猪肥业大

12-6 蔗田鸭群

第二组 卡通画

12-7 飞雪迎春到

12-8 平平安安

12-9 一帆风顺

12-10 星河情深

12-11 风雨同舟

12-12 你的进步与火箭同速

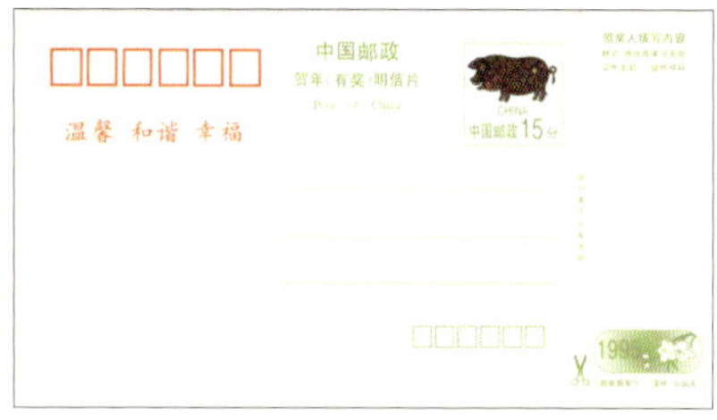

第一组

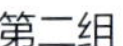

第二组

CK 组

序号	面值（分）	售价（元）	发行量（万套）	市场参考价格（元）
全套	180	7.20	796.7499	10.00

版别：彩色胶版

CK 组发行量：30 万枚

企业拜年卡种类与发行量：538 套 641 枚、1341 万枚

邮票图案设计者：阎炳武

卡通图案设计者：李娜、王晓明、周合、沈苑苑

图画图案设计者：张新英、陈德华、陈芙蓉、吴树红、徐桂宝、宋金其（选自金山农民画）

年花：桃花

每枚售价：0.60 元

印制厂：广州高明彩印厂、上海港信印刷有限公司、中国人民解放军第 1206 工厂

2. 贺卡型

贺卡型邮资信封 全套 5 枚

贺卡信封邮票面值：20 分

信封邮票规格：25.5mm × 33.5mm

信封规格：208mm × 110mm

贺卡信封邮票图案：乙亥年

贺卡信封图案：

5-1 肥猪拱门

5-2 喜气临门

5-3 四季如春

5-4 安居乐业

5-5 财源茂盛

版别：彩色胶版

设计者：吕胜中

印制厂：北京鸿纳邮品股份有限公司、北京通县金华彩印厂

贺卡型邮资明信片 全套 5 枚
贺卡明信片邮票面值： 15 分（销纪念戳）
贺卡明信片邮票规格： 26mm × 26mm
贺卡明信片规格： 185mm × 102mm
贺卡明信片展开规格： 335mm × 102mm
贺卡明信片邮票图案：乙亥年
贺卡明信片图案：
5-1 肥猪拱门 四时报喜
5-2 喜气临门 欢声笑语
5-3 平安如意 四季如春
5-4 丰衣足食 安居乐业
5-5 财源茂盛 发家致富

序号	封面值（分）	片面值（分）	售价（元）	发行量（万套）	市场参考价格（元）
全套	100	75	12.50	239.6	30.00

版别：彩色胶版
设计者：吕胜中
印制厂：广州高明彩印厂
每套售价： 2.50 元
注：贺卡型所装的邮资明信片中邮票图案上加盖“中国邮政贺年（有奖）明信片发行纪念”戳记。

1995 年中国邮政贺年（有奖）明信片获奖纪念
1995 China Post New Year （Lottery） Stamped Postcards Prize Commemoration

1995 年 2 月 25 日发行（开始兑奖日期）
全套 5 枚
明信片邮票面值： 15 分
明信片邮票规格： 26mm × 26mm
明信片规格： 150mm × 102mm
明信片邮票图案：乙亥年
明信片图案：
5-1 泥塑·戴帽子的孩子（河南）
5-2 泥塑·穆桂英（河北）
5-3 布制·青蛙（陕西）
5-4 布制·虎（陕西）
5-5 面具·狮子（陕西）

序号	面值（分）	售价（元）	发行量（万套）	市场参考价格（元）
全套	75		242	10.00

版别：彩色胶版

设计者：阎炳武

印制厂：陕西省印刷厂

注：1995 年中国邮政贺年（有奖）明信片的发行期为 1994 年 11 月 1 日至 1995 年 2 月 8 日（企业拜年卡 1994 年 12 月 1 日发行）。开奖日期为 1995 年 2 月 13 日，2 月 14 日公布中奖号码，兑奖期为 1995 年 2 月 25 日至 4 月 25 日。

HP1996 1996 年中国邮政贺年（有奖）明信片

HP1996 1996 China Post New Year（Lottery） Stamped Postcards

1995 年 11 月 1 日发行

全套 2 组 12 枚

明信片邮票面值：15 分

明信片邮票规格：28mm × 31mm

明信片规格：185mm × 102mm

明信片邮票图案：丙子年

明信片图案：

第一组 中国民间艺术 · 竹编

12-1 天鹅融春

12-2 雄鸡报春

12-3 双狮卫祥

12-4 三羊开泰

12-5 龙舟破浪

12-6 吉祥如意

第二组 卡通画

12-7 步步升高

12-8 细雨寄情

12-9 共享欢乐

12-10 年年有余

12-11 心想事成

12-12 收获季节

第一组

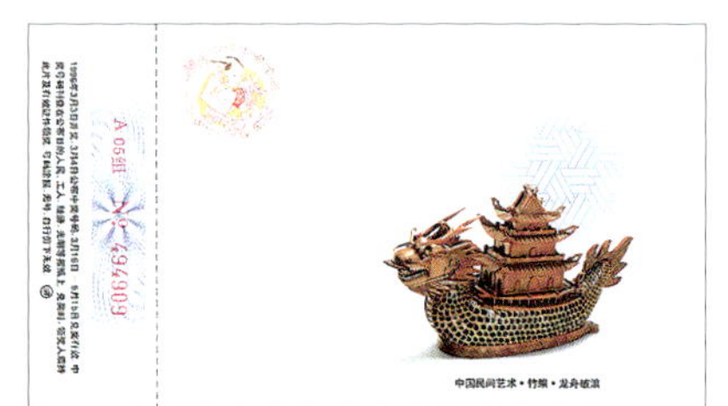

第二组

CK组

序号	面值（分）	售价（元）	发行量（万枚）	市场参考价格（元）
全套	180	7.20	10500	16.00

版别：彩色胶版

CK 组发行量： 16.8 万枚

企业拜年卡种类与发行量：787 种、1675 万枚

邮票图案设计者：吴勇

竹编图案：选自浙江省嵊县竹编

卡通图案设计者：秦明亮

年花：桃花

每枚售价： 0.60 元

印制厂：中国人民解放军第 1206 工厂、上海港信印刷有限公司

注：1996 年中国邮政贺年（有奖）明信片的发行期为 1995 年 11 月 1 日至 1996 年 2 月 28 日（企业拜年卡 1995 年 12 月 1 日发行）。开奖日期为 1996 年 3 月 3 日，3 月 4 日公布中奖号码，兑奖期为 1996 年 3 月 15 日至 5 月 15 日。

HP1997 1997 年中国邮政贺年（有奖）明信片

HP1997 1997 China Post New Year （Lottery） Stamped Postcards

1996 年 12 月 1 日发行

分普通型、极限型、贺卡型 3 种

1. 普通型

全套 2 组 12 枚

明信片邮票面值： 40 分 /15 分

明信片邮票规格： 25mm × 28mm

明信片规格： 185mm × 102mm

明信片邮票图案：丁丑年

明信片图案：

第一组 中国民间艺术 · 民俗

12-1 大吉大利

12-2 年年有余

12-3 吉祥如意

12-4 祥和美满

12-5 万象更新

12-6 马到成功

第二组 卡通画

12-7 奔向未来

12-8 步步高升

12-9 美妙歌声

12-10 一片真情

12-11 喜气洋洋

12-12 生日快乐

已加盖

未加盖

第一组

第二组

CK组

序号	面值（分）	售价（元）	发行量（万枚）	市场参考价格（元）
全套	480	12.00	11540	15.00（已加盖）
全套				100.00（未加盖）

版别：彩色胶版

CK 组发行量：16.8 万枚

企业拜年卡种类与发行量：1225 种、1988 万枚

民俗图案设计者：速泰熙

卡通图案：利尔斯动画设计有限公司

年花：石榴花

每枚售价：1.00 元

印制厂：中国人民解放军第 1206 工厂、陕西省印刷厂、广东高明彩印厂

2. 极限型

全套 4 枚

明信片邮票面值：40 分 /15 分

明信片邮票规格：27mm × 32mm

明信片规格：185mm × 102mm

明信片邮票图案：

4-1 梅

4-2 兰

4-3 竹

4-4 菊

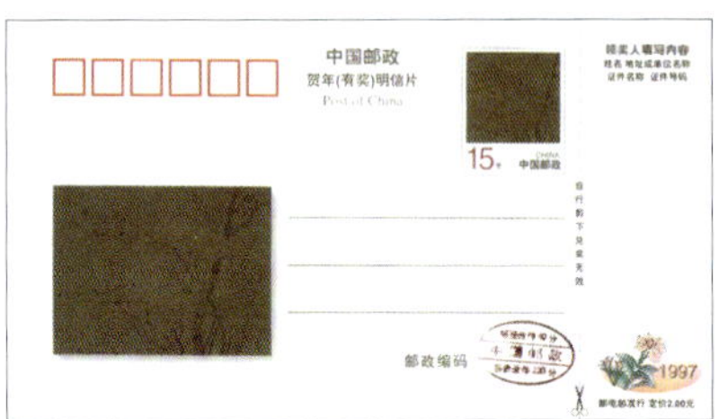

已加盖

未加盖

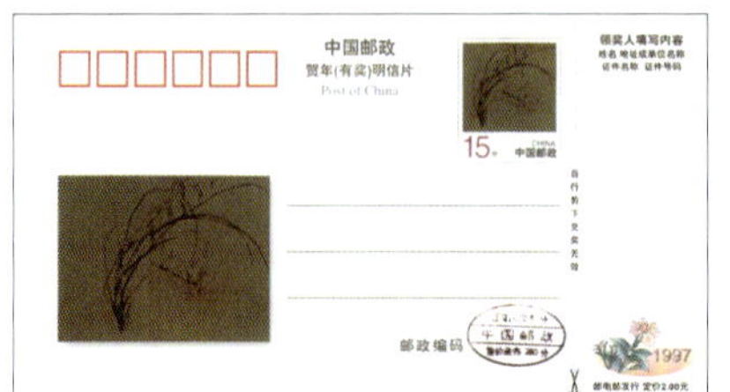

已加盖

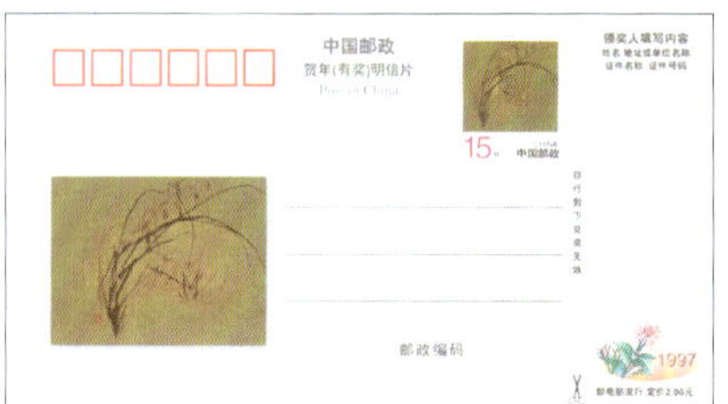

未加盖

已加盖

未加盖

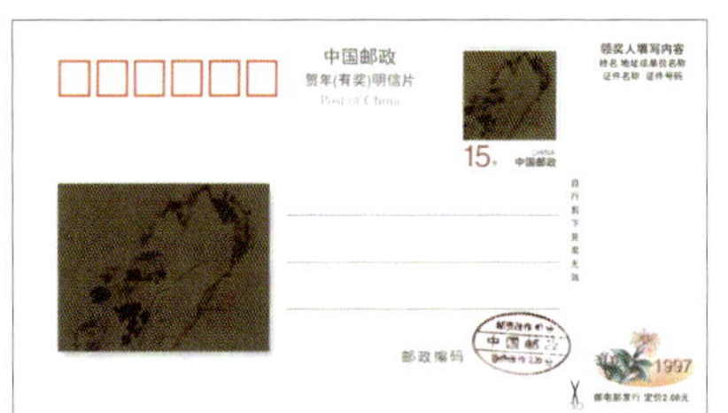

已加盖

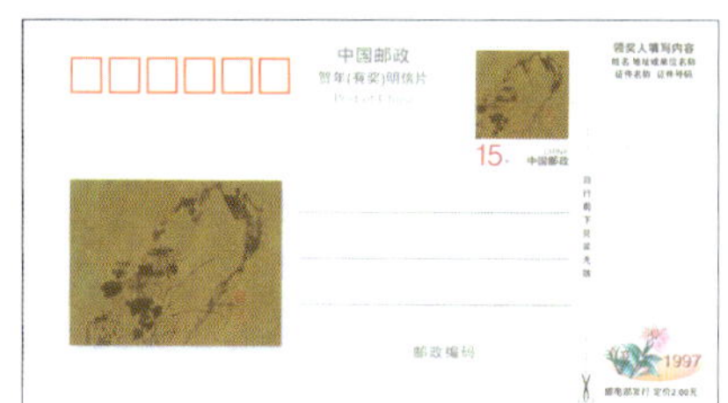

未加盖

序号	面值（分）	售价（元）	发行量（万套）	市场参考价格（元）
全套	160	8.80	90	60.00（已加盖）
全套				60.00（未加盖）

版别：彩色胶版

设计者：王虎鸣

每枚售价：2.20 元

印制厂：江苏省邮电印刷厂

3. 贺卡型

全套贺卡信封 1 枚、贺卡 1 枚

贺卡信封邮票面值：50 分 /20 分

信封邮票规格：27mm × 34mm

信封规格：220mm × 110mm

贺卡规格：185mm × 102mm

贺卡展开规格：185mm × 204mm

纪念张规格：105mm × 65mm

贺卡信封邮票图案：丁丑年

贺卡图案：

1-1 恭贺新春（红）

已加盖

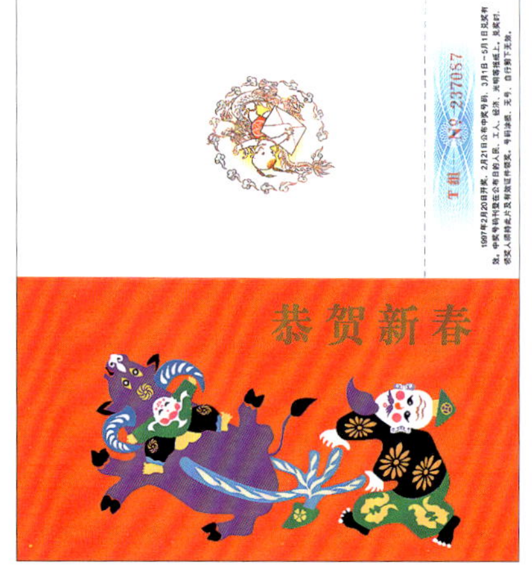

未加盖

序号	面值（分）	售价（元）	发行量（万套）	市场参考价格（元）
1-1	50	6.30	100	15.00（已加盖）
1-1				50.00（未加盖）

版别：彩色胶版

贺卡设计者：阎炳武

纪念张设计者：罗洪

邮票图案设计者：薛中林

每套售价： 6.30 元

印制厂：北京鸿纳邮品股份有限公司

注：明信片原面值 15 分，加盖邮资改作 40 分。信封原面值 20 分，加盖邮资改作 50 分。 1997 年中国邮政贺年（有奖）明信片的发行期为 1996 年 12 月 1 日至 1997 年 2 月 19 日（企业拜年卡 1996 年 12 月 1 日发行）。开奖日期为 1997 年 2 月 20 日，2 月 21 日公布中奖号码，兑奖期为 1997 年 3 月 1 日至 5 月 1 日。

HP1998 1998 年中国邮政贺年（有奖）明信片

HP1998 1998 China Post New Year (Lottery) Stamped Postcards

1997 年 11 月 1 日发行

分普通型、极限型、贺卡型 3 种

1. 普通型 HP1998

全套 2 组 12 枚

明信片邮票面值： 40 分

明信片邮票规格： 23mm × 26.5mm

明信片规格： 185mm × 102mm

明信片邮票图案：戊寅年

明信片图案：

第一组 中国民间艺术·苏州刺绣

12-1 梅花鹦鹉

12-2 松鹤延年

12-3 海棠冠眉

12-4 牡丹地屏

12-5 孔雀翩翩

12-6 绿叶昙花

第二组 卡通画

12-7 学无止境

12-8 奋勇争先

12-9 热爱劳动

12-10 生日快乐

12-11 锻炼身体

12-12 奔向未来

A 型

B 型

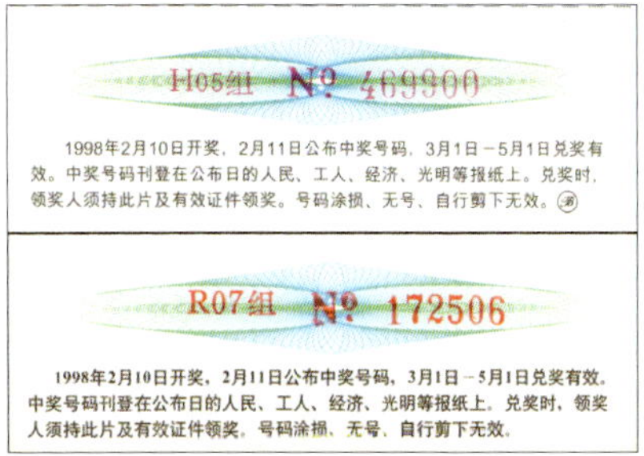

A 型（上）、B 型（下）比较图

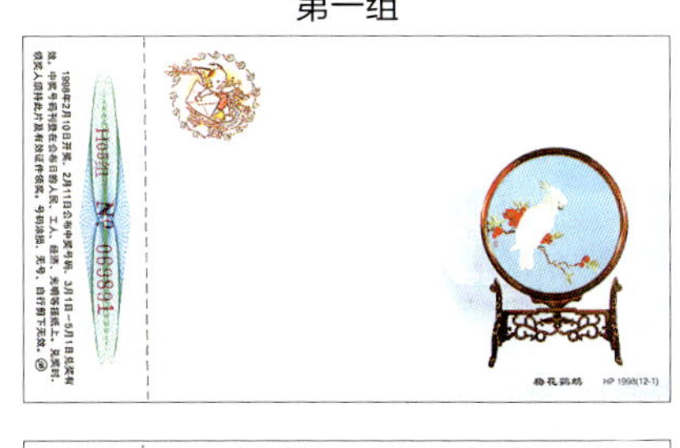

A 型（上）、B 型（下）比较图

第一组

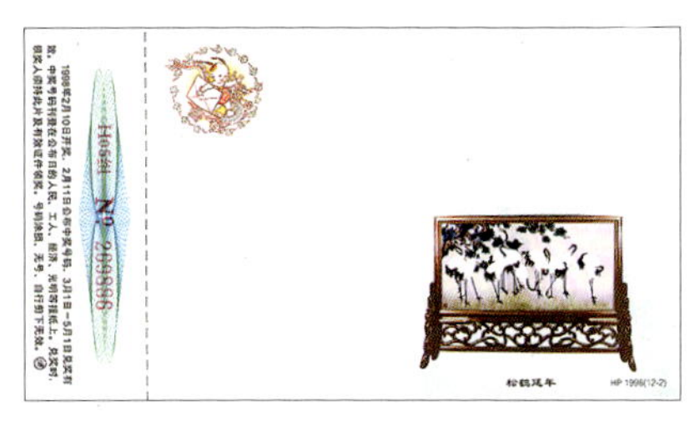

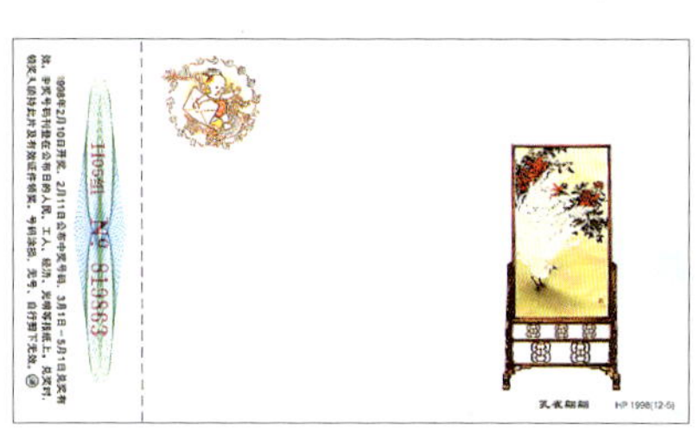

第二组

CK 组

序号	面值（分）	售价（元）	发行量（万枚）	市场参考价格（元）
全套	480	12.00	11335	10.00

版别：彩色胶版

企业拜年卡种类与发行量：2700 种、3726 万枚

邮票图案设计者：王虎鸣

苏州刺绣图案设计者：王虎鸣

卡通图案设计者：胡金刚、阎炳武

年花：凤仙花

每枚售价：1.00 元

印制厂：中国人民解放军第 1206 工厂、陕西省印刷厂、广东高明彩印厂、上海港信印刷有限公司（B 型）

2. 极限型 JHP1998

全套 4 枚

明信片邮票面值：40 分

明信片邮票规格：30mm × 22mm

明信片规格：185mm × 102mm

明信片邮票图案：

4-1 幸福美满（福）

4-2 繁荣昌盛（禄）

4-3 长寿延年（寿）

4-4 喜庆欢乐（禧）

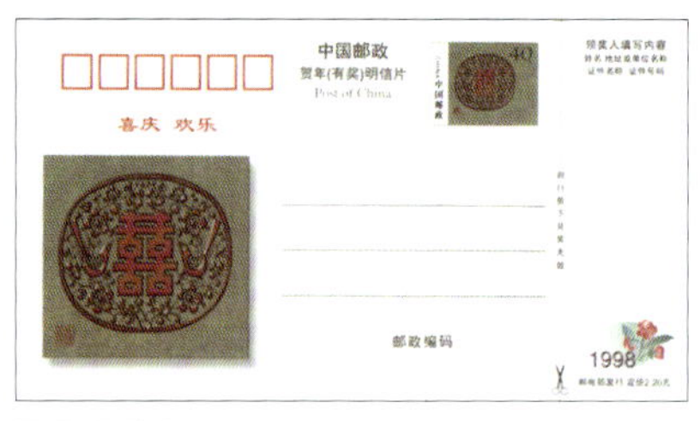

序号	面值（分）	售价（元）	发行量（万枚）	市场参考价格（元）
全套	160	8.80	800	12.00

版别：彩色胶版

设计者：刘硕仁、卢天骄

每枚售价：2.20 元

印制厂：江苏省邮电印刷厂

3. 贺卡型 HK1998

全套贺卡信封 2 枚、贺卡 2 枚

贺卡信封邮票面值：50 分

信封邮票规格：26.5mm × 34mm

信封规格：220mm × 110mm

贺卡规格：185mm × 102mm

贺卡展开规格：185mm × 204mm

纪念张规格：105mm × 65mm

贺卡信封邮票图案：戊寅年

贺卡图案：

2-1 恭贺新春（红）

2-2 恭贺新春（绿）

序号	面值（分）	售价（元）	发行量（万套）	市场参考价格（元）
全套	80	12.60	300	20.00

版别：彩色胶版

信封、贺卡设计者：土志奇

邮票图案设计者：王虎鸣

纪念张设计者：王虎鸣

每套售价：6.30 元

印制厂：北京鸿纳邮品股份有限公司

注：1998 年中国邮政贺年（有奖）明信片的发行期为 1997 年 11 月 1 日至 1998 年 2 月 10 日（企业拜年卡 1997 年 12 月 1 日发行）。开奖日期为 1998 年 2 月 10 日，2 月 11 日公布中奖号码，兑奖期为 1998 年 3 月 1 日至 5 月 1 日。

HP1999 1999 年中国邮政贺年（有奖）明信片

HP1999 1999 China Post New Year (Lottery) Stamped Postcards

1998 年 11 月 1 日发行

分普通型、极限型、贺卡型 3 种

1. 普通型 HP1999

全套 2 组 12 枚

明信片邮票面值：40 分

明信片邮票规格：23.5mm × 28mm

明信片规格：185mm × 102mm

明信片邮票图案：己卯年

明信片图案：

第一组 中国民间艺术・风筝

12-1 百花齐放

12-2 双燕报春

12-3 年年有余

12-4 松鹤延年

12-5 幸福美满

12-6 彩蝶飞舞

第二组 卡通画

12-7 送去佳音

12-8 恭贺新禧

12-9 乐趣无穷

12-10 信息时代

12-11 喜结良缘

12-12 幸福欢乐

第一组

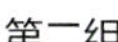

第二组

CK 组

序号	面值（分）	售价（元）	发行量（万枚）	市场参考价格（元）
全套	480	12.00	11272	10.00

版别：彩色胶版

邮票图案设计者：宫林

明信片图案设计者：旖旎眉勒、季婷

风筝图案设计者：选自北京玩具协会费保龄、马家树、关宝祥等风筝作品

年花：桃花

每枚售价： 1.00 元

印制厂：中国人民解放军第 1206 工厂、陕西省印刷厂、浙江省邮电印刷厂、上海港信印刷有限公司

2. 极限型 JHP1999

分 A、 B 两组

A 组国内邮资 全套 4 枚（JHP1999A）

B 组国际邮资 全套 4 枚（JHP1999B）

明信片邮票面值： A 组 40 分， B 组 320 分

明信片邮票规格： 29mm × 23mm

明信片规格： 185mm × 102mm

明信片邮票图案：

4-1 笔

4-2 墨

4-3 纸

4-4 砚

A 组

B 组

序号	面值（分）	售价（元）	发行量（万枚）	市场参考价格（元）
A 组	160	8.80	2528	10.00
B 组	1280	15.20	300	22.00

版别：彩色胶版
设计者：恒业智诚企划有限公司
每枚售价：A 组 2.20 元、B 组 3.80 元
印制厂：江苏省邮电印刷厂
注：B 组不兑奖。

3. 贺卡型 HK1999

全套 3 组，贺卡信封 12 枚、贺卡 12 枚
贺卡信封邮票面值：50 分
信封邮票规格：29mm × 34.5mm
信封规格：230mm × 160mm
贺卡规格：130mm × 215mm
贺卡展开规格：260mm × 215mm
纪念张规格：81mm × 116mm
贺卡信封邮票图案：己卯年
贺卡图案：
A 组 全套 4 枚（HK1999-1）
4-1 四季平安
4-2 恭贺新禧
4-3 吉祥如意
4-4 年年大吉
B 组 全套 4 枚（HK1999-2）
4-1 恭贺新春 · 春
4-2 恭贺新春 · 夏
4-3 恭贺新春 · 秋
4-4 恭贺新春 · 冬
C 组（特种纸）全套 4 枚（HK · T 1999-1）
4-1 四季平安
4-2 恭贺新禧
4-3 吉祥如意
4-4 年年大吉

A 组

恭祝新年
并贺新禧

B 组

恭贺新春

HAPPY NEW YEAR
1999

恭贺新春

HAPPY NEW YEAR
1999

恭贺新春

HAPPY NEW YEAR
1999

恭贺新春

C组

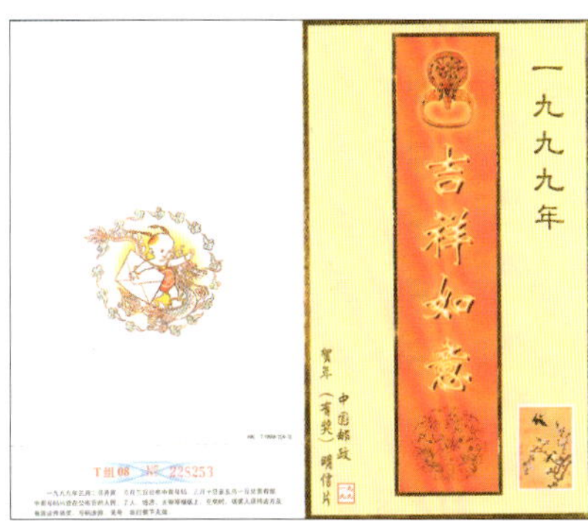

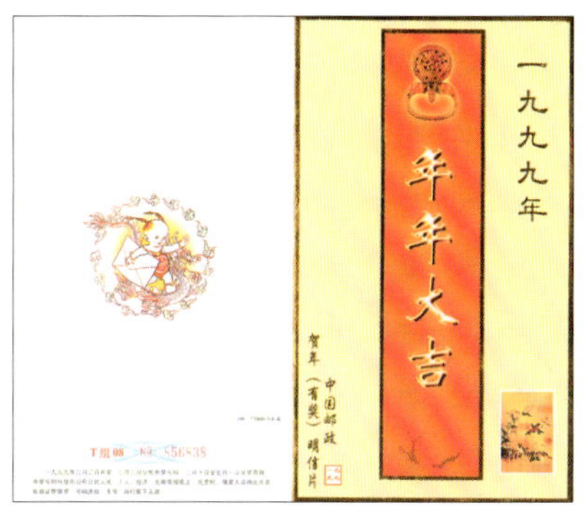

序号	面值（分）	售价（元）	发行量（万枚）	市场参考价格（元）
A组	200	25.20		40.00
B组	200	25.20		40.00
C组	200	40.00		60.00

版别：彩色胶版

总发行量：800万枚

邮票图案设计者：王虎鸣

每套售价：A、B组6.30元，C组10.00元

印制厂：北京彩色印刷厂

信封制作：北京鸿纳邮品股份有限公司

注：1999年中国邮政贺年（有奖）明信片的发行期为1998年11月1日至1999年3月1日（企业拜年卡1998年12月1日发行）。开奖日期为1999年3月2日，3月3日公布中奖号码，兑奖期为1999年3月10日至5月1日。

HP2000 2000年中国邮政贺年（有奖）明信片

HP2000 2000 China Post New Year (Lottery) Stamped Postcards

1999年11月1日发行

分普通型、极限型、贺卡型3种

1. 普通型 HP2000
全套 2 组 12 枚
明信片邮票面值：60 分
明信片邮票规格：24mm × 29mm
明信片规格：183mm × 100mm
明信片邮票图案：庚辰年
明信片图案：
第一组 中国民间艺术 · 传统龙纹
12-1 龙年吉祥
12-2 龙年吉祥
12-3 龙年吉祥
12-4 龙年吉祥
12-5 龙年吉祥
12-6 龙年吉祥
第二组 民间剪纸
12-7 喜鹊登梅
12-8 喜从天降
12-9 鱼跃龙门
12-10 吉庆有余
12-11 五福捧寿
12-12 梅开五福

第一组

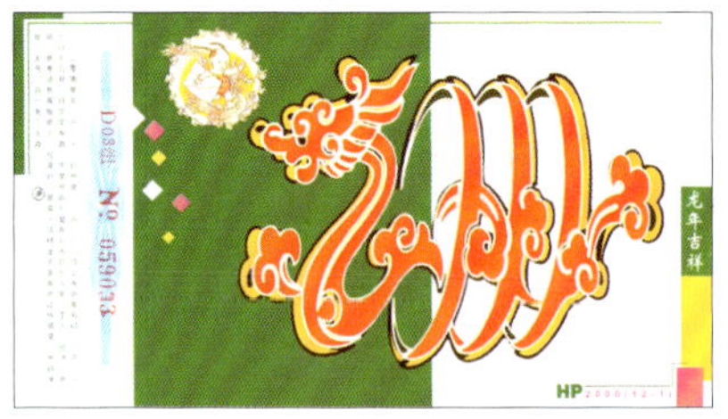

第二组

CK 组

序号	面值（分）	售价（元）	发行量（万套）	市场参考价格（元）
全套	720	14.40	800	60.00

版别：彩色胶版
企业金卡的发行量：9300 万枚
邮票图案设计者：王虎鸣
剪纸图案设计者：何洁、詹凯、冯小红
龙纹图案原作者：（12-1）何洁、冯小红，（12-2）张新英，（12-3）郭承辉，（12-4）冷冰川，（12-5）李庆发、姜伟杰，（12-6）许彦博
每枚售价：1.20 元
印制厂：中国人民解放军第 1206 工厂、陕西省印刷厂、浙江省邮电印刷厂、上海港信印刷有限公司

2. 极限型 JHP2000
全套 4 枚
明信片邮票面值：60 分
明信片邮票规格：32mm × 25mm
明信片规格：183mm × 100mm
明信片邮票图案：
4-1 长江
4-2 长城
4-3 黄山
4-4 黄河

序号	面值（分）	售价（元）	发行量（万套）	市场参考价格（元）
全套	240	8.80	300	15.00

版别：彩色胶版

摄影者：任国恩

设计者：任国恩

每枚售价： 2.20 元

印制厂：江苏省邮电印刷厂

3. 贺卡型 HK2000

全套贺卡信封 4 枚、贺卡 4 枚

贺卡信封邮票面值： 80 分

信封邮票规格： 26mm × 31mm

信封规格： 208mm × 110mm

贺卡规格： 105mm × 200mm

贺卡展开规格： 210mm × 200mm

纪念张规格： 60mm × 85mm

贺卡信封邮票图案：

4-1 胜龙

4-2 祥龙

4-3 巨龙

4-4 中华胜龙

贺卡图案：

4-1 民间刺绣

4-2 民间年画

4-3 民间风车

4-4 民间皮影

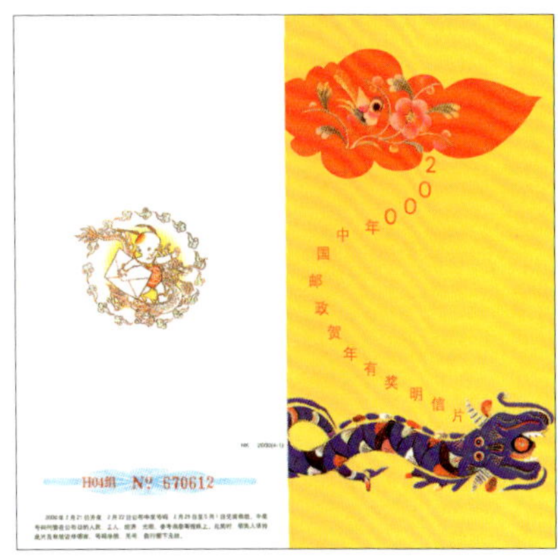

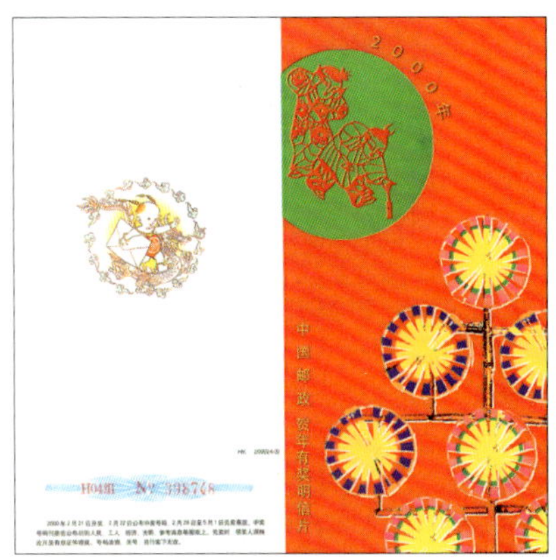

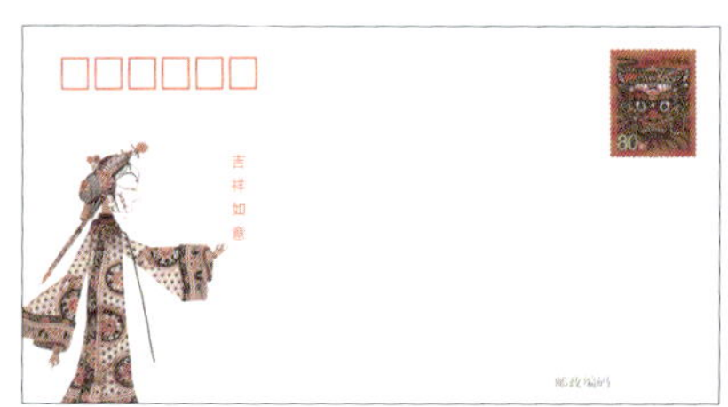

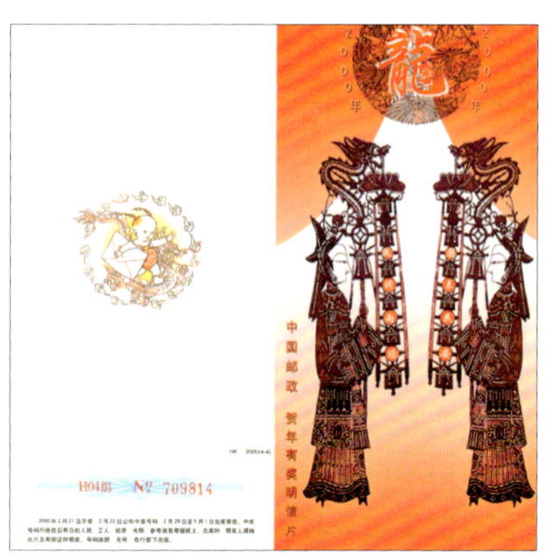

序号	面值（分）	售价（元）	发行量（万套）	市场参考价格（元）
全套	320	25.20	100	40.00

版别：彩色胶版

邮票图案设计者：（4-1）冷冰川、（4-2）王虎鸣、（4-3）张新英、（4-4）吕胜中

贺卡设计者：郝旭东

每套售价：6.30 元

印制厂：北京彩色印刷厂、河南省邮电印刷厂

信封制作：北京鸿纳邮品股份有限公司

注：2000 年中国邮政贺年（有奖）明信片的发行期为 1999 年 11 月 1 日至 2000 年 2 月 20 日（企业拜年卡 1999 年 12 月 1 日发行）。开奖日期为 2000 年 2 月 21 日，2 月 22 日公布中奖号码，兑奖期为 2000 年 2 月 29 日至 5 月 1 日。

HP2001 2001 年中国邮政贺年（有奖）明信片

HP2001 2001 China Post New Year （Lottery） Stamped Postcards

2000 年 11 月 20 日发行

分普通型、特种型、贺卡型 3 种

1. 普通型 HP2001

全套 2 组 12 枚

明信片邮票面值：60 分

明信片邮票规格：24mm × 29mm

明信片规格：183mm × 100mm

明信片邮票图案：辛巳年

明信片图案：

第一组 中国民间艺术

12-1 春风（民风·雅趣·风筝满天）

12-2 春雀（民风·雅趣·提笼架鸟）

12-3 春语（民风·雅趣·百寿图）

12-4 春游（民风·雅趣·石榴裙）

12-5 春棋（民风·雅趣·黑白子）

12-6 春虫（民风·雅趣·鸣虫越冬）

第二组 民间传统喜庆图案

12-7 春节序曲 春联与门神

12-8 新年色彩 窗花与吊线

12-9 过年盛典 合家团圆饭

12-10 新年气象 喜庆盛装

12-11 节日高潮 花灯热闹

12-12 春节欢呼 爆竹烟花

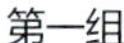
第一组

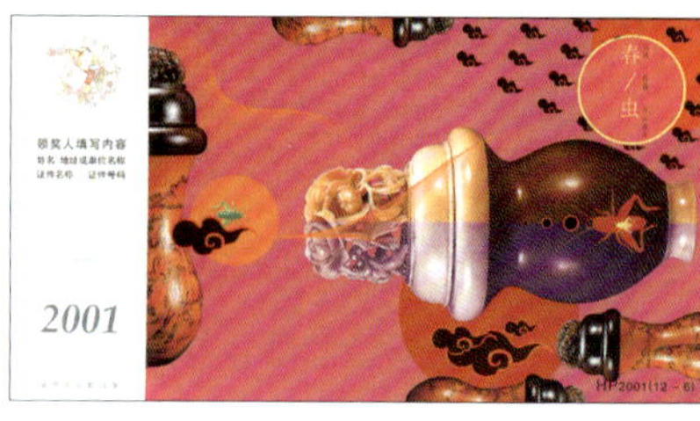

第二组

CK 组

序号	面值（分）	售价（元）	发行量（万套）	市场参考价格（元）
全套	720	14.40	869.08	10.00

版别：彩色胶版

明信片邮票图案设计者：曹墨

明信片设计者：佟莹、陈幼林、董媛、陈栋玲、丁国凯、郭志卉、姜伟杰、李庆发

每枚售价：1.20 元

印制厂：浙江省邮电印刷厂、江苏省邮电印刷厂、河南省邮电印刷厂、辽宁省沈阳邮电印刷厂、中国人民解放军第 1206 工厂、陕西省印刷厂

2. 特种型 THP2001

全套 4 枚

明信片邮票面值：60 分

明信片邮票规格：24mm × 29mm

明信片规格：183mm × 100mm

明信片邮票图案：辛巳年

明信片图案：

4-1 牛

4-2 马

4-3 鸡

4-4 熊猫

序号	面值（分）	售价（元）	发行量（万套）	市场参考价格（元）
全套	240	8.80	209.385	10.00

版别：彩色胶版

明信片邮票图案设计者：王虎鸣

明信片设计者：韩美林

每枚售价：2.20 元

印制厂：河南省邮电印刷厂

3. 贺卡型 HK2001

全套贺卡信封 4 枚、贺卡 4 枚

贺卡信封邮票面值：80 分

贺卡信封邮票规格：26mm × 31mm

贺卡信封规格：208mm × 110mm

贺卡规格：105mm × 200mm

贺卡展开规格：210mm × 200mm

纪念张规格：60mm × 85mm

贺卡信封邮票图案

4-1 银蛇起舞 春

4-2 银蛇起舞 夏

4-3 银蛇起舞 秋

4-4 银蛇起舞 冬

贺卡图案：

4-1 出门见喜 喜上眉梢

4-2 花开富贵 竹报平安

4-3 迎祥纳福 福寿平安

4-4 连年有余 瑞气盈门

序号	面值（分）	售价（元）	发行量（万套）	市场参考价格（元）
全套	320	25.20	90	40.00

版别：彩色胶版

设计者：郭承辉

每套售价：6.30 元

印制厂：北京邮票厂、北京鸿纳邮品股份有限公司

注：2001 年中国邮政贺年（有奖）明信片的发行期为 2000 年 11 月 20 日至 2001 年 2 月 6 日。开奖日期为 2001 年 2 月 7 日，2 月 8 日公布中奖号码，兑奖期为 2001 年 2 月 15 日至 5 月 1 日。

HP2002 2002 年中国邮政贺年（有奖）明信片

HP2002 2002 China Post New Year（Lottery） Stamped Postcards

2001 年 11 月 20 日发行

分普通型、贺卡型 2 种

1. 普通型 HP2002

全套 3 组 12 枚

明信片邮票面值：60 分

明信片邮票规格：26mm × 31mm

明信片规格：183mm × 100mm

明信片邮票图案：富贵彩马

明信片图案：

A 组 吉祥鸟

4-1 真情永驻

4-2 前程似锦

4-3 健康向上

4-4 事业成功

B 组 中国结

4-1 吉祥如意

4-2 祥和平安

4-3 福如东海

4-4 花开富贵

C 组 杨柳青年画

4-1 马年大吉

4-2 三羊开泰

4-3 锣鼓催春

4-4 春风得意

A 组

B 组

C 组

CK 组

序号	面值（分）	售价（元）	发行量（万套）	市场参考价格（元）
A 组	240	4.80		
B 组	240	4.80		
C 组	240	4.80		
全套	720	14.40	800	10.00

版别：彩色胶版

明信片邮票图案：富贵彩马

明信片邮票设计者：卢天骄

明信片图案设计者：郭承辉、范军

责任编辑：李昕

每枚售价：1.20 元

印制厂：浙江省邮电印刷厂、河南省邮电印刷厂、辽宁省沈阳邮电印刷厂、江苏省邮电印刷厂、中国人民解放军第 1206 工厂、陕西省印刷厂、广东邮电南方彩色印务有限公司、四川省邮电印制厂、山东省邮电印刷厂、北京鸿纳邮品股份有限公司

2. 贺卡型 HK2002

全套贺卡信封 4 枚、贺卡 4 枚

贺卡信封邮票面值：80 分

贺卡信封邮票规格：30mm × 40mm

贺卡信封规格：230mm × 160mm

贺卡规格：140mm × 215mm

贺卡展开规格：280mm × 215mm

贺卡信封邮票图案：形态各异的马

贺卡图案：

4-1 马到成功

4-2 龙腾盛世

4-3 瑞气盈门

4-4 连年有余

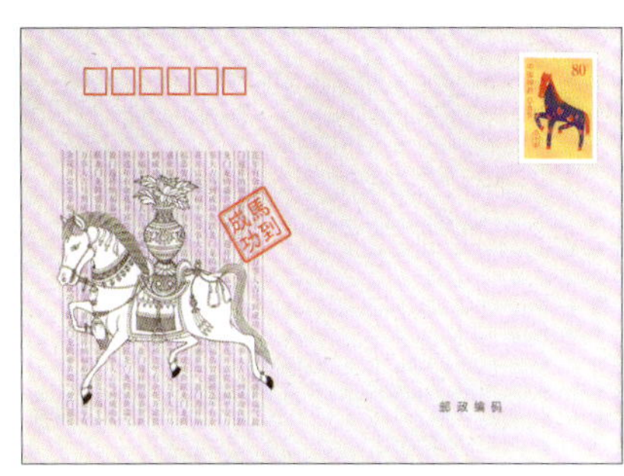

序号	面值（分）	售价（元）	发行量（万套）	市场参考价格（元）
全套	320	25.20		40.00

版别：彩色胶版

信封邮票图案设计者：陈粤阳、陈绍华

贺卡图案设计者：张磊

责任编辑：尚予

每套售价：6.30 元

印制厂：北京鸿纳邮品股份有限公司、中国人民解放军第 1206 工厂

注：2002年中国邮政贺年（有奖）明信片的发行期为2001年11月20日至2002年2月25日。开奖日期为2002年2月26日，2月27日公布中奖号码，兑奖期为2002年3月1日至5月1日。

HP2003 2003年中国邮政贺年（有奖）明信片

HP2003 2003 China Post New Year (Lottery) Stamped Postcards

2002年11月20日发行

分普通型、贺卡型2种

1. 普通型 HP2003

全套3组12枚

明信片邮票面值：60分

明信片邮票规格：26mm × 33mm

明信片规格：183mm × 100mm

明信片邮票图案：癸未年

明信片图案：

A组 惠山泥人

4-1 恭贺新禧

4-2 禧福双至

4-3 吉祥如意

4-4 风调雨顺

B组 卡通画

4-1 新年快乐

4-2 新年快乐

4-3 新年快乐

4-4 新年快乐

C组 中国古代花鸟画

4-1 宋·果熟来禽图

4-2 明·玉兰倚石图

4-3 清·荷花图

4-4 清·凤仙蜜蜂图

A组

B组

C组

CK组

序号	面值（分）	售价（元）	发行量（万套）	市场参考价格（元）
A组	240	4.80		
B组	240	4.80		
C组	240	4.80		
全套	720	14.40		10.00

版别：彩色胶版

明信片邮票图案设计者：宫林、栾伟丽

明信片图案设计者：王虎鸣、周建明
泥人原作者：生继兰、顾蕙、吕君、杨德芬、马美娟、孙静娴
责任编辑：虞平
每枚售价： 1.20 元
印制厂：北京邮票厂、北京鸿纳邮品股份有限公司、浙江省邮电印刷厂、江苏省邮电印刷厂、河南省邮电印刷厂、辽宁省沈阳邮电印刷厂、山东省邮电印刷厂、四川省邮电印制厂、广东邮电南方彩色印务有限公司、中国人民解放军第 1206 工厂、陕西省印刷厂

2. 贺卡型 HK2003
全套贺卡信封 4 枚、贺卡 4 枚
贺卡信封邮票面值： 1.60 元
贺卡信封邮票规格： 30mm × 40mm
贺卡信封规格： 230mm × 160mm
贺卡规格： 140mm × 215mm
贺卡展开规格： 280mm × 215mm
贺卡信封邮票图案：癸未年
贺卡图案：
4-1 拥有多彩的一年
4-2 拥有多彩的一年
4-3 繁花似锦
4-4 花开富贵

序号	面值（元）	售价（元）	发行量（万套）	市场参考价格（元）
全套	6.40	25.20		40.00

版别：彩色胶版
设计者：邵立辰、姚志、周建明
责任编辑：佟立英
每套售价： 6.30 元
印制厂：北京邮票厂、北京鸿纳邮品股份有限公司、中国人民解放军第 1206 工厂、陕西省印刷厂
注： 2003 年中国邮政贺年（有奖）明信片的发行期为 2002 年 11 月 20 日至 2003 年 2 月 17 日。开奖日期为 2003 年 2 月 18 日，2 月 19 日公布中奖号码，兑奖期为 2003 年 3 月 1 日至 5 月 1 日。

HP2004 2004 年中国邮政贺年（有奖）明信片

HP2004 2004 China Post New Year（Lottery） Stamped Postcards

2003 年 11 月 1 日发行
分普通型、贺卡型、信卡型 3 种

1. 普通型 HP2004
全套 4 枚
明信片邮票面值： 60 分
明信片邮票规格： 30mm × 30mm
明信片规格： 183mm × 100mm
明信片邮票图案：
4-1 恭贺新春
4-2 风调雨顺
4-3 福寿双全
4-4 喜事成双
明信片图案：
4-1 雪人
4-2 香槟
4-3 糖葫芦
4-4 风车

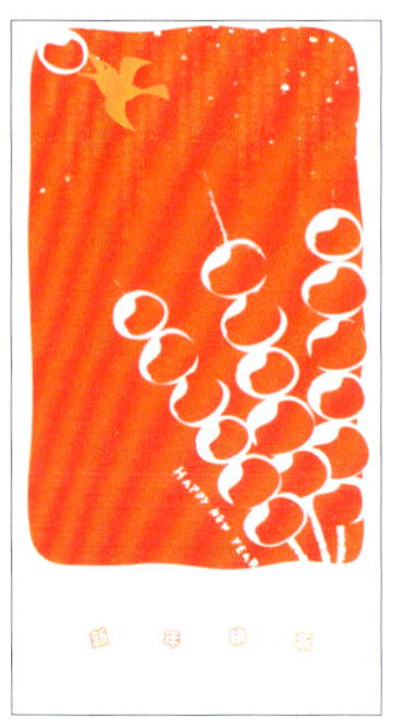

CK 组

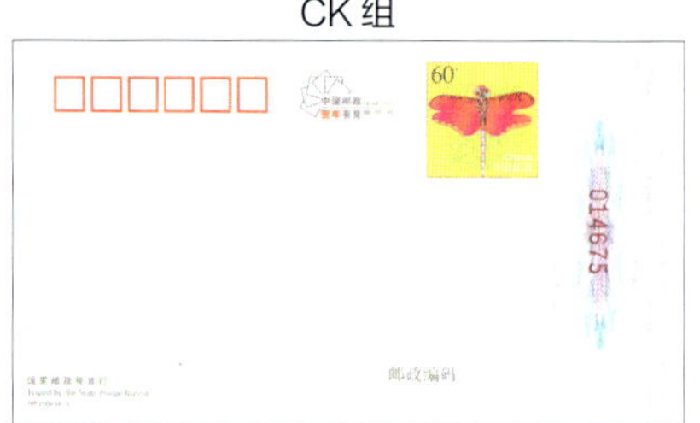
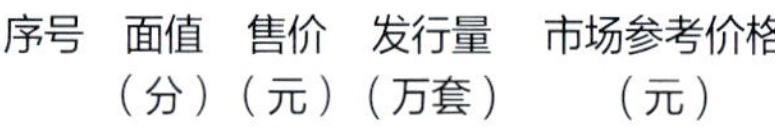

序号	面值（分）	售价（元）	发行量（万套）	市场参考价格（元）
全套	240	4.80		20.00

版别：彩色胶版

明信片邮票图案设计者：郭晓晔、冯小红、周岳、何洁

明信片图案设计者：郭晓晔

责任编辑：虞平

每枚售价：1.20 元

2. 贺卡型 HK2004

全套贺卡信封 4 枚、贺卡 4 枚

信封邮票面值：1.60 元

信封邮票规格：35mm × 35mm

信封规格：230mm × 160mm

贺卡规格：135mm × 210mm

贺卡展开规格：270mm × 210mm

贺卡信封邮票图案：甲申年

贺卡图案：

4-1 猴年大吉

4-2 一帆风顺

4-3 连年有余

4-4 新春快乐

序号	面值（元）	售价（元）	发行量（万套）	市场参考价格（元）
全套	6.40	20.00		30.00

版别：彩色胶版

贺卡信封邮票图案设计者：吕胜中

贺卡图案设计者：冯小红、周岳、何洁

责任编辑：虞平

每套售价：5.00 元

3. 信卡型 HXK2004

全套 1 枚

信卡邮票面值：80 分

信卡邮票规格：30mm × 30mm

信卡规格：186mm × 128mm

信卡展开规格：186mm × 256mm

信卡邮票图案：猴

信卡图案：

1-1 新年开心

序号	面值（分）	售价（元）	发行量（万套）	市场参考价格（元）
1-1	80	2.00		320.00

版别：彩色胶版

设计者：凌连伟

责任编辑：虞平

每枚售价：2.00 元

印制厂：北京邮票厂、四川省邮电印制厂、山东省邮电印刷厂、中国人民解放军第1206工厂、广东信源彩色印务有限公司、河南省邮电印刷厂、江苏省邮电印刷厂、内蒙古邮电印刷厂、北京鸿纳邮品股份有限公司、上海鸿吉印刷有限公司、陕西信德圆方安全印务有限责任公司、辽宁省沈阳邮电印刷厂、浙江省邮电印刷厂

注：2004 年中国邮政贺年（有奖）明信片的发行期为 2003 年 11 月 1 日至 2004 年 2 月 4 日。开奖日期为 2004 年 2 月 5 日，2 月 6 日公布中奖号码，兑奖期为 2004 年 3 月 1 日至 5 月 1 日。

HP2005 2005年中国邮政贺年（有奖）明信片

HP2005 2005 China Post New Year (lottery) Stamped Postcards

2004 年 11 月 1 日发行

分普通型、贺卡型、信卡型、异形 4 种

1. 普通型 HP2005

全套 31 枚

明信片邮票面值：60 分

明信片邮票规格：对角线 30mm × 30mm（菱形）

明信片规格：183mm × 100mm

明信片邮票图案：乙酉年

明信片图案：

31-1 新年快乐（北京）设计者：庞宏

31-2 新年快乐（天津）设计者：于海翔

31-3 新年快乐（河北）设计者：王立昆

31-4 新年快乐（山西）设计者：赵伟　摄影者：赵伟

31-5 新年快乐（内蒙古）设计者：张锐　书法作者：靳立成

31-6 新年快乐（辽宁）设计者：李凌河

31-7 新年快乐（吉林）设计者：邢刚　原画作者：邢刚

31-8 新年快乐（黑龙江）设计者：房晓波　摄影者：方电君

31-9 新年快乐（上海）设计者：乔丽云　摄影者：乔丽云

31-10 新年快乐（江苏）设计者：陈玲

31-11 新年快乐（浙江）设计者：陈志皓　雕塑作者：郑方杨

31-12 新年快乐（安徽）设计者：吴同彦

31-13 新年快乐（福建）设计者：林婷婷

31-14 新年快乐（江西）设计者：胡红忠　雕塑作者：曾纪荣

31-15 新年快乐（山东）设计者：周玉凤　剪纸作者：齐秀花

31-16 新年快乐（河南）设计者：梁裕宇

31-17 新年快乐（湖北）设计者：王知华　摄影者：黄汉伟

31-18 新年快乐（湖南）设计者：张东彤

31-19 新年快乐（广东）设计者：庄奕　摄影者：谭伟山

31-20 新年快乐（广西）设计者：朱晓云　摄影者：朱晓云

31-21 新年快乐（海南）设计者：谢献文　摄影者：石怀逊

31-22 新年快乐（重庆）设计者：张德贤

31-23 新年快乐（四川）设计者：王俊伟　摄影者：余小武

31-24 新年快乐（贵州）设计者：陈德刚

31-25 新年快乐（云南）设计者：孙太仁

31-26 新年快乐（西藏）设计者：格桑次仁

31-27 新年快乐（陕西）设计者：支红　剪纸作者：朱光莲

31-28 新年快乐（甘肃）设计者：赵同样　剪纸作者：惠富君

31-29 新年快乐（青海）设计者：马建设

31-30 新年快乐（宁夏）设计者：马小晶　摄影者：张治军、朱晓平

31-31 新年快乐(新疆)设计者：安昆、刘汉新　摄影者：安昆、刘汉新

新年快乐

新年快乐

新年快乐
贺新年
2005

新年快乐
贺年

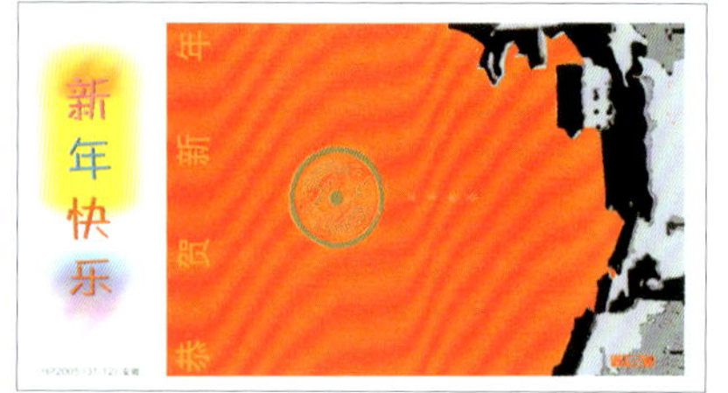
新年快乐

新年快乐

新年快乐

新年快乐

新年快乐

新年快乐

新年快乐

新年快乐
2005
新年快乐
HAPPY NEW YEAR

新年快乐
拜年

新年快乐

新年快乐

新年快乐

新年快乐

新年快乐

新年快乐

新年快乐
新年快乐
Happy New Year

新年快乐

CK组

序号	面值（分）	售价（元）	发行量（万套）	市场参考价格（元）
全套	1860	37.20		240.00

版别：彩色胶版

明信片邮票图案设计者：李涛、洪路

责任编辑：史渊

每枚售价：1.20 元

2. 贺卡型 HK2005（贺卡信封 HKF2005、贺卡 HK2005）

全套贺卡信封 4 枚，贺卡 8 枚

贺卡信封邮票面值：1.60 元

贺卡信封邮票规格：35mm × 35mm

贺卡信封规格：229mm × 162mm

贺卡规格：135mm × 210mm

贺卡展开规格：270mm × 210mm

贺卡信封邮票图案：乙酉年

贺卡信封图案：

4-1 新年快乐

4-2 雄鸡报春

4-3 富贵有余

4-4 吉祥如意

贺卡图案：

8-1 恭贺新禧

8-2 富贵平安

8-3 吉祥如意

8-4 竹报平安

8-5 新年快乐

8-6 新年快乐

8-7 新年快乐

8-8 新年快乐

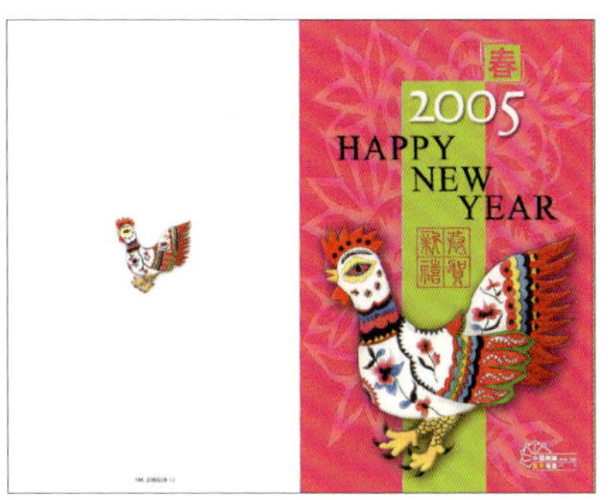

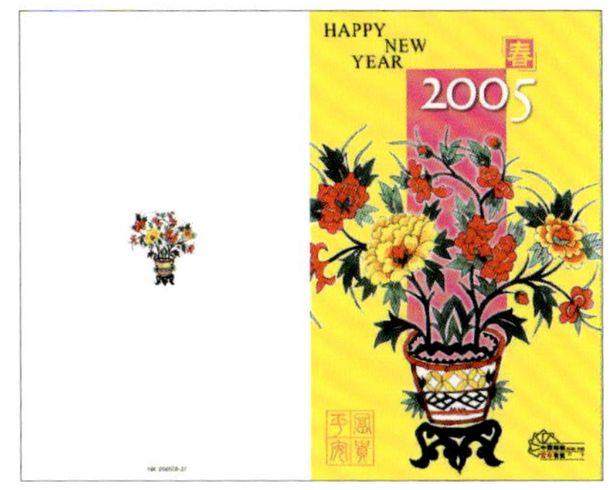

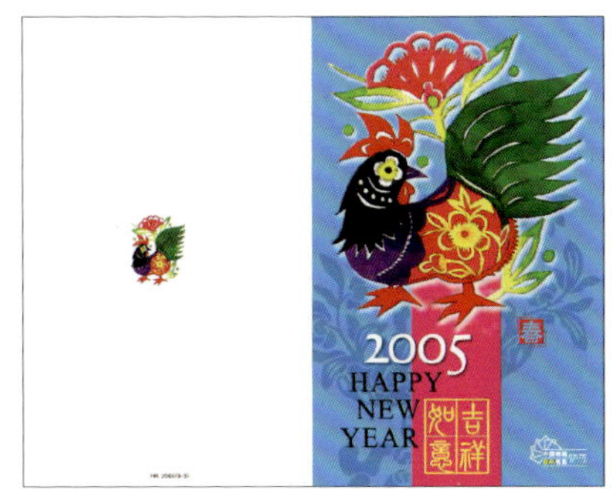

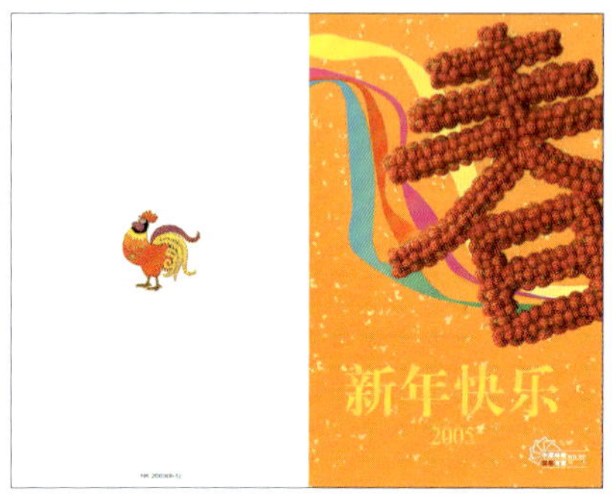

序号	面值（元）	售价（元）	发行量（万套）	市场参考价格（元）
全套	12.80	40.00		80.00

版别：彩色胶版

贺卡信封邮票图案设计者：周振

贺卡图案设计者：姜伟杰、冯小红

责任编辑：史渊

每套售价：5.00 元

3. 信卡型 HXK2005

全套 4 枚

信卡邮票面值：80 分

信卡邮票规格：直径 30mm （圆形）

信卡规格：186mm × 128mm

信卡展开规格：186mm × 256mm

信卡邮票图案：乙酉年

信卡图案：

4-1 春满人间

4-2 春满人间

4-3 春满人间

4-4 春满人间

序号	面值（分）	售价（元）	发行量（万套）	市场参考价格（元）
全套	320	8.00		50.00

版别：彩色胶版

信卡邮票图案设计者：高光辉

信卡图案设计者：阎炳武

原作者：李伟刚、阎炳武

责任编辑：史渊

每枚售价：2.00 元

4. 异形明信片 HY2005

全套 4 枚

明信片邮票面值：60 分

明信片邮票规格：直径 22mm （圆形）

明信片邮票图案：乙酉年

明信片图案：

4-1 新年快乐（鸡年大吉合家欢）

4-2 新年快乐（欢乐的圣诞节）

4-3 新年快乐（我是一条快乐网虫）

4-4 新年快乐（把富裕和甜蜜送给你）

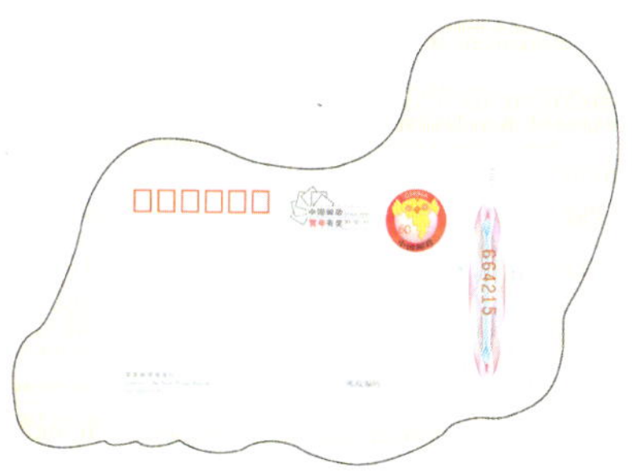

序号	面值（分）	售价（元）	发行量（万套）	市场参考价格（元）
全套	320	18.00		24.00

版别：彩色胶版

设计者：吴勇

责任编辑：史渊

每枚售价：4.50 元

印制厂：北京邮票厂、四川省邮电印制厂、山东省邮电印刷厂、中国人民解放军第1206工厂、广东信源彩色印务有限公司、河南省邮电印刷厂、江苏省邮电印刷厂、内蒙古邮电印刷厂、北京鸿纳邮品股份有限公司、上海鸿吉印刷有限公司、陕西信德圆方安全印务有限责任公司、辽宁省沈阳邮电印刷厂、浙江省邮电印刷厂

注：2005 年中国邮政贺年（有奖）明信片的发行期为 2004 年 11 月 1 日至 2005 年 2 月 22 日。开奖日期为 2005 年 2 月 23 日，2 月 23—24 日公布中奖号码，兑奖期为 2005 年 3 月 10 日至 5 月 1 日。

HP2006 2006年中国邮政贺年（有奖）明信片

HP2006 2006 China Post New Year（lottery） Stamped Postcards

2005 年 11 月 1 日发行

分普通型、贺卡型、信卡型、异形 4 种

1. 普通型 HP2006

全套 4 枚

明信片邮票面值：60 分

明信片邮票规格：对角线 30mm × 30mm（菱形）

明信片规格：183mm × 100mm

明信片邮票图案：生肖狗（一）

明信片图案：

4-1 快乐（快乐生活每一天）

4-2 幸福（幸福生活每一天）

4-3 开心（享受生活每一天）

4-4 美满（想你爱你每一天）

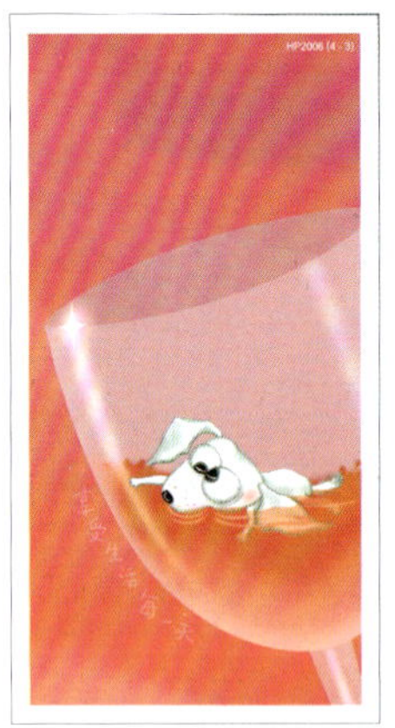

CK 组

序号	面值（分）	售价（元）	发行量（万套）	市场参考价格（元）
全套	240	4.80		10.00

版别：彩色胶版

明信片邮票图案设计者：夏竞秋

明信片图案设计者：陈景异

责任编辑：赵蕾

每枚售价：1.20 元

2. 信卡型 HXK2006

全套 4 枚

信卡邮票面值：80 分

信卡邮票规格：30mm × 25mm

信卡规格：186mm × 128mm

信卡展开规格：186mm × 256mm

信卡邮票图案：生肖狗（二）

信卡图案：

4-1 花开时节

4-2 绿荫小憩

4-3 硕果累累

4-4 瑞雪丰年

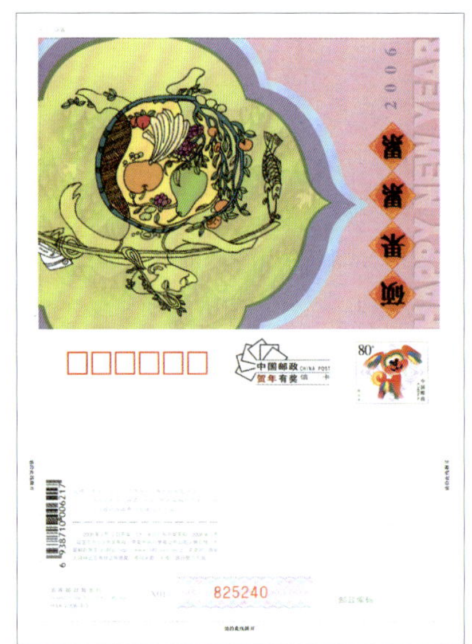

序号	面值（分）	售价（元）	发行量（万套）	市场参考价格（元）
全套	320	8.00		100.00

版别：彩色胶版

信卡邮票图案设计者：何洁

信卡图案设计者：阎炳武

责任编辑：赵蕾

每枚售价：2.00 元

3. 贺卡型 HK2006（贺卡信封 HKF2006、贺卡 HK2006）

全套贺卡信封 1 枚、贺卡 4 枚

贺卡信封邮票面值：1.60 元

贺卡信封邮票规格：34mm × 34mm

贺卡信封规格：229mm × 162mm

贺卡规格：135mm × 210mm

贺卡信封邮票图案：生肖狗（三）

贺卡图案：

4-1 丙戌大吉

4-2 五福临门

4-3 迎春献瑞

4-4 年年有余

序号	面值（元）	售价（元）	发行量（万套）	市场参考价格（元）
全套	6.40	20.00		30.00

版别：彩色胶版

贺卡信封邮票图案设计者：何洁

贺卡信封设计者：郝旭东

贺卡图案设计者：张磊

责任编辑：赵蕾

每套售价：5.00 元

4. 异形明信片 HY2006

全套 4 枚

明信片邮票面值：60 分

明信片邮票规格：直径 22mm （圆形）

异形明信片邮票图案：生肖狗（四）

异形明信片造型图案：

4-1 卡通狗

4-2 宝葫芦

4-3 圣诞树

4-4 蝴蝶

序号	面值（分）	售价（元）	发行量（万套）	市场参考价格（元）
全套	240	18.00		24.00

版别：彩色胶版

明信片邮票图案设计者：陈绍华

明信片设计者：郝旭东、陈景异

责任编辑：赵蕾

每枚售价：4.50 元

印制厂：北京邮票厂、四川省邮电印制厂、山东省邮电印刷厂、中国人民解放军第1206工厂、广东信源彩色印务有限公司、河南省邮电印刷厂、江苏省邮电印刷厂、内蒙古邮电印刷厂、北京鸿纳邮品股份有限公司、上海鸿吉印刷有限公司、陕西信德圆方安全印务有限责任公司、辽宁省沈阳邮电印刷厂、浙江省邮电印刷厂

注：2006 年中国邮政贺年（有奖）明信片的发行期为 2005 年 11 月 1 日至 2006 年 2 月 11 日。开奖日期为 2006 年 2 月 12 日，2 月 13—14 日公布中奖号码，兑奖期为 2006 年 3 月 1 日至 5 月 1 日。

中国邮政贺卡(HP)
China Post New Year Postcards （HP）

HP2007 2007 年中国邮政贺卡
HP2007 2007 China Post New Year Cards

2006 年 11 月 1 日发行

分普通型、信卡型、贺卡型、异形、动感卡、幸运封 6 种

1. 普通型 HP2007

全套 4 枚

明信片邮票面值： 60 分

明信片邮票规格：边长 24mm×24mm（菱形）

明信片规格： 165mm × 78mm

明信片邮票图案：肥猪拱门

明信片图案：

4-1 竹报平安

4-2 天天向上

4-3 爱心多多

4-4 五谷丰登

CK 组

序号	面值（分）	售价（元）	发行量（万套）	市场参考价格（元）
全套	240	5.60		9.00

版别：彩色胶版

明信片邮票图案设计者：王虎鸣

明信片图案设计者：张磊（清美视觉机构）

责任编辑：秦巍

每枚售价： 1.40 元

2. 信卡型 HXK2007

全套 4 枚

信卡邮票面值： 80 分

信卡邮票规格：直径 30mm （圆形）

信卡规格： 186mm × 128mm

信卡展开规格： 186mm × 256mm

信卡邮票图案：一团和气

信卡图案：

4-1 快乐新年

4-2 幸福生活

4-3 美满幸福

4-4 生活无忧

序号	面值（分）	售价（元）	发行量（万套）	市场参考价格（元）
全套	320	9.60		10.00

版别：彩色胶版

信卡邮票图案设计者：郭承辉（广州天一文化有限公司）

信卡图案设计者：郭承辉（广州天一文化有限公司）

责任编辑：秦巍

每枚售价：2.40 元

3. 贺卡型 HK2007（贺卡信封 HKF2007、贺卡 HK2007）

全套贺卡信封 1 枚、贺卡 4 枚

贺卡信封邮票面值：1.60 元

贺卡信封邮票规格：40mm × 30mm

贺卡信封规格：229mm × 162mm

贺卡规格：135mm × 210mm

贺卡展开规格：270mm × 210mm

贺卡信封邮票图案：丁亥大吉

贺卡信封图案：拜年

贺卡图案：

4-1 有感动就要有行动

4-2 多姿多彩每一天

4-3 招财进宝

4-4 吉祥如意

序号	面值（元）	售价（元）	发行量（万套）	市场参考价格（元）
全套	6.40	20.00		22.00

版别：彩色胶版

贺卡信封邮票图案设计者：王虎鸣

贺卡信封图案设计者：郭承辉（广州天一文化有限公司）

贺卡图案设计者：郭承辉（广州天一文化有限公司）

责任编辑：秦巍

每套售价：5.00 元

4. 异形明信片 HY2007

全套 4 枚

明信片邮票面值：60 分

明信片邮票规格：24mm × 22mm （异形）

明信片规格：162mm × 142mm （最大）

异形明信片邮票图案：猪年大吉

异形明信片图案：

4-1 猪年丰衣

4-2 猪年美食

4-3 猪年安居

4-4 猪年乐行

序号	面值（分）	售价（元）	发行量（万套）	市场参考价格（元）
全套	240	18.00		24.00

版别：彩色胶版

明信片邮票图案设计者：靳埭强（中国香港）

明信片图案设计者：靳埭强（中国香港）

责任编辑：秦巍

每枚售价：4.50 元（含邮件特殊处理费 3 元）

5. 动感卡 HD2007（光栅明信片）

全套 4 枚

明信片邮票面值：60 分

明信片邮票规格：24mm × 32mm

明信片规格：165mm × 115mm

明信片邮票图案：平安富贵

明信片图案：

4-1 迎春纳福

4-2 雪人

4-3 风车宝宝

4-4 吉庆有余

序号	面值（分）	售价（元）	发行量（万套）	市场参考价格（元）
全套	240	24.00		32.00

版别：彩色胶版

明信片邮票图案设计者：王虎鸣

明信片图案设计者：（4-1、4-2、4-3）姚晓东，（4-4）史力家（四川宜宾普氏3D 有限公司）

责任编辑：秦巍

每枚售价：6.00 元

6. 幸运封（信封 HXYF2007、贺卡 HXY2007）

全套幸运封 1 枚、贺卡 1 枚、小全张 1 枚

信封邮票面值：9 元

信封邮票规格：45mm × 60mm

信封规格：324mm × 229mm

贺卡规格：370mm × 260mm

小全张规格：110mm × 176mm

信封邮票图案：连年有余

信封图案：

1-1 喜事连连

序号	面值（元）	售价（元）	发行量（万套）	市场参考价格（元）
全套	9	30.00		30.00

版别：彩色胶版
信封邮票图案设计者：王虎鸣
信封图案设计者：郭承辉（广州天一文化有限公司）
责任编辑：秦巍
每枚售价：30.00 元
注：幸运封内配一个贺卡，贺卡中夹一枚贺年专用邮票小全张。
印制厂：北京邮票厂、四川省邮电印制厂、山东省邮电印刷厂、中国人民解放军第1206工厂、福建省邮电印刷厂、广东信源彩色印务有限公司、河南省邮电印刷厂、江苏省邮电印刷厂、甘肃瑞通邮政印刷有限责任公司、内蒙古邮电印刷厂、上海鸿吉印刷有限公司、陕西信德圆方安全印务有限责任公司、辽宁省沈阳邮电印刷厂、浙江省邮电印刷厂
注：2007 年中国邮政贺年（有奖）明信片的发行期为 2006 年 11 月 1 日至 2007 年 3 月 3 日。开奖日期为 2007 年 3 月 4 日，3 月 5—6 日公布中奖号码，兑奖期为 2007 年 3 月 15 日至 5 月 1 日。

HP2008 2008 年中国邮政贺卡
HP2008 2008 China Post New Year Cards

2007 年 10 月 9 日发行
分普通型、信卡型、贺卡型 C5、贺卡型 ZL、动感卡、幸运封、幸运封（1+1）、自创型 8 种

1. 普通型 HP2008
2007 年 10 月 9 日发行
全套 4 枚
明信片邮票面值：80 分
明信片邮票规格：对角线 32mm × 32mm（菱形）
明信片规格：183mm × 100mm
明信片邮票图案：生肖鼠（一）
明信片图案：
4-1 鼠咬天开
4-2 鼠——机灵
4-3 鼠年报平安
4-4 鼠年合家欢

CK 组

序号	面值（分）	售价（元）	发行量（万套）	市场参考价格（元）
全套	320	6.40		8.00

版别：彩色胶版
明信片邮票图案设计者：李群、方军
明信片图案设计者：（4-1、4-2）姚晓东，（4-3、4-4）李群、方军
剪纸原作者：（4-1）雷祥生
责任编辑：陈宜思
每枚售价：1.60 元

2. 信卡型 HXK2008
2007 年 10 月 9 日发行
全套 4 枚
信卡邮票面值：1.20 元
信卡邮票规格：29.5mm × 28mm（异形）
信卡规格：186mm × 128mm
信卡展开规格：186mm × 256mm
信卡邮票图案：生肖鼠（二）
信卡图案：
4-1 节日快乐
4-2 喜气盈门
4-3 新春快乐
4-4 万事如意

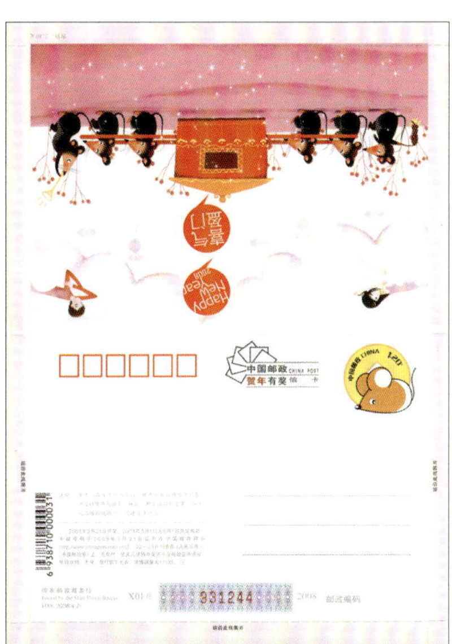

序号	面值（元）	售价（元）	发行量（万套）	市场参考价格（元）
全套	4.80	11.20		12.00

版别：彩色胶版

信卡邮票图案设计者：姚晓东

信卡图案设计者：（4-1、4-2）侯筛红，（4-3）郭承辉，（4-4）陈景异

皮影作品提供者：（4-4）刘季霖

责任编辑：陈宜思

每枚售价：2.80 元

3. 贺卡型 C5（贺卡信封 HKF2008、贺卡 HK2008）

2007 年 10 月 9 日发行

全套贺卡信封 4 枚、贺卡 4 枚

贺卡信封邮票面值：2.40 元

贺卡信封邮票规格：30mm×40mm（异形）

贺卡信封规格：229mm×162mm

贺卡规格：135mm×210mm

贺卡信封邮票图案：生肖鼠（三）

贺卡图案：

4-1 吉祥鼠迎瑞雪年

4-2 欢歌笑语传梦想

4-3 新年快乐

4-4 开门见喜

序号	面值（元）	售价（元）	发行量（万套）	市场参考价格（元）
全套	9.60	22.00		24.00

版别：彩色胶版

贺卡信封邮票图案设计者：姚晓东

贺卡图案设计者：（4-1、4-2）侯筛红，（4-3）郝旭东，（4-4）郭承辉

剪纸原作者：雷祥生

责任编辑：陈宜思

每套售价：5.50 元

4. 贺卡型 ZL（贺卡信封 HKF2008、贺卡 HK2008）

2007 年 10 月 9 日发行

全套贺卡信封 4 枚、贺卡 4 枚

贺卡信封邮票面值：2.40 元

贺卡信封邮票规格：30mm×40mm

贺卡信封规格：230mm×120mm

贺卡规格：100mm×210mm （折叠后）

贺卡信封邮票图案：生肖鼠（四）

贺卡图案：

4-1 吉祥如意

4-2 欢欢喜喜

4-3 国泰民安

4-4 福寿康宁

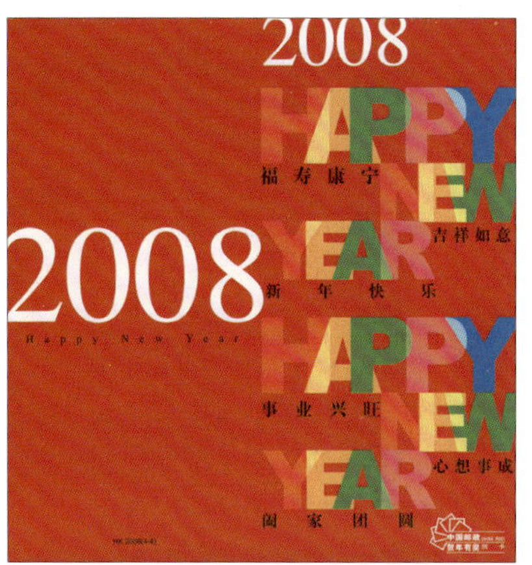

序号	面值（元）	售价（元）	发行量（万套）	市场参考价格（元）
全套	9.60	22.00		24.00

版别：彩色胶版

贺卡信封邮票图案设计者：侯筛红、王净净

贺卡图案设计者：（4-1、4-2）姚晓东，（4-3、4-4）阎炳武

资料提供：“金瓯永固”杯照片由故宫博物院提供

责任编辑：陈宜思

每套售价：5.50 元

5. 动感卡 HD2008（光栅明信片）

2007 年 10 月 9 日发行

全套 4 枚

明信片邮票面值：80 分

明信片邮票规格：对角线36mm × 36mm（菱形）

明信片规格：165mm × 115mm

明信片邮票图案：生肖鼠（五）

明信片图案：

4-1 新年快乐

4-2 对对碰

4-3 小老鼠拜年

4-4 我健康 我快乐

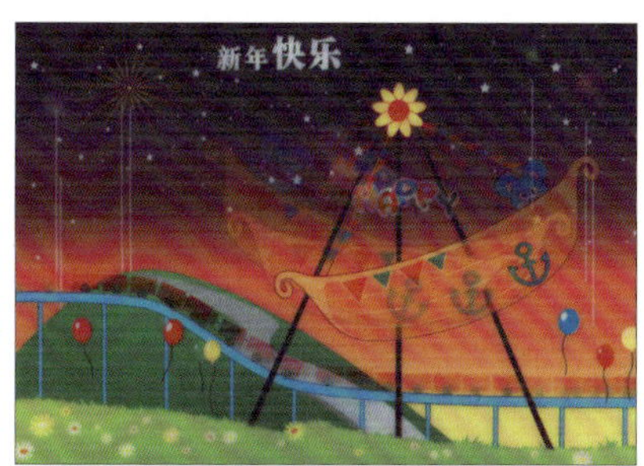

序号	面值（元）	售价（元）	发行量（万套）	市场参考价格（元）
全套	240	24.00		32.00

版别：彩色胶版

明信片邮票图案设计者：陈景异

明信片设计者：姚晓东

责任编辑：陈宜思

每枚售价：6.00 元

6. 幸运封（信封 HXYF2008、贺卡 HXY2008）

2007 年 11 月 11 日发行

全套幸运封 1 枚、贺卡 1 枚、小全张 1 枚

信封邮票面值：9 元

信封邮票规格：45mm × 60mm

信封规格：324mm × 229mm

贺卡规格：370mm × 260mm

小全张规格：110mm × 176mm

信封邮票图案：花开富贵

信封图案：

2-1 新年好运 喜上眉梢

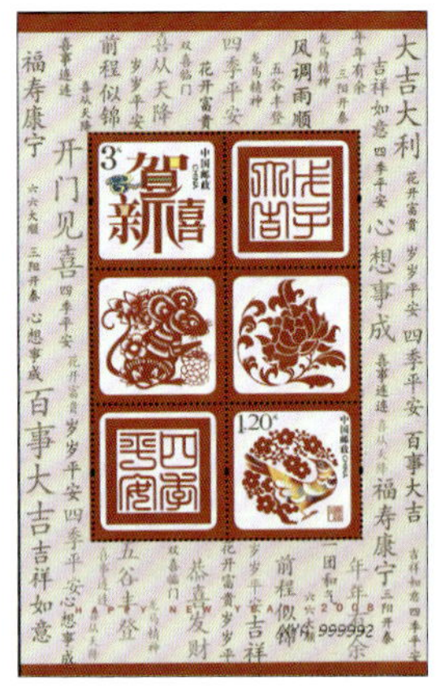

序号	面值（元）	售价（元）	发行量（万套）	市场参考价格（元）
2-1	9	30.00		30.00

版别：彩色胶版
设计者：郭承辉
责任编辑：陈宜思
每套售价：30.00 元
注：幸运封内配一个贺卡，贺卡中夹一枚贺年专用邮票小全张。

7. 幸运封（1 + 1）（信封 HXYF2008、贺卡 HXY2008）
2007 年 11 月 11 日发行
全套幸运封 1 枚、贺卡 1 枚、小全张 1 枚
信封邮票面值：9 元
信封邮票规格：45mm × 60mm
信封规格：324mm × 229mm
贺卡规格：370mm × 260mm
小全张规格：110mm × 176mm
信封邮票图案：花开富贵
信封图案：
2-2 恭贺新禧

序号	面值（元）	售价（元）	发行量（万套）	市场参考价格（元）
2-2	9	50.00		30.00

版别：彩色胶版
设计者：郭承辉
责任编辑：陈宜思
每套售价：50.00 元
注：幸运封（1+1）有两个兑奖号码，增加一次兑奖的机会。幸运封内配一个贺卡，贺卡中夹一枚贺年专用邮票小全张。

8. 自创型 HZ2008
2007 年 10 月 9 日发行
全套 1 枚
明信片邮票面值：80 分
明信片邮票规格：30mm × 21mm
明信片规格：183mm × 100mm
明信片邮票图案：生肖鼠（六）
1-1 生肖鼠

序号	面值（分）	售价（元）	发行量（万套）	市场参考价格（元）
1-1	80	2.50		5.00

版别：彩色胶版
设计者：姚晓东
责任编辑：陈宜思
每枚售价：2.50 元

2008 福娃大拜年

1. 信卡型 AXK2008
2007 年 11 月 20 日发行
全套 2 组 12 枚
信卡邮票面值：1.20 元
信卡邮票规格：29.5mm × 28mm （异形）
信卡规格：186mm × 128mm
信卡展开规格：186mm × 256mm
信卡邮票图案：生肖鼠（二）
信卡图案：
A 组
12-1 风调雨顺 吉祥物福娃贝贝
12-2 竹报平安 吉祥物福娃晶晶
12-3 红红火火 吉祥物福娃欢欢
12-4 超越梦想 吉祥物福娃迎迎
12-5 迎风展翅 吉祥物福娃妮妮
12-6 五福迎春 吉祥物福娃
B 组
12-7 鱼跃龙门 吉祥物福娃贝贝
12-8 节节高升 吉祥物福娃晶晶
12-9 竹报平安 吉祥物福娃欢欢
12-10 吉祥如意 吉祥物福娃迎迎
12-11 紫气东来 吉祥物福娃妮妮
12-12 福娃送福 吉祥物福娃

A 组

821500

821486

650123

821001

821144

650619

B 组

821637

650246

650371

版别：彩色胶版
设计者：王虎鸣、姚晓东
责任编辑：陈宜思
每枚售价：2.80 元
每枚市场参考价格：4.00 元

2. 贺卡型 C5（贺卡信封 AKF2008、贺卡 AK2008）

2007 年 11 月 20 日发行
全套 2 组
贺卡信封 12 枚、贺卡 12 枚
贺卡信封邮票面值：2.40 元
贺卡信封邮票规格：30mm × 40mm（异形）
贺卡信封规格：229mm × 162mm
贺卡规格：135mm × 210mm （折叠后）
贺卡信封邮票图案：生肖鼠（三）
贺卡图案：
A 组（镂空形式）
12-1 连年有余 福娃贝贝
12-2 竹报平安 福娃晶晶
12-3 红红火火 福娃欢欢
12-4 吉祥如意 福娃迎迎
12-5 紫气东来 福娃妮妮
12-6 五福临门 五个福娃
B 组（异形）
12-7 福娃贺新春 福娃贝贝
12-8 福娃贺新春 福娃晶晶
12-9 福娃贺新春 福娃欢欢
12-10 福娃贺新春 福娃迎迎
12-11 福娃贺新春 福娃妮妮
12-12 福娃贺新春 五个福娃

A 组

B 组

中国邮政
贺年有奖
邮政编码

中国邮政
贺年有奖
邮政编码

中国邮政
贺年有奖
邮政编码

A 组

五福临门

B 组

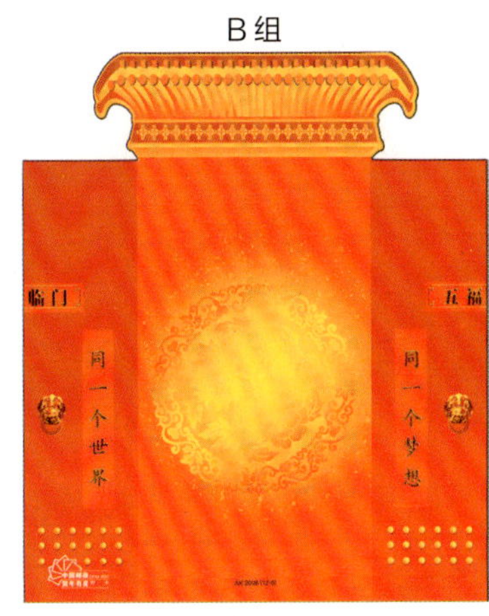
临门
五福
同一个世界
同一个梦想

福娃贺新春

福娃贺新春

福娃贺新春

版别：彩色胶版
贺卡信封邮票图案设计者：姚晓东
贺卡图案设计者：王虎鸣、姚晓东
剪纸作者：雷祥生
责任编辑：陈宜思
每套售价：5.50 元
每套市场参考价格：6.00 元
印制厂：北京邮票厂、四川省邮电印制厂、山东省邮电印刷厂、中国人民解放军第1206 工厂、福建省邮电印刷厂、广东信源彩色印务有限公司、河南省邮电印刷厂、江苏省邮电印刷厂、甘肃瑞通邮政印刷有限责任公司、内蒙古邮电印刷厂、上海鸿吉印刷有限公司、陕西信德圆方安全印务有限责任公司、辽宁省沈阳邮电印刷厂、浙江省邮电印刷厂

注：2008 年中国邮政贺年（有奖）明信片的发行期为 2007 年 10 月 9 日至 2008 年 2 月 20 日。开奖日期为 2008 年 2 月 21 日，2 月 21 日公布中奖号码，兑奖期为 2008 年 3 月 1 日至 5 月 1 日。

HP2009 2009 年中国邮政贺卡
HP2009 2009 China Post New Year Cards

2008 年 10 月 9 日发行
分普通型、信卡型、贺卡型 C5、贺卡型 ZL、幸运封、幸运封（1+1）、自创型 7 种

1. 普通型 HP2009
全套 5 组 20 枚
明信片邮票面值：80 分
明信片邮票规格：26mm × 31mm
明信片规格：183mm × 100mm
明信片邮票图案：生肖牛（一）
明信片图案：
第一组 美梦成真
HP2009（1）Y 安居乐业
HP2009（2）Y 梦想成真
HP2009（3）Y 爱由心生
  A 型：错版
  B 型：改正版
HP2009（4）Y 喜从天降
第二组 Happy New Year
HP2009（5）Y 万象更新
HP2009（6）Y 新年快乐
HP2009（7）Y 一路顺风
HP2009（8）Y 迎春纳福
第三组 新年快乐
HP2009（9）Y 让世界充满爱
HP2009（10）Y 圣诞快乐
HP2009（11）Y 春的旋律
HP2009（12）Y 远方的祝福
第四组 梅兰竹菊
HP2009（13）Y 梅
HP2009（14）Y 兰
HP2009（15）Y 竹
HP2009（16）Y 菊
第五组 富贵连年
HP2009（17）Y 前程似锦
HP2009（18）Y 年年有余
HP2009（19）Y 如鱼得水
HP2009（20）Y 鱼跃龙门

第一组

A 型：错版

B 型：改正版

第二组

第三组

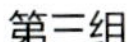

第四组

第五组

版别：彩色胶版

明信片邮票图案设计者：王虎鸣

明信片邮票图案剪纸原作者：刘静兰

明信片图案设计者：（1）~（12）侯篩红、王净净、刘丽琴，（13）~（20）夏竞秋、郭承辉

责任编辑：陈宜思、秦巍

每枚售价：1.80 元

每枚市场参考价格：5.00 元

2. 信卡型 HXK2009

全套 7 组 27 枚

信卡邮票面值：1.20 元

信卡邮票规格：26mm × 31mm

信卡规格：186mm × 128mm

信卡展开规格：186mm × 256mm

信卡邮票图案：生肖牛（二）

信卡图案：

第一组 梦想（幻）新年

HXK2009（1）Y 明天我会收到礼物吗？

HXK2009（2）Y 年年有余

HXK2009（3）Y 春天来了……

HXK2009（4）Y 喜迎新春

第二组 新年好

HXK2009（5）Y 我有好多礼物呀！

HXK2009（6）Y 牛年就看你的啦！

HXK2009（7）Y 新年快乐

HXK2009（8）Y 圣诞快乐

第三组 吉祥如意

HXK2009（9）Y 吉祥

HXK2009（10）Y 如意

HXK2009（11）Y 平安
HXK2009（12）Y 和谐
第四组 牛年大吉
HXK2009（13）Y 恭贺新禧
HXK2009（14）Y 大展宏图
HXK2009（15）Y 步步高升
HXK2009（16）Y 财源广进
第五组 田园牧歌
HXK2009（17）Y 因为有你，好梦成真
HXK2009（18）Y 千山万水，依然相约
HXK2009（19）Y 因为有你，如沐春风
HXK2009（20）Y 明月星辰，相伴相随
第六组 恭贺新禧
HXK2009（21）Y 和谐如意
HXK2009（22）Y 事事如意
HXK2009（23）Y 富贵平安
HXK2009（24）Y 松鹤延年
第七组 新春快乐
HXK2009（25）Y 新春快乐
HXK2009（26）Y 喜从天降
HXK2009（27）Y 鱼跃龙门

第一组

第二组

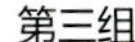

第三组

999114

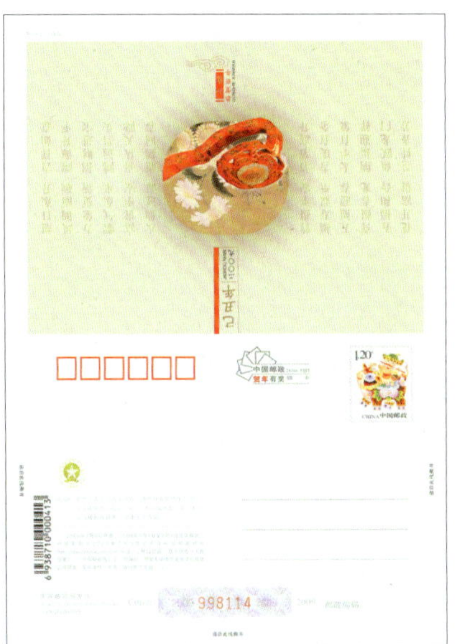
998114

998222

465006

第四组

999086

999194

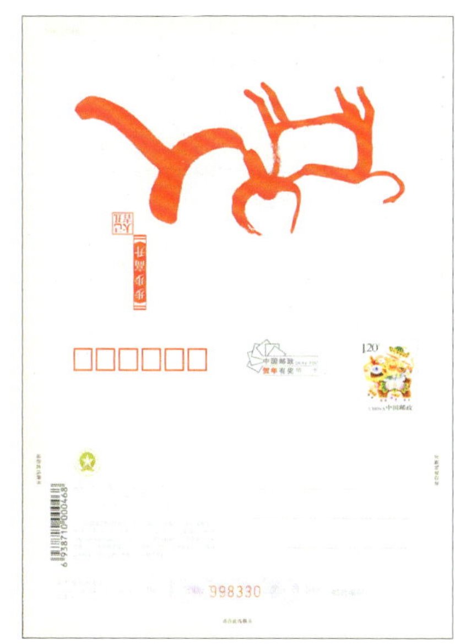
998330

998866

第五组

465114

第六组

第七组

版别：彩色胶版
信卡邮票图案设计者：王虎鸣
信卡邮票图案原作者：于平、任凭
信卡图案设计者：（1）～（8）刘丽琴、侯筛红、王净净，（9）～（20）夏竞秋、郭承辉、史渊、姚晓东，（21）～（27）史渊、姚晓东
资料提供者：辽宁省博物馆、故宫博物院
责任编辑：陈宜思、秦巍
每枚售价：2.80 元
每枚市场参考价格：4.00 元

3. 贺卡型 C5（贺卡信封 HKFA2009、贺卡 HKA2009）

全套 Y 系列：6 组 贺卡信封 27 枚、贺卡 27 枚
S 系列：12 组 贺卡信封 52 枚、贺卡 52 枚
贺卡信封邮票面值：2.40 元
贺卡信封邮票规格：40mm × 30mm
贺卡信封规格：229mm × 162mm
贺卡规格：210mm × 200mm、100mm × 185mm、100mm × 210mm、210mm × 140mm、224mm × 157mm、207mm × 142mm、106mm × 208mm、95mm × 165mm、106mm × 228mm、210mm × 120mm、131mm × 220mm
贺卡信封邮票图案：年年有余
贺卡图案：
Y 系列：
第一组 新年愉快
HKFA2009（1）Y 圣诞快乐
HKFA2009（2）Y 新年快乐
HKFA2009（3）Y 放风筝
HKFA2009（4）Y 春天来了……
HKFA2009（5）Y 愿世界充满爱
HKFA2009（6）Y 春天来了！！
HKFA2009（7）Y 圣诞节快乐
HKFA2009（8）Y 过年好
第二组 梅兰竹菊
HKFA2009（9）Y 梅
HKFA2009（10）Y 兰
HKFA2009（11）Y 竹
HKFA2009（12）Y 菊
第三组 新春吉祥
HKFA2009（13）Y 开门见喜
HKFA2009（14）Y 连年有余
HKFA2009（15）Y 平安如意
HKFA2009（16）Y 太平有象
第四组 花鸟鱼虫
HKFA2009（17）Y 新年快乐——花
HKFA2009（18）Y 新年快乐——鸟
HKFA2009（19）Y 新年快乐——鱼
HKFA2009（20）Y 新年快乐——蝴蝶
第五组 吉祥如意
HKFA2009（21）Y 牡丹
HKFA2009（22）Y 荷花
HKFA2009（23）Y 梅花
HKFA2009（24）Y 竹子
第六组 福寿贺喜
HKFA2009（25）Y 平平安安
HKFA2009（26）Y 三联娃
HKFA2009（27）Y 一团和气

第一组

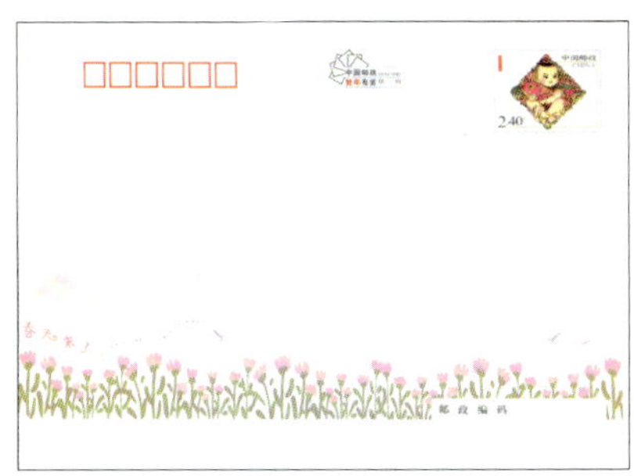

第二组

第三组

第四组

第五组

第六组

S 系列：
第一组 纯真年代
HKFA2009（101-104）S 植物贺卡——真情之载体
第二组 祝福系列
HKFA2009（105-108）S 植物贺卡——贺岁成语
第三组 圣诞贺卡
HKFA2009（109-112）S 植物贺卡——圣诞老人
第四组 唐牛贺春
HKFA2009（113-116）S 刺绣贺卡——卡通唐装牛
第五组 京剧花脸
HKFA2009（117-120）S 刺绣贺卡——京剧花脸
第六组 花脸艺品
HKFA2009（121-124）S 刺绣贺卡——花脸
第七组 中国水墨
HKFA2009（125-128）S 普通型——水墨花卉
第八组 芳香贺卡
HKFA2009（129-132）S 芳香型——佳节贺词
第九组 风车贺卡
HKFA2009（133-136）S 立体型——风车
第十组 服饰贺卡
HKFA2009（137-140）S 立体型——中国传统服饰造型
第十一组 卡通牛贺卡
HKFA2009（141-144）S 立体型——卡通牛
第十二组 拜年系列
HKFA2009（153-160）S 立体贺卡——拜年

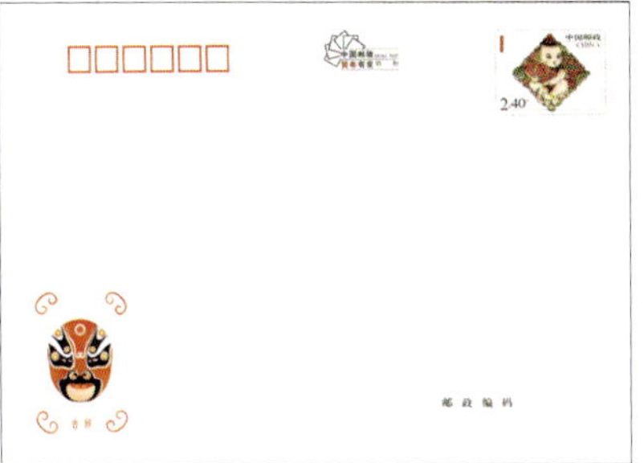

HKFA2009（119）S

版别：胶版
贺卡信封邮票图案设计者：王虎鸣
年画资料提供者：潍坊市杨家埠木版年画研究所
贺卡设计者：（1）～（4）刘丽琴、苏连娇、农彩英；（5）～（8）苏连娇；（9）～（12）夏竞秋；（13）～（16）王虎鸣；（17）～（20）史渊；（21）～（27）姚晓东
附图资料提供者：辽宁省博物馆 沈阳故宫博物馆 故宫博物院 武强年画博物馆
责任编辑：陈宜思、秦巍
每套售价：Y 系列 5.50 元
S 系列（101-124）（153-160）15.00 元
（125-144） 5.50 元
每套市场价格：5.00 元
注：贺卡型 C5 邮政版编号为“Y”，社会版编号为“S”。

4. 贺卡型 ZL（贺卡信封 HKFB2009、贺卡 HKB2009）
全套 4 组 24 枚
贺卡信封邮票面值：2.40 元
贺卡信封邮票规格：30mm × 30mm
贺卡信封规格：230mm × 120mm
贺卡规格：200mm × 210mm、210mm × 200mm、100mm × 183mm
贺卡信封邮票图案：生肖牛（三）
贺卡图案：
第一组 牛年好运
HKFB2009（1）Y 新年快乐
HKFB2009（2）Y 年年有余
HKFB2009（3）Y Happy New Year
HKFB2009（4）Y 新年快乐
HKFB2009（5）Y 年年有余
HKFB2009（6）Y 花开富贵
HKFB2009（7）Y 百事如意
HKFB2009（8）Y 阖家欢乐
第二组 年画
HKFB2009（9）Y 连年有余
HKFB2009（10）Y 吉祥如意
HKFB2009（11）Y 吉庆有余
HKFB2009（12）Y 迎春纳福
HKFB2009（13）Y 四季平安
HKFB2009（14）Y 喜事连连
HKFB2009（15）Y 五谷丰登
HKFB2009（16）Y 纳福迎祥
第三组 青花贺春
HKFB2009（17）Y 贺新禧
HKFB2009（18）Y 贺新禧
HKFB2009（19）Y 贺新禧
HKFB2009（20）Y 贺新禧
第四组 丑年话牛
HKFB2009（21）Y 牛劲
HKFB2009（22）Y 牛气
HKFB2009（23）Y 牛市
HKFB2009（24）Y 奔牛

第一组

第二组

第三组

第四组

版别：胶版

贺卡信封邮票图案设计者：王虎鸣

贺卡信封邮票图案原作者：于平、任凭

贺卡设计者：（1））～（4）农彩英，（5）～（8）侯筛红、王净净，（9）～（16）王虎鸣，（17）～（24）郭承辉

资料提供者：潍坊市杨家埠木版年画研究所、于平、任凭、无锡惠山泥人厂、天津杨柳青画社、苏州桃花坞木刻年画社

责任编辑：陈宜、秦巍

每套售价：5.50 元

每套市场价格：5.00 元

5. 幸运封（信封 HXYF2009、贺卡 HXY2009）

全套 Y 系列：幸运封 1 枚、贺卡 1 枚、小全张 1 枚

S 系列：幸运封 8 枚、贺卡 8 枚、小全张 8 枚

信封邮票面值：9 元

信封邮票规格：40mm × 60mm

信封规格：324mm × 229mm

贺卡规格：370mm × 260mm

小全张规格：110mm × 176mm

信封邮票图案：己丑大吉

信封图案：

Y 系列：HXYF2009 （1） Y 放牧幸福——花开富贵

HXYF2009(1)Y

S 系列：

HXYF2009（145-148）S刺绣贺卡——国画花卉

HXYF2009（149-152）S立体贺卡——屏风系列

HXYF2009（146）S

HXYF2009（150）S

版别：胶版

设计者：郭承辉

责任编辑：陈宜思、秦巍

每套售价： 30.00 元

每套市场价格： 20.00 元

注：幸运封内配一张贺卡，贺卡中加一枚贺年专用邮票小全张。贺卡型 C5 邮政版编号为“Y”，社会版编号为“S”。

6. 幸运封（1+1）（信封 HXYF2009、贺卡 HXY2009）

全套幸运封（1+1） 1 枚、贺卡 1 枚、小全张 1 枚

信封邮票面值： 9 元

信封邮票规格： 40mm × 60mm

信封规格： 319mm × 229mm

贺卡规格： 370mm × 260mm

小全张规格： 110mm × 176mm

信封邮票图案：己丑大吉

信封图案：

HXYF2009 （2） Y 花开富贵

HXYF2009（2）Y

版别：胶版

设计者：郭承辉

责任编辑：陈宜思、秦巍

每套售价： 50.00 元

每套市场价格： 20.00 元

注：幸运封（1+1）有两个兑奖号码，增加一次兑奖的机会。幸运封内配一张贺卡，贺卡中加一枚贺年专用邮票小全张。

7. 自创型 HZ2009

全套 1 枚

明信片邮票面值： 80 分

明信片邮票规格： 35mm × 31mm （异形）

明信片规格： 183mm × 100mm

明信片邮票图案：生肖牛（四）

HZ2009 （1） Y 生肖牛

1-12 2009（1）Y

版别：胶版

设计者：侯箫红、王净净

责任编辑：陈宜思、秦巍

每枚售价： 2.50 元

每枚市场价格： 5.00 元

印制厂：北京邮票厂、四川省邮电印制厂、山东金邮印务股份有限公司、中国人民解放军第 1206 工厂、福建省邮电印刷厂、广东信源彩色印务有限公司、河南省邮电印刷厂、江苏省邮电印刷厂、甘肃瑞通邮政印刷有限责任公司、内蒙古邮电印刷厂、江西省邮政中圣印务有限公司、上海证券印制有限公司、湖北鸿泰邮政印务有限公司、陕西信德圆方安全印务有限责任公司、辽宁省沈阳邮电印刷厂、浙江省邮电印刷厂

注： 2009 年中国邮政贺卡的发行日期为 2008 年 10 月 9 日至 2008 年 2 月 8 日。开奖日期为 2009 年 2 月 9 日， 2 月 9 日公布中奖号码，兑奖期为 2009 年 3 月 1 日至 5 月 1 日。

HP2010 2010 年中国邮政贺卡
HP2010 2010 China Post New Year Cards

2009 年 10 月 9 日发行

分普通型、信卡型、贺卡型 C5、贺卡型 ZL、幸运封、幸运封（1+1）、自创型 7 种

1. 普通型 HP2010

全套 4 枚

明信片邮票面值： 80 分

明信片邮票规格：对角线 32mm × 32mm（异形）

明信片规格： 183mm × 100mm

明信片邮票图案：生肖虎（一）

明信片图案：

HP2010 （1） Y 年画《三月三》

HP2010 （2） Y Happy New Year

HP2010 （3） Y 恭贺新禧

HP2010 （4） Y 圣诞快乐

版别：胶版

明信片邮票图案设计者：北京吉荼文化发展有限公司

明信片图案设计者：北京吉荼文化发展有限公司

原画作者：（1）臧恒望、李洪修

原画收藏：（1）中国美术馆

责任编辑：陈宜思、王静

每枚售价：1.80 元

每枚市场价格：2.50 元

2. 信卡型 HXK2010

全套 4 枚

信卡邮票面值：1.20 元

信卡邮票规格：30mm × 23mm （异形）

信卡规格：186mm × 128mm （折叠后）

信卡展开规格：186mm × 256mm（展开后）

信卡邮票图案：“2010”

信卡图案：

HXK2010（1）Y 恭贺新禧

HXK2010（2）Y Happy New Year

HXK2010（3）Y 放风筝

HXK2010（4）Y 堆雪人

版别：胶版

信卡邮票图案设计者：王虎鸣

信卡邮票图案原作者：宋鉴

信卡图案设计者：王虎鸣

信卡图案原作者：曾孝濂

责任编辑：陈宜思、王静

每枚售价：2.80 元

每枚市场价格：4.00 元

3. 贺卡型 C5（贺卡信封 HKFA2010、内件 HKA2010）

全套 Y 系列贺卡信封 4 枚、内件 4 枚；S 系列贺卡信封 152 枚、内件 152 枚

贺卡信封邮票面值：2.40 元

贺卡信封邮票规格：50mm × 37mm（异型）

贺卡信封规格：229mm × 162mm

内件规格：110~145mm × 185~210mm、216mm × 144mm （折叠后）

贺卡信封邮票图案：“福”字

贺卡图案：

Y 系列：

新年快乐

HKFA2010（1）Y 新春吉祥

HKFA2010（2）Y 恭贺新禧

HKFA2010（3）Y Happy New Year

HKFA2010（4）Y Happy New Year

S 系列：

水墨风情

HKFA2010（101）S 传统贺卡——小屋

HKFA2010（102）S 传统贺卡——小亭

HKFA2010（103）S 传统贺卡——荷花

HKFA2010（104）S 传统贺卡——鱼

国粹献瑞

HKFA2010（105）S 传统贺卡——喜气盈门

HKFA2010（106）S 传统贺卡——福星高照

HKFA2010（107）S 传统贺卡——财运亨通

HKFA2010（108）S 传统贺卡——万事如意

虎年吉祥

HKFA2010（109）S 传统贺卡——I hope your days（我希望你的日子）/full of happiness（充满幸福）

HKFA2010（110）S 传统贺卡——Have a nice day（祝你今天愉快）

HKFA2010（111）S 传统贺卡——I hope your days（我希望你的日子）

HKFA2010（112）S 传统贺卡——I wish you happy everyday（我希望你每天都快乐）

吉祥如意

HKFA2010（113）S 传统贺卡——财神

HKFA2010（114）S 传统贺卡——福

HKFA2010（115）S 传统贺卡——关羽

HKFA2010（116）S 传统贺卡——杨二郎

开心小虎

HKFA2010（117）S 传统贺卡——老虎和小花

HKFA2010（118）S 传统贺卡——洗澡的小老虎

HKFA2010（119）S 传统贺卡——路灯下的小老虎

HKFA2010（120）S 传统贺卡——看书的小老虎

四季和美

HKFA2010（121）S 微缩贺卡——四季和美

HKFA2010（122）S 微缩贺卡——恭贺新春

HKFA2010（123）S 微缩贺卡——渔舟唱晚

HKFA2010（124）S 微缩贺卡——花好月圆

驿寄梅花

HKFA2010（125）S 微缩贺卡——人生得意

HKFA2010（126）S 微缩贺卡——驿寄梅花

HKFA2010（127）S 微缩贺卡——岁月静好

HKFA2010（128）S 微缩贺卡——运筹帷幄

鸿雁传书

HKFA2010（129）S 微缩贺卡——鸿雁传书

HKFA2010（130）S 微缩贺卡——一帆风顺

HKFA2010（131）S 微缩贺卡——春暖花开

HKFA2010（132）S 微缩贺卡——惠风和畅

春风得意

HKFA2010（133）S 传统贺卡——春风得意

HKFA2010（134）S 传统贺卡——人寿年丰

HKFA2010（135）S 传统贺卡——瑞气临门

HKFA2010（136）S 传统贺卡——吉祥如意

光阴故事

HKFA2010（137）S 相框贺卡——金线

HKFA2010（138）S 相框贺卡——粉花

HKFA2010（139）S 相框贺卡——绿叶

HKFA2010（140）S 相框贺卡——蓝钻

布老虎、装饰虎、瑞虎迎春

HKFA2010（141）S 传统贺卡——迎春接福

HKFA2010（142）S 传统贺卡——梅兰竹菊

HKFA2010（143）S 传统贺卡——瑞虎迎春

HKFA2010（144）S 传统贺卡——虎年平安

布老虎、福虎贺岁

HKFA2010（145）S 传统贺卡——虎年好运

HKFA2010（146）S 传统贺卡——新年好

HKFA2010（147）S 传统贺卡——虎年福运

HKFA2010（148）S 传统贺卡——如意

吉祥剪纸

HKFA2010（149）S 传统贺卡——吉祥如意

HKFA2010（150）S 传统贺卡——年年有余

HKFA2010（151）S 传统贺卡——花开富贵

HKFA2010（152）S 传统贺卡——风调雨顺

四和迎春

HKFA2010（153）S 传统贺卡——和美

HKFA2010（154）S 传统贺卡——和谐

HKFA2010（155）S 传统贺卡——和顺

HKFA2010（156）S 传统贺卡——和睦

水墨四君子 共祝祥和年

HKFA2010（157）S 传统贺卡——兰

HKFA2010（158）S 传统贺卡——竹

HKFA2010（159）S 传统贺卡——菊

HKFA2010（160）S 传统贺卡——梅

八仙贺岁 福禄延年

HKFA2010（161）S 传统贺卡——八仙贺岁 1

HKFA2010（162）S 传统贺卡——八仙贺岁 2

绿色祝福

HKFA2010（167）S 吉祥草贺卡——园丁浇花

HKFA2010（168）S 吉祥草贺卡——蓝喷壶百合花

HKFA2010（169）S 吉祥草贺卡——桔色喷壶蒲公英

HKFA2010（170）S 吉祥草贺卡——绿色喷壶粉色花

水墨祝福

HKFA2010（171）S 吉祥草贺卡——桥

HKFA2010（172）S 吉祥草贺卡——小亭

HKFA2010（173）S 吉祥草贺卡——春耕

HKFA2010（174）S 吉祥草贺卡——鹅

春暖花开

HKFA2010（175）S 吉祥草贺卡——春暖花开

HKFA2010（176）S 吉祥草贺卡——葡萄藤

HKFA2010（177）S 吉祥草贺卡——花儿朵朵

HKFA2010（178）S 吉祥草贺卡——岁岁安康

自然之窗

HKFA2010（179）S 吉祥草贺卡——打开绿色之窗

HKFA2010（180）S 吉祥草贺卡——窗外飘逸……

HKFA2010（181）S 吉祥草贺卡——想畅游自然吗……

HKFA2010（182）S 吉祥草贺卡——分享这份神奇的祝福

神奇祝福

HKFA2010（183）S 如意豆贺卡——用心浇灌纯真的……

HKFA2010（184）S 如意豆贺卡——用心浇灌真挚的祝福

HKFA2010（185）S 如意豆贺卡——用心浇灌无私的……

HKFA2010（186）S 如意豆贺卡——用心浇灌浪漫的…… 多彩祝福

HKFA2010（187）S 如意豆贺卡——一抹清新

HKFA2010（188）S 如意豆贺卡——一分成熟

HKFA2010（189）S 如意豆贺卡——一丝梦想

HKFA2010（190）S 如意豆贺卡——一点神秘

富贵安康

HKFA2010（191）S 如意豆贺卡——富贵有余

HKFA2010（192）S 如意豆贺卡——吉祥如意

HKFA2010（193）S 如意豆贺卡——连年有余

HKFA2010（194）S 如意豆贺卡——四季平安

美口常开

HKFA2010（195）S 如意豆贺卡——最具魔力的祝福

虎虎风情

HKFA2010（196）S 磁性刺绣贺卡——苏格兰小虎

HKFA2010（197）S 磁性刺绣贺卡——格格小虎

HKFA2010（198）S 磁性刺绣贺卡——墨西哥打鼓

小虎

HKFA2010（199）S 磁性刺绣贺卡——印第安元宝小虎

前程似锦

HKFA2010（200）S 磁性刺绣贺卡——福气盈门

HKFA2010（201）S 磁性刺绣贺卡——财源广进
HKFA2010（202）S 磁性刺绣贺卡——前程似锦
HKFA2010（203）S 磁性刺绣贺卡——平安如意
泥娃迎祥
HKFA2010（204）S 刺绣贺卡——元宝娃娃
HKFA2010（205）S 刺绣贺卡——福娃娃
HKFA2010（206）S 刺绣贺卡——宠物娃娃
HKFA2010（207）S 刺绣贺卡——骑虎娃娃
连年有余
HKFA2010（208）S 刺绣贺卡——恭贺新禧
HKFA2010（209）S 刺绣贺卡——连年有余
HKFA2010（210）S 刺绣贺卡——万事如意
HKFA2010（211）S 刺绣贺卡——步步高升
筝舞迎春
HKFA2010（212）S 刺绣贺卡——年年有金
HKFA2010（213）S 刺绣贺卡——金玉满堂
HKFA2010（214）S 刺绣贺卡——吉祥如意
HKFA2010（215）S 刺绣贺卡——福气盈门
布老虎
HKFA2010（216）S 刺绣贺卡——鸿运当头
HKFA2010（217）S 刺绣贺卡——吉祥如意
HKFA2010（218）S 刺绣贺卡——梦想成真
HKFA2010（219）S 刺绣贺卡——四季平安
平安如意
HKFA2010（220）S 光电贺卡——喜气洋洋
HKFA2010（221）S 光电贺卡——心想事成
HKFA2010（222）S 光电贺卡——福星高照
HKFA2010（223）S 光电贺卡——平安如意
年年有余
HKFA2010（224）S 光电贺卡——年年有余
HKFA2010（225）S 光电贺卡——富贵有余
HKFA2010（226）S 光电贺卡——吉庆有余
HKFA2010（227）S 光电贺卡——丰年有余
闪亮登场
HKFA2010（228）S 光电贺卡——可爱小狗
HKFA2010（229）S 光电贺卡——星星
HKFA2010（230）S 光电贺卡——小丑
HKFA2010（231）S 光电贺卡——热带鱼
红红火火
HKFA2010（232）S 水晶贺卡——快乐开心过大年
HKFA2010（233）S 水晶贺卡——红红火火过大年
HKFA2010（234）S 水晶贺卡——爆竹声声辞旧岁
HKFA2010（235）S 水晶贺卡——礼花灿烂映夜空
帅小虎
HKFA2010（236）S 水晶贺卡——虎年欢乐
HKFA2010（237）S 水晶贺卡——虎年开心
HKFA2010（238）S 水晶贺卡——虎年鸿福
HKFA2010（239）S 水晶贺卡——虎年如意
靓小虎
HKFA2010（240）S 水晶贺卡——飞黄腾达
HKFA2010（241）S 水晶贺卡——吉祥如意
HKFA2010（242）S 水晶贺卡——五福临门
HKFA2010（243）S 水晶贺卡——恭喜发财
《建国大业》
HKFA2010（244）S 影视贺卡——数风流人物
HKFA2010（245）S 影视贺卡——宁静致远
HKFA2010（246）S 影视贺卡——大展宏图
HKFA2010（247）S 影视贺卡——过大年 送大片
《高兴》
HKFA2010（248）S 影视贺卡——HAPPY NEW YEAR
HKFA2010（249）S 影视贺卡——A LOT OF PEOPLE
HKFA2010（250）S 影视贺卡——MAY ALL YOUR DREAMS
HKFA2010（251）S 影视贺卡——LOVE AND PEACE
步步高升 贺新春
HKFA2010（252）S 音乐贺卡——恭贺新春
虎年鸿运
HKFA2010（253）S 竹简贺卡——虎年大吉
HKFA2010（254）S 竹简贺卡——虎年吉祥
HKFA2010（255）S 竹简贺卡——虎年胜意
HKFA2010（256）S 竹简贺卡——虎年鸿运

HKFA2010（252）S

版别：胶版
贺卡信封邮票图案设计者：北京古茶文化发展有限公司
贺卡图案设计者：北京吉茶文化发展有限公司
责任编辑：陈宜思、王静
每套售价：Y 系列 5.50 元
S 系列（101~162）5.50 元、（167~256）15 元
每套市场价格：5.00 元
注：贺卡型 C5 邮政版编号为“Y”，社会版编号为“S”。

4. 贺卡型 ZL（贺卡信封 HKFB2010、内件 HKB2010）

全套 Y 系列贺卡信封 4 枚、内件 4 枚
S 系列贺卡信封 4 枚、内件 4 枚
贺卡信封邮票面值：2.40 元
贺卡信封邮票规格：对角线 39mm × 39mm（异形）
贺卡信封规格：230mm × 120mm
内件规格：210mm × 110mm（折叠后）
贺卡信封邮票图案：倒“福”字
贺卡图案：
Y 系列：
HKFB2010（1）Y 恭贺新禧
HKFB2010（2）Y 新年快乐
HKFB2010（3）Y 新年快乐
HKFB2010（4）Y 恭贺新禧

S 系列：
炫彩圣诞 快乐新年
HKFB2010（163）S 传统贺卡——灯笼
HKFB2010（164）S 传统贺卡——圣诞
花开富贵 连年有余
HKFB2010（165）S 传统贺卡——牡丹
HKFB2010（166）S 传统贺卡——鱼

HKFB2010（163）S

HKFB2010（164）S

HKFB2010（165）S

HKFB2010（166）S

版别：胶版

贺卡信封邮票图案设计者：北京吉荼文化发展有限公司

内件图案设计者：北京吉荼文化发展有限公司

责任编辑：陈宜思、王静

每套售价：5.50 元

每套市场价格：5.00 元

注：贺卡型 ZL 邮政版编号为“Y”，社会版编号为“S”。

5. 幸运封（信封 HXYF2010、贺卡 HXY2010）

全套 Y 系列幸运封 1 枚、内件 1 枚、小全张 1 枚

S 系列幸运封 4 枚、内件 1 枚

信封邮票面值：9 元

信封邮票规格：39mm × 62mm

信封规格：324mm × 229mm

内件规格：270mm × 190mm（折叠后）

小全张规格：110mm × 228mm

信封邮票图案：生肖虎

信封图案：

Y 系列：

HXYF2010（1）Y 平安富贵

HXYF2010（1）Y

S 系列：

HXYF2010（257）S 竹简贺卡——富贵延年

HXYF2010（258）S 竹简贺卡——连年有余

HXYF2010（259）S 竹简贺卡——万事如意

HXYF2010（260）S 竹简贺卡——四季平安

HXYF2010（257）S

HXYF2010（258）S

HXYF2010（259）S

HXYF2010（260）S

版别：胶版

设计者：北京吉荼文化发展有限公司

责任编辑：陈宜思、王静

每套售价：30.00 元

每套市场价格：20.00 元

注：1. 幸运封内配一张贺卡，贺卡中加一枚贺年专用邮票小全张。2. 幸运封邮政版编号为“Y”，社会版编号为“S”。

6. 幸运封（1+1）（信封 HXYF2010、贺卡 HXY2010）

全套幸运封 1 枚、内件 1 枚、小全张 1 枚

信封邮票面值：9 元

信封邮票规格：39mm × 62mm

信封规格：319mm × 229mm

内件规格：185mm × 260mm（折叠后）

小全张规格：110mm × 228mm

信封邮票图案：生肖虎

信封图案：

HXYF2010（2）Y 一帆风顺

HXYF2010（2）Y

版别：胶版

设计者：北京吉荼文化发展有限公司

责任编辑：陈宜思、王静

每套售价：50.00 元

每套市场价格：20.00 元

注：幸运封（1+1）有两个兑奖号码，增加一次兑奖的机会。幸运封内配一个内件，内件中夹一枚贺年专用邮票小全张。

7. 自创型 HZ2010

全套 1 枚

明信片邮票面值：80 分

明信片邮票规格：30mm × 25mm（异形）

明信片规格：183mm × 100mm

明信片邮票图案：恭贺新禧

HZ2010（1）Y“福”字

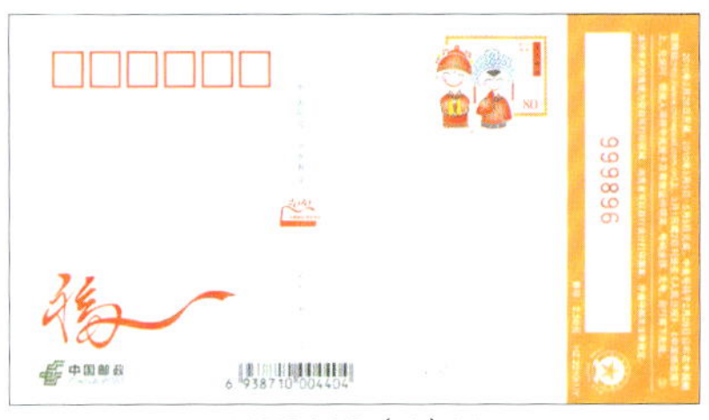

HZ2010（1）Y

版别：胶版

设计者：北京吉茶文化发展有限公司

责任编辑：陈宜思、王静

每枚售价： 2.50 元

每枚市场价格： 5.00 元

印制厂：湖南省邮电印务有限责任公司、北京邮票厂、四川省邮电印制厂、山东金邮印务股份有限公司、中国人民解放军第1206工厂、福建省邮电印刷厂、广东信源彩色印务有限公司、河南省邮电印刷厂、江苏省邮电印刷厂、甘肃瑞通邮政印刷有限责任公司、内蒙古邮电印刷厂、江西省邮政中圣印务有限公司、上海证券印制有限公司、湖北鸿泰邮政印务有限公司、陕西信德圆方安全印务有限责任公司、辽宁省沈阳邮电印刷厂、浙江省邮电印刷厂

注：2010年中国邮政贺卡的发行日期为2009年10月9日至2010年2月27日。开奖日期为2010年2月28日，3月1日公布中奖号码，兑奖期为2010年3月5日至5月5日。

HP2011 2011 年中国邮政贺卡

HP2011 2011 China Post Greeting Cards

2010年10月9日发行

一、国版销售型分普通型、信卡型、贺卡型C5、幸运封、幸运封（1+1）、自创型6种

1. 普通型 HP2011

全套Y系列6枚、 S系列8枚

明信片邮票面值： 80 分

明信片邮票规格： 25mm × 25mm

明信片规格： 183mm × 100mm

明信片邮票图案：花开富贵

明信片图案：

Y系列：

新春愉快

HP2011（1）Y 新春愉快——歌舞升平

HP2011（2）Y 新春愉快——太平有象

HP2011（3）Y 新春愉快——鱼跃龙门

HP2011（4）Y 新春愉快——风调雨顺

HP2011（5）Y 新春愉快——恭贺新禧

HP2011（6）Y 新春愉快——恭贺新禧

S系列：

喜羊羊与灰太狼

HP2011（1）S 喜羊羊与灰太狼——过大年

HP2011（2）S 喜羊羊与灰太狼——办年货

HP2011（3）S 喜羊羊与灰太狼——大扫除

HP2011（4）S 喜羊羊与灰太狼——贴春联

HP2011（5）S 喜羊羊与灰太狼——腊八粥

HP2011（6）S 喜羊羊与灰太狼——年夜饭

HP2011（7）S 喜羊羊与灰太狼——放鞭炮

HP2011（8）S 喜羊羊与灰太狼——压岁钱

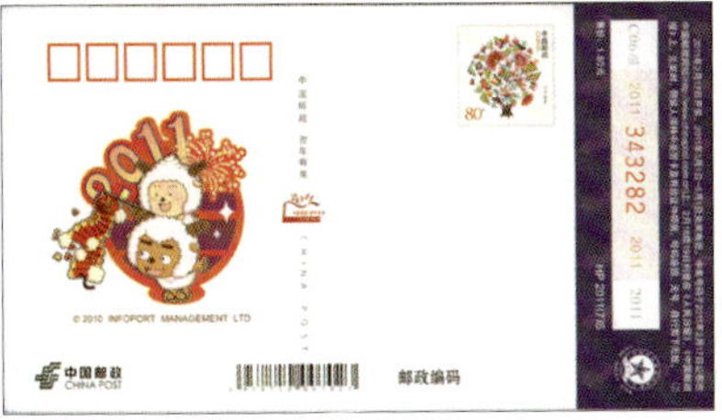

版别：彩色胶版

明信片邮票图案设计者：北京吉荼文化发展有限公司

明信片设计者:北京吉荼文化发展有限公司

责任编辑：陈宜思

每枚售价：1.80 元

每枚市场价格：Y 系列 4.00 元，S 系列 10.00 元

注：普通型邮政版编号为“Y”，社会版编号为“S”。

2. 信卡型 HXK2011

全套 Y 系列 8 枚、S 系列 8 枚

信卡邮票面值：1.20 元

信卡邮票规格：28mm×28mm

信卡规格：186mm×128mm（折叠后）

信卡展开规格：186mm×256mm（展开后）

信卡邮票图案：吉祥如意

信卡图案：Y 系列：

HXK2011（1）Y 花开富贵

HXK2011（2）Y 纳福迎祥

HXK2011（3）Y 平安如意

HXK2011（4）Y 恭贺新禧

HXK2011（5）Y Happy New Year

HXK2011（6）Y 新年好

HXK2011（7）Y 新春快乐

HXK2011（8）Y 新春快乐

S 系列：

HXK2011（1）S 喜洋洋与灰太狼——保管压岁钱

HXK2011（2）S 喜洋洋与灰太狼——户外运动

HXK2011（3）S 喜洋洋与灰太狼——上网问好信卡

HXK2011（4）S 喜洋洋与灰太狼——春节第一时间 送祝福

HXK2011（5）S 喜洋洋与灰太狼——过年团聚 K 歌

HXK2011（6）S 喜洋洋与灰太狼——贺岁大片轻松 看电影

HXK2011（7）S 喜洋洋与灰太狼——旅游过年

HXK2011（8）S 喜洋洋与灰太狼——阅读信卡

版别：彩色胶版

信卡邮票图案设计者：王虎鸣

信卡邮票图案原画作者：宋鉴

责任编辑：陈宜思

每枚售价：2.80 元

每枚市场价格：Y 系列 5.00 元，S 系列 10.00 元

注：信卡型邮政版编号为“Y”，社会版编号为“S”。

3. 贺卡型 C5（贺卡信封 HKFA2011、贺卡 HKA2011）

全套 Y 系列贺卡信封 6 枚、内件 6 枚

S 系列贺卡信封 121 枚、内件 121 枚

贺卡信封邮票面值：2.40 元

贺卡信封邮票规格：36mm × 36mm

贺卡信封规格：229mm × 162mm

内件规格：210mm × 135mm （折叠后）

贺卡信封邮票图案：福

贺卡图案：

Y 系列：

HKFA2011（1）Y 和合美满

HKFA2011（2）Y 恭贺新禧

HKFA2011（3）Y 花开富贵（新春快乐）

HKFA2011（4）Y 花开富贵（新春快乐）

HKFA2011（5）Y 如意吉祥（如意）

HKFA2011（6）Y 春

S 系列：
HKFA2011（001）S 传统贺卡——超级兔
HKFA2011（002）S 传统贺卡——节日快乐
HKFA2011（003）S 传统贺卡——鱼儿连绵
HKFA2011（004）S 传统贺卡——富贵花开、事事顺心
HKFA2011（005）S 传统贺卡——福娃娃
HKFA2011（006）S 传统贺卡——情调
HKFA2011（007）S 传统贺卡——思念
HKFA2011（008）S 传统贺卡——新年快乐
HKFA2011（009）S 传统贺卡——欢天喜地
HKFA2011（010）S 传统贺卡——心想事成
HKFA2011（011）S 传统贺卡——新年好
HKFA2011（012）S 传统贺卡——一帆风顺
HKFA2011（013）S 传统贺卡——日子美了
HKFA2011（014）S 传统贺卡——福中有福
HKFA2011（015）S 传统贺卡——开心兔
HKFA2011（016）S 传统贺卡——回家
HKFA2011（017）S 传统贺卡——荷塘春色
HKFA2011（018）S 传统贺卡——年年有余
HKFA2011（019）S 传统贺卡——过年好
HKFA2011（020）S 传统贺卡——喜迎丰年
HKFA2011（021）S 传统贺卡——美好的节日
HKFA2011（022）S 传统贺卡——蓝鸽
HKFA2011（023）S 传统贺卡——春天来了
HKFA2011（024）S 传统贺卡——祝福
HKFA2011（025）S 传统贺卡——国色天香
HKFA2011（026）S 传统贺卡——灿烂
HKFA2011（027）S 传统贺卡——福到花开
HKFA2011（028）S 传统贺卡——百合
HKFA2011（029）S 传统贺卡——闪亮登场
HKFA2011（030）S 传统贺卡——前程似锦
HKFA2011（031）S 传统贺卡——迎春迎富贵
HKFA2011（032）S 传统贺卡——喜迎丰年
HKFA2011（033）S 传统贺卡——喜迎丰年
HKFA2011（034）S 传统贺卡——迎春多福
HKFA2011（035）S 传统贺卡——贺
HKFA2011（036）S 传统贺卡——兔年吉祥
HKFA2011（037）S 传统贺卡——福星高照
HKFA2011（038）S 传统贺卡——国色天香
HKFA2011（039）S 传统贺卡——财神到
HKFA2011（040）S 传统贺卡——喜上眉梢
HKFA2011（041）S 传统贺卡——发财兔
HKFA2011（042）S 传统贺卡——连年有余
HKFA2011（043）S 传统贺卡——富贵花开
HKFA2011（044）S 传统贺卡——好运年
HKFA2011（045）S 传统贺卡——醉美
HKFA2011（046）S 传统贺卡——恭喜发财
HKFA2011（047）S 传统贺卡——二个小孩放鞭炮
HKFA2011（048）S 传统贺卡——天赐鸿福
HKFA2011（049）S 传统贺卡——平安吉祥
HKFA2011（050）S 传统贺卡——美妙瞬间
HKFA2011（051）S 传统贺卡——繁花似锦
HKFA2011（052）S 传统贺卡——转转鱼
HKFA2011（053）S 传统贺卡——春
HKFA2011（054）S 传统贺卡——每天都为你灿烂绽放
HKFA2011（055）S 传统贺卡——前程锦绣
HKFA2011（056）S 传统贺卡——迎春纳福
HKFA2011（057）S 传统贺卡——祥兔纳福
HKFA2011（058）S 传统贺卡——鸿兔转运
HKFA2011（059）S 传统贺卡——齐贺新禧
HKFA2011（060）S 传统贺卡——兔飞猛进（飞兔送福）
HKFA2011（061）S 传统贺卡——心心相依
HKFA2011（062）S 传统贺卡——瑞兔拜福
HKFA2011（063）S 传统贺卡——花开富贵
HKFA2011（064）S 传统贺卡——瑞兔迎春
HKFA2011（065）S 传统贺卡——贺新春
HKFA2011（066）S 传统贺卡——鱼跃龙门
HKFA2011（067）S 传统贺卡——兔纳百财
HKFA2011（068）S 传统贺卡——福禄寿贺新禧
HKFA2011（069）S 传统贺卡——欢乐新年
HKFA2011（070）S 传统贺卡——吉祥如意
HKFA2011（071）S 传统贺卡——新年快乐
HKFA2011（072）S 传统贺卡——喜迎新春
HKFA2011（073）S 传统贺卡——好事成双
HKFA2011（074）S 传统贺卡——牡丹花
HKFA2011（075）S 传统贺卡——恭贺新春
HKFA2011（076）S 传统贺卡——卯兔贺春
HKFA2011（077）S 传统贺卡——双兔赐福
HKFA2011（078）S 传统贺卡——白兔奔月
HKFA2011（079）S 传统贺卡——金如意
HKFA2011（080）S 传统贺卡——平安金兔
HKFA2011（081）S 传统贺卡——兰花金兔
HKFA2011（082）S 传统贺卡——多福金兔
HKFA2011（083）S 传统贺卡——2011
HKFA2011（084）S 传统贺卡——新年快乐
HKFA2011（085）S 传统贺卡——吉祥如意
HKFA2011（086）S 传统贺卡——恭贺新禧
HKFA2011（087）S 传统贺卡——新年快乐
HKFA2011（088）S 传统贺卡——牡丹双蝶
HKFA2011（089）S 传统贺卡——圣诞之夜
HKFA2011（090）S 传统贺卡——圣诞献礼
HKFA2011（091）S 传统贺卡——圣诞快乐
HKFA2011（092）S 传统贺卡——福兔贺春
HKFA2011（093）S 传统贺卡——福兔抱鱼
HKFA2011（094）S 传统贺卡——播种祝福
HKFA2011（095）S 传统贺卡——琴棋书画·和谐为家
HKFA2011（096）S 传统贺卡——米奇拜年
HKFA2011（097）S 传统贺卡——年年吉庆
HKFA2011（098）S 传统贺卡——兔子花树
HKFA2011（099）S 传统贺卡——卯兔踩岁
HKFA2011（100） S 传统贺卡——HAPPY NEW YEAR
HKFA2011（101）S 吉祥草贺卡——山间着新绿
HKFA2011（102）S 吉祥草贺卡——别样红
HKFA2011（103）S 吉祥草贺卡——美味人生
HKFA2011（104）S 吉祥草贺卡——喜羊羊
HKFA2011（105）S 如意豆贺卡——好运年
HKFA2011（106）S 如意豆贺卡——丰年
HKFA2011（107）S 如意豆贺卡——生日快乐
HKFA2011（108）S 如意豆贺卡——平安相随
HKFA2011（109）S 水晶贺卡——鸿福盈门
HKFA2011（110）S 水晶贺卡——精彩无极限
HKFA2011（111）S 水晶贺卡——新年快乐（无兑奖号码）
HKFA2011（112）S 水晶贺卡——锦鲤送福
HKFA2011（113）S 刺绣贺卡——富贵有余
HKFA2011（114）S 刺绣贺卡——财满门
HKFA2011（115）S 刺绣贺卡——五谷丰登
HKFA2011（116）S 刺绣贺卡——如意兔
HKFA2011（117）S 光电贺卡——海宝拜年（无兑奖号码）
HKFA2011（118）S 影视贺卡——第一书记
HKFA2011（119）S 影视贺卡——杜拉拉升职记
HKFA2011（120）S 影视贺卡——麦兜响当当
HKFA2011（121）S 影视贺卡——长江 7 号爱地球

HKFA2011（017）S

版别：彩色胶版
贺卡信封邮票图案设计者：北京吉茶文化发展有限公司
内件图案设计者：北京吉茶文化发展有限公司
责任编辑：陈宜思
每套售价： Y 系列 5.50 元
S 系列（001~100） 5.50 元，（101~121）15.00 元
每套市场价格： 5.00 元
注：贺卡型 C5 邮政版编号为“Y”，社会版编号为“S”。

4. 幸运封（信封 HXYF2011、内件 HXY2011）

全套 Y 系列幸运封 1 枚、内件 1 枚、小全张 1 枚
S 系列幸运封 2 枚、内件 2 枚、小全张 2 枚
信封邮票面值： 9 元
信封邮票规格： 50.4mm × 60mm （异形）
信封规格： 275mm × 165mm

内件规格： 265mm × 145mm （折叠后）
小全张规格： 240mm × 135mm
信封邮票图案： HAPPY NEW YEAR 2011
信封图案：
Y 系列：
HXYF2011 （1） Y 新年快乐

HXYF2011（1）Y

S 系列：
HXYF2011 （2） S 富贵平安
HXYF2011 （3） S 锦上添花

HXYF2011（2）S

HXYF2011（3）S

版别：彩色胶版
设计者：北京吉茶文化发展有限公司
责任编辑：陈宜思
每套售价： 30.00 元
每套市场价格： 20.00 元
注： 1. 幸运封内配一张贺卡，贺卡中夹一枚《贺新春》贺年专用邮票小全张。2. 幸运封邮政版编号为“Y”，社会版编号为“S”。

5. 幸运封（1+1）（信封 HXYF2011、贺卡 HXY2011）
全套幸运封 1 枚、内件 1 枚、小全张 1 枚
信封邮票面值： 9 元
信封邮票规格： 50.4mm × 60mm （异形）
信封规格： 275mm × 165mm
内件规格： 265mm × 145mm （折叠后）
小全张规格： 240mm × 135mm
信封邮票图案： HAPPY NEW YEAR 2011
信封图案：
HXYF2011 （4） Y 福（新年快乐）

HXYF2011（4）Y

版别：彩色胶版
设计者：北京吉茶文化发展有限公司
责任编辑：陈宜思
每套售价： 50.00 元
每套市场价格： 20.00 元
注： 1. 幸运封（1+1）有两个兑奖号码，增加一次兑奖的机会。 2. 幸运封内配一张贺卡，贺卡中夹一枚《贺新春》贺年专用邮票小全张。

6. 自创型 HZ2011
全套 1 枚
明信片邮票面值： 80 分
明信片邮票规格： 27mm × 36mm
明信片规格： 183mm × 100mm
明信片邮票图案：平安富贵
HZ2011 （1） Y 平安富贵

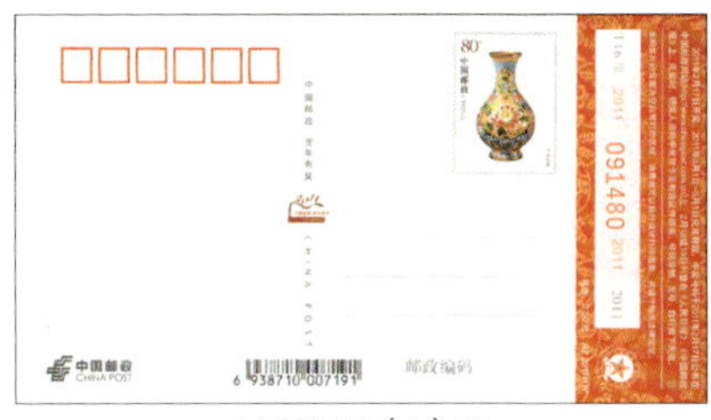
HZ2011（1）Y

版别：彩色胶版
设计者：王虎鸣
责任编辑：陈宜思
每枚售价： 2.50 元
每枚市场价格： 5.00 元

二、定制型除了国版的 6 个品种外，增加了贺卡型 ZL

贺卡型 ZL （定制型）（贺卡信封 HKFB2011Y、贺卡 HKB2011Y）
全套贺卡信封 1 枚、内件 1 枚
贺卡信封邮票面值： 2.40 元
贺卡信封邮票规格：34mm × 97mm（异型）
贺卡信封规格： 230mm × 120mm
内件规格： 200mm × 105mm （折叠后）
贺卡信封邮票图案：恭贺新禧

版别：彩色胶版
设计者：北京吉茶文化发展有限公司
责任编辑：陈宜思
每套市场价格： 10.00 元
印制厂：湖南省邮电印务有限责任公司、北京邮票厂、四川省邮电印制厂、山东金邮印务股份有限公司、中国人民解放军第 1206 工厂、福建省邮电印刷厂、广东信源彩色印务有限公司、河南省邮电印刷厂、江苏省邮电印刷厂、上海界龙现代印刷纸品有限公司、甘肃瑞通邮政印刷有限责任公司、内蒙古邮电印刷厂、江西省邮政中圣印务有限公司、深圳市鑫雁邮电印刷包装有限公司、桂林鸿瑞商务印刷有限公司、上海证券印制有限公司、天津环球磁卡股份有限公司、陕西信德圆方安全印务有限责任公司、辽宁省沈阳邮电印刷厂、浙江省邮电印刷股份有限公司。
注： 2011 年中国邮政贺卡的发行日期是 2010 年 10 月 9 日至 2011 年 2 月 12 日。开奖日期为 2011 年 2 月 17 日（农历正月十五日）， 2 月 18 日公布中奖号码，兑奖期为 2011 年 3 月 1 日至 5 月 1 日。

HP2012 2012 年中国邮政贺卡
HP2012 2012 China Post Greeting Cards

2011 年 10 月 9 日发行

一、国版销售型分普通型、信卡型、贺卡型 C5、幸运封、自创型 5 种

1. 普通型 HP2012

全套 21 枚

明信片邮票面值： 80 分

明信片邮票规格： 25mm × 25mm

明信片规格： 183mm × 100mm

明信片邮票图案：恭贺新禧

明信片图案：

HP201201 宏图大展

HP201202 和和美美

HP201203 九龙旺福

HP201204 春潮溢彩

HP201205 幸福留香

HP201206 富贵有余

HP201207 福禄寿喜

HP201208 中国 • 龙韵（龙年大吉）

HP201209 龙吟东方（龙吟庆春）

HP201210 幼龙贺卡（新年快乐）

HP201211 鸿运当头（红运当头）

HP201212 春天（Happy New Year）

HP201213 动漫游——包强之画龙点睛

HP201214 动漫游——魔术师

HP201215 动漫游——安格格时空漫游记贺岁篇

HP201216 动漫游——春晚明星之龙王

HP201217 动漫游——小企鹅波鲁鲁组曲

HP201218 动漫游——开心农场之搭便车

HP201219 动漫游——张小盒回家过年记

HP201220 动漫游——秦时明月

HP201221 动漫游——动漫明星大拜年

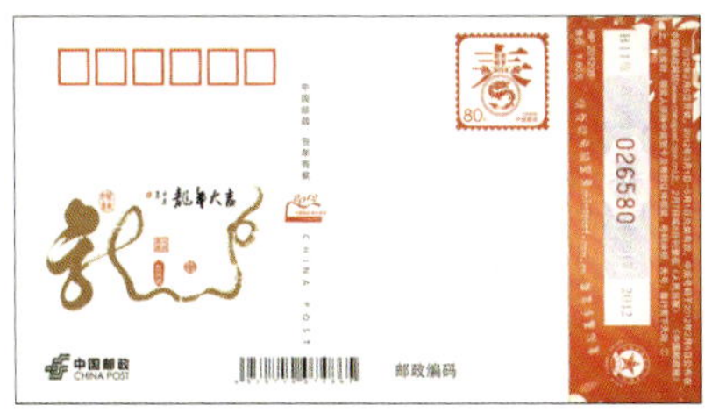

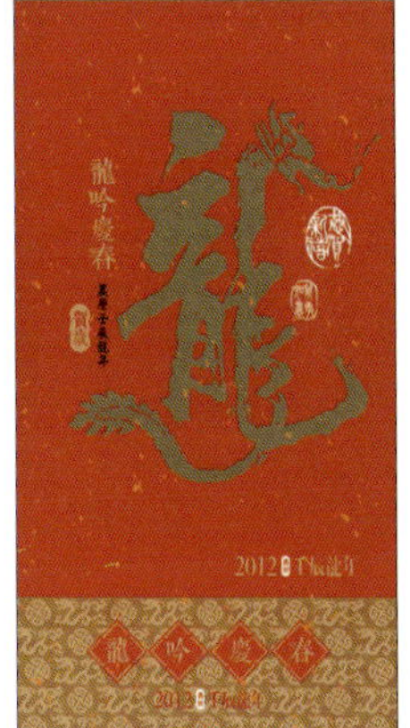

2012
Happy New year
should always be happy

新年快乐
Happy New Year

版别：彩色胶版
明信片邮票图案设计者：李志明
责任编辑：陈宜思
每枚售价：1.80 元
每枚市场价格：（1-12）4.00 元、（13-21）10.00 元

2. 信卡型 HXK2012
全套 12 枚
信卡邮票面值：1.20 元
信卡邮票规格：27mm × 36mm
信卡规格：186mm × 128mm（折叠后）
信卡展开规格：186mm × 256mm（展开后）
信卡邮票图案：吉祥如意
信卡图案：
HXK201201 龙马精神
HXK201202 新春快乐
HXK201203 龙
HXK201204 龙行大运
HXK201205 大展宏图
HXK201206 新荷吐瑞
HXK201207 祥龙启瑞
HXK201208 福禄寿喜
HXK201209 梦里花开
HXK201210 迎春
HXK201211 飞龙在天贺新禧
HXK201212 纳福

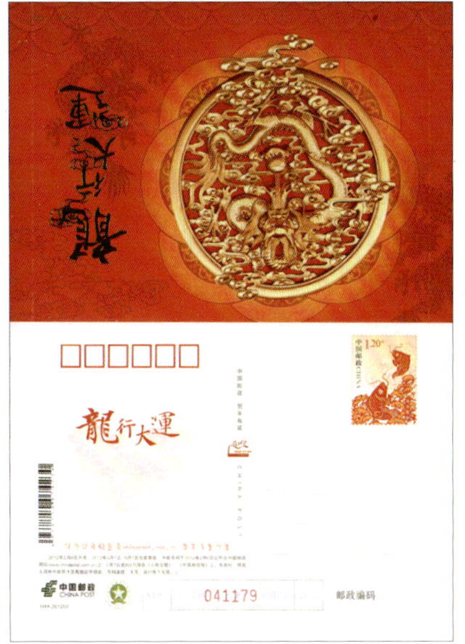
龍行大運
041179
邮政编码

936722
邮政编码

720179
邮政编码

706479
邮政编码

806722
邮政编码

HAPPY NEW YEAR
2012
Happy
New
Year
076422
邮政编码

496879
邮政编码

HAPPY NEW YEAR
202072
邮政编码

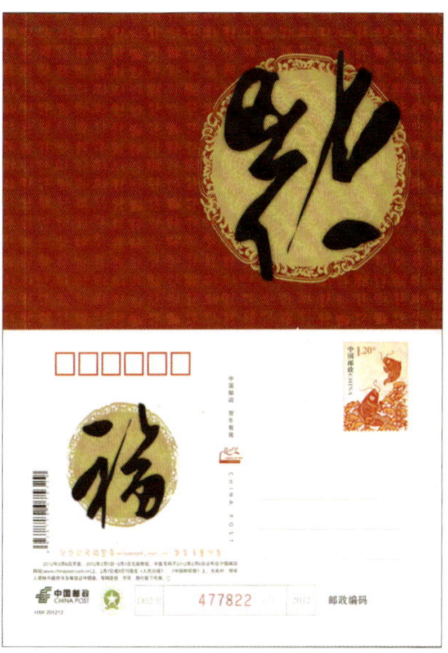
福
477822
邮政编码

版别：彩色胶版
信卡邮票图案设计者：李少波
责任编辑：陈宜思
每枚售价：2.80 元
每枚市场价格：4.00 元

3. 贺卡型 C5（贺卡信封 HKFA2012、内件 HKA2012；贺卡信封 HKFC2012、内件 HKC2012）

A 系列：全套贺卡信封 97 枚、内件 97 枚
C 系列：全套贺卡信封 28 枚、内件 28 枚
贺卡信封邮票面值：2.40 元
贺卡信封邮票规格：30mm × 40mm
贺卡信封规格：229mm × 162mm
内件规格：210mm × 140mm、140mm × 210mm
贺卡信封邮票图案：风车
贺卡图案：
A 系列：
HKFA201201 正德福旺
HKFA201202 一桶金
HKFA201203 幸福年夜饭
HKFA201204 福盈门
HKFA201205 贺新年
HKFA201206 贺新春
HKFA201207 富贵多福
HKFA201208 中国年
HKFA201209 中国龙年
HKFA201210 龙
HKFA201211 书法龙
HKFA201212 吉祥
HKFA201213 中国龙年
HKFA201214 龙年大吉
HKFA201215 鱼跃龙门
HKFA201216 庆年
HKFA201217 喜燕迎春
HKFA201218 喜鹊登枝
HKFA201219 满堂富贵
HKFA201220 福鼎祥年
HKFA201221 福安
HKFA201222 新年快乐
HKFA201223 爱到春暖花开时
HKFA201224 圣诞祝福
HKFA201225 甜蜜的祝福
HKFA201226 金龙旺福
HKFA201227 好运来
HKFA201228 五福临门
HKFA201229 福禄到
HKFA201230 福迎八方
HKFA201231 龙运祥年
HKFA201232 金榜题名
HKFA201233 十二生肖
HKFA201234 飞黄腾达
HKFA201235 富贵有鱼
HKFA201236 福
HKFA201237 富贵平安
HKFA201238 喜上眉梢
HKFA201239 福贵满乾坤
HKFA201240 富贵平安
HKFA201241 鸿运当头
HKFA201242 一曲新词春满园
HKFA201243 节节高升
HKFA201244 节节高升
HKFA201245 开门迎福
HKFA201246 新禧盈门
HKFA201247 福到万家
HKFA201248 八仙旺福
HKFA201249 合家幸福
HKFA201250 幸福快乐
HKFA201251 圣诞老人
HKFA201252 春到福到财神到
HKFA201253 喜气洋洋
HKFA201254 福龙齐贺岁
HKFA201255 福满新春
HKFA201256 龙腾四海
HKFA201257 海阔龙腾
HKFA201258 福气安康
HKFA201259 天降鸿福
HKFA201260 连年有余
HKFA201261 如鱼得水
HKFA201262 连年有余
HKFA201263 翔龙飞鱼
HKFA201264 星语心愿
HKFA201265 桃红柳绿迎新春
HKFA201266 春暖花开蝶满园
HKFA201267 喜上眉梢
HKFA201268 竹报平安
HKFA201269 幸福鸟
HKFA201270 圣诞快乐
HKFA201271 龙马精神
HKFA201272 福
HKFA201273 吉祥鸿运年
HKFA201274 龙贺新春
HKFA201275 剪纸龙
HKFA201276 龙年大吉（棕）
HKFA201277 龙年福旺
HKFA201278 龙年大吉（红）
HKFA201279 富贵有余
HKFA201280 吉庆有余
HKFA201281 鲤跳龙门
HKFA201282 一帆风顺
HKFA201283 新春快鹿
HKFA201284 祥和如意
HKFA201285 福寿双全
HKFA201286 招财进宝
HKFA201287 岁岁平安
HKFA201288 2012
HKFA201289 龙腾万里
HKFA201290 刻纸龙头

HKFA201278

HKFA201291 祥龙赐福
HKFA201292 龙图献瑞
HKFA201293 双龙戏珠
HKFA201294 鸿禧
HKFA201295 彩龙迎春
HKFA201296 恭贺新禧
HKFA201297 腊梅迎春

C 系列：
HKFC201201 吉祥草贺卡——2012 恭贺新禧
HKFC201202 吉祥草贺卡——恭喜发财
HKFC201203 吉祥草贺卡——吉庆有余
HKFC201204 吉祥草贺卡——新春祝福
HKFC201205 如意豆贺卡——吉
HKFC201206 如意豆贺卡——和和美美
HKFC201207 如意豆贺卡——喜迎丰年
HKFC201208 如意豆贺卡——富贵平安
HKFC201209 如意豆贺卡——招财进宝
HKFC201210 精品水晶贺卡——武财神贺岁
HKFC201211 精品水晶贺卡——贺岁
HKFC201212 浮雕水晶贺卡——拜年了
HKFC201213 浮雕水晶贺卡——福禄迎春
HKFC201214 珍丝贺卡——招财进宝
HKFC201215 珍丝贺卡——中华龙
HKFC201216 珍丝贺卡——福
HKFC201217 精品刺绣贺卡——祝福年
HKFC201218 工美贺卡——中国龙年
HKFC201219 影视贺卡《建党伟业》——祝福
HKFC201220 影视贺卡《建党伟业》——辉煌90载
HKFC201221 影视贺卡《新少林寺》——武侠
HKFC201222 影视贺卡《武侠》——武侠贺岁
HKFC201223 磁性书签贺卡——兰蕙齐芳
HKFC201224 磁性书签贺卡——君子贺岁
HKFC201225 磁性书签贺卡——平安吉祥
HKFC201226 音乐贺卡——贺新年
HKFC201227 未知
HKFC201228 “神舟八号”与“天宫一号”成功对接

HKFC201221

HKFC201225

HKFC201228

版别：彩色胶版
贺卡信封邮票图案设计者：沈嘉宏
责任编辑：陈宜思
每套售价：A 系列 5.50 元
C 系列 15.00 元
每套市场价格：5.00 元

4. 幸运封（信封 HXYF2012、内件 HXY2012）

全套幸运封 8 枚、内件 8 枚、小全张 8 枚
信封邮票面值：9 元
信封邮票规格：38mm × 61mm
信封规格：275mm × 165mm
内件规格：265mm × 145mm
小全张规格：240mm × 135mm
信封邮票图案：贺年
信封图案：
HXYF201201 鼎盛龙年（鼎盛中国）
HXYF201202 福禄双全
HXYF201203 福迎门
HXYF201204 戏龙舟
HXYF201205 万事如意
HXYF201206 龙年
HXYF201207 平安如意
HXYF201208 玉音传福

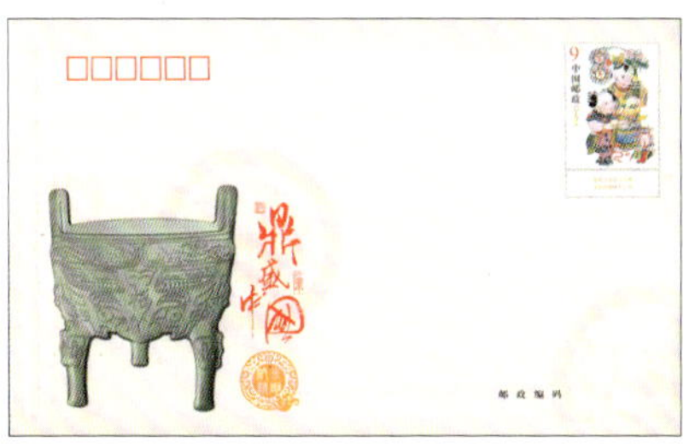

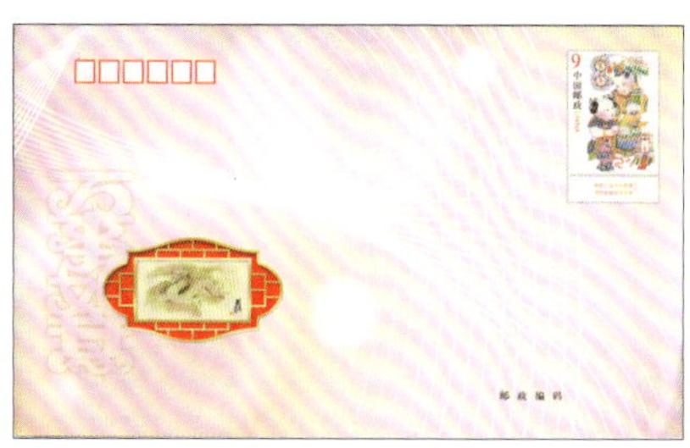

版别：彩色胶版
信封邮票图案设计者：宋秋萍
资料提供：天津杨柳青画社
贺年专用邮票设计者：李少波
资料提供：上海博物馆
责任编辑：陈宜思
每套售价：30.00 元
每套市场价格：20.00 元
注：幸运封内配一个内件，内件中夹一枚贺年专用邮票小全张。

5. 自创型 HZ2012

全套 1 枚
明信片邮票面值：80 分
明信片邮票规格：25mm × 25mm
明信片规格：183mm × 100mm
明信片邮票图案：恭贺新禧
HZ2012（1）Y “福”

版别：彩色胶版
设计者：李志明
责任编辑：陈宜思
每枚售价：2.50 元
每枚市场价格：5.00 元

二、定制型除了国版的 5 个品种外，增加了贺卡型 ZL

贺卡型 ZL（定制型）（贺卡信封 HKFB2012、贺卡 HKB2012）

全套贺卡信封 1 枚、内件 1 枚
贺卡信封邮票面值：2.40 元
贺卡信封邮票规格：33mm × 33mm
贺卡信封规格：230mm × 120mm
内件规格：200mm × 105mm （折叠后）
贺卡信封邮票图案：双联盖瓶

版别：彩色胶版
贺卡信封邮票图案设计者：李少波
资料提供：故宫博物院
责任编辑：陈宜思
每套售价：5.50 元
每套市场价格：10.00 元

印制厂：湖南省邮电印务有限责任公司、北京邮票厂、四川省邮电印制股份有限公司、山东金邮印务股份有限公司、中国人民解放军第1206工厂、福建省邮电印刷厂、广东信源彩色印务有限公司、河南省邮电印刷厂、江苏省邮电印刷厂、上海界龙现代印刷纸品有限公司、甘肃瑞通邮政印刷有限责任公司、内蒙古邮电印务有限责任公司、江西省邮政发行报刊印务中心、深圳市鑫雁邮电印刷包装有限公司、桂林鸿瑞商务印刷有限公司、上海证券印制有限公司、天津环球磁卡股份有限公司、陕西信德圆方安全印务有限责任公司、辽宁省沈阳邮电印刷厂、浙江省邮电印刷股份有限公司

注：2012年中国邮政贺卡的发行日期是2011年10月9日至2012年2月1日。开奖日期为2012年2月6日（农历正月十五日），2月7日公布中奖号码，兑奖期为2012年3月1日至5月1日。

HP2013 2013年中国邮政贺卡
HP2013 2013 China Post Greeting Cards

2012年10月9日发行

一、国版销售型分普通型、信卡型、贺卡型C5、幸运封Ⅰ型、幸运封Ⅱ型、自创型6种

1. 普通型HP2013

全套33枚

明信片邮票面值：80分

明信片邮票规格：20mm×28mm

明信片规格：183mm×100mm

230mm×158mm （HP201328）

210mm×150mm （HP201329）

明信片邮票图案：福禄寿喜

明信片图案：

HP201301 蛇年送福

HP201302 中国年

HP201303 金蛇狂舞

HP201304 九鱼贺岁

HP201305 福禄贺禧

HP201306 春潮涌福

HP201307 和和美美

HP201308 连年有余

HP201309 新春快乐

HP201310 花开富贵

HP201311 京剧贺春

HP201312 恭贺新禧

HP201313 金蛇贺新春

HP201314 蛇年纳福

HP201315 岁岁吉祥

HP201316 福禄到

HP201317 花开福祥

HP201318 幸福绽放

HP201319 节节高升

HP201320 生肖贺岁

HP201321 事事亨通

HP201322 新年快乐

HP201323 幸福在路上

HP201324 花开富贵平安到

HP201325 蛇年大吉

HP201326 生肖纳福

HP201327 鸟语花香

HP201328 金福贺春（异形）

HP201329 新年快乐（异形）

HP201330 蛇步锦程

HP201331 迎春纳福

HP201332 金蛇迎春

HP201333 蛇年贺岁

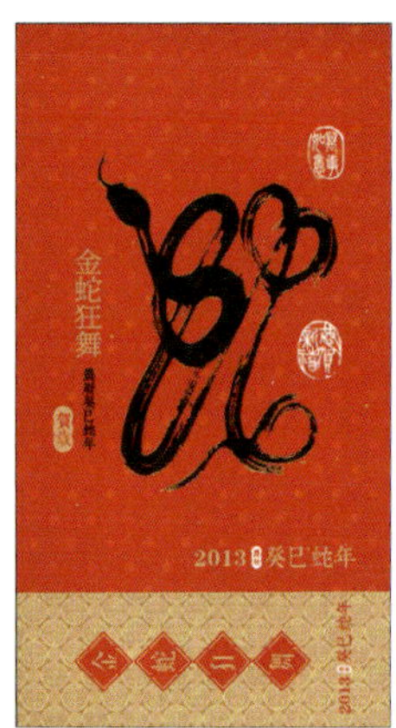

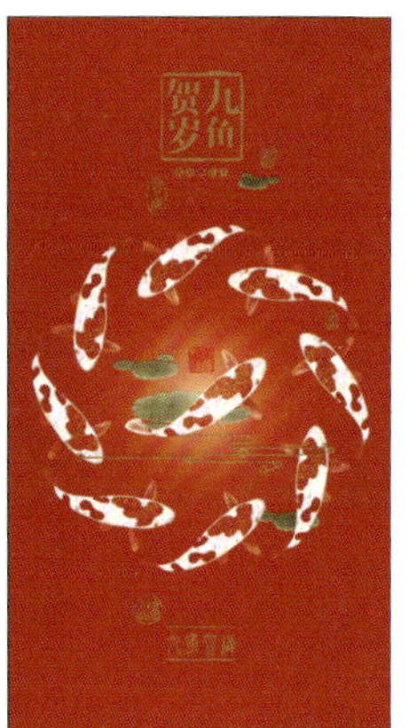

福禄贺禧
福 禄 贺 禧

中国邮政 CHINA POST
邮政编码

春潮涌福

中国邮政 CHINA POST
邮政编码

新 年 快 乐

中国邮政 CHINA POST
邮政编码

中国邮政 CHINA POST
邮政编码

新春快乐

中国邮政 CHINA POST
邮政编码

贺年
花开富贵
2013

中国邮政 CHINA POST
邮政编码

2013

中国邮政 CHINA POST
邮政编码

恭贺新禧

中国邮政 CHINA POST
邮政编码

2013
happy new year

蛇年纳福
HAPPY NEW YEAR

岁岁
吉祥

福禄到

花开福祥

幸福绽放
Spring

节节高升

生肖
岁

事事亨通
吉祥文化·［狮滚绣球］

HAPPY NEW YEAR
新年快乐

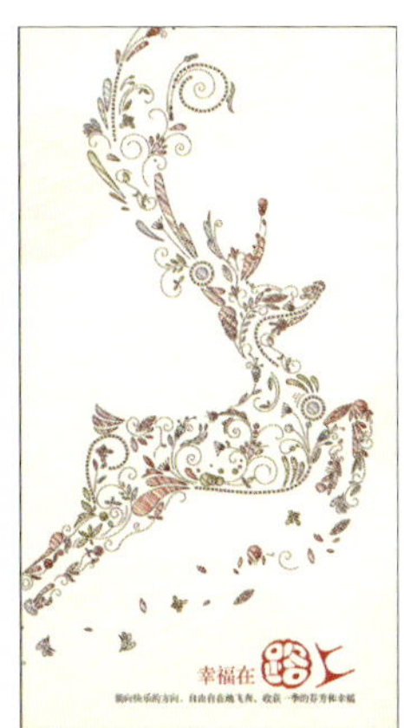
幸福在路上

花开富贵
平安到

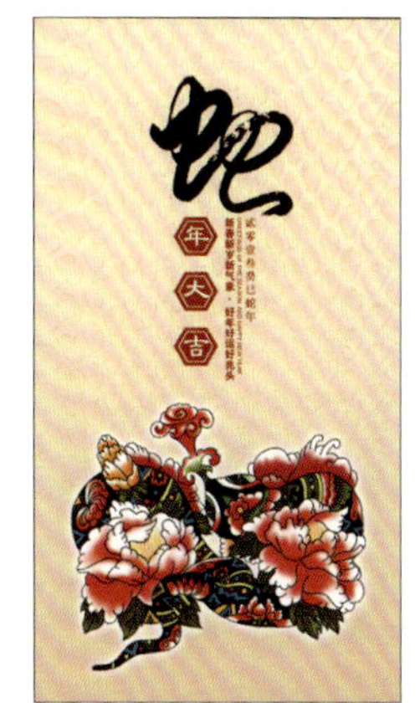
年
大
吉

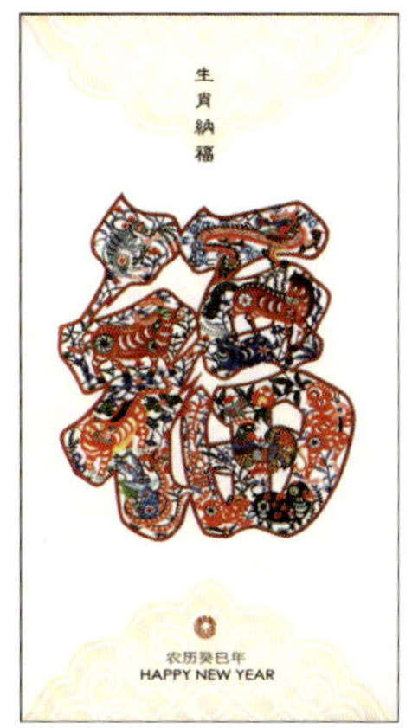
生肖纳福
农历癸巳年
HAPPY NEW YEAR

鸟语花香
农历癸巳年
HAPPY NEW YEAR

2013

新年快乐
2013
HAPPY NEW YEAR

版别：彩色胶版
明信片邮票图案设计者：饶鉴 徐开强
责任编辑：陈宜思
每枚售价：1.80 元
每枚市场价格：3.00 元

2. 信卡型 HXK2013
发行日期：2012 年 10 月 9 日
全套 14 枚
信卡邮票面值：1.20 元
信卡邮票规格：29mm × 29mm
信卡规格：186mm × 128mm
信卡展开规格：186mm × 256mm
信卡邮票图案：福
信卡图案：
HXK201301 四季平安
HXK201302 乐谱新春
HXK201303 暖暖的祝福
HXK201304 空谷幽兰
HXK201305 春到福来贺新禧
HXK201306 新春福满满
HXK201307 新春快乐
HXK201308 收获幸福
HXK201309 鱼翔锦春至
HXK201310 节节高升
HXK201311 簇锦团花
HXK201312 2013
HXK201313 新年快乐
HXK201314 蛇舞吉祥

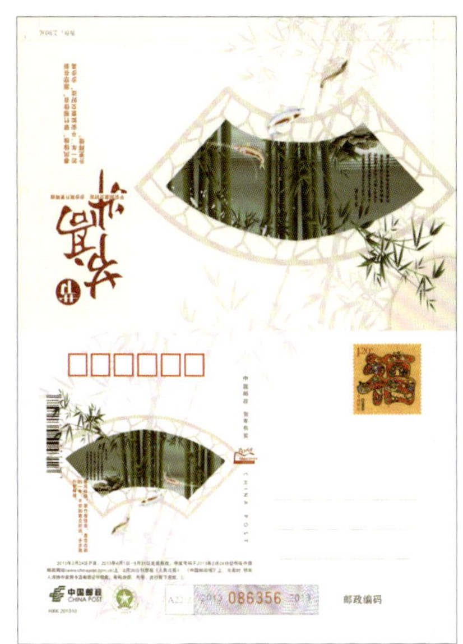

版别：彩色胶版
信卡邮票图案设计者：广州市东方红文化策划传播有限公司
责任编辑：陈宜思
每枚售价：2.80 元
每枚市场价格：4.00 元

3. 贺卡型 C5（贺卡信封 HKFA2013、内件 HKA2013；贺卡信封 HKFC2013、内件 HKC2013）

A 系列：全套贺卡信封 132 枚、内件 132 枚
C 系列：全套贺卡信封 24 枚、内件 24 枚
贺卡信封邮票面值：2.40 元
贺卡信封邮票规格：40mm × 30mm
贺卡信封规格：229mm × 162mm
贺卡规格：135mm × 210mm（折叠后）
贺卡信封邮票图案：繁花似锦
贺卡图案：
A 系列：

HKFA201301 富贵平安
HKFA201302 贺新春
HKFA201303 节节高升
HKFA201304 心想事成
HKFA201305 鸿运当头
HKFA201306 飞往幸福
HKFA201307 竹报平安
HKFA201308 圣诞快乐
HKFA201309 福禄恒升
HKFA201310 富贵满盈
HKFA201311 春风送暖 燕语留香
HKFA201312 纳福
HKFA201313 双福如意
HKFA201314 吉事多
HKFA201315 荣华似锦
HKFA201316 蝶舞馨香传
HKFA201317 幸福随心转
HKFA201318 圣诞快乐
HKFA201319 富贵迎春
HKFA201320 蛇盘富贵
HKFA201321 蛇行大运
  A 型：错版
  B 型：改正版
HKFA201322 福禄齐天
HKFA201323 吉祥三宝送祥瑞
HKFA201324 一帆风顺
HKFA201325 福袋满满
HKFA201326 八仙送福
HKFA201327 福气多多
HKFA201328 玉堂富贵
HKFA201329 福星高照
HKFA201330 祥蛇献瑞
HKFA201331 五福启祥
HKFA201332 Merry Christmas
HKFA201333 福瑞祥
HKFA201334 富贵兴隆
HKFA201335 福贵齐芳
HKFA201336 青云直上
HKFA201337 连年福安
HKFA201338 灵蛇纳财
HKFA201339 泰卦吉亨
HKFA201340 福贵平安
HKFA201341 灵蛇贺岁
HKFA201342 鱼跃龙门福运来
HKFA201343 福禄寿喜
HKFA201344 知鱼之乐
HKFA201345 蛇年大吉
HKFA201346 富竹有余
HKFA201347 福娃闹春
HKFA201348 春来福到（贺年）
HKFA201349 富贵平安
HKFA201350 前程万里
HKFA201351 春满乾坤福满园
HKFA201352 锦绣前程
HKFA201353 迎春
HKFA201354 连年有余
HKFA201355 花开的祝福
HKFA201356 福禄齐贺岁
HKFA201357 锦绣前程
HKFA201358 生肖贺福
HKFA201359 和和美美
HKFA201360 恭贺新禧
HKFA201361 福 • 禧
HKFA201362 年年有余
HKFA201363 贺新年
HKFA201364 齐贺新年
HKFA201365 大象
HKFA201366 蛇游新宇
HKFA201367 兰花扇面
HKFA201368 竹报平安
HKFA201369 金蛇贺年
HKFA201370 瑞雪快乐
HKFA201371 2013（喇叭）
HKFA201372 春光渔舟
HKFA201373 团蛇富贵
HKFA201374 迎春花瓶
HKFA201375 梅开五福扇
HKFA201376 竹报平安
HKFA201377 阖家欢乐
HKFA201378 开门迎春报平安
HKFA201379 蛇年吉祥
HKFA201380 新年快乐
HKFA201381 快乐 2013
HKFA201382 幸福像花儿一样
HKFA201383 银蛇缤纷
HKFA201384 恭贺新禧
HKFA201385 拜大年
HKFA201386 繁花似锦
HKFA201387 绿静春深
HKFA201388 万事如意 岁岁平安
HKFA201389 友谊地久天长
HKFA201390 富贵平安
HKFA201391 春
HKFA201392 红梅迎春
HKFA201393 富贵吉祥
HKFA201394 用 XIN 倾听
HKFA201395 心语心愿
HKFA201396 喜事连年
HKFA201397 诚信支票
HKFA201398 健康快乐一本通
HKFA201399 奖状
HKFA2013100 时尚达人证书
HKFA2013101 竹报平安
HKFA2013102 祥和
HKFA2013103 时尚 2013
HKFA2013104 花开富贵
HKFA2013105 雅韵
HKFA2013106 喜庆有余
HKFA2013107 家和万事兴
HKFA2013108 四季平安
HKFA2013109 福到万家
HKFA2013110 蛇年展宏图
HKFA2013111 福禄寿喜
HKFA2013112 天下第一福
HKFA2013113 开门见喜
HKFA2013114 福临门
HKFA2013115 鸿运连年
HKFA2013116 惠风和畅
HKFA2013117 福中有福
HKFA2013118 迎春纳福

HKFA2013119 富贵有余
HKFA2013120 福来到
HKFA2013121 五福临门
HKFA2013122 五路财神
HKFA2013123 金爵迎福
HKFA2013124 金玉满堂
HKFA2013125 和谐美满
HKFA2013126 恭喜发财
HKFA2013127 招财进宝
HKFA2013128 合家快乐
HKFA2013129 平安快乐
HKFA2013130 交好运多快乐
HKFA2013131 新春人家
HKFA2013132 新年快乐

HKFA201319

A 型：HKFA201321 错版正面

A 型：HKFA201321 错版背面

B 型：HKFA201321 改正版正面

B 型：HKFA201321 改正版背面

C 系列：
HKFC201301 艺术丝巾贺卡——富贵吉祥
HKFC201302 磁性书签贺卡——红袖添香
HKFC201303 磁性书签贺卡——吉祥如意中国年
HKFC201304 磁性书签贺卡——乐君贺岁
HKFC201305 艺术丝巾贺卡——百福纳吉祥
HKFC201306 月历贺卡——百花齐贺岁
HKFC201307 空号
HKFC201308 竹雕贺卡——锦绣前程
HKFC201309 艺术丝巾贺卡——锦上添福
HKFC201310 磁性书签贺卡——爱在四季
HKFC201311 磁性书签贺卡——仁者乐山
HKFC201312 磁性书签贺卡——天降鸿福
HKFC201313 磁性书签贺卡——恭贺新禧
HKFC201314 影视贺卡——真爹假娘俏媳妇
HKFC201315 影视贺卡——一夜成名
HKFC201316 影视贺卡——藏獒多吉
HKFC201317 影视贺卡——雨中的树
HKFC201318 涂鸦贺卡——万象更新
HKFC201319 涂鸦贺卡——梅兰竹菊
HKFC201320 绿植如意豆贺卡——恭喜发财
HKFC201321 绿植如意豆贺卡——富贵平安
HKFC201322 绿植吉祥草贺卡——金玉满堂
HKFC201323 绿植吉祥草贺卡——喜迎新春
HKFC201324 磁性刺绣贺卡——招财进宝
HKFC201325 水晶贺卡——日进斗金

HKFC201301

版别：彩色胶版
贺卡信封邮票图案设计者：史渊
邮票图案资料提供者：故宫博物院
摄影者：冯辉
责任编辑：陈宜思
每套售价：A 系列 5.50 元
C 系列 15.00 元
每套市场价格：5.00 元

4. 幸运封Ⅰ型（信封 HXYF2013、内件 HXY2013）

全套幸运封 4 枚、内件 4 枚
信封邮票面值：9 元
信封邮票规格：30mm × 50mm
信封规格：275mm × 165mm
信封邮票图案：福禄寿喜财
信封图案：
HXYF201301 兰亭序
HXYF201302 福禄寿禧
HXYF201303 财神到
HXYF201304 富贵天香

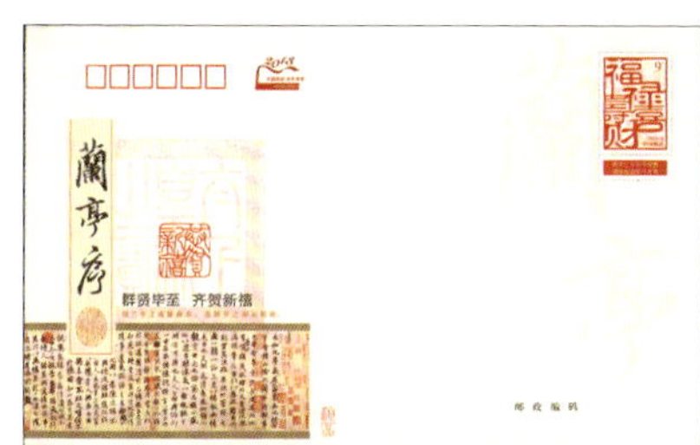

版别：彩色胶版
设计者：饶鉴、许开强
责任编辑：陈宜思
每套售价：30.00 元
每套市场价格：20.00 元
注：幸运封Ⅰ型内装有内件。

5. 幸运封Ⅱ型（信封 HXYF2013、内件 HXY2013）

全套幸运封 1 枚、内件 1 枚、小全张 1 枚

信封邮票面值：9 元
信封邮票规格：40mm × 60mm
信封规格：324mm × 229mm
内件规格：185mm × 260mm
小全张规格：110mm × 228mm
信封邮票图案：春
信封图案：
HXYF201305 恭贺新禧

HXYF201305

版别：彩色胶版
设计者：广州市东方红文化策划传播有限公司
责任编辑：陈宜思
每套售价：30.00 元
每套市场价格：20.00 元
注：幸运封 II 型内配一张贺卡，贺卡中央一枚贺年专用邮票小全张。

6. 自创型 HZ2013
全套枚数：1 枚
明信片邮票面值：80 分
明信片邮票规格：20mm × 28mm
明信片规格：183mm × 100mm
明信片邮票图案：福禄寿喜
HZ2013（1）Y“福”字

HZ201301

版别：彩色胶版
设计者：饶鉴、许开强
责任编辑：陈宜思
每枚售价：2.50 元
每枚市场价格：5.00 元

二、定制型，除了国版销售型中的有普通型、信卡型、贺卡型 C5、幸运封 I 型、幸运封 II 型、自创型 6 个品种外，还有一种定制型《吉庆有余》贺礼卡幸运封，分为年度贺礼卡幸运封和日常贺礼卡幸运封两种。

1. 年度贺礼卡幸运封
《吉庆有余》贺礼卡幸运封 HXYF2013
2013 年 1 月发行
全套幸运封包括信封 1 枚、内件 1 枚
信封邮票规格：40mm × 42mm（吉庆有余）
邮票附票规格：40mm × 10mm（邮资已含挂号资费请按给据邮件交寄）
信封规格：324mm × 229mm
信封邮票图案：吉庆有余
信封图案：贺礼
A（温情卡）：郑燮（郑板桥）绘画《竹石图》，内卡为《节节高升》
B（亲情卡）：华特 · 迪士尼独家授权“中国风”迪士尼卡通形象，内卡为《四季平安》
C（浓情卡）：范曾绘画《老子出关图》，内卡为《紫气东来》

序号	面值（元）	售价（元）	发行量（万枚）	市场参考价格（元）
1-1	11	30.00		30.00

版别：胶印
设计者：宋秋萍
注：封上印有 2013 年中国邮政贺卡标识。

2. 日常贺礼卡幸运封
《吉庆有余》贺礼卡幸运封 HXYF2013
全套贺礼卡幸运封包括信封 1 枚、内件 1 枚
信封邮票规格：40mm × 42mm（吉庆有余）
信封规格：324mm × 229mm
信封邮票图案：吉庆有余
信封图案：贺礼
A（温情卡）：郑燮（郑板桥）绘画《竹石图》，内卡为《节节高升》

序号	面值（元）	售价（元）	发行量（万枚）	市场参考价格（元）
1-1	11	20.00		20.00

版别：胶印
设计者：宋秋萍
注：封上没有 2013 年中国邮政贺卡标识。邮票下没有附票。
印制厂：湖南省邮电印务有限责任公司、北京邮票厂、四川省邮电印制股份有限公司、山东金邮印务股份有限公司、中国人民解放军第 1206 工厂、福建省邮电印刷厂、广东信源彩色印务有限公司、河南省邮电印刷厂、江苏省邮电印刷厂、上海界龙现代印刷纸品有限公司、甘肃瑞通邮政印刷有限责任公司、江西省邮政发行报刊印务中心、深圳市鑫雁邮电印刷包装有限公司、桂林鸿瑞商务印刷有限公司、湖北鸿泰安全印务有限公司、上海证券印制有限公司、天津环球磁卡股份有限公司、陕西信德圆方安全印务有限责任公司、辽宁省沈阳邮电印刷厂、浙江省邮电印刷股份有限公司
注：2013 年中国邮政贺卡的发行日期是 2012 年 10 月 9 日至 2013 年 2 月 19 日。开奖日期为 2013 年 2 月 24 日（正月十五日），2013 年 2 月 24 日公布中奖号码，兑奖期为 2013 年 4 月 1 日至 8 月 31 日。

HP2014 2014 年中国邮政贺卡
HP2014 2014 China Post Greeting Cards

2013 年 10 月 9 日发行

一、国版销售型分普通型、信卡型、贺卡型、幸运封、自创型 5 种

1. 普通型 HP2014（2–1）
全套 54 枚
明信片邮票面值：80 分
明信片邮票规格：25mm × 25mm
明信片规格：183mm × 100mm
明信片邮票图案：生肖马（一）
明信片图案：
HP2014（2-1）01 马到成功
HP2014（2-1）02 福娃的祝福
HP2014（2-1）03 龙马精神
HP2014（2-1）04 百福贺岁
HP2014（2-1）05 春暖花开

HP2014（2-1）06 五福平安
HP2014（2-1）07 锦鲤开运贺新岁
HP2014（2-1）08 马跃新春
HP2014（2-1）09 幸福绽放
HP2014（2-1）10 花开富贵
HP2014（2-1）11 中国梦
HP2014（2-1）12 贺新年——喜气洋洋中国结
HP2014（2-1）13 幻彩新甲午
HP2014（2-1）14 花开富贵
HP2014（2-1）15 福马迎春
HP2014（2-1）16 策马迎春
HP2014（2-1）17 瑞福有余
HP2014（2-1）18 福气多
HP2014（2-1）19 吉事多
HP2014（2-1）20 快乐飞翔
HP2014（2-1）21 马年大吉
HP2014（2-1）22 恭贺新禧
HP2014（2-1）23 吉祥如意
HP2014（2-1）24 金玉连年
HP2014（2-1）25 一生五福
HP2014（2-1）26 吉星高照
HP2014（2-1）27 春风得意
HP2014（2-1）28 迎春报福
HP2014（2-1）29 福禄平安
HP2014（2-1）30 五福临门
HP2014（2-1）31 喜报春风第一枝
HP2014（2-1）32 马踏鸿福
HP2014（2-1）33 迎春接福
HP2014（2-1）34 春意盎然
HP2014（2-1）35 马上报喜
HP2014（2-1）36 守望幸福
HP2014（2-1）37 福禄寿喜
HP2014（2-1）38 马上平安
HP2014（2-1）39 马到成功
HP2014（2-1）40 福马贺岁
HP2014（2-1）41 贺新春
HP2014（2-1）42 花开富贵
HP2014（2-1）43 马到成功
HP2014（2-1）44 感谢一路上有你
HP2014（2-1）45 福到万家
HP2014（2-1）46 马年喜到
HP2014（2-1）47 好运来
HP2014（2-1）48 万事如意
HP2014（2-1）49 中国平安
HP2014（2-1）50 迎春
HP2014（2-1）51 迪士尼（异形）（2000 枚）
HP2014（2-1）52 迪士尼（异形）（2000 枚）
HP2014（2-1）53 迪士尼（异形）（2000 枚）
HP2014（2-1）54 迪士尼（异形）（2000 枚）

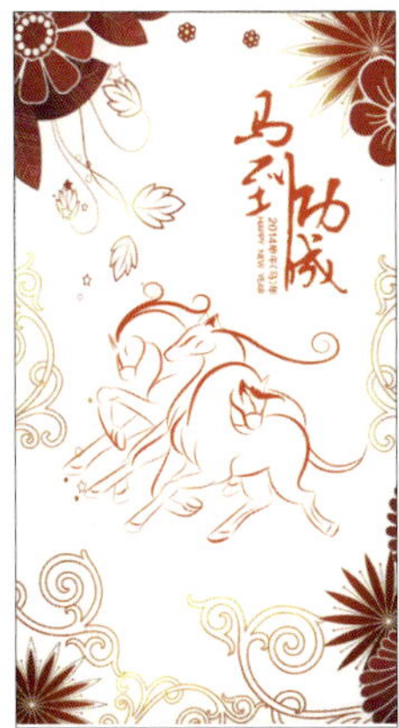

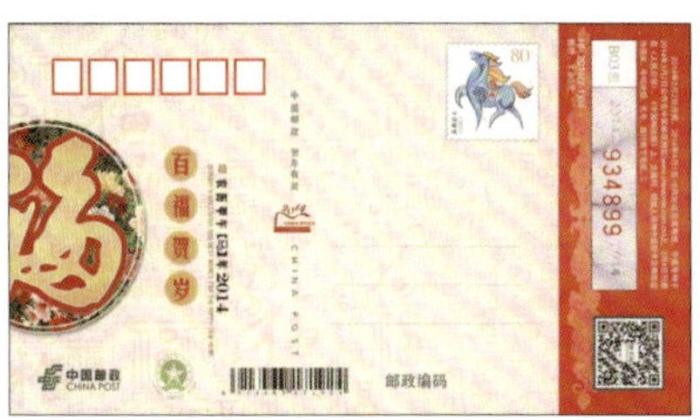

五福平安

锦鲤开运

锦鲤开运
贺新岁

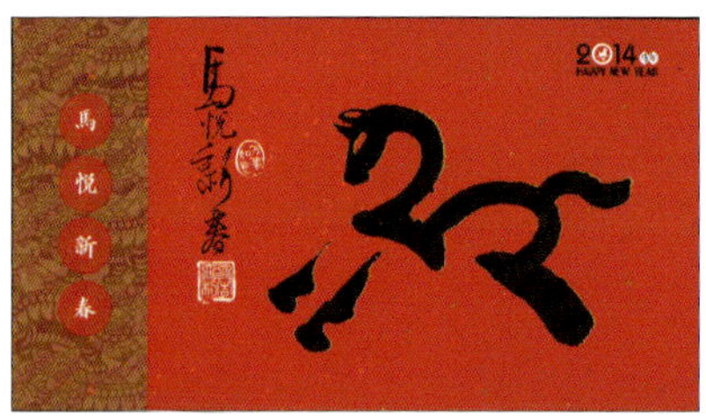
2014
馬悦新春
馬悦新春

幸福绽放

幸福绽放

花開富貴
2014

新春快乐 吉祥如意
HAPPY NEW YEAR
BEST WISHES FOR YOU

中国

贺新年
瑞马喜气报新春

甲午

花開富貴

福马迎春

福气多

吉事多

快乐飞翔

马年大吉

吉祥如意

金玉连年

一生五

吉星高照

吉星高照
HAPPY NEW YEAR

春风得意

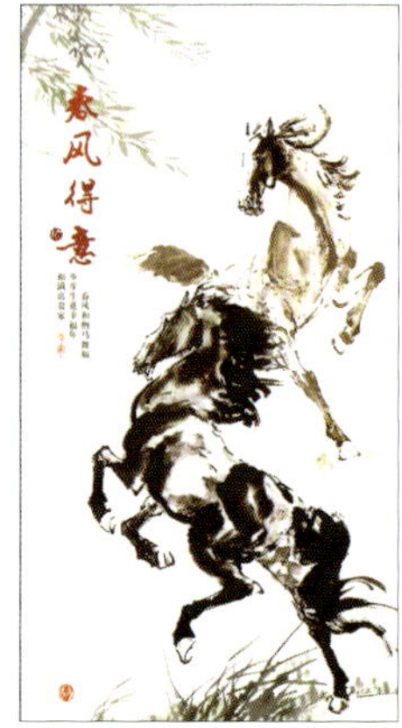
春风得意

迎春

迎春
Happy New Year

福禄平安

福禄平安
2014农历甲午年

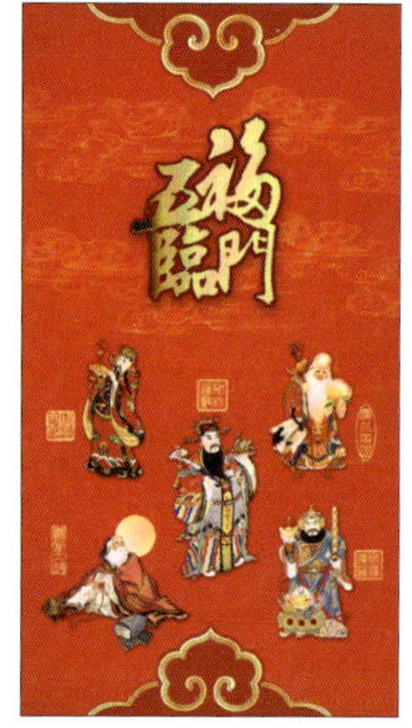
五福臨門

喜报春风第一枝

喜报春风第一枝
新年吉祥

春
意盎然

2014
马上报喜
Happy New Year

守望幸福

福禄寿喜
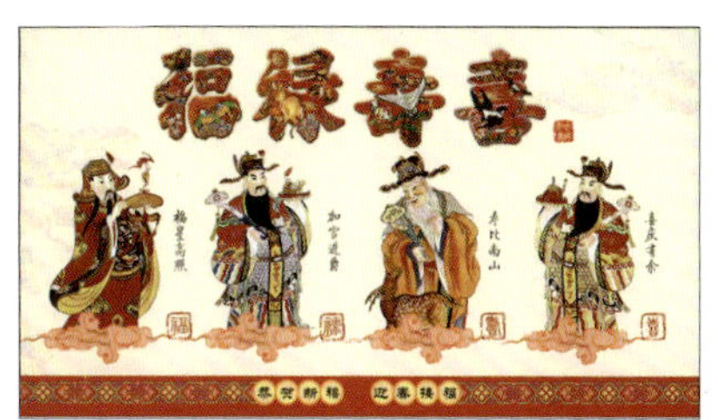
福禄寿喜

2014
马上平安
Happy New Year

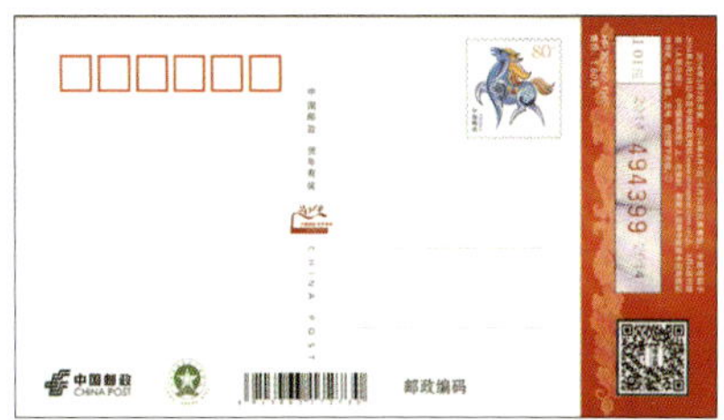

福
馬
賀
岁

贺新春
HAPPY NEW YEAR

花开富贵
Happy New Year

马到成功

感谢一路上有你

2014马年吉祥
农历甲午年
家

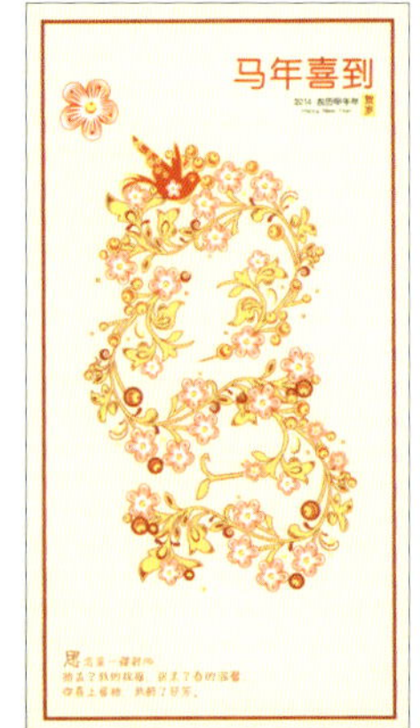
马年喜到

好运来
Happy New Year

萬事如意
2014

萬事如意
2014

贺年
马年吉祥

版别：彩色胶版
明信片设计者：何洁
责任编辑：王静
每枚售价：（1~50）1.80 元，（51~54）4.50 元
每枚市场价格：（1~50）2.00 元，（51~54）1000.00 元

2. 信卡型 HXK2014（2–1）

全套 34 枚
信卡邮票面值：1.20 元
信卡邮票规格：30mm × 30mm
信卡规格：186mm × 128mm
信卡展开规格：186mm × 256mm
信卡邮票图案：生肖马（二）
信卡图案：
HXK2014（2-1）01 爱的箴言
HXK2014（2-1）02 愉悦生活
HXK2014（2-1）03 新语心愿
HXK2014（2-1）04 踏花归来马蹄香
HXK2014（2-1）05 马年吉祥
HXK2014（2-1）06 恭贺新禧
HXK2014（2-1）07 好运风车
HXK2014（2-1）08 心想事成
HXK2014（2-1）09 福马迎春
HXK2014（2-1）10 万马祈福
HXK2014（2-1）11 福禄寿禧
HXK2014（2-1）12 福禄齐天
HXK2014（2-1）13 吉祥如意
HXK2014（2-1）14 福禄到
HXK2014（2-1）15 吉星高照
HXK2014（2-1）16 马年吉祥
HXK2014（2-1）17 竹报平安
HXK2014（2-1）18 五福临门
HXK2014（2-1）19 福运连年
HXK2014（2-1）20 开门见喜
HXK2014（2-1）21 吉祥如意
HXK2014（2-1）22 招财进宝
HXK2014（2-1）23 招财进宝
HXK2014（2-1）24 新年快乐
HXK2014（2-1）25 万马奔腾齐贺岁
HXK2014（2-1）26 贺新年
HXK2014（2-1）27 年年有余
HXK2014（2-1）28 镇邪迎春
HXK2014（2-1）29 马到成功
HXK2014（2-1）30 连年有余
HXK2014（2-1）31 迪士尼（1000 枚）
HXK2014（2-1）32 迪士尼（1000 枚）
HXK2014（2-1）33 迪士尼（1000 枚）
HXK2014（2-1）34 迪士尼（1000 枚）

197035
邮政编码

025035
邮政编码

093035
邮政编码

愉悦生活
Happy New Year
316035
邮政编码

159035
邮政编码

心想事成
325180
邮政编码

235035
邮政编码

266035
邮政编码

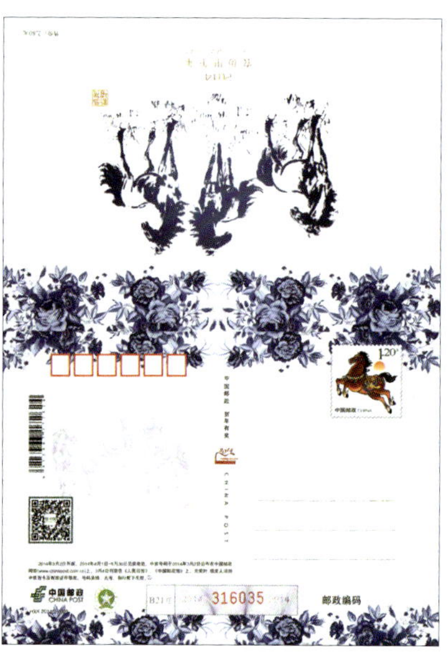
316035
邮政编码

2014 Happy New Year
069035
邮政编码

576035
邮政编码

2014
HAPPY NEW YEAR
117035
邮政编码

福禄寿禧
407035
邮政编码

027035
邮政编码

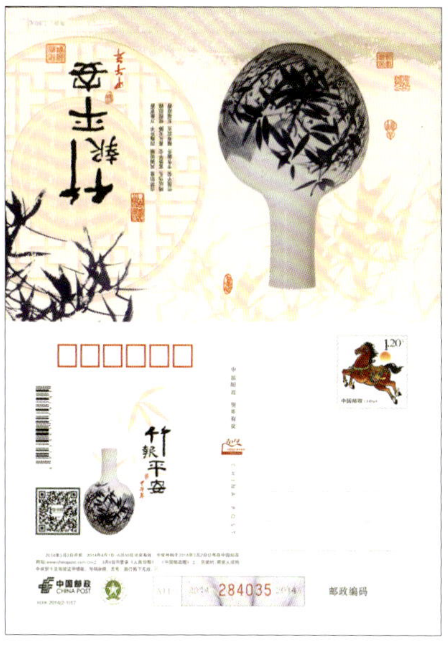
竹报平安
284035
邮政编码

177035
邮政编码

788035
邮政编码

五福临门
871035
邮政编码

979035
邮政编码

754035
邮政编码

234035
邮政编码

701035
邮政编码

768035
邮政编码

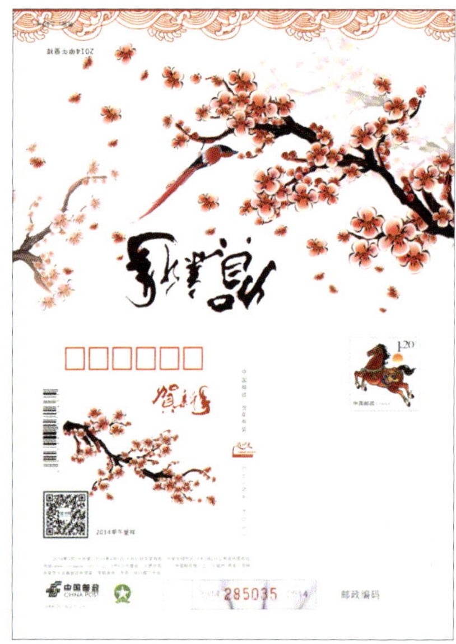
285035
邮政编码

883035
邮政编码

041035
邮政编码

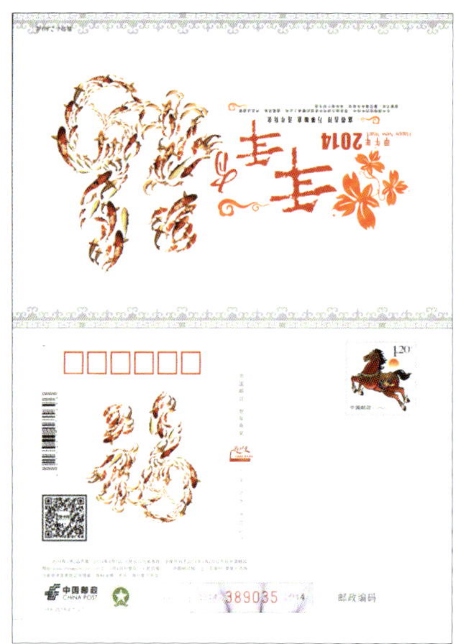
389035
邮政编码

版别：彩色胶版
信卡图案设计者：赵静
责任编辑：王静
每枚售价：2.80 元
每枚市场价格：（1~30）3.00 元，（31~34）1500.00 元

3. 贺卡型 C5[贺卡信封 HKFA2014（2-1）、内件 HKA2014（2-1）；贺卡信封 HKFC2014（2-1）、内件 HKC2014（2-1）]

A 系列：全套贺卡信封 150 枚、内件 150 枚
C 系列：全套贺卡信封 30 枚、内件 30 枚
贺卡信封邮票面值：2.40 元
贺卡信封邮票规格：40mm × 30mm
贺卡信封规格：229mm × 162mm
内件规格：210mm × 270mm
贺卡信封邮票图案：生肖马（三）
贺卡图案：
A 系列：
HKFA2014（2-1）01 福满新春
HKFA2014（2-1）02 贺马年
HKFA2014（2-1）03 富贵添香
HKFA2014（2-1）04 马运福年
HKFA2014（2-1）05 竹报平安
HKFA2014（2-1）06 和美平安
HKFA2014（2-1）07 富竹有余
HKFA2014（2-1）08 迎春接福
HKFA2014（2-1）09 福禄有余
HKFA2014（2-1）10 富贵如意
HKFA2014（2-1）11 连年有余
HKFA2014（2-1）12 福甲天下
HKFA2014（2-1）13 福满财旺
HKFA2014（2-1）14 连年有余
HKFA2014（2-1）15 富贵似锦
HKFA2014（2-1）16 和和美美
HKFA2014（2-1）17 开门迎福

HKFA2014（2-1）18 富贵平安
HKFA2014（2-1）19 贺新年
HKFA2014（2-1）20 事事顺心
HKFA2014（2-1）21 如意吉祥
HKFA2014（2-1）22 福贵平安
HKFA2014（2-1）23 福禄添喜
HKFA2014（2-1）24 富贵如意
HKFA2014（2-1）25 聚财纳福
HKFA2014（2-1）26 连年福安
HKFA2014（2-1）27 迎春纳福
HKFA2014（2-1）28 马年快乐
HKFA2014（2-1）29 岁岁平安
HKFA2014（2-1）30 福气升腾
HKFA2014（2-1）31 富贵迎春
HKFA2014（2-1）32 富贵平安
HKFA2014（2-1）33 百福平安
HKFA2014（2-1）34 富贵凝香
HKFA2014（2-1）35 富贵平安
HKFA2014（2-1）36 鸿运和美
HKFA2014（2-1）37 富贵满春堂
HKFA2014（2-1）38 福余长久
HKFA2014（2-1）39 连逢喜事
HKFA2014（2-1）40 吉庆有余
HKFA2014（2-1）41 好运连连
HKFA2014（2-1）42 贺岁迎春
HKFA2014（2-1）43 吉庆有余
HKFA2014（2-1）44 福马送福
HKFA2014（2-1）45 新年快乐
HKFA2014（2-1）46 一帆风顺
HKFA2014（2-1）47 岁岁平安
HKFA2014（2-1）48 富贵满堂
HKFA2014（2-1）49 骏马腾飞
HKFA2014（2-1）50 平安如意
HKFA2014（2-1）51 新年好
HKFA2014（2-1）52 美满幸福
HKFA2014（2-1）53 恭贺新禧——马
HKFA2014（2-1）54 马到成功
HKFA2014（2-1）55 洪福齐天
HKFA2014（2-1）56 迎春纳福
HKFA2014（2-1）57 新春纳福
HKFA2014（2-1）58 富贵年
HKFA2014（2-1）59 新年快乐
HKFA2014（2-1）60 龙马精神
HKFA2014（2-1）61 新年快乐
HKFA2014（2-1）62 富贵迎春
HKFA2014（2-1）63 步步高升
HKFA2014（2-1）64 新年同乐
HKFA2014（2-1）65 马踏春风
HKFA2014（2-1）66 开心过年
HKFA2014（2-1）67 年年有余
HKFA2014（2-1）68 平安如意
HKFA2014（2-1）69 福马迎春
HKFA2014（2-1）70 国色天香
HKFA2014（2-1）71 福禄迎春
HKFA2014（2-1）72 福运满载
HKFA2014（2-1）73 贺春
HKFA2014（2-1）74 暖暖的祝福
HKFA2014（2-1）75 福马到
HKFA2014（2-1）76 春意融融
HKFA2014（2-1）77 祝福
HKFA2014（2-1）78 天降洪福
HKFA2014（2-1）79 平安有余
HKFA2014（2-1）80 福禧闹春
HKFA2014（2-1）81 过大年乐团圆
HKFA2014（2-1）82 幸福绽放
HKFA2014（2-1）83 马到成功
HKFA2014（2-1）84 欢乐每一天
HKFA2014（2-1）85 富贵有余
HKFA2014（2-1）86 飞马迎春
HKFA2014（2-1）87 欢乐中国年
HKFA2014（2-1）88 大拜年
HKFA2014（2-1）89 马年吉祥
HKFA2014（2-1）90 福马迎春
HKFA2014（2-1）91 谨贺新年
HKFA2014（2-1）92 新年新滋味
HKFA2014（2-1）93 金玉纳福
HKFA2014（2-1）94 马到成功
HKFA2014（2-1）95 花开富贵
HKFA2014（2-1）96 幸福成长
HKFA2014（2-1）97 富贵荣华
HKFA2014（2-1）98 和和美美
HKFA2014（2-1）99 春暖花开
HKFA2014（2-1）100 福禄寿喜财
HKFA2014（2-1）101 许愿树
HKFA2014（2-1）102 马贺年
HKFA2014（2-1）103 天马行空
HKFA2014（2-1）104 马年吉祥
HKFA2014（2-1）105 新年快乐
HKFA2014（2-1）106 马踏洪福
HKFA2014（2-1）107 马上福到
HKFA2014（2-1）108 吉祥如意
HKFA2014（2-1）109 马上封侯
HKFA2014（2-1）110 马到成功
HKFA2014（2-1）111 春风又绿江南岸
HKFA2014（2-1）112 春
HKFA2014（2-1）113 福运连年
HKFA2014（2-1）114 富贵平安
HKFA2014（2-1）115 万马奔腾
HKFA2014（2-1）116 繁花似锦
HKFA2014（2-1）117 春暖花开
HKFA2014（2-1）118 HAPPY 贺年
HKFA2014（2-1）119 相亲相爱
HKFA2014（2-1）120 圣诞快乐
HKFA2014（2-1）121 新年好
HKFA2014（2-1）122 志在千里
HKFA2014（2-1）123 四季平安
HKFA2014（2-1）124 平安是福
HKFA2014（2-1）125 财源滚滚
HKFA2014（2-1）126 金马送福
HKFA2014（2-1）127 满园春色
HKFA2014（2-1）128 立马进财
HKFA2014（2-1）129 龙马精神
HKFA2014（2-1）130 恭贺新禧
HKFA2014（2-1）131 吉庆有余
HKFA2014（2-1）132 喜迎新年
HKFA2014（2-1）133 恭贺新禧
HKFA2014（2-1）134 四季平安
HKFA2014（2-1）135 HAPPY NEW YEAR
HKFA2014（2-1）136 连年有余
HKFA2014（2-1）137 春风得意
HKFA2014（2-1）138 连年有余
HKFA2014（2-1）139 五福临门
HKFA2014（2-1）140 福禄贺岁
HKFA2014（2-1）141 迎春纳福
HKFA2014（2-1）142 家和福顺
HKFA2014（2-1）143 一帆风顺
HKFA2014（2-1）144 神马腾飞
HKFA2014（2-1）145 梦想成真
HKFA2014（2-1）146 连年有余
HKFA2014（2-1）147 欢乐马年
HKFA2014（2-1）148 平步青云
HKFA2014（2-1）149 马到成功
HKFA2014（2-1）150 百事合意

HKFA2014（2-1）121

C 系列：

HKFC2014（2-1）01 宁静致远
HKFC2014（2-1）02 马年福禄多
HKFC2014（2-1）03 过大年
HKFC2014（2-1）04 素雅芳华
HKFC2014（2-1）05 富贵花中阅
HKFC2014（2-1）06 暖暖的祝福
HKFC2014（2-1）07 八骏迎春
HKFC2014（2-1）08 清心福悦
HKFC2014（2-1）09 惠风和畅
HKFC2014（2-1）10 福禄寿喜
HKFC2014（2-1）11 贺甲午喜迎春
HKFC2014（2-1）12 青花雅韵
HKFC2014（2-1）13 前程似锦
HKFC2014（2-1）14 节节升高
HKFC2014（2-1）15 连年有余
HKFC2014（2-1）16 龙马精神
HKFC2014（2-1）17 过年啦
HKFC2014（2-1）18 福
HKFC2014（2-1）19 快乐每一天
HKFC2014（2-1）20 富春山居图
HKFC2014（2-1）21 中国合伙人
HKFC2014（2-1）22 中国合伙人
HKFC2014（2-1）23 招财辟邪
HKFC2014（2-1）24 马到成功
HKFC2014（2-1）25 和风雅韵
HKFC2014（2-1）26 贺岁
HKFC2014（2-1）27 瑞马迎春
HKFC2014（2-1）28 百福迎门
HKFC2014（2-1）29 圣诞祝福卡
HKFC2014（2-1）30 圣诞贺卡

版别：彩色胶版
贺卡信封邮票图案设计者：王红卫
责任编辑：王静
每套售价：A 系列（01~120）5.50 元，（121~150）6.30 元
C 系列（01~24、30）15.00 元，（25~29）18.00 元
每套市场价格：5.00 元

4. 幸运封（信封 HXYF2014、内件 HXY2014）
全套幸运封 2 枚、内件 2 枚
信封邮票面值：9 元
信封邮票规格：32mm × 51mm
信封规格：275mm × 165mm
内件规格：296mm × 260mm
信封邮票图案：福
信封图案：
HXYF201401 六瑞启福
HXYF201402 福禄迎春

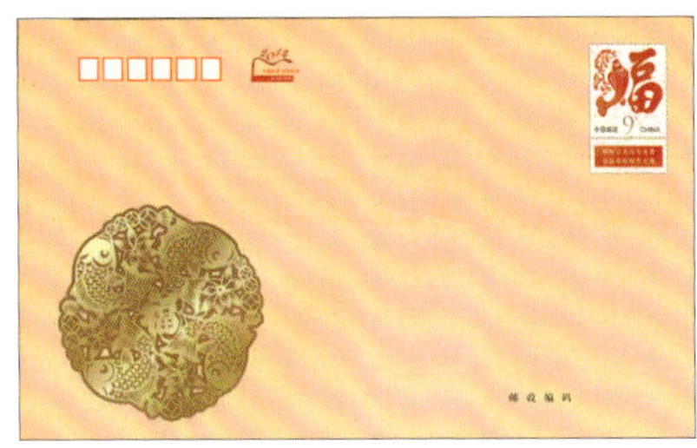

设计者：北京扬霖文化艺术有限公司
责任编辑：王静
每套售价：30.00 元
每套市场价格：20.00 元
注：幸运封内装有台历等附件。

5. 自创型 HZ2014（2-1）
全套 1 枚
明信片邮票面值：80 分
明信片邮票规格：25mm × 25mm
明信片规格：183mm × 100mm
明信片邮票图案：生肖马（一）

HZ2014（2-1）

版别：胶版
设计者：何洁
责任编辑：王静
每枚售价：2.50 元
每枚市场价格：5.00 元

二、地方版销售型和定制型邮资图分为生肖邮资图和非生肖邮资图。非生肖邮资图有普通型非生肖邮资图、信卡型非生肖邮资图、贺卡型非生肖邮资图

1. 普通型非生肖邮资图 HP2014（2-2）
明信片邮票面值：80 分
明信片邮票规格：30mm × 22mm
明信片规格：183mm × 100mm
明信片邮票图案：沙燕风筝

HP2014（2-2）

版别：胶版
设计者：央美博艺教育科技发展（北京）有限公司
责任编辑：王静
每枚市场价格：10.00 元

2. 信卡型非生肖邮资图 HXK2014（2-2）
信卡邮票面值：1.20 元
信卡邮票规格：30mm × 30mm
信卡规格：186mm × 128mm
信卡展开规格：186mm × 256mm
信卡邮票图案：花好月圆

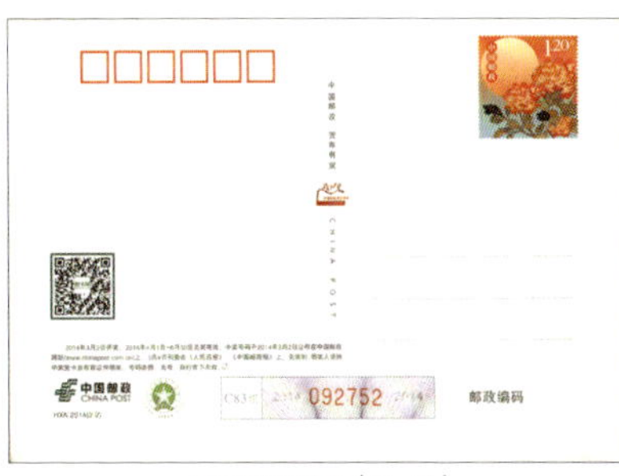
HXK2014（2-2）

版别：胶版
设计者：李少波
责任编辑：王静
每枚市场价格：5.00 元

3. 贺卡型 C5 非生肖邮资图［贺卡信封 HKFC2014（2-2）、贺卡 HKC2014（2-2）］
贺卡信封邮票面值：2.40 元
贺卡信封邮票规格：32mm × 56.8mm
贺卡信封规格：229mm × 162mm
贺卡规格：135mm × 210mm（折叠后）
贺卡信封邮票图案：水仙花

HKFC2014（2-2）

版别：胶版
贺卡信封邮票图案设计者：央美博艺教育科技发展（北京）有限公司
责任编辑：王静
每套市场价格：5.00 元

4. 幸运封（信封 HXYF2014、附件 HXY2014）
信封邮票面值：9 元
信封邮票规格：62mm × 73.6mm
信封规格：319mm × 230mm
内件规格：370mm × 260mm
信封邮票图案：兰花

HXYF2014

版别：彩色胶版
设计者：央美博艺教育科技发展（北京）有限公司
责任编辑：王静
每套市场价格：20.00 元
注：幸运封内配一张贺卡，贺卡中夹一枚《春》贺年专用邮票小全张。

5. 自创型非生肖邮资图 HZ2014（2-2）

明信片邮票面值：80 分
明信片邮票规格：30mm × 22mm
明信片规格：183mm × 100mm
明信片邮票图案：沙燕风筝

HZ2014（2-2）

版别：胶版
设计者：央美博艺教育科技发展（北京）有限公司
责任编辑：王静
发行量：10000 枚
每枚市场价格：150.00 元
注：沙燕风筝邮资图案是中国邮政集团公司专为 2013 年 10 月 9 日发行的“2014 年中国邮政贺卡”中的地方版定制型普通型和自创型邮资明信片设计的一款邮资图案，只用在定制型的贺年邮资片 HP 和 HZ 系列上，不用于国版销售型，赋予独立志号为 2014（2-2）。该邮资图是中国邮政专为定制型贺年品种发行的，所以必须用在定制型的载体上才符合要求和标准，在载体上所印的定制发布编码（××××邮政发布），是定制型的特征要素，是体现其定制型专用属性，不可或缺的身份代码。在使用了 2014（2-2）沙燕邮资图的两个系列 HP 和 HZ 中，只有 HZ 系列中的 HZ2014（2-2）是一款没有加印任何广告宣传信息而又完全符合定制型特征要求的白片，也是仅有的与签样母片（母版）样式完全一样的品种。
印制厂：湖南省邮电印务有限责任公司、北京邮票厂、四川省邮电印制股份有限公司、山东金邮印务股份有限公司、中国人民解放军第 1206 工厂、福建省邮电印刷厂、广东信源彩色印务有限公司、河南省邮电印刷厂、江苏省邮电印刷厂、上海界龙现代印刷纸品有限公司、甘肃瑞通邮政印刷有限责任公司、江西省邮政发行报刊印务中心、深圳市鑫雁邮电印刷包装有限公司、桂林鸿瑞商务印刷有限公司、湖北鸿泰安全印务有限公司、上海证券印制有限公司、天津环球磁卡股份有限公司、陕西信德圆方安全印务有限责任公司、辽宁省沈阳邮电印刷厂、浙江省邮电印刷股份有限公司
注：2014 年中国邮政贺卡的发行日期是 2013 年 10 月 9 日至 2014 年 3 月 1 日。开奖日期为 2014 年 3 月 2 日（农历二月初二），2014 年 3 月 2 日公布中奖号码，兑奖期为 2014 年 4 月 1 日至 6 月 30 日。

中国邮政贺年有奖邮资封片卡(HP)
New Year Stamped Envelopes, Postcards, and Greeting-Cards of China Post（HP）

2015 年中国邮政贺年有奖邮资封片卡 New Year Stamped Envelopes, Postcards, and Greeting-Cards of China Post 2015

2014 年 10 月 9 日发行

一、国版销售型

国版销售型分普通型（HP）、信卡型（HXK）、贺卡型 C5（HKFA）、贺卡型（HKFY）、自创型（HZ）、家书（JS）6 种

1. 普通型 HP2015

全套 1 枚
明信片邮票面值：80 分
明信片邮票规格：25mm × 25mm
明信片规格：183mm × 100mm
明信片邮票图案：生肖羊（一）
明信片图案：HP201501 贺新春

HP201501

序号	面值（分）	售价（元）	发行量（万套）	市场参考价格（元）
1-1	80	1.80		1.80

版别：彩色胶版
设计者：宋秋萍

2. 信卡型 HXK2015

全套 1 枚
信卡邮票面值：1.20 元
信卡邮票规格：34mm × 34mm （异形）
信卡规格：186mm × 128mm
信卡展开规格：186mm × 256mm
信卡邮票图案：生肖羊（二）
信卡图案：HXK201501 贺年

HXK201501

序号	面值（元）	售价（元）	发行量（万套）	市场参考价格（元）
1-1	1.20	2.80		2.80

版别：彩色胶版
设计者：于秋艳

3. 贺卡型 C5（信封 HKFA2015、内件 HKA2015）

全套贺卡型信封 1 枚、内件 1 枚
贺卡信封邮票面值：2.40 元
信封邮票规格：40mm × 40mm
信封规格：229mm × 162mm
信封邮票图案：花开富贵
信封图案：HKFA201501 花开富贵

HKFA201501

序号	面值（元）	售价（元）	发行量（万套）	市场参考价格（元）
1-1	2.40	5.50		5.50

版别：彩色胶版
设计者：张强

4. 幸运封（信封 HXYF2015、内件 HXK2015）

全套幸运封信封 1 枚、内件 1 枚、小全张 1 枚
信封邮票面值：9.00 元
信封邮票规格：32mm × 53mm
信封规格：275mm × 165mm
内件规格：140mm × 250mm
小全张邮票面值：1.20 元 +3 元
小全张邮票规格：36mm × 36mm
小全张规格：115mm × 190mm
信封邮票图案：招财进宝
信封图案：HXYF2015 （2-1） 01 羊年大吉

HXYF2015（2-1）01

序号	面值（元）	售价（元）	发行量（万套）	市场参考价格（元）
1-1	9.00	30.00		30.00

版别：彩色胶版

设计者：邢文伟

注：幸运封内配一个内件，内件中夹一枚贺年专用邮票小全张。

5. 自创型 HZ2015

全套 1 枚

明信片邮票面值：80 分

明信片邮票规格：25mm × 25mm

明信片规格：183mm × 100mm

明信片邮票图案：生肖羊（一）

明信片图案：HZ201501 空白

HZ201501

序号	面值（分）	售价（元）	发行量（万套）	市场参考价格（元）
1-1	80	2.50		2.50

版别：彩色胶版

设计者：宋秋萍

6. 家书 JS2015

全套 2 枚

信封邮票面值：4.20 元

信封邮票规格：44mm × 33mm

信封规格：229mm × 162mm

信封邮票图案：家书

2-1 信封图案：孝——传递儿女心声的家书（封内夹带一个具有相同邮资图案，面值为 4.20 元的邮资信封，信封规格为 220mm × 110mm）

2-2 信封图案：一红一黄两枝康乃馨（封内夹带一个具有相同邮资图案，面值为 3.80 元的邮资明信片，明信片规格为 165mm × 115mm）

JS2015-2-1

JS2015-2-1 内件

JS2015-2-2

JS2015-2-2 内件

序号	面值（元）	售价（元）	发行量（万套）	市场参考价格（元）
2-1	4.20	10.00		10.00
2-2	4.20	10.00		10.00

版别：彩色胶版

设计者：于秋艳

二、地方版销售型

地方版销售型分普通型、信卡型、贺卡型 C5、幸运封（小规格）、幸运封 C4、自创型共 6 类。其中普通型、信卡型、贺卡型 C5、幸运封（小规格）、自创型的邮票图案与国版销售型的邮票图案相同，而幸运封 C4 邮票图案与国版销售型邮票图案不同。

幸运封 C4（信封 HXYF2015、内件 HXK2015）

全套幸运封包括信封 1 枚、内件 1 枚、小全张 1 枚

信封邮票面值：9.00 元

信封邮票规格：39mm × 60mm

信封规格：319mm × 229mm

内件规格：140mm × 250mm

小全张规格：115mm × 190mm

信封邮票图案：喜洋洋

信封图案：HXYF2015 （2-2）空白

HXYF2015（2-2）

序号	面值（元）	售价（元）	发行量（万套）	市场参考价格（元）
1-1	9.00	30.00		30.00

版别：彩色胶版

设计者：广州市东方红文化策划传播有限公司

注：幸运封内配一个内件，内件中夹一枚贺年专用邮票小全张。

注：2015 年中国邮政贺年有奖邮资封片卡的发售日期是 2014 年 10 月 9 日至 2015 年 3 月 20 日（农历二月初一日）。开奖日期为 2015 年 3 月 21 日（农历二月初二日），2015 年 3 月 21 日公布中奖号码，兑奖期为 2015 年 4 月 1 日至 6 月 30 日。

2016 年中国邮政贺年有奖邮资封片卡 New Year Stamped Envelopes, Postcards, and Greeting-Cards of China Post 2016

2015 年 10 月 9 日发行

国版销售型

国版销售型分普通型（HP）、信卡型（HXK）、贺卡型 C5 （HKFA）、贺卡型（HKFY）、自创型（HZ）、家书（JS） 6 种

1. 普通型 HP2016

全套 1 枚
明信片邮票面值：80 分
明信片邮票规格：30mm × 30mm
明信片规格：183mm × 100mm
明信片邮票图案：生肖猴（一）
明信片图案：HP201601 恭贺新禧

HP201601

序号	面值（分）	售价（元）	发行量（万套）	市场参考价格（元）
1-1	80	1.80		1.80

版别：彩色胶版
设计者：宋鉴

2. 信卡型 HXK2016

全套 1 枚
信卡邮票面值：1.20 元
信卡邮票规格：30mm × 30mm
信卡规格：186mm × 128mm
信卡展开规格：186mm × 256mm
信卡邮票图案：生肖猴（二）
信卡图案：HXK201601 五谷丰登

HXK201601

序号	面值（元）	售价（元）	发行量（万套）	市场参考价格（元）
1-1	1.20	2.80		2.80

版别：彩色胶版
设计者：宋鉴

3. 贺卡型 C5（贺卡信封 HKFA2016、内件 HKA2016）

全套贺卡型信封 1 枚、内件 1 枚
贺卡信封邮票面值：2.40 元
信封邮票规格：50mm × 38mm
信封规格：229mm × 162mm
内件规格：210mm × 140mm
信封邮票图案：生肖猴（三）
信封图案：HKFA201601 福寿延年

HKFA201601

序号	面值（元）	售价（元）	发行量（万套）	市场参考价格（元）
1-1	2.40	5.50		5.50

版别：彩色胶版
设计者：宋鉴

4. 贺卡型（贺卡信封 HKFY2016、内件 HKY2016）

全套贺卡型信封 1 枚、内件 1 枚、小全张 1 枚
贺卡信封邮票面值：5.40 元
信封邮票规格：32mm × 53mm
信封规格：275mm × 165mm
内件规格：140mm × 250mm
小全张邮票面值：1.20 元 +3 元
小全张邮票规格：36mm × 36mm
小全张规格：115mm × 190mm
信封邮票图案：生肖猴（四）
信封图案：HKFY201601 迎新春

HKFY201601

序号	面值（元）	售价（元）	发行量（万套）	市场参考价格（元）
1-1	5.40	15.00		15.00

版别：彩色胶版

设计者：宋鉴

注：贺卡型信封内配一个内件，内件中夹一枚贺年专用邮票小全张。

5. 自创型 HZ2016

全套 1 枚

明信片邮票面值：80 分

明信片邮票规格：30mm × 30mm

明信片规格：183mm × 100mm

明信片邮票图案：生肖猴（一）

明信片图案：HZ201601 空白

序号	面值（元）	售价（元）	发行量（万套）	市场参考价格（元）
1-1	80	2.50		2.50

版别：彩色胶版

设计者：宋鉴

6. 家书 JS2016

全套 1 枚

信封邮票面值：4.20 元

信封邮票规格：44mm × 33mm

信封规格：229mm × 162mm

信封邮票图案：家书

信封图案：家信

JS2016

序号	面值（元）	售价（元）	发行量（万套）	市场参考价格（元）
1-1	4.20	5.00		5.00

版别：彩色胶版

设计者：于秋艳

注：2016 年中国邮政贺年有奖邮资封片卡的发售日期是 2015 年 10 月 9 日至 2016 年 2 月 28 日（农历正月二十二日）。开奖日期为 2016 年 3 月 5 日（农历正月二十七日），2016 年 3 月 5 日公布中奖号码，兑奖期为 2016 年 4 月 1 日至 6 月 30 日。

2017 年中国邮政贺年有奖邮资封片卡 New Year Stamped Envelopes, Postcards, and Greeting-Cards of China Post 2017

2016 年 10 月 9 日发行

国版销售型

国版销售型分普通型（HP）、信卡型（HXK）、贺卡型 C5 （HKFA）、贺卡型（HKFY）、定时递普通型（HPD）、定时递贺卡型（HKFD）、自创型（HZ）、家书（JS） 8 种

1. 普通型 HP2017

全套 1 枚

明信片邮票面值：80 分

明信片邮票规格：对角线 25mm × 25mm（菱形）

明信片规格：183mm × 100mm

明信片邮票图案：生肖鸡（一）

明信片图案：HP201701 新年快乐

HP201701

序号	面值（分）	售价（元）	发行量（万套）	市场参考价格（元）
1-1	80	1.80	1.80	

版别：彩色胶版

设计者：宋鉴

2. 信卡型 HXK2017

全套 1 枚

信卡邮票面值：1.20 元

信卡邮票规格：30mm × 30mm

信卡规格：186mm × 128mm

信卡展开规格：186mm × 256mm

信卡邮票图案：生肖鸡（二）

信卡图案：HXK201701 富贵吉祥

HXK201701

序号	面值（元）	售价（元）	发行量（万套）	市场参考价格（元）
1-1	1.20	2.80		2.80

版别：彩色胶版

设计者：宋鉴

3. 贺卡型 C5（贺卡信封 HKFA2017、内件 HKA2017）

全套贺卡型信封 1 枚、内件 1 枚

贺卡信封邮票面值：2.40 元

信封邮票规格：50mm × 30mm

信封规格：229mm × 162mm

内件规格：140mm × 210mm

信封邮票图案：生肖鸡（三）

信封图案：HKFA201701 丁酉年 2017

HKFA201701

序号	面值（元）	售价（元）	发行量（万套）	市场参考价格（元）
1-1	2.40	5.50		5.50

版别：彩色胶版

设计者：武世宁

4. 贺卡型（贺卡信封 HKFY2017、内件 HKY2017）

全套贺卡型信封 1 枚、内件 1 枚、小全张 1 枚

贺卡信封邮票面值：5.40 元

信封邮票规格：35mm×35mm

信封规格：275mm×165mm

内件规格：140mm×250mm

小全张邮票面值：1.20 元+3 元

小全张邮票规格：36mm×36mm

小全张规格：115mm×190mm

信封邮票图案：生肖鸡（四）

信封图案：HKFY201701 2017 丁酉（鸡）年

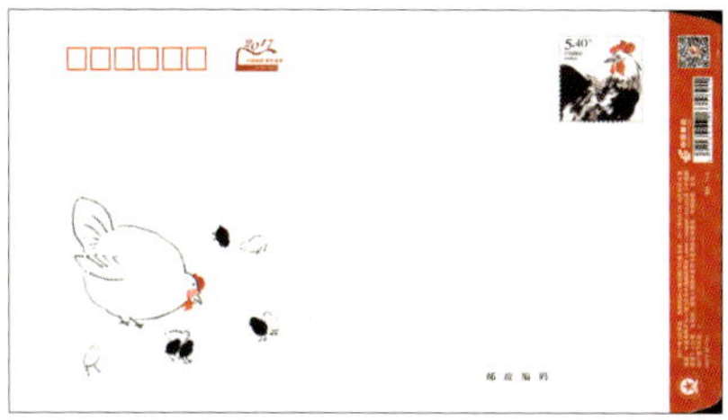

HKFY201701

序号	面值（元）	售价（元）	发行量（万套）	市场参考价格（元）
1-1	5.40	15.00		15.00

版别：彩色胶版

设计者：李昕

注：贺卡信封内配一个内件，内件中夹一枚贺年专用邮票小全张。

5. 定时递普通型 HPD2017

全套 1 枚

明信片邮票面值：3.80 元

明信片邮票规格：30mm×30mm

明信片规格：183mm×100mm

明信片邮票图案：生肖鸡（五）

明信片图案：HPD201701 2017 丁酉年

HPD201701

序号	面值（元）	售价（元）	发行量（万套）	市场参考价格（元）
1-1	3.80	5.00		5.00

版别：彩色胶版

设计者：吴冠英

6. 定时递普通型 HKFD2017

全套 1 枚

信封邮票面值：4.60 元

信封邮票规格：50mm×38mm

信封规格：229mm×162mm

信封邮票图案：生肖鸡（六）

信封图案：HKFD201701 2017 丁酉年

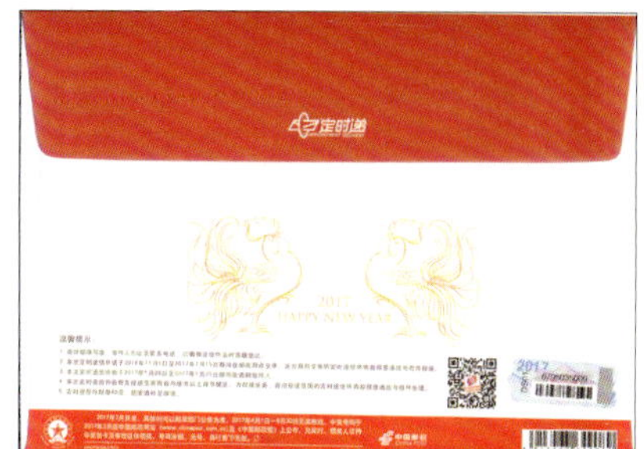

HKFD201701

序号	面值（元）	售价（元）	发行量（万套）	市场参考价格（元）
1-1	4.60	9.00		9.00

版别：彩色胶版

设计者：吴冠英

7. 自创型 HZ2017

全套 1 枚

明信片邮票面值：80 分

明信片邮票规格：对角线 25mm×25mm（菱形）

明信片规格：183mm×100mm

明信片邮票图案：生肖鸡（一）

明信片图案：HZ201701 空白

HZ201701

序号	面值（分）	售价（元）	发行量（万套）	市场参考价格（元）
1-1	80	2.50		2.50

版别：彩色胶版

设计者：宋鉴

8. 家书 JS2017

全套 1 枚

信封邮票面值：4.20 元

信封邮票规格：44mm×33mm

信封规格：229mm×162mm

信封邮票图案：家书

信封图案：家信

JS2017

序号	面值（元）	售价（元）	发行量（万套）	市场参考价格（元）
1-1	4.20	5.00		5.00

版别：彩色胶版

设计者：于秋艳

注：2017 年中国邮政贺年有奖邮资封片卡的发售日期是 2016 年 10 月 9 日至 2017 年 3 月 10 日（农历二月二十三日）。开奖日期为 2017 年 3 月 11 日（农历二月二十四日），2017 年 3 月 11 日公布中奖号码，兑奖期为 2017 年 4 月 1 日至 6 月 30 日。

2018 年中国邮政贺年有奖邮资封片卡 New Year Stamped Envelopes, Postcards, and Greeting-Cards of China Post 2018

2017 年 10 月 9 日发行

一、国版销售型

国版销售型分普通型（HP）、信卡型（HXK）、祝福卡型 C5 （HKFA）、祝福卡型（HKFY）、挂号型明信片（HPG）、挂号型祝福卡（本埠）（HKFG）、自创型（HZ）、家书（JS） 8 种

1. 普通型 HP2018

全套 1 枚

明信片邮票面值： 80 分

明信片邮票规格：对角线 24mm × 24mm（菱形）

明信片规格： 183mm × 100mm

明信片邮票图案：生肖狗（G1）

明信片图案： HP201801 新年快乐

HP201801

序号	面值（分）	售价（元）	发行量（万套）	市场参考价格（元）
1-1	80	1.80		1.80

版别：彩色胶版

设计者：宋秋萍

2. 信卡型 HXK2018

全套 1 枚

信卡邮票面值： 1.20 元

信卡邮票规格： 28mm × 25mm （异形）

信卡规格： 186mm × 128mm

信卡展开规格： 186mm × 256mm

信卡邮票图案：生肖狗（G2）

信卡图案： HXK201801 富贵吉祥

HXK201801

序号	面值（元）	售价（元）	发行量（万套）	市场参考价格（元）
1-1	1.20	2.80		2.80

版别：彩色胶版

邮资图设计者：李志宏

附图设计者：武世宁、付业波

3. 祝福卡型 C5（信封 HKFA2018、内件 HKA2018）

全套祝福卡型包括信封 1 枚、内件 1 枚

祝福卡信封邮票面值： 2.40 元

信封邮票规格： 40mm × 30mm

信封规格： 229mm × 162mm

内件规格： 210mm × 140mm

信封邮票图案：生肖狗（G3）

信封图案： HKFA201801 旺上加旺

HKFA201801

序号	面值（元）	售价（元）	发行量（万套）	市场参考价格（元）
1-1	2.40	5.50		5.50

版别：彩色胶版

设计者：沈嘉宏、尚盈

4. 祝福卡型（信封 HKFY2018、内件 HKY2018）

全套祝福卡型信封 1 枚、内件 1 枚、小全张 1 枚

祝福卡信封邮票面值： 5.40 元

信封邮票规格： 40mm × 32mm

信封规格： 275mm × 165mm

内件规格： 140mm × 250mm

小全张邮票面值： 1.20 元 +3 元

小全张邮票规格： 36mm × 36mm

小全张规格： 115mm × 190mm

信封邮票图案：生肖狗（G4）

信封图案： HKFY201801 2018 年 Happy New Year

HKFY201801

序号	面值（元）	售价（元）	发行量（万套）	市场参考价格（元）
1-1	5.40	15.00		15.00

版别：彩色胶版

设计者：沈嘉宏、尚盈

邮资图设计者：韩美林

附图设计者：韩美林、沈嘉宏、尚盈

注：祝福卡型信封内配一个内件，内件中央一枚贺年专用邮票小全张。

5. 挂号型明信片 HPG2018

全套 1 枚

明信片邮票面值：80 分

明信片邮票规格：25mm × 25mm

明信片规格：183mm × 100mm

明信片邮票图案：生肖狗（G5）

明信片图案：HPG201801 犬守平安

HPG201801

序号	面值（元）	售价（元）	发行量（万套）	市场参考价格（元）
1-1	3.80	4.50		4.50

版别：彩色胶版

设计者：韩美林、邢文伟

6. 挂号型祝福卡 HKFAG2018

全套 1 枚

信封邮票面值：4.60 元

信封邮票规格：40mm × 40mm （异形）

信封规格：229mm × 162mm

内件规格：210mm × 140mm

信封邮票图案：生肖狗（G6）

信封图案：HKFAG201801 2018 新年快乐

HKFAG201801

序号	面值（元）	售价（元）	发行量（万套）	市场参考价格（元）
1-1	4.60	7.00		7.00

版别：彩色胶版

设计者：李志宏

7. 自创型 HZ2018

全套 1 枚

明信片邮票面值：80 分

明信片邮票规格：对角线 24mm × 24mm（菱形）

明信片规格：183mm × 100mm

明信片邮票图案：生肖狗（G1）

明信片图案：HZ201801 空白

HZ201801

序号	面值（分）	售价（元）	发行量（万套）	市场参考价格（元）
1-1	80	2.50		2.50

版别：彩色胶版

设计者：宋秋萍

8. 家书 JS2018

全套 1 枚

信封邮票面值：4.20 元

信封邮票规格：44mm × 33mm

信封规格：229mm × 162mm

信封邮票图案：家书

信封图案：家信

JS2018

序号	面值（元）	售价（元）	发行量（万套）	市场参考价格（元）
1-1	4.20	5.00		5.00

版别：彩色胶版

设计者：于秋艳

二、定制型

定制型今年新增加了两个约投邮资信封，为协议客户提供约投服务。它们为约投邮资信封（本埠）（HYTFB）、约投邮资信封（外埠）（HYTFW）

1. 约投邮资信封（本埠）HYTFB2018

全套 1 枚

信封邮票面值：5.80 元

信封邮票规格：28mm × 35mm

信封规格：230mm × 120mm

信封邮票图案：生肖狗（G7）

信封图案：HYTFB2018 约投挂号 退回批条

HYTFB2018

序号	面值（元）	售价（元）	发行量（万套）	市场参考价格（元）
1-1	5.80	6.80		6.80

版别：彩色胶版

设计者：韩美林、于秋艳

2. 约投邮资信封（外埠）HYTFW2018

全套1枚

信封邮票面值：6.20元

信封邮票规格：35mm×28mm

信封规格：230mm×120mm

信封邮票图案：生肖狗（G8）

信封图案：HYTFW2018 约投挂号 退回批条

HYTFW2018

序号	面值（元）	售价（元）	发行量（万套）	市场参考价格（元）
1-1	6.20	7.20		7.20

版别：彩色胶版

设计者：韩美林、于秋艳

注：2018年中国邮政贺年有奖邮资封片卡的发售日期是2017年10月9日至2018年3月2日（农历正月十五日）。开奖日期为2018年3月11日（农历正月二十四日），2018年3月11日公布中奖号码，兑奖期为2018年4月1日至6月30日。

2019年中国邮政贺年有奖邮资封片卡 New Year Stamped Envelopes, Postcards, and Greeting-Cards of China Post 2019

2018年10月9日发行

一、国版销售型

国版销售型分普通型（HP）、信卡型（HXK）、祝福卡型C5（HKFA）、祝福卡型（HKFY）、挂号型明信片（HPG）、自创型（HZ）、家书（JS）7种

1. 普通型HP2019

全套1枚

明信片邮票面值：80分

明信片邮票规格：20mm×28mm

明信片规格：183mm×100mm

明信片邮票图案：生肖猪（G1）

明信片图案：HP201901 新年快乐

HP201901

序号	面值（分）	售价（元）	发行量（万套）	市场参考价格（元）
1-1	80	1.80		1.80

版别：彩色胶版

设计者：林存真

2. 信卡型HXK2019

全套1枚

信卡邮票面值：1.20元

信卡邮票规格：30mm×30mm

信卡规格：186mm×128mm

信卡展开规格：186mm×256mm

信卡邮票图案：生肖猪（G2）

信卡图案：HXK201901 2019年农历己亥（猪）年

HXK201901

序号	面值（元）	售价（元）	发行量（万套）	市场参考价格（元）
1-1	1.20	2.80		2.80

版别：彩色胶版

邮资图设计者：宋秋萍

3. 祝福卡型C5（信封HKFA2019、内件HKA2019）

全套祝福卡型包括信封1枚、内件1枚

祝福卡信封邮票面值：2.40元

信封邮票规格：对角线46mm×46mm（菱形）

信封规格：229mm×162mm

内件规格：210mm×140mm

信封邮票图案：生肖猪（G3）

信封图案：HKFA201901 祝福

HKFA201901

序号	面值（元）	售价（元）	发行量（万套）	市场参考价格（元）
1-1	2.40	5.50		5.50

版别：彩色胶版

设计者：张帆、马翔

4. 祝福卡型（信封HKFY2019、内件HKY2019）

全套祝福卡型信封1枚、内件1枚、小全张1枚

祝福卡邮票面值：5.40元

信封邮票规格：40mm×32mm

信封规格：275mm×165mm

内件规格：140mm×250mm

小全张邮票面值：1.20元+3元

小全张邮票规格：36mm×36mm

小全张规格：115mm×190mm

信封邮票图案：生肖猪（G4）

信封图案：HKFY201901 Happy New Year 恭贺新禧

HKFY201901

序号	面值（元）	售价（元）	发行量（万套）	市场参考价格（元）
1-1	5.40	15.00		15.00

版别：彩色胶版

设计者：于秋艳

注：祝福卡型信封内配一个内件，内件中央一枚贺年专用邮票小全张。

5. 挂号型明信片 HPG2019

全套 1 枚

明信片邮票面值：3.80 元

明信片邮票规格：25mm × 25mm

明信片规格：183mm × 100mm

明信片邮票图案：生肖猪（G5）

明信片图案：HPG201901 犬守平安

HPG201901

序号	面值（元）	售价（元）	发行量（万套）	市场参考价格（元）
1-1	3.80	4.50		4.50

版别：彩色胶版

设计者：李昕

6. 自创型 HZ2019

全套 1 枚

明信片邮票面值：80 分

明信片邮票规格：24mm × 24mm（菱形）

明信片规格：183mm × 100mm

明信片邮票图案：生肖猪（G1）

明信片图案：HZ201901 空白

HZ201901

序号	面值（分）	售价（元）	发行量（万套）	市场参考价格（元）
1-1	80	2.50		2.50

版别：彩色胶版

设计者：林存真

7. 家书 JS2019

全套 1 枚

信封邮票面值：4.20 元

信封邮票规格：44mm × 33mm

信封规格：229mm × 162mm

信封邮票图案：家书

信封图案：家信

JS2019

序号	面值（元）	售价（元）	发行量（万套）	市场参考价格（元）
1-1	4.20	5.00		5.00

版别：彩色胶版

设计者：于秋艳

二、定制型

定制型为两个约投邮资信封，为协议客户提供约投服务。约投邮资封（本埠）（HYTFB）、约投邮资封（外埠）（HYTFW）

1. 约投邮资信封（本埠）HYTFB2019

全套 1 枚

信封邮票面值：5.80 元

信封邮票规格：30mm × 40mm

信封规格：230mm × 120mm

信封邮票图案：生肖猪（G6）

信封图案：约投挂号 退回批条

HYTFB2019

序号	面值（元）	售价（元）	发行量（万套）	市场参考价格（元）
1-1	5.80	6.80		6.80

版别：彩色胶版

设计者：张帆、马翔

2. 约投邮资信封（外埠）HYTFW2019

全套 1 枚

信封邮票面值：6.20 元

信封邮票规格：40mm × 30mm

信封规格：230mm × 120mm

信封邮票图案：生肖猪（G7）

信封图案：约投挂号 退回批条

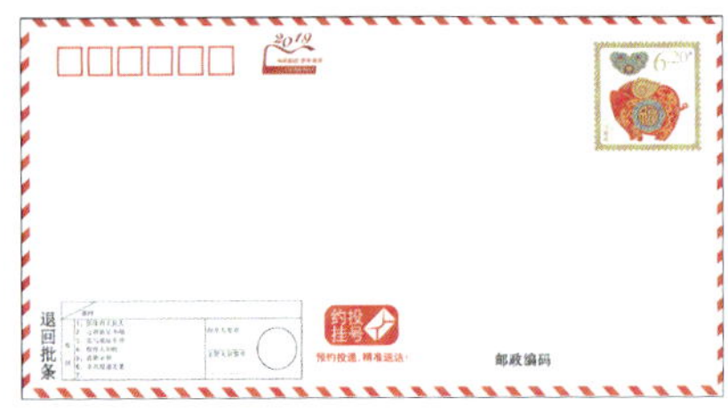

HYTFW2019

序号	面值（元）	售价（元）	发行量（万套）	市场参考价格（元）
1-1	6.20	7.20		7.20

版别：彩色胶版

设计者：张帆

注：2019 年中国邮政贺年有奖邮资封片卡的发售日期是 2018 年 10 月 9 日至 2019 年 3 月 14 日（农历二月初八日）。开奖日期为 2019 年 3 月 14 日（农历二月初八日），2019 年 3 月 14 日公布中奖号码，兑奖期为 2019 年 4 月 1 日至 6 月 30 日。

2020 年中国邮政贺年有奖邮资封片卡 New Year Stamped Envelopes, Postcards, and Greeting-Cards of China Post 2020

2019 年 11 月 1 日发行

一、国版销售型

国版销售型分普通型（HP）、信卡型（HXK）、祝福卡型 C5（HKFA）、祝福卡型（HKFY）、挂号型明信片（HPG）、自创型（HZ）、家书（JS）、二维码型（SZP） 8 种

1. 普通型 HP2020

全套 2 组 12 枚

明信片邮票面值：80 分

明信片邮票规格：30mm × 30mm

明信片规格：183mm × 100mm

明信片邮票图案：生肖鼠（S1）

明信片图案：

第一组

HP202001 （6-1） 岁岁平安

HP202001 （6-2） 福禄双至

HP202001 （6-3） 年年有余

HP202001 （6-4） 时和年丰

HP202001 （6-5） 五谷丰登

HP202001 （6-6） 硕果累累

第二组

HP202002 （6-1） “鼠”不尽希望

HP202002 （6-2） “鼠”不尽幸福

HP202002 （6-3） “鼠”不尽收获

HP202002 （6-4） “鼠”不尽笑容

HP202002 （6-5） “鼠”不尽温情

HP202002 （6-6） “鼠”不尽安康

第一组

第二组

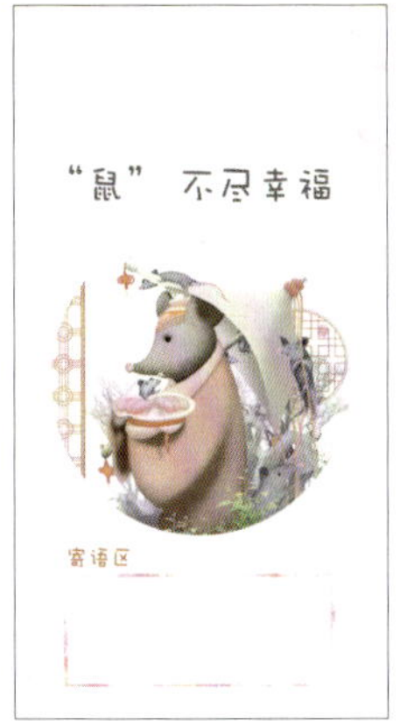

序号	面值（元）	售价（元）	发行量（万套）	市场参考价格（元）
第一组	4.80	10.80		10.80
第二组	4.80	10.80		10.80
全套	9.60	21.60		21.60

版别：彩色胶版

设计者：李昕

注：这是条码区首次出现在中国邮政贺年邮资普通型明信片上。

2. 信卡型 HXK2020

全套 1 枚

信卡邮票面值：1.20 元

信卡邮票规格：30mm × 30mm

信卡规格：186mm × 128mm

信卡展开规格：186mm × 256mm

信卡邮票图案：生肖鼠（S2）

信卡图案：

HXK202001 2020 年农历庚子“鼠”年

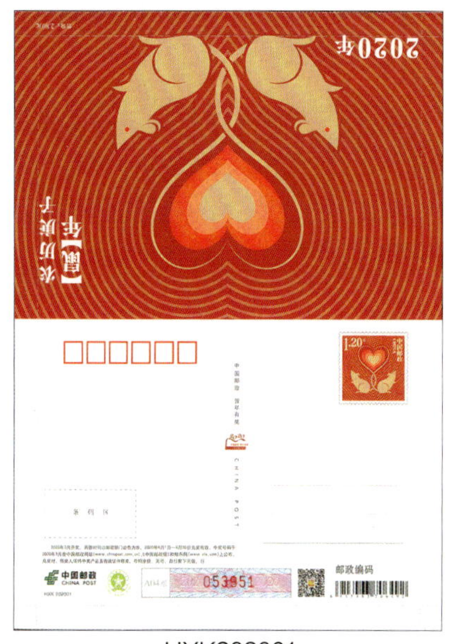

HXK202001

序号	面值（元）	售价（元）	发行量（万套）	市场参考价格（元）
1-1	1.20	2.80		2.80

版别：彩色胶版

设计者：张帆

注：这是条码区首次出现在中国邮政贺年邮资信卡上。

3. 祝福卡型 C5（信封 HKFA2020、内件 HKA2020）

全套祝福卡型包括信封 1 枚、内件 1 枚

祝福卡信封邮票面值：2.40 元

信封邮票规格：30mm × 40mm

信封规格：229mm × 162mm

内件规格：210mm × 140mm

信封邮票图案：岁岁丰年 鼠报平安（S3）

信封图案：HKFA202001 岁岁丰年 鼠报平安

HKFA202001

序号	面值（元）	售价（元）	发行量（万套）	市场参考价格（元）
1-1	2.40	5.50		5.50

版别：彩色胶版

设计者：李昕

注：这是条码区首次出现在中国邮政贺年邮资祝福卡型 C5 信封上。

4. 祝福卡型（信封 HKFY2020、内件 HKY2020）

全套祝福卡型信封 1 枚、内件 1 枚、小全张 1 枚

祝福卡信封邮票面值：5.40 元

信封邮票规格：40mm × 40mm

信封规格：275mm × 165mm

内件规格：140mm × 250mm

小全张邮票面值：1.20 元 +3 元

小全张邮票规格：36mm × 36mm

小全张规格：115mm × 190mm

信封邮票图案：生肖鼠与“春”（S4）

信封图案：HKFY202001 生肖鼠与“福”

HKFY202001

序号	面值（元）	售价（元）	发行量（万套）	市场参考价格（元）
1-1	5.40	15.00		15.00

版别：彩色胶版

信封设计者：武世宁

小全张设计者：张帆

注：祝福卡型信封内配一个内件，内件中夹一枚贺年专用邮票小全张。这是条码区首次出现在中国邮政贺年邮资祝福卡型信封上。

5. 挂号型明信片 HPG2020

全套 1 枚

明信片邮票面值：3.80 元

明信片邮票规格：25mm × 25mm

明信片规格：183mm × 100mm

明信片邮票图案：生肖鼠（S5）

明信片图案：

HPG202001 2020 HAPPY MEW YEAR（庚子“鼠”年）

HPG202001

序号	面值（元）	售价（元）	发行量（万套）	市场参考价格（元）
1-1	3.80	4.50		4.50

版别：彩色胶版

设计者：武世宁

注：这是条码区首次出现在中国邮政贺年邮资挂号型明信片上。

6. 自创型 HZ2020

全套 1 枚

明信片邮票面值：80 分

明信片邮票规格：30mm × 30mm

明信片规格：183mm × 100mm

明信片邮票图案：生肖鼠（G1）

明信片图案：HZ202001 空白

HZ202001

序号	面值（分）	售价（元）	发行量（万套）	市场参考价格（元）
1-1	80	2.50		2.50

版别：彩色胶版

设计者：李昕

注：这是条码区首次出现在中国邮政贺年邮资自创型明信片上。

7. 家书 JS2020

全套 1 枚

信封邮票面值：4.20 元

信封邮票规格：44mm × 33mm

信封规格：229mm × 162mm

信封邮票图案：家书

信封图案：家信

JS2020

序号	面值（元）	售价（元）	发行量（万套）	市场参考价格（元）
1-1	4.20	5.00		5.00

版别：彩色胶版

设计者：于秋艳

注：这是条码区首次出现在中国邮政贺年邮资家书信封上。

8. 二维码型 SZP2020

2020 年 1 月 1 日发行（公告首日）

2020 年 1 月 7 日发售（实寄首日）

全套 1 枚

明信片邮票面值：80 分

明信片邮票规格：33mm × 27mm

明信片规格：183mm × 100mm

明信片邮票图案：鼠咬开天

明信片图案：SZP2020 空白

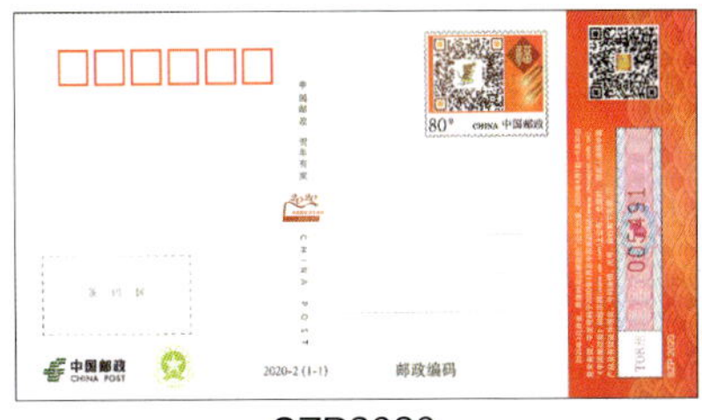

SZP2020

序号	面值（分）	售价（元）	发行量（万套）	市场参考价格（元）
1-1	80	10.00		10.00

版别：彩色胶版

设计者：吴冠英

注：这是二维码首次出现在明信片的邮资图案上。这是条码区首次出现在中国邮政贺年邮资二维码明信片上。

二、定制型

定制型为两个约投邮资信封，为协议客户提供约投服务。约投邮资信封（本埠）（HYTFB）、约投邮资信封（外埠）（HYTFW）

1. 约投邮资信封（本埠）HYTFB2020

全套 1 枚

信封邮票面值：5.80 元

信封邮票规格：24mm × 30mm

信封规格：230mm × 120mm

信封邮票图案：禄寿喜财与生肖“鼠”（S6）

HKFAG2020 约投挂号 退回批条

HYTFB2020

序号	面值（元）	售价（元）	发行量（万套）	市场参考价格（元）
1-1	5.80	6.80		6.80

版别：彩色胶版

设计者：张帆

注：这是条码区首次出现在中国邮政贺年邮资本埠约投信封上。

2. 约投邮资信封（外埠）HYTFW2020

全套 1 枚

信封邮票面值：6.20 元

信封邮票规格：24mm × 30mm

信封规格：230mm × 120mm

信封邮票图案：禄寿喜财与生肖“鼠”（S7）

HKFAG2020 约投挂号 退回批条

HYTFW2020

序号	面值（元）	售价（元）	发行量（万套）	市场参考价格（元）
1-1	6.20	7.20		7.20

版别：彩色胶版

设计者：张帆

注：这是条码区首次出现在中国邮政贺年邮资外埠约投信封上。

注：2020 年中国邮政贺年有奖邮资封片卡的发售日期是 2019 年 11 月 1 日至 2020 年 2 月 8 日（农历正月十五日）。开奖日期为 2020 年 3 月 19 日（农历二月二十六日），2020 年 3 月 19 日公布中奖号码，兑奖期为 2020 年 4 月 1 日至 6 月 30 日。

2021 年中国邮政贺年有奖邮资封片卡 New Year Stamped Envelopes, Postcards, and Greeting-Cards of China Post 2021

2020 年 11 月 5 日发行

国版销售型

国版销售型分普通型（HP）、极限型（JXP）、祝福卡型（C5）（HF）、祝福卡型（HFY）、自创型（HZ）、家书（JS） 6 种

1. 普通型 HP2021

全套 2 组 8 枚

明信片邮票面值：80 分

明信片邮票规格：32mm × 24mm

明信片规格：183mm × 100mm

明信片邮票图案：牛年快乐

明信片图案：

第一组

HP2021-1 （4-1） 庆新年

HP2021-1 （4-2） 回娘家

HP2021-1 （4-3） 贴窗花

HP2021-1 （4-4） 打雪仗

第二组

HP2021-2（4-1） 挥起鞭子的时候发现骑牛就是比走路轻松

HP2021-2 （4-2） 晚饭后要散步一定要养生哦

HP2021-2（4-3） 我没有睡懒觉哦我是在睡午觉

HP2021-2（4-4） 不管多高冷的少年都抵挡不住“吃瓜的诱惑”

第一组

80
中国邮政
CHINA POST
邮政编码

80
中国邮政
CHINA POST
邮政编码

80
中国邮政
CHINA POST
邮政编码

牛年快乐

第一组封套

第二组

80
中国邮政
CHINA POST
邮政编码

挥起鞭子的时候发现
骑牛就是比走路轻松
牛年快乐

80
中国邮政
CHINA POST
邮政编码

晚饭后要散步
一定要养生哦
牛年快乐

80
中国邮政
CHINA POST
邮政编码

我没有懒睡觉哦
我是在午睡觉
牛年快乐

80
中国邮政
CHINA POST
邮政编码

第二组封套

序号	面值（元）	售价（元）	发行量（万套）	市场参考价格（元）
第一组	3.20	10.00		10.00
第二组	3.20	10.00		10.00
全套	6.40	20.00		20.00

版别：彩色胶版

邮资图设计者：王虎鸣

剪纸原作者：齐秀花

第一组明信片原画作者：景绍宗

第二组明信片原画设计者：段雅婕、潘振磊

2. 极限型 JXP2021

全部 2 组 8 枚

明信片邮票面值：80 分

明信片邮票规格：27mm × 27mm

明信片规格：183mm × 100mm

明信片邮票图案：辛丑吉祥

明信片图案：

第一组

JXP2021-1 （4-1） 恭

JXP2021-1 （4-2） 贺

JXP2021-1 （4-3） 新

JXP2021-1 （4-4） 春

第二组

JXP2021-2 （4-1） 恭

JXP2021-2 （4-2） 贺

JXP2021-2 （4-3） 新

JXP2021-2 （4-4） 春

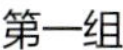
第一组

第一组

第一组封套

第一组封底

第二组

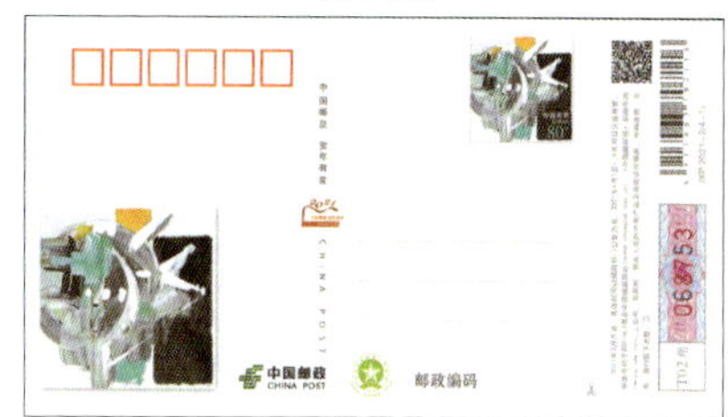

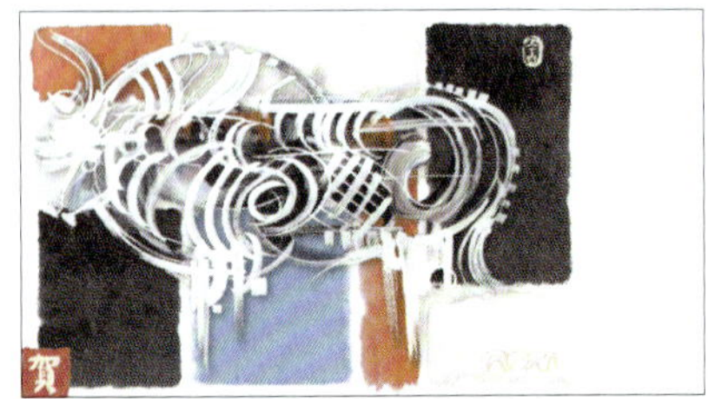

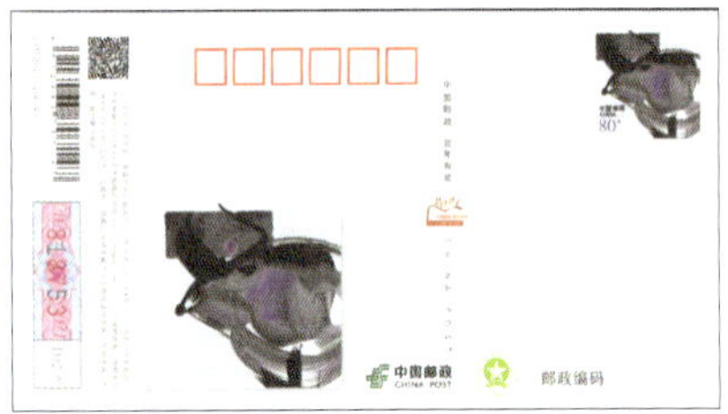

第二组封套

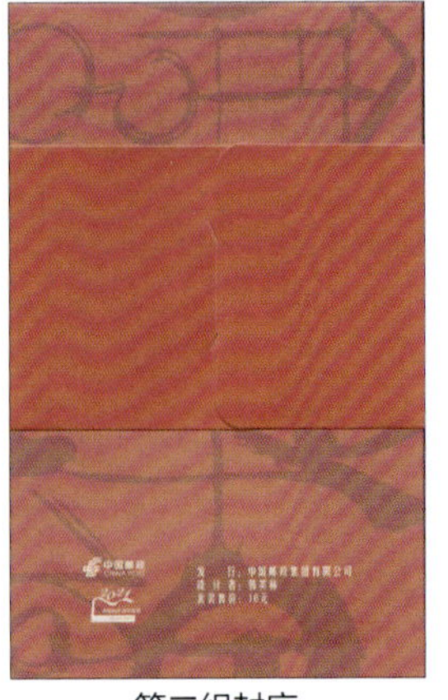

第二组封底

序号	面值（元）	售价（元）	发行量（万套）	市场参考价格（元）
第一组	3.20	16.00		16.00
第二组	3.20	16.00		16.00
全套	6.40	32.00		32.00

版别：彩色胶版

设计者：韩美林

3. 祝福卡型 C5（信封 HF2021、内件 HA2021）

全套祝福卡型包括信封 1 枚、内件 1 枚

祝福卡信封邮票面值：2.40 元

信封邮票规格：36mm × 36mm

信封规格：229mm × 162mm

内件规格：210mm × 140mm

信封邮票图案：牛年如意

图案：HF2021 岁岁丰年 平平安安

HF2021

序号	面值（元）	售价（元）	发行量（万套）	市场参考价格（元）
1-1	2.40	5.50		5.50

版别：彩色胶版

设计者：武世宁

4. 祝福卡型（信封 HFY2021、内件 HY2021）

全套祝福卡信封 1 枚、内件 1 枚、小全张 1 枚

祝福卡信封邮票面值：5.40 元

信封邮票规格：36mm × 36mm

信封规格：275mm × 165mm

内件规格：140mm × 250mm

小全张邮票面值：1.20 元 +3 元

小全张邮票规格：36mm × 36mm

小全张规格：121mm × 190mm

信封邮票图案：新春送福

信封图案：HFY2021 春

HFY2021

序号	面值（元）	售价（元）	发行量（万套）	市场参考价格（元）
1-1	5.40	15.00		15.00

版别：彩色胶版

祝福卡信封设计者：张旺

小全张设计者：陈楠

国裕家康原画作者：韩美林

注：祝福卡封内配一个内件，内件中夹一枚贺年专用邮票小全张。

5. 自创型 HZ2021

全套 1 枚

明信片邮票面值：80 分

明信片邮票规格：32mm × 24mm

明信片规格：183mm × 100mm

明信片邮票图案：牛年快乐

明信片图案：HZ2021 空白

HZ2021

序号	面值（元）	售价（元）	发行量（万套）	市场参考价格（元）
1-1	80	2.50		2.50

版别：彩色胶版

设计者：王虎鸣

6. 家书 JS2021

全套 1 枚

信封邮票面值： 4.20 元

信封邮票规格： 44mm × 33mm

信封规格： 229mm × 162mm

信封邮票图案：家书

信封图案：家信

JS2021

序号	面值（元）	售价（元）	发行量（万套）	市场参考价格（元）
1-1	4.20	5.00		5.00

版别：彩色胶版

设计者：于秋艳

注：信封上印有“条码区”。

注：2021 年中国邮政贺年有奖邮资封片卡的发售日期是 2020 年 11 月 5 日至 2021 年 3 月。开奖日期为 2021 年 3 月 26 日，2021 年 3 月 26 日公布中奖号码，兑奖期为 2021 年 4 月 1 日至 6 月 30 日。

邮资邮简
Stamped Letter Sheets

普通邮资邮简
Regular Stamped Letter Sheets

东北贴用普通邮资邮简(DJ)
Regular Stamped Letter Sheets Used in Northeast China（DJ）

DJ1 普东 1 天安门图（双色）
DJ1 RN1 Tian' anmen Design in Double Colours

1950 年 1 月 28 日发行
全套 5 枚
邮简邮票规格： 18mm × 21mm
邮简规格： 90mm × 150mm
邮简展开规格： 280mm × 150mm
5-1 天安门图（背面文字说明：邮政办理代销代购货品）（黑 / 红）
5-2 天安门图（背面文字说明：邮政办理代发代订报刊）（蓝 / 红）
5-3 天安门图（背面文字说明：邮简的优点）（红 / 绿）
5-4 天安门图（背面文字说明：邮政汇兑）（红 / 紫）
5-5 天安门图（背面文字说明：利用邮政包裹的好处）（绿 / 红）

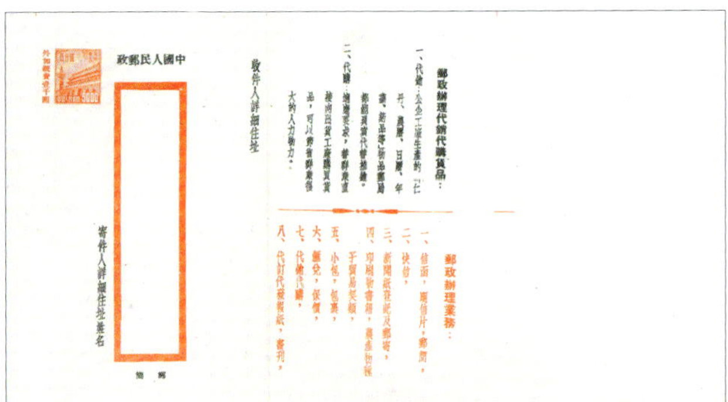

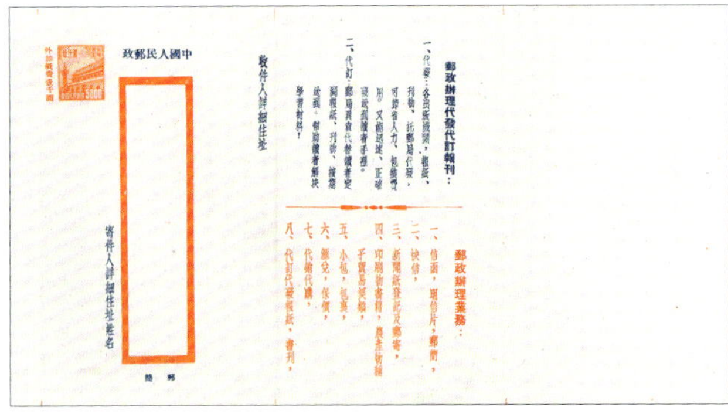

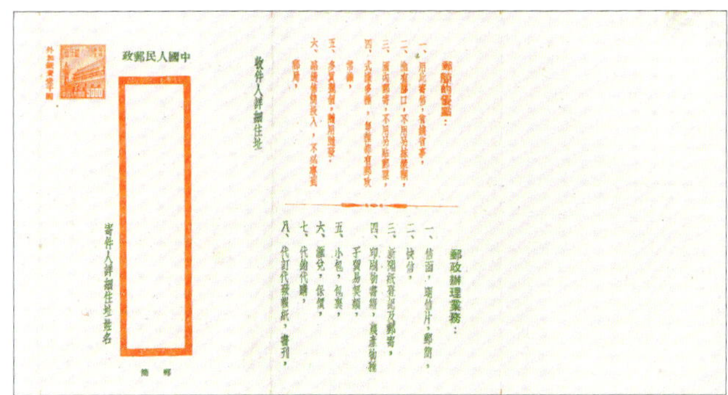

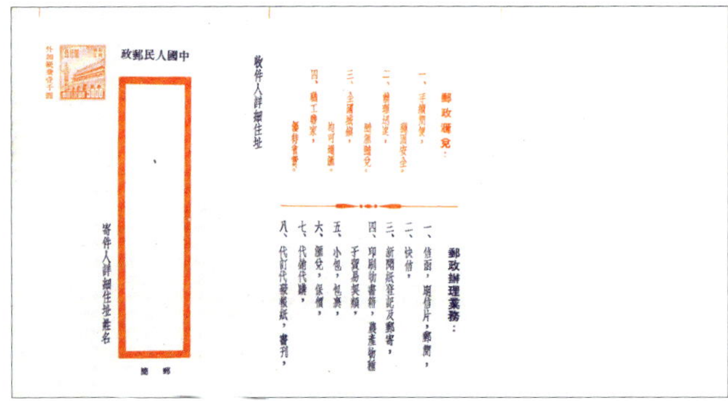

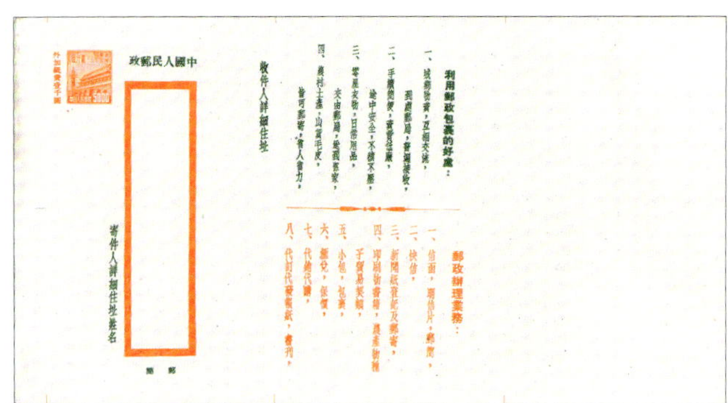

序号	面值（元）	售价（元）	发行量（万枚）	市场参考价格 新（元）	旧（元）
5-1	5000	6000		6000.00	15000.00
5-2	5000	6000		6000.00	15000.00
5-3	5000	6000		6000.00	15000.00
5-4	5000	6000		6000.00	15000.00
5-5	5000	6000		5000.00	15000.00

版别：胶版
印制厂：沈阳东北邮电印刷厂
相关档案资料：东北邮电管理总局通令邮供字第 7 号（1950 年 1 月 28 日）。

DJ2 普东 1 天安门图（粉红底色）
DJ2 RN1 Tian' anmen Design with Pink Background

1950 年 2 月 10 日发行
全套 1 枚
邮简邮票规格： 18mm × 21mm
邮简规格： 90mm × 150mm
邮简展开规格： 280mm × 150mm
1-1 天安门图（背面文字说明：邮简的优点）

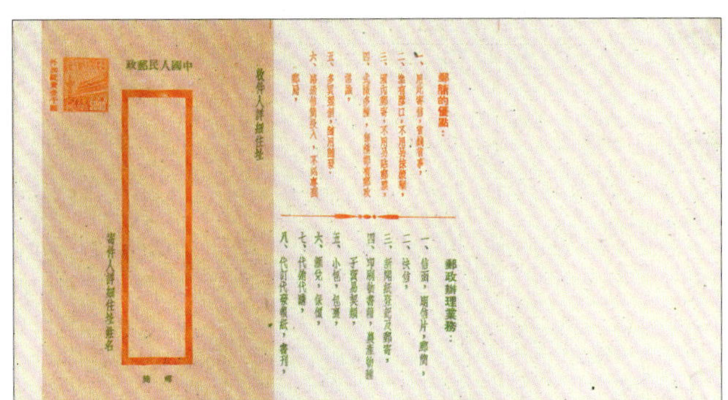

序号	面值（元）	售价（元）	发行量（万枚）	市场参考价格 新（元）	旧（元）
1-1	5000	6000		22000.00	20000.00

版别：胶版
印制厂：沈阳东北邮电印刷厂
注：邮简在 1950 年春节发行。
相关档案资料：东北邮电管理总局邮政处通函邮供字第 20 号（1950 年 2 月 10 日）。

DJ3 普东 1 天安门图（单色）
DJ3 RN1 Tian' anmen Design in Monochrome

第一版 1950 年 3 月 12 日发行
全套 5 枚
邮简邮票规格： 18mm × 21mm
邮简规格： 90mm × 150mm
邮简展开规格： 280mm × 150mm
5-1 天安门图（背面文字说明：邮政办理代销代购货品）
5-2 天安门图（背面文字说明：邮政办理代发代订报刊）
5-3 天安门图（背面文字说明：邮简的优点）
5-4 天安门图（背面文字说明：邮政汇兑）
5-5 天安门图（背面文字说明：利用邮政包裹的好处）

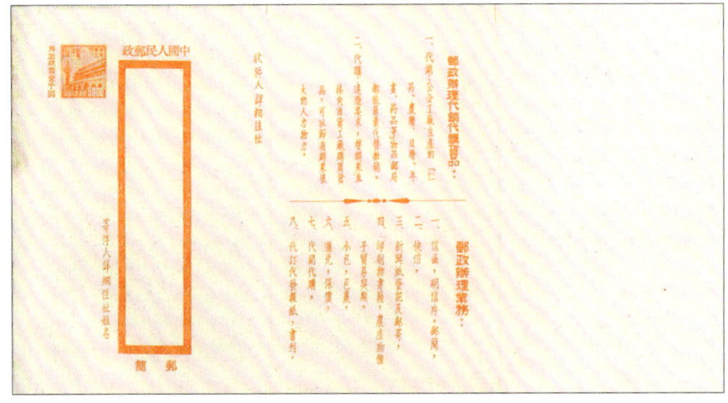

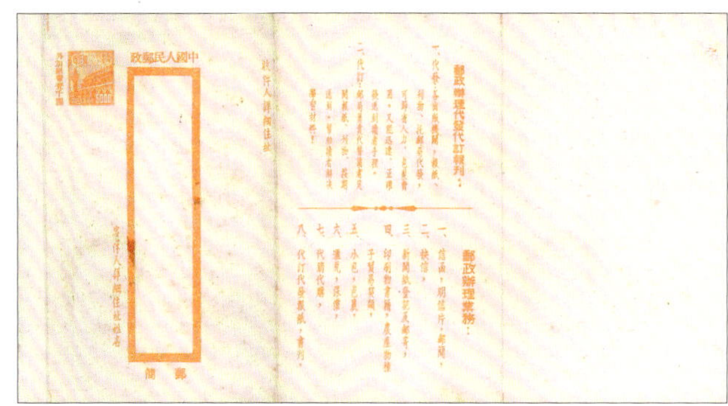

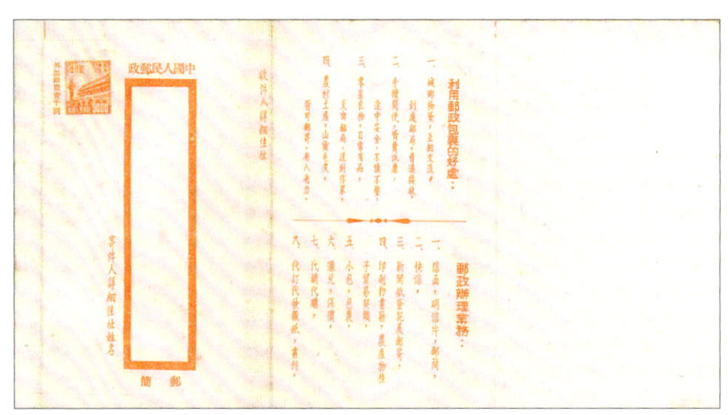

序号	面值（元）	售价（元）	发行量（万枚）	市场参考价格 新（元）	旧（元）
5-1	5000	6000		30000.00	35000.00
5-2	5000	6000		30000.00	35000.00
5-3	5000	6000		30000.00	35000.00
5-4	5000	6000		30000.00	35000.00
5-5	5000	6000		30000.00	35000.00

版别：胶版
印制厂：沈阳东北邮电印刷厂
注：简内无书写竖格线。

第二版

全套 5 枚

邮简邮票规格： 18mm × 21mm

邮简规格： 90mm × 150mm

邮简展开规格： 280mm × 150mm

5-1 天安门图（背面文字说明：邮政办理代销代购货品）

5-2 天安门图（背面文字说明：邮政办理代发代订报刊）

5-3 天安门图（背面文字说明：邮简的优点）

5-4 天安门图（背面文字说明：邮政汇兑）

5-5 天安门图（背面文字说明：利用邮政包裹的好处）

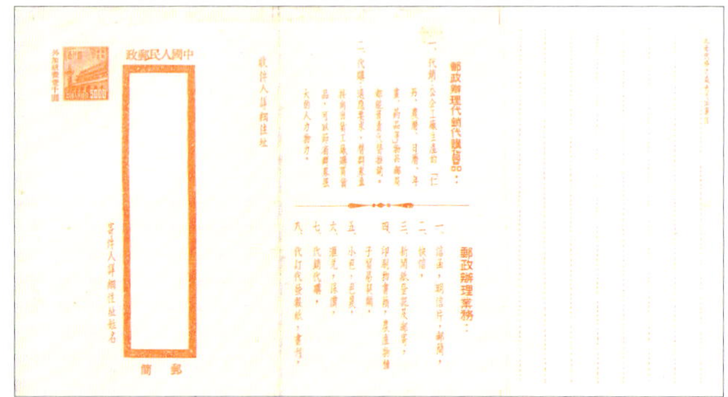

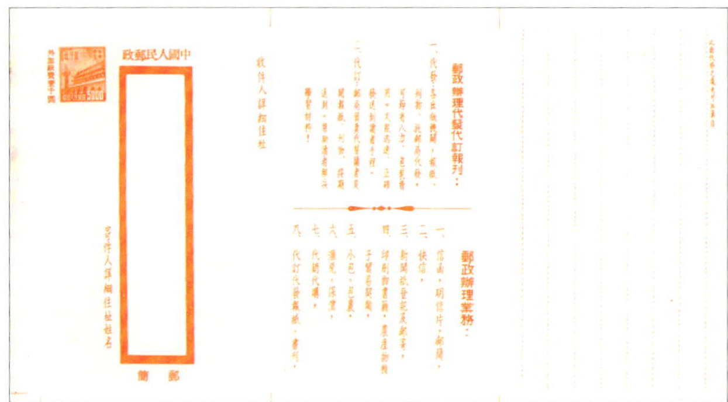

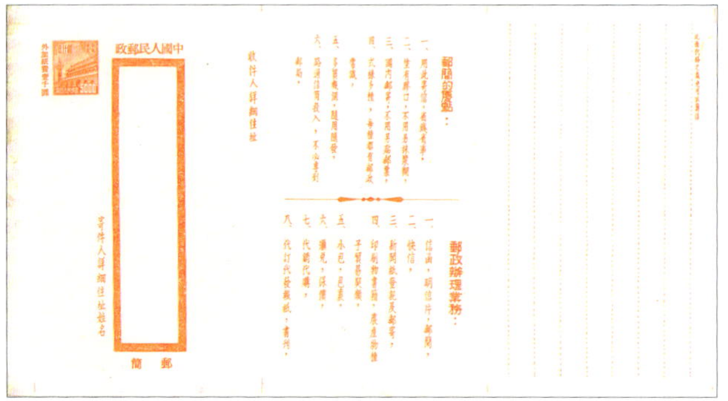

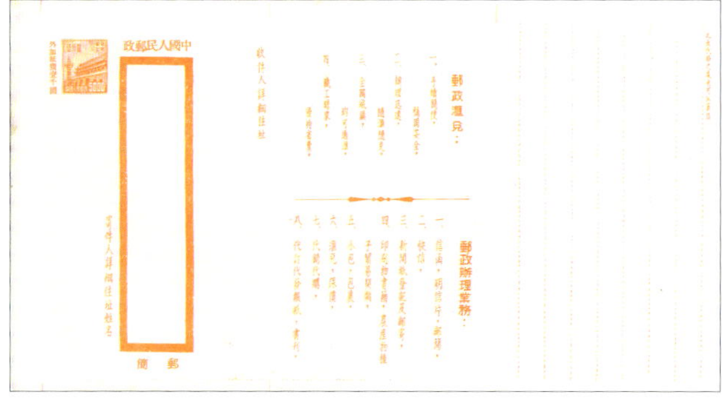

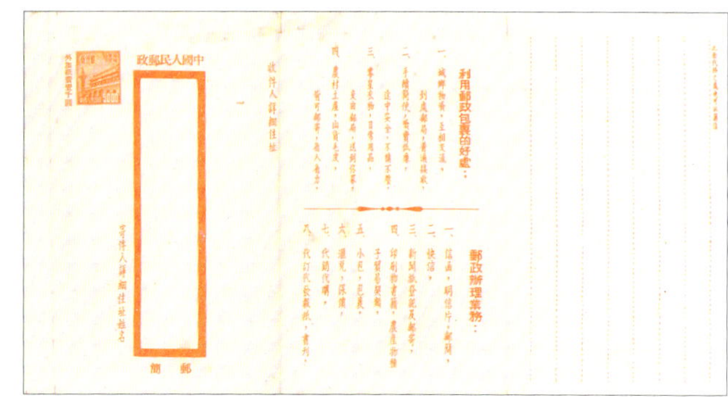

序号	面值（元）	售价（元）	发行量（万枚）	市场参考价格 新（元）	旧（元）
5-1	5000	6000		5000.00	15000.00
5-2	5000	6000		5000.00	15000.00
5-3	5000	6000		5000.00	15000.00
5-4	5000	6000		5000.00	15000.00
5-5	5000	6000		5000.00	15000.00

版别：胶版

印制厂：沈阳东北邮电印刷厂

注：简内有书写竖格线。

DJ4 普东 1 天安门图（绿色）优军

DJ4 RN1 Tian' anmen Design for Armymen in Green

1950 年 6 月 22 日发行

全套 5 枚

邮简邮票规格： 18mm × 21mm

邮简规格： 90mm × 152mm

邮简展开规格： 280mm × 152mm

5-1 天安门图（背面文字说明：邮政办理代销代购货品）

5-2 天安门图（背面文字说明：邮政办理代发代订报刊）

5-3 天安门图（背面文字说明：邮简的优点）

5-4 天安门图（背面文字说明：邮政汇兑）

5-5 天安门图（背面文字说明：利用邮政包裹的好处）

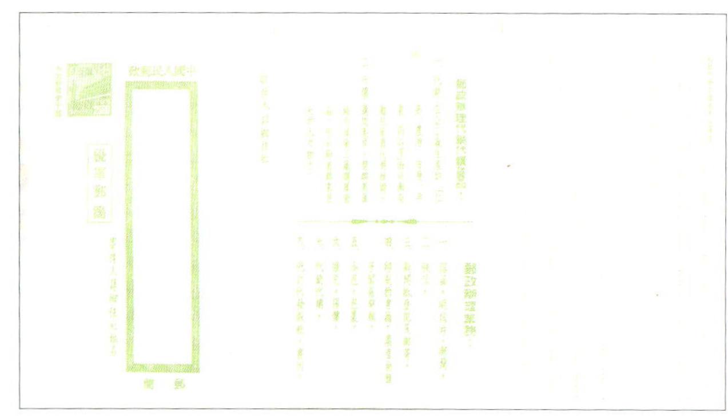

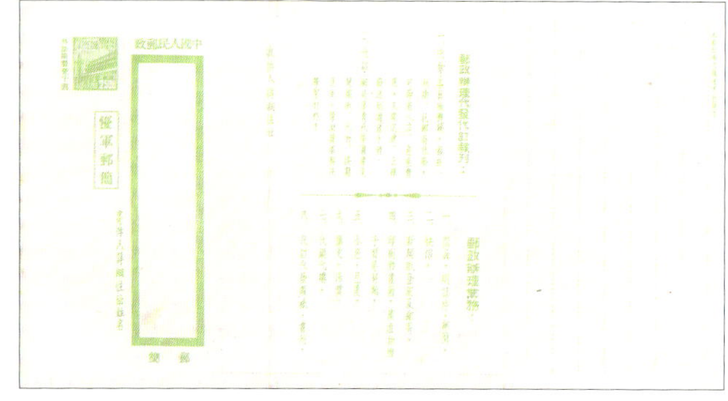

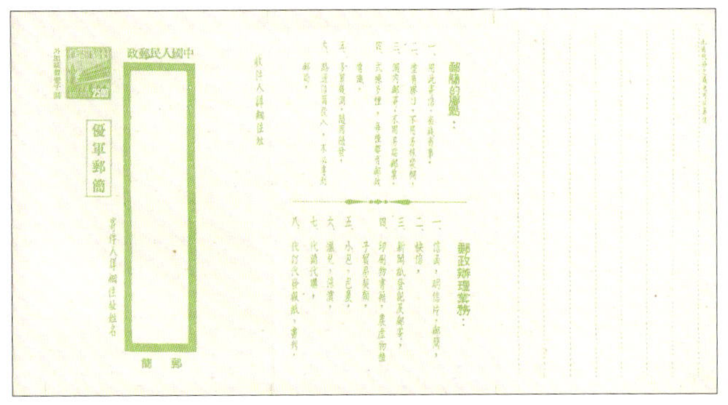

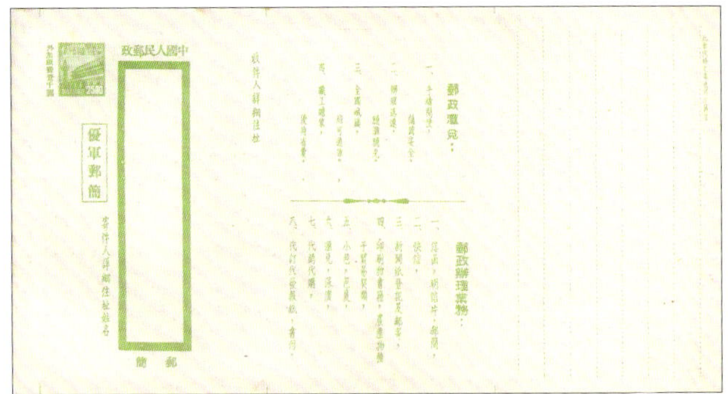

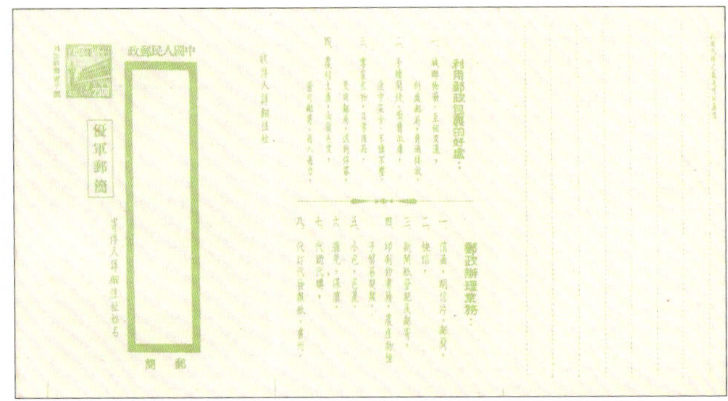

序号	面值（元）	售价（元）	发行量（万枚）	市场参考价格 新（元）	旧（元）
5-1	2500	3500		8000.00	15000.00
5-2	2500	3500		8000.00	15000.00
5-3	2500	3500		8000.00	15000.00
5-4	2500	3500		8000.00	15000.00
5-5	2500	3500		8000.00	15000.00

版别：胶版

印制厂：沈阳东北邮电印刷厂

注：简内有格线。

相关档案资料：东北邮电管理总局邮政处通知邮业字第 30 号（1950 年 6 月 22 日）。

DJ5 普东 2 天安门图（单色）
DJ5 RN2 Tian' anmen Design in Monochrome

1950 年 10 月发行

全套 5 枚

邮简邮票规格： 18mm × 21mm

邮简规格： 90mm × 152mm

邮简展开规格： 280mm × 152mm

5-1 天安门图（背面文字说明：邮政办理代销代购货品）

5-2 天安门图（背面文字说明：邮政办理代发代订报刊）

5-3 天安门图（背面文字说明：邮简的优点）

5-4 天安门图（背面文字说明：邮政汇兑）

5-5 天安门图（背面文字说明：利用邮政包裹的好处）

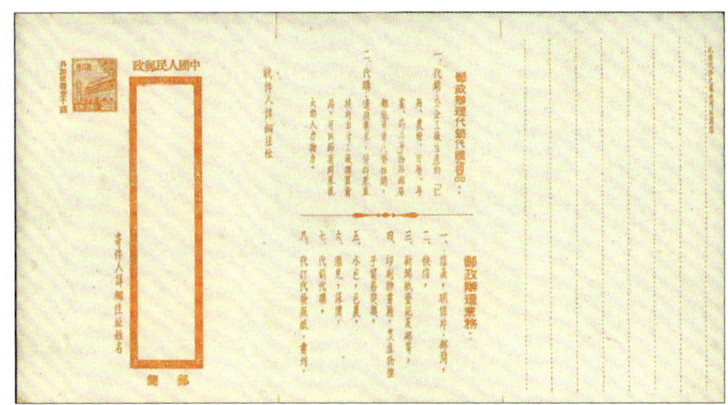

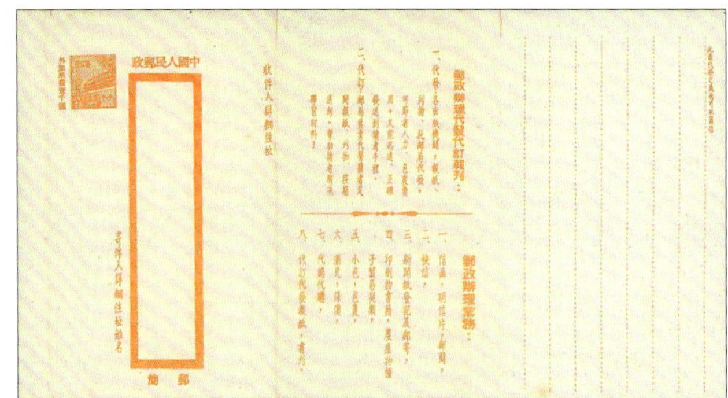

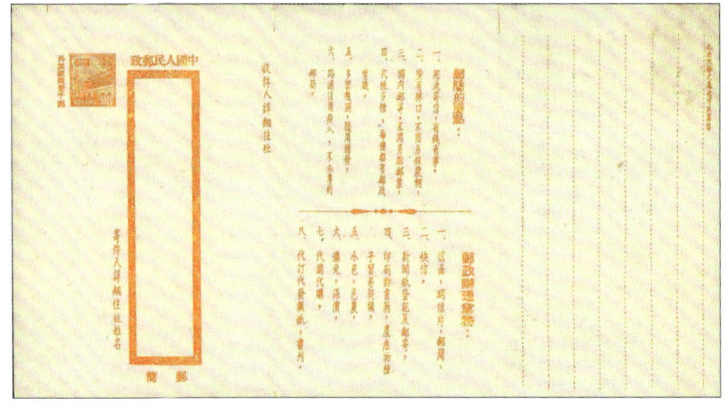

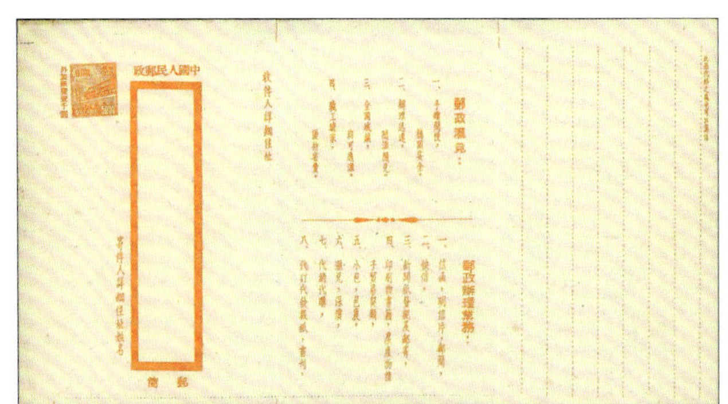

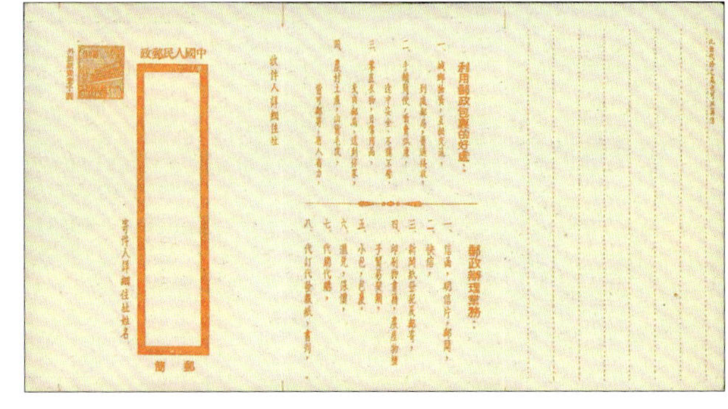

序号	面值（元）	售价（元）	发行量（万枚）	市场参考价格 新（元）	市场参考价格 旧（元）
5-1	5000	6000		30000.00	30000.00
5-2	5000	6000		20000.00	20000.00
5-3	5000	6000		30000.00	30000.00
5-4	5000	6000		20000.00	20000.00
5-5	5000	6000		20000.00	20000.00

版别：胶版

印制厂：沈阳东北邮电印刷厂

DJ6 普东 2 天安门图（彩图）
DJ6 RN2 Tian' anmen Design in Colour

1951 年 1 月 23 日发行

全套 2 枚

邮简邮票规格： 18mm × 21mm

邮简规格： 80mm × 160mm

邮简展开规格： 250mm × 175mm

2-1 天安门图（背面文字说明：开放书信电报！怎样使用电话？）

2-2 天安门图（背面文字说明：利用须知！）

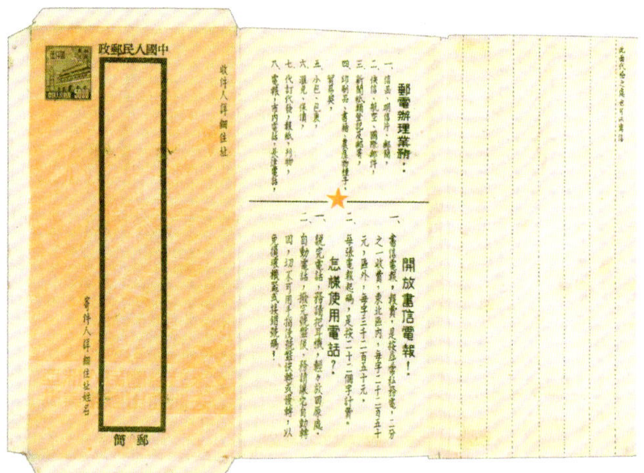

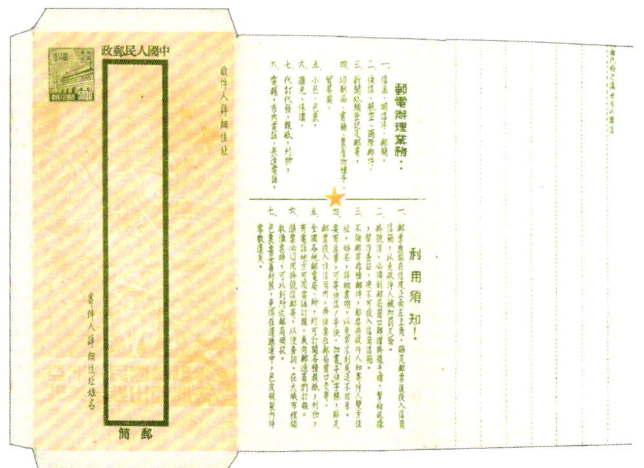

序号	面值（元）	售价（元）	发行量（万枚）	市场参考价格 新（元）	市场参考价格 旧（元）
2-1	5000	5000		80000.00	80000.00
2-2	5000	5000		10000.00	10000.00

版别：胶版

印制厂：沈阳东北邮电印刷厂

注：邮简在 1951 年春节发行。邮简底图为橙色，为中朝两国国旗和一名战士战斗的情景，邮简上印有“亚洲人民团结起来，把美帝赶出亚洲去”两行标语。

相关档案资料：东北邮电管理局通知邮业字第 168 号（1951 年 1 月 23 日）。

DJ7 普东 2 天安门图（绿色）优军
DJ7 RN2 Tian' anmen Design for Armymen in Green

第一版 1951 年发行

全套 1 枚

邮简邮票规格： 18mm × 20.5mm

邮简规格： 80mm × 180mm

邮简展开规格： 250mm × 180mm

1-1 天安门图（背面文字说明：邮简的优点）（无水印）

1-1a 天安门图（背面文字说明：邮简的优点）（有水印）

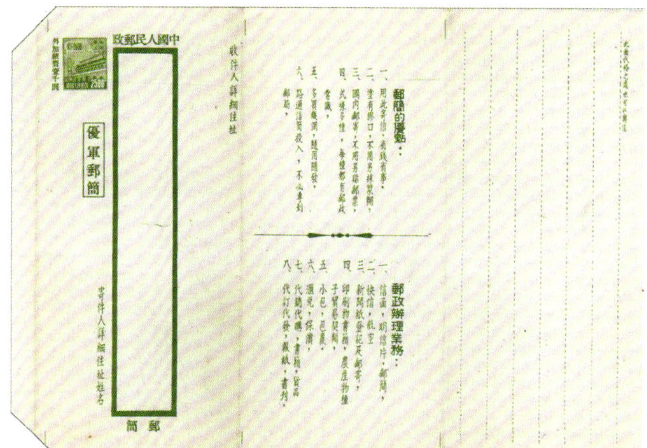

无水印

有水印

序号	面值（元）	售价（元）	发行量（万枚）	市场参考价格 新（元）	市场参考价格 旧（元）
1-1	2500	3500		8000.00	8000.00
1-1a	2500	3500		40000.00	40000.00

版别：胶版

印制厂：沈阳东北邮电印刷厂

第二版 1951 年发行

全套 1 枚

邮简邮票规格： 18mm × 20.5mm

邮简规格： 80mm × 160mm

邮简展开规格： 250mm × 178mm

1-1 天安门图（背面文字说明：邮简的优点）

序号	面值 （元）	售价 （元）	发行量 （万枚）	市场参考价格 新（元）旧（元）
1-1	2500	3500		10000.00 10000.00

版别：胶版

印制厂：沈阳东北邮电印刷厂

注：有造纸厂水印。

普东 2 天安门图（绿色）优军（未发行）

RN2 Tian' anmen Design for Armymen in Green （Unissued）

全套 2 枚

邮简邮票规格： 18mm × 20.5mm

邮简规格： 80mm × 165mm

邮简展开规格： 250mm × 180mm

2-1 天安门图（开放书信电报！怎样使用电话？）

2-2 天安门图（注意事项！利用须知！）

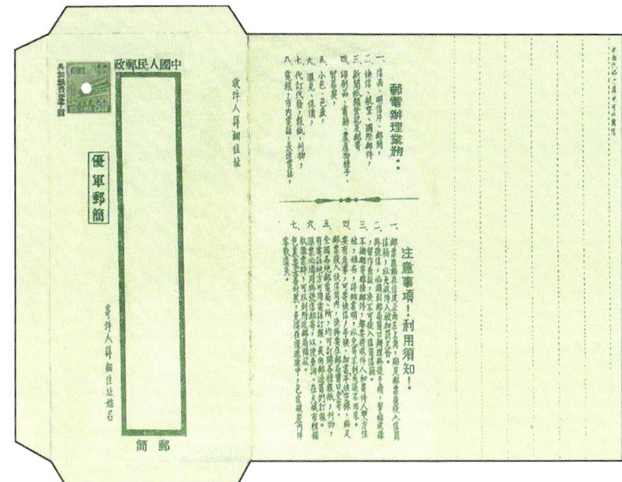

序号	面值 （元）	售价 （元）	发行量 （万枚）	市场参考价格 新（元）旧（元）
2-1	2500	3500		30000.00
2-2	2500	3500		40000.00

版别：胶版

印制厂：沈阳东北邮电印刷厂

注：原邮简未发行，只见另贴邮票使用过的邮简。此邮简经过计算机处理。以上东北贴用普通邮资邮简的邮资面值使用的是东北币。

普东 2 天安门图（绿色）优军加盖改值（未发行）

RN2 Tian' anmen Design for Armymen in Green Overprinted and Surcharged （Unissued）

全套 1 枚

邮简邮票规格： 18mm × 21mm

邮简规格： 80mm × 165mm

邮简展开规格： 250mm × 180mm

1-1 天安门图（注意事项！利用须知！）

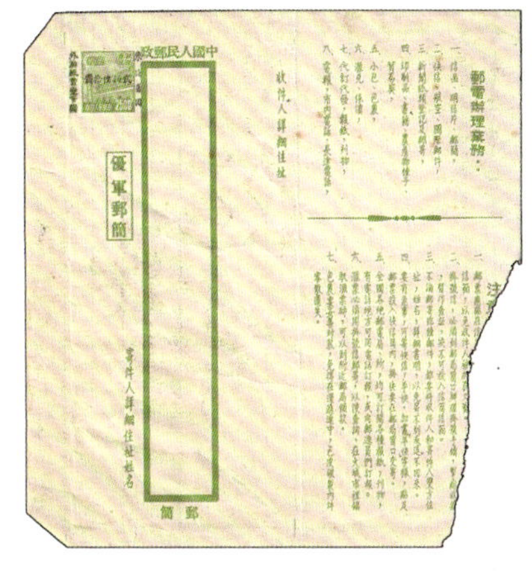

序号	面值 （元）	售价 （元）	发行量 （万枚）	市场参考价格 新（元）旧（元）
1-1	260	360		150000.00

版别：胶版

印制厂：沈阳东北邮电印刷厂

注：原邮简加盖后未发行。此简加盖后的邮资面值使用的是人民币旧币。

东北贴用邮资邮简背后文字介绍

DJ1 普东 1 天安门图（双色）东北贴用普通邮资邮简
DJ3 普东 1 天安门图（单色）东北贴用普通邮资邮简
DJ4 普东 1 天安门图（绿色）优军东北贴用普通邮资邮简
DJ5 普东 2 天安门图（单色）东北贴用普通邮资邮简

（5-1）上栏文字：
邮政办理代销代购货品：
一、代销：公企工厂生产的“仁丹、农历、日历、年画、药品等”物品邮局都能负责代替推销。
二、代购：适应要求，替群众直接向出货工厂购买货品，可以节省群众很大的人力物力。
（5-1）下栏文字：
邮政办理业务：
一、信函，明信片，邮简，
二、快信，
三、新闻纸登记及邮寄，
四、印刷物书籍，农产物种子贸易契类，
五、小包，包裹，
六、汇兑，保价，
七、代销代购，
八、代订代发报纸，书刊，

（5-2）上栏文字：
邮政办理代发代订报刊：
一、代发：各出版机关，报纸、刊物、托邮局代发，可节省人力、包装费用。又能迅速、正确发送到读者手里。
二、代订：邮局负责代替读者订阅报纸、刊物、按期送到。帮助读者解决学习材料！
（5-2）下栏文字：
邮政办理业务：
一、信函，明信片，邮简，
二、快信，
三、新闻纸登记及邮寄，
四、印刷物书籍，农产物种子贸易契类，
五、小包，包裹，
六、汇兑，保价，
七、代销代购，
八、代订代发报纸，书刊，

（5-3）上栏文字：
邮简的优点：
一、用此寄信，省钱省事，
二、涂有胶口，不用另抹浆糊，
三、国内邮寄，不用另贴邮票，
四、式样多种，每种都有邮政常识，
五、多买几个，随用随发，
六、路过信筒投入，不必专到邮局，
（5-3）下栏文字：
邮政办理业务：
一、信函，明信片，邮简，
二、快信，
三、新闻纸登记及邮寄，
四、印刷物书籍，农产物种子贸易契类，
五、小包，包裹，
六、汇兑，保价，
七、代销代购，
八、代订代发报纸，书刊，

（5-4）上栏文字：
邮政汇兑：
一、手续简便，稳固安全。
二、办理迅速，随汇随兑。
三、全国城镇，均可通汇。
四、职工赡家，优待省费。
（5-4）下栏文字：
邮政办理业务：
一、信函，明信片，邮简，
二、快信，
三、新闻纸登记及邮寄，
四、印刷物书籍，农产物种子贸易契类，
五、小包，包裹，
六、汇兑，保价，
七、代销代购，
八、代订代发报纸，书刊，

（5-5）上栏文字：
利用邮政包裹得好处：
一、城乡物资，互相交流，到处邮局，普遍接收，
二、手续简便，资费低廉，途中安全，不积不压，
三、零星衣物，日常用品，交由邮局，送到你家，
四、农村土产，山货毛皮，皆可邮寄，省人省力，
（5-5）下栏文字：
邮政办理业务：
一、信函，明信片，邮简，
二、快信，
三、新闻纸登记及邮寄，
四、印刷物书籍，农产物种子贸易契类，
五、小包，包裹，
六、汇兑，保价，
七、代销代购，
八、代订代发报纸，书刊，

DJ2 普东 1 天安门图（粉红底色）东北贴用普通邮资邮简

DJ2（1-1）上栏文字：
邮简的优点：
一、用此寄信，省钱省事，
二、涂有胶口，不用另抹浆糊，
三、国内邮寄，不用另贴邮票，
四、式样多种，每种都有邮政常识，
五、多买几个，随用随发，
六、路过信筒投入，不必专到邮局，

DJ2（1–1）下栏文字：
邮政办理业务：
一、信函，明信片，邮简，
二、快信，
三、新闻纸登记及邮寄，
四、印刷物书籍，农产物种子贸易契类，
五、小包，包裹，
六、汇兑，保价，
七、代销代购，
八、代订代发报纸，书刊，

DJ6 普东 2 天安门图（彩图）东北贴用普通邮资邮简

DJ6（2–1）上栏文字：
邮电办理业务：
一、信函、明信片、邮简，
二、快信、航空、国际邮件，
三、新闻纸类登记及邮寄，
四、印刷品、书籍，农产物种子贸易契，
五、小包、包裹，
六、汇兑、保价，
七、代定代发，报纸，刊物，
八、电报，市内电话，长途电话，
DJ6（2–1）下栏文字：
开放书信电报！
一、书信电报，报费，是按寻常私务电，二分之一收费，东北区内，每字二千二百五十元，区外，每字三千二百五十元，
二、每张电报起码，是按二十二个字计费。
怎样使用电话？
一、说完电话，务请把耳机，轻轻放回原处，
二、自动电话，拨完号盘后，务请让它自动转回，切不可用手指使号盘快转或慢转，以免损坏机器或接错号码！

DJ6（2–2）上栏文字：
邮电办理业务：
一、信函、明信片、邮简，
二、快信、航空、国际邮件，
三、新闻纸类登记及邮寄，
四、印刷品、书籍、农产物种子贸易契，
五、小包、包裹，
六、汇兑、保价，
七、代定代发，报纸，刊物，
八、电报，市内电话，长途电话，
DJ6（2–2）下栏文字：
利用须知！
一、邮票应贴在信皮正面左上角，贴足邮票后投入信筒信箱，以免收件人被加罚欠资。
二、挂号信，必须到邮局窗口办理挂号手续，掣给收据，留作查证，决不可投入信筒信箱。
三、不论邮寄那种邮件，都要将收件人和寄件人双方住址，姓名，详细书明，以免寄不到或退不回来。
四、要有急事，可寄快信！平快，加书“平快”字样，贴足邮票投入快信筒内，挂快要在邮局窗口交寄。
五、全国各地邮电局、所，均可订阅各种报纸，刊物，有电话地方可用电话订报，或向邮递员们订报。
六、汇票必须用挂号信邮寄，以便查询，在大城市里领取汇票时可以到附近邮局领款。
七、包裹要妥善封装，免得在运递途中，包皮破裂内件零散遗失。

DJ7 普东 2 天安门图绿色优军东北贴用普通邮资邮简（已发行）

DJ7（1–1）上栏文字：
邮简的优点：
一、用此寄信，省钱省事，
二、涂有胶口，不用另抹浆糊，
三、国内邮寄，不用另贴邮票，
四、式样多种，每种都有邮政常识，
五、多买几个，随用随发，
六、路遇信筒投入，不必专到邮局，
DJ7（1–1）下栏文字：
邮政办理业务：
一、信函，明信片，邮简，
二、快信，航空
三、新闻纸登记及邮寄，
四、印刷物书籍，农产物种子贸易契类，
五、小包，包裹，
六、汇兑，保价，
七、代销代购，书籍，货品
八、代订代发，报纸，书刊，

普东 2 天安门图（绿色）优军东北贴用普通邮资邮简（未发行）

（2–1）上栏文字：
邮电办理业务：
一、信函、明信片、邮简，
二、快信、航空、国际邮件，
三、新闻纸类登记及邮寄，
四、印刷品、书籍、农产物种子、贸易契，
五、小包、包裹，
六、汇兑、保价，
七、代定代发，报纸，刊物，
八、电报，市内电话，长途电话，
（2–1）下栏文字：
开放书信电报！
一、书信电报，报费，是按寻常私务电，二分之一收费，东北区内，每字二千二百五十元，区外，每字三千二百五十元，
二、每张电报起码，是按二十二个字计费。
怎样使用电话？
一、说完电话，务请把耳机，轻轻放回原处，
二、自动电话，拨完号盘后，务请让它自动转回，切不可用手指使号盘快转或慢转，以免损坏机器或接错号码！

（2–2）上栏文字：
邮电办理业务：
一、信函、明信片、邮简，
二、快信、航空、国际邮件，
三、新闻纸类登记及邮寄，
四、印刷品、书籍、农产物种子贸易契，

五、小包、包裹，
六、汇兑、保价，
七、代定代发，报纸，刊物，
八、电报，市内电话，长途电话，
（2-2）下栏文字：
注意事项！利用须知！
一、邮票应贴在信皮正面左上角，贴足邮票后投入信筒信箱，以免收件人被加罚欠资。
二、挂号信，必须到邮局窗口办理挂号手续，掣给收据，留作查证，决不可投入信筒信箱。
三、不论邮寄那种邮件，都要将收件人和寄件人双方住址，姓名，详细书明，以免寄不到或退不回来。
四、要有急事，可寄快信！平快，加书“平快”字样，贴足邮票投入快信筒内，挂快要在邮局窗口交寄。
五、全国各地邮电局、所，均可订阅各种报纸，刊物，有电话地方可用电话订报，或向邮递员们订报。
六、汇票必须用挂号信邮寄，以便查询，在大城市里领取汇票时可以到附近邮局领款。
七、包裹要妥善封装，免得在运递途中，包皮破裂内件零散遗失。

普东 2 天安门图（绿色）优军加盖改值东北贴用普通邮资邮简（未发行）

（1-1）上栏文字：
邮电办理业务：
一、信函、明信片、邮简，
二、快信、航空、国际邮件，
三、新闻纸类登记及邮寄，
四、印刷品、书籍、农产物种子贸易契，
五、小包、包裹，
六、汇兑、保价，
七、代定代发，报纸，刊物，
八、电报，市内电话，长途电话，
（1-1）下栏文字：
注意事项！利用须知！
一、邮票应贴在信皮正面左上角，贴足邮票后投入信筒信箱，以免收件人被加罚欠资。
二、挂号信，必须到邮局窗口办理挂号手续，掣给收据，留作查证，决不可投入信筒信箱。
三、不论邮寄那种邮件，都要将收件人和寄件人双方住址，姓名，详细书明，以免寄不到或退不回来。
四、要有急事，可寄快信！平快，加书“平快”字样，贴足邮票投入快信筒内，挂快要在邮局窗口交寄。
五、全国各地邮电局、所，均可订阅各种报纸，刊物，有电话地方可用电话订报，或向邮递员们订报。
六、汇票必须用挂号信邮寄，以便查询，在大城市里领取汇票时可以到附近邮局领款。
七、包裹要妥善封装，免得在运递途中，包皮破裂内件零散遗失。

注：东北贴用邮资邮简背后文字介绍均按原邮简刊载。

普通邮资邮简(PJ)
Regular Stamped Letter Sheets（PJ）

PJ1 国内平信邮资邮简
PJ1 Domestic Ordinary Mail

1952 年 1 月 1 日发行

全套 4 枚

邮简邮票规格： 21mm × 24mm

邮简规格： 90mm × 160mm

邮简展开规格： 265mm × 185mm

4-1 天安门图（背面文字说明：邮寄信函）

4-2 天安门图（背面文字说明：邮局经办业务）

4-3 天安门图（背面文字说明：邮局可以代购货物）

4-4 天安门图（背面文字说明：城乡交流）

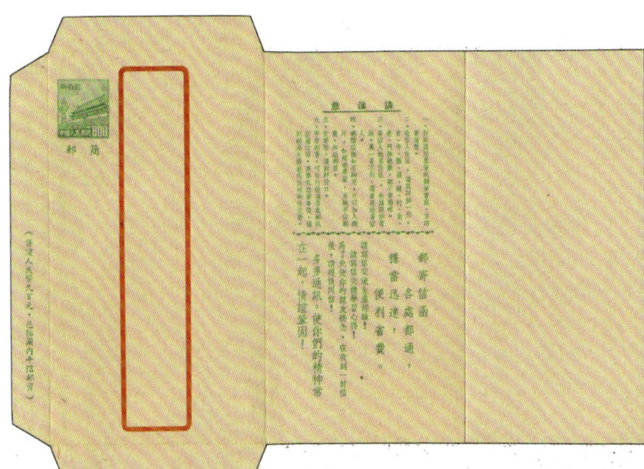

序号	面值（元）	售价（元）	发行量（万枚）	市场参考价格 新（元）	市场参考价格 旧（元）
4-1	800	900	75	7500.00	4000.00
4-2	800	900	75	7500.00	4000.00
4-3	800	900	75	7500.00	4000.00
4-4	800	900	75	7500.00	4000.00

版别：凸版

印制厂：华东区税务管理局印刷厂

注：本套邮简又称“普 4 天安门图（红框）普通邮资邮简”。

相关档案资料：1951 年 12 月 8 日出版的《邮电部公报》第 97 号（第二卷第 81 期）中央人民政府邮电部通令《发行新印国内平信邮简事项》邮字第 327 号。

PJ2 国内平信风景邮资邮简
PJ2 Domestic Ordinary Mail with Landscape Designs

1952 年 5 月 20 日发行

全套 4 枚

邮简邮票规格： 18mm × 21mm

邮简规格： 90mm × 170mm

邮简展开规格： 265mm × 195mm

4-1 天安门图 邮简图案：故宫角楼（棕黄色）

A 型：小字

B 型：大字

4-2 天安门图 邮简图案：天坛祈年殿（浅棕色）

A 型：小字

4-3 天安门图 邮简图案：颐和园佛香阁（浅天蓝色）

A 型：小字

B 型：大字

4-4 天安门图 邮简图案：北海白塔（浅紫色）

A 型：小字

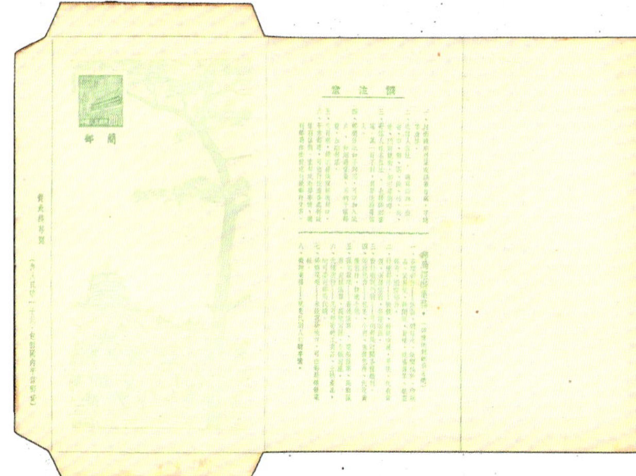

序号	面值（元）	售价（元）	发行量（万枚）	市场参考价格 新（元）	市场参考价格 旧（元）
4-1A	800	1000	250	2000.00	1000.00
4-1B	800	1000	200	800.00	400.00
4-2A	800	1000	250	2000.00	1000.00
4-3A	800	1000	250	1000.00	500.00
4-3B	800	1000	200	1500.00	800.00
4-4A	800	1000	250	2000.00	1000.00

版别：凸版

设计者：孙传哲

印制厂：华东邮政南京印刷厂

注：本套邮简又称“普4天安门图北京风景普通邮资邮简”。邮简背面文字说明均为“邮局经办业务”。

相关档案资料：1952年5月10日出版的《邮电部公报》第136号中央人民政府邮电部通令《发行国内平信风景邮简》邮字第34384号。

A型　B型

PJ3 国内平信美术邮资邮简（剪纸图案）

PJ3 Domestic Ordinary Mail with PaperCutter Designs

1952年9月20日发行

全套12枚

邮简邮票规格：18mm × 21mm

邮简规格：90mm × 170mm

邮简展开规格：265mm × 195mm

第一组4枚（“邮简”二字在邮资图案上方）

邮简图案：儿童及和平鸽（紫色）

12-1 天安门图（背面文字说明：几种常用函件资费简明表）

12-2 天安门图（背面文字说明：邮政包件。）

12-3 天安门图（背面文字说明：集邮）

12-4 天安门图（背面文字说明：努力建设。加强学习。）

序号	面值（元）	售价（元）	发行量（万枚）	市场参考价格 新（元）	旧（元）
12-1	800	1000		1000.00	800.00
12-2	800	1000		1000.00	800.00
12-3	800	1000		800.00	500.00
12-4	800	1000		800.00	500.00

第二组 3 枚（“邮简”二字在邮资图案上方）
邮简图案：农民赶集和太阳（蓝色）
12-5 天安门图（背面文字说明：几种常用函件资费简明表）
12-6 天安门图（背面文字说明：集邮）
12-7 天安门图（背面文字说明：努力建设。加强学习。）

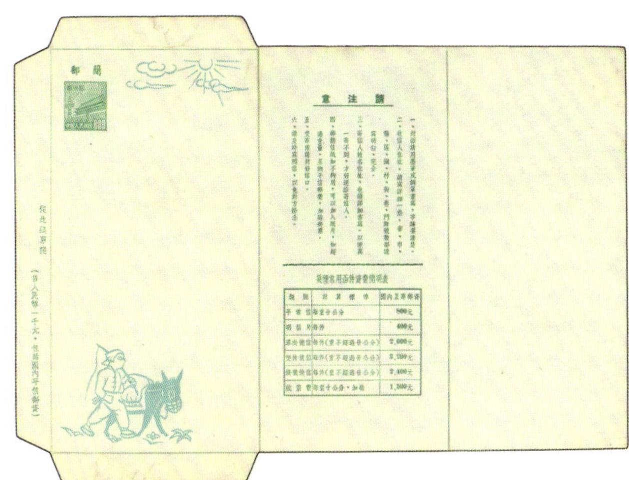

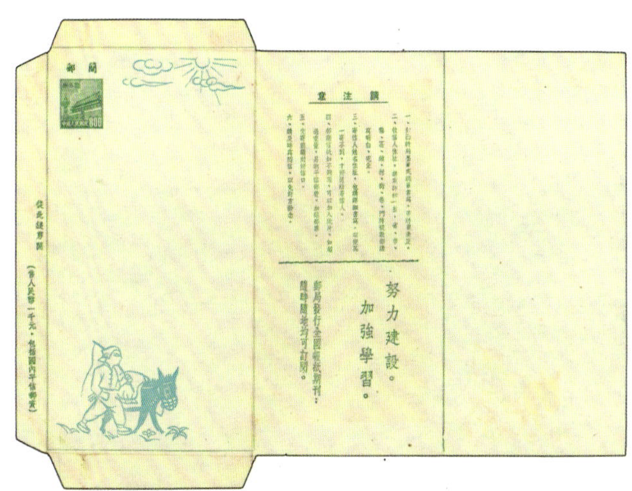

序号	面值（元）	售价（元）	发行量（万枚）	市场参考价格 新（元）	旧（元）
12-5	800	1000		1000.00	800.00
12-6	800	1000		800.00	500.00
12-7	800	1000		800.00	500.00

第三组 2 枚（“邮简”二字在邮资图案下方）
邮简图案：农民锄地和麦穗（棕色）
12-8 天安门图（背面文字说明：几种常用函件资费简明表）
12-9 天安门图（背面文字说明：努力建设！加强学习！）

序号	面值（元）	售价（元）	发行量（万枚）	市场参考价格 新（元）	旧（元）
12-8	800	1000		2000.00	2000.00
12-9	800	1000		1000.00	1000.00

第四组 3 枚（“邮简”二字在邮资图案下方）
邮简图案：儿童和庆祝会旗帜（粉红色）
12-10 天安门图（背面文字说明：几种常用函件资费简明表）
12-11 天安门图（背面文字说明：邮政包件）
12-12 天安门图（背面文字说明：集邮）

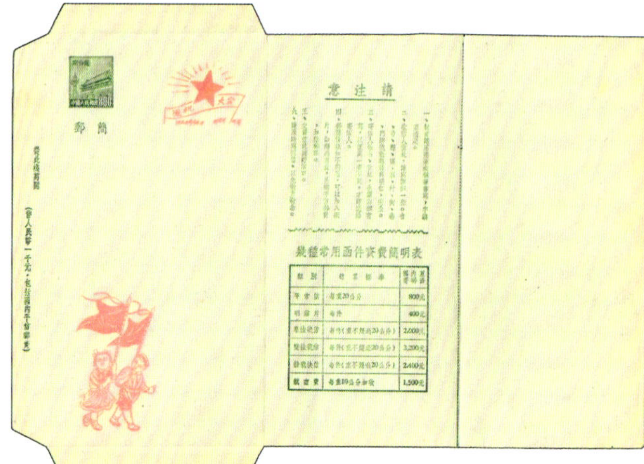

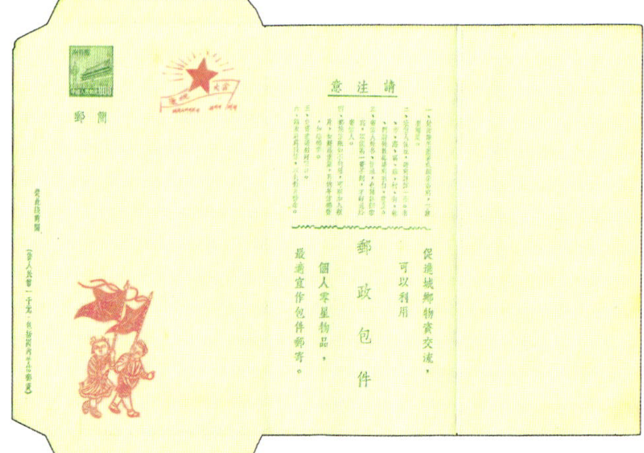

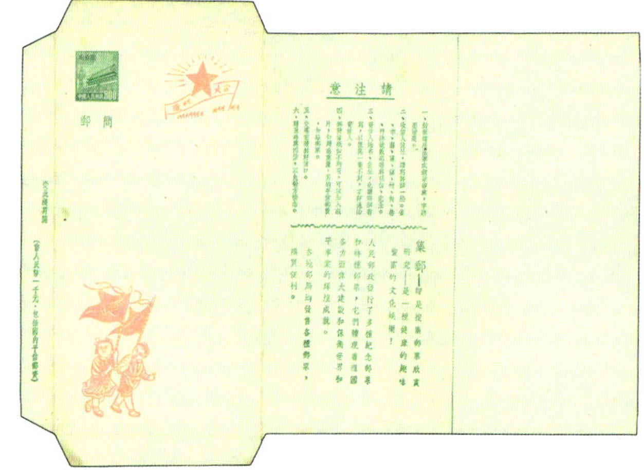

序号	面值（元）	售价（元）	发行量（万枚）	市场参考价格 新（元）	旧（元）
12-10	800	1000		3000.00	3000.00
12-11	800	1000		1500.00	1500.00
12-12	800	1000		1000.00	1000.00

版别：凸版
设计者：孙传哲
印制厂：华东邮政南京印刷厂、华东邮电器材厂
注：本套邮简又称“普 4 天安门图剪纸普通邮资邮简”。以上普通邮资邮简的邮资面值使用的是人民币旧币。
相关档案资料：1952 年 9 月 24 日出版的《邮电部公报》第 175 号中央人民政府邮电部通令《发行国内平信美术邮简（剪纸图案）》邮字第 34166 号。

普通邮资邮简背后文字介绍

PJ1 国内平信邮资邮简

PJ1（4-1）上栏文字：
请注意
一、封面请用墨笔或钢笔书写，字迹要清楚。
二、收信人住址，请写详细一些。省、市、县、区、镇、村、街、巷、门牌号数，都不要简略。
三、寄信人姓名住址，请详细书写。万一寄不到，还要退给寄信人。
四、邮简信纸如不够用，可以加入纸片，如超过重量，另纳平信邮费，加贴邮票。
五、交寄前，请封好信口。
六、平常邮寄，可自行投进各处邮政信箱信筒。重要或急要事情，请到邮局作挂号或快递邮件交寄。
PJ1（4-1）下栏文字：
邮寄信函，各处都通，
稳当迅速，便利省费。
请写信交流生产经验！
请写信交换学习心得！
为了免使你的亲友挂念，在收到一封信后，请赶快回信！
多多通讯，使你们的精神常在一起，情谊巩固！

PJ1（4-2）上栏文字：
请注意
一、封面请用墨笔或钢笔书写，字迹要清楚。
二、收信人住址，请写详细一些。省、市、县、区、镇、村、街、巷、门牌号数，都不要简略。
三、寄信人姓名住址，请详细书写。万一寄不到，还要退给寄信人。
四、邮简信纸如不够用，可以加入纸片，如超过重量，另纳平信邮费，加贴邮票。
五、交寄前，请封好信口。
六、平常邮寄，可自行投进各处邮政信箱信筒。重要或急要事情，请到邮局作挂号或快递邮件交寄。

PJ1（4-2）下栏文字：
邮局经办业务。（详情请到邮局去问）
一、各类邮件——信函、明信片、新闻稿件、印刷品、贸易契、新闻纸、货样、商务传单、航空邮件、国际邮件。
二、特种邮件——挂号、挂号快递、平快、代收货价、保价信函、存证信函。
三、发行报纸刊物——可向邮局订阅各种报刊。
四、邮政包件——包裹、小包，保价包件，代收货价包件，快递小包。
五、汇兑款项——普通汇票、电报汇票、高额汇票、定额汇票、高额信汇、小额送汇。
六、代购货物——凡可邮寄的工业品、土特产品、均可委托邮局代购。
七、邮转电报——未设电局地方，可由邮局转发电报。
八、征询业务——就是代别人打听事情。

PJ1（4-3）上栏文字：
请注意
一、封面请用墨笔或钢笔书写，字迹要清楚。
二、收信人住址，请写详细一些。省、市、县、区、镇、村、街、巷、门牌号数，都不要简略。
三、寄信人姓名住址，请详细书写。万一寄不到，还要退给寄信人。
四、邮简信纸如不够用，可以加入纸片，如超过重量，另纳平信邮费，加贴邮票。
五、交寄前，请封好信口。
六、平常邮寄，可自行投进各处邮政信箱信筒。重要或急要事情，请到邮局作挂号或快递邮件交寄。

PJ1（4-3）下栏文字：
邮局可以代购货物
全国各地优良的工业品土特产品及日用医疗用品，各地邮局都可代购。由于邮政局所普遍全国，紧密的联系了购销关系！促进了城乡间的物资交流。
邮局经办征询
1. 亲友现状 2. 交通情况 3. 文化及教育情况 4. 特产及商品情况 5. 其他简单扼要的征询事项
邮局都可以代为征询！

PJ1（4-4）上栏文字：
请注意
一、封面请用墨笔或钢笔书写，字迹要清楚。
二、收信人住址，请写详细一些。省、市、县、区、镇、村、街、巷、门牌号数，都不要简略。
三、寄信人姓名住址，请详细书写。万一寄不到，还要退给寄信人。
四、邮简信纸如不够用，可以加入纸片，如超过重量，另纳平信邮费，加贴邮票。
五、交寄前，请封好信口。
六、平常邮寄，可自行投进各处邮政信箱信筒。重要或急要事情，请到邮局作挂号或快递邮件交寄。

PJ1（4-4）下栏文字：
城乡交流，繁荣经济，
邮政包件，简捷便利。
快递小包，迅速省费。
无论小包或包裹，都可以代收货价，或保价。重五公斤以内的包件，还可以送到收件人处，无须自往邮局领取。

PJ2 国内平信风景邮资邮简

PJ2 上栏文字：
请注意
一、封面请用墨笔或钢笔书写，字迹要清楚。
二、收信人住址，请写详细一些。省、市、县、区、镇、村、街、巷、门牌号数，都不要简略。
三、寄信人姓名住址，请详细书写。万一寄不到，还要退给寄信人。
四、邮简信纸如不够用，可以加入纸片，如超过重量，另纳平信邮费，加贴邮票。
五、交寄前，请封好信口。
六、平常邮寄，可自行投进各处邮政信箱信筒。重要或急要事情，请到邮局作挂号或快递邮件交寄。

PJ2 下栏文字：
邮局经办业务。（详情请到邮局去问）
一、各类邮件——信函、明信片、新闻稿件、印刷品、贸易契、新闻纸、货样、商务传单、航空邮件、国际邮件。
二、特种邮件——挂号、挂号快递、平快、代收货价、保价信函、存证信函。
三、发行报纸刊物——可向邮局订阅各种报刊。
四、邮政包件——包裹、小包，保价包件，代收货价包件，快递小包。
五、汇兑款项——普通汇票、电报汇票、高额汇票、定额汇票、高额信汇、小额送汇。
六、代购货物——凡可邮寄的工业品、土特产品、均可委托邮局代购。
七、邮转电报——未设电局地方，可由邮局转发电报。
八、征询业务——就是代别人打听事情。

PJ3 国内平信美术邮资邮简（剪纸图案）

PJ3（12-1、12-5）上栏文字：
请注意
一、封面请用墨笔或钢笔书写，字迹要清楚。
二、收信人住址，请写详细一些。省、市、县、区、镇、村、街、巷、门牌号数都请写明白、完全。
三、寄信人姓名住址，也请详细书写。以便万一寄不到，才好退给寄信人。
四、邮简信纸如不够用，可以加入纸片，如超过重量，另纳平信邮费，加贴邮票。

五、交寄前请封好信口。
六、请及时写回信，以免对方挂念。

PJ3（12-1、12-5）下栏文字：
几种常用函件资费简明表（注：当时的"公分"即为现行单位"克"）

类别	计算标准	国内互寄邮资
平常信	每重廿公分	800元
明信片	每件	400元
单挂号信	每件（重不超过廿公分）	2,000元
双挂号信	每件（重不超过廿公分）	3,2000元
挂号快信	每件（重不超过廿公分）	2,400元
航空费	每重十公分，加收	1,500元

PJ3（12-2）上栏文字：
请注意
一、封面请用墨笔或钢笔书写，字迹要清楚。
二、收信人住址，请写详细一些。省、市、县、区、镇、村、街、巷、门牌号数都请写明白、完全。
三、寄信人姓名住址，也请详细书写。以便万一寄不到，才好退给寄信人。
四、邮简信纸如不够用，可以加入纸片，如超过重量，另纳平信邮费，加贴邮票。
五、交寄前请封好信口。
六、请及时写回信，以免对方挂念。

PJ3（12-2）下栏文字：
促进城乡物资交流，可以利用
邮政包件。
个人零星物品，最适宜作包件邮寄。

PJ3（12-3、12-6）上栏文字：
请注意
一、封面请用墨笔或钢笔书写，字迹要清楚。
二、收信人住址，请写详细一些。省、市、县、区、镇、村、街、巷、门牌号数都请写明白、完全。
三、寄信人姓名住址，也请详细书写。以便万一寄不到，才好退给寄信人。
四、邮简信纸如不够用，可以加入纸片，如超过重量，另纳平信邮费，加贴邮票。
五、交寄前请封好信口。
六、请及时写回信，以免对方挂念。

PJ3（12-3、12-6）下栏文字：
集邮——即是搜集邮票欣赏研究——是一种健康的趣味丰富的文化娱乐。
人民邮政发行了多种纪念邮票和特种邮票，它们体现着祖国各方面伟大建设和保卫世界和平事业的辉煌成就。
各地邮局均发售各种邮票，购买便利。

PJ3（12-4、12-7）上栏文字：
请注意
一、封面请用墨笔或钢笔书写，字迹要清楚。
二、收信人住址，请写详细一些。省、市、县、区、镇、村、街、巷、门牌号数都请写明白、完全。
三、寄信人姓名住址，也请详细书写。以便万一寄不到，才好退给寄信人。
四、邮简信纸如不够用，可以加入纸片，如超过重量，另纳平信邮费，加贴邮票。
五、交寄前请封好信口。
六、请及时写回信，以免对方挂念。

PJ3（12-4、12-7）下栏文字：
努力建设。加强学习。
邮局发行全国报纸期刊；随时随地均可订阅。

PJ3（12-8、12-10）上栏文字：
请注意
一、封面请用墨笔或钢笔书写，字迹要清楚。
二、收信人住址，请写详细一些。省、市、县、区、镇、村、街、巷、门牌号数都请写明白、完全。
三、寄信人姓名住址，也请详细书写。以便万一寄不到，才好退给寄信人。
四、邮简信纸如不够用，可以加入纸片，如超过重量，另纳平信邮费，加贴邮票。
五、交寄前请封好信口。
六、请及时写回信，以免对方挂念。

PJ3（12-8、12-10）下栏文字：
几种常用函件资费简明表（注：当时的"公分"即为现行单位"克"）

类别	计算标准	国内互寄邮资
平常信	每重20公分	800元
明信片	每件	400元
单挂号信	每件（重不超过20公分）	2,000元
双挂号信	每件（重不超过20公分）	3,2000元
挂号快信	每件（重不超过20公分）	2,400元
航空费	每重10公分，加收	1,500元

PJ3（12-9）上栏文字：
请注意
一、封面请用墨笔或钢笔书写，字迹要清楚。
二、收信人住址，请写详细一些。省、市、县、区、镇、村、街、巷、门牌号数都请写明白、完全。
三、寄信人姓名住址，也请详细书写。以便万一寄不到，才好退给寄信人。
四、邮简信纸如不够用，可以加入纸片，如超过重量，另纳平信邮费，加贴邮票。
五、交寄前请封好信口。
六、请及时写回信，以免对方挂念。

PJ3（12-9）下栏文字：
努力建设！加强学习！
邮局发行全国报纸期刊；随时随地均可订阅。

PJ3（12-11）上栏文字：
请注意
一、封面请用墨笔或钢笔书写，字迹要清楚。
二、收信人住址，请写详细一些。省、市、县、区、镇、村、街、巷、门牌号数都请写明白、完全。
三、寄信人姓名住址，也请详细书写。以便万一寄不到，才好退给寄信人。
四、邮简信纸如不够用，可以加入纸片，如超过重量，另纳平信邮费，加贴邮票。
五、交寄前请封好信口。
六、请及时写回信，以免对方挂念。

PJ3（12-11）下栏文字：
促进城乡物资交流，可以利用
邮政包件
个人零星物品，最适宜作包件邮寄。

PJ3（12-12）上栏文字：
请注意
一、封面请用墨笔或钢笔书写，字迹要清楚。
二、收信人住址，请写详细一些。省、市、县、区、镇、村、街、巷、门牌号数都请写明白、完全。
三、寄信人姓名住址，也请详细书写。以便万一寄不到，才好退给寄信人。
四、邮简信纸如不够用，可以加入纸片，如超过重量，另纳平信邮费，加贴邮票。
五、交寄前请封好信口。
六、请及时写回信，以免对方挂念。

PJ3（12-12）下栏文字：
集邮——即是搜集邮票欣赏研究——是一种健康的趣味丰富的文化娱乐！
人民邮政发行了多种纪念邮票和特种邮票，它们体现着祖国各方面伟大建设和保卫世界和平事业的辉煌成就。
各地邮局均发售各种邮票，购买便利。

邮资邮简(YJ)
Stamped Letter Sheets（YJ）

YJ1 中国 1999 世界集邮展览
YJ1 China 1999,World Philatelic Exhibition

1998 年 11 月 12 日发行
全套 2 枚
邮简邮票规格： 30mm × 26mm
邮简规格： 208mm × 110mm
邮简展开规格： 248mm × 337mm
2-1 1878 年大龙邮票 1 分银 邮简图案：柳毅传书
2-2 1878 年大龙邮票 5 分银 邮简图案：嫦娥奔月

序号	面值（分）	售价（元）	发行量（万枚）	市场参考价格（元）
2-1	520	5.70	1003.9	
2-2	50	1.00	1500.2	
全套	570	6.70	2504.1	10.00

版别：胶版
设计者：邹建军
印刷厂：（2-1）北京邮票厂、（2-2）河南省邮电印刷厂

第 16 届亚洲运动会中国体育代表团夺金纪念
Celebrating the Gold Medals of the Chinese Sport Delegation at the 16th Asian Games

2010 年 11 月发行
全套 15 枚
邮简邮票规格： 30mm × 40mm
邮简规格： 230mm × 120mm
邮简展开规格： 265mm × 376mm
15-1 2010 年 11 月 13 日 19 枚金牌
15-2 2010 年 11 月 14 日 18 枚金牌
15-3 2010 年 11 月 15 日 17 枚金牌
15-4 2010 年 11 月 16 日 23 枚金牌
15-5 2010 年 11 月 17 日 20 枚金牌
15-6 2010 年 11 月 18 日 12 枚金牌
15-7 2010 年 11 月 19 日 17 枚金牌
15-8 2010 年 11 月 20 日 12 枚金牌
15-9 2010 年 11 月 21 日 8 枚金牌
15-10 2010 年 11 月 22 日 8 枚金牌
15-11 2010 年 11 月 23 日 11 枚金牌
15-12 2010 年 11 月 24 日 8 枚金牌
15-13 2010 年 11 月 25 日 8 枚金牌
15-14 2010 年 11 月 26 日 16 枚金牌
15-15 2010 年 11 月 27 日 2 枚金牌

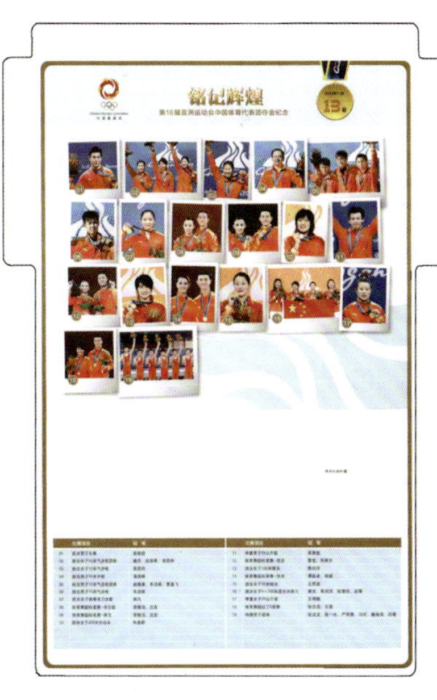

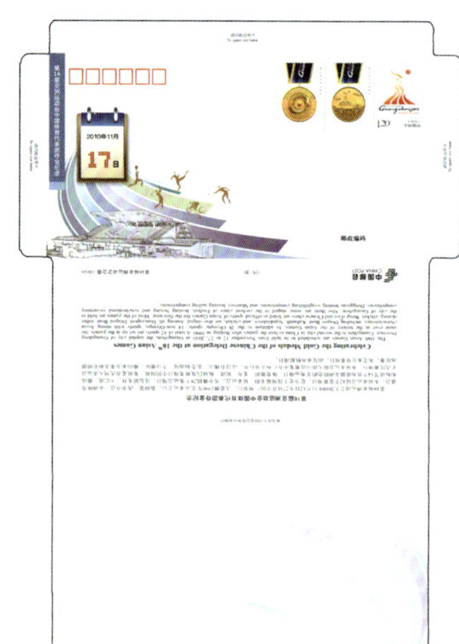

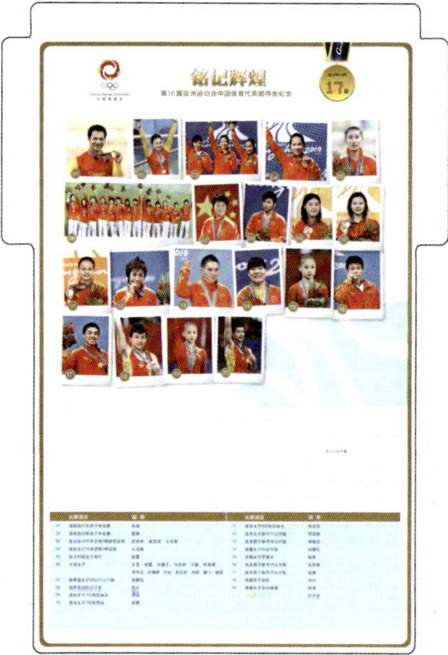

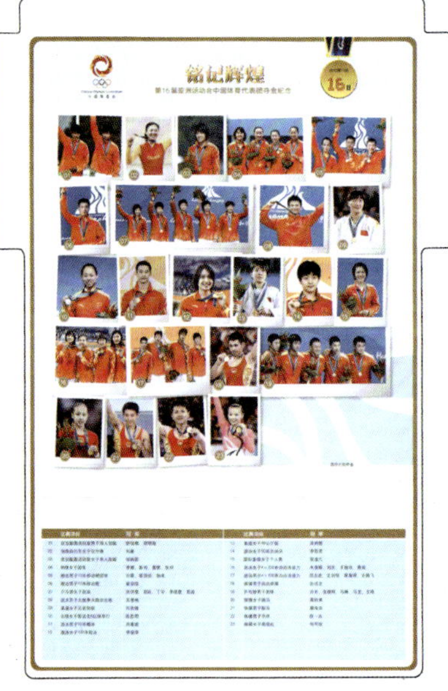

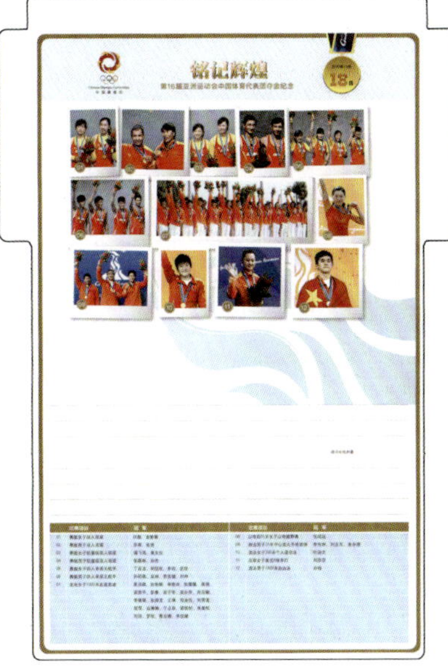

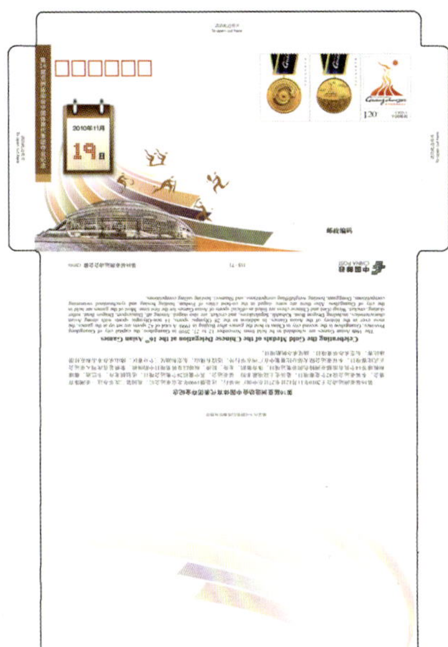

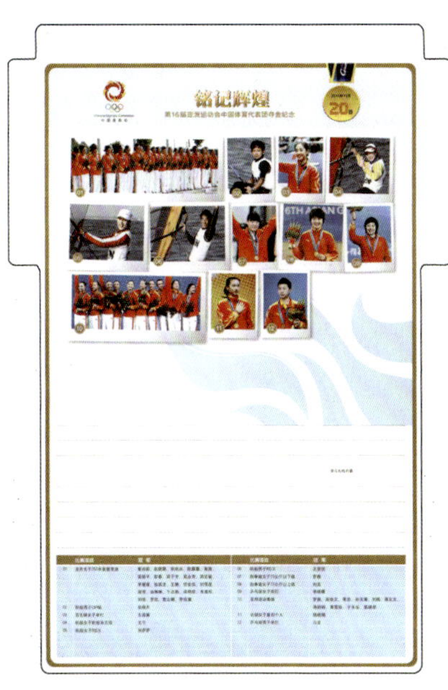

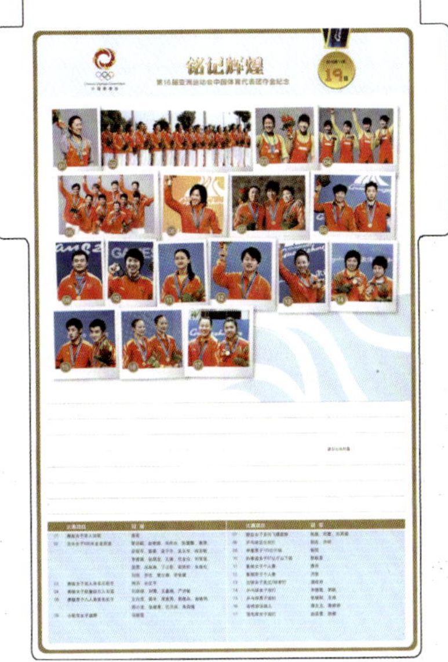

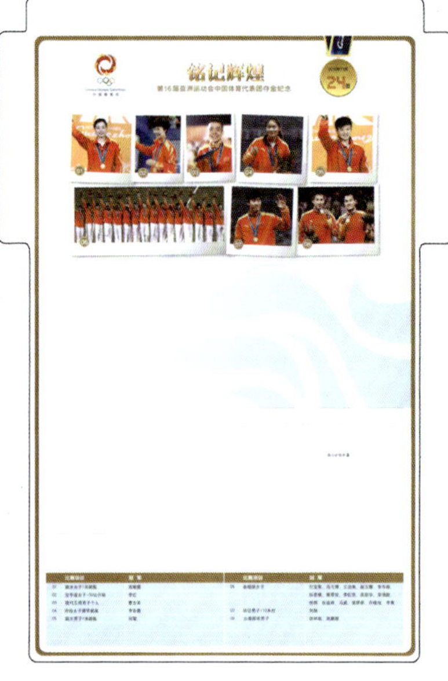

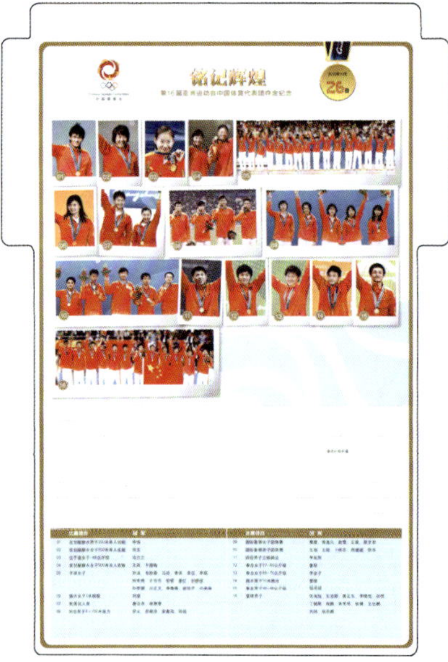
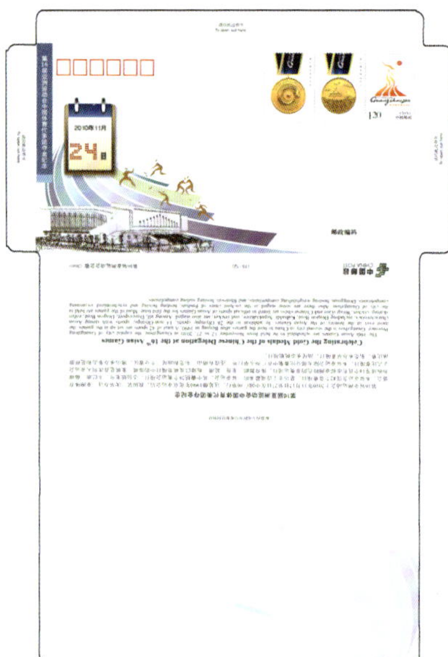
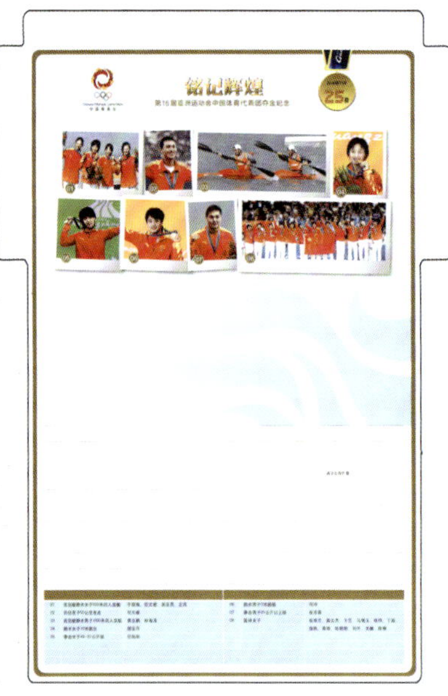
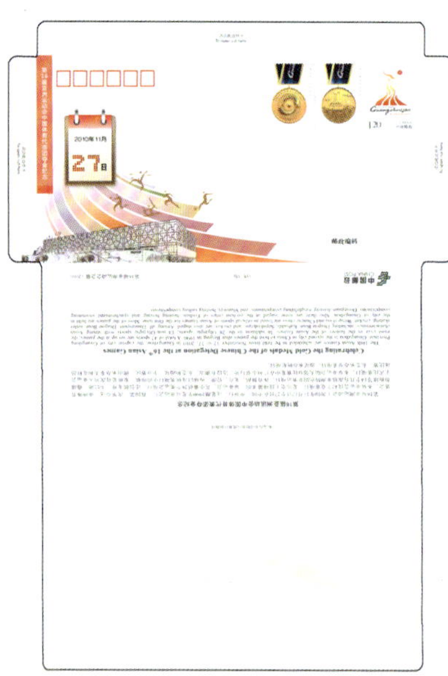

序号	面值（元）	售价（元）	发行量（万套）	市场参考价格（元）
全套	18.00	30.00		100.00

版别：胶版
设计者：李群
资料提供：第 16 届亚洲运动会组委会
责任编辑：董研
印制厂：广东信源彩色印务有限公司
注：见到此套邮简有 11 月 17 日实寄邮简。

我的梦 • 中国梦
My Dream- Chinese Dream

2013 年 6 月 25 日发行
全套 2 枚
邮简邮票规格： 40mm × 30mm
邮简规格： 229mm × 162mm
邮简展开规格：（2-1）259mm × 367mm
（2-2）259mm × 525mm
2-1 我的梦 · 中国梦
2-2 我的梦 · 中国梦

序号	面值（元）	售价（元）	发行量（万枚）	市场参考价格（元）
2-1	1.20	1.60		6.00
2-2	1.20	1.60		6.00

版别：胶版
设计者：于秋艳、宋秋萍
责任编辑：杨晓栋
印制厂：北京邮票厂

YJ2 中国人民抗日战争暨世界反法西斯战争胜利 70 周年
YJ2 The 70th Anniversary of the Victory of the Chinese People' s War of Resistance Against Japanese Aggression and the World Anti-Fascist War

2015 年 6 月 19 日发行
全套 1 枚
邮简邮票规格： 27mm × 34mm
邮简规格： 220mm × 110mm
邮简展开规格： 260mm × 335mm
1-1 中国人民抗日战争暨世界反法西斯战争胜利 70 周年

序号	面值（元）	售价（元）	发行量（万枚）	市场参考价格（元）
1-1	1.20	1.70	170	2.50

版别：胶印
防伪方式：防伪油墨
设计者：陈旭升
雕塑设计者：吴为山
资料提供：侵华日军南京大屠杀遇难同胞纪念馆
责任编辑：李金薇
印制厂：北京邮票厂

邮资信卡
Stamped Letter Cards

邮资信卡(XK)
Stamped Letter Cards（XK）

XK1 圣诞快乐
XK1 Merry Christmas

2000 年 12 月 1 日发行

全套 1 枚

信卡邮票规格： 33mm × 33mm

信卡规格： 186mm × 128mm

信卡展开规格： 186mm × 256mm

1-1 圣诞快乐

序号	面值（分）	售价（元）	发行量（万枚）	市场参考价格（元）
1-1	国内邮资已付（平信）	2.00		8.00

版别：胶版

设计者：范军

印制厂：中国人民解放军第 1206 工厂、江苏省邮电印刷厂、浙江省邮电印刷厂、北京邮票厂

XK2 新年快乐
XK2 Happy New Year

2000 年 12 月 1 日发行

全套 1 枚

信卡邮票规格： 33mm × 27mm

信卡规格： 186mm × 128mm

信卡展开规格： 186mm × 256mm

1-1 新年快乐

序号	面值（分）	售价（元）	发行量（万枚）	市场参考价格（元）
1-1	国内邮资已付（平信）	2.00		12.00

版别：胶版

设计者：范军

印制厂：广东邮电南方彩色印务有限公司

XK3 尊师重教
XK3 Respect Teachers and Value Education

2001 年 8 月 20 日发行

全套 2 枚

信卡邮票规格：（2-1） 26mm × 32mm、（2-2） 45mm × 23mm

信卡规格： 186mm × 128mm

信卡展开规格： 186mm × 256mm

2-1 老师 您好

2-2 老师 感谢您

序号	面值（分）	售价（元）	发行量（万枚）	市场参考价格（元）
2-1	80	2.00		16.00
2-2	80	2.00		16.00

版别：胶版

设计者：陈福

责任编辑：虞平

印制厂：（2-1）浙江省邮电印刷厂、（2-2）广东邮电南方彩色印务有限公司

XK4 圣诞快乐
XK4 Merry Christmas

2001 年 11 月 25 日发行
全套 4 枚
信卡邮票规格： 31.5mm × 29mm
信卡规格： 186mm × 128mm
信卡展开规格： 186mm × 256mm
4-1 久候的礼物
4-2 东方的乐土
4-3 东方的乐土
4-4 久候的礼物

序号	面值（分）	售价（元）	发行量（万枚）	市场参考价格（元）
4-1	80	2.00		15.00
4-2	80	2.00		15.00
4-3	250	3.50		60.00
4-4	540	6.00		60.00

版别：胶版
设计者：董媛
印制厂：浙江省邮电印刷厂、广东邮电南方彩色印务有限公司

XK5 新年快乐
XK5 Happy New Year

2001 年 11 月 25 日发行
全套 4 枚
信卡邮票规格： 31.5mm × 29mm
信卡规格： 186mm × 128mm
信卡展开规格： 186mm × 256mm
4-1 流光溢彩
4-2 繁花似锦
4-3 繁花似锦
4-4 流光溢彩

序号	面值（分）	售价（元）	发行量（万枚）	市场参考价格（元）
4-1	80	2.00		15.00
4-2	80	2.00		15.00
4-3	250	3.50		60.00
4-4	540	6.00		60.00

版别：胶版

设计者：董媛

印制厂：浙江省邮电印刷厂、江苏省邮电印刷厂

XK6 生日快乐

XK6 Happy Birthday

2002 年 6 月 1 日发行

全套 1 枚

信卡邮票规格：33mm × 33mm

信卡规格：186mm × 128mm

信卡展开规格：186mm × 256mm

1-1 生日快乐

序号	面值（分）	售价（元）	发行量（万枚）	市场参考价格（元）
1-1	80	2.00		10.00

版别：胶版

设计者：郝旭东

责任编辑：张文涛

印制厂：北京邮票厂

XK7 婴戏图

XK7 Picture of Children' s Playing

2006 年 4 月 15 日发行

全套 1 枚

信卡邮票规格：25mm × 35mm

信卡规格：186mm × 128mm

信卡展开规格：186mm × 256mm

1-1 婴戏图

A：面值 80 分

B：改值 1.20 元

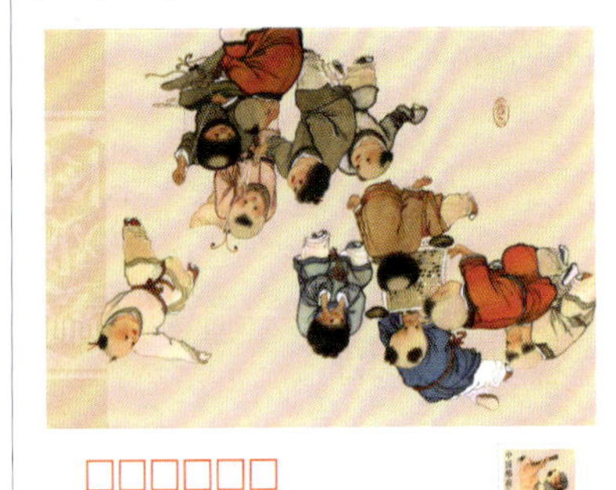

序号	面值（分）	售价（元）	发行量（万枚）	市场参考价格（元）
A	80	2.00		5.00
B	120			5.00

版别：胶版

设计者：夏竞秋

原画作者：李伯实

责任编辑：佟立英

印制厂：北京邮票厂

XK8 爱电影 看天下

XK8 Love the Movie to See the World

2012 年 3 月 8 日发行

全套 1 枚

信卡邮票规格：35mm × 27mm

信卡规格：186mm × 128mm

信卡展开规格：186mm × 256mm

1-1 爱电影 看天下

序号	面值（元）	售价（元）	发行量（万枚）	市场参考价格（元）
1-1	1.20	2.30		5.00

版别：胶版

设计者：王旭

责任编辑：王静

印制厂：佳人递贺卡（北京）有限公司

XK9 安全进万家

XK9 Security Walked Ten Thousand

2013 年 12 月 16 日发行

全套 1 枚

信卡邮票规格：32mm × 32mm

信卡规格：186mm × 128mm

信卡展开规格：186mm × 256mm

1-1 安全进万家

序号	面值（元）	售价（元）	发行量（万枚）	市场参考价格（元）
1-1	1.20	2.30		5.00

版别：胶版

设计者：杨志英

责任编辑：干止戈

印制厂：江苏省邮电印刷厂

XK10 民生直达

XK10 Directly to Livelihood of the People

2013 年 12 月 16 日发行

全套 1 枚

信卡邮票规格：对角线 38mm × 38mm （菱形）

信卡规格： 186mm × 128mm

信卡展开规格： 186mm × 256mm

1-1 民生直达

序号	面值（元）	售价（元）	发行量（万枚）	市场参考价格（元）
1-1	1.20	2.30		5.00

版别：胶版

设计者：杨志英

责任编辑：于止戈

印制厂：江苏省邮电印刷厂

XK11 温暖回家路

XK11 Warm Way to Home

2013 年 12 月 16 日发行

全套 1 枚

信卡邮票规格： 38mm × 28mm

信卡规格： 186mm × 128mm

信卡展开规格： 186mm × 256mm

1-1 温暖回家路

序号	面值（元）	售价（元）	发行量（万枚）	市场参考价格（元）
1-1	1.20	2.30		5.00

版别：胶版

设计者：刘博

责任编辑：于止戈

印制厂：江苏省邮电印刷厂

XK12 爱

XK12 Love

2013 年 12 月 16 日发行

全套 1 枚

信卡邮票规格： 35mm × 30mm （异形）

信卡规格： 186mm × 128mm

信卡展开规格： 186mm × 256mm

1-1 爱

序号	面值（元）	售价（元）	发行量（万枚）	市场参考价格（元）
1-1	1.20	2.30		5.00

版别：胶版

设计者：王静

责任编辑：于止戈

印制厂：江苏省邮电印刷厂

XK13 民生调查

XK13 Survey of Livelihood of the People

2013 年 12 月 16 日发行

全套 1 枚

信卡邮票规格： 30mm × 30mm

信卡规格： 186mm × 128mm

信卡展开规格： 186mm × 256mm

1-1 民生调查

序号	面值（元）	售价（元）	发行量（万枚）	市场参考价格（元）
1-1	1.20	2.30		5.00

版别：胶版

设计者：于秋艳、宋秋萍

责任编辑：杨晓栋

印制厂：北京邮票厂

XK14 马踏飞燕

XK14 Horse stepping Flying Swallow

2016 年 6 月 19 日发行

全套 1 枚

信卡邮票规格： 30mm × 30mm

信卡展开规格：186mm×256mm（展开尺寸）

1-1 马踏飞燕

序号	面值（元）	售价（元）	发行量（万枚）	市场参考价格（元）
1-1	1.20	2.30	182	8.00

版别：胶版

设计者：方军、门立群

责任编辑：张文涛

印制厂：北京邮票厂

注：这是流水编号首次出现在邮资信卡的封面上。

XK15 信达天下

XK15 Letter get to World

2016 年 6 月 30 日发行

全套 1 枚

信卡邮票规格： 27mm × 33mm

信卡展开规格： 186mm × 256mm

1-1 信达天下

序号	面值（元）	售价（元）	发行量（万枚）	市场参考价格（元）
1-1	1.20	2.30	182	8.00

版别：胶版

设计者：黄华强

责任编辑：虞平

印制厂：北京邮票厂

XK16 美丽乡村
XK16 Beautiful Countryside

2016年8月31日发行

全套1枚

信卡邮票规格： 37mm×33mm （异形）

信卡展开规格： 186mm×256mm

1-1 美丽乡村

序号	面值（元）	售价（元）	发行量（万枚）	市场参考价格（元）
1-1	1.20	2.30	182	8.00

版别：胶版

设计者：蒋毅海

责任编辑：王静

印制厂：北京邮票厂

XK17 不忘初心 牢记使命
XK17 Never Forget the Beginning and Remember the Mission

2018年7月14日发行

全套1枚

信卡邮票规格： 30mm×30mm

信卡展开规格： 186mm×256mm

1-1 不忘初心 牢记使命

序号	面值（元）	售价（元）	发行量（万枚）	市场参考价格（元）
1-1	1.20	2.30	33.6	8.00

版别：胶版

设计者：张帆

资料提供：曹海荣

责任编辑：董研

印制厂：北京邮票厂

军用信封、军用明信片、军用邮简
Military Envelopes, Postcards, Letter Sheets

军用信封（JYF）
Military Envelopes （JYF）

JYF1 中国人民志愿军军邮信封
JYF1 Military Envelopes of Chinese People' s Volunteers

1952 年 9 月发行
全套 1 枚
信封规格： A 型： 160mm × 95mm
　　　　　 B 型： 150mm × 100mm
1-1 天安门与华表，抗美援朝保家卫国

A 型正面

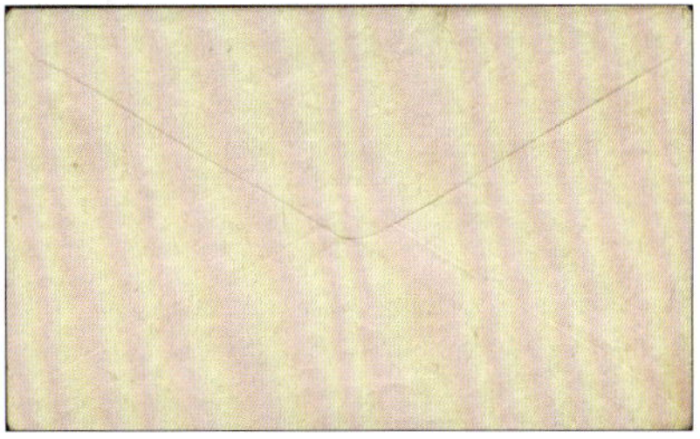
A 型背面

B 型正面

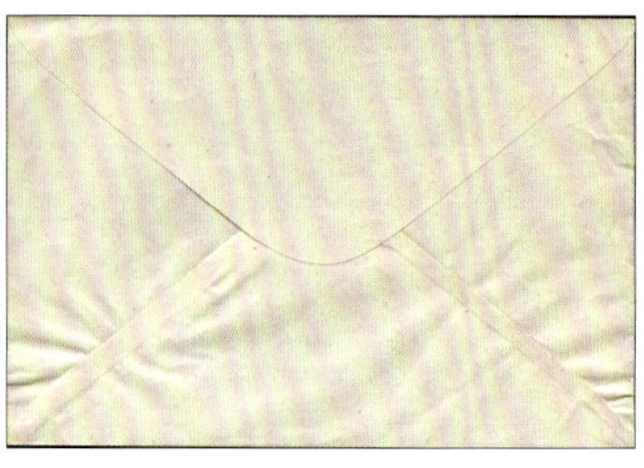
B 型背面

注：本套信封于 1952 年 9 月 18 日由第二届中国人民赴朝慰问团作为赠品，赠送给中国人民志愿军战士。

军用明信片（JYP）
Military Postcards （JYP）

JYP1 人民胜利纪念明信片
JYP1 Postcards Marking People' s Victory

1950 年 9 月 25 日发行
全套 20 枚
明信片规格： 148mm × 100mm
20-1 一九四九年十月一日，在新中国首都升起了第一面新国旗
20-2 毛主席宣读中央人民政府公告
20-3 朱总司令下达阅兵命令
20-4 聂荣臻将军率领受阅部队，以海军为前导举行分列式
20-5 受检阅之摩托化部队阵容
20-6 受检阅之坦克部队阵容
20-7 受检阅之高射炮阵容
20-8 受检阅的海军之雄姿
20-9 待命腾空之空军机群
20-10 高射炮行列之一
20-11 高射炮行列之二
20-12 步兵分列式之一
20-13 步兵分列式之二
20-14 骑兵部队分列式之一
20-15 骑兵部队分列式之二
20-16 装甲部队分列式
20-17 九〇炮行列
20-18 陆军空军同时出现在阅兵台前
20-19 朱总司令和聂荣臻将军向受检阅部队举手答礼
20-20 从天安门眺望阅兵

20-1

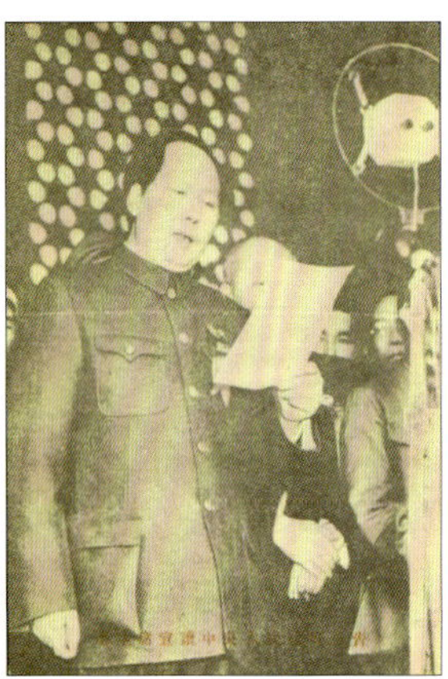
20-2

20-3

20-4

20-5

20-6

20-7

20-8

20-9

20-10

20-11

20-12

20-13

20-14

20-15

20-16

20-17

20-18

20-19

20-20

封套正面

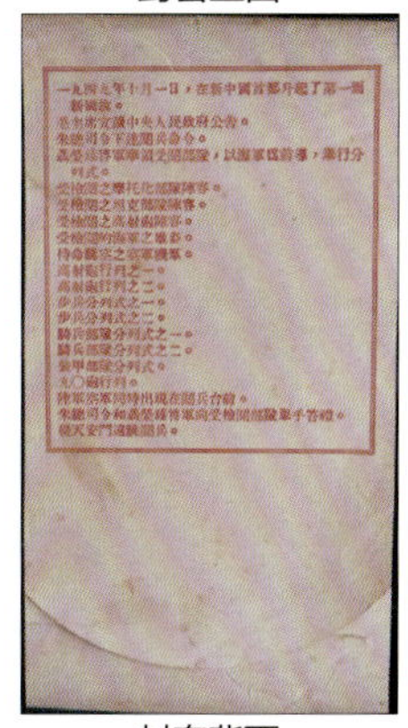

封套背面

注：本套明信片由中国人民解放军华北军区政治部华北解放军报社、战友社、华北画报社印制。于 1950 年 9 月 25 日至 10 月 2 日在北京召开的“全国战斗英雄代表会议和全国工农兵劳动模范代表会议”上赠送给与会人员。

JYP2 中国人民志愿军军邮明信片
JYP2 Military Postcards of Chinese People' s Volunteers

1953 年 10 月发行

全套 10 枚

明信片规格： 155mm × 105mm

10-1 庆祝一九五二年国庆节（颜色鲜红）

10-1a 庆祝一九五二年国庆节（颜色暗红）

10-2 北京的北海公园（牌楼的琉璃瓦为蓝色）

10-2a 北京的北海公园（牌楼的琉璃瓦为黄绿色）

10-3 北京市的少年儿童们在颐和园里欢度假日（宽“度”）

10-3a 北京市的少年儿童们在颐和园里欢度假日（窄“度”）

10-3b 北京市的少年儿童们在颐和园里欢度假日（加盖“度”）

10-3c 北京市的少年儿童们在颐和园里欢度假日（颜色鲜艳）

10-4 拖拉机耕地，每天可犁田一百五十亩

10-5 某露天煤矿

10-6 守卫在海南岛上的中国人民海军（民字长横）

10-6a 守卫在海南岛上的中国人民海军（民字短横）

10-7 杭州采茶妇女正在采摘春茶（采茶工衣服蓝色）

10-7a 杭州采茶妇女正在采摘春茶（采茶工衣服黄色）

10-8 淮河上最大工程——三河闸

10-9 朝鲜人民军在前线庆祝朝鲜停战

10-10 庆祝朝鲜停战（颜色鲜红）

10-10a 庆祝朝鲜停战（颜色淡红）

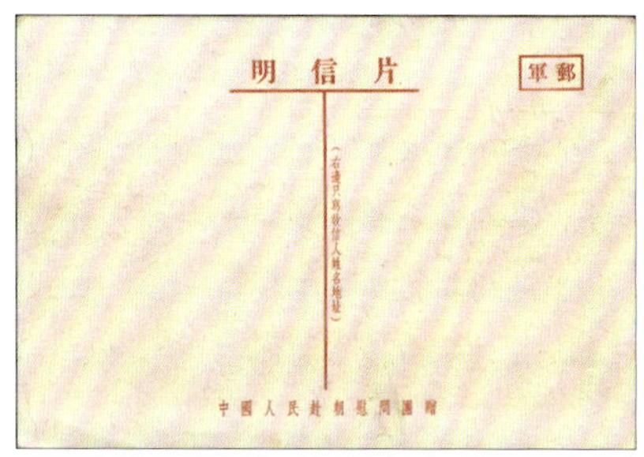

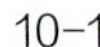

10-1

10-1a

10-2

10-2a

10-3

10-3a

10-3b

10-3c

10-4

10-5

10-6

10-6a

10-7

10-7a

10-8

10-9

10-10

10-10a

注：本套明信片于1953年10月4日由第三届中国人民赴朝慰问团作为赠品，赠送给中国人民志愿军战士。

军用邮简（JYJ）
Military Letter Sheet（JYJ）

JYJ1 中国人民志愿军《战士卫生邮便》军邮邮简
JYJ1 Soldier' s Health Military Letter Sheets of Chinese People' s Volunteers

1953 年 4 月发行

全套 20 枚

邮简规格： 87mm × 130mm

邮简展开规格： 186mm × 130mm

20-1 火箭炮和重炮部队受检阅于天安门

20-2 新中国年青的空军

20-3 志愿军防疫人员消灭侵略军投掷的毒虫、毒物

20-4 粉碎美帝国主义的细菌战争

20-5 朝鲜人民控诉侵略军细菌战罪行

20-6 鞍钢四号高炉

20-7 荆江分洪水闸

20-8 天兰铁路的刁家川桥

20-9 强大的苏联武装部队

20-10 世界和平民主阵营的强大力量

20-11 空军战斗英雄赵宝桐

20-12 空军战斗英雄张积慧

20-13 铁道工程部队抢修英雄杨连第

20-14 志愿军英雄卫生员康汉亭

20-15 志愿军特等战斗英雄关崇贵

20-16 上甘岭战斗英雄易才学

20-17 立功司机张宗义

20-18 志愿军某部高射炮手战斗英雄阎书魁

20-19 铁道工程队战斗英雄牛国忠

20-20 上甘岭战斗英雄黄继光

20-1 正面

20-1 背面

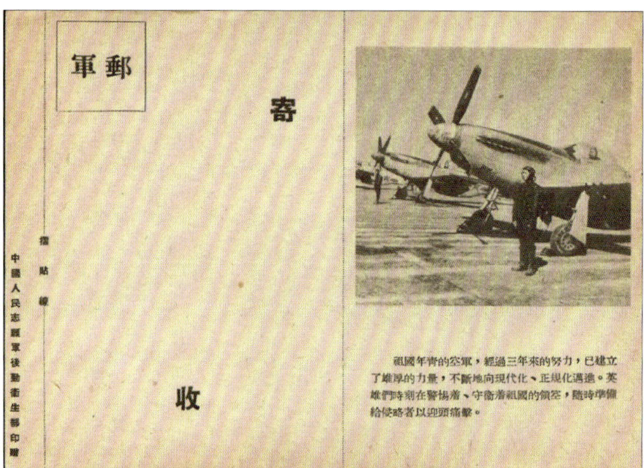

20-2 正面

20-2 背面

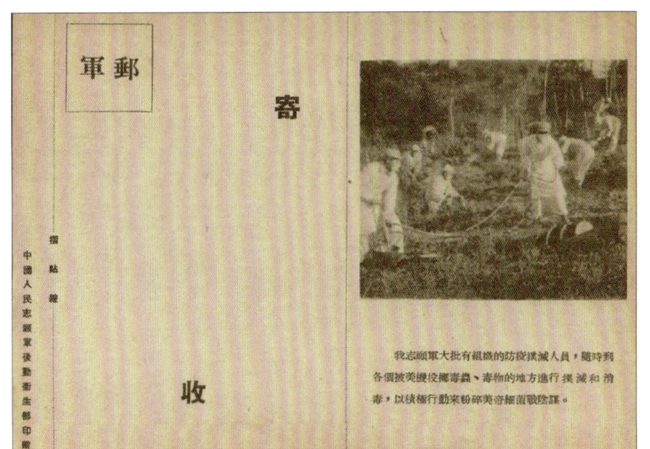

20-3 正面

20-3 背面

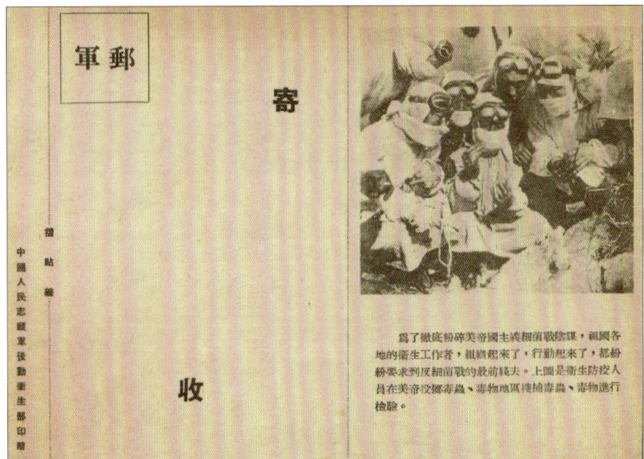

20-4 正面

20-4 背面

軍郵
寄
收
摺貼線
中國人民志願軍後勤衛生部印贈
我志願軍衛生防疫人員，深入羣衆調查美帝細菌戰情況。這是朝鮮鐵原郡馬場面大田一里槐樹洞居民，憤怒地向中國人民志願軍衛生防疫人員控訴美帝侵略軍撒佈細菌毒蟲的滔天罪行。

20-5 正面

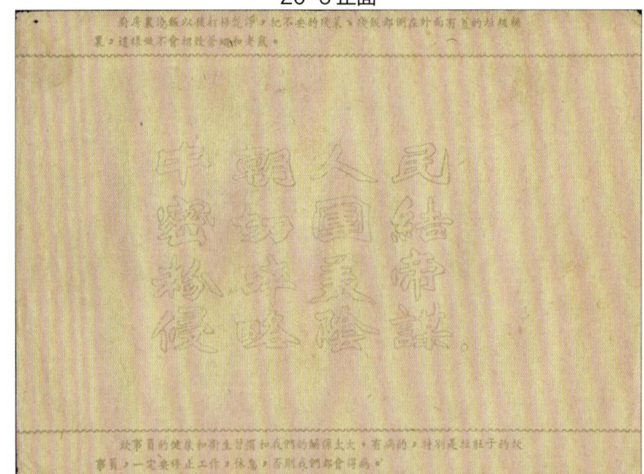

20-5 背面

20-6 正面

20-6 背面

軍郵

寄

收

我國第一個大水閘——荆江分洪進水閘已全部完工。這個四十多萬噸的現代化大水閘，全長一千零五十四公尺，共有五十四個孔，最大流量爲每秒鐘一萬二千八百立方公尺，可以吞蓄荆江洪水的五分之一。它將給這一帶人民永遠免除水災，且帶來不斷的豐收和長遠的幸福。

20-7 正面

20-7 背面

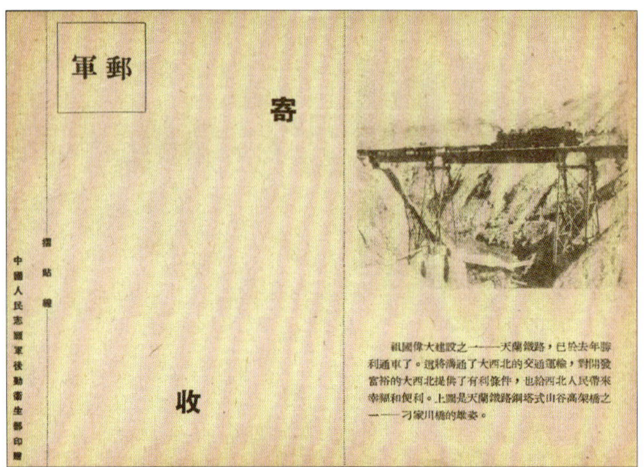

20-8 正面

20-8 背面

20-9 正面

20-9 背面

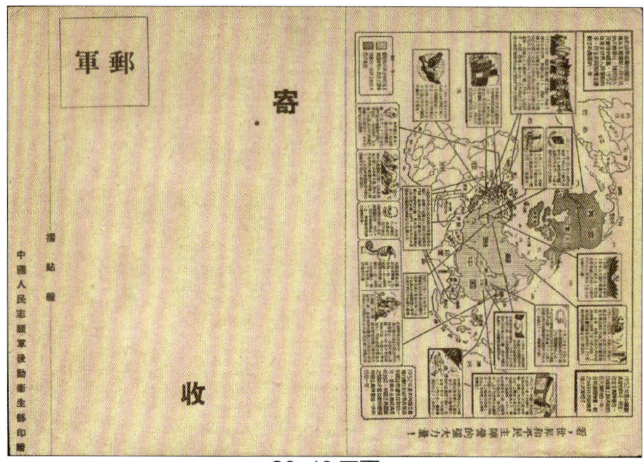

20-10 正面

20-10 背面

20-11 正面

20-11 背面

20-12 正面

20-12 背面

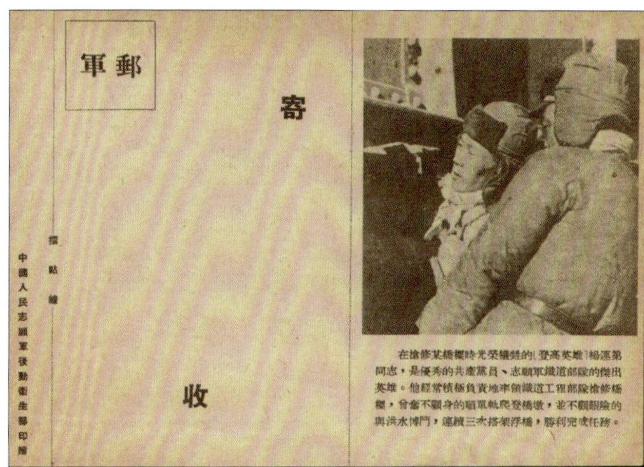

20-13 正面

20-13 背面

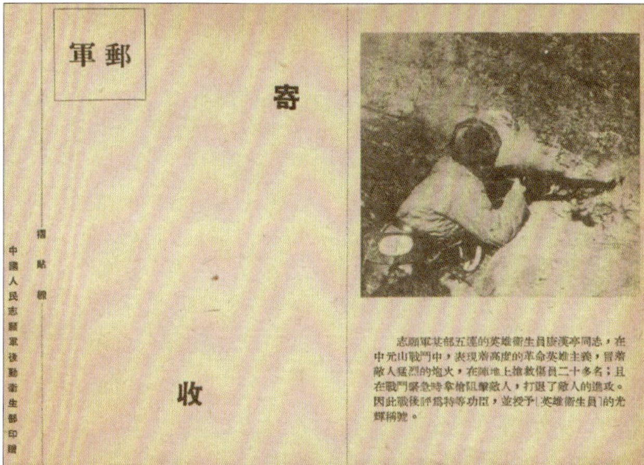

20-14 正面

20-14 背面

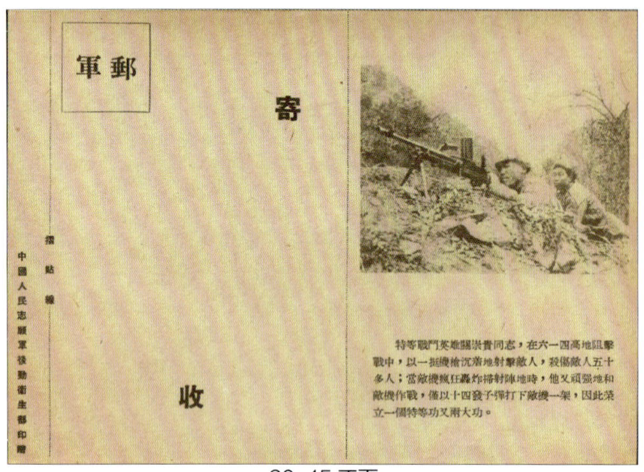

20-15 正面

20-15 背面

20-16 正面

20-16 背面

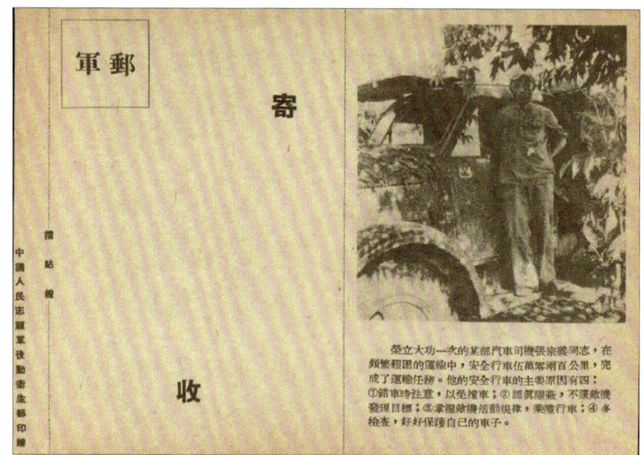

20-17 正面

20-17 背面

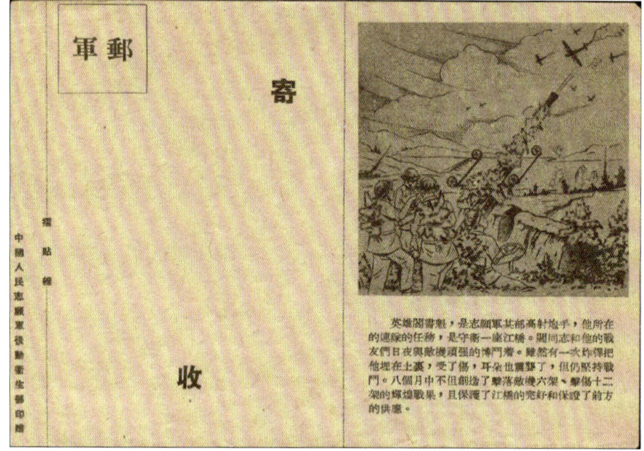

20-18 正面

20-18 背面

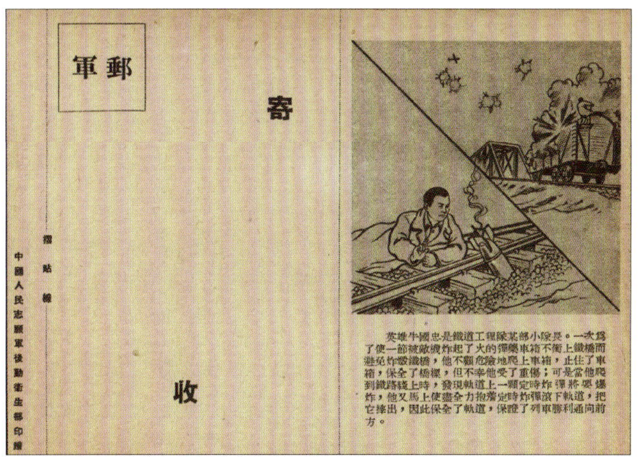

20-19 正面

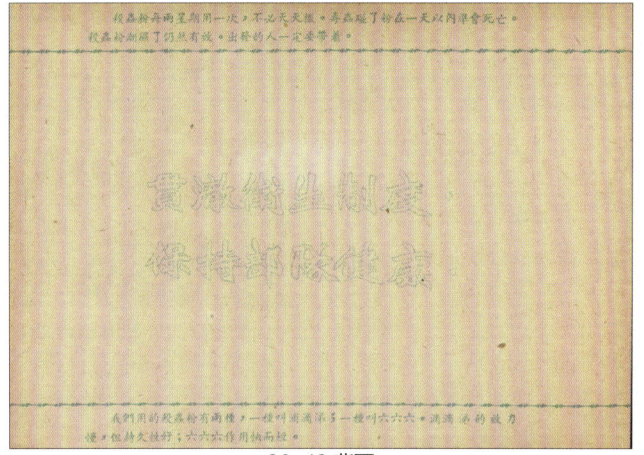

20-19 背面

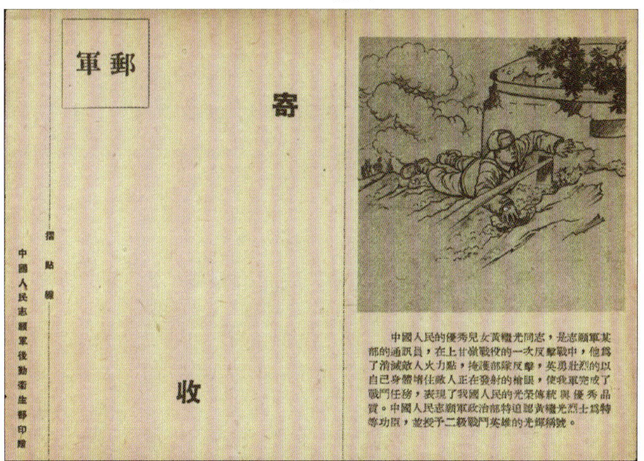

20-20 正面

20-20 背面

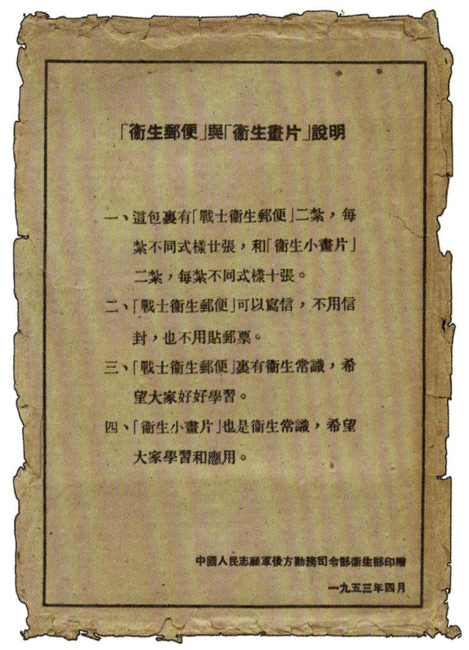

「衛生郵便」與「衛生畫片」說明

一、這包裏有「戰士衛生郵便」二紮，每紮不同式樣廿張，和「衛生小畫片」二紮，每紮不同式樣十張。

二、「戰士衛生郵便」可以寫信，不用信封，也不用貼郵票。

三、「戰士衛生郵便」裏有衛生常識，希望大家好好學習。

四、「衛生小畫片」也是衛生常識，希望大家學習和應用。

中國人民志願軍後方勤務司令部衛生部印贈

一九五三年四月

封套

注：本套《战士卫生邮便》邮简由中国人民志愿军后方勤务司令部卫生部印制，与10枚“卫生小画片”装在封套内，分发给志愿军战士。

《战士卫生邮便》邮简详细文字介绍

（20-1）邮简外面文字：

受检阅的强大的火箭炮部队和重炮部队，整齐的行列通过雄伟的天安门前。祖国现代化国防建设的伟大成就，将是远东和世界和平的保卫者。

（20-1）邮简里面文字：

上：野菜比蔬菜营养好，吃野菜可以不得夜盲。问问老百姓那些野菜能吃，在什么时候吃？鼓励大家采野菜吃。

中：贯彻卫生制度，保持部队健康

下：种菜要种小白菜、菠菜、葱、蒜、辣椒、萝卜、红薯、西红柿、黄花菜。做豆瓣酱、豆豉、发豆芽、用豆子煮饭吃。

（20-2）邮简外面文字：

祖国年青的空军，经过三年来的努力，已建立了雄厚的力量，不断地向现代化、正规化迈进。英雄们时刻在警惕着、守卫着祖国的领空，随时准备给侵略者以迎头痛击。

（20-2）邮简里面文字：

上：脸上长了疖，千万不要挤，找医生，吃消炎药，打消炎针，用热手巾敷，让它快出头。

中：在毛泽东领导下胜利前进。

下：肚子痛，肚子右下边痛，可能是阑尾炎，是一种迫切需要开刀的病，快送院，不可吃泻药，也不能吃止痛药。

（20-3）邮简外面文字：

我志愿军大批有组织的防疫扑灭人员，随时到各个美机投掷毒虫、毒物的地方进行扑灭和消毒，以积极行动来粉碎美帝细菌战阴谋。

（20-3）邮简里面文字：

上：耐寒锻炼能避免冻伤、减轻冻伤，一年四季用冷水洗脸、洗脚是耐寒锻炼的一种好方法。

中：中国人民志愿军万岁。

下：冻疮膏是不能防止冻疮的发生的，也不能治好冻疮。据苏联的经验，冬天涂在脚上反而有时容易促成冻疮的发生。

（20-4）邮简外面文字：

为了彻底粉碎美帝国主义细菌战阴谋，祖国各地的卫生工作者，组织起来了，行动起来了，都纷纷要求到反细菌战的最前线去。上图是卫生防疫人员在美帝投掷毒虫、毒物地区搜捕毒虫、毒物进行检验。

（20-4）邮简里面文字：

上：留长头发一点好处也没有，不容易洗，又会长虱子。

中：团结全国卫生工作者，依靠广大群众，贯彻预防为主的方针，为保证国防经济文化建设而努力。

下：理发员一定要戴上口罩，再替别人剃头，可以避免互相传染。

（20-5）邮简外面文字：

我志愿军卫生防疫人员，深入群众调查美帝细菌战情况。这是朝鲜铁原郡马场面大田一里槐树洞居民，愤怒地向中国人民志愿军卫生防疫人员控诉美帝侵略军撒佈细菌毒虫的滔天罪行。

（20-5）邮简里面文字：

上：厨房里烧饭以后打扫干净，把不要的残菜、残饭都倒在外面有盖的垃圾桶里，这样做不会招致苍蝇和老鼠。

中：中朝人民密切团结粉碎美帝侵略阴谋。

下：炊事员的健康和卫生习惯和我们关系太大。有病的，特别是拉肚子的炊事员，一定要停止工作，休息，否则我们都会得病。

（20-6）邮简外面文字：

我国钢都——鞍钢，是我国最大的炼钢厂，每年钢产量如以钢轨计算，可以铺长春一直到广州的轨道。这是炼钢第四号高炉，按照苏联专家设计，实行先进的快速炼钢法，产量大大提高。

（20-6）邮简里面文字：

上：把受伤的人先抢到安全的地方，替他包扎止血，让他卧平，头下不放枕头，身下有垫，身上盖暖，安慰他。这就是最好的急救。

中：救死扶伤实行革命的人道主义。

下：昏迷的和颈部伤要向一边睡，防止东西堵气管；胸部伤要靠起，呼吸才爽快；腹部伤不许喝水，更不许吃东西。

（20-7）邮简外面文字：

我国第一个大水闸——荆江分洪进水闸已全部完工。这个四十多万吨的现代化大水闸，全长一千零五十四公尺，共有五十四个孔，最大流量为每秒钟一万二千八百立方公尺，可以吞蓄荆江洪水的五分之一。它将给这一带人民永远免除水灾，且带来不断的丰收和长远的幸福。

（20-7）邮简里面文字：

上：爱护你的口罩，常常烫洗，不借用，里外分清，才能起防止空气传染疾病的作用。

中：中朝人民密切团结粉碎美帝侵略阴谋。

下：常常检查防毒面具，看看有没有破口，有破口快补；常常练习戴面具；药旧了，失效了，要换。

（20-8）邮简外面文字：

祖国伟大建设之一——天兰铁路，已于去年胜利通车了。这将沟通了大西北的交通运输，对开发富裕的大西北提供了有利条件，也给西北人民带来幸福和便利。上图是天兰铁路钢塔式山谷高架桥之一——刁家川桥的雄姿。

（20-8）邮简里面文字：

上：驻军时大小便一定要在厕所里；行军时大便，用锹挖小坑，便后盖土埋上。

中：团结全国卫生工作者，依靠广大群众，贯彻预防为主的方针，为保证国防经济文化建设而努力。

下：厕所要离开厨房五十米，离水源至少三十米；厕所要有盖，每天有人值班打扫。

（20-9）邮简外面文字：

强大的苏联武装部队，英勇的苏联红军，在斯大林同志的英明领导下，曾于第二次世界大战中消灭了德寇一千二百万、日寇一百多万，打垮了法西斯强盗，解放了亿万受苦的劳动人民；今后仍将是世界和平和人类正义的保卫者。

（20-9）邮简里面文字：

上：养成在水沟里或者用茶缸湿手巾洗脸的习惯。用自己的手巾洗脸，不共用脸盆和洗脸水，这样不容易得眼病。

中：动员起来，讲究卫生，减少疾病，提高健康水平，粉碎敌人的细菌战。

下：养成早晚刷牙的习惯，尤其晚饭后的刷牙更是重要。

（20-10）邮简外面文字：

看，世界和平民主阵营的强大力量！

（20-10）邮简里面文字：

上：冬天行军时穿单鞋，到地方换棉鞋。袜子湿了要换。鞋垫湿了要换。内衣湿了要换。

中：各级重视大家动手卫生就好了。

下：冬天行军要慢些，出了汗切不可坐在地上或者睡着休息，站着休息还要跺脚。过河前脱鞋袜捲裤腿。

（20-11）邮简外面文字：

中国人民志愿军空军英雄赵宝桐同志，他在每次空战中，抱着坚决打击敌人，为朝鲜人民复仇、为祖国争光的决心，机警勇敢地前后共击落敌机六架，击伤两架，因而荣立特等功一次，并荣获朝鲜民主主义人民共和国颁发的“军功章”。

（20-11）邮简里面文字：

上：生水能够传染伤寒病、泻肚子、拉痢和霍乱。争取一切可能烧开水喝。

中：后方多出汗，前方少流血

下：不能烧开水喝的时候，可以把水灌满在水壶里，加二片净水片，摇匀，过半点钟再喝，这时候水已经消毒了。

（20-12）邮简外面文字：

中国人民志愿军空军英雄张积慧同志，与敌人历次空战中，前后共击落敌机四架。在五二年二月十四日的空战中，他英勇而机警地击落了美帝吹嘘为“喷汽式飞机王牌驾驶员”戴维斯所驾驶的飞机，荣立特等功，并荣获朝鲜民主主义人民共和国颁发的“军功章”。

（20-12）邮简里面文字：

上：每两个礼拜用杀虫粉撒贴身衣服和睡铺，可以不长虱子，能杀死臭虫和跳蚤。

中：在毛泽东领导下胜利前进。

下：多捕杀老鼠就不会发生鼠疫；多捕杀老鼠同时节约粮食。

（20-13）邮简外面文字：

在抢修某桥梁时光荣牺牲的“登高英雄”杨连第同志，是优秀的共产党员、志愿军铁道部队的杰出英雄。他经常积极负责地率领铁道工程部队抢修桥梁，曾奋不顾身的顺单轨爬登桥墩，并不顾艰险的与洪水搏斗，连续三次搭架浮桥，胜利完成任务。

（20-13）邮简里面文字：

上：一只健康的脚是打胜仗的法宝，要好好保护。鞋子破了就补，汗湿了换干袜、干鞋垫。在湿沟里要站在石块上，保持干燥。

中：各级重视大家动手卫生就好了。

下：肚子受凉会拉肚子，用旧棉衣做一个棉围肚，夜间睡觉和早晚都要包着肚子，可以防止拉肚子。

（20-14）邮简外面文字：

志愿军某部五连的英雄卫生员康汉亭同志，在中元山战斗中，表现着高度的革命英雄主义，冒着敌人猛烈的炮火，在阵地上抢救伤员二十多名；且在战斗紧急时拿枪阻击敌人，打退了敌人的进攻。因此战后评为特等功臣，并授予“英雄卫生员”的光荣称号。

（20-14）邮简里面文字：

上：把住地周围的野草除掉、水沟疏通、水洼填平，可以减少蚊子，睡觉既舒服，又可以不打摆子不生脑炎。

中：该流的血要流到最后一滴为止，不该流的血一滴也不许流。

下：打蝇要打早，在三四月里开始打，夏天就少。每天打扫厕所，每天清除牛马粪。

（20-15）邮简外面文字：

特等战斗英雄关崇贵同志，在六一四高地阻击战中，以一挺机枪沉着地射击敌人，杀伤敌人五十多人；当敌机疯狂轰炸扫射阵地时，他又顽强地和敌机作战，仅以十四发子弹打下敌机一架，因此荣立一个特等功又两大功。

（20-15）邮简里面文字：

上：大小病都要找医生看，不要硬熬，病的变化很快，看晚了不易治，又会传染别人。

中：救死扶伤实行革命的人道主义。

下：夏秋季最多的病是痢疾、腹泻和疟疾；冬春季最多的病是感冒、咳嗽和虱子传染的回归热和斑疹伤寒。

（20-16）邮简外面文字：

中国人民志愿军某部战斗英雄易才学同志，在上甘岭战役中，为了配合部队反击，勇敢机警地连续爆破敌人三座碉堡，消灭了敌人火力点，给反击部队打开了胜利前进的道路。

（20-16）邮简里面文字：

上：美帝国主义进行细菌战是不可怕的。组织起来，反复教育，搞好卫生，早打预防针，扑灭敌投昆虫，早期发现病人且隔离，就能战胜。

中：动员起来，讲究卫生，减少疾病，提高健康水平，粉碎敌人的细菌战。

下：美帝国主义在朝鲜北半部投下了带鼠疫、霍乱、伤寒、痢疾细菌的昆虫和鼠鱼。大家要充分警惕，不受它的害。

（20-17）邮简外面文字：

荣立大功一次的某部汽车司机张宗义同志，在频繁艰困的运输中，安全行车伍万零两百公里，完成了运输任务。他的安全行车的主要原因有四：①错车时注意，以免撞车；②认真隐蔽，不让敌机发现目标；③掌握敌机活动规律，乘隙行车；④多检查，好好保护自己的车子。

（20-17）邮简里面文字：

上：碎石飞到眼内，不可手揉。睁开眼睛让它流泪。将砂石冲出来；或者请人用干净布角刮出；再不行则找医生。

中：中国人民志愿军万岁。

下：眼睛红痛不要以为是小事，马上找医生看。害病的眼要包着。一个不注意，眼珠会烂破，就成了残废。

（20-18）邮简外面文字：

英雄阎书魁，是志愿军某部高射炮手，他所在的连队的任务，是守卫一座江桥。阎同志和他的战友们日夜与敌机顽强的搏斗着。虽然有一次炸弹把他埋在土里，受了伤，耳朵也震聋了，但仍坚持战斗。八个月中不但创造了击落敌机六架、击伤十二架的辉煌战果，且保护了江桥的完好和保证了前方的供应。

（20-18）邮简里面文字：

上：卫生运动一定要结合群众，和老百姓一齐动手，否则没用。军队要帮助老百姓灭虱、打扫牛马棚和厕所。

中：该流的血要流到最后一滴为止，不该流的血一滴也不许流。

下：祖国的爱国卫生运动，已起了移风易俗的伟大作用，使全国的城乡变成了新面貌，成功的关键是由于发动了群众一齐动手。

（20-19）邮简外面文字：

英雄牛国忠是铁道工程队某部小队长。一次为了使一节被敌机炸起了火的弹药车箱不冲上铁桥而避免炸毁铁桥，他不顾危险地爬上车箱，止住了车箱，保全了桥梁，但不幸他受了重伤；可是当他爬到铁路线上时，发现铁轨上一颗定时炸弹将要爆炸。他又马上使尽全力抱着定时炸弹滚下轨道。把它摔出，因此保全了轨道，保证了列车胜利通向前方。

（20-19）邮简里面文字：

上：杀虫粉每两星期用一次，不必天天撒。毒虫碰了粉在一天以内准会死亡。杀虫粉潮湿了仍然有效。出发的人一定要带着。

中：贯彻卫生制度，保持部队健康

下：我们用的杀虫粉有两种，一种叫滴滴涕；另一种叫六六六。滴滴涕的效力慢，但持久性好；六六六作用快而短。

（20-20）邮简外面文字：

中国人民的优秀儿女黄继光同志，是志愿军某部的通讯员，在上甘岭战役的一次反击战中，他为了消灭敌人火力点，掩护部队反击，英勇壮烈的以自己身体堵住敌人正在发射的枪眼，使我军完成了战斗任务，表现了我国人民的光荣传统与优秀品质。中国人民志愿军政治部特追认黄继光烈士为特等功臣，并授予二级战斗英雄的光荣称号。

（20-20）邮简里面文字：

上：为什么不让随地吐痰？因为有不少人有肺痨病，病菌就在痰里，痰干了，菌还不死，随着灰尘飘起来，吸进肺里得病。

中：后方多出汗，前方少流血

下：到那里，要做痰盂。每天把痰倒在深坑里。咳嗽不要对着别人。

卫生小画片

Picture of Health

全套 10 枚

规格： 100mm × 132mm

10-1 怎样救护伤员 / 救急包的作用和急救

10-2 怎样保护你的脚?

10-3 怎样防止冻伤?

10-4 坑道的卫生

10-5 防止传染病流行的卫生管理

10-6 杀虫粉的使用

10-7 毒气的防治

10-8 朝鲜的肺吸虫病

10-9 怎样可以战胜敌人的细菌战 / 反细菌战卫生守则

10-10 怎样防止营养缺乏病?

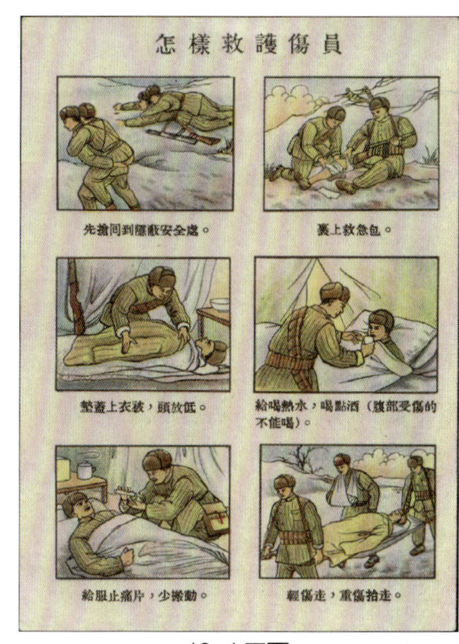

10-1 正面

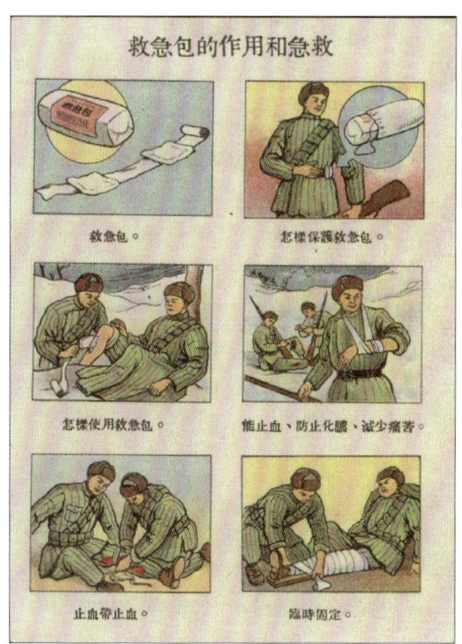

10-1 背面

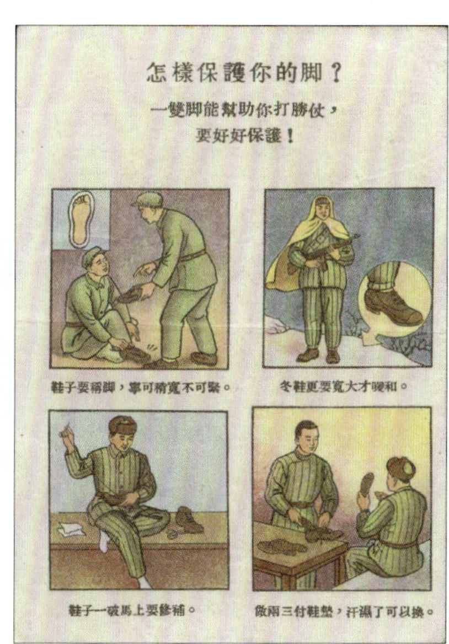

10-2 正面

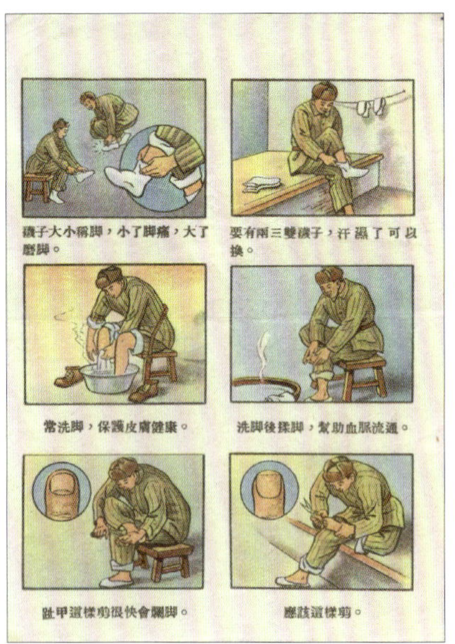

10-2 背面

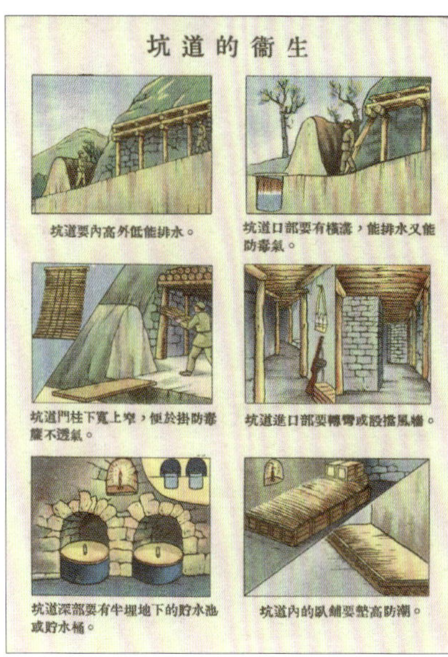

10-4 正面

10-5 背面

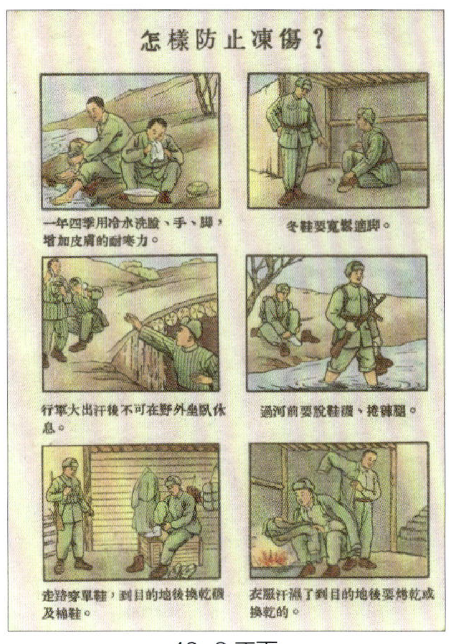

10-3 正面

10-4 背面

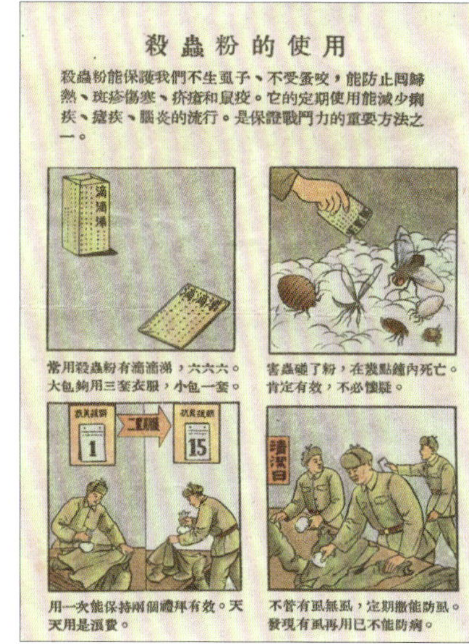

10-6 正面

10-3 背面

10-5 正面

10-6 背面

10-7 正面

10-7 背面

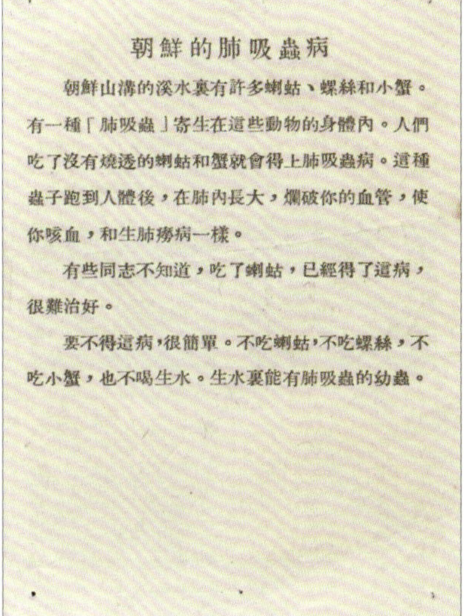

朝鮮的肺吸蟲病

朝鮮山溝的溪水裏有許多蝲蛄、螺絲和小蟹。有一種「肺吸蟲」寄生在這些動物的身體內。人們吃了沒有燒透的蝲蛄和蟹就會得上肺吸蟲病。這種蟲子跑到人體後，在肺內長大，爛破你的血管，使你咳血，和生肺癆病一樣。

有些同志不知道，吃了蝲蛄，已經得了這病，很難治好。

要不得這病，很簡單。不吃蝲蛄，不吃螺絲，不吃小蟹，也不喝生水。生水裏能有肺吸蟲的幼蟲。

10-8 正面

10-8 背面

10-9 正面

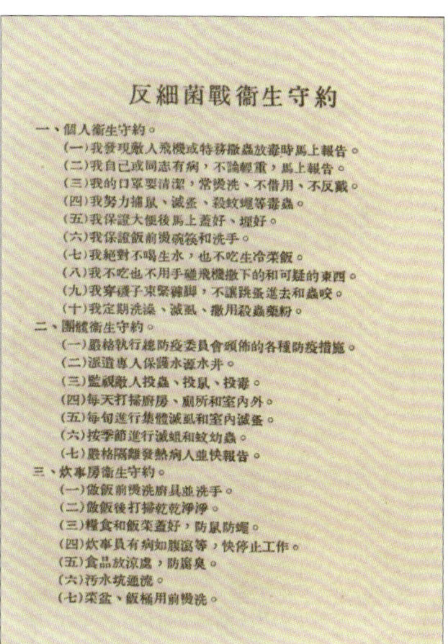

反細菌戰衛生守約

一、個人衛生守約。

(一)我發現敵人飛機或特務撒蟲放毒時馬上報告。

(二)我自己或同志有病，不論輕重，馬上報告。

(三)我的口罩要清潔，常燙洗、不借用、不反戴。

(四)我努力捕鼠、滅蚤、殺蚊蠅等毒蟲。

(五)我保證大便後馬上蓋好、埋好。

(六)我保證飯前燙碗筷和洗手。

(七)我絕對不喝生水，也不吃生冷菜飯。

(八)我不吃也不用手碰飛機撒下的和可疑的東西。

(九)我穿襪子束緊褲腳，不讓跳蚤進去和蟲咬。

(十)我定期洗澡、滅虱、撒用殺蟲藥粉。

二、團體衛生守約。

(一)嚴格執行總防疫委員會頒佈的各種防疫措施。

(二)派遣專人保護水源水井。

(三)監視敵人投蟲、投鼠、投毒。

(四)每天打掃廚房、廁所和室內外。

(五)每旬進行集體滅虱和室內滅蚤。

(六)按季節進行滅蛆和蚊幼蟲。

(七)嚴格隔離發熱病人並快報告。

三、炊事房衛生守約。

(一)做飯前燙洗廚具並洗手。

(二)做飯後打掃乾乾淨淨。

(三)糧食和飯菜蓋好，防鼠防蠅。

(四)炊事員有病如腹瀉等，快停止工作。

(五)食品放涼處，防腐臭。

(六)污水坑遠洗。

(七)菜盆、飯桶用前燙洗。

10-9 背面

怎樣防止營養缺乏病？

一、常見的營養缺乏病狀有夜盲、口角裂口、舌腫發炎、牙齦出血、陰囊發癢、腹瀉、容易感冒咳嗽等。這些都影響我們的健康，減弱戰鬥力。

二、發生營養缺乏病的原因是我們吃的食物裏缺乏一些營養素叫做維生素。維生素有好幾種：

甲種維生素——防止乾眼、夜盲、腹瀉、感冒。

乙種一號維生素——防止脚氣病。

乙種二號維生素(核黄素)——防止口角裂、舌炎、陰囊炎。

丙種維生素——防止牙齦出血。

三、爲什麽會缺乏維生素？

(一)所選食的食品不是含重要的維生素的食品。

(二)食品裏原來不缺，但是在製作乾燥過程中把它們破壞了。

(三)在烹飪的時候破壞了。

四、那些食物裏含大量維生素？

甲種維生素——菠菜、紫菜、肝、蛋、葱、蒜、韭菜、葫蘿蔔、紅辣椒、西紅柿、紅薯、黄花菜、小白菜、白薯葉，蘿蔔葉纓。野菜最好，比種的菜都含得多。

10-10 正面

乙種一號維生素——糧食，但是過細的糧食是不好的，麵粉比白米多。

乙種二號維生素——豆瓣醬、豆豉、紫菜、肝、腎、心、肺、蛋、土豆子。

丙種維生素——豆芽、新蘚豆子、蒜、葱、蘿蔔、芥菜、蘚黄花菜、小白菜、太古菜、甘藍菜、蘿蔔葉纓、新鮮辣椒、各種野菜、松針、棗、柿。

五、那些常吃的食物並不含很多的維生素？

豆腐、粉絲、豆漿、大白菜、筍、藕、山藥、芹菜莖、茄子、冬瓜、鹹菜、榨菜、香菌、蘑菇。

六、怎樣保藏和烹調可以保存維生素不被破壞？

(一)洗米不要求過白。

(二)煮飯不要拋棄米湯。

(三)做乾菜不要晒乾，要在陰處涼乾。

(四)菜先洗後切。

(五)多炒菜，少煮菜。

(六)每天最好一頓米飯一頓麵食，麵食最好是饅頭，但是不要加鹹太多，吃麵條最好喝麵湯。做乾菜先用開水泡1—2分鐘，不要晒，在陰處涼乾。

(七)服用維生素藥丸不要同時吃很多而其他的時候沒有吃，要按着規定的時候吃。

10-10 背面

注：《战士卫生邮使》邮简和卫生小画片文字介绍均按原物刊载。

附录

新中国邮资封片简总序列表

普通邮资信封

普通邮资信封

发行日期	编号	名称	枚数	页码
1956.7.10	PF1	普 9 天安门图	11 枚	1
1967.8.28	PF2	天安门图毛主席语录	20 枚	2
1970.1.21	PF3	木刻图	20 枚	4
1970.8.1	PF4	普 12 天安门图	5 枚	6
1974.4.1	PF5	普 16 天安门图	27 枚	6
1992.7.15	PF6	正阳门箭楼	2 枚	6
1996.11.15	PF7	彩陶（第一组）	2 枚	11
1997.5.30	PF8	天坛	1 枚	11
1997.12.15	PF9	彩陶（第二组）	1 枚	11
1999.3.25	PF10	颐和园十七孔桥	1 枚	12
2001.6.26	PF11	芙蓉花	1 枚	12
2001.7.9	PF12	菊花	1 枚	12
2001.9.28	PF13	郴州风光	4 枚	12
2001.9.28	PF14	成吉思汗陵	1 枚	13
2001.9.29	PF15	古隆中	1 枚	13
2001.10.4	PF16	鄂州观音阁	1 枚	13
2001.10.20	PF17	黄鹤楼	1 枚	13
2001.10.20	PF18	六和塔	1 枚	14
2001.10.25	PF19	菊花——菊斓雅韵	1 枚	14
2001.12.6	PF20	瑞金革命遗址	1 枚	14
2001.12.16	PF21	中国结	1 枚	14
2001.12.18	PF22	承德避暑山庄	1 枚	14
2001.12.20	PF23	沧州铁狮子	1 枚	14
2001.12.22	PF24	牡丹——夜光白	1 枚	15
2001.12.22	PF25	牡丹——烟笼紫	1 枚	15
2001.12.27	PF26	郑州“二七”纪念塔	1 枚	15
2001.12.27	PF27	商代方鼎	1 枚	15
2001.12.28	PF28	嘉兴南湖船	1 枚	15
2002.1.15	PF29	水仙花	1 枚	16
2002.1.25	PF30	永祚寺双塔	1 枚	16
2002.1.28	PF31	君子兰	1 枚	16
2002.3.25	PF32	小天鹅	1 枚	16
2002.4.20	PF33	云台山大瀑布	1 枚	16
2002.4.20	PF34	天宁寺三圣塔	1 枚	17
2002.5.5	PF35	龙头蜈蚣风筝	1 枚	17
2002.5.5	PF36	巨型鸭嘴恐龙化石	1 枚	17
2002.6.1	PF37	中国少年儿童基金会会徽	1 枚	17
2002.6.8	PF38	商丘古城楼	1 枚	17
2002.6.8	PF39	梦想成真	1 枚	17
2002.6.8	PF40	星空遐想	1 枚	18
2002.6.28	PF41	古城邯郸	1 枚	18
2002.6.28	PF42	殷墟博物苑	1 枚	18
2002.6.28	PF43	红旗渠	1 枚	18
2002.7.1	PF44	西柏坡	1 枚	18

续表

发行日期	编号	名称	枚数	页码
2002.8.1	PF45	光岳楼	1 枚	18
2002.8.6	PF46	泉州东西塔	1 枚	19
2002.8.8	PF47	郑成功塑像	1 枚	19
2002.8.25	PF48	秦皇岛老龙头	1 枚	19
2002.9.10	PF49	雕塑——东方醒狮	1 枚	19
2002.9.12	PF50	春秋楼	1 枚	19
2002.9.18	PF51	呼伦贝尔草原	1 枚	19
2002.9.20	PF52	三苏祠	1 枚	20
2002.9.26	PF53	鄂黄长江公路大桥	1 枚	20
2002.9.28	PF54	安平古桥	1 枚	20
2002.9.29	PF55	淇河	1 枚	20
2002.10.9	PF56	茶花	1 枚	20
2002.10.9	PF57	采石矶	1 枚	21
2002.10.10	PF58	遵义会议会址	1 枚	21
2002.10.15	PF59	衡水武强年画	1 枚	21
2002.10.22	PF60	雷锋同志塑像	1 枚	21
2002.10.25	PF61	松花湖	1 枚	21
2002.10.26	PF62	长白山天池	1 枚	22
2002.10.28	PF63	北海银滩	1 枚	22
2002.12.5	PF64	成都杜甫草堂	1 枚	22
2002.12.12	PF65	孟庙	1 枚	22
2002.12.18	PF66	保定古莲花池	1 枚	22
2002.12.20	PF67	雕塑——黄河母亲	1 枚	23
2002.12.26	PF68	碴岈山	1 枚	23
2002.12.28	PF69	风采楼	1 枚	23
2003.1.26	PF70	牺尊	1 枚	23
2003.1.28	PF71	石刻——辟邪	1 枚	23
2003.2.10	PF72	众志成城雕塑	1 枚	23
2003.2.12	PF73	大庆石油之光雕塑	1 枚	24
2003.3.10	PF74	牡丹花·曹州红	1 枚	24
2003.3.30	PF75	乌鲁木齐·亚心标塔	1 枚	24
2003.4.1	PF76	“科技之光”雕塑	1 枚	24
2003.4.5	PF77	哈尔滨建筑艺术馆	1 枚	24
2003.4.18	PF78	闽江胜景	1 枚	25
2003.4.19	PF79	重庆夜景	1 枚	25
2003.5.1	PF80	宿迁项王故里	1 枚	25
2003.5.16	PF81	安庆振风塔	1 枚	25
2003.5.18	PF82	唐山抗震纪念碑	1 枚	25
2003.5.20	PF83	瑞岩弥勒造像	1 枚	26
2003.6.16	PF84	鼓浪屿日光岩	1 枚	26
2003.6.25	PF85	武汉大学校园	1 枚	26
2003.6.25	PF86	华中科技大学校园	1 枚	26
2003.6.25	PF87	华中师范大学图书馆	1 枚	26
2003.6.28	PF88	龙海水仙花	1 枚	27
2003.6.28	PF89	高句丽古墓壁画——伏羲女娲图	1 枚	27
2003.7.28	PF90	南靖土楼	1 枚	27
2003.8.10	PF91	孙悟空	1 枚	27
2003.8.12	PF92	扎龙自然保护区	1 枚	27
2003.8.12	PF93	镜泊湖吊水楼瀑布	1 枚	27
2003.9.16	PF94	百泉园林	1 枚	28

续表

发行日期	编号	名称	枚数	页码
2003.9.16	PF95	西周青铜器——利簋	1枚	28
2003.9.18	PF96	凉山雕塑——彝海结盟纪念碑	1枚	28
2003.9.25	PF97	建设中的沈阳浑南新区	1枚	28
2003.9.28	PF98	刘开渠塑像	1枚	28
2003.10.18	PF99	铜陵市雕塑——起舞	1枚	29
2003.11.19	PF100	长江大学主楼	1枚	29
2003.12.18	PF101	上海公路建设	1枚	29
2003.12.20	PF102	苏东坡塑像	1枚	29
2003.12.21	PF103	三明风貌	1枚	29
2003.12.23	PF104	天津鼓楼	1枚	30
2003.12.25	PF105	九江烟水亭	1枚	30
2004.3.5	PF106	沙坡头自然保护区	1枚	30
2004.3.18	PF107	西周青铜器•逨鼎	1枚	30
2004.3.26	PF108	台州府城墙	1枚	30
2004.4.10	PF109	武当山太和宫	1枚	31
2004.4.16	PF110	宣城广教寺双塔	1枚	31
2004.4.17	PF111	苏州市徽志	1枚	31
2004.4.18	PF112	琼花	1枚	31
2004.4.27	PF113	营口望儿山	1枚	31
2004.5.1	PF114	大连建筑艺术馆	1枚	32
2004.5.13	PF115	2008扬帆青岛	1枚	32
2004.5.18	PF116	爱心永驻	1枚	32
2004.5.20	PF117	安康瀛湖	1枚	32
2004.5.25	PF118	辽阳白塔	1枚	32
2004.7.6	PF119	昭君和亲铜像	1枚	32
2004.7.8	PF120	宁波老外滩	1枚	33
2004.7.28	PF121	千年瓷都景德镇	1枚	33
2004.8.10	PF122	云南曲靖城市雕塑——麒麟仙女	1枚	33
2004.8.22	PF123	梅花山自然保护区	1枚	33
2004.9.5	PF124	腾飞的伊犁	1枚	33
2004.9.8	PF125	中国法律援助徽志	1枚	34
2004.9.8	PF126	古代科学家郭守敬塑像	1枚	34
2004.9.12	PF127	古代医学家张仲景塑像	1枚	34
2004.10.1	PF128	新会小鸟天堂	1枚	34
2004.10.10	PF129	秋收起义纪念碑	1枚	34
2004.10.22	PF130	鞍山新貌	1枚	35
2004.11.3	PF131	中国—东盟博览会会徽	1枚	35
2004.11.10	PF132	仙桃街景	1枚	35
2004.11.15	PF133	九鲤湖瀑布	1枚	35
2004.11.15	PF134	新余仙女湖	1枚	35
2004.11.16	PF135	三星堆大立人	1枚	36
2004.11.18	PF136	海上女神妈祖	1枚	36
2004.11.18	PF137	天津经济技术开发区	1枚	36
2004.11.20	PF138	烟台•海滨风光	1枚	36
2004.11.28	PF139	雕塑——徐福东渡	1枚	36
2004.12.18	PF140	亳州花戏楼	1枚	37
2004.12.26	PF141	八路军重庆办事处旧址	1枚	37
2005.1.18	PF142	孝感市貌	1枚	37
2005.4.15	PF143	乾陵壁画•端杯侍女	1枚	37
2005.4.16	PF144	润扬长江公路大桥	1枚	37

续表

发行日期	编号	名称	枚数	页码
2005.6.6	PF145	汕头风光	1 枚	38
2005.6.18	PF146	武夷山玉女峰	1 枚	38
2005.6.23	PF147	喜鹊登枝	1 枚	38
2005.6.28	PF148	飞腾	1 枚	38
2005.7.1	PF149	白城鹤乡	1 枚	38
2005.7.8	PF150	宁波港	1 枚	38
2005.7.18	PF151	安庆长江公路大桥	1 枚	39
2005.7.18	PF152	密云水库秋色	1 枚	39
2005.8.1	PF153	最高人民法院办公大楼	1 枚	39
2005.8.9	PF154	庆祝新疆维吾尔自治区成立五十周年徽志	1 枚	39
2005.8.15	PF155	渤海滨城——葫芦岛	1 枚	39
2005.8.18	PF156	《淮南子》	1 枚	40
2005.8.20	PF157	包头城市雕塑——奔鹿腾飞	1 枚	40
2005.8.23	PF158	城市雕塑——珠海渔女	1 枚	40
2005.9.15	PF159	雕塑——洪崖乐祖	1 枚	40
2005.9.20	PF160	华山西峰	1 枚	40
2005.10.28	PF161	西施浣纱石	1 枚	41
2005.11.10	PF162	麒麟送子（国际资费）	1 枚	41
2005.11.28	PF163	白鹤梁·张八歹刻木鱼	1 枚	41
2006.1.22	PF164	黄果树大瀑布	1 枚	41
2006.2.10	PF165	雕塑——中国乳都	1 枚	41
2006.3.8	PF166	沈阳世界园艺博览会景观·凤之翼	1 枚	42
2006.3.18	PF167	2006 杭州世界休闲博览会会标和吉祥物	1 枚	42
2006.4.6	PF168	阿坝·卧龙自然保护区	1 枚	42
2006.4.18	PF169	东莞风貌	1 枚	42
2006.5.22	PF170	合肥包公祠·包拯塑像	1 枚	42
2006.5.25	PF171	白玉兰	1 枚	43
2006.6.6	PF172	内蒙古自治区第十一届运动会吉祥物	1 枚	43
2006.6.16	PF173	塞上湖城·银川	1 枚	43
2006.6.28	PF174	宜春明月山	1 枚	43
2006.7.18	PF175	伟人故里——中山	1 枚	43
2006.7.30	PF176	汉中朱鹮国家级自然保护区	1 枚	44
2006.8.16	PF177	铁岭银岗书院	1 枚	44
2006.8.22	PF178	本溪水洞	1 枚	44
2006.9.1	PF179	锦州·笔架山	1 枚	44
2006.9.30	PF180	瓷都风采·潮州	1 枚	44
2006.10.12	PF181	湖南工业大学科技楼	1 枚	45
2006.11.16	PF182	暨南大学	1 枚	45
2006.11.30	PF183	辽沈战役纪念馆	1 枚	45
2007.1.1	PF184	诚信纳税	2 枚	45
2007.1.10	PF185	常州中华恐龙园	1 枚	45
2007.1.18	PF186	查干湖	1 枚	45
2007.2.6	PF187	沈阳地铁	1 枚	45
2007.2.8	PF188	仙客来	1 枚	46
2007.4.8	PF189	大运河扬州揽胜	1 枚	46
2007.5.21	PF190	红掌（国际资费）	1 枚	46
2007.6.5	PF191	成都锦里古街	1 枚	46
2007.6.15	PF192	上饶·信江风光	1 枚	46
2007.6.25	PF193	内蒙古自治区 60 周年大庆徽标	1 枚	46
2007.7.10	PF194	郑州国际会展中心	1 枚	46
2007.7.10	PF195	郑州炎黄二帝塑像	1 枚	47
2007.7.28	PF196	第八届中国艺术节标志	1 枚	47

续表

发行日期	编号	名称	枚数	页码
2007.8.5	PF197	兰花·荷之冠	1 枚	47
2007.8.17	PF198	东坡赤壁	1 枚	47
2007.8.21	PF199	水上运动之都——中国·日照	1 枚	47
2007.8.22	PF200	厦门园博园·杏林阁	1 枚	47
2007.8.22	PF201	古田会议会址	1 枚	47
2007.8.26	PF202	民间舞蹈——颍上花鼓灯	1 枚	48
2007.8.28	PF203	宁国山核桃	1 枚	48
2007.8.30	PF204	中秋祝福	1 枚	48
2007.8.30	PF205	生日祝愿	1 枚	48
2007.10.9	PF206	丹东·鸭绿江风光	1 枚	48
2007.10.18	PF207	牵手	1 枚	48
2007.10.30	PF208	惠安崇武古城	1 枚	48
2007.11.2	PF209	呼伦贝尔白鹿岛	1 枚	49
2007.11.22	PF210	书信	1 枚	49
2007.11.26	PF211	成吉思汗庙	1 枚	49
2007.11.28	PF212	和谐号动车组	1 枚	49
2007.12.18	PF213	瑞安玉海楼	1 枚	49
2008.1.26	PF214	盘锦湿地	1 枚	49
2008.4.5	PF215	绚丽惠州	1 枚	49
2008.4.28	PF216	赣州客家先民南迁纪念坛	1 枚	50
2008.5.15	PF217	安溪铁观音	1 枚	50
2008.6.12	PF218	海峡西岸建设	1 枚	50
2008.6.18	PF219	人人重庆	1 枚	50
2008.6.19	PF220	和谐深圳	1 枚	50
2008.6.19	PF221	和谐深圳	1 枚	50
2008.8.15	PF222	黄河从这里入海·东营	1 枚	50
2008.8.28	PF223	秀丽杭州	1 枚	51
2008.10.20	PF224	辽宁朝阳	1 枚	51
2008.12.7	PF225	火炬计划徽志	1 枚	51
2009.7.1	PF226	中国 2010 年上海世博会会徽	1 枚	51
2009.8.5	PF227	天安门	1 枚	51
2009.12.25	PF228	中国京剧（国际资费）	1 枚	51
2010.2.1	PF229	中国 2010 年上海世博会会徽（2010）	1 枚	51
2010.4.15	PF230	南京云锦	1 枚	52
2010.6.2	PF231	我们在一起	1 枚	52
2010.8.4	PF232	第 16 届亚洲运动会会徽	1 枚	52
2011.10.10	PF233	和平发展	1 枚	52
2011.11.17	PF234	中国载人航天工程	1 枚	52
2011.12.24	PF235	北京精神	1 枚	52
2012.1.16	PF236	盘锦湿地·红海滩	1 枚	53
2012.2.5	PF237	中国银行	1 枚	53
2012.3.8	PF238	爱电影 看天下	1 枚	53
2012.4.28	PF239	苏州轨道交通	1 枚	53
2012.6.1	PF240	米奇	1 枚	53
2012.9.5	PF241	枣庄·台儿庄古城	1 枚	53
2012.12.18	PF242	灵秀湖北	1 枚	53
2013.1.23	PF243	第八届中国花卉博览会会徽	1 枚	54
2013.9.16	PF244	党的群众路线教育实践活动	2 枚	54
2013.11.12	PF245	苏州精神	2 枚	54
2013.12.16	PF246	安全进万家	2 枚	54
2013.12.16	PF247	民生直达	2 枚	54
2013.12.16	PF248	温暖回家路	2 枚	55

续表

发行日期	编号	名称	枚数	页码
2013.12.16	PF249	爱	2 枚	55
2014.2.12	PF250	卡通——红毛小 Q	1 枚	55
2014.2.25	PF251	第二届夏季青年奥林匹克运动会会徽	1 枚	55
2014.9.29	PF252	家书	2 枚	55
2014.11.25	PF253	东亚文化之都•2014 泉州	1 枚	55
2015.1.5	PF254	中国结（2015）	1 枚	56
2015.2.15	PF255	强军梦	1 枚	56
2015.3.10	PF256	梅兰芳舞台艺术	1 枚	56
2015.5.11	PF257	梵净山	1 枚	56
2015.11.5	PF258	魅力淮安	1 枚	56
2016.6.19	PF259	马踏飞燕	1 枚	56
2016.6.30	PF260	信达天下	1 枚	56
2016.8.12	PF261	祥泰之州	1 枚	57
2016.8.31	PF262	美丽乡村	1 枚	57
2017.9.15	PF263	预防职务犯罪邮路	1 枚	57
2018.3.25	PF264	红色旅游——淮安	1 枚	57
2018.5.5	PF265	无锡印象	1 枚	57
2018.6.15	PF266	美好新海南	1 枚	57
2018.7.14	PF267	不忘初心 牢记使命	1 枚	57
2019.3.31	PF268	丝绸古镇——盛泽	1 枚	58
2019.4.20	PF269	中国（寿光）国际蔬菜科技博览会	1 枚	58
2019.6.28	PF270	桃	1 枚	58
2019.7.1	PF271	祝福祖国	1 枚	58
2019.8.7	PF272	团圆	1 枚	58
2019.12.26	PF273	毛主席纪念堂	1 枚	58
2020.1.16	PF274	北京 2022 年冬奥会吉祥物和冬残奥会吉祥物	2 枚	58
2020.6.2	PF275	万众一心	1 枚	59
2020.8.8	PF276	喜鹊登枝	1 枚	59
2020.8.18	PF277	山海港城——连云港	1 枚	59
2020.10.28	PF278	华中科技大学同济医学院附属同济医院	1 枚	59

普通邮资美术信封

发行日期	编号	名称	枚数	页码
1957.3.15	PMF1	普 9 天安门图	28 枚	60

美术邮资信封

发行日期	编号	名称	枚数	页码
1983.4.1	MF1	花卉图	10 枚	64

礼仪邮资信封

发行日期	编号	名称	枚数	页码
1995.5.5		礼仪信函	5 枚	65
1999.2.10	LF1	恭贺新禧	1 枚	65
1999.2.10	LF2	福寿延年	1 枚	65
1999.2.10	LF3	喜事连连	1 枚	66
1999.12.18	LF4	恭贺新春	1 枚	66
1999.12.18	LF5	四季平安	1 枚	66
1999.12.18	LF6	爱心永驻	1 枚	66
2000.1.20	LF7	迎春接福	1 枚	66

专用邮资信封

发行日期	编号	名称	枚数	页码
1996.6	ZF1	正阳门箭楼	1 枚	67
1997.6	ZF2	天坛	1 枚	67
1998.5-7	ZF3	天坛	2 枚	67
1999.4-5	ZF4	颐和园十七孔桥	2 枚	67
2000.5	ZF5	颐和园十七孔桥	1 枚	68
2001.5	ZF6	颐和园十七孔桥	1 枚	68
2020.11.5	ZF7	力耕华彩	1 枚	68

中国邮政混合信函

发行日期	编号	名称	枚数	页码
2001.11.1	HM1	中国邮政混合信函业务试开通首日纪念	4 枚	69
2002.9.28	HM2	中国邮政混合信函业务全国开办纪念	3 枚	69
2003.9.28	HM3	中国邮政混合信函业务开办 1 周年纪念	3 枚	69
2004.9.28	HM4	中国邮政混合信函业务开办 2 周年纪念	3 枚	70
2005.9.28	HM5	中国邮政混合信函业务开办 3 周年纪念	3 枚	70

纪念邮资信封

纪念邮资信封

发行日期	编号	名称	枚数	页码
1982.8.26	JF1	纳米比亚日	1 枚	71
1982.9.20	JF2	老龄问题世界大会	1 枚	71
1984.12.7	JF3	国际民航组织成立四十周年	1 枚	71
1984.12.11	JF4	中国南极考察	1 枚	71
1986.7.26	JF5	第七十一届国际世界语大会	1 枚	71
1986.9.5	JF6	北京国际图书博览会	1 枚	71
1987.2.11	JF7	商务印书馆建馆九十周年	1 枚	72
1987.4.24	JF8	新华书店成立五十周年	1 枚	72
1987.6.16	JF9	第三世界广告大会	1 枚	72
1987.8.29	JF10	世界奥林匹克集邮展览	1 枚	72
1987.9.11	JF11	中国国际广播电台开播四十周年	1 枚	72
1987.11.22	JF12	世界针灸学会联合会成立大会暨第一届针灸学术大会	1 枚	72
1988.5.4	JF13	中国共产主义青年团第十二次全国代表大会	1 枚	72
1988.1.26	JF14	国际农业发展基金会成立十周年	1 枚	73
1988.4.7	JF15	世界卫生组织成立四十周年	1 枚	73
1988.6.14	JF16	中国福利会成立五十周年	1 枚	73
1988.6.15	JF17	人民日报创刊四十周年	1 枚	73
1988.9.1	JF18	中国妇女第六次全国代表大会	1 枚	73
1988.10.22	JF19	中国工会第十一次全国代表大会	1 枚	73
1989.2.28	JF20	中国南极中山站建站	1 枚	73
1989.5.4	JF21	亚洲开发银行理事会第二十二届年会	1 枚	73
1989.6.6	JF22	中国唱片出版四十周年	1 枚	74
1989.9.28	JF23	全国劳动模范和先进工作者表彰大会	1 枚	74
1989.10.19	JF24	北京猿人第一个头盖骨发现六十周年	1 枚	74
1989.11.1	JF25	中国科学院建院四十周年	1 枚	74
1990.4.30	JF26	国际灌溉排水委员会成立四十周年	1 枚	74
1990.7.15	JF27	邮政特快专递	1 枚	74
1990.10.14	JF28	治理淮河四十年	1 枚	74
1990.12.1	JF29	人民出版社建社四十周年	1 枚	75
1990.12.30	JF30	中央人民广播电台建台五十周年	1 枚	75
1991.9.25	JF31	中国新兴版画运动六十年	1 枚	75
1991.11.7	JF32	新华通讯社建社六十周年	1 枚	75

续表

发行日期	编号	名称	枚数	页码
1991.11.10	JF33	第四届全国少数民族传统体育运动会	1 枚	75
1991.12.25	JF34	北京市西厢工程通车	1 枚	75
1992.1.24	JF35	中国银行成立八十周年	1 枚	75
1992.5.1	JF36	中华苏维埃共和国邮政总局成立六十周年	1 枚	76
1992.7.9	JF37	中国历史博物馆成立八十周年	1 枚	76
1992.12.26	JF38	招商局成立一百二十周年	1 枚	76
1993.8.25	JF39	中国国境卫生检疫一百二十周年	1 枚	76
1993.9.25	JF40	上海杨浦大桥建成	1 枚	76
1994.9.8	JF41	中国人民建设银行成立四十周年	1 枚	76
1994.10.9	JF42	1994 中国少年书信比赛	1 枚	76
1994.10.19	JF43	荣宝斋建店一百周年	1 枚	77
1994.12.26	JF44	维护消费者权益运动十年	1 枚	77
1995.10.6	JF45	第七届国际反贪污大会	1 枚	77
1996.8.25	JF46	第 62 届国际图联大会	1 枚	77
1996.9.27	JF47	第二届亚洲太平洋城市首脑会议	1 枚	77
1997.10.12	JF48	第十五届世界石油大会	1 枚	77
1997.10.28	JF49	推广普及广播体操	1 枚	77
1998.8.10	JF50	第十八届国际遗传学大会	1 枚	77
1998.8.6	JF51	火炬计划实施十周年	1 枚	78
1999.6.23	JF52	国际建筑师协会第 20 届世界建筑师大会	1 枚	78
1999.8.21	JF53	中国 1999 世界集邮展览	10 枚	78
1999.9.10	JF54	中国—联合国开发计划署成功合作 20 周年	1 枚	79
1999.9.25	JF55	北京邮票厂建厂 40 周年	1 枚	79
1999.9.28	JF56	孔子诞生 2550 周年	1 枚	79
1999.10.8	JF57	中央档案馆建馆 40 周年	1 枚	79
2000.2.11	JF58	中国国际贸易中心成立 15 周年	1 枚	79
2000.2.15	JF59	邮政报刊发行业务开办 50 周年	1 枚	79
2000.8.1	JF60	中国人民革命战争时期邮票发行 70 周年	1 枚	79
2000.10.10	JF61	中非合作论坛—北京 2000 年部长级会议	1 枚	79
2000.12.14	JF62	联合国难民署成立 50 周年	1 枚	80
2001.4.26	JF63	世界知识产权日	1 枚	80
2001.5.20	JF64	第七届世界印刷大会	1 枚	80
2001.8.6	JF65	第 20 届国际制图大会	1 枚	80
2002.5.18	JF66	科技活动周	1 枚	80
2002.5.23	JF67	中国北京国际科技产业博览会	1 枚	80
2002.6.17	JF68	大公报创刊 100 周年	1 枚	80
2002.9.21	JF69	全民国防教育日	1 枚	81
2003.5.18	JF70	中国健康扶贫工程	1 枚	81
2003.5.24	JF71	中国自然辩证法研究会成立 25 周年	1 枚	81
2003.9.19	JF72	人民邮电出版社建社 50 周年	1 枚	81
2004.1.1	JF73	中国工商银行成立二十周年	1 枚	81
2004.6.27	JF74	第一届世界地质公园大会	1 枚	81
2004.12.31	JF75	第一次全国经济普查	1 枚	81
2005.10.10	JF76	故宫博物院建院八十周年	1 枚	82
2005.10.18	JF77	2005 珠穆朗玛峰高程测量	1 枚	82
2005.12.1	JF78	人民教育出版社建社 55 周年	1 枚	82
2006.3.21	JF79	2006 俄罗斯年	1 枚	82
2006.6.17	JF80	2006 国际防治荒漠化年	1 枚	82
2006.9.23	JF81	联合国教科文组织孔子教育奖	1 枚	82
2006.10.12	JF82	测绘迈向信息化	1 枚	82
2006.11.20	JF83	2006 中印友好年	1 枚	83
2006.11.23	JF84	中国和巴基斯坦建交 55 周年	1 枚	83

续表

发行日期	编号	名称	枚数	页码
2006.12.12	JF85	西安事变70周年	1枚	83
2007.1.1	JF86	第二次全国农业普查	1枚	83
2007.5.7	JF87	中国社会科学院建院三十周年	1枚	83
2007.8.22	JF88	中国邮政邮票博物馆开馆	1枚	83
2008.1.1	JF89	中国国民党革命委员会成立六十周年	1枚	83
2008.4.24	JF90	气候变化与科技创新国际论坛	1枚	84
2009.4.23	JF91	中国人民解放军海军成立60周年	5枚	84
2009.9.9	JF92	中邮人寿保险股份有限公司开业	1枚	84
2009.11.11	JF93	中国人民解放军空军成立60周年	7枚	84
2010.5.7	JF94	中国航空邮政90周年	1枚	85
2010.5.11	JF95	新中国军事测绘60周年	2枚	85
2010.6.29	JF96	中国邮政速递物流股份有限公司成立	1枚	85
2010.8.9	JF97	中国农工民主党成立80周年	1枚	85
2010.8.12	JF98	中国对外援助60周年	1枚	85
2010.10.18	JF99	中国和新加坡建交20周年	1枚	86
2010.11.10	JF100	中国人民广播电台成立70周年	1枚	86
2011.3.27	JF101	中国国家博物馆新馆落成	1枚	86
2011.4.15	JF102	博鳌亚洲论坛10周年	1枚	86
2011.6.30	JF103	青岛胶州湾隧道通车	1枚	86
2011.12.11	JF104	中国加入世界贸易组织10周年	1枚	86
2012.7.16	JF105	蛟龙号成功完成7000米级海上试验	1枚	86
2012.7.26	JF106	三联书店创建80周年	1枚	87
2012.8.25	JF107	中华全国集邮联合会成立30周年	1枚	87
2012.9.8	JF108	中华人民共和国第九届大学生运动会	1枚	87
2013.1.25	JF109	延安双拥运动70周年	1枚	87
2013.5.18	JF110	第九届中国（北京）国际园林博览会	1枚	87
2013.7.15	JF111	中国一汽建厂60周年	1枚	87
2014.5.20	JF112	亚洲相互协作与信任措施会议第四次峰会	1枚	88
2014.5.15	JF113	国际家庭日	1枚	88
2014.10.13	JF114	第十五届政府间邮票印制者大会	1枚	88
2014.12.30	JF115	中国建设银行成立60周年	1枚	88
2015.5.6	JF116	中国与欧盟建交40周年	1枚	88
2015.6.12	JF117	中国人民抗日战争暨世界反法西斯战争胜利70周年	1枚	88
2015.10.1	JF118	长春电影制片厂建厂70周年	1枚	88
2015.10.18	JF119	中华人民共和国第一届青年运动会	1枚	89
2016.9.1	JF120	中国工农红军长征胜利80周年	1枚	89
2016.8.21	JF121	第33届国际地理大会	1枚	89
2017.5.28	JF122	一带一路 共赢发展	1枚	89
2017.7.7	JF123	全民族抗战爆发80周年	1枚	89
2017.10.3	JF124	中国人民大学建校80周年	1枚	89
2017.12.23	JF125	中国首次海域天然气水合物试采成功	1枚	90
2018.5.4	JF126	北京大学建校120周年	1枚	90
2018.6.15	JF127	《人民日报》创刊70周年	1枚	90
2018.6.24	JF128	改革开放四十周年	1枚	90
2019.1.1	JF129	《中华人民共和国全国人大常委会告台湾同胞书》发表四十周年	1枚	90
2019.5.28	JF130	《解放日报》在上海创刊70周年	1枚	90
2019.8.8	JF131	中华人民共和国第二届青年运动会	1枚	90
2019.9.25	JF132	北京邮票厂建厂60周年	1枚	91
2019.10.12	JF133	重庆大学建校90周年	1枚	91
2020.10.18	JF134	苏州大学建校120周年	1枚	91
2020.12.28	JF135	2020珠穆朗玛峰高程测量	1枚	91

普通邮资明信片

东北贴用普通邮资明信片

发行日期	编号	名称	枚数	页码
1950.2	DP1	普东 1 天安门图	1 枚	92
1950.11.20	DP2	普东 2 天安门图	2 枚	92

普通邮资明信片

发行日期	编号	名称	枚数	页码
1952.1.1	PP1	普 4 天安门图	1 枚	93
1952.4.19	PP2	华东供给制毛泽东像加盖“中国人民邮政明信片”改值	1 枚	93
1954.1.30	PP3	普 6 故宫角楼图	1 枚	93
1954.5.24	PP4	普 4 天安门图（第二组）	1 枚	93
1955.5.5	PP5	普 8 陆军战士图	1 枚	94
1956.9.5	PP6	普 9 天安门图	9 枚	94
1969	PP7	普 9 天安门图加盖“敬祝毛主席万寿无疆”	3 枚	95
1972.9.25	PP8	普 14 人民大会堂	10 枚	95
1984.6.1	PP9	北京风景	6 枚	96
1992.6.15 1993	PP10	石舫	第一版 2 枚 第二版 2 枚	97
1997.12.5	PP11	良渚玉琮	1 枚	97
1998.5.16	PP12	玫瑰	1 枚	97
1999.2.8	PP13	月季（国际资费）	1 枚	97
1999.3.22	PP14	牡丹	1 枚	97
1999.7.23	PP15	荷花	1 枚	98
1999.12.10	PP16	木棉花	1 枚	98
1999.12.10	PP17	大盂鼎	1 枚	98
1999.12.26	PP18	2000 年	1 枚	98
1999.12.27	PP19	上海慈善基金会会标	1 枚	98
2000.5.28	PP20	黄山松	1 枚	98
2000.8.15	PP21	梅花	1 枚	99
2000.8.29	PP22	桂花	1 枚	99
2000.9.18	PP23	北京 2008 年奥运会申办委员会会徽	1 枚	99
2000.9.20	PP24	大雁塔	1 枚	99
2000.9.25	PP25	哈尔滨人民防洪纪念塔	1 枚	99
2000.12.15	PP26	百合花	1 枚	100
2000.12.20	PP27	玉兰花	1 枚	100
2000.12.25	PP28	中国世界遗产标志	1 枚	100
2001.2.10	PP29	中华人民共和国第九届运动会吉祥物	1 枚	100
2001.2.26	PP30	康乃馨	1 枚	100
2001.4.4	PP31	人文初祖——黄帝	1 枚	101
2001.6.1	PP32	牵牛花	1 枚	101
2001.6.20	PP33	中华世纪坛	1 枚	101
2001.6.28	PP34	迎客松	1 枚	101
2001.7.15	PP35	钢铁长城	1 枚	101
2001.7.29	PP36	山海关	1 枚	102
2001.8.24	PP37	杜鹃花	1 枚	102
2001.9.1	PP38	并蒂莲	1 枚	102
2001.9.8	PP39	朱家角放生桥	1 枚	102
2001.9.8	PP40	慈善工程	1 枚	102
2001.9.12	PP41	九华山凤凰松	1 枚	103
2001.9.12	PP42	开平立园	1 枚	103

续表

发行日期	编号	名称	枚数	页码
2001.9.22	PP43	松江方塔	1枚	103
2001.9.28	PP44	绍兴柯岩	1枚	103
2001.9.30	PP45	泰山日出	1枚	103
2001.10.5	PP46	教书育人	1枚	104
2001.10.8	PP47	镇江金山	1枚	104
2001.10.21	PP48	北回归线标志塔	1枚	104
2001.11.20	PP49	滕王阁	1枚	104
2001.12.8	PP50	安平桥	1枚	104
2001.12.26	PP51	蝴蝶兰	1枚	105
2001.12.31	PP52	武侯祠	1枚	105
2002.1.1	PP53	普陀山磐陀石	1枚	105
2002.1.10	PP54	马踏飞燕	1枚	105
2002.2.10	PP55	周庄	1枚	105
2002.3.22	PP56	蓬莱阁	1枚	106
2002.4.1	PP57	故宫角楼（国内资费、国际资费）	2枚	106
2002.4.18	PP58	甲秀楼	1枚	106
2002.5.18	PP59	雪莲	1枚	106
2002.5.19	PP60	隋•鎏金铜佛像	1枚	106
2002.6.2	PP61	延安宝塔山	1枚	107
2002.10.1	PP62	马蔺	1枚	107
2002.12.20	PP63	中山桥	1枚	107
2002.12.22	PP64	孙中山故居	1枚	107
2002.12.25	PP65	剑门关	1枚	107
2003.1.1	PP66	九寨沟诺日朗瀑布	1枚	108
2003.1.15	PP67	银鎏金镶珠金翅鸟	1枚	108
2003.4.3	PP68	山西绵山大罗宫	1枚	108
2003.5.20	PP69	北齐•贴金彩绘石雕佛	1枚	108
2003.7.1	PP70	八一南昌起义纪念塔	1枚	108
2003.8.1	PP71	灵璧石——庆云峰	1枚	109
2003.8.18	PP72	移动通信	1枚	109
2003.9.1	PP73	韶山滴水洞	1枚	109
2003.10.4	PP74	乔家大院•百寿图	1枚	109
2003.10.26	PP75	中华人民共和国第五届农民运动会吉祥物	1枚	110
2003.11.8	PP76	四川乐山大佛	1枚	110
2003.12.15	PP77	毗卢洞石刻造像	1枚	110
2004.1.5	PP78	生肖猴	1枚	110
2004.2.25	PP79	雁荡山大龙湫	1枚	110
2004.3.14	PP80	孔庙—大成殿	1枚	110
2004.3.14	PP81	孔庙—杏坛	1枚	111
2004.4.21	PP82	苏州市西园戒幢律寺	1枚	111
2004.4.30	PP83	三星堆青铜纵目面具	1枚	111
2004.5.1	PP84	黄龙争艳池	1枚	111
2004.5.18	PP85	情系我的兄弟姐妹	1枚	111
2004.6.29	PP86	从奥林匹亚到万里长城	1枚	112
2004.7.1	PP87	广州2010年亚运会申办徽志	1枚	112
2004.8.28	PP88	中华人民共和国第十届运动会吉祥物	1枚	112
2004.8.28	PP89	中华人民共和国第十届运动会主体育场	1枚	112
2004.9.15	PP90	千岛湖珍珠列岛	1枚	112
2004.9.20	PP91	蒙山鹰窝峰	1枚	113
2004.9.22	PP92	上海国际赛车场标志	1枚	113

续表

发行日期	编号	名称	枚数	页码
2004.9.23	PP93	大理古城南门城楼	1 枚	113
2004.9.25	PP94	宜春明月山	1 枚	113
2004.9.25	PP95	乐山大佛	1 枚	113
2004.9.28	PP96	井冈山黄洋界	1 枚	114
2004.10.30	PP97	恒山悬空寺	1 枚	114
2004.11.28	PP98	金色年华	1 枚	114
2005.1.1	PP99	普陀山洛迦山	1 枚	114
2005.1.2	PP100	宋庆龄同志雕像	1 枚	114
2005.2.1	PP101	江油窦圌山	1 枚	115
2005.4.11	PP102	西安大唐芙蓉园	1 枚	115
2005.4.15	PP103	放风筝（国际资费）	1 枚	115
2005.4.18	PP104	上海城市规划展示馆	1 枚	115
2005.4.21	PP105	万佛湖风光	1 枚	115
2005.4.22	PP106	南戴河国际娱乐中心	1 枚	116
2005.4.23	PP107	黄果树瀑布	1 枚	116
2005.4.30	PP108	八达岭长城北城	1 枚	116
2005.5.1	PP109	婺源彩虹桥	1 枚	116
2005.7.28	PP110	天津日报大厦	1 枚	116
2005.7.31	PP111	龙虎山仙水岩	1 枚	116
2005.8.18	PP112	商•饕餮乳钉纹青铜方鼎	1 枚	117
2005.8.18	PP113	铁道游击队纪念碑	1 枚	117
2005.9.8	PP114	中国电影基金会会标	1 枚	117
2005.9.20	PP115	映日荷花	1 枚	117
2005.9.20	PP116	信达天下	1 枚	117
2005.9.20	PP117	大地之春（国际资费）	1 枚	118
2005.10.20	PP118	上海邮政总局旧址	1 枚	118
2005.11.18	PP119	九寨天堂	1 枚	118
2005.11.20	PP120	雾凇	1 枚	118
2005.11.22	PP121	崂山太清	1 枚	118
2005.11.28	PP122	张家界黄石寨	1 枚	119
2005.12.1	PP123	青城秀色	1 枚	119
2006.2.10	PP124	南京明孝陵•神道	1 枚	119
2006.2.28	PP125	无锡灵山	1 枚	119
2006.3.1	PP126	南京中国近代史遗址博物馆	1 枚	119
2006.3.20	PP127	敦煌莫高窟	1 枚	120
2006.4.5	PP128	岷江春色	1 枚	120
2006.4.26	PP129	红螺寺	1 枚	120
2006.4.30	PP130	上海龙华古寺•龙华塔	1 枚	120
2006.7.28	PP131	天子山	1 枚	120
2006.8.6	PP132	云台山红石峡	1 枚	121
2006.8.9	PP133	殷墟	1 枚	121
2006.8.10	PP134	西安曲江海洋世界	1 枚	121
2006.9.21	PP135	龙门石窟•卢舍那大佛	1 枚	121
2006.11.1	PP136	中山陵	1 枚	121
2006.12.28	PP137	中华人民共和国第六届城市运动会会徽	1 枚	122
2007.2.1	PP138	全国最佳邮票评选徽志	1 枚	122
2007.4.20	PP139	龙宫	1 枚	122
2007.4.30	PP140	上海碧海金沙	1 枚	122
2007.5.18	PP141	杭州湾跨海大桥	1 枚	122
2007.5.18	PP142	天柱山天柱峰	1 枚	122

续表

发行日期	编号	名称	枚数	页码
2007.6.1	PP143	幸运邮天下	1 枚	122
2007.6.1	PP144	长白山天池	1 枚	123
2007.6.10	PP145	哈尔滨第 24 届世界大学生冬季运动会会徽	1 枚	123
2007.6.11	PP146	长影世纪城	1 枚	123
2007.6.15	PP147	织金洞	1 枚	123
2007.6.15	PP148	沈阳世博园·百合塔	1 枚	123
2007.6.15	PP149	沈阳故宫·凤凰楼	1 枚	123
2007.6.18	PP150	中华恐龙园	1 枚	124
2007.6.25	PP151	内蒙古自治区 60 周年大庆徽标	1 枚	124
2007.7.12	PP152	魅力神农架	1 枚	124
2007.8.8	PP153	第 29 届奥林匹克运动会会徽（国内资费、国际资费）	2 枚	124
2007.8.8	PP154	第 29 届奥林匹克运动会会徽（光栅）	1 枚	125
2007.8.8	PP155	第 29 届奥林匹克运动会会徽和吉祥物	6 枚	125
2007.8.20	PP156	中国吉林·东北亚投资贸易博览会会徽	1 枚	126
2007.8.21	PP157	沙漠植物——四合木	1 枚	127
2007.8.22	PP158	厦门园博园·杏林阁	1 枚	127
2007.9.3	PP159	瓷房子	1 枚	127
2007.9.20	PP160	广州陈家祠	1 枚	127
2007.9.30	PP161	大连星海湾广场	1 枚	127
2007.10.8	PP162	宜兴紫砂陶——提梁壶	1 枚	127
2007.11.1	PP163	韶山滴水洞	1 枚	127
2007.11.28	PP164	和谐号动车组	1 枚	128
2007.12.3	PP165	峨眉山金顶十方普贤像	1 枚	128
2007.12.15	PP166	五粮液古窖池·明	1 枚	128
2008.1.1	PP167	携手慈善 共创和谐	1 枚	128
2008.2.26	PP168	开封府	1 枚	128
2008.3.22	PP169	网络门牌	1 枚	128
2008.4.5	PP170	惠州西湖	1 枚	129
2008.6.5	PP171	金达莱	1 枚	129
2008.6.10	PP172	昆明世博园花园大道	1 枚	129
2008.6.25	PP173	与爱同行	1 枚	129
2008.7.9	PP174	青海湖	1 枚	129
2008.7.9	PP175	青海湖	1 枚	129
2008.8.1	PP176	嘉峪关	1 枚	129
2008.8.1	PP177	伏羲庙	1 枚	130
2008.8.1	PP178	舟山桃花岛	1 枚	130
2008.8.7	PP179	东莞西城楼	1 枚	130
2008.9.17	PP180	北京 2008 年残奥会闭幕式纪念	1 枚	130
2008.9.26	PP181	罗浮山	1 枚	130
2008.9.27	PP182	砚都肇庆	1 枚	130
2008.10.6	PP183	南山大佛	1 枚	131
2008.11.3	PP184	绘画作品——贵妃醉酒	1 枚	131
2008.11.10	PP185	宝相寺太子灵踪塔	1 枚	131
2009.6.13	PP186	居庸关	1 枚	131
2009.6.15	PP187	中国 2010 年上海世博会会徽	1 枚	131
2009.6.20	PP188	明十三陵·长陵	1 枚	131
2009.6.20	PP189	天安门	1 枚	132
2009.9.10	PP190	四羊方尊	1 枚	132
2009.12.18	PP191	中国 2010 年上海世博会吉祥物（国际资费）	1 枚	132
2009.12.28	PP192	上海长江隧桥	1 枚	132

续表

发行日期	编号	名称	枚数	页码
2010.4.10	PP193	海峡旅游	1 枚	132
2010.4.16	PP194	布达拉宫	1 枚	132
2010.4.28	PP195	黄鹤楼	1 枚	133
2010.4.28	PP196	映日荷花（2010）	1 枚	133
2010.5.7	PP197	中国 2010 年上海世博会会徽（2010）	1 枚	133
2010.8.4	PP198	第 16 届亚洲运动会吉祥物	1 枚	133
2010.9.10	PP199	第 16 届亚洲运动会吉祥物	1 枚	133
2010.11.5	PP200	居庸关（2010）	1 枚	133
2011.2.25	PP201	美在黑龙江	1 枚	134
2011.3.9	PP202	大足石刻 • 日月观音	1 枚	134
2011.6.18	PP203	和谐深圳	1 枚	134
2011.6.28	PP204	广州塔	1 枚	134
2011.7.1	PP205	2011 西安世界园艺博览会吉祥物	1 枚	134
2011.7.5	PP206	漠河 • 北极圣诞	1 枚	134
2011.11.11	PP207	中国航空博物馆	1 枚	134
2011.12.15	PP208	网络生活 e 时代	1 枚	135
2012.2.5	PP209	中国银行	1 枚	135
2012.3.1	PP210	2012 年中国邮政贺卡标识（千秋文脉）	2 枚	135
2012.3.1	PP211	爱电影 看天下	1 枚	135
2012.5.1	PP212	南通狼山	1 枚	135
2012.6.1	PP213	米奇	1 枚	136
2012.6.18	PP214	漠河 • 北极圣诞（2012）	1 枚	136
2012.6.28	PP215	美在黑龙江（2012）	1 枚	136
2012.7.16	PP216	蛟龙探海	1 枚	136
2012.9.23	PP217	长江三峡工程	1 枚	136
2012.10.9	PP218	牡丹花都 • 洛阳	1 枚	136
2012.12.18	PP219	灵秀湖北	2 枚	136
2013.1.25	PP220	鼓浪屿	1 枚	137
2013.3.15	PP221	法门寺	1 枚	137
2013.3.28	PP222	珠穆朗玛峰	1 枚	137
2013.4.1	PP223	2013 年中国邮政贺卡标识（灵蛇报恩）	1 枚	137
2013.4.26	PP224	人文陕西	1 枚	138
2013.4.26	PP225	好客山东	2 枚	138
2013.5.6	PP226	第八届中国花卉博览会会徽	1 枚	138
2013.6.11	PP227	中国载人航天工程	1 枚	138
2013.8.20	PP228	中国—东北亚博览会会徽	1 枚	138
2013.10.21	PP229	集美鳌园	1 枚	138
2013.10.27	PP230	明 • 铜鎏金释迦牟尼佛像	1 枚	138
2013.11.11	PP231	孔庙——大成殿（2013）	1 枚	139
2013.11.28	PP232	张家界天门山	1 枚	139
2013.12.16	PP233	安全进万家	3 枚	139
2013.12.16	PP234	民生直达	3 枚	139
2013.12.16	PP235	温暖回家路	3 枚	140
2013.12.16	PP236	爱	3 枚	140
2013.12.16	PP237	民生调查	1 枚	140
2014.2.12	PP238	卡通——红毛小 Q	1 枚	140
2014.2.22	PP239	重庆旅游	1 枚	140
2014.2.25	PP240	第二届夏季青年奥林匹克运动会吉祥物	1 枚	141
2014.3.28	PP241	长征颂歌	1 枚	141
2014.4.1	PP242	2014 年中国邮政贺卡标识（福马神风）	1 枚	141

续表

发行日期	编号	名称	枚数	页码
2014.4.18	PP243	蜀南竹海	1 枚	141
2014.5.8	PP244	美丽杭州（国内资费、国际资费）	2 枚	141
2014.7.2	PP245	全聚德	1 枚	142
2014.8.6	PP246	丽江古城	1 枚	142
2014.8.26	PP247	中国国家博物馆	1 枚	142
2014.9.29	PP248	家书	1 枚	142
2015.1.12	PP249	江西旅游	2 枚	142
2015.2.15	PP250	强军梦	1 枚	143
2015.4.1	PP251	2015 年中国邮政贺卡标识（衔谷救人）	1 枚	143
2015.4.1	PP252	洪洞大槐树	1 枚	143
2015.5.19	PP253	平遥古城	1 枚	143
2015.6.28	PP254	菲力猫	1 枚	143
2015.8.8	PP255	天津解放桥	1 枚	144
2015.8.25	PP256	奋起	1 枚	144
2015.9.8	PP257	第十届中国（武汉）国际园林博览会吉祥物	2 枚	144
2015.9.9	PP258	韶峰耸翠	1 枚	144
2015.9.9	PP259	韶山毛泽东同志故居	1 枚	144
2015.12.30	PP260	第九届江苏省园艺博览会会徽	1 枚	144
2016.6.30	PP261	信达天下（2016）	1 枚	145
2016.6.30	PP262	天安门（2016）	1 枚	145
2016.6.30	PP263	长征	1 枚	145
2016.8.31	PP264	美丽乡村	1 枚	145
2016.10.15	PP265	南宁国际会展中心	1 枚	145
2016.10.22	PP266	梅里雪山	1 枚	145
2016.10.22	PP267	香格里拉普达措	1 枚	145
2016.10.22	PP268	中华戏剧	1 枚	146
2016.11.18	PP269	广西涠洲岛	1 枚	146
2017.3.11	PP270	昌平草莓	1 枚	146
2017.4.27	PP271	句容茅山	1 枚	146
2017.5.31	PP272	重庆风貌	1 枚	146
2017.6.3	PP273	高原明珠·滇池	1 枚	146
2017.6.12	PP274	特色农产品	1 枚	146
2017.6.14	PP275	赤水丹霞	1 枚	147
2017.6.22	PP276	喀纳斯风光	1 枚	147
2017.6.24	PP277	诗画扬州	1 枚	147
2017.7.12	PP278	南普陀寺	1 枚	147
2017.7.15	PP279	中国明信片文化创意设计大赛标识	1 枚	147
2017.9.15	PP280	预防职务犯罪邮路	1 枚	147
2017.9.28	PP281	文成刘基故里	1 枚	148
2017.10.14	PP282	桂林山水	1 枚	148
2017.11.9	PP283	岳阳楼	1 枚	148
2017.12.12	PP284	大昭寺	1 枚	148
2018.1.18	PP285	上海中心大厦	1 枚	148
2018.3.5	PP286	抚顺雷锋群雕	1 枚	148
2018.3.11	PP287	绿水青山	2 枚	149
2018.3.21	PP288	南京城墙	1 枚	149
2018.4.13	PP289	美好新海南	1 枚	149
2018.6.23	PP290	茶卡盐湖	1 枚	149
2018.7.1	PP291	不忘初心 牢记使命	2 枚	149
2018.7.8	PP292	河北省第二届（秦皇岛）园林博览会吉祥物	1 枚	150

续表

发行日期	编号	名称	枚数	页码
2018.8.8	PP293	北京 2022 年冬奥会会徽	1 枚	150
2018.9.18	PP294	沈阳“九•一八”历史博物馆	1 枚	150
2018.9.23	PP295	大熊猫	1 枚	150
2018.10.15	PP296	多彩贵州	1 枚	150
2018.10.17	PP297	金彩盘州	1 枚	150
2018.10.17	PP298	贺州长寿阁	1 枚	150
2018.11.28	PP299	辽沈战役纪念馆	1 枚	151
2019.3.31	PP300	孝文化之乡——孝感	1 枚	151
2019.5.20	PP301	中国 2019 世界集邮展览吉祥物	1 枚	151
2019.5.20	PP302	中国 2019 世界集邮展览展徽	1 枚	151
2019.6.28	PP303	桃	1 枚	151
2019.7.1	PP304	祝福祖国	1 枚	151
2019.8.7	PP305	团圆	1 枚	151
2019.8.16	PP306	盘锦红海滩	1 枚	152
2019.8.17	PP307	网络新生活	1 枚	152
2019.10.16	PP308	大美重庆	2 枚	152
2019.10.20	PP309	运河城•扬州	1 枚	152
2019.12.19	PP310	杭州•灵隐胜境	1 枚	152
2019.12.26	PP311	毛主席纪念堂	1 枚	152
2019.12.28	PP312	北京大兴国际机场	1 枚	153
2020.1.16	PP313	北京 2022 年冬奥会吉祥物和冬残奥会吉祥物	2 枚	153
2020.6.2	PP314	万众一心	1 枚	153
2020.9.15	PP315	南浔古镇•百间楼	1 枚	153
2020.9.19	PP316	五谷丰登	1 枚	153
2020.9.24	PP317	淮安府署	1 枚	153
2020.10.21	PP318	新疆是个好地方	1 枚	154
2020.12.30	PP319	高铁追梦	1 枚	154

专用邮资明信片

发行日期	编号	名称	枚数	页码
1994.3.22		希望工程助学行动	1 枚	155
1995.11.1		中国邮政明信片咨询卡	1 枚	155
1997.1.15	ZP1	中国邮政明信片寻医问药咨询卡	2 枚	155
1999.8.20		信鸽和地球（回音卡）	1 枚	155

自创型邮资明信片

发行日期	编号	名称	枚数	页码
2007	ZCP1	映日荷花（2006）	1 枚	156
2009	ZCP2	映日荷花（2009）	1 枚	156

纪念邮资明信片

发行日期	编号	名称	枚数	页码
1984.8.1–8.19	JP1	中国在第 23 届奥运会获金质奖章纪念	16 枚	155
1984.12.25	JP2	中英关于香港问题的联合声明正式签署	2 枚	158
1985.4.10	JP3	中国科学技术协会第三次全国代表大会	1 枚	158
1985.4.15	JP4	中华医学会成立七十周年	1 枚	158
1985.10.24	JP5	联合国 40 年	1 枚	158
1985.10.13	JP6	中国人民革命战争时期邮票展览	1 枚	159

续表

发行日期	编号	名称	枚数	页码
1985.11.15	JP7	亚太国际贸易博览会•1985•北京	1 枚	159
1986.4.30	JP8	第二次全国工业普查	1 枚	159
1986.11.1	JP9	苏州建城二千五百年	1 枚	159
1987.4.17	JP10	中葡关于澳门问题的联合声明正式签署	2 枚	159
1987.7.1	JP11	北京图书馆新馆落成暨开馆七十五周年纪念	1 枚	159
1987.7.20	JP12	中华全国青少年专题集邮展览	1 枚	160
1988.2.10	JP13	欢迎台胞探亲旅游	2 枚	160
1988.10.24	JP14	亚洲和太平洋运输和通信十年（1985—1994）	1 枚	160
1988.9.21	JP15	中国在第 24 届奥运会获金质奖章纪念	6 枚	160
1989.7.14	JP16	首届北京国际博览会	1 枚	161
1989.9.6	JP17	第二届全国青少年运动会	1 枚	161
1989.10.13	JP18	第五届世界杯跳伞冠军赛	1 枚	161
1989.11.6	JP19	国际食用菌生物技术学术讨论会	1 枚	161
1990.4.22	JP20	北京第十四届世界法律大会	1 枚	161
1990.4.10	JP21	中华人民共和国香港特别行政区基本法	1 枚	161
1990.7.11	JP22	第 31 届国际数学奥林匹克 1990 • 北京	1 枚	162
1990.5.14	JP23	第十四届世界采矿大会	1 枚	162
1990.6.30	JP24	第四次全国人口普查	1 枚	162
1990.8.13	JP25	国际地理联合会亚太区域会议	1 枚	162
1990.9.3	JP26	第二次联合国最不发达国家会议	1 枚	162
1990.11.21	JP27	中国引种桉树 100 周年	1 枚	162
1991.3.21	JP28	首届全国工业企业技术进步成就展览会	1 枚	163
1991.9.16	JP29	伽利略发现“惯性质量和引力质量等价” 400 周年（1591—1991）	1 枚	163
1991.9.20	JP30	中华人民共和国第二届城市运动会	1 枚	163
1991.10.12	JP31	第一届世界武术锦标赛	1 枚	163
1992.4.17	JP32	'92 中国友好观光年	1 枚	163
1992.9.29	JP33	中华人民共和国第四届大学生运动会	1 枚	163
1992.10.13	JP34	中华全国集邮联合会成立十周年	1 枚	163
1993.3.19	JP35	全国沿海开放城市改革开放成就展览会	1 枚	164
1993.4.20	JP36	中华人民共和国澳门特别行政区基本法	1 枚	164
1993.4.16	JP37	中国医疗队派出 30 周年	1 枚	164
1993.5.3	JP38	中国共产主义青年团第十三次全国代表大会	1 枚	164
1993.6.23	JP39	'93 国际奥林匹克日	1 枚	164
1993.8.2	JP40	第十一届国际洞穴学大会	1 枚	164
1993.9.1	JP41	中国妇女第七次全国代表大会	1 枚	164
1993.9.24	JP42	中国四川成都 '93 国际熊猫节	1 枚	165
1993.10.24	JP43	中国工会第十二次全国代表大会	1 枚	165
1993.11.16	JP44	'93 中华全国集邮展览——纪念毛泽东同志诞辰 100 周年	1 枚	165
1994.5.18	JP45	实行无偿献血制度	1 枚	165
1994.7.1	JP46	大亚湾核电站	1 枚	165
1994.8.5	JP47	布达拉宫维修工程竣工	1 枚	165
1994.10.25	JP48	第十一届世界技巧（中国邮电杯）锦标赛	1 枚	165
1994.11.22	JP49	中国 '96—第 9 届亚洲国际集邮展览	2 枚	166
1995.1.18	JP50	中国集邮笑迎明天	1 枚	166
1995.4.1	JP51	依法纳税是每个公民应尽的义务	1 枚	166
1995.8.21	JP52	琉璃河遗址	1 枚	166
1995.10.4	JP53	国际刑警组织第六十四届全体大会	1 枚	166
1996.3.29	JP54	国际消除贫困年	1 枚	166
1996.10.8	JP55	第三十一届国际军事医学大会	1 枚	167
1996.11.12	JP56	孙中山诞生一百三十周年	1 枚	167
1996.12.12	JP57	西安事变六十周年	1 枚	167

续表

发行日期	编号	名称	枚数	页码
1997.6.5	JP58	第二届亚太经合组织国际贸易博览会	1 枚	167
1997.6.9	JP59	虎门大桥建成通车	1 枚	167
1997.6.28	JP60	广州地铁通车	1 枚	167
1997.8.20	JP61	戒烟有益健康	1 枚	167
1997.9.17	JP62	1997 世界华人经济成就展览会	1 枚	168
1997.10.9	JP63	第 22 届万国邮政联盟大会 • 1999 北京	4 枚	168
1997.10.18	JP64	1997 年中华全国集邮展览	1 枚	168
1998.1.15	JP65	国际北方城市会议	1 枚	168
1998.4.7	JP66	世界卫生组织成立五十周年	1 枚	168
1998.6.15	JP67	人民日报创刊五十周年	1 枚	168
1998.8.29	JP68	1998 中国沈阳—亚洲体育节	1 枚	169
1998.9.2	JP69	中国中央电视台建台 40 周年	1 枚	169
1998.9.14	JP70	国家推广全国通用的普通话	1 枚	169
1998.9.23	JP71	中国科学技术协会成立四十周年	1 枚	169
1998.10.9	JP72	第 22 届万国邮政联盟大会 • 1999 北京（二）	4 枚	169
1998.11.15	JP73	中国国际航空航天博览会	1 枚	170
1998.12.26	JP74	毛泽东同志题词“人民邮电”五十周年	1 枚	170
1999.1.10	JP75	中华人民共和国第九届冬季运动会	1 枚	170
1999.4.23	JP76	中国人民解放军海军成立五十周年	1 枚	170
1999.5.4	JP77	“五四”运动八十周年	1 枚	170
1999.5.26	JP78	中国 1999 世界集邮展览	2 枚	170
1999.8.23	JP79	第 22 届万国邮政联盟大会 • 1999 北京（三）	4 枚	170
1999.9.19	JP80	大连建市一百周年	1 枚	171
1999.9.24	JP81	第六届全国少数民族传统体育运动会	1 枚	171
1999.10.8	JP82	1999 年天津世界体操锦标赛	2 枚	171
1999.10.13	JP83	中国少年先锋队建队五十周年	1 枚	171
1999.11.11	JP84	中国人民解放军空军成立五十周年	1 枚	171
1999.11.15	JP85	甲骨文发现一百周年	1 枚	172
1999.9.27	JP86	1999 《财富》全球论坛 • 上海	1 枚	172
2000.4.29	JP87	2000 年全国劳动模范和先进工作者表彰大会	1 枚	172
2000.4.30	JP88	中国—瑞士邮票展览	1 枚	172
2000.6.22	JP89	敦煌莫高窟藏经洞发现 100 周年	1 枚	172
2000.9.14	JP90	第 20 届国际大坝会议	1 枚	172
2000.9.28	JP91	第六届中国艺术节	2 枚	172
2000.10.11	JP92	中国国际高新技术成果交易会	1 枚	173
2000.10.20	JP93	中国杭州西湖博览会	1 枚	173
2000.11.8	JP94	记者节	1 枚	173
2001.5.23	JP95	西藏和平解放 50 周年	1 枚	173
2001.6.18	JP96	国有企业改革与发展暨技术创新成果展览会	1 枚	173
2001.9.17	JP97	第六届世界华商大会	1 枚	173
2001.10.4	JP98	世界空间周	1 枚	174
2001.10.10	JP99	辛亥革命 90 周年	1 枚	174
2001.11.5	JP100	国际农业科学技术大会	1 枚	174
2001.11.7	JP101	新华通讯社建社 70 周年	1 枚	174
2001.10.7	JP102	中国国家足球队获 2002 年世界杯决赛资格	2 枚	174
2002.4.8	JP103	中国 CDMA 国家公众移动通信网开通	1 枚	175
2002.4.16	JP104	亚洲议会和平协会第三届年会	1 枚	175
2002.5.4	JP105	中国共青团建团 80 周年	1 枚	175
2002.5.9	JP106	2002 年汤姆斯杯、尤伯杯世界羽毛球团体锦标赛	1 枚	175
2002.5.29	JP107	宋庆龄基金会成立 20 周年	1 枚	175
2002.8.20	JP108	2002 年国际数学家大会	1 枚	175

续表

发行日期	编号	名称	枚数	页码
2002.9.8	JP109	中国投资贸易洽谈会	1 枚	175
2002.10.13	JP110	全球环境基金会第二届成员国大会	1 枚	176
2002.12.26	JP111	招商局成立 130 周年	1 枚	176
2003.1.3	JP112	2003 中国•吉林首届国际冬季龙舟赛	1 枚	176
2003.1.5	JP113	中华人民共和国第十届冬季运动会	1 枚	176
2003.3.5	JP114	老一辈无产阶级革命家为雷锋题词 40 周年	1 枚	176
2003.7.15	JP115	第三届中国长春国际汽车博览会	1 枚	176
2003.9.16	JP116	中华人民共和国第六届残疾人运动会	1 枚	177
2003.10.18	JP117	中华人民共和国第五届城市运动会	1 枚	177
2003.11.6	JP118	世界经济发展宣言	1 枚	177
2004.6.28	JP119	和平共处五项原则创立 50 周年	1 枚	177
2004.7.17	JP120	2004 年中国亚洲杯足球赛	1 枚	177
2004.8.7	JP121	第 28 届国际心理学大会	1 枚	177
2004.9.2	JP122	第三届亚洲政党国际会议	1 枚	178
2004.9.18	JP123	西藏江孜抗英斗争 100 周年	1 枚	178
2004.9.9	JP124	第七届中国艺术节	1 枚	178
2004.12.23	JP125	天津建城 600 周年	1 枚	178
2005.1.25	JP126	中国邮政开办集邮业务 50 周年	1 枚	178
2005.2.26	JP127	2005 世界物理年	1 枚	178
2005.8.29	JP128	第四次世界妇女大会十周年	1 枚	179
2005.9.2	JP129	2005 年国际欧洲级帆船世界锦标赛	1 枚	179
2005.9.4	JP130	第 22 届世界法律大会	1 枚	179
2005.9.19	JP131	2005 年第二届中国北京国际美术双年展	1 枚	179
2005.10.19	JP132	红军第一方面军长征胜利到达陕北 70 周年	1 枚	179
2005.10.25	JP133	第一届中国诗歌节	1 枚	179
2005.11.11	JP134	第 13 届世界拳击锦标赛	1 枚	180
2006.1.1	JP135	《解放军报》创刊 50 周年	1 枚	180
2006.4.1	JP136	第二届全国残疾人抽样调查	1 枚	180
2006.4.30	JP137	2006 中国沈阳世界园艺博览会	1 枚	180
2006.7.1	JP138	中国人民解放军第二炮兵组建 40 周年	1 枚	180
2007.5.19	JP139	中国徐霞客国际旅游节	1 枚	180
2007.6.10	JP140	龙滩水电工程发电纪念	1 枚	181
2007.8.6	JP141	古代文学家欧阳修诞生 1000 周年	1 枚	181
2007.8.28	JP142	2007 年中国水上运动会	1 枚	181
2007.7.27	JP143	杨凌农业高新技术产业示范区成立十周年	1 枚	181
2007.9.2	JP144	中国吉林•东北亚投资贸易博览会	1 枚	181
2007.9.6	JP145	首届新领军者年会	1 枚	181
2007.11.5	JP146	第八届中国艺术节	1 枚	182
2008.6.10	JP147	中国举办邮票展览会 90 周年	1 枚	182
2008.6.29	JP148	2008 世界草地与草原大会	1 枚	182
2008.7.24	JP149	中国大龙邮票发行 130 周年	1 枚	182
2008.8.1	JP150	2008 年奥林匹克科学大会	1 枚	182
2008.9.19	JP151	2008 中华全国集邮展览•南昌	1 枚	182
2008.10.28	JP152	中国工程物理研究院成立五十周年	1 枚	183
2008.12.18	JP153	农村改革发源地——小岗村	1 枚	183
2009.3.19	JP154	中国国际节能减排和新能源科技博览会	1 枚	183
2009.3.28	JP155	西藏百万农奴解放 50 周年	1 枚	183
2009.3.28	JP156	第二届世界佛教论坛	1 枚	183
2009.6.6	JP157	大连海事大学建校 100 周年	1 枚	183
2009.6.16	JP158	《光明日报》创刊 60 周年	1 枚	184
2009.6.30	JP159	第十届世界攀岩锦标赛	1 枚	184

续表

发行日期	编号	名称	枚数	页码
2009.9.26	JP160	第七届中国花卉博览会	1 枚	184
2009.11.1	JP161	中国科学院建院六十周年	1 枚	184
2010.3.24	JP162	港珠澳大桥	1 枚	184
2010.5.18	JP163	苏州大学建校 110 周年	1 枚	184
2010.7.15	JP164	绍兴建城 2500 年	1 枚	185
2010.10.1	JP165	中国 2010 年上海世博会——中华人民共和国国家馆日	1 枚	185
2010.12.10	JP166	杭州 2010 中华全国集邮展览	1 枚	185
2010.12.17	JP167	“母亲水窖”项目实施十周年	1 枚	185
2011.6.30	JP168	南湖革命纪念馆新馆开馆	1 枚	185
2011.11.18	JP169	第八届中国（重庆）国际园林博览会	1 枚	185
2012.6.11	JP170	2012 国际合作社年	1 枚	186
2012.7.20	JP171	呼和浩特 2012 第 15 届中华全国集邮展览	1 枚	186
2012.9.6	JP172	第二届中国非物质文化遗产博览会	1 枚	186
2013.5.10	JP173	2013 中国锦州世界园林博览会	1 枚	186
2013.5.8	JP174	中国（上海）国际技术进出口交易会	1 枚	186
2013.6.25	JP175	顾炎武诞生 400 周年	1 枚	186
2013.6.5	JP176	世界环境日	1 枚	187
2013.6.8	JP177	中国文化遗产日	1 枚	187
2013.9.14	JP178	中国（武汉）期刊交易博览会	1 枚	187
2013.9.15	JP179	2013 中国—阿拉伯国家博览会	1 枚	187
2013.9.26	JP180	2013 （第一届）中国国际集藏文化博览会	1 枚	187
2013.9.28	JP181	第八届中国花卉博览会	1 枚	187
2013.10.6	JP182	第六届东亚运动会	4 枚	188
2013.11.5	JP183	中国国际工业博览会	1 枚	188
2013.11.5	JP184	第 20 届中国杨凌农业高新科技成果博览会	1 枚	188
2014.4.24	JP185	第 14 届世界旅游旅行大会	1 枚	188
2014.5.23	JP186	长沙 2014 第 16 届中华全国集邮展览	1 枚	188
2014.5.19	JP187	中国旅游日	1 枚	189
2014.6.28	JP188	2014 年 FIFA 世界杯	1 枚	189
2014.7.11	JP189	2014 年中国航海日论坛	1 枚	189
2014.7.28	JP190	中华人民共和国第十二届学生运动会	1 枚	189
2014.9.3	JP191	第四十五届世界体操锦标赛	1 枚	189
2014.9.29	JP192	中国（上海）自由贸易试验区成立一周年	1 枚	189
2014.9.30	JP193	烈士纪念日	1 枚	190
2014.10.18	JP194	中国新加坡合作——苏州工业园区成立 20 周年	1 枚	190
2014.12.13	JP195	南京大屠杀死难者国家公祭日	1 枚	190
2014.12.7	JP196	《国际民用航空公约》 70 周年	1 枚	190
2015.1.10	JP197	中国集邮承载历史 弘扬文化	1 枚	190
2015.4.26	JP198	第 53 届世界乒乓球锦标赛	1 枚	190
2015.6.5	JP199	中国人民抗日战争暨世界反法西斯战争胜利 70 周年	1 枚	191
2015.7.17	JP200	中国联合国协会成立 30 周年	1 枚	191
2015.7.23	JP201	2015 年北京国际田联世界田径锦标赛	1 枚	191
2015.8.9	JP202	第十届全国少数民族传统体育运动会	1 枚	191
2015.9.12	JP203	中华人民共和国第九届残疾人运动会暨第六届特殊奥林匹克运动会	1 枚	191
2015.9.16	JP204	第 24 届中国金鸡百花电影节	1 枚	191
2015.9.25	JP205	2015 （第二届）中国国际集藏文化博览会	1 枚	192
2015.10.18	JP206	北京邮电大学建校 60 周年	1 枚	192
2015.10.27	JP207	中国水利高等教育暨河海大学建校 100 周年	1 枚	192
2015.10.12	JP208	第二届中国—俄罗斯博览会	1 枚	192
2015.12.16	JP209	世界互联网大会•乌镇峰会	1 枚	192

续表

发行日期	编号	名称	枚数	页码
2015.12.3	JP210	罗兰•希尔与黑便士邮票	1 枚	192
2015.12.30	JP211	海南环岛高铁建成开通	1 枚	193
2016.1.20	JP212	中华人民共和国第十三届冬季运动会	1 枚	193
2016.4.8	JP213	西安 2016 第 17 届中华全国集邮展览	1 枚	193
2016.4.18	JP214	西南大学建校 110 周年	1 枚	193
2016.5.13	JP215	中国工农红军长征胜利 80 周年	1 枚	193
2016.5.15	JP216	2016 年汤姆斯杯暨尤伯杯赛	1 枚	193
2016.5.18	JP217	2016 世界月季洲际大会	1 枚	194
2016.8.5	JP218	2016 集邮周	1 枚	194
2016.8.7	JP219	北京房山云居寺建寺 1400 周年	1 枚	194
2016.9.16	JP220	吉林大学建校 70 周年	1 枚	194
2016.9.20	JP221	丝绸之路（敦煌）国际文化博览会	1 枚	194
2016.9.24	JP222	戏耀中西—汤显祖与莎士比亚	2 枚	194
2017.4.9	JP223	第 23 届亚洲乒乓球锦标赛	1 枚	195
2017.5.17	JP224	2017 世界城市峰会	1 枚	195
2017.5.21	JP225	一带一路 共赢发展	1 枚	195
2017.5.21	JP226	C919 大型客机首飞	1 枚	195
2017.7.29	JP227	2017 集邮周	1 枚	195
2017.8.8	JP228	第五届世界摄影大会	1 枚	195
2017.9.1	JP229	第九届中国花卉博览会	1 枚	196
2017.9.8	JP230	2017 （第三届）中国国际集藏文化博览会	1 枚	196
2017.9.17	JP231	上海财经大学建校 100 周年	1 枚	196
2017.9.6	JP232	《联合国防治荒漠化公约》第十三次缔约方大会	1 枚	196
2017.12.8	JP233	绵阳 2017 中华全国专项集邮展览	1 枚	196
2018.5.11	JP234	常州 2018 第 18 届中华全国集邮展览	1 枚	196
2018.5.19	JP235	改革开放四十周年	1 枚	197
2018.6.9	JP236	周口店遗址发现 100 周年	1 枚	197
2018.7.22	JP237	2018 年世界击剑锦标赛	1 枚	197
2018.7.24	JP238	中国大龙邮票发行 140 周年	1 枚	197
2018.7.30	JP239	2018 年世界羽毛球锦标赛	1 枚	197
2018.8.4	JP240	2018 集邮周	1 枚	197
2018.8.30	JP241	第六届中国—亚欧博览会	1 枚	198
2018.9.15	JP242	兰州 2018 中华全国航天•专题集邮展览	1 枚	198
2018.10.16	JP243	中国工程物理研究院成立 60 周年	1 枚	198
2018.12.16	JP244	南京长江大桥通车 50 周年	1 枚	198
2019.2.3	JP245	老舍诞生 120 周年	1 枚	198
2019.4.27	JP246	金丝猴科学发现 150 周年	1 枚	199
2019.5.26	JP247	壮丽七十年	1 枚	199
2019.7.11	JP248	“雪龙 2”号极地科学考察破冰船交船纪念	1 枚	199
2019.8.3	JP249	2019 集邮周	1 枚	199
2019.8.25	JP250	中华人民共和国第十届残疾人运动会暨第七届特殊奥林匹克运动会	1 枚	199
2019.8.31	JP251	2019 年国际篮联篮球世界杯	1 枚	199
2019.9.8	JP252	中华人民共和国第十一届少数民族传统体育运动会	1 枚	200
2019.9.10	JP253	万国邮联 EMS 合作机构成立 20 周年	1 枚	200
2019.9.14	JP254	第 44 届世界桥牌团体锦标赛和第 12 届世界跨国公开团体赛	1 枚	200
2019.12.19	JP255	中国与联合国世界粮食计划署合作 40 周年	1 枚	200
2020.8.19	JP256	2020 集邮周	1 枚	200
2020.10.31	JP257	浙江善琏 2020 首届中华全国农民集邮展览	1 枚	200
2020.12.21	JP258	天坛建成 600 年	1 枚	201

特种邮资明信片

发行日期	编号	名称	枚数	页码
1994.1.5	TP1	哈尔滨冰雪风光	A 组 6 枚 B 组 6 枚	202
1994.10.22	TP2	梅兰芳京剧艺术	4 枚	203
1995.1.10	TP3	周信芳京剧艺术	4 枚	204
1995.9.9	TP4	钱江潮	4 枚	205
1996.1.8	TP5	周恩来故里	4 枚	205
1996.7.6	TP6	朱德故里	4 枚	206
1996.9.9	TP7	毛泽东故里	4 枚	207
1998.9.28	TP8	孔庙、孔府、孔林	4 枚	207
1999.6.22	TP9	高山花卉	4 枚	208
1999.8.16	TP10	长江三峡	10 枚	209
1999.8.16	TP10(B)	长江三峡	10 枚	210
1999.9.20	TP11	钓鱼台	4 枚	212
2000.3.1	TP12	世纪交替 千年更始——中国古代科学技术	10 枚	213
2000.4.27	TP13	妈祖传说	6 枚	214
2000.7.29	TP14(B)	内蒙古风情	10 枚	215
2000.8.18	TP15	平遥古城	10 枚	217
2000.8.18	TP15(B)	平遥古城	10 枚	219
2000.9.9	TP16	上海浦东	A 组 10 枚 B 组 4 枚	221
2000.10.9	TP17	武汉东湖	4 枚	223
2001.7.28	TP18	花园城市 深圳	A 组 10 枚 B 组 4 枚	224
2001.7.28	TP18(B)	花园城市 深圳	10 枚	225
2001.8.26	TP19(B)	兴城古城	10 枚	227
2001.9.1	TP20	美丽的鄂伦春	4 枚	230
2001.10.24	TP21	李白诗选	6 枚	230
2002.4.12	TP22(B)	开平碉楼	10 枚	231
2002.5.18	TP23(B)	中国民居——王家大院	10 枚	233
2003.3.6	TP24	山茶花	4 枚	235
2003.4.12	TP25	巫山小三峡	8 枚	236
2003.4.12	TP25(B)	巫山小三峡	8 枚	237
2003.9.15	TP26(B)	二十四节气	12 枚	239
2003.9.11	TP27(B)	丹东风光	8 枚	242
2004.10.5	TP28	傅抱石作品——东山丝竹	1 枚	243
2004.10.17	TP29	南开学校旧址	1 枚	243
2005.5.4	TP30	革命烈士诗抄	8 枚	244
2005.6.3	TP31(B)	中国船舶	8 枚	245
2007.7.25	TP32(B)	五大连池	10 枚	247
2007.9.13	TP33	迪庆风情	4 枚	249
2008.6.27	TP34	武隆喀斯特	5 枚	249
2008.7.27	TP35	抗美援朝纪念馆	1 枚	250
2008.9.28	TP36	户县农民画	4 枚	250
2008.11.10	TP37(B)	古镇碛口	8 枚	251
2015.12.13	TP38	徐悲鸿作品选	4 枚	253
2018.4.30	TP39	美好新海南	4 枚	253
2019.8.20	TP40	可可西里	6 枚	254
2020.12.16	TP41	海南自由贸易港	5 枚	255

注：编号后面带“（B）”表示为本册式明信片。

风光邮资明信片

YP 系列风光邮资明信片

发行日期	编号	名称	枚数	页码
1984.8.20	YP1	桂林山水	A 组 10 枚　B 组 10 枚	256
1986.5.1	YP2	黄山风景	A 组 10 枚　B 组 10 枚	258
1987.5.1	YP3	内蒙古风光	A 组 10 枚　B 组 10 枚	260
1987.6.20	YP4	上海风光	A 组 10 枚　B 组 10 枚	262
1988.9.23	YP5	宁夏风光	A 组 10 枚　B 组 10 枚	264
1988.12.1	YP6	广西风光	A 组 10 枚　B 组 10 枚	266
1989.4.28	YP7	四川风光	A 组 10 枚　B 组 10 枚	268
1990.10.9	YP8	广东风光	A 组 10 枚　B 组 10 枚	270
1991.4.13	YP9	海南风光	A 组 10 枚　B 组 10 枚	272
1991.10.9	YP10	天津风光	A 组 10 枚　B 组 10 枚	274
1992.7.1	YP11	西藏风光	A 组 10 枚　B 组 10 枚	276
1994.4.1	YP12	杭州西湖风光	A 组 10 枚　B 组 10 枚	278
1994.2.1	YP13	甘肃风光	A 组 10 枚　B 组 10 枚	281
1994.8.21	YP14	庐山风光	A 组 10 枚　B 组 10 枚	282
1994.9.10	YP15	黄山风光	A 组 10 枚　B 组 10 枚	285
1994.11.4	YP16	湖北风光	A 组 10 枚　B 组 10 枚	287

FP 系列风光邮资明信片

发行日期	编号	名称	枚数	页码
1995.5.18	FP1	河北风光	A 组 10 枚　B 组 10 枚	290
1997.2.20	FP2	云南风光	A 组 10 枚　B 组 10 枚	292
1997.5.8	FP3	江苏风光	A 组 10 枚　B 组 10 枚	294
1997.6.8	FP4	山西风光	A 组 10 枚　B 组 10 枚	296
1997.10.16	FP5	新疆风光	A 组 10 枚　B 组 10 枚	298
1998.5.26	FP6	辽宁风光	A 组 10 枚　B 组 10 枚	300
1998.7.30	FP7	武陵源风光	A 组 10 枚　B 组 10 枚	302
1998.11.25	FP8	贵州风光	A 组 10 枚　B 组 10 枚	304
1999.9.4	FP9	福建风光	A 组 10 枚　B 组 10 枚	308
1999.9.23	FP10	河南风光	A 组 10 枚　B 组 10 枚	310
1999.11.28	FP11	北京风光	A 组 10 枚　B 组 10 枚	312
2000.4.22	FP12	安徽风光	A 组 10 枚　B 组 10 枚	314
2000.7.6	FP13	吉林风光	A 组 10 枚　B 组 10 枚	316
2000.10.1	FP14	重庆风光	A 组 10 枚　B 组 10 枚	318
2001.7.1	FP15	江西风光	A 组 10 枚　B 组 10 枚	320
2001.10.25	FP16	湖南风光	A 组 10 枚　B 组 10 枚	322
2002.1.5	FP17	黑龙江风光	A 组 10 枚　B 组 10 枚	324
2002.5.26	FP18	青海风光	A 组 10 枚　B 组 10 枚	326
2003.5.1	FP19	山东风光	A 组 10 枚　B 组 4 枚	328
2003.5.1	FP19(B)	山东风光	10 枚	330

注：编号后面带“（B）”表示为本册式明信片。

贺年邮资明信片

贺年邮资明信片

发行日期	编号	名称	枚数	页码
1981.12.20	HP1	1982 年贺年邮资明信片	2 枚	333
1982.12.15	HP2	1983 年贺年邮资明信片	4 枚	333
1983.11.5	HP3	1984 年贺年邮资明信片	5 枚	334
1984.11.15	HP4	1985 年贺年邮资明信片	5 枚	334
1985.11.15	HP5	1986 年贺年邮资明信片	5 枚	335
1986.11.15	HP6	1987 年贺年邮资明信片	2 枚	335
1987.11.15	HP7	1988 年贺年邮资明信片	2 枚	336
1988.11.15	HP8	1989 年贺年邮资明信片	2 枚	336
1989.11.15	HP9	1990 年贺年邮资明信片	2 枚	336
1990.11.15	HP10	1991 年贺年邮资明信片	2 枚	337

中国邮政贺年（有奖）明信片

发行日期	编号	名称	枚数	页码
1991.12.1	HP1992	1992 年中国邮政贺年（有奖）明信片	普通型 12 枚	338
1992.11.15	HP1993	1993 年中国邮政贺年（有奖）明信片	普通型 12 枚	339
1993.2.17		1993 年中国邮政贺年（有奖）明信片获奖纪念	5 枚	340
1993.11.15	HP1994	1994 年中国邮政贺年（有奖）明信片	普通型 12 枚 贺卡封 6 枚 贺卡片 12 枚	340
1994.3.7		1994 年中国邮政贺年（有奖）明信片获奖纪念	5 枚	343
1994.11.1	HP1995	1995 年中国邮政贺年（有奖）明信片	普通型 12 枚 贺卡封 5 枚 贺卡片 5 枚	343
1995.2.25		1995 年中国邮政贺年（有奖）明信片获奖纪念	5 枚	345
1995.11.1	HP1996	1996 年中国邮政贺年（有奖）明信片	普通型 12 枚	346
1996.12.1	HP1997	1997 年中国邮政贺年（有奖）明信片	普通型 12 枚 极限型 4 枚 贺卡型 1 枚	347
1997.11.1	HP1998	1998 年中国邮政贺年（有奖）明信片	普通型 12 枚 极限型 4 枚 贺卡型 2 枚	349
1998.11.1	HP1999	1999 年中国邮政贺年（有奖）明信片	普通型 12 枚 极限型 8 枚 贺卡型 12 枚	351
1999.11.1	HP2000	2000 年中国邮政贺年（有奖）明信片	普通型 12 枚 极限型 4 枚 贺卡型 4 枚	355
2000.11.20	HP2001	2001 年中国邮政贺年（有奖）明信片	普通型 12 枚 特种型 4 枚 贺卡型 4 枚	358
2001.11.20	HP2002	2002 年中国邮政贺年（有奖）明信片	普通型 12 枚 贺卡型 4 枚	360
2002.11.20	HP2003	2003 年中国邮政贺年（有奖）明信片	普通型 12 枚 贺卡型 4 枚	362
2003.11.1	HP2004	2004 年中国邮政贺年（有奖）明信片	普通型 4 枚 贺卡型 4 枚 信卡型 1 枚	363
2004.11.1	HP2005	2005 年中国邮政贺年（有奖）明信片	普通型 31 枚 贺卡型 4 枚 信卡型 4 枚 异形 4 枚	365

续表

发行日期	编号	名称	枚数	页码
2005.11.1	HP2006	2006 年中国邮政贺年（有奖）明信片	普通型 4 枚 贺卡型 1 枚 信卡型 4 枚 异形 4 枚	369

中国邮政贺卡

发行日期	编号	名称	枚数	页码
2006.11.1	HP2007	2007 年中国邮政贺卡	普通型 4 枚 信卡型 4 枚 贺卡型 1 枚 异形 4 枚 动感卡 4 枚 幸运封 1 枚	372
2007.10.9	HP2008	2008 年中国邮政贺卡	普通型 4 枚 信卡型 4 枚 贺卡型（C5）4 枚 贺卡型（ZL）4 枚 动感卡 4 枚 幸运封 2 枚 自创型 1 枚	375
2007.11.20		2008 福娃大拜年	信卡型 12 枚 贺卡型 12 枚	378
2008.10.9	HP2009	2009 年中国邮政贺卡	普通型 20 枚 信卡型 27 枚 贺卡型（C5）79 枚 贺卡型（ZL）24 枚 幸运封 10 枚 自创型 1 枚	382
2009.10.9	HP2010	2010 年中国邮政贺卡	普通型 4 枚 信卡型 4 枚 贺卡型（C5）156 枚 贺卡型（ZL）8 枚 幸运封 6 枚 自创型 1 枚	391
2010.10.9	HP2011	2011 年中国邮政贺卡	普通型 14 枚 信卡型 16 枚 贺卡型（C5）127 枚 幸运封 4 枚 自创型 1 枚	396
2011.10.9	HP2012	2012 年中国邮政贺卡	普通型 21 枚 信卡型 12 枚 贺卡型（C5）125 枚 幸运封 8 枚 自创型 1 枚	402
2012.10.9	HP2013	2013 年中国邮政贺卡	普通型 33 枚 信卡型 14 枚 贺卡型（C5）156 枚 幸运封 5 枚 自创型 1 枚	408
2013.10.9	HP2014	2014 年中国邮政贺卡	贺礼封 1 枚 普通型 54 枚 信卡型 34 枚 贺卡型（C5） 180 枚 幸运封 2 枚 自创型 1 枚	416

中国邮政贺年有奖邮资封片卡

发行日期	编号	名称	枚数	页码
2014.10.9	HP2015	2015 年中国邮政贺年有奖邮资封片卡	普通型 1 枚 信卡型 1 枚 贺卡型（C5）1 枚 幸运封 2 枚 自创型 2 枚 家书 2 枚	431
2015.10.9	HP2016	2016 年中国邮政贺年有奖邮资封片卡	普通型 1 枚 信卡型 1 枚 贺卡型（C5）1 枚 贺卡型 1 枚 自创型 1 枚 家书 1 枚	433
2016.10.9	HP2017	2017 年中国邮政贺年有奖邮资封片卡	普通型 1 枚 信卡型 1 枚 贺卡型（C5）1 枚 贺卡型 1 枚 定时递普通型 1 枚 定时递贺卡型 1 枚 自创型 1 枚 家书 1 枚	434
2017.10.9	HP2018	2018 年中国邮政贺年有奖邮资封片卡	普通型 1 枚 信卡型 1 枚 祝福卡型（C5）1 枚 祝福卡型（HKFY）1 枚 挂号型明信片 1 枚 挂号型祝福卡 1 枚 自创型 1 枚 家书 1 枚 约投本埠邮资信封 1 枚 约投外埠邮资信封 1 枚	436
2018.10.9	HP2019	2019 年中国邮政贺年有奖邮资封片卡	普通型 1 枚 信卡型 1 枚 祝福卡型（C5）1 枚 祝福卡型（HKFY）1 枚 挂号型明信片 1 枚 自创型 1 枚 家书 1 枚 约投本埠邮资信封 1 枚 约投外埠邮资信封 1 枚	438
2019.11.1	HP2020	2020 年中国邮政贺年有奖邮资封片卡	普通型 12 枚 信卡型 1 枚 祝福卡型（C5）1 枚 祝福卡型（HKFY）1 枚 挂号型明信片 1 枚 自创型 1 枚 家书 1 枚 二维码型 1 枚 约投本埠邮资信封 1 枚 约投外埠邮资信封 1 枚	440
2020.11.5	HP2021	2021 年中国邮政贺年有奖邮资封片卡	普通型 8 枚 极限型 8 枚 祝福卡型（C5） 1 枚 祝福卡型 1 枚 自创型 1 枚 家书 1 枚	443

普通邮资邮简

东北贴用普通邮资邮简

发行日期	编号	名称	枚数	页码
1950.1.28	DJ1	普东1天安门图（双色）	5枚	448
1950.2.10	DJ2	普东1天安门图（粉红底色）	1枚	449
1950.3.12	DJ3	普东1天安门图（单色）	第一版5枚　第二版5枚	449
1950.6.22	DJ4	普东1天安门图（绿色）优军	5枚	450
1950.10	DJ5	普东2天安门图（单色）	5枚	451
1951.1.23	DJ6	普东2天安门图（彩色）	2枚	452
1951	DJ7	普东2天安门图（绿色）优军	第一版1枚　第二版1枚	452

普通邮资邮简

发行日期	编号	名称	枚数	页码
1952.1.1	PJ1	国内平信邮资邮简	4枚	457
1952.5.20	PJ2	国内平信风景邮资邮简	4枚	457
1952.9.20	PJ3	国内平信美术邮资邮简（剪纸图案）	12枚	458

邮资邮简

发行日期	编号	名称	枚数	页码
1998.11.12	YJ1	中国1999世界集邮展览	2枚	463
2010.12		第16届亚洲运动会中国体育代表团夺金纪念	15枚	463
2013.6.25		我的梦•中国梦	2枚	467
2015.6.19	YJ2	中国人民抗日战争暨世界反法西斯战争胜利70周年	1枚	467

邮资信卡

发行日期	编号	名称	枚数	页码
2000.12.1	XK1	圣诞快乐	1枚	468
2000.12.1	XK2	新年快乐	1枚	468
2001.8.20	XK3	尊师重教	2枚	468
2001.11.25	XK4	圣诞快乐	4枚	469
2001.11.25	XK5	新年快乐	4枚	469
2002.6.1	XK6	生日快乐	1枚	470
2006.4.15	XK7	婴戏图	1枚	470
2012.3.8	XK8	爱电影 看天下	1枚	470
2013.12.16	XK9	安全进万家	1枚	470
2013.12.16	XK10	民生直达	1枚	471
2013.12.16	XK11	温暖回家路	1枚	471
2013.12.16	XK12	爱	1枚	471
2013.12.16	XK13	民生调查	1枚	471
2016.6.19	XK14	马踏飞燕	1枚	471
2016.6.30	XK15	信达天下	1枚	471
2016.8.31	XK16	美丽乡村	1枚	472
2018.7.14	XK17	不忘初心 牢记使命	1枚	472

军用信封、军用明信片、军用邮简

发行日期	编号	名称	枚数	页码
1952.9	JYF1	中国人民志愿军军邮信封	1 枚	473
1950.9.25	JYP1	人民胜利纪念明信片	20 枚	474
1953.10	JYP2	中国人民志愿军军邮明信片	10 枚	476
1953.4	JYJ1	中国人民志愿军《战士卫生邮便》军邮邮简	20 枚	478

专用邮资图加印的信封、明信片上各省、自治区、直辖市等单位代码一览表

地区	省级代码	省级编码	地区	省级代码	省级编码
中邮广公司	00	200000	河南	16	410000
北京	01	110000	湖北	17	420000
天津	02	120000	湖南	18	430000
河北	03	130000	广东	19	440000
山西	04	140000	广西	20	450000
内蒙古	05	150000	海南	21	460000
辽宁	06	210000	重庆	22	500000
吉林	07	220000	四川	23	510000
黑龙江	08	230000	贵州	24	520000
上海	09	310000	云南	25	530000
江苏	10	320000	西藏	26	540000
浙江	11	330000	陕西	27	610000
安徽	12	340000	甘肃	28	620000
福建	13	350000	青海	29	630000
江西	14	360000	宁夏	30	640000
山东	15	370000	新疆	31	650000